Die Wittelsbacher und ihre Künstler in acht Jahrhunderten

Die Wittelsbacher und ihre Künstler in acht Jahrhunderten

Hans E. Valentin

Erich Valentin

Eckehart Nölle

Horst H. Stierhof

Süddeutscher Verlag

Umschlagentwurf: Design Team, München
Kurzbiographien und Genealogische Tafel: Helmut Neuberger
Mit 334 Abbildungen, davon 36 in Farbe

ISBN 3-7991-6085-X

Reproduktion: Karl Wenschow GmbH, München
Druck: Passavia, Passau
Bindearbeit: R. Oldenbourg, München

Inhalt

Vorwort   6

Hans E. Valentin
Die Wittelsbacher und die Literatur   9

Frühe Zeugnisse literarischer Verbindungen   11
Bayern als Herzogtum   13
Bayern und Pfalz am Rhein   18
Erste Bayerisch-Pfälzische Landesteilung 1255 /
Oberbayern und Pfalz am Rhein   20
Bayern-München   24
Bayern-Landshut   29
Bayern-Ingolstadt   30
Die Herzöge und Kurfürsten in München   32
Pfalz-Bayern   48
Kurpfalzbayern   60
Königreich Bayern   62
Nebenlinien der Wittelsbacher   84

Erich Valentin
Die Wittelsbacher und die Musik   89

Die Herzöge von Bayern   94
Die Kurpfälzer   109
Die bayerischen Kurfürsten   121
Pfalz-Bayern   140
Mannheim-München   148
Die bayerischen Könige   156
Die Herzöge in Bayern   181

Eckehart Nölle
Die Wittelsbacher und das Theater   189

Die Bedeutung des Theaters im höfischen Leben   191
Wilhelm V.   197
Maximilian I.   208
Ferdinand Maria und Henriette Adelaide   213
Max Emanuel   240
Karl Albrecht   261
Max III. Joseph   269
Joseph Clemens und Clemens August von Köln   284
Die Pfälzer   290
Max I. Joseph   310
Ludwig II.   317

Horst H. Stierhof
Die Wittelsbacher und die bildende Kunst   323

Vorspiel wittelsbachischen Mäzenatentums   324
Philipp von Freising   330
Die bayerische Linie des Hauses Wittelsbach
Von Wilhelm IV. bis Max III. Joseph   332
Joseph Clemens und Clemens August, die Kölner
Fürstbischöfe   407
Pfalz-Neuburg   417
Heidelberg bis 1685   440
Zweibrücken   454
Die Wittelsbacher Könige   460

Anhang

Verzeichnis und Nachweis der Abbildungen   476
Kurzbiographien der wichtigsten Angehörigen des
Hauses Wittelsbach   484
Genealogische Tafel   492
Register   494

Vorwort

Die Wittelsbacher sind das einzige europäische Fürstengeschlecht, das sich über sieben Jahrhunderte an der Herrschaft gehalten und während dieses Zeitraums seine Stammländer Altbayern und Pfalz regiert hat. Diese Tatsache ist um so bemerkenswerter, als sie sich dabei keineswegs auf die bloße Verwaltung ihrer machtpolitisch nicht allzu bedeutenden Kurfürstentümer beschränkt, sondern stets, und zeitweilig sehr erfolgreich, versucht haben, eine gewichtige Rolle in der europäischen Politik zu spielen. Ihre Verflechtung mit anderen Dynastien ist vielfältig, ihre politischen Ziele lagen oftmals weit außerhalb ihrer Heimat. Aber nicht der Geschichte des Hauses Wittelsbach ist dieses Buch gewidmet, sondern seiner Rolle als Förderer der Künste vom Hohen Mittelalter bis an die Schwelle unseres Jahrhunderts.

In der Regel wird eine Dynastie ausschließlich an der politischen Geschichte ihres Herrschaftsgebietes gemessen. Militärische Triumphe oder Mißerfolge stehen dabei meist im Vordergrund. Man betrachtet die einzelnen Mitglieder einer Herrscherfamilie vornehmlich unter dem Aspekt, ob sie »allzeit Mehrer des Reiches« für ihr Territorium gewesen sind. Man verweist daneben auf die sozialen Mißstände und sucht nach dem ›kleinen Mann‹ als Antipoden zum Herrschenden. Die Erkenntnisse aus neueren Forschungen mögen vielschichtig und aufschlußreich sein – in manchen Fällen sogar desillusionierend und gewiß kaum verherrlichend. Kampf und Macht sind aus heutiger Sicht zu fragwürdigen Idealen geworden: ihre Ergebnisse wirkten meist korrumpierend – auf die Herrscher zuerst, dann auf die Beherrschten –, und von langer Dauer war das Erkämpfte selten, die Opfer an Leben und Gut waren oft umsonst.

Demgegenüber ist es erstaunlich, daß die Geschichtsschreibung die Leistungen eines Herrscherhauses auf kulturellem Gebiet kaum beachtet; die Publikationen anläßlich des achthundertsten Jahrestages der Belehnung des Pfalzgrafen Otto von Wittelsbach mit dem Herzogtum Bayern belegen diese Tatsache. Dabei hat sich gerade diese Dynastie in kultureller Hinsicht außerordentlich hervorgetan: »Kein europäisches Fürstengeschlecht hat so ununterbrochen, mit so kluger und energischer Hand und solchem Eifer die Pflege der Kunst nicht nur als Liebhaberei, sondern als öffentliche Angelegenheit geübt wie die Wittelsbacher«, schrieb der Hamburger Kunsthistoriker Alfred Lichtwark. »Ununterbrochen« ist wörtlich zu verstehen, denn das Mäzenatentum dieses Hauses entsprang nicht vorübergehenden Fürstenlaunen, denen dann längere Abstinenz folgte. Fast alle Wittelsbacher engagierten sich für Musik oder Literatur, für das Theater oder die bildende Kunst, oder gar für mehrere dieser künstlerischen Ausdrucksformen. Und gab es tatsächlich einmal einen, der in dieser Hinsicht aus der Reihe fiel, schienen seine Verwandten aus den zahlreichen Linien der Familie alles daran zu setzen, diesen Mangel auszugleichen. Dabei fühlten sich nicht nur jene Wittelsbacher, die über ein größeres Territorium herrschten, zum Mäzenatentum verpflichtet. Auch Angehörige von Seitenlinien, die nur über kleinere Besitztümer verfügten oder jene Wittelsbacher, die außerhalb ihrer ›angestammten‹ Gebiete lebten, förderten Kunst und Kultur im Rahmen ihrer jeweiligen Möglichkeiten. Manchen dieser Wittelsbacher trieb freilich seine Leidenschaft, die man gelegentlich als Besessenheit bezeichnen kann, an den Rand des finanziellen Ruins; sicherlich war auch ein gut Teil Eitelkeit, Prunksucht mit im Spiel. Aber auf der anderen Seite kann man die Pflege der Künste durch den Fürsten in früheren Zeiten getrost als eine ›öffentliche Angelegenheit‹ betrachten. Sie diente der Repräsentation des Landes ebenso wie der Selbstdarstellung der Dynastie und erfüllte überdies als eine Möglichkeit der Arbeitsbeschaffung eine wichtige sozialpolitische Funktion – besonders für die Haupt- und Residenzstädte. Denn »wenn die Könige bauen, haben die Kärrner zu tun«. Ohne die Wittelsbacher gäbe es weder das barocke Mannheim noch die Schätze der ehemaligen Düsseldorfer Galerie, weder das Heidelberger Schloß noch die Ludwigstraße in München.

In ihrem Mäzenatentum dürfen die Wittelsbacher neben die bedeutendsten Fürstenhäuser Europas gestellt werden – im Verhältnis aber zu ihrer eher bescheidenen Machtposition haben sie nahezu alle übertroffen, vergleichbar allenfalls den Herzögen von Burgund und den Medici in Florenz. Nur – die Wittelsbacher konnten sich länger behaupten: sie gingen ihrem Höhepunkt erst entgegen, als die Burgunder bereits abstiegen, und sie hielten sich noch einige Jahrhunderte, nachdem die Florentiner ihren Glanz schon eingebüßt hatten.

Ist dieses Buch also eine Apotheose auf ein Herrscherhaus? Als solche war es zu Anfang gar nicht unbedingt gedacht: sie entstand auf Grund der Fakten, die die Autoren zusammentrugen – der Bibliothekar Hans E. Valentin, der Musikhistoriker Erich Valentin, der Theaterwissenschaftler Eckehart Nölle und der Kunsthistoriker Horst H. Stierhof. Eine Art Denkmal für das Mäzenatentum des Hauses Wittelsbach ist es dennoch geworden – denn unser Land und jene Gebiete, in denen diese Familie einst herrschte, wären ohne ihre Pflege der Künste um ein beträchtliches ärmer. Was sie anregten und sammelten, förderten, initiierten und bewahrten ist wohl letztlich die verdienstvollste Form, dem Vergessen zu entgehen. Denn beständiger als Kriegsruhm sind diese ›Werke des Friedens‹, die die Wittelsbacher schaffen ließen.

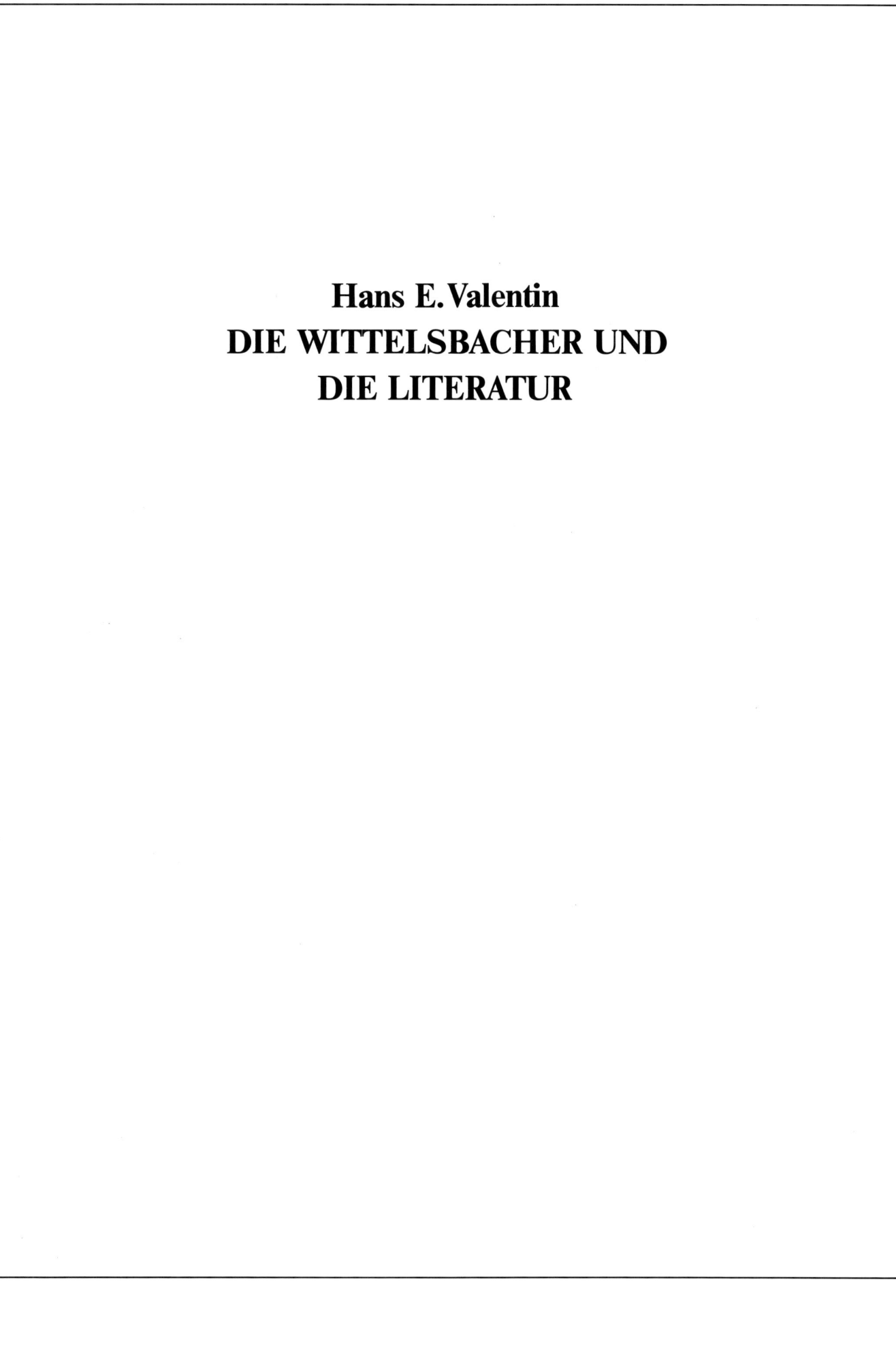

Hans E. Valentin

DIE WITTELSBACHER UND
DIE LITERATUR

Wer sich mit den Beziehungen der Wittelsbacher zu den Dichtern ihrer Epoche beschäftigt, betritt teilweise Neuland. Das liegt zum einen daran, daß die Dichtkunst nicht die erste Rolle unter den von den Wittelsbachern geförderten Künsten spielte, aber auch daran, daß das Thema erst in Teilaspekten untersucht wurde. Dabei würde es sich jedoch lohnen, etwa das literarische Ambiente der frühen Wittelsbacher, namentlich OTTO I. und seiner Söhne, näher zu untersuchen. Es mangelt bisher an einer zusammenhängenden Geschichte der bayerischen Literatur, besonders aber auch an einer eingehenden Betrachtung der Rolle, die die Wittelsbacher hier und in der deutschen Literaturgeschichte überhaupt gespielt haben.

Vorliegende Arbeit soll diese Lücke nicht schließen, sie ist durchaus unvollständig und ergänzungsbedürftig. So wurde beispielsweise das Jesuitendrama, das ja nicht nur Schulbühne, sondern auch Schauspiel für die Stadt und Festspiel für den Hof war, vernachlässigt. Das gilt auch für andere Bereiche, aber es ist klar, daß eine Arbeit dieses Umfangs eher geeignet ist, auf besagte Lücke hinzuweisen, als sie zu schliessen. Auch kann die Länge der den einzelnen Autoren gewidmeten Zeilen nicht immer deren literarhistorischer Bedeutung entsprechen. Angesichts der Problematik des Themas soll hier keine Literaturgeschichte und keine Zeitgeschichte geboten werden, sondern lediglich eine erste Übersicht und Materialsammlung ohne wissenschaftlichen Anspruch; diese wird aber doch belegen, daß den kunstliebenden Wittelsbachern auch die Dichtkunst am Herzen lag, selbst wenn sie nicht gerade deren Lieblingskind war, nicht einmal bei Fürsten wie König MAX II., der sich doch mehr für die Literatur eingesetzt hat als die meisten seiner Vorfahren.

Frühe Zeugnisse literarischer Verbindungen

Ein frühes Zeugnis literarischer Verbindung zu den Wittelsbachern mag man schon um 1160 in dem wittelsbachischen Stammgut Grafschaft Dachau suchen, wohin der *König Rother* weist. Der unbekannte Verfasser dieser in der Art der Spielmannsepik geschriebenen Geschichte der abenteuerlichen Werbung des Königs Rother um eine byzantinische Königstochter ist wahrscheinlich am Rhein beheimatet gewesen, hat das Werk aber wohl für bayerische Gönner geschrieben. Denn da werden Beziehungen auf bayerische Adelsgeschlechter eingeflochten, der Waffenmeister trägt den Titel eines Herzogs von Meranien, den bis 1178 die Dachauer Grafen inne hatten, bevor er an die Andechser kam. Zum Geschlecht der Tengelinger aus dem Chiemgau hat der Dichter, seinem Werk nach zu schließen, Beziehungen gehabt. Ob jetzt der Auftraggeber bei den Tengelingern oder den Dachauern zu suchen ist, bleibt ungewiß. Die Art, wie hier innerbayerische Spannungen literarisch verarbeitet werden, läßt aber unschwer die Adressaten in diesen Kreisen vermuten.

Die Beziehung des *König Rother* zu den Wittelsbachern kann hier nur in dem Hinweis auf das wittelsbachische Stammgut Dachau gesehen werden und ist kaum mehr als ein lokaler Hinweis auf das Geschlecht. Stichhaltiger, wenn auch nur auf Indizien gestützt, ist die Vermutung, der Auftraggeber zur *Kaiserchronik,* dieser um 1150 entstandenen Weltgeschichte, dargestellt an den Biographien der römischen und deutschen Kaiser von der Gründung Roms bis zu Konrad III., sei Pfalzgraf OTTO V. von Wittelsbach gewesen. Der Schreiber dieses einflußreichsten Werkes in Literatur und Historiographie seiner Zeit ist mit Sicherheit in Regensburg zu suchen. Als Auftraggeber wird häufig der Regensburger Bischof KUNO angenommen, es spricht aber vieles dafür, daß es der Wittelsbacher gewesen sein könnte. Ferdinand Urbanek hat sich 1959 über dieses Thema ausgelassen, seinen Argumenten soll hier gefolgt werden. Bischof KUNO ist demnach als Auftraggeber unwahrscheinlich, da er schon 1132 starb, die Chronik aber bis 1147 berichtet. Der Auftraggeber ist auch weit eher in weltlichen Kreisen zu suchen, da für einen geistlichen Herrn die Chronik zu höfisch ist und sonst wohl auch lateinisch abgefaßt wäre und nicht deutsch. Von sämtlichen ritterlichen Herren in Regensburg und Umgebung, die als Auftraggeber für ein so kostspieliges Werk in Frage kommen, bleibt nur Pfalzgraf OTTO V. übrig. OTTO ist auf das engste mit dem Regensburger Gebiet verbunden, seine politische Einstellung deckt sich mit der in der Chronik vertretenen, nämlich der eines Anhängers der Welfen. Die Kaiserchronik wurde nicht zu Ende geführt, es gibt Anhaltspunkte dafür, daß der Auftraggeber 1155 gestorben ist – OTTOS Todestag ist der 4. August 1155. Es muß nichts besagen, daß OTTOS politische Bedeutung eher niedrig einzuschätzen ist. Die Chronik ist, wie gesagt, unvollendet, und es wäre ja möglich, daß der Auftraggeber noch erwähnt werden sollte. Dafür werden aber bei der Beschreibung der Belagerung des Klosters Monte Cassino die Taten der Truppen der Abensaere ausführlich beschrieben, obwohl der Stil der Chronik sonst eher knapp ist. Die Abensaere sind die Männer aus der Gegend der Abens bei Regensburg – OTTOS Leute. Urbanek faßt alle Voraussetzungen, die der Auftraggeber der Kaiserchronik erfüllen muß und die auf OTTO zutreffen, zusammen: »A) Er ist ein reicher und mächtiger weltlicher Herr, der mit Regensburg aufs engste verbunden ist. B) Seine politische Haltung entspricht genau der in der Kaiserchronik bekundeten: HEINRICH IV. feindlich, HEINRICH V.

König Rother

Kaiserchronik

11

1   Aus der »Kaiserchronik«, um 1150

freundlich gesinnt, LOTHAR III. und HEINRICH DEM STOLZEN in Verehrung und persönlicher Verbundenheit zugetan, mit dem Herzen auf Seiten der Welfen, zur selben Zeit jedoch in ergebener Loyalität dem Oberhaupt des Reiches, selbst dem verhaßten Hohenstaufen KONRAD III. gehorsam. C) Er ist fast ununterbrochen verfehdet mit Bischof OTTO VON FREISING, dem Autor der allseits bekannten *Chronica de duabus civitatibus,* die aber von der *Kaiserchronik* nicht verwertet wird. D) Seine Lebensdauer, 1080/90 bis 1155, besonders aber sein Todesjahr 1155, paßt genau zur Lebensdauer, die man auf Grund der Abfassungszeit und der Fragmenthaftigkeit sowie verschiedener Angaben und der Tendenz der Kaiserchronik auch für den Auftraggeber und geistigen Förderer des Werkes ansetzen muß. E) Wenn er auch als Pfalzgraf einen historisch zu unbedeutenden Rang bekleidet, um im weltgeschichtlichen Bericht der Kaiserchronik erwähnt zu werden, so findet sich immerhin eine auffallend ausführlich erzählte episodenhafte Begebenheit, die seine Truppen betrifft.« Damit ist auch der Versuch einer Antwort auf die Frage gegeben, ob die Kaiserchronik einen oder mehrere Verfasser hatte.

12

Bayern als Herzogtum

Herzog Otto I.

Auf sicherem Boden können wir uns aber erst mit der Einsetzung Otto I. auf den bayerischen Herzogstuhl 1180 bewegen. Im Hauskloster der Wittelsbacher, Indersdorf, entstand eine oberdeutsche Nachdichtung der Servatiuslegende Heinrichs von Veldeke, die nicht nur die Legende nach Bayern verpflanzte, wo der Heilige große Verehrung fand, sondern auch das erste Beispiel für eine direkte Vermittlung rheinischer Einflüsse nach Bayern darstellt.

Heinrich von Veldeke

Über die Person Veldekes ist wenig bekannt. Er war ein Ministeriale der Grafen von Loon, sein Geschlecht war nach dem Ort Veldeke bei Maastricht benannt. Dieser mittelhochdeutsche Epiker und Lyriker, als Begründer des neuen höfischen Romans bezeichnet, war ein gebildeter Mann und hatte gute Beziehungen zum Hofe Hermanns von Thüringen. Sein Hauptwerk ist die *Eneide*. Eine frühe Abschrift der Servatius-Legende ist mit Agnes von Loon nach Bayern gekommen. Sie war Veldekes Gönnerin, wobei nicht eindeutig festzustellen ist, ob es sich dabei um Agnes, die Gattin Ottos I. oder um deren gleichnamige Mutter handelt. Da aber der Dichter in der Anhängerschaft Friedrichs Barbarossa zu suchen ist, handelt es sich hier doch wohl eher um die bayerische Herzogin. Daß Veldeke die Legende des hl. Servatius, des Patrons von Maastricht, verfaßt hat, wußte man schon aus der 114. Strophe des *Ehrenbriefs* des Püterich von Reichertshausen, bevor sie selber auftauchte. Ob es nun die Gönnerin und Anregerin selber war, die als Herzogin nach Bayern kam, oder ob sie die Legende im Heiratsgut von der Mutter gehabt hat, jedenfalls verpflanzte die Gattin Ottos I. den Servatiuskult in ihre neue Heimat; so konnte gegen Ende des 12. Jahrhunderts im Wittelsbacher Hauskloster Indersdorf von einem unbekannten Verfasser der *Oberdeutsche Servatius* geschrieben werden, der so weite Wirkung hatte. Eine Verbindung und Einflußnahme aus dem Hause Wittelsbach ist auf jeden Fall gegeben.

Herzog Ludwig I., der Kelheimer

Unter Otto I. Sohn, Ludwig I dem Kelheimer, entstand im Kloster Scheyern eine Historiographie, die für die Geschichte des Hauses Scheyern–Wittelsbach von immenser Bedeutung ist: das *Chronicon Schyrense,* eigentlich eine Gründungsgeschichte. Die herzogliche Familie war jedoch durch ortsgeschichtliche Zusammenhänge mit dem Kloster verbunden, und die Chronik ist dieser Bezüge wegen berühmt und wichtig geworden. Verfasser der Chronik ist Abt Konrad von Luppburg (1206–1225), ein Onkel Bischof Konrad V. von Regensburg. Nicht zuletzt seiner Chronik wegen wurde Konrad von Ludwig zum Abt erhoben. Er ist auch der Verfasser der Scheyrer Annalen. Verschiedentlich wurde der unter Konrad tätige gleichnamige Mönch für den Verfasser gehalten und von Aventin irrtümlich mit dem Beinamen Philosophus belegt. Dieser Mönch Konrad tat sich als Schreiber und Maler hervor. Seine Illumination des großen Matutinalbuches zählt zu den Höhepunkten romanischer Buchmalerei in Bayern.

Konrad von Scheyern

In Scheyern, dem Wittelsbacher Hauskloster, blieb die Geschichtsschreibung Tradition. Abt Johann II. Turbeit (1505–1535) war ein Mäzen und förderte unter

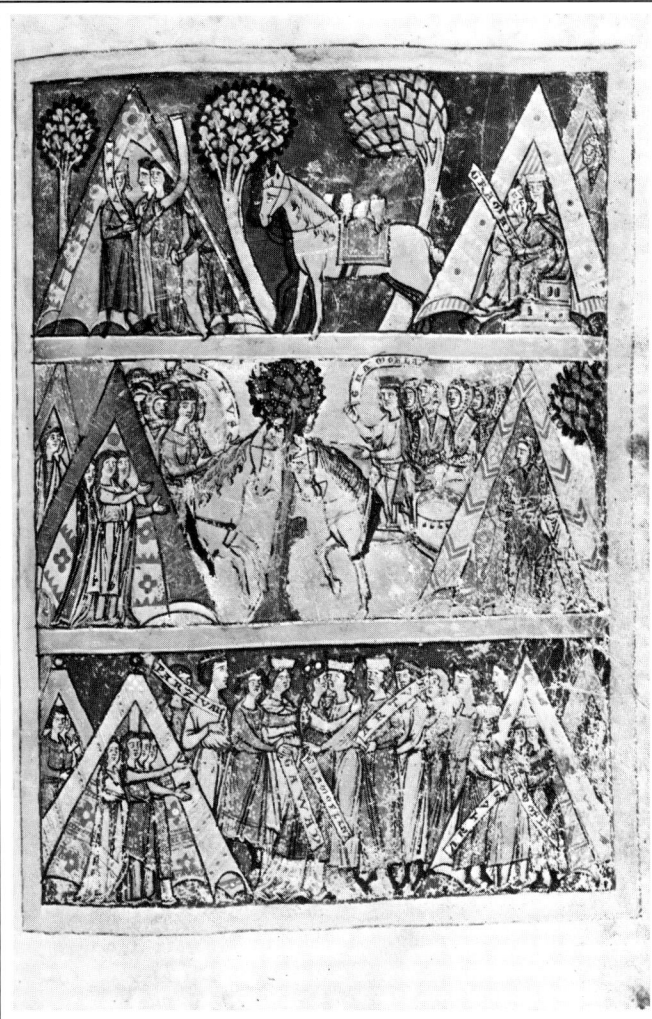

2   In seinem »Parzival« hat Wolfram von Eschenbach
möglicherweise die Markgräfin Elisabeth von Vohburg besungen,
die eine Wittelsbacherin war

3   Szenen aus dem »Willehalm« des Wolfram von Eschenbach

anderem AVENTIN. Er stand in hoher Gunst bei Herzog ALBRECHT. STEPHAN REIT-
BERGER (1610–1634), der 38. Abt, setzte Konrads Chronik fort. Die Tradition geht
bis ins 18. Jahrhundert hinein.

In WOLFRAM VON ESCHENBACHS *Parzival* wird die Königin Antikonie aufs höchste *Wolfram von Eschenbach*
gepriesen, ja, WOLFRAM kann der Worte nicht genug finden und wünschte, der Herr
von Veldeke möge noch am Leben sein, der hätte es wohl gekonnt. Er vergleicht sie
nach Geist und Art mit der edlen Markgräfin, die vom ›Heitstein‹ her über alle
Marken erglänzt. Der Haidstein stand am Südwestrand des Bayerischen Waldes, nord-
östlich Cham, und gehörte den Markgrafen auf dem Nordgau. Das waren die Grafen
von Vohburg, die ihren Sitz nicht weit von Eschenbach an der Donau hatten. Gattin
des Grafen BERTHOLD VON VOHBURG war aber ELISABETH, die Schwester LUDWIG I.
Es mag kühn erscheinen anzunehmen, WOLFRAM habe die Wittelsbacherin ELISABETH
besungen, ja, vielleicht habe er seine größte Dichtung, den *Parzival,* zu Ehren der
Markgräfin aus wittelsbachischem Geschlecht geschaffen. Aber warum eigentlich
nicht? Beziehungen WOLFRAMS zu den Wittelsbachern sind unzweifelhaft. WOLFRAM
weilte mehrfach am Hofe des Landgrafen HERMANN VON THÜRINGEN, einer Pflege-
stätte der Musen, wo er auch WALTHER VON DER VOGELWEIDE kennenlernte. Und sowohl WALTHER als auch WOLFRAM stehen damit in Verbindung zur Landgräfin
SOPHIE, ebenfalls einer Wittelsbacherin, der älteren Schwester LUDWIGS und ELISA-
BETHS. Bewiesen ist es nicht, daß die besungene Markgräfin unsere Wittelsbacherin
ist, aber doch sehr wahrscheinlich. Und über WOLFRAMS Lob VELDEKES schlösse
sich der Kreis von den beiden wohl auch literarisch interessierten Schwestern Herzog
LUDWIG I. zur Mutter AGNES VON LOON, der Gönnerin VELDEKES selber.

Am Hofe LUDWIG I. weilte auch WALTHER VON DER VOGELWEIDE. Es ist wohl *Walther von der*
kein längerer Aufenthalt gewesen, und von einer näheren Beziehung zu sprechen, wäre *Vogelweide*
wohl übertrieben. Aber WALTHER VON DER VOGELWEIDE hat doch dem bayerischen
Herzog poetischen Dank gespendet:

»Mir hât ein liet von F`ranken
der stolze Missenaere brâht:
daz vert von Ludewîge.
ichn kan ims niht gedanken
sô wol als er mîn hat gedâht,
wan daz ich tiefe nîge.
künd ich swaz ieman guotes kan,
daz teilte ich mit dem werden man.
der mir sô hôher êren gan,
got müeze im êre mêren.
zuo flieze im aller saelden fluz,
niht wildes mîde sînen schuz,
sîns hundes lout, sîns hornes duz
erhelle im und erschelle im wol nâch êren.«

(Das bedeutet sinngemäß etwa: Der stolze Meißner hat mir ein Lied aus Franken
gebracht, das mir Ludwig geschickt hat, ich kann ihm dafür nicht genug danken, ich
kann mich nur tief verneigen. Wenn ich etwas Vollendetes schaffen könnte, ich würde
es dem edlem Manne widmen. Wer mir so hohe Ehre erweist, dessen Ehre muß
Gott mehren. Das Glück möge ihm zuströmen, kein Wild soll seinem Pfeil ent-
fliehen. Seines Hundes Bellen und seines Hornes Klang möge ihm erschallen, wie
es seiner Ehre gebührt.)

Das Lied, das der stolze Meißner, Markgraf DIETRICH IV. VON MEISSEN, brachte,
war die sogenannte Wichmann-Strophe. »Hêr Wîcman« ist ein nicht weiter bekannter
Gegner WALTHERS gewesen, dem mit einer Strophe die Leviten gelesen wurden.
Nach Paul Staps Übertragung lautet sie: »Herr Wichmann, genießt ihr soviel Ansehen,
daß ihr so kunstgemäße Sprüche den Meistern kritisieren zu können glaubt? Tut

15

4   Wolfram von Eschenbach, aus der Manessischen Liederhandschrift

das lieber nicht mehr, da man es euch sonst als Unwissenheit auslegt. Selbst wenn Herr Walther kriechen würde, so würde er – wie der Weizen vor der Spreu – doch immer vor euch den Vorrang haben. Singt ihr eins, dann singt er drei (was auf die Strophe gemünzt ist), und sie gleichen sich wie Arsch und Mond. Herr Walther singt was er will, und er singt kurz und lang soviel er will. Er bereichert gerade deswegen die Unterhaltung der Gesellschaft, und eben darum jagt ihr wie ein Spürhund, der an der Leine geführt wird, ins Blaue hinein.«

Es wäre wohl zu kühn, Herzog LUDWIG selber als den Verfasser dieser Verteidigungsstrophe zu sehen, aber es ist sehr wahrscheinlich, daß der Spruch im Auftrag LUDWIGS geschrieben wurde. Das ließe doch auf ein sehr gutes Verhältnis des Herzogs zu dem Minnesänger schließen.

Soweit aus NEIDHART VON REUENTALS Liedern zu schließen ist, stand dieser bayerische Ritter im Dienst des Kelheimers. Urkundlich ist das aber nicht zu belegen. Er soll, wie man früher meinte, an einem Kreuzzug des Herzogs teilgenommen haben, der 1221 für LUDWIG unglücklich ausging. NEIDHART war jedoch Teilnehmer des Kreuzzugs LEOPOLD VII. VON ÖSTERREICH 1227/28. Zu vermuten ist seine Anwesenheit bei der Hochzeit OTTO II. Nach LUDWIGS Ermordung 1231 findet NEIDHART sein Auskommen bei FRIEDRICH DEM STREITBAREN von Österreich. »Daß am Babenberger Hof, wo seit Reinmar die Pflege der Lyrik Tradition war, die Voraussetzungen dafür (für Literaturpflege) gegeben waren, erscheint selbstverständlich. Aber am Hof der Wittelsbacher? Wir wissen von keinem einzigen Lyriker – die Huldigung Walthers an Herzog Ludwig ist ganz singulär – der vor Neidhart dort gedichtet hätte. Und doch muß dort deutsche Lieddichtung seit langem gepflegt worden sein, sonst könnte der spätzeitliche Sang des Reuentalers nicht solchen Widerhall gefunden haben.« (Riezler)

Neidhart von Reuental

Einen milden Herrn und »der Hülfe Schein« fand in LUDWIG der Österreicher BRUDER WERNHER, den die Meistersänger zu den zwölf alten Meistern zählten. Seine politischen Sprüche spiegeln die Beziehungen zwischen Kaiser, Fürsten und Papst wieder, wie auch das Klagelied auf LUDWIGS Ermordung 1231 in Kelheim. Da wird hervorgehoben, wie er mit seinem Kreuzzug das Heilige Land gerettet und in seinem Aufruhr gegen den Kaiser König HEINRICH Einhalt geboten habe, was zu der irrigen Annahme geführt hat, der König stecke hinter der Ermordung des Herzogs.

Bruder Wernher

»Jung und alt, arm und reich, helfet mir klagen
des Fürsten Tod aus Bayerland; wer soll uns nun ergetzen
der großen Treue, die man stetigliche an ihm fand?
Dem Kaiser und dem Könige ist Hülfe an ihm erschlagen;
er konnte das Reich also berichten und besetzen,
daß er ohne allen Schaden stand über jedem deutschen Land.
Das Land über Meer wäre gar verloren
ohne seine starken Räthe.
Der Pabst und der Kaiser hatten großen Zorn:
die Sühne machte er mit Treue stäte
er schuf auch, daß der König blieb an seiner rechten Eh
wie er es hier verdienet hat, Gott gebe, daß es ihm dort baß ergeh.

Bayern und Pfalz am Rhein

HERZOG OTTO II.

Tannhäuser Auch des Kelheimers Sohn OTTO ist als Sängerfreund bekannt. TANNHÄUSER, der mit dem Tode HERZOG FRIEDRICH II. von Österreich seinen Wohltäter verlor und dem sein Besitz unter den Händen zerrann, ging an den Hof OTTOS; dieser war einige Zeit Reichsverweser in Österreich. TANNHÄUSER lebte 1247 an dessen Hof, in der Hoffnung, hier einen neuen Gönner zu finden. Er hat den Herzog im 5. Leich besungen. Aber offensichtlich hat OTTO seine Erwartungen auf das Hofdichteramt nicht erfüllt, denn er ist nicht unter den Fürsten zu finden, die im 6. Leich ob ihrer »milte« gerühmt werden.

Reinbot von Durne Anders verhält es sich mit REINBOT VON DURNE, einem Oberpfälzer. Er darf sich Hofdichter nennen: »des herzogn und der herzogin/der beider tither ich hie bin.« Der »herzog ûz Beierlant« und seine »hôch edel fürstin« beauftragten ihn mit der Abfassung der Legende vom heiligen Georg, der ihr Ideal und Vorbild war. Sie sprachen zu ihm, berichtet REINBOT: »Reinbot, Du sollst ein Buch dichten/ und in deutscher Sprache verfassen/ von unserem lieben Herrn, / dem heiligen Georg, / dem wir uns ganz unterwerfen wollen / und der uns noch in keiner Not verlassen hat.« REINBOT greift dabei auf die orientalische Märtyrerlegende zurück, wie der Dichter des althochdeutschen Georgliedes, macht den Heiligen aber zur ritterlich-höfischen Gestalt. Seine Vorbilder sind VELDEKE, HARTMANN VON AUE und WOLFRAM VON ESCHENBACH. Allerdings hat die Herzogin eine Bedingung gestellt: er darf in seiner Dichtung nicht lügen. »So wird auch dieses Buch vernommen / durch Herzog Otto. / Über dieses Buch darf niemand spotten, / da es in aller Treue / die reine Wahrheit berichtet. / Ich habe nicht so wenig Geist, / als daß ich es / nicht weitaus besser dichten und verzieren / und hier und dort / mit Lügen ausschmücken könnte. Nun hat es mir aber verboten / von Bayern die Herzogin, / der ich untertänig bin.« So sollte aus seinem Buch die ›Blume der Wahrheit‹ werden.

REINBOTS Bemerkungen sind das erste direkte Zeugnis dafür, daß Wittelsbacher Fürsten eine Dichtung in Auftrag gaben und auch für die Existenz von Hofdichtern am bayerischen Herzogshof. Denn bei der *Kaiserchronik* sind wir auf Vermutungen angewiesen, ebenso für den Anlaß zur Abfassung der oberdeutschen Servatiuslegende. Auch die Stellung NEIDHARTS im Amt des Hofdichters ist ja nicht mit letzter Sicherheit belegt.

Friedrich von Sonnenburg Kein Hofdichter, aber doch am bayerischen Hof zu Hause ist der fahrende Spruchdichter FRIEDRICH VON SONNENBURG im Pustertal, der mit seinen Sprüchen über Religion, Tugendliebe und Politik zu den zwölf alten Meistern gezählt wird. Er muß lange an OTTOS Hof geweilt haben, pries OTTO als Grundfeste der Christenheit und Blüte der Tugenden, kannte – wie auch TANNHÄUSER – des Herzogs Söhne LUDWIG und HEINRICH. Besonders das Lob HEINRICHS, des späteren Herzogs von Niederbayern hat er gesungen. Auch die unglückliche MARIA VON BRABANT, OTTOS Schwiegertochter, war ihm keine Fremde.

Hermann von Niederaltaich Die Geschichtsschreibung, deren Förderung im Hause Wittelsbach Tradition war, fand auch in OTTO ihren Freund; seine Beziehung zu HERMANN, dem Abt von Niederaltaich (1242 – 1273) zeigt dies. Unter OTTO II. Schutz kam die Abtei und ihre Geschichtsschreibung zu neuem Ruhm, nachdem die Grafen von Bogen ausgestorben waren. HERMANNS Wirken auch für das Kloster war nur durch OTTOS Schutz möglich. In die politischen Kämpfe zwischen Rom und dem Kaiser verwickelt, entzweite er sich mit OTTO, obwohl er mit ihm auf vertrautem Fuß stand. Auch OTTOS Söhne zeigten sich ihm wohlgesonnen, zu LUDWIG verhielt er sich wie ein Freund und zu HEINRICH fast wie ein Vater. Zwischen ihnen standen nur immer wieder Zwiste, bedingt durch den politischen Wirrwarr der Zeit.

HERMANNS Geschichtsschreibung ist kenntnisreich, aber geprägt von Rücksichten auf die Wittelsbacher, was besonders auf die *Genealogia Ottoni II ducis Bavariae et ducissae* zutrifft. Die *Annales et historiae Altahenses* bauen auf OTTO VON FREISINGS Werk auf und entstanden nach OTTOS Regierungszeit für seine Mönche. Die *Annales* waren weit verbreitet und fanden namhafte Fortsetzer, wie etwa EBERHARD VON REGENSBURG.

Als Herzog OTTO II. im Jahre 1253, noch unter dem Bann des Papstes, starb, gab ihm der berühmteste und sprachgewaltigste Prediger seiner Zeit, BERTHOLD VON REGENSBURG, die kirchlichen Tröstungen. BERTHOLD war an den Hof des Herzogs gekommen, um zwischen ihm und dem Papst zu vermitteln.

Erste Bayerisch-Pfälzische Landesteilung 1255
Oberbayern und Pfalz am Rhein

HERZOG LUDWIG II.

Albrecht von Scharfenberg

Die Hoffnungen, die TANNHÄUSER in OTTO II. gesetzt hatte, setzte ALBRECHT VON SCHARFENBERG offenbar mit ebenso wenig Erfolg in dessen Sohn LUDWIG. ALBRECHT dichtete zwischen 1270 und 1278 in Bayern ein Epos von etwa 6200 Strophen, den *Jüngeren Titurel,* der unter Verwendung von WOLFRAMS Titurelfragment Vorgeschichte und Fortsetzung des Parzivalstoffes in erweiterten Titurelstrophen behandelt. Er ist nicht mit dem Lyriker Scharfenberg der Heidelberger Liederhandschrift zu verwechseln. Während des ganzen Mittelalters galt der *Jüngere Titurel* als WOLFRAMS Werk. ALBRECHT VON SCHARFENBERG geht erst aus ULRICH FÜETRERS *Buch der Abenteuer* als Verfasser hervor. Auch ALRECHTS Versepen *Merlin* und *Seifrid de Ardemont* sind durch FÜETRERS Umarbeitung erhalten.

Herzog LUDWIG ist der »Beier prinz duc Loys et Palatinus« im *Jüngeren Titurel,* der ihm gewidmet ist. 1272 war Herzog LUDWIG ein Anwärter auf den Kaiserthron. Aber mit LUDWIGS Hoffnung auf die Kaiserwürde haben sich offenbar auch ALBRECHTS Wünsche nach Förderung zerschlagen. An anderer Stelle erwähnt ALBRECHT drei Fürsten als Gönner, deren Name zwar nicht erwähnt wird, wohl aber deren Geiz. Es kann sich dabei eigentlich nur um drei kleinere Wittelsbacher handeln.

Es gibt noch eine Verbindung zwischen den Wittelsbachern und dem *Jüngeren Titurel,* nämlich in den spärlichen Resten einer Titurelhandschrift, die in Kopenhagen gefunden wurden und wohl aus der kostbarsten Titurelhandschrift stammen. Sie kann nur Eigentum des Königs CHRISTOPHER II. gewesen sein, eines dänischen (und schwedischen und norwegischen) Königs aus der Wittelsbacher Linie Neuburg-Oberpfalz, der 1443 Kopenhagen zur Hauptstadt erhob. Er dürfte den Prachtcodex aus der Heidelberger Kurfürstenfamilie geerbt haben.

Die Meister Rumelant und Stolle

Ein Ereignis aus dieser Zeit, die voreilige Tat Herzog LUDWIGS des Strengen, der seine Gemahlin, MARIA VON BRABANT, 1256 in Donauwörth aus unangebrachter Eifersucht enthaupten ließ – zur Sühne stiftete er das Kloster Fürstenfeld – erregte besonders die Gemüter. In LUDWIGS näherer Umgebung sind es die Meister RUMELANT und STOLLE, die sich über den Vorfall äußern. »O weh! heute und immerfort« klagt Meister STOLLE und bedauert, daß der Herzog so Tugend und Würde verloren habe. Er muß die näheren Umstände genau gekannt haben, da er sogar die Anstifter der Tat, den von Isolsried und den von Brockenberg, nennt, die Gott schänden möge. Daß er so klagt über den Tod der Herzogin, die »gar ohne Schuld mit wahrem Morde« ihr Leben verlor, läßt in ihm ein früheres Landeskind MARIAS aus Brabant vermuten.

In meistersängerischer Weise preist dagegen Meister RUMELANT den Herzog als seinen Wohltäter und hebt mehr LUDWIGS Sühne als seine unbesonnene Tat hervor.

KAISER LUDWIG IV., DER BAYER

Die geistige und literarische Bewegung am Hof LUDWIGS DES BAYERN, dem jüngsten Kind aus LUDWIG II. dritter Ehe, ist geprägt vom letzten großen Kampf des Mittelalters zwischen Kaisertum und Papsttum. Die geistigen Berater und literarischen

5   Aus dem »Jüngeren Titurel«

Occam und die Minoriten

Helfer Ludwigs sind die bedeutendsten Vertreter des Minoritenordens, die aus Avignon geflohen waren und in Pisa zu Ludwig stießen: Michael von Cesena, Bonagratia von Bergamo, Franz von Marchia und Wilhelm von Occam, der dem Kaiser mit den Worten: »O imperator, defende me gladio, et ego defendam te verbo« seine Dienste angeboten haben soll. Sie folgten ihm nach München. Von dieser Reise nach Pisa hatte Ludwig übrigens eine Madonnenfigur mit nach Bayern gebracht, die das Wunderbild im Kloster Ettal wurde. Marsilius von Padua verfaßte noch in Paris, zusammen mit Johannes von Jandun den *Defensor pacis,* das einflußreichste politische Schriftwerk der Zeit. Ludwig ließ von Marsilius in München eine verkürzte Fassung herstellen, die das wichtigste Nachschlagewerk in der kaiserlichen Kanzlei wurde. Im *Defensor pacis* werden die Wurzeln der päpstlichen Macht angegriffen, denn Marsilius bestreitet, daß hierarchische Ordnung und Papsttum göttlicher Wille seien. Neben Marsilius war Occam der bedeutendste wissenschaftliche Beirat Ludwigs, der in der Folgezeit der Bedeutsamere von beiden werden sollte. Ihr Gegenspieler in Deutschland war Konrad von Megenberg.

Konrad von Megenberg

Konrad von Megenberg stammt vermutlich aus der Schweinfurter Gegend. Er studierte in Erfurt und Paris, wo er die Magisterwürde errang. Er versuchte, die Kluft zwischen der Kurie in Avignon und Ludwig zu überbrücken, wodurch seine Situation in Paris unhaltbar wurde. Besonders in seiner Schrift *Planctus ecclesiae in Germanium,* in der er mit rücksichtsloser Härte und schneidender Satire die Aussöhnung zwischen Kaiser und Papst fordert, machte er sich in Paris Feinde. Er wendet sich an Ludwig mit der Bitte um eine Pfründe in Regensburg, und verhandelt darüber mit dem Kaiser 1342 in Burghausen. Offenbar hat der Kaiser Konrad den Wunsch erfüllen können, denn wir finden ihn seit 1348 in Regensburg. 1354 wendet er sich gegen Occam und Ludwig mit seinem *Tractatum contra Wilhelmum Occam.* Bedeutung

22

über diese politischen Streitereien hinaus hat KONRAD VON MEGENBERG mit seinem *Buch der Natur* errungen, das von der Schrift *Liber de natura rerum* des THOMAS CANTI-PRATENSIS ausgeht und die ersten wirklichen naturwissenschaftlichen Erkenntnisse seiner Zeit bot.

Die Kanzlei LUDWIGS DES BAYERN war das literarische Zentrum seines Hofes. Hier erfolgte unter Einfluß von DANTES *De eloquentia vulgari,* in der »zum ersten Mal der Begriff einer nationalen Literatur- und Kunstsprache aufgestellt schien« (Rupprich) und sicher auch aus praktischen Gründen der Übergang vom Lateinischen zur Landessprache. LUDWIGS Kanzlei ist die erste aus der in kirchlichen und weltlichen Angelegenheiten deutsche Urkunden ausgehen. LUDWIGS Kanzler waren HERMANN HUMMELE, HEINRICH VON THALHEIM, ULRICH VON AUGSBURG als Pronotator und der Registrator BERTHOLD VON TUTTLINGEN, der mit einem fingierten Briefwechsel in den Streit zwischen Papst und Kaiser eingriff. Unbekannt ist der Autor eines mittelhochdeutschen Gedichtes auf LUDWIG, der aber auch in der Kanzlei zu suchen ist. Der Verfasser ist offenbar ein Schwabe gewesen und hat in dem in Bruchstücken überlieferten Gedicht versucht, LUDWIGS Ansehen literarisch zu verstärken. Über LUDWIGS Stellung zur Lyrik gibt es Hinweise: ». . .man könnte auf ein konservatives Beharren am Alten im Hinblick auf den höfisch-ritterlichen Frauendienst und die Beachtung des Formalen schließen.« (Rupprich) *Ludwigs Kanzlei*

Die literarhistorische Bedeutung des spätscholastischen Denkens und Wirkens am Hof Kaiser LUDWIGS DES BAYERN ist noch wenig untersucht. Es sollten Nachweise der Auswirkung auf den Humanismus zu führen sein. Jedenfalls hat der geistesgeschichtliche Umbruch um 1300 seinen Ursprung am Hofe LUDWIGS in München.

Auch die von den Wittelsbachern angeregte Geschichtsschreibung erlebte unter LUDWIG Höhepunkte. Unter seinem Einfluß treten reichsgeschichtliche und nicht genealogische oder landesgeschichtliche Aspekte in den Vordergrund. Besonders das Hauskloster Fürstenfeld tat sich mit dem *Chronicon de gestis principum* hervor, worin bis 1316 berichtet wird, als LUDWIG auf der Höhe seiner Macht stand. Welche Vorliebe der Kaiser gerade für dieses Kloster hatte, ist bekannt. Ebenso kaisertreu ist die Historie des ebenfalls unbekannten Verfassers der *Vita Ludovici IV. imperatoris,* die den ganzen Zeitraum seiner Regierung behandelt. *Geschichtsschreibung*

ALBRECHT VON HOHENBERG, der Freisinger Bischof und Kanzler LUDWIGS, der sich aber später auf die Seite des Papstes schlug, war ein hochgebildeter Mann. Er hatte gar den Dichter HEINZELEN zum Küchenmeister. Seine Chronik ist eines der bedeutendsten Geschichtswerke des Mittelalters, das sich dem Werk seines Vorgängers OTTO zur Seite stellen läßt. ALBRECHT galt auch als Verfasser der Chronik des MATTHIAS VON NEUENBURG, was aber nicht zutrifft. Diese Chronik ist möglicherweise von ALBRECHTS Bruder HUGO VON HOHENBERG in Auftrag gegeben worden, der um 1350 kaiserlicher Landvogt im Elsaß war. Dem Verfasser standen jedenfalls Vorlagen des ALBRECHT VON HOHENBERG zur Verfügung. *Albrecht von Hohenberg*

Nun können wir einige Wittelsbacher überspringen, noch über den Hausvertrag von Pavia vom 4. August 1329 hinaus, der die rudolfinisch-pfälzische und die ludovicisch-bayerische Linie schuf, bis zur Teilung in die drei bayerischen Herzogtümer.

6 Konrad von Megenbergs »Buch der Natur« ist einer der frühesten Versuche, dem deutschen Leser naturwissenschaftliche Werke in der Übersetzung aus dem Latein zugänglich zu machen

Bayern-München

Herzog Wilhelm III.

Petrus von Rosenheim

Über den ersten Herzog von Bayern-München, Johann und dessen Sohn Ernst, kann in unserem Zusammenhang geschwiegen werden. Erwähnenswert dagegen ist die Beziehung des zweiten Sohnes und zeitweiligen Mitregenten Herzog Ernsts, Wilhelm III., zu Petrus von Rosenheim, einem Vertreter des Reformschrifttums des frühen Humanismus, wenn diese Beziehung auch nicht dem literarischen Interesse des Herzogs entsprang. Er visitierte 1426 bis 1428 auf Einladung Wilhelm III. bayerische und schwäbische Klöster, zusammen mit Grünwalder, dem Halbbruder des Herzogs. Seine Briefe an Abt Ayndorffer von Tegernsee geben Auskunft über die Klosterreform und die Reformfreudigkeit der Herzöge Wilhelm, Ernst und Albrecht von Bayern-München und des Herzogs Ludwig von Bayern-Ingolstadt, denen die Reformfeindlichkeit des reichen Ingolstädters Heinrich gegenüberstand. Mit seinem *Roseum* leitete er die Blütezeit des mittelalterlichen Literaturzweiges der biblischen Mnemonik ein.

Herzog Albrecht II. (III.)

Ein kunstsinniger Mann mit literarischen Interessen war Wilhelms Neffe Albrecht, eben jener Albrecht, der sich Agnes Bernauer, das Badertöchterlein aus Augsburg, auf sein Schloß Vohburg holte. Und mit der Bernauerin kommen wir schon zu

Johannes Hartlieb

Johannes Hartlieb, dessen Ehefrau ziemlich sicher Sibilla gewesen ist, die Tochter aus Albrechts morganatischer Ehe mit der Badertochter. Hartlieb ist um 1400 geboren, er entstammt der Dienerschaft Ludwigs des Bärtigen von Ingolstadt, der auch sein erster Mäzen war. Der Ingolstädter ließ den jungen Hartlieb in Wien Medizin studieren, sein erstes Werk, eine Mnemotechnik *Kunst der gedächtnüsz,* schrieb er 1430 in dessen Auftrag. In Wien tat sich Hartlieb erstmals als Übersetzer hervor, mit der Übertragung des *Tractatus amoris* des Andreas Capellanus für den Wiener Herzog Albrecht VI. Dann kam es zum Zerwürfnis mit Ludwig und seit 1440 stand Hartlieb als Leibarzt in den Diensten Herzog Albrechts, der ja mit den Ingolstädtern nicht gerade auf bestem Fuß stand. Er erhielt einen Sold von 120 Gulden rheinisch in Gold und die ehemalige Münchner Judenschule als Haus. Offensichtlich war er an der Judenvertreibung von 1442 beteiligt. Für seinen Stiefschwager, Albrechts Sohn Sigismund, übersetzte er später die pseudoalbertinischen *Secreta mulierum* mit den Erläuterungen des Tortula, ein gynäkologisches Werk. Da es aber Sigismund wohl mehr um Neugier am Geschlechtlichen als um Bildungsbeflissenheit ging, hatte Hartlieb ein schlechtes Gewissen, denn »wasz ubels da von geschech, dar an wil ich nit teyl haben« schreibt er Sigismund. Sie haben offenbar sogar eine Geheimschrift erfunden: »Aller genedigster Herr, ich pit ewer genad, das ir das cappitel verhalt oder aber mit verborgen buchstaben, der ich ewer fürstlichen genaden fyl geben hab, schreyben lassen, wan sollten die stück kommen in leichtförtig menschen gewalt, so wird grosz sünd dar durch geschechen, das ich ouch von mir nit gemert wöll.«

Für die Herzogin Anna übersetzte er eine lateinische Version des Alexanderstoffes, *Das Buch vom großen Alexander* um 1444, das ein wahres Volksbuch wurde und

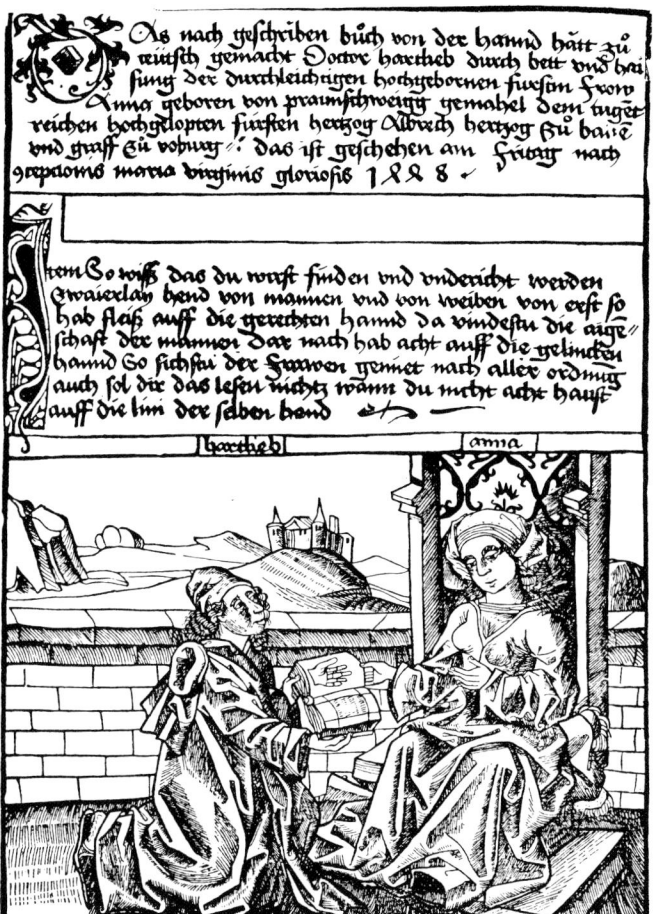

Als nach geschriben buch von der hannd hätt zu
teutsch gemacht Doctor Hartlieb durch bett vnd hai
sung der durchleichtigen hochgebornen fürsten Frow
Anna geboren von praunschweig gemahel dem tuger
reichen hochgelopten fürsten hertzog Albrecht hertzog zu baiern
vnd graff zu vohurg · Das ist geschehen am Fritag nach
trepdoms maria virginis gloriose 1448 ·

Item So wiß das du wirst finden vnd vndericht werden
zwaierlay hend von mannen vnd von weiber von erst so
hab fleiß auff die gerechten hannd da vindestu die aige
schaft der manner dar nach hab acht auff die gelincken
hannd So sichstu der Frawen gement nach aller ordnug
auch sol dir das lesen nichtz wann du nicht acht haust
auff die lini der selben hend

Hartlieb   Anna

7–8 Johannes Hartlieb
dediziert seine 1448
geschriebene und 1473
gedruckte »Chiromantia« der
Herzogin Anna, für die er auch
das »Buch vom großen
Alexander« übersetzte, das ein
wahres Volksbuch werden
sollte

da kostlichen hoff beruffen vnd pflag der sitten die dan die
grossen kunig in persia pflagen

zwei Jahrhunderte blieb. Im Auftrag seines Freundes PÜTERICH übersetzte er den *Dialogus Miraculorum* des CÄSARIUS VON HEISTERBACH. Man wirft HARTLIEB wohl nicht zu Unrecht Liebedienerei vor, aber dieser vielseitige Schriftsteller ist einer der profiliertesten Autoren Münchens im 15. Jahrhundert. Sein Hauptwerk ist medizinisch-naturkundliche Fachliteratur, im Interesse seiner fürstlichen Auftraggeber allgemeinverständlich abgefaßt. Aber Bedeutung erhält er durch seine Übersetzungen der lateinischen Erzählliteratur, worin er sich mit den schwäbischen Frühhumanisten berührt.

Püterich Genannter PÜTERICH VON REICHERTSHAUSEN entstammt einem der ältesten Patriziergeschlechter Münchens. Er stand ALBRECHT sehr nahe und wurde von ihm zu wichtigen Geschäften herangezogen. Er war selber weniger Literat als begeisterter Sammler von Handschriften und mittelhochdeutscher Dichtung, ein Freund alles Rittermäßigen. Wir werden später im Zusammenhang mit MECHTHILD VON ÖSTERREICH noch auf ihn stoßen.

Johannes von Um noch einmal auf ALBRECHTS Liaison mit AGNES zurückzukommen, sei JO-
Indersdorf HANNES VON INDERSDORF erwähnt. Dieser Augustiner-Chorherr und Probst von Indersdorf wurde bereits von WILHELM III. bei seinen Bemühungen um eine Klosterreform in Bayern gefördert. Als nun Herzog ERNST die unerwünschte Schwiegertochter in die Donau stoßen ließ, machte Probst JOHANNES seinen Einfluß als AL-BRECHTS Beichtvater geltend und trug zur Versöhnung der beiden bei. Seine geistlichen Bemühungen um ALBRECHT nach der Agnes-Katastrophe trugen literarische Früchte, die über seine sonstigen Schriften etwa zur Klosterreform – sie sind noch nicht alle erforscht – oder zur Erbauung, wie den *Geistlichen Betrachtungen und Gebeten* vermutlich für ELISABETH VON EBRAN, hinausgehen. Da sind die *Fürstenlehren* und die *Geistlichen Betrachtungen, vor Tisch zu lesen auf alle Tage der Woche,* also eigentlich Tischpredigten, mit denen er seinen Einfluß auf ALBRECHT zu stärken wußte, ebenso wie die *Tobiaslehre.* Sein weit verbreitetes Hauptwerk, die Lehre *Von dreierlei Wesen der Menschen,* entstand aus demselben Motiv.

Nachdem ALBRECHT Mitregent geworden war, erhob er JOHANN zum Geheimen Rat. Er förderte wie sein Onkel dessen Reformgedanken. ALBRECHTS Angebot, auf dem Berge Andechs ein Augustinerchorherrenstift zu gründen, lehnte JOHANN allerdings zugunsten der Benediktiner ab.

Michael Beheim MICHAEL BEHEIM, der so manchem fürstlichen Herrn diente, verbrachte auch einige Zeit am Hofe ALBRECHTS, wo er sich mit PÜTERICH anfreundete. Wir finden ihn später am Hofe FRIEDRICH I. des Siegreichen von der Pfalz wieder.

Johannes Keck JOHANNES KECK aus Giengen, der erste Bürgerliche, der in das Kloster Tegernsee eintrat (nachdem er es in Wien zu akademischen Ehren gebracht hatte), trat in Beziehung zu ALBRECHT, dessen Beichtvater er wurde, und zu JOHANN GRÜNWALDER, der ihn als Gesandten nach Basel schickte. Von etwa fünfzig Schriften dieses Freundes des NICOLAUS CUSANUS sind nur wenige gedruckt.

Hans Schiltberger Mehr der Kuriosität wegen sei HANS SCHILTBERGER erwähnt, der ein weitgereister Mann war, bevor er ALBRECHTS Kämmerer wurde. »Ich, Hanns Schiltperger pin von meiner heymatt außgezogen, von der stat genannt München, die da leyt in Payren...« Er geriet 1396 in türkische Gefangenschaft und erlebte viele Abenteuer, die er in einem Reisebuch schildert. Manches ist dabei von MARCO POLO entlehnt, aber in den Teilen, in denen er über seine Gefangenschaft und die Länder, die er selber sah, berichtet, gilt sein Buch als hervorragende geographische Quelle.

HERZOG ALBRECHT III. (IV.)

Ulrich Füetrer Um 1460, ALBRECHTS Todesjahr, trat der Maler, Dichter und Chronist ULRICH FÜETRER in Verbindung zum Hof. In den Jahren 1473 bis 1478 entstand sein *Buch der Abenteuer,* dessen Auftraggeber er in einem Akrostichon nennt: »Dem Durchleuchtigenn Hochgebornn Fürstenn unnd Herren Herren Albrecht PfalltzGraf Bey

Von eines künigs sun.

By dem abubachir was ains künigs sun auß der grossen Tartara dem kam botschafft das er haym käme wann man ym das künigreych ein antwurten wölt. er bat den Abubachir das er ym das erlaubt das thet er und also zoch er haym mit sechßhundert pferden Do zoch er selb fünffte mitte ym in die grossen tartara. Jr sült mercken durch wöliche land er zoch zum ersten zoch er durch das land genät Strana daryn wachsen seyden Darnach durch ein land genant Eurfey daryn sind custen und halten auch custenlichen ge auben unnd sant Jörg ist haubther daryn Darnach zoch er in ein land ge kreyssen lochinscham darynn wåchst auch seyden. Darnach zoch er durch eins genant Schurban do wåchst die seydë do mã die gütten tücher zü damascht vnd zü kaffar auß macht Vnd auch in der haydenschafft die haubtstat bursa gelegen in der Türkei die seyden bringt man auch gen Venedig vnnd gen Lückcha co man die gütten Sammat wücket. Es ist aber gar ein vn gesunnds land. Darnach zoch er durch eyn lannde genannt

9 Hans Schiltberger, Herzog Albrecht II. (III.) Kämmerer, schilderte seine Erlebnisse in fernen Ländern in seinem Reisebuch

10 Ulrich Füetrer schrieb sein »Buch der Abenteuer« im Auftrag Herzog Albrecht III. (IV.)

Rein Inn Obernn unnd Niederen Bayren Ett Zettera«. Es ist eine Zusammenfassung der wichtigsten Ritterromane besonders des Grals- und Artuskreises. Die rund 41500 Verse sind in der Titurelstrophe geschrieben, bewußt in Form und Inhalt an ALBRECHT VON SCHARFENBERGS *Jüngeren Titurel* angelehnt; unter anderem ist auch der *Parzival* eingearbeitet. FÜETRER gehört mit PÜTERICH in die späte Gefolgschaft der Wolframnachahmer. Zu dem literarischen Kreis, für den er schrieb, gehört neben dem Hof Herzog SIEGMUNDS des Münzreichen von Tirol auch die Erzherzogin MECHTHILD. In erster Linie aber schrieb er für ALBRECHT und die am mittelalterlichen höfischen Wesen wie auch an der neuen Strömung des Humanismus interessierten Kreise des Hofes. Auch sein *Buch der Abenteuer* dient der repräsentativen Selbstdarstellung des Herzogs.

Für ALBRECHT schrieb er 1478 bis 1481 seine *Historie, Gesta und Getat von den edlen Fürsten des löblichen Hauses Bayern und Norigau,* wobei allerdings seine Hauptaufgabe mehr im Sammeln von Vorlagen als im selbständigen Gestalten bestand. Große Unterstützung fand er bei EBRAN VON WILDENBERG, der ihm sein Material und seine Chronik zur Verfügung stellte. Er hat ganze Passagen wörtlich abgeschrieben, was aber damals durchaus üblich war. FÜETRER schrieb über seine Mühen: »das ich, wais Got, nicht sunder gross arbait zusamen gerefelt, klawbt und ersuecht hab aus vil namhaften croniken.« AVENTINS späteres Urteil über diese Chronik ist vernichtend. »Is nit war; schreibt kain rechte history«, heißt es da, und »Narrenwerk«, »Lautter merl, is nit war«, »Hat das Latein nit verstanden; wais nit, was dux in latein domals gewesen«. Die Chronik wurde später von vermutlich anderer Hand bis 1508 weitergeführt und enthält eine recht gute Charakteristik Herzog ALBRECHTS und seiner Brüder.

Wie FÜETRER mit dem herzoglichen Hof in Berührung kam, ist nicht bekannt. Es mag sein, daß der kunstsinnige ALBRECHT ihn als Hofmaler engagierte, wahrscheinlicher ist, daß ihn PÜTERICH unter seine Fittiche nahm und ihn bei Hof einführte. Zu ihm hatte er eine enge Bindung und verehrte ihn innig. Auch HARTLIEB hatte Einwirkung auf ihn.

Augustin Kölner, Veit von Ebersberg

Geschichtsschreibung im Auftrage des Herzogs betrieb auch sein Geheimschreiber AUGUSTIN KÖLNER, der später auch in Diensten WILHELM IV. stand. Er verfaßte »aktenmässig und in beginnendem Kanzleistil« (Doeberl) die offizielle Geschichte des Landshuter Erbfolgekrieges. Für seinen Sohn WILHELM ließ ALBRECHT von VEIT VON EBERSBERG das *Chronicon Bavariae* schreiben.

Im Vergleich zum Literaturbetrieb am Hofe seines Vaters ALBRECHT DES FROMMEN wirkt das Treiben am Hofe des Sohnes mit dem Beinamen der Weise eher konservativ.

Hans Schneider

Es gibt da den gebürtigen Augsburger HANS SCHNEIDER, der ein politischer Spruchdichter von reichstreuer, religiöser Gesinnung, Frische und Naivität »unbeschwert von sachlichen Erwägungen« (Goertz) war. Dieser treue Gefolgsmann Kaiser MAXIMILIANS ist jedoch nicht ALBRECHT selber, sondern seinem Bruder CHRISTOPH zuzuordnen. Er nennt sich selber »Maister Hans Schneider, seiner genaden sprecher, des durchleichtigen, hochgeporn fürsten und hern Christofels von pairn.«

Hans Heseloher

HANS HESELOHER, ein Lieddichter im Stile NEIDHARTS, als Dichter weit unter ihm stehend, aber wie dieser ein unbändiger und fröhlicher Schilderer und Verspötter des Bauernlebens, gehört zum Umkreis ALBRECHTS, ohne daß direktes Mäzenatentum nachweisbar wäre. Er ist zu Beginn des 15. Jahrhunderts in Wolfratshausen geboren, war herzoglicher Zöllner in München, Landrichter und Pfleger in Pähl und Stadtrichter in Weilheim. Die schriftliche Überlieferung seiner Sprüche ist spärlich.

Bayern-Landshut

Herzog Ludwig IX., der Reiche

Jener Hans Ebran von Wildenberg, der mit Ulrich Füetrer befreundet war *Hans Ebran von*
und ihm bei der Abfassung seiner Chronik half, lebte am Hof in Landshut. Er war *Wildenberg*
aus niederbayerischem Adel und nahm an den Kriegen seines Landesherrn Ludwig
des Reichen teil. Besonders bei der Schlacht von Giengen tat er sich hervor und
wird unter den Hauptmännern erwähnt. Der Rat der Stadt Landshut präsentierte ihn
dem Herzog als Stadtrichter. In Burghausen war er Hofmeister der von Landshut
verwiesenen Gemahlin Ludwigs, der Herzogin Amalie, und begleitete später auch
die ehemals so gefeierte Herzogin Hedwig, der von ihrem Gemahl Georg dasselbe
Schicksal zuteil wurde wie ihrer Schwiegermutter. Als Herzog Georg seine Tochter
Elisabeth zur Erbin bestellte, wurde Wildenberg als einer der Testamentsvollstrek-
ker genannt, starb aber noch vor Herzog Georg.

Die Tatsache, daß Wildenberg so oft das Ehrenamt des Hofmeisters erhielt, ist
ein Beweis, wie hoch Herzog Ludwig und dann auch Herzog Georg seine Ver-
läßlichkeit einschätzten. Ein wenig mag aber auch der Wunsch des Herzogs eine Rolle gespielt haben, sich den sittenstrengen Mahner vom Leibe zu halten, um unge-
störter in Landshut umzutreiben. Ob Wildenberg seine Chronik im Auftrag des
Fürsten schrieb, ist nicht belegt, aber zu vermuten. Eines der Motive dazu war für
Wildenberg sicher die Verehrung der Wittelsbacher, auch wenn sie wohl nicht von
der Mahnung an die Fürsten ausgeschlossen sind, die im Vorwort dieser bis auf Noah
zurückgehenden Chronik ausgesprochen wird: »Oh, ihr Fürsten, geistlich und welt-
lich, wendet die großen Sünden, dass nicht der Zorn Gottes auf die Christenheit
falle. Ihr müsst wahrlich dafür Antwort geben vor dem letzten Gericht, so Himmel
und Erden vor dem ernstlichen Richter erzittern.«

In der bayerischen Historiographie markiert seine Chronik der Fürsten von Bayern
die Übernahme der deutschen Sprache neben der lateinischen und die wachsende
Bedeutung der Laien neben den Geistlichen. »Seine persönlichen Tugenden machen
die Qualitäten seines Werkes aus, seine Redlichkeit. . .seine Treuherzigkeit gegenüber dem Herrscherhaus, sein unabhängiges Urteil und seine gradlinige Frömmigkeit.« (Glaser)

Gewiß kein Gefolgsmann Ludwigs ist der streitbare Nürnberger Meistersinger *Hans Rosenplüt*
Hans Rosenplüt gewesen. Aber immerhin hat er, obwohl kein großer Freund der
Fürsten, ein Panegyrion auf Ludwig verfaßt.

Georg der Reiche

Ludwig des Reichen Sohn Georg trug seinen Teil zur Geschichtsschreibung bei,
indem er den Niederaltaicher Koadjutor und nachmaligen Abt Georg Hauer förder- *Georg Hauer*
te, der seine *Gesta illustrium ducum Bavariae* 1479 fertigstellte. Aventin, der sie zu
seiner Geschichtsschreibung benutzte, erwähnt sie ehrenvoll.

Georg der Reiche holte Konrad Celtis 1492 nach Ingolstadt, »einen der Trium- *Konrad Celtis*
vire unter den deutschen Wiederherstellern der Literatur, der im Jahre 1492 durch
eine gehaltvolle Rede seinen Lehrantritt in der Dicht- und Redekunst feierte«
(Günthner). Celtis hat Herzog Georg, auf dessen Bildungsdrang er starken Einfluß
hatte, in einem lateinischen Gedicht gefeiert. 1498 verließ er Ingolstadt wieder, unter
anderem deshalb, weil ihm das bayerische Bier nicht schmeckte.

Bayern-Ingolstadt

Andreas von Regensburg Unter den Ingolstädtern ist in unserem Zusammenhang Ludwig der Bärtige interessant, besonders durch seine Beziehung zu Andreas von Regensburg. Dieser gelehrte Mann ist vermutlich ein gebürtiger Straubinger gewesen, dort zur Schule gegangen und seit 1401 in St. Mang in Regensburg zu finden, wo er etwa 1438 starb. Er ist der Verfasser eines verloren gegangenen Stammbaums der Wittelsbachischen Fürsten, der die Jahre von 1180 bis 1413 umfaßte und um 1425 Herzog Ludwig gewidmet und überreicht wurde. Der Herzog belohnte ihn großzügig und regte ihn zu seinem nächsten Werk an, der *Chronica de principibus terrae Bavaorum,* das er allerdings schon vorher geplant hatte. Diese Chronik existiert in zwei Fassungen, die zweite hat er als *Chronik von den Fürsten zu Baiern* selbst übersetzt. Sie gilt als »köstliches Denkmal der baierischen Sprach- und Literaturgeschichte« (Leidinger) und zählt zu den besten Erzeugnissen der bayerischen Mundart des 15. Jahrhunderts. Die lateinische Fassung ist 1558 nochmals von Georg Frölich, dem Rat des Kurfürsten Ottheinrich übersetzt worden, der nichts von der schon existenten zweiten Fassung wußte. Andreas' Chronik ist von Aventin, der sie ebenso wie Füetrer, Arnpeck, Wildenberg und Schedel benützte, sehr gelobt worden. Er nennt den Regensburger gar einen bayrischen Livius.

Zu Ludwig dem Bärtigen hatte Andreas ein sehr gutes, persönlich gutes Verhältnis, auch wenn er ihn in seiner Geschichtsschreibung relativ objektiv betrachtet. Auch mit Herzog Ernst von Bayern-München hatte Andreas Kontakt. Als Vertreter des Klosters wurde er 1431 von Ernst in Straubing in Audienz empfangen. Der Herzog nahm ihn vertraulich bei der Schulter und erkundigte sich, was er demnächst in seiner Chronik schreiben werde. Darauf Andreas: »Gnädiger Fürst, wenn ihr darüber mich gütig hört, weswegen ich vor Euch stehe, soll Euer Lob das erste sein, was ich niederschreiben werde.«

Das Mäzenatentum Ludwigs gegenüber seinem Landeskind Johannes Hartlieb ist bereits hervorgehoben worden. Herold und Wappendichter des Herzogs ist Johann *Johann Holland* Holland gewesen. Dieser um 1390 in Eggenfelden geborene Mann ist ein »lustiger Mann gewesen, der immer bei gesundem Appetit verblieben und ein durstiges Leberlein hatte« (H. Holland). Dem Herzog diente er mit seinen ungewöhnlichen Sprachkenntnissen – er beherrschte Latein, Französisch, Englisch, Polnisch und Ungarisch. Mit Ludwig kam er an den Hof Kaiser Sigmunds, dessen Kanzler Kaspar Schlick ihn mit einer gereimten Aufzählung des gesamten bayerischen Adels beauftragte, der am Turnier von Schaffhausen 1392 teilgenommen hatte. Diese damals weit verbreiteten Turnierreime, die einzigen Reime Hollands neben einem gemalten Wappen mit Reimsprüchen, die uns bekannt sind, waren eine der Quellen, aus denen Püterich für seinen *Ehrenbrief* schöpfte.

Es soll nicht unerwähnt bleiben, daß Ludwig der Bärtige selber zur Feder griff. 1428 verfaßte er für seinen Sohn in Briefform eine Instruktion über das taktische Verhalten im Krieg, die er aus eigenen Erfahrungen geben konnte.

11   Modell zum Grabmal Herzog Ludwigs des Bärtigen von Hans Multscher

Die Herzöge und Kurfürsten in München

WILHELM IV.

Gemäß der von ALBRECHT IV. DEM WEISEN eingeführten Primogenitur übernimmt 1508 sein Sohn WILHELM die Regierung, zunächst bis 1511 unter der Vormundschaft seines Onkels WOLFGANG, dann allein, bis 1516 sein Bruder LUDWIG X. die Mitregentschaft übernimmt. LUDWIG X. stirbt 1545, von da an regiert WILHELM wieder allein.

Aventinus In Ingolstadt hatte der 18jährige JOHANN TURMAIR aus Abensberg studiert, hier machte er die Bekanntschaft mit dem ›Erzhumanisten‹ KONRAD CELTIS, aus der Bekanntschaft wurde Freundschaft. Von CELTIS gingen die Anregungen großer Geschichtsschreibung auch an TURMAIR, der sich nach Humanistenmanier AVENTINUS nannte, nach seiner Vaterstadt: ».. . im täglichen Kampf der Schulen und der Geister wurden sie Freunde: Celtis, der leichte, bewegliche Franke, und Turmair, der schwerblütige Niederbayer . . .« (Hubensteiner). Die Wende kam für AVENTIN 1509, als er nach Burghausen gerufen wurde, um die Erziehung der Wittelsbachischen Prinzen LUDWIG und ERNST zu übernehmen. Für LUDWIG entfiel der Unterricht, als er 1511 Mitregent wurde, aber Lehrer des Herzogs ERNST blieb AVENTIN bis 1517. Dann erhielt der Verfasser einer lateinischen Grammatik und eines Lehrbuchs der Musik den Auftrag zu einer ausführlichen Geschichte Bayerns. Sämtliche Archive des Landes wurden ihm für seine Studien zugänglich gemacht. Er hatte eine langwierige Aufgabe vor sich, eine Arbeit, von der er sagt: »sie muß ihr Zeit und Weil haben, will nit mit ungewaschnen Händen angetascht und überrumpelt sein.« Zwei Jahre durchreist er ruhelos das Land: »Demnach hab ich nach meinem ganzen vermügen gearbait, tag und nacht kain ru gehabt, vil hitz und kelten, schwaiß und staub, regen und schnê, winter und summer erlitten; das ganze Baierland durchritten, alle stift und clöster durchfaren; puechkammern und -kästen fleissig durchsuecht; allerlei handschriften, alte freihaits- und übergabsbriefe, chronica, rüef, reimen, sprüch, lieder, abenteuer, gesang, petpüecher, messpüecher, salpüecher, kalender, totenzedel, register, der heiligen leben durchlesen und abgeschriben; heiligtum, monstranzen, seulen, pildnus, creutz, alt stain, alt münz, greber, gemêl, gewelb, estrich, kirchen, überschrift besuecht und besicht; all winkel durchschloffen und durchsuecht . . .«. Derartige Forschung hat vor ihm keiner betrieben. Mit seinen Entdeckungen, die heute zum Teil verschollen sind, zieht er sich nach Abensberg zurück, bei der Arbeit nur hie und da von hohem Besuch gestört, von Herzog LUDWIG, Bischof ERNST VON PASSAU, LEONHARD ECK, MATTHÄUS LANG und dem Salzburger Kardinal: »Der hochwirdigst fürst und herr, mein genedigster herr cardinal zue Salzburg ist selbs in aigner person zu mir gein Abnesperg, solch chronicen nur zue besichten, geriten, hat auch meinen fleiß . . . erkent . . .«.

Voll Stolz auf sein Bayern ist die Chronik auch eine Weltchronik, beginnend mit der Erschaffung der Welt. 1521 liegen die *Annales ducum Boiariae* vor, die er auf Wunsch Herzog LUDWIGS bis 1533 ins Deutsche überträgt. Aber diese *Baierische Chronik* ist mehr als eine Übersetzung. Sie ist ein neues Werk in volksnaher, gewachsener Sprache, die in ihrer Kraft und ihrem Reichtum des Ausdrucks an LUTHER erinnert, ein literarisches Dokument, das GOETHE warm gelobt hat. Auch heute wird noch gerne

12 Widmungsbild zu einem Gedichtband Aventins.
Die Überreichung der Handschrift an Albrecht IV.

14 Aventins Epitaph in Regensburg

13 Vorwort der »Annales ducum Boiariae« von Aventinus

15 Titelblatt der deutschen Übersetzung der »Annales«

daraus zitiert wenn es gilt, das bayerische Volk zu schildern. 1589 ließ Herzog WILHELM V. die Chronik von dem Exjesuiten MICHAEL ARRODENIUS für die studierende Jugend bearbeiten.

Der »Bayerisch-Fürstliche Geschichtsschreiber«, wohl bestallt, mit einem Haus in Abensberg, einem in Regensburg und einem Bauerngut, der neuen Lehre LUTHERS zugetan, ohne je Protestant zu werden, wird von den Wirren der Zeit in Mitleidenschaft gezogen. Am 7. Oktober 1528 wird er verhaftet: »Man verhaftet mich nachts in Abensberg wegen des Evangeliums . . .«. Ob es Herzog WILHELM in München war, der das veranlaßte oder ein übereifriger Beamter, wissen wir nicht. Die Haft dauert zwar nur zehn Tage, er wird durch den Einfluß LEONHARD VON ECKS und der Herzöge ERNST und LUDWIG wieder entlassen, aber er ist zutiefst getroffen. Er zieht sich nach Regensburg zurück, heiratet mit 52 Jahren, schon kränklich. 1530 reist er zu MELANCHTHON nach Augsburg zum Reichstag. MELANCHTHON muß ihm ausreden, nach Wittenberg überzusiedeln. 1533 begleitet er LEONHARD ECKS Sohn OSWALD auf die Hohe Schule nach Ingolstadt, so wie er es einst mit dem jungen Herzog ERNST machte, und holt sich auf einem winterlichen Ritt 1534 nach Regensburg den Tod, wo er am 9. Januar stirbt. Die Inschrift auf seinem Grabstein lautet in der Übersetzung: »Johannes Aventinus, ein Mann von einzigartiger Gelehrsamkeit, erfüllt von Glauben und von Frömmigkeit, seiner Heimat eine Zierde, immer Freund der wahren Religion und all dessen, was ehrenvoll ist . . .«.

Gegenreformation   Wie sehr Aventin ein »Freund der wahren Religion« gewesen ist, haben wir gesehen. Es ist nicht verwunderlich, daß ihm seine offene und liberale Art des Denkens in diesen Dingen unter Herzog WILHELM Schwierigkeiten machte, einem Fürsten, der nicht nur die wissenschaftliche Kontroversliteratur im Sinne der Gegenrefomation förderte, sondern auch versuchte, die katholische Glaubenslehre in der Volkssprache zu verteidigen und zu verbreiten. So wurde der Ingolstädter Professor JOHANN ECK, der sich bereits durch umfangreiche schriftstellerische Tätigkeit einen Namen gemacht hatte, 1537 mit einer deutschen Bibelübersetzung beauftragt. Ebenso wurden im Interesse der Gegenreformation auch Männer wie der Benediktiner WOLFGANG SEIDEL und der Franziskaner KASPAR SCHATZGEYER angeregt und gefördert. Die Sammelausgabe von SCHATZGEYERS lateinischen Schriften wurde 1543 in Ingolstadt auf Veranlassung LEONHARD VON ECKS und mit einem Empfehlungsschreiben der Herzöge WILHELM und LUDWIG publiziert.

ALBRECHT V., DER GROSSMÜTIGE

Andreas Fabricius   Auch unter WILHELM IV. Nachfolger, Herzog ALBRECHT DEM GROSSMÜTIGEN, gingen die Bemühungen in dieser Richtung weiter. ANDREAS FABRICIUS, Professor der Philosophie zu Löwen, stand im Dienst der süddeutschen Gegenreformation. Beachtung fand besonders sein polemisches Werk *Harmonia confessiones Augustanae* . . . Er diente in seinen letzten Lebensjahren dem Herzog ALBRECHT als geistlicher Rat und wirkte auf die Erziehung seines Sohnes ERNST ein, des späteren Erzbischofs und Kurfürsten von Köln. 1568 wurde zur Hochzeit Herzog WILHELM V. mit RENATA VON LOTHRINGEN der *Samson* des ANDREAS FABRICIUS gegeben, der in München entstand und mit der Musik ORLANDO DI LASSOS ein großer Erfolg wurde. Die Förderung der katholischen Erbauungsliteratur durch den Hof erlebte auf dem Theater eine neue Blüte. »Der Hof nahm größten Anteil an den Aufführungen. Die Einheit von Religion und Welt, von Kirche und Staat, die man nun wiedergefunden zu haben glaubte, fand nirgends so vollkommenen Ausdruck wie hier im geistlichen Theater des ausgehenden sechzehnten Jahrhunderts.« (Lutz). Die »bewußte literarische Lenkung« (de Boor-Newald) durch ALBRECHT V. in Zusammenarbeit mit den gegenreformatorischen Kräften in Bayern bedarf noch sehr der Erforschung. Die Bemühungen ALBRECHT V. in Zusammenarbeit mit den Jesuiten war nicht immer sehr erfolgreich.

Je nach Bedarf bediente man sich der deutschen oder der lateinischen Sprache. Polemische Streitschriften wie die *Drei christlichen Predigten* des Georg Lauther von 1571 fanden wenig Anklang, ebenso wie die vom Herzog besonders geförderte Legendensammlung *De probatis Sanctorum historiis* des Laurentius Surius aus Lübeck. Die Sammlung wurde 1570 bis 1575 in fünf Foliobänden gedruckt, fand aber auch in der deutschen Übersetzung des Hofpredigers Johannes a Via (Zumwege) keinen Anklang. A Via war Kölner, vielleicht hat er in seiner Übersetzung *Historien der lieben Heiligen Gottes* den Ton, den man in Bayern bevorzugte, nicht getroffen, zum anderen war aber auch die Zeit für derartige Legenden in mittelalterlichem Stil vorbei.

Erfolgreicher waren die von Petrus Canisius bekehrten Konvertiten Johann Jakob Rabe und Johannes Nas. Rabe, ein Straßburger, trat 1565 in Dillingen zum Katholizismus über. Er war Herzog Albrechts Hofprediger in München. Johannes Nas aus Eltmann bei Nürnberg war zunächst Schneidergeselle, bevor er in München zu den Franziskanern ging. Seine streitbaren, polemischen Predigten waren populär genug, daß ein Fischart sich daran rieb. Nas gilt als der begabteste katholische Polemiker seiner Zeit, dessen Satire volkstümlich und schlagfertig war, wie beispielsweise im *Antipapistischen Eins und Hundert,* einer Antwort auf Hieronymus Rauschers *Hundert auserwählte papistische Lügen* und seine Angriffe auf Luthers Tischreden zeigen.

J. J. Rabe, Joh. Nas

Wiguleus Hund war der einflußreiche Rat Albrecht V. Er vertrat mit Schärfe den katholischen Standpunkt gegen die reformatorische Bewegung. In seinem *Bayerischen Stammenbuch* und seiner *Metropolis Salisburgensis* lieferte er wertvolle Beiträge zur bayerischen Kirchengeschichte, ohne allerdings zu Aventin in Konkurrenz treten zu wollen.

Wiguleus Hund

Unbedeutend dagegen sind Leute wie der Italiener Giovanni Fineto, der am Hofe Albrechts Aufnahme gefunden hatte. In langen und langweiligen Lobhudeleien ergeht er sich beispielsweise in seiner Rede zur Ankunft der österreichischen Erzherzöge 1577 in München. Liebedienerisch schmeichelt er seinem herzoglichen Gönner.

Wilhelm V.

Richard Alewyn nennt Ägidius Albertinus nicht nur den fruchtbarsten Vertreter, sondern auch die eindringlichste Stimme des finsteren Geistes des deutschen Frühbarock. Albertinus ist seit 1593 in München nachweisbar, vermutlich war er der Reformation wegen aus Deventer ausgewandert. Wir finden ihn als Hofkanzlisten in den Diensten des Herzogs Wilhelm, bald wird er Hofratssekretär, und tritt in die Dienste des Sohnes Max, mit dem sich Wilhelm seit 1594 die Regierung teilt, um 1597 zu Gunsten dieses nachmaligen Kurfürsten Maximilian zurückzutreten. Neben seinen Amtsgeschäften widmet er sich von Anfang an seinen literarischen Arbeiten, wobei er vom Herzog auch finanziell unterstützt wird, recht großzügig sogar; er kann ein Haus kaufen, versieht seinen Dienst mit »schuldigem und emb[s]igen vleiß« und ist mit »viln klainen Kindern beladen«. Er verfaßt Traktate über Hauswesen und Ehestand, Kriegerstand und Klosterleben, immer belehrend im Sinne der Gegenreformation, er vertritt Sittenstrenge und asketische Geistesrichtung. Albertinus schrieb das erste Buch des volkstümlichen Barock: *Lucifers Königreich und Seelengejäidt* (1617), in dem er Anekdoten und Kuriositäten aus Natur-, Welt- und Heilsgeschichte in das »allegorische Fachwerk oder die enzyklopädischen Ordnungen mittelalterlicher Summen und Specula« (Alewyn) füllt. Er begreift sich als Volksschriftsteller und will in die Breite wirken. »Dabei ist das Einfühlungsvermögen dieses Niederländers in bayrische Art und Sprache von solcher Genialität, daß in seinen Schriften das Eigentümliche und Eigenständige der bayerischen Hochsprache des sechzehnten Jahrhunderts am deutlichsten zum Ausdruck kommt. Seine Sprache zeigt am besten, was man gemeinhin unter Schriftbayrisch versteht, nämlich eine Prosa, die ganz be-

Ägidius Albertinus

Lustraui terras, vixi Magnatibus Orbis,
Candor, et Integritas integra vita fuit:
In libris vixi, requies mihi maxima libri;
Est mihi nunc dulcis terra aliena quies.
Patria Communis quem despicit ore superbo;
Maximus hunc placido respicit ore Deus.

Lucas Kilian. Aug sculpsit. A. 1630.

16 Ägidius Albertinus,
der Begründer des deutschen
Schelmenromans

wußt mundartlich-bayerisch gefärbt neben dem Meißner Deutsch bestehen will und sich bis zum Ende des achtzehnten Jahrhunderts hält. Von Albertinus an geht die Literatur in Bayern immer stärker ihre eigenen Wege, setzt sich vom Norden ab und findet zu sich selbst innerhalb des südlichen Kulturkreises« (Pörnbacher).

Sein Verdienst liegt für die bayerische Literaturgeschichte ohne Zweifel in der Sprachschöpfung, denn die Traktate dieses Vielschreibers sind bisweilen etwas geistlos moralisierend. Und auch seine Bedeutung für die deutsche Literaturgeschichte liegt nicht in literarischer Eigenschöpfung, sondern in seinen Übersetzungen aus dem Spanischen.

1615 erscheint die Übersetzung des *Landstörtzer Gusman von Alfarache* nach MATEO ALEMAN Y SAYAVEDRA, die mindestens noch achtmal aufgelegt wurde. Am Auf und Ab eines Abenteuerlebens will er die Unbeständigkeit des Glücks und die Falschheit der Welt predigen und wird dabei zum »Vater des deutschen Schelmenromans«, wie ihn Reinhardtsstöttner nennt. Er machte die Deutschen mit dem Schelmenroman Spaniens bekannt, ohne ihn hätte es keinen Grimmelshausenschen Simplicissimus und keinen ABRAHAM A SANCTA CLARA gegeben.

ALBERTINUS' Wirken fällt in die Lebenszeit Herzog WILHELMS und in die Regierungszeit MAXIMILIAN I., der sich um ihn wohl mehr verdient gemacht hat als der Vater, in dessen Umgebung wir noch kleinere, ja kleine Talente wie HEINRICH WIRRI aus Aarau finden. Er war Spruchdichter und Schauspieler, einer der »Pritschmeister« genannten Gelegenheits- und Stegreifdichter, der die Hochzeit WILHEMS mit RENATA VON LOTHRINGEN beschrieb. Dieselbe Hochzeit – also noch in die Regierung ALBRECHT V. fallend – schildert auch MASSIMO TROJANO aus Venedig. Diese Schrift ist ein interessantes kulturgeschichtliches Dokument und gibt Aufschlüsse über das Leben am Hof der Herzöge, über die inneren Vorgänge und besonders über die Musikpflege. Die umfangreiche Geschichte des Hofes ist in Dialogform geschrieben. TROJANO mußte Bayern 1570 als gesuchter Mörder verlassen.

Heinrich Wirri,
Trojano, Campana

CESARE CAMPANA, gestorben 1606, ist einer der ersten Ausländer, der eine sowohl umfang- als auch kenntnisreiche Geschichte Bayerns schrieb und sie dem Herzog widmete. Das Interesse WILHELMS für Geschichtsschreibung hat sich bereits in der von ihm veranlaßten Bearbeitung der Aventinschen Chronik durch MICHAEL ARRODENIUS gezeigt.

Gerade dieser Auftrag belegt aber, daß WILHELM den Beinamen ›der Fromme‹ verdient und in seiner Geschichtsbetrachtung eben entsprechend tendenziös war, da AVENTINS Werk, das unter der Reaktion sogar auf der Liste der verbotenen Bücher stand, von »Irrtümern« gesäubert werden sollte. Die »vollkommene bayerische Historie«, die ARRODENIUS schreiben sollte, kam über archivalische Vorarbeiten nicht hinaus.

MAXIMILIAN I.

Torquato Tasso

Kein Geringerer als Italiens TORQUATO TASSO hat MAXIMILIAN besungen, als der zwanzigjährige bayerische Prinz 1593 nach Rom reiste und dort mit dem Dichter zusammentraf:

> Erhab'ner Herr, an Weisheit wie an Würde
> Der erste, soweit tosen rings die Meere,
> Euch folget des Verdienst's Genossin, Ehre;
> Sie hält Euch beugen sich für keine Bürde.
> Und wenn Rom nicht der Kron', des Szepters Zierde,
> Die unerreichtem Stamme ziemlich wäre,
> Besitzt – nur reich durch Schätze himmlisch hehre,
> Und Mind'res wert nicht, daß es Euch umgürte,
> So muß dann steigen auf zu lichten Sphären
> Der Ruhm dorthin, um treulich Euch zu malen,
> Wohin Euch Tugend hebt, – ins Reich der Sterne.
> Das, was Italien kann, der Himmel gerne
> Erhab'nen Söhnen bietet, soll Euch strahlen.
> Den Bruder mag der heil'ge Purpur ehren.

Mit dem Purpurträger wird Maximilians Bruder Philipp Wilhelm gemeint sein, der ›Kardinal von Bayern‹.

Die sturmvolle und lange Regierungszeit des Kurfürsten, überschattet vom Dreißigjährigen Krieg, bot wenig Muße zur Pflege der Kunst, aber unter seiner Ägide erfüllte sich, was sich bereits zwei Generationen vorbereitet hatte und was noch lange nachwirken sollte: die bayerische Barockliteratur, »vielleicht die glücklichste und gültigste Erfüllung bayerischen Wesens« (Pörnbacher). MAXIMILIANS persönlicher Einfluß als unmittelbarer Mäzen ist dabei nicht so groß wie sein Einwirken auf die bildenden Künste und die Musik. Es sind in erster Linie seine Hofprediger, durch die er Einfluß auf die Literatur hat. Etwa in der Gestalt des Barockpredigers JEREMIAS DREXEL.

Jeremias Drexel DREXEL ist 1581 in Augsburg geboren, sein Vater war Tuchscherer und Stadtpfeifer der Fuggerstadt. DREXEL hat der Vaterstadt stets die Treue gehalten. Eine lebenslange herzliche Freundschaft verband ihn mit seinem Lehrer MATTHÄUS RADER, dem Verfasser der *Bavaria Sancta,* der berühmten bayerischen Heiligenlegende. Auch JAKOB BIDERMANN war sein Freund und »vor Jahren Schulgesell, den ich als meinen Lehrmeister allzeit geehrt habe«. 1611 löst DREXEL BIDERMANN als Leiter des Jesuitengymnasiums in München ab, 1615 wird der Vierunddreißigjährige zum Hofprediger berufen. In der Residenzstadt des Kurfürsten MAXIMILIAN blüht das literarische Leben:

Johannes Khuen BIDERMANN schreibt seine Dramen, und um JAKOB BALDE, der DREXELS Nachfolger im Amt werden sollte, scharten sich Dichter wie GRAF CURTZ, JOHANNES KHUEN und der kurfürstliche Geheimschreiber JOACHIM MEICHEL.

KHUEN als gräflich-wartenbergischer Benefiziat konnte sich ganz der Literatur widmen. Er bestimmte die geistliche Lieddichtung Bayerns, seine barocken Liedzyklen greifen anders als OPITZ auf das Volkslied und die Tradition der Kirchenlieder zurück. »Seine Sprache ist wie die Meichels stark bayrisch gefärbt, bayrisch sind auch seine Liedkompositionen, bayrisch ist seine ganze Vorstellungswelt, auch der Orient

Joachim Meichel oder das Paradies, wie später bei Kobell und Ludwig Thoma. Ein weiter Bogen vom ›horazischen‹ Balde bis zum volkstümlichen Khuen umgreift die Vielfalt und Weite des Münchner Dichterkreises während der maximilianischen Zeit.« (Pörnbacher)

MEICHEL hat sich als Übersetzer besonders der Schriften DREXELS ins Deutsche einen Namen gemacht und ist von DREXEL ausdrücklich autorisiert worden, der MEICHELS »Version und Dolmetschung alleinig für die seine und wahre erkennet«. Er hat natürlich auch BALDES Werke übersetzt und auch BIDERMANN. Die Dichtung dieser drei diente der Literatur im Sinne der tridentinischen Erneuerung, die der Predigt neue Bedeutung als Mittel zur Erbauung und Unterweisung gab. Um

Drexel MEICHELS Bedeutung einzuschätzen, muß man berücksichtigen, daß im Barock die Übersetzung einer Dichtung als geistige Leistung dem Original durchaus ebenbürtig galt. MEICHEL hat aber auch eigene Verse hinterlassen.

1620 begleitet DREXEL MAXIMILIAN auf dem österreichisch-böhmischen Kriegszug, dessen Höhepunkt die Schlacht am Weißen Berg gewesen ist. Sein Tagebuch schildert das Elend dieses Krieges. Im gleichen Jahr noch erscheint sein erster Traktat: *Betrachtungen der Ewigkeit,* gewidmet dem Fürstenpaar. DREXEL war am Hof hochangesehen und nicht nur als Prediger. Die Beziehungen waren darüber hinaus auch

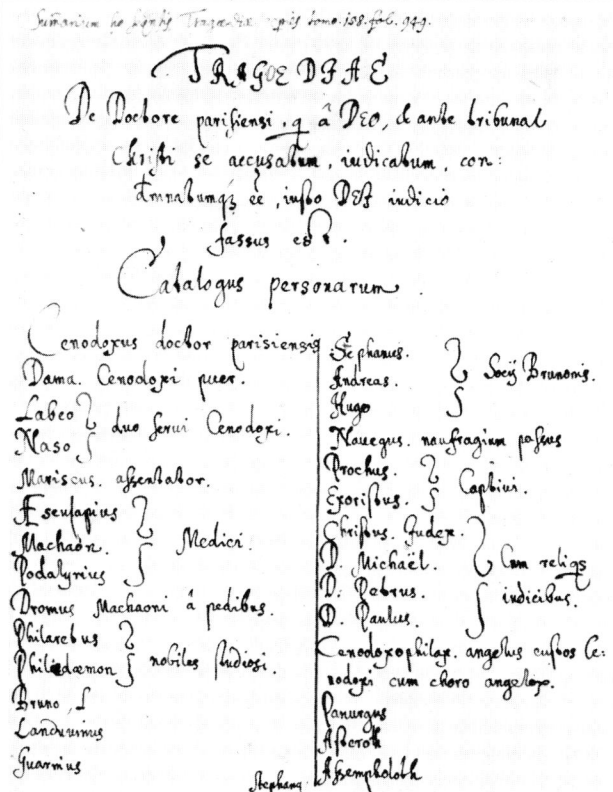

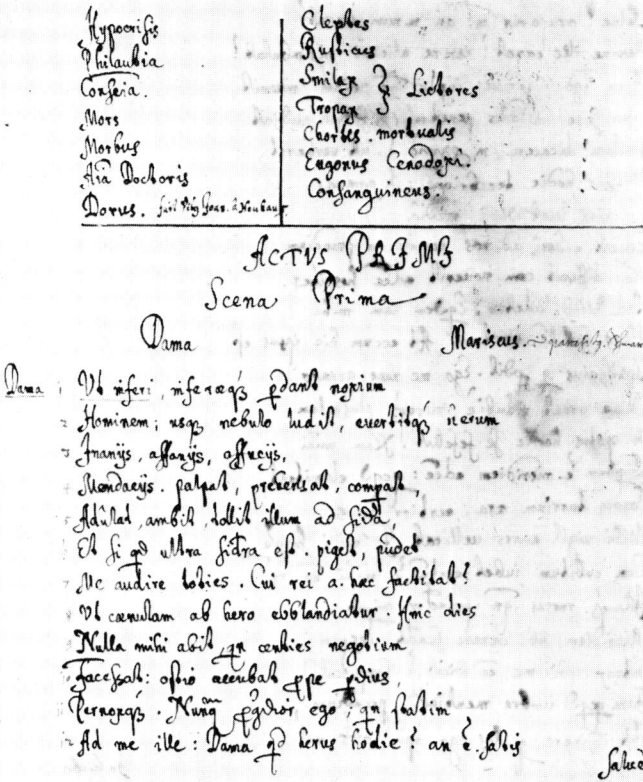

18 Der »Cenodoxus« von Jakob Bidermann

19 Posthume Gedenkmünze für Jakob Balde
zum 160. Todestag 1824 von F. Neuß

20 Titelblatt zu Jakob Baldes »Sylvarum Libri VII«

21 »Annalium virtutis et fortunae Boiorum«
von Andreas Brunner, München 1629. Titelkupfer mit Kaiser
Heinrich II., der das Herzogtum Bayern an Heinrich V.
von Luxemburg verleiht

22 Andreas Brunner und seine Gefährten.
Votivbild in St. Maria Ramersdorf, 1635

persönlich gut. Als DREXEL einmal erkrankte, forderte MAXIMILIAN den Arzt zu großer Sorgfalt auf, um »den Kranken wider zu Kräften und Gesundheit zu bringen, weilen dem gemeinsamen Wesen mehr an Drexelij, als an seinem Maximiliani Leben gelegen«. Welche Rolle er im Leben seiner Zeit spielte, belegt die Tatsache, daß er auf der Liste der zweiundvierzig Geiseln stand, die die Schweden zu nehmen gedachten, als sie 1632 in München einzogen. DREXEL aber war mit dem Kurfürsten in Salzburg. Zum Andenken an die Kurfürstin ELISABETH, die 1635 starb, schrieb DREXEL sein einziges Werk in deutscher Sprache, den *Tugendtspiegel oder Klainodschatz*. Nach seinem Tod 1638 widerfuhr ihm die Ehre, in der Michaelskirche in München beigesetzt zu werden. Auf seinem 1944 zerbombten Grabstein standen die Worte: »Bene dixit, bene scripsit, bene vixit.«

Es war JAKOB BALDE, der ihm damit das Lob nachsagte, im Sprechen, Schreiben und Leben vorbildlich gewesen zu sein. BALDE, 1604 in Ensisheim geboren, war zwar Elsäßer von Geburt, aber Bayer nach Erziehung und Neigung. Den Dichter Bayerns nennt er sich selbst. Auf ihn wirkten der satirische Schriftsteller JAKOB KELLER ein und der Geschichtsschreiber ANDREAS BRUNNER, mit dem er befreundet war. Auf beide werden wir noch zu sprechen kommen. Zunächst war BALDE Professor der Rhetorik in Ingolstadt, 1637 jedoch erfolgte ein Ruf nach München auf das Jesuitenkolleg. Scheinbar ein Abstieg, von der Universität auf das Kolleg, aber offenbar ist es ALBRECHT VI., der Leuchtenberger, gewesen, der BALDE als Erzieher seines Sohnes holte. Auf ihn und Pfalzgraf PHILIPP WILHELM von Neuburg, der ebenfalls in BALDES Leben eine Rolle spielte, wird später noch zurückzukommen sein. *(Jakob Balde)*

Nach DREXELS Tod holte der Kurfürst BALDE als Hofprediger und Historiograph zu sich. Er stand dem Hof nahe und wurde vom Kurfürsten gefördert, so gut es die kriegerischen Zeiten zuließen. MAXIMILIAN ließ, um sein Land in ein positives Licht zu setzen, auch seine eigenen Taten rühmen. So von BALDE durch die *Expeditio Donauverdana* (1642) oder auch durch die Schilderung des böhmischen Feldzuges durch den Jesuiten JOHANNES BISSELIUS. Beide Darstellungen erfüllten jedoch nicht seine Erwartungen und wurden nicht veröffentlicht.

Besonderes Interesse hatte MAXIMILIAN, beeinflußt vom Vater, an der Geschichtsschreibung. Er wünschte eine Historiographie, die weniger wie die AVENTINS bayerische Geschichte als deutsche Geschichte auffaßte. Aus barockem Selbstgefühl erstrebte er eine Geschichtsschreibung, die die Ereignisse um die Landesfürsten gruppiert. Der Augsburger Stadtpfleger MARKUS WELSER hatte sich bereits durch *(Markus Welser)* eine achtbändige Augsburger Geschichte hervorgetan und erhielt nun den Auftrag zu einer Geschichte Bayerns. Sein Werk, das er 1602 in fünf Bänden vorlegte, ist an Wissen und Methode AVENTINS Arbeit überlegen, eine kritische Geschichtsschreibung in heutigem Sinne. »Derjenige«, war die Maxime WELSERS, »ist recht daran, der sich lieber bei der schlichten und unansehnlichen Wahrheit finden läßt als mit viel Fabelwerk prächtig hervortut.« Sprachlich reicht er an AVENTIN allerdings nicht heran. Sein Geschichtswerk umfaßt zeitlich die Epoche der Agilolfinger.

Nach WELSERS Tod 1614 führten die Jesuiten seine Arbeit fort. Zunächst wurden *(Matthäus Rader,* MATTHÄUS RADER und ANDREAS BRUNNER mit dieser Aufgabe betraut, BRUNNER *Andreas Brunner,* führte sie dann aber allein durch. 1626 bis 1637 legte er drei Bände seiner *Annales* *Bisselius, Vervaux)* *virtutis et fortunae Boiorum* vor, verzögert durch die Kriegswirren, aber auch durch die Zensur der Jesuiten. Der Zensur ist es auch zuzuschreiben, daß BRUNNERS Geschichtswerk ein Torso blieb. Mit dem Jahre 1314 bricht die Historie bei Ludwig dem Bayern ab, da BRUNNER in Kollision mit der Darstellung kirchlicher und weltlicher Interessen geriet. 1636 resigniert er: »Der dritte Band wird dieses Jahr erscheinen, wenn nicht wieder der Krieg den Druck verhindert. Auf den vierten mache Dir keine Hoffnung. Ich habe in diesem Kaiser Ludwig IV. behandelt mit deutscher Freiheit und Geradheit, die durch die Farbe meines Kleides nicht gelitten hat. Meine Zensoren sind aber der Meinung, daß ohne Gefahr großen Unwillens gegen die ganze Gesellschaft diese Frage von mir nicht behandelt werden könne ... Ludwig IV. hat

41

mir den Weg zur Freiheit geöffnet; ich hatte ihn in zwei Büchern mit großer Sorgfalt und Gewissenhaftigkeit behandelt. Dabei habe ich unerschrocken zuweilen Geschwüre berührt und aufgerissen. Es schien aber, als könne es nicht ohne Gehässigkeit, und zwar vielleicht auch gegen meinen Orden, abgehen, wenn die Haß erzeugende Wahrheit unter meinem Namen veröffentlicht würde.«

Im Sinne MAXIMILIANS, der die Landesgeschichte als Fürstengeschichte sehen wollte, war BRUNNERS Geschichtswerk *Excubiae tutelares IX heroum,* übersetzt und bearbeitet als *Schauplatz bayerischer Helden,* das »über den geschichtlich-biographischen Gehalt hinaus vorbildhafte Herrschergeschichte wie aus einem Fürstenspiegel« (Dünninger) bot. Das Werk ist 1637 FERDINAND MARIA, dem Sohn und Nachfolger MAXIMILIANS zu seiner Geburt gewidmet.

Mit seinen übrigen Hofhistoriographen hatte MAXIMILIAN nicht viel Glück. Der Belgier NIKOLAUS BURGUNDIUS, Professor in Ingolstadt, setzte BRUNNERS Arbeit fort, ging aber, zum großen Ärger des Kurfürsten, ungeschickt gegen Kirche und Papst los. Nicht besser machte es JOHANN BISSELIUS, Lehrer der Ethik in Ingolstadt, der aber eine amüsante Schilderung seiner Flucht vor den Schweden in die Oberpfalz, *Icaria,* geschrieben hat und ansonsten Elegien mit Naturschilderungen und Stoffen aus der biblischen Geschichte verfaßte. 1640 hatte BALDE den Auftrag zur Weiterführung bekommen, unwillig, denn er wollte sein Idealbild der Geschichte nicht politischen Interessen opfern. Erst JOHANN VERVAUX, der Beichtvater MAXIMILIANS, setzte das Werk bis in die Gegenwart hinein fort. Seine Arbeit ist allerdings erst nach dem Tod des Kurfürsten 1662 unter dem Namen des Kanzlers JOHANN ADLZREITER erschienen, eine wertvolle Quelle für die Geschichte des Dreißigjährigen Krieges.

Jakob Keller Dynastisches Interesse veranlaßte MAXIMILIAN, den Rektor des Münchner Jesuitenkollegs, JAKOB KELLER, mit der Verteidigung Ludwigs des Bayern gegen die Angriffe des Dominikaners ABRAHAM BZOVIUS zu betrauen. KELLERS Schrift *Ludovicus quartus imperator defensus* erschien unter dem Namen des Kanzlers HANS GEORG HERWARTH VON HOHENBURGS, wie auch die Kriegstagebücher, die MAXIMILIAN während des böhmischen Feldzuges von seinem Sekretär JOHANN MÄNDL schreiben ließ, die dann von den Jesuiten BUSLIDIUS und DREXEL fortgeführt wurden.

Eine interessante Schilderung der Residenz des Kurfürsten hat übrigens der Italiener BALDASSARE PISTORINI MAX I. 1644 gewidmet.

Mit Doeberl läßt sich sagen, daß die Geschichtsschreibung im Auftrag der Wittelsbacher seit VERVAUX kein hervorragendes Geschichtswerk mehr hervorgebracht hat. »Was wirklich geschrieben wurde, war meist höfischen Charakters: so die *Relations de l'etat et de la Cour de Bavière* von dem internationalen Hofhistoriographen CHAPUZEAU, die im Auftrag der Kurfürstin ADELAIDE geschriebene *Histoire de Bavière* des savoyischen Rates THOMAS BLANC, das aus Münchner Jesuitenkreisen stammende, nach dem Tode des Kurfürsten geschriebene *Theatrum gloriae et virtutis Boicae,* die, in italienischer Sprache geschrieben, von der Reformation bis zur Regierung MAX EMANUELS sich erstreckende bayerische Geschichte des Obersten JOHANN FRANZ DIANI, die von dem Prinzenerzieher und Kabinettsekretär FRANZ XAVER IGNATIUS VON WILHELM verfaßte *Vita et gesta Maximiliani Emanuelis electoris Bavariae«.*

Wenden wir uns aber zunächst dem Sohn und Nachfolger MAXIMILIANS, FERDINAND MARIA, zu, mit dem die Beziehungen der Wittelsbacher zur Literatur in eine neue Epoche treten.

FERDINAND MARIA

Das künstlerische, besonders das literarische Leben am Hofe FERDINAND MARIAS ist durch seine Gemahlin ADELAIDE VON SAVOYEN geprägt. Literarisch fand ADELAIDE am Münchner Hof diese Situation vor: Vom Hof waren keine oder keine nennenswerten Anregungen zu sprachlich–dichterischen Schöpfungen ausgegangen, die poetisch-künstlerische Tradition lag nach der Reformation in den Händen der neulateinischen Gelehrtendichtung, das Schuldrama der Jesuiten bestimmte das Theater, die künstlerische Dichtung lag, noch als ADELAIDE nach München kam, bei den Jesuiten. Dagegen fand sie schon eine italienische Dichterkolonie vor, versiert in Gebrauchspoesie. Schon Sprache und Erziehung zogen sie zu dieser Art Literatur, die durch Raffinements und geistreiche Spielereien die Dürftigkeit des Inhalts zu überdecken verstand. Ein Lieblingsautor ADELAIDES war der bereits 1625 verstorbene HONORE D'URFE, dessen Hauptwerk *Atree,* ein idyllischer Schäferroman, auch in München bekannt war. ADELAIDE hat sich später auch der französischen Klassik zugewandt, dagegen hat zu ihrer Zeit kein deutscher Barockdichter jemals versucht, am Münchner Hof Eingang zu finden.

Vielmehr war das literarisch-theatralische Leben am Hofe FERDINANDS und ADELAIDES fest in italienischen Händen. GIOVANNI FRANCESCO DIANI schrieb zu ADELAIDES Geburtstag 1671 die allegorische Dichtung *Triumph des hl. Kajetan* und ein Jahr später *Bayerns Wünsche an den hl. Kajetan,* wobei er die Wohltätigkeit des Fürsten hervorhebt, während das Festspiel *Die Triumphe des Krieges und des Friedens* voller Dankesverse an ADELAIDE ist.

Italienische Dichter

MATTIO NORIS in Venedig widmete ihr Sonette und nannte sie »die schönste Perle, welche im Schoß der Isar ruht«. ADELAIDE förderte ja nicht nur die italienischen Dichter am Hofe, sondern hatte auch entsprechende Kontakte in ihrer italienischen Heimat. Sie selbst hatte von ihrem Vater einiges dichterisches Talent geerbt, wie ihre Schriften über kirchliche Persönlichkeiten zeigen. Mit ihrer Begabung und ihrem Ideenreichtum wirkte sie auf die Dichter ihres Hofes anregend und befruchtend.

DOMENICO GISBERTI wurde die treibende literarische Kraft am Hof, sein Erfolg wirkte auf seine weniger begabten Kollegen ansteckend. Wie viele von ihnen kam er aus dem geistlichen Stand. Für mehrere Opern JOHANN JAKOB KERLLS lieferte er das Libretto. Reinhardstöttner bezeichnet ihn als das »Urbild eines Hofdichters«. Er schrieb Sonette über den Kurfürsten; in seiner *Kurfürstlichen Wiege* zu FERDINAND MARIAS Geburtstag tritt der sechsjährige MAX EMANUEL auf. GISBERTI holte sich auch Stoffe aus der bayerischen Geschichte, behandelte sie allerdings nicht mit allzuviel Einfühlungsvermögen, da es ihm mehr um die Gelegenheit ging, Turniere und Kämpfe auf die Bühne zu bringen, als um die historische Person. Neben zahlreichen Festspielen hinterließ er eine bayerische Geschichte in Stanzen, die dem Kurfürsten von Köln, MAXIMILIAN HEINRICH gewidmet ist, dem Sohn des Leuchtenbergers ALBRECHT VI. Dessen jüngerem Bruder ALBRECHT SIGMUND, dem Zögling BALDES, dediziert er eine Geschichte Freisings. Ein interessantes Zeitbild gibt sein Tagebuch über die Reise des kurfürstlichen Paares an den Hof des Salzburger Erzbischofs MAX GANDOLF VON KUENBERG. GISBERTI wurde 1675 mit einer Abfindung von 1000 Gulden in seine Heimat verabschiedet.

GIORGIO ALCAINI versuchte dem berühmten Festspieldichter, Lyriker und Dramatiker GISBERTI mit seinem Festspiel *Der verzauberte Berg* zu ADELAIDES Geburtstag Konkurrenz zu machen. FRANCESCO SBARRA, Hofdichter Kaiser LEOPOLD I. in Wien, schrieb auch für den Hof in München.

Direkte Beeinflussung und Befruchtung durch ADELAIDE erfuhr GIAN BATTISTA MACCIONI, der als Dichter auf ihre Ideen einging und zahlreiche Ballette und Festspiele schrieb, die auf ihre Initiative zurückgehen. Er trug andererseits zu ADELAIDES eigener künstlerischer Entwicklung bei, lehrte sie die Harfe und die Gitarre zu spielen. MACCIONI war schon unter Kurfürst MAXIMILIAN nach München gekommen. Er hat sich als Hofkaplan, Komponist, Musiker und Dichter hervorgetan. Bleibenden Wert hat seine Festmusik zu *L'Arpa Festante.* MACCIONI diente FERDINAND MARIA aber auch im diplomatischen Dienst als bayerischer Ministerresident in Rom.

PIETRO PAOLO BISSARI, ein italienischer Graf, wurde von ADELAIDES Ruf an den Münchner Hof gezogen und dichtete hier als Kammerherr. »Er war ein Gelegenheitsdichter von anmutigem Wortschwall« (Reinhardstöttner). In *Die gerechtfertigte Antiopa* trat die Kurfürstin selber auf.

RANUCCIO PALLAVICINI aus Parma wurde ebenfalls vom Glanz des Hofes und besonders von den Möglichkeiten als Theater- und Operndichter nach München gelockt. In der Hauptfigur seines Stückes *Atalanta* suchte er die Kurfürstin darzustellen. Wie viele dieser Hofdichter hat auch er sich in bayerischer Geschichtsschreibung versucht. 1667 schrieb er *Triumph der Architektur in der prächtigen Residenz in München,* die ihn offensichtlich stark beeindruckt hat. Dem Kurfürsten hat er mit dem *Abbild einer großen Persönlichkeit* ein Denkmal gesetzt, das FERDINAND MARIA als Melancholiker schildert, der die Einsamkeit liebt, aber auch als Mäzen der Künste und der Wissenschaften.

MARCO ROSETTI widmete dem Hof 1670 sein Melodram *Otto in Italien.* BENEDETTO GUISTANI schrieb für den jungen Kurprinzen MAX EMANUEL ein Zeitbild auf kindlichem Niveau, den *Komödienscherz,* den er allerdings selber als eine Mißgeburt bezeichnete. Vermutlich ist das Stück 1671 auf dem Puppentheater gespielt worden. GUISTANI war länger am Münchner Hof tätig. 1660 ist er als Tenor nachgewiesen, später als Notenkopist. Er war insgesamt achtzehn Jahre in München, teils als Musiker, teils als Schriftsteller hervortretend.

STEFANO PEPE, ein theologischer Schriftsteller, war geistlicher Berater ADELAIDES. Er zeichnete die Geschichte der Jungfrau von Altötting auf (*Istoria della Vergine d'Etinga,* 1664) und die Wundertaten des hl. Kajetan.

GISBERTIS Nachfolger als Hofdichter wurde VENTURA TERZAGO. Er kam als Musiker und Gelegenheitsdichter nach Bayern. Seine Zeit am Hof leitet in die Epoche MAX EMANUELS über. Das letzte musikalische Drama unter FERDINAND MARIAS Herrschaft war TERZAGOS *Äneas,* 1679. In seiner *Ermione* von 1680 feiert TERZAGO, der allerdings seinen Vorgänger GISBERTI weder sprachlich noch inhaltlich erreichte, bereits den Kurfürsten MAX EMANUEL. Bevor wir mit ihm fortfahren, soll nicht unerwähnt bleiben, daß sich ADELAIDES Talent und Neigung auch auf einige ihrer Kinder übertragen hat. Die jüngste Tochter MARIA VIOLANTA BEATRICE heiratete FERDINAND VON TOSCANA und hat dort die Künste gefördert und Dichter an ihren Hof gezogen. Ihr Bruder JOSEF CLEMENS CAJETAN, Kurfürst von Köln, hat nicht nur selber komponiert, sondern auch einige Theaterstücke in französischer Sprache verfaßt.

MAX II. EMANUEL

Ventura Terzago

Die Förderung der italienischen Literatur durch ADELAIDE VON SAVOYEN wirkte sich auch in der Regierungszeit des Sohnes MAX EMANUEL, des blauen Kurfürsten, aus. Zunächst war es der erwähnte TERZAGO, der Operndichter, der seit 1677 als Nachfolger GISBERTIS in München war. Er ist übrigens ein Bruder des Musikers AGOSTINO STEFFANI gewesen. 1679, im Jahre des Regierungsantritts MAX EMANUELS, erhielt er den Posten des Geheimsekretärs C. B. BASSO. Die meisten seiner Textbücher schrieb er für GIUSEPPE BERNABEI und seinen Bruder AGOSTINO. Seine Texte sind nicht sonderlich originell, voller schmeichelnder Byzantinismen gegen den Kurfürsten, aber »voll südländischen Prunks des Wortes und der Handlung, voll von Allegorien und Mythologien« (Zanger).

Ital. Dichter

1686 schrieb GIOVANNI PIETRO MONESIO sein *Das triumphierende Bayern.* MAX EMANUELS kriegerische Taten werden von vielen italienischen Dichtern des Hofes besungen. Es seien nur einige genannt: POMPEO SCARLATTI, DONETO LEONARD, GABRIELLE BABO, GAETANO MONACI, GIUSEPPE BERNERI, GIUSEPPE GIARDINI, BATTISTA SCARLATTI, GIUSEPPE DE MADORI und andere. LUIGI D'ORLANDI reiht sich als Festspieldichter und Librettist ein: MAX EMANUEL hatte ihn als Ersatz für TERZAGO nach München geholt, da sich dieser viel in Venedig aufhielt. Stofflieferanten und Vorbilder der italienischen Operndichter waren CORNEILLE und RACINE. Die kriegerischen Zeiten mit der verhängnisvollen Schlacht bei Höchstädt 1704 ließen für die Pflege der Dichtkunst wenig Zeit und noch weniger Geld. An einer Schlacht beteiligt, und zwar an der am Schellenberg bei Donauwörth 1704 war SCIPIONE MAFFEI, einer der be-

44

rühmtesten italienischen Dichter des 18. Jahrhunderts, dessen Bruder ALEXANDER General im bayerischen Heer war. In die letzten Regierungsjahre MAX EMANUELS fällt die Tätigkeit DOMENICO LALLIS, der 1723 als Hofdichter berufen wurde und in Wirklichkeit BASTIAN BIANCARDI hieß.

Auf dem französischen Theater am Hof des Kurfürsten wurden die französischen Klassiker gegeben, neben Lustspielen von EDME BOURSAULT, CHAMPISTRON und anderen. Besonders aber war es MAX EMANUELS Günstling DANCOURT, der die Vorliebe des Kurfürsten für Dramen in Versen gewürdigt hat. DAUVILLIERS war der Komödienautor der Theatertruppe in MAX EMANUELS Diensten. Als Dichter hat er kaum Bedeutung. Er hinterließ zwei Dramen, das erste, dem Kurfürsten gewidmet, behandelt einen Vorfall im Leben des Kurprinzen, eingehüllt in mythologisches Gewand. Das andere, *Le Faucon ou la Constance,* uraufgeführt 1718, ist ein rührseliges Stück nach einer Erzählung LAFONTAINES, die auch GOETHE einmal dramatisch zu bearbeiten plante.

Französisches Theater, Dauvilliers

Als MAX EMANUEL 1726 stirbt, wird er im *Parnassus Boicus* als der große Kriegsheld gefeiert: »Er hat schon als ein Printz den Bscheid zu geben wissen, / Wo recht zu lägern sey, wo Städte zu umbschliessen; / Was eine Schlacht erheischt, wo an den Feind zu gehn, / Wo Sturm und Anlauff gut, wo Hinterhalt muß stehn.« Ein großer Förderer der Literatur ist er nicht gewesen, seine künstlerischen Hauptinteressen lagen anderswo, wie der *Parnassus Boicus* selbst schreibt: »Was groß und herrlich ist, was kostbar immer heisset, / Was Kunst und Wissenschaft erfunden, sich da weisset, / Was dieses Helden-Werck: ja wer es noch beschaut, / Der sagt: Diß hat gewiß ein großer Fürst gebaut.«

KARL ALBRECHT

DOMENICO LALLI wirkte als Hofdichter auch nach MAX EMANUELS Tod. Zur Geburtstagsfeier des Prinzen MAX JOSEPH dichtete er 1727 seinen *Epaminondas.* Sein *Ödipus* von 1729 war eines der Lieblingsstücke des Kurfürsten, wobei allerdings unklar bleibt, ob das Verdienst LALLIS Text oder der Musik des unbekannten Komponisten gebührt. Mehr als durch Opern- und Oratorientexte tritt LALLI aber durch seine Gedichte dem Kurfürsten nahe und sei es auch nur, weil er damit öfters auf den chronischen Geldmangel eines Familienvaters hinweist: »Erhab'ne Hoheit, also geht Euch an / Um etwas Hilfe meine arme Muse, / Die schon vor Hunger nicht mehr stehen kann.«

Domenico Lalli

Die italienische Dichtung hatte aber schon unter MAX EMANUEL einen schweren Stand und mußte sich besonders unter KARL ALBRECHT gegen die Franzosen behaupten. Neben dem Münchner PHILIPP HEFFLER, einem Jesuiten, stehen unter anderem GUSTANO FAVORINI und FILIPO BALATRI, der in Fürstenfeldbruck als Mönch stirbt. LEOPOLDO DI VILLATI hat noch unter KARL ALBRECHT den Titel eines ›Poeta di S.A.S.E. di Baviera‹ inne. Er schrieb neben Oratorientexten auch den *Cyrus* (1733) und den *Österreichischen Herkules* (1736). Neben ihm wirkte PEROZZO DE PEROZZI, der wegen seiner Sonette und dem *Giordio* (1727) erwähnenswert ist. Der Italiener METASTASIO stand einige Zeit in direkter Verbindung mit KARL ALBRECHTS Tochter MARIA ANTONIA WALPURGIS, der Kurfürstin von Sachsen, die unter dem Pseudonym ERMELIND ARCADA selber Operntexte verfaßte und gewandt Latein und Französisch schrieb. MARIA ANTONIA, literarisch viel stärker interessiert als ihr Bruder MAX JOSEPH, hat sich auch als sächsische Kurfürstin für die Vorgänge in München interessiert und durch ihre Unterstützung und Ermutigung LORIS auf die Gründung der Akademie der Wissenschaften Einfluß genommen.

Italienische Dichter

PIETRO PARIATI ist ein Nachahmer METASTASIOS, dessen Stücke am kurfürstlichen Theater aufgeführt wurden, beispielsweise der musikalische Scherz *Der türkische Kai-*

kan und Lisetta Ortolana (1747). Apostolo Zeno, seit 1715 Hofdichter in Wien, wurde auch von Karl Albrecht beschäftigt und blieb nicht ohne Nachahmer. Zu ihnen gehört auch der Neffe des Kurfürsten, Herzog Clemens Franz de Paula (1722–1770). Clemens Franz hatte Einfluß auf das musikalische Leben am Hof besonders unter Max III. Joseph. Er war ein guter Kenner der italienischen Literatur und schrieb selber ein Drama *L'Obedienza di Gionata*. Sein Lehrer war Felix von Oefele gewesen, der ihn mit der Welt der Literatur und der Philosophie vertraut gemacht hatte.

Die italienische Literatur stand jedoch schon längst mehr und mehr im Dienste der Musik. Nach einzelnen Episoden (Eugenio Gunti unter Max III. Joseph) zeigte sie unter Karl Theodor nur mehr sehr schwache Impulse. Der Einfluß der italienischen Literatur seit Adelaide von Savoyen war jedoch stark und eigenständig gewesen und hat in den zahlreichen Italianismen der bayerischen Sprache Nachwirkung behalten.

MAX III. JOSEPH

Matthias Etenhueber Maximilian der Vielgeliebte hatte in Matthias Etenhueber einen kurfürstlichen Hofpoeten, der sich mit Recht seines »allerdurchlauchtigsten Herrn Kurfürsten allerunterthänigst privilegiert unbezahlten Hofpoeten« nennen durfte, denn er bekam keinerlei Sold vom Hof. Obwohl sein Herz den klassischen Sprachen gehörte, mußte er seinen Unterhalt mit dem *Münchnerischen Wochenblatt in Versen* verdienen, das er von 1759 bis 1777 allein herausgab. Literarhistorisch ist Etenhueber mehr eine Kuriosität, obwohl Westenrieder über ihn sagt, er gehöre der Literaturgeschichte an, da seine Werke immerhin gefallen hätten. Und Pörnbacher reiht ihn in die Gruppe der volkstümlichen Dichter neben Sturm und Joly ein, der mit den Großen seiner Zeit, mit Gellert, Rabener und Klopstock wetteifern wollte. Sein Wochenblatt ist eine Fundgrube zur Kulturgeschichte. Alles wurde in Oden behandelt, ob das Thema der Kaffee war, das Lob des Bieres, das der kleinen dicken Damen oder das der großen dünnen. Seine Aufgabe als Hofpoet war es, zum Geburtstag und zum Namenstag des Kurfürsten eine Ode zu dichten, in der er den guten Max mit schöner Regelmäßigkeit an dessen fehlende Nachkommen erinnerte. Dabei blieb er erbärmlich arm, jeden Winter ging er den Kurfürsten um Holz an, seine diesbezüglichen *Holzmemoriale* waren beliebter Lesestoff der Münchner.

Als Karl Theodor das bayerische Erbe antrat und seine Pläne bekannt wurden, Bayern an Österreich zu tauschen, trat er 1778 mit seiner Ode *Das sich beschwerende Baiern* an die Öffentlichkeit:

Solange der Baier wird gebraucht,
heißt es: Der brave Mann!
ist einmal die Gefahr verraucht,
schaut ihn kein Hund mehr an.
sein Blut, sein Schweiß, Müh, Geld und Treu
sind in der Noth wie Gold,
nach dieser aber Stein, und Bley,
der Undank ist sein Sold.

Diese Verse wurden ihm zum Verhängnis. Er wurde, wenn auch nur für kurze Zeit, eingesperrt, wonach er »der muntere Mann nicht mehr war, der er ehemals gewesen« (Westenrieder). Er begann zu kränkeln und starb 1782 völlig verarmt bei den Barmherzigen Schwestern, die in ihr Krankenbuch eintrugen: »Hr. Mathias Etenhueber ein Boet.«

Akademie der Wissenschaften Bedeutungsvoller ist Max Josephs Mitwirken bei der Gründung der Akademie der Wissenschaften, die Johann Georg von Lori bereits 1758 anregte. Es waren schon bald gegen fünfzehn Mitglieder gewonnen, darunter Eusebius Amort, der frühere Mitarbeiter der Zeitschrift *Parnassus Boicus*. Durch Graf Sigmund von Haimhausen, Kanzler Wigulaeus Kreittmayer und Freiherrn von Ickstatt wurde das Interesse des Kurfürsten geweckt. Er übernahm das Protektorat und unterstützte die Akademie auch finanziell. Am 28. März 1759, seinem Geburtstag, unterzeichnete Max die Stiftungsurkunde. Für die literarischen Bildungsbestrebungen der Akademie war die Gründung der Zeitschrift *Bayerische Sammlungen und Auszüge zum Unterricht und Vergnügen* wichtig, der später der *Patriot in Bayern* folgte. Die Zeitschrift brachte Beiträge von GELLERT, GLEIM, HAGEDORN, KLEIST, LESSING, DE LA MOTTE und GESSNER und brachte Bayern wieder literarischen Anschluß an den protestantischen Norden. Zu den Mitarbeitern zählten ANTON BUCHER, ANDREAS ZAUPSER, LUDWIG FRONHOFER, KAJETAN ADAMI, HEINRICH BRAUN und LORENZ VON WESTENRIEDER. Das Zeitalter der Aufklärung hatte auch in Bayern Fuß gefaßt.

Damals begann das Stückeschreiben Mode zu werden: ». . . nun aber, wo die Gelegenheit jedem halben Talente entgegenkam, übersetzte und ›dichtete‹ für die Münchner Bühne Kurfürstin, Adel, Gelehrte, Registratoren, ja in den nächsten Jahrzehnten glaubten selbst Gevatter Schneider und Handschuhmacher ihre Familienweisheit dramatisieren zu müssen.« (Legband). Gar so schlimm war es aber jetzt noch nicht. JOSEPH VALENTIN VON SPECKNER, kurfürstlicher wirklicher geheimer Rat in Burghausen und Hofgerichtsrat in München, gab 1772 mit seinem Trauerspiel *William Buttler, Baronet von Yorkshire* und *Darius. Ein Trauerspiel* den Anstoß zu weiteren Dramen nach historischen Vorlagen. Historische Stoffe waren ja auch durch das Jesuitendrama und das allgemeine Interesse an Geschichte aktuell. Auch der Leibheiduck des Kurfürsten, FRANZ DE PAULA GRUITHUISEN, fühlte sich bemüßigt, sein Stück *Die Braut in Mannskleidern* bei der Zensur einzureichen.

Speckner, Gruithuisen

Da MAX JOSEPH ohne Nachkommen blieb, kamen mit KARL THEODOR die pfälzischen Wittelsbacher in Bayern zum Zuge, denen wir uns jetzt zuwenden wollen.

47

Pfalz-Bayern

RUPRECHT III., SEIT 1400 DEUTSCHER KÖNIG UND LUDWIG III.

Oswald von Wolkenstein

Wir können in den Beziehungen der pfälzischen Wittelsbacher zur Literatur bis ins späte Mittelalter zurückgehen, zu OSWALD VON WOLKENSTEIN. Dieser abenteuerlustige südtirolische Spielmann und bedeutendste deutsche Dichter seiner Zeit nahm, wie er in seiner Lebensballade erzählt, am Italienfeldzug König RUPRECHTS 1401/02 teil. Ausrüstung und Pferd hat er wahrscheinlich selber stellen müssen, es wird die Hoffnung auf Beute und Sold gewesen sein, die ihn zu diesem Abenteuer bewog. Er ging jedoch nach dem eklatanten Mißerfolg des Feldzugs leer aus. Vermutlich hat er um diese Zeit seine ersten Lieder geschrieben.

Im Besitz des Rosgarten-Museums in Konstanz ist ein Bild zu finden, das die Belehnung des Pfalzgrafen LUDWIG durch König SIGMUND im Mai 1417 darstellt. Unter LUDWIGS Gefolge findet sich ein einäugiger Ritter, der offensichtlich niemand anders als OSWALD VON WOLKENSTEIN sein kann. Es ist kein Zufall, wenn wir OSWALD im Gefolge LUDWIG III. DES BÄRTIGEN finden, König RUPRECHTS Sohn. OSWALD war bei ihm wohlgelitten und huldigt ihm in wohlgesetzten Worten:

23 Oswald von Wolkenstein (der Einäugige) im Gefolge des Pfalzgrafen Ludwig

O phalzgraf Ludewig
bei Rein so vein dein steig
geit braite schraitte tugent gross
kainer dein genoss
Dir nicht geleichen mag
hör mich was ich dir sag
sich klärlich bärlich vindet das
nach adelicher mass
Die rürstu fürstu in stetem schilt
durch manhait weisshait warharfft milt
auch freuen dich die frauen permafoi
hort ich von deim getruen
gemahlen von Sophoi.

In der Übertragung von Dieter Kühn: »Oh Pfalzgraf Ludewig / bei Rhein-dein Preis / tönt weit, verbreitet sich, / denn keiner deinesgleichen, / er reicht an dich heran. / Vernimm, was ich dir sage! / Ganz offenkundig, offenbar / ist jedermann dein hoher Stand, / du zeigst, beweist in jeder Weise, / wie tapfer, klug und generös du bist. / Auch freun dich, par ma foi, die Frauen – / so höre ich von deiner treuen / Trauten aus Savoyen.«

OSWALD war LUDWIG wohl zu Dank verpflichtet, da dieser ihm in einem zwanzig Jahre währenden Erbschaftsstreit behilflich war. Wohl 1428 wird es gewesen sein, als er bei LUDWIG in Heidelberg zu Besuch war. Er fand dort illustres Publikum vor: fünf Kurfürsten hatten sich zu Beratungen bei LUDWIG eingefunden, OSWALD hat ihnen vorgesungen. Er wurde nicht nur reich beschenkt, sondern durfte sogar bei LUDWIG im Zimmer schlafen, was wahrhaftig keine alltägliche Gunst war. Welche

48

Gespräche er mit dem Fürsten bei dieser Gelegenheit geführt hat, geht aus dem Bericht Oswalds nicht hervor, kann aber vermutet werden:

> Ich ritt nach Heidelberg zu meinem reichen Herrn.
> Fünf Kurfürsten, die fand ich dort, in allen Würden,
> drei Bischöfe von hohem Ruf, aus Köln, Mainz, Trier,
> den Pfalzgrafen bei Rhein, Markgraf von Brandenburg.
> Und hoch am Hang, dort ging ich in das Schloß
> von Herzog Ludwig; der überragt die andren Fürsten
> an Trefflichkeit und Generosität. Man ließ mich vor –
> er hat mich gütigst ins Gespräch gezogen.
> Bald mußte ich denn singen, manches Lied vortragen.
> Vergnügt ging ich dann in sein Zimmer,
> ich durfte darin schlafen; solchen Lohn
> und solche Ehre hat keiner meiner Freunde je erlebt.
> Ich wurde wie ein Geck bekleidet mit Mantel, Jacke
> aus Fuchs und Marder. Die Reisekleidung warf ich fort.
> Die schönsten Hüte landeten auf meinem Kopf.
> Ich schwor ihm, daß ich seinen Rat für mich behalte.

MECHTHILD VON ÖSTERREICH

Man mag vermuten, Herzog LUDWIG III. DER BÄRTIGE habe OSWALD VON WOLKENSTEIN mehr wegen seiner diplomatischen Missionen, denn als Dichter geschätzt. Aber LUDWIG wird auch nicht ohne Interesse für die Literatur seiner Zeit gewesen sein, nachdem diese Neigung bei seinen Kindern so offenkundig ist – besonders bei MECHTHILD, seiner Tochter aus zweiter Ehe mit der von OSWALD erwähnten MECHTHILD VON SAVOYEN. Die Tochter MECHTHILD war mit Graf LUDWIG I. dem Älteren von Württemberg verheiratet, sie wurde die Mutter EBERHARDS IM BART und hat mit ihm große Verdienste um die Gründung der Universität Tübingen. Nach LUDWIGS Tod war sie mit Erzherzog ALBRECHT VI. DEM VERSCHWENDER von Österreich verheiratet, zog sich aber bald auf ihren Besitz in Rottenburg zurück. Sie starb in Heidelberg.

MECHTHILD wurde im historischen Volkslied gefeiert und war Mittelpunkt der Ritterdichtung ihrer Zeit. Der greise HERMANN VON SACHSENHEIM stand sowohl mit ihr als auch mit ihrem Bruder FRIEDRICH DEM SIEGREICHEN in Verbindung. Ihr widmete er 1453 seine allegorische Erzählung von der *Mörin,* die allerdings nach anderen Quellen dem Bruder FRIEDRICH dediziert worden sein soll, während *Des Spiegels Abenteuer* an MECHTHILD gerichtet sei. NICLAS VON WYLE, der in Diensten ULRICHS VON WÜRTTEMBERG stand, war ebenfalls mit ihr bekannt und hat ihr auch einige seiner Werke gewidmet. Zwei weniger bekannte Dichter aus MECHTHILDS Umgebung sind WIRICH VON STEIN und HANS VON HELMSTEDT.

Und JACOB PÜTERICH stand mit ihr in Briefwechsel, eben jener PÜTERICH, den wir am Hof ALBRECHT III. gefunden haben. Er wiederum stand in persönlicher Beziehung zu OSWALD VON WOLKENSTEIN, zu HANS HARTLIEB und ULRICH FÜETRER. Dieser Büchersammler war selbst kein großer Dichter, schrieb jedoch einige Lieder und Reden, die verloren gegangen sind. Aber er war »in Wirklichkeit kein Epigone, der danach strebte, selber den Dichtern des 13. Jahrhunderts ähnlich zu werden, sondern ein Vorläufer der Vergangenheitsforschung des 16. Jahrhunderts« (Richter). Im Alter von zweiundsechzig Jahren griff er nochmals zur Feder, um für MECHTHILD den *Ehrenbrief* zu schreiben, der in Titurelstrophen abgefaßt ist. Mit der Fürstin, die er übrigens persönlich nie gesehen hat, verband ihn das Interesse für die altdeutsche Dichtung. Der Hauptteil des Ehrenbriefes besteht in einer Aufzählung des turnierfähigen bayerischen Adels. Aber nicht dieser genealogische Katalog ist für uns interessant, sondern das Verzeichnis der Bücher und Handschriften in PÜTERICHS

Püterich von Reichertshausen

49

Besitz, das der Ehrenbrief enthält. Diese Aufzählung ist für uns eine hervorragende Quelle für die Überlieferung der Meister des 12. und 13. Jahrhunderts. Im Ehrenbrief werden einige Dichter genannt, von denen wir sonst keine Kenntnis haben, beispielsweise ein EISENHOFER, mit dem vermutlich JÖRG VON EISENHOFEN gemeint sein wird, der Hofmeister des bayrischen Herzogs war und auch von FÜETRER erwähnt wird. Außerdem wird PÜTERICH mit seinem Ehrenbrief wohl auch eine Art Ehrenerklärung für MECHTHILDS nicht sehr guten Ruf in Bezug auf Männer beabsichtigt haben. An einer Stelle spricht er die bayerische Abstammung der Fürstin an: »Auch das Ir seydt des Pluetes von Bayrn Fürstlich durchl . . .«

KURFÜRST FRIEDRICH I. DER SIEGREICHE

Auch MECHTHILDS Bruder, der den Beinamen ›der böse Fritz‹ trägt, hatte offensichtlich vom Vater einiges Interesse für die Literatur geerbt.

Johann von Soest 1472 finden wir JOHANN STEINWERT VON SOEST an seinem Hof. Dieser 1448 in Westfalen geborene Dichter und Musiker wurde an der Kapelle in Kleve zum Sänger ausgebildet, ging dann aber, beeindruckt von der Kunst zweier durchreisender Sänger aus England, mit ihnen nach Brügge, um »synghen erst uß konst«, Singen aus Kunst, zu lernen. Später war er am Hof in Kassel und ging dann nach Heidelberg, wo ihn FRIEDRICH am 22. November 1472 auf Lebenszeit zum Sängermeister, zum Leiter der Hofkapelle, ernannte. Nun hatte er die Möglichkeit, sich neben der Musikpflege auch seinen anderen Interessen zu widmen, der Medizin und der Literatur. Er studierte in Heidelberg und Pavia, wo er den Doktor der Medizin machte. In Heidelberg hielt er dann medizinische Vorlesungen und praktizierte als Arzt. Dort schrieb er auch seinen vielleicht schon in Kassel begonnenen großen Abenteuer- und Liebesroman *Die Kinder von Limburg,* eine Art Reimchronik in niederländischer Manier nach HEIN VAN AKEN. Das Titelblatt zeigt als farbige Federzeichnung die Überreichung des Buches durch den Autor an FRIEDRICHS Neffen und Nachfolger, Kurfürst PHILIPP. In 23 000 Versen wird das Schicksal HEINRICH IV. VON LIMBURG und seiner Schwester, der Markgräfin MARGARETHE erzählt.

Während der Heidelberger Zeit schrieb JOHANN *Dy gemein bicht,* einen Beichtspiegel in fast 1200 Versen. 1495 verließ er Heidelberg, wo er FRIEDRICH vier Jahre und PHILIPP, den man den Musenfreund nannte, neun Jahre gedient hatte, wohl wegen eines Streites mit dem kurfürstlichen Rat HANS VON TRATT, und ging nach Worms. Er starb 1506 in Frankfurt; hier hat er eine Autobiografie geschrieben, die in der Schilderung von Einzelszenen einzigartig ist.

Michael Beheim Schon am Hof ALBRECHT III. VON BAYERN-MÜNCHEN ist uns BEHEIM begegnet. Dieser vielgereiste, streitlustige Mann ist 1416 in Sülzbach bei Weinsberg geboren. In seine Kinderzeit fällt die Belagerung der Burg durch LUDWIG DEN BÄRTIGEN. BEHEIM erlernte die Tuchweberei, dann machte ihn sein Landesherr KONRAD VON WEINSBERG zu seinem Diener und nahm ihn auch auf seine Reisen mit. Später hat BEHEIM mehrfach seinen Herrn gewechselt. In München lernte er bei Herzog ALBRECHT PÜTERICH VON REICHERTSHAUSEN kennen, in Wien ist er bei Erzherzog ALBRECHT zu finden, dem Gatten der MECHTHILD VON ROTTENBURG. Als Gefolgsmann des Kaisers FRIEDRICH verfaßte er in der Donaustadt das *Buch von den Wienern,* worin er den Aufstand der Wiener Bürger gegen den Kaiser schildert. Danach konnte er sich dort nicht mehr halten und mußte vor den aufgebrachten Wienern fliehen. Etwa 1467 tritt er in die Dienste des Pfalzgrafen, seines angestammten Landesherrn. Obwohl er sein Leben lang der kaiserlichen Partei die Treue gehalten hatte, ging er zum ›Bösen Fritz‹, der mit dem Kaiser in ständigem Hader lebte. Er, der früher nur seiner Überzeugung Ausdruck gab, sucht Unterschlupf, »er wolle nun heulen mit den Wölfen und dessen Lied singen, dessen Brod er esse«. Abgesehen davon war aber auch das literarische Leben am Hof des Pfalzgrafen seit der Stiftung der Universität auf ein höheres Niveau gehoben worden.

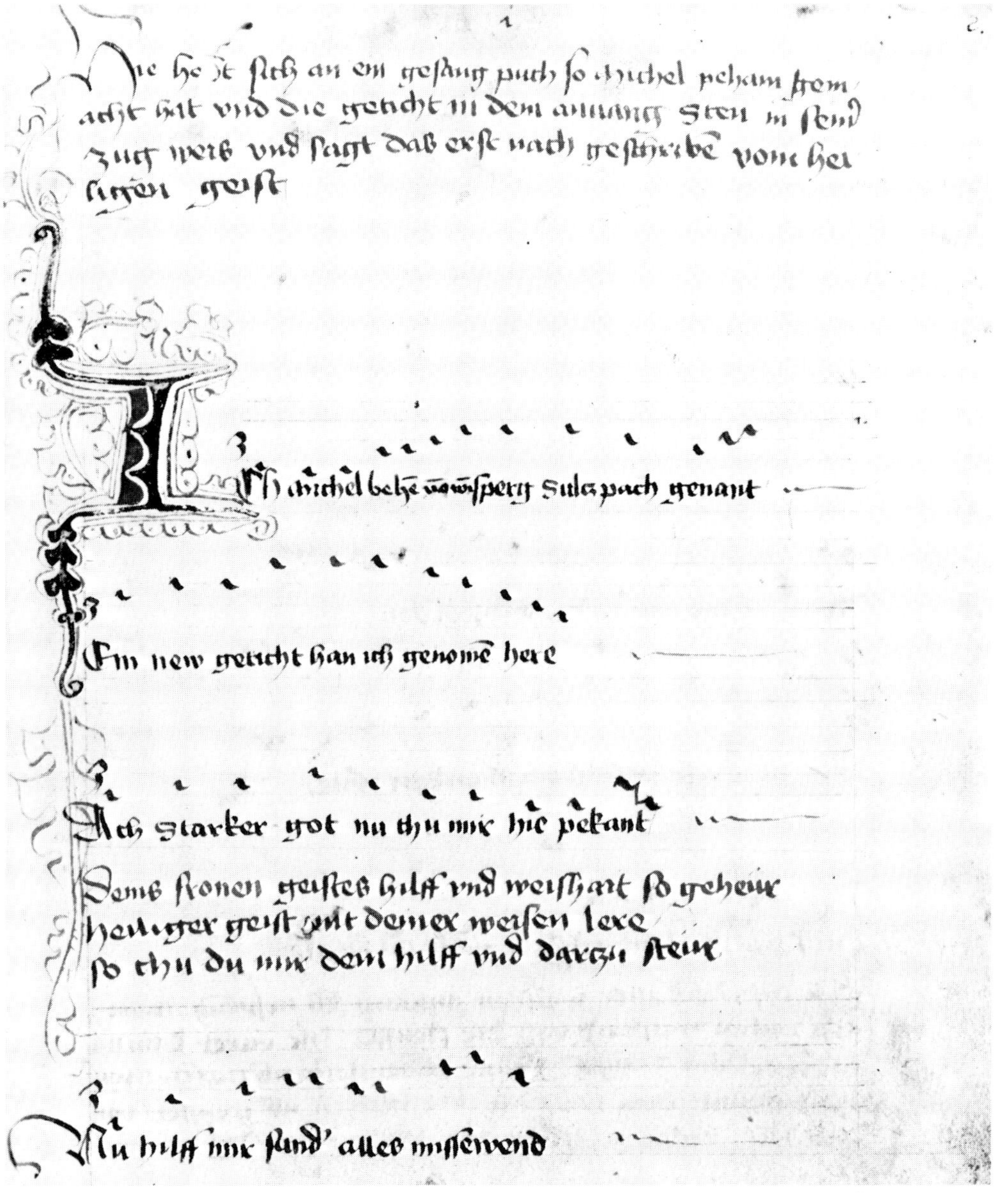

Hie hebt sich an ein gesang puch so Michel peham frem
acht hat und die getricht in dem anwang sten in (end)
zur weis und sagt das erst nach gestribe von hei
liger geist

Michel behe vonspeyg Sulapach genant

Ein new getricht han ich genome here

Ach starker got nu thu mir hie pekant

Dens fronen geistes hilff und weißhait so geheur
heiliger geist mit deiner weisen lere
so thu du mir dein hilff und darzu steur

Nu hilff mir fund aller wissewend

24   Michael Beheim, Gedichte

In Zusammenarbeit mit dem Hofpoeten und Geschichtsschreiber MATHIAS KEMNAT schrieb er eine gereimte Chronik zur Verherrlichung seines Fürsten: *Cronica. Hye hebet sich an das buch, geschicht, woltat und Cronick des durchluchtigen, unüberwindelichsten, hochgebornen fürsten und herren hern Fridrichs, pfaltzgraven by Ryn, herzog in Beyern, ertztruchsess dess Römischen Richs und Curfurst, und dyse Cronick hat gemacht und geticht der wolsprechent tutsch poet und dichter MICHELL BEHEIM von Winsperg Sultzbach etc. durch underwysung Mathis von Kempnaten priester und in geistlichen rechten baccalarius caplan des obengeschriben fürsten, der dann das mererteil by des obgeschriben löblichen stritbarn fürsten geschicht persönlich gewesen ist, gesehen, gehört, gelesen warlich . . .*

1472 wurde BEHEIM Schultheiß in Sülzbach. 1474 ist er von Unbekannten ermordet worden; die Mörder werden wohl noch Feinde aus Wien gewesen sein.

Die Literaturgeschichte nennt BEHEIM einen Meistersinger und stellt ihn neben MUSKATPLÜT, MÜGELN, ROSENPLÜT und HANS FOLTZ. Er war ständig im Fürstendienst, dabei immer seiner Gesinnung treu, auch wenn ihm das Schwierigkeiten einbrachte. Unter den Meistersingern hat er auch eine Sonderstellung, da er als Bürgerlicher für das Fürstentum und die ritterliche Kultur eintrat. Darin steht er den älteren Fahrenden wie OSWALD VON WOLKENSTEIN näher als den bürgerlichen Meistern. Nicht zu vergessen ist auch die stattliche Zahl seiner geistlichen Lieder.

51

Der Neffe FRIEDRICHS DES SIEGREICHEN, PHILIPP, hat viel für die Förderung der humanistischen Studien an der Universität in Heidelberg getan. Er holte sich als Ratgeber DIETRICH VON PLENNINGEN und DALBERG, den späteren Bischof von Worms, nach Heidelberg. Durch DALBERGS Vermittlung kam RUDOLF AGRICOLA in die Pfalz, der auf des Kurfürsten Veranlassung das erste humanistische Geschichtsbuch verfaßte.

Ein Vertreter des Humanistendramas in Heidelberg war der Jurist und Theologe JACOB WIMPFELING, den schon Kurfürst FRIEDRICH 1471 für die Universität gewann. Er beschäftigte sich auch mit Geschichtsschreibung und Pädagogik und unterrichtete die Söhne PHILIPPS.

Konrad Celtis, humanistische Bestrebungen

Seit 1484 war CELTIS in Heidelberg, wo er mit DALBERG, PLENNINGEN und besonders mit RUDOLF AGRICOLA guten Kontakt hatte. Als Lehrer in Ingolstadt war er vor der Pest nach Heidelberg geflohen und verkehrte dort auch mit TRITHEMIUS, WIMPFELING und dem Kurfürsten selber, dessen Söhne er in Latein und Griechisch unterrichtete. Mit DALBERG gründete CELTIS die rheinische Gesellschaft, eine der gelehrten literarischen Gesellschaften des Humanismus, die sich dem klassischen Altertum verpflichtet fühlten. Mit der Gesellschaft sind Namen großer Humanisten verbunden, wie JOHANNES TRITHEMIUS, des Abtes von Sponheim, EITELWOLF VON STEIN, HEINRICH VON BÜNAU und sogar WILLIBALD PIRKHEIMER und KONRAD PEUTINGER.

Einer der bedeutendsten Lehrer der Universität war JOHANN REUCHLIN, von PHILIPP 1497 zum kurfürstlichen Rat und ›obersten Zuchtmeister‹ des Prinzen FRIEDRICH gemacht, der als FRIEDRICH II. DER WEISE von 1544 bis 1556 regierte.

OTTHEINRICH

OTTHEINRICH regierte 1505 bis 1522 zusammen mit seinem Bruder PHILIPP unter der Vormundschaft des Onkels FRIEDRICH II. in der jungen Pfalz und bis 1535 gemeinsam, dann teilten sie. OTTHEINRICH ist 1542 zum Luthertum übergetreten und trat nun konsequent für seinen neuen Glauben ein. 1557 schenkte er sein Fürstentum Pfalz-Neuburg an WOLFGANG VON ZWEIBRÜCKEN, mit der Auflage, daß er bei der »alleinseligmachenden lutherischen Religion« verbleibe. OTTHEINRICHS Leidenschaft des Büchersammelns ist bekannt, der Vatikan hat später bei der Übergabe der ›Palatina‹, der großen Heidelberger Büchersammlung, von OTTHEINRICHS Bestrebungen profitiert. Auch als Kurfürst (seit 1556) war ein wichtiges Motiv des Sammelns der Kampf für die Reformation, er suchte zusammenzutragen, was der evangelischen Sache nützen möge. So trachtete er danach, AVENTINS Bayerische Chronik in der Handschrift aufzutreiben, da er – nicht zu Unrecht – befürchtete, die gedruckte Ausgabe der Schriften AVENTINS, der ja der protestantischen Seite nahestand, sei in religiöser Hinsicht verfälscht. OTTHEINRICH war einer der ersten Fürsten, der die Publizistik in den Dienst seiner kirchenpolitischen Ziele stellte. Von den Namen der Prediger, die er unterstützte, können nur einige genannt werden. ANDREAS OSIANDER aus Nürnberg verfaßte für ihn eine Kirchenordnung und hat ihm auch einige seiner Schriften gewidmet. Der Straßburger KASPAR HEDIO übersetzte für OTTHEINRICH Platinas *Historie von der Päpste und Kaiser Leben* und schrieb für ihn ein Vorwort. HEDIO war auch OTTHEINRICHS Berater bei den Überlegungen, welche Schriften im Dienst der evangelischen Sache noch zu übersetzen seien.

Ungedruckt ist eine Reimchronik des ZACHARIAS TROGLARCTUS, *Confession oder Bekenntnis des rechten und wahren christlichen Glaubens,* die dem Kurfürsten gewidmet ist.

OTTHEINRICH hat viel zur Entwicklung des Buchdrucks beigetragen. In Neuburg war der kurpfälzische Beamte HANS KILIAN Leiter der Druckerei, in Heidelberg wurde HANS KOHL mit dieser Aufgabe betraut. Aus seiner Druckerei gingen zahlreiche Werke im Sinne der protestantischen Sache hervor. Wirksame Unterstützung durch OTTHEIN-RICH erfuhr besonders der Leiter der Magdeburger Zenturien, MATTHIAS FLACIUS ILLYRICUS, bei seinem kirchenpolitischen Unternehmen. FLACIUS war der Herausgeber der Coburger Schriften MARTIN LUTHERS. Um den Magdeburger bei seiner Arbeit zu unterstützen, ließ OTTHEINRICH auch die bayerische Chronik des ANDREAS VON REGENSBURG von seinem Rat GEORG FRÖLICH übersetzen. FLACIUS sollte sogar nach Heidelberg berufen werden, ging dann aber nach Jena.

Sogar der Geschichtsschreiber des Schmalkaldischen Bundes, JOHANNES SLEIDANUS, erfuhr von OTTHEINRICH tatkräftige Unterstützung; er bezog ein Gehalt von 150 Gulden jährlich. Nach dessen Tod wurde der Straßburger JOHANN STURM sein Nachfolger, ohne daß es noch zu nennenswerten Aktivitäten kam, da OTTHEINRICH zwei Jahre später starb. Die gewünschte Geschichtsschreibung sollte den Kampf des pfälzischen Hauses mit Bayern und Österreich schildern.

Auch der Humanist und Historiker KASPAR BRUSCHIUS wurde von OTTHEINRICH unterstützt. MELANCHTHON, des Kurfürsten Berater an der Universität Heidelberg, sprach ihm seine Anerkennung für die der evangelischen Sache geleisteten Dienste aus.

OTTHEINRICHS Meriten um die Förderung der Astronomie und Astrologie und des entsprechenden Schrifttums seien hier nur erwähnt.

KURFÜRST FRIEDRICH III.

FRIEDRICH regierte als Pfalzgraf in Simmern seit 1557 und gelangte nach OTTHEIN-RICHS Tod auf den pfälzischen Kurstuhl. Er ist der erste Wittelsbacher gewesen, der zum Calvinismus übertrat (1566). Der Calvinist PAULUS MELISSUS SCHEDE schien dem Kurfürsten der MAROT der deutschen Calvinisten zu sein (CLEMENT MAROT war Dichter in den Diensten der MARGARETE VON NAVARRA, der calvinistischen Reformation zugetan und nach Genf geflohen. Seine Psalmenübersetzung, der Hugenottenpsalter, wurde der literarische Mittelpunkt des Calvinismus). FRIEDRICH gab SCHEDE den Auftrag, ein Psalmengesangbuch für den calvinistischen Gottesdienst zu verfassen. *Paulus Melissus Schede*

Am Hof in Heidelberg finden wir auch SCHEDES Freund JOHANNES POSTHIUS, seit 1585 Leibarzt bei JOHANN CASIMIR (1543–1592), dem Sohn FRIEDRICHS. POSTHIUS, geboren 1537 in Germersheim, war als Student der medizinischen und artistischen Fakultät in Heidelberg mit MELANCHTHON in Berührung gekommen. POSTHIUS führte das poetische Erbe seines Freundes PETRUS LOTICHIUS fort und gilt als der Begabteste unter den späten Neulateinern. Wie SCHEDE hatte er guten Kontakt mit hervorragenden Vertretern des Humanismus und war Mittelpunkt eines Freundeskreises, zu dem auch SCHEDE gehörte, der 1573 ein Gemeinschaftswerk herausgab, *Collegii Posthimolissaei votum h. e. Ebrietatis detestatio atque potationis saltationisque detestatio*. POSTHIUS ist nach SCHEDES Vorbild über die seitherige Tradition der Psalmenübersetzung hinausgegangen und unterlegte seine deutschen Sonntagsevangelien mit französischen Singweisen. *Joh. Posthius*

Ebenfalls in Verbindung mit JOHANN CASIMIR stand der Leiter der kurfürstlichen Bibliothek (seit 1586), KASPAR SCHEIT, der noch für Kurfürst FRIEDRICH die Verse MAROTS ins Deutsche übertragen hatte. FRIEDRICH III., der erste Wittelsbacher Calvinist, war auch Anhängern ZWINGLIS nahegestanden, wie etwa ZWINGLIS Nachfolger als Kirchenleiter, JOHANN HEINRICH BULLINGER, dessen Glaubensbekenntnis *Confessio Helvetica posterior* zunächst nur für den persönlichen Gebrauch bestimmt war, auf Wunsch des Kurfürsten aber 1566 veröffentlicht wurde.

Friedrich V., bekannt als Winterkönig, Gegner Maximilians von Bayern und Verlierer der Schlacht am Weißen Berg, hat selbst wenig literarische Kontakte gehabt. Um so mehr haben sich solche bei seinen hochbegabten Kindern ausgewirkt.

Julius W. Zincgref   Allerdings finden wir in seiner Umgebung JULIUS WILHELM ZINCGREF, geboren 1591. ZINCGREFS Vater war kurfürstlicher Rat bei FRIEDRICH V. Vater gewesen, wurde von dessen Bruder Pfalzgraf LUDWIG PHILIPP zum Landschreiber ernannt und vom Sohn und Nachfolger KARL I. LUDWIG in gleicher Eigenschaft nach Alzey gesandt.

Den Jammer seiner Zeit hat ZINCGREF in der anonym erschienenen Schrift *Quodlibetischer Weltkefig. Darinn gleichsam, als in einem Spiegel das gegenwärtige Weltgetümmel, gehümmel und getrümmel, wüten und toben, liegen triegen und kriegen, irren wirren und sinceriren, Schwarm und Alarm, zusehen.* Darin wird mit einer Sprachgewalt, die bisweilen an FISCHART denken läßt, die Sache FRIEDRICH V. und der Kurpfalz vertreten. ZINCGREFS wichtigstes Werk aber sind die 1626 in Straßburg erschienenen *Der Teutschen Scharpfsinnige Sprüch,* nach dem Untertitel kurz *Apophthegmata* genannt.

ZINCGREFS Schulpossen *Facetiae Pennalium* verraten humanistische Tendenzen. Seine für die Literaturgeschichte wichtige Rolle hat ZINCGREF aber durch die 1624 besorgte Ausgabe der Gedichte seines Freundes MARTIN OPITZ gespielt, deren Folgen hinreichend bekannt sind. Allerdings war OPITZ mit dieser Edition nicht zufrieden. Was OPITZ und ZINCGREF vereint, ist der Wunsch nach einer ›Teutschen Poeterei‹.

ELISABETH VON HERFORD

FRIEDRICHS drittes Kind, ELISABETH, ist ohne Zweifel die intellektuell Begabteste unter mehreren begabten Geschwistern gewesen. Die ›Prinzessin von Böhmen‹ ist 1619 in Heidelberg geboren, lehnte es 1635 ab, Königin von Polen zu werden und war seit 1667 Äbtissin des reformierten Stiftes zu Herford, wo sie 1680 starb.

Anna Maria von   ELISABETH war eine der gebildetsten Frauen ihrer Zeit. Ihr Vorbild ist ANNA MARIA
Schurmann   VON SCHURMANN gewesen, jene 1607 geborene und 1678 gestorbene niederländische Gelehrte, Dichterin und Schriftstellerin. In Köln geboren, entstammte ANNA MARIA einem niederrheinisch-flämischen Adelsgeschlecht; sie sprach und schrieb klassische, orientalische und moderne Sprachen, hatte Mathematik, Astronomie, Physik, Anatomie, Philosophie und Theologie studiert und sich auch in Musik und bildender Kunst versucht. Mit dreißig Jahren war sie bereits eine europäische Berühmtheit, die man die ›zehnte Muse‹ nannte. Fast sechzigjährig verließ ANNA MARIA VON SCHURMANN ihre Heimat und schloß sich dem Kreis der Sektierer um JEAN DE LABADIE an. ELISABETH hatte Interesse für Sektierer und Reformer, wie es bei manchen pfälzischen Wittelsbachern zu finden ist – sie stand auch mit WILLIAM PENN in Verbindung, der sie in Herford besuchte, bevor er zu seinem amerikanischen Abenteuer aufbrach –, und gewährte den Labadisten in Herford Aufnahme. Hier hatte sie nun zwar reichlich Gelegenheit zum Kontakt mit ANNA MARIA VON SCHURMANN, aber das Aufsehen, welches sie durch ihr Eintreten für die Labadisten erregte, hat ihr sehr viel Ärger gemacht.

Seit 1639 schon hatte ELISABETH mit ANNA MARIA in Briefwechsel gestanden und hat sie auch in Utrecht besucht. In ihrer niederländischen Zeit – sie lebte ja lange bei der Mutter in Den Haag – hat ELISABETH offenbar die wichtigsten Impulse empfangen und fruchtbare Begegnungen gehabt. In Crossen hatte sie ANDREAS GRYPHIUS kennengelernt; neben dem Verkehr mit ANNA MARIA VON SCHURMANN war aber vor
Constantin Huygens   allem der Kontakt mit CONSTANTIN HUYGENS, dem Sekretär des PRINZEN VON ORANIEN von Bedeutung. Dieser, ein namhafter calvinistischer Renaissancedichter, war mit der ebenfalls dichterisch tätigen SUSANNE DE BAERLE verheiratet.

Biograph Krükl bezeichnet SCHUBART sogar als den »eigentlichen schöpferischen Geist« was wohl zutreffen mag, wenn man sich SCHUBARTS Meinung über KLEIN anschließen möchte: »Klein ist ein brafer Mann, von gutem Willen, aber Kraft – Adlerkraft fehlt ihm. Er will gen Himmel und ein Windlein stürzt ihn zur Erde. Auch strömt nicht Lebenswasser von innen heraus – Wasser zwar genug, aber nicht was unter den Bäumen des Lebens im himmlischen Jerusalem quillt.«

Eng befreundet war KLEIN mit JOSEPH MARIUS VON BABO, über dessen Karriere bei Hof der Rat VON STENGEL spottet: »Babo's Schwester war einst Oberndorfs [des Ministers] Mätresse und Köchin, und wegen dieser hat er ihn vom Livreebediensteten bis zum Churfürstlichen geheimen Rathe zu befördern gewußt, wo er denn nicht aufhörte, des Ministers geheime Einnahmen zu befördern und Pläne bey den Kollegien, so viel er mit seinem schwachen Verstandesvermögen konnte durchzusetzen.« KLEIN, der nach KARL THEODORS Weggang nach München sein Geld als Verleger – als sehr geschäftstüchtiger Verleger – verdiente, hat offenbar BABOS Werke in Druck gegeben. Sie haben sich auch sonst gegenseitig gefördert. Zu Freunden wurden sie wohl durch die gemeinsame literarische Neigung zum Historisch-Nationalen. KLEIN hat übrigens auch als Geschäftsmann seine Vorlesungen fortgeführt.

Die Rolle, die KLEIN als Förderer des jungen Mannheimer Theaterdichters SCHILLER spielte, ist überschätzt worden, nicht zuletzt dank der Übertreibungen, die KLEIN späte selber in die Welt setzte. Der Verdienst aber bleibt ihm, daß er SCHILLER von Anfang an hoch einschätzte und ihn tatkräftig unterstützte, aber eben nur soweit es seine eigenen Interessen zuließen. Wichtiger für die Entwicklung SCHILLERS waren DALBERG und der Buchhändler SCHWAN. SCHILLER aber hat KLEIN zumindest zu Anfang für einen kompetenten Mann gehalten und seinen literarischen Rat eingeholt. Mit LESSING, der 1777 in Mannheim eintraf, um das deutsche Nationaltheater zu gründen, hatte KLEIN eine heftige Kontroverse, obwohl er ursprünglich dessen großer Verehrer war. Über die Intrigen, denen LESSING zum Opfer fiel, schrieb dieser an Maler-MÜLLER: »Wenn Mannheim nur lauter Leute von dem Kaliber des Prof. Klein hätte, so wollte ich die ganze Mannheimer Theatergeschichte einmal dem Publico erzählen, und alsdann wollten wir doch sehen, auf welcher Seite die Lacher sein sollten.«

KLEIN hat sich aber um die Literatur in der Pfalz ohne Zweifel Verdienste erworben, auch wenn seine eigene Arbeit als Dramatiker, Lyriker und Dramaturg heute nicht mehr allzu hoch einzuschätzen ist. Bei aller Betriebsamkeit und Eigennützigkeit hat er Meriten besonders durch sein *Deutsches Provinzialwörterbuch* und die Herausgabe von *Leben und Bildnisse der großen Deutschen*. Einer der Mitarbeiter daran war LORENZ VON WESTENRIEDER. Den dritten Band dieses Werkes hat er KARL AUGUST VON ZWEIBRÜCKEN gewidmet und wurde mit der Ernennung zum Pfalz-Zweibrückischen Geheimen Rat belohnt.

25 Joseph Marius v. Babo

Kurpfalzbayern

KARL THEODOR ALS KURFÜRST VON BAYERN

Andreas Zaupser

1777 fiel die bayerische Kurwürde an KARL THEODOR, und mit ihm kamen die pfälzischen Kultureinflüsse nach München, von denen Alt-Bayern nur profitiert hat. Zunächst aber hatten eingesessene Literaten, die von MAX III. JOSEPH mehr oder weniger gefördert worden waren, unter ihm und der Zensur zu leiden, wie der bereits erwähnte ETENHUEBER, aber auch ANDREAS ZAUPSER, der unbestritten zu den bedeutendsten Köpfen der Aufklärung in Bayern gerechnet werden kann. 1772 wendete sich ZAUPSER nach Abschluß seiner Studien an MAX III. JOSEPH, damit der Kurfürst ihm »den Access in Dero hochlöbl. Hofkriegsrath Churmildest um so mehr angedeihen zu lassen, als ich Eurer Churfürstlichen Durchlaucht niemals um einiges Kostgeld beschwerlich gefallen, sondern meinen Unterhalt bey meinem Vater, welcher schon seit achtzehn Jahren bey Höchstderoselben Hofe decretierter Hofkupferstecher ist, so lang und viel haben werde, bis mich gleichwohl die ordentliche Reihe in die Besoldung einzurücken treffen wird.« ZAUPSER wurde des Kurfürsten Hofkriegssekretär.

MAX III. JOSEPH hatte, als man ihm einmal eine Liste bayerischer Freigeister mit der Bitte gab, zu bestimmen, wer bestraft und wer verbannt werden sollte, die Liste »mit edler Verachtung« ins Feuer geworfen. Er hatte ZAUPSERS *Ode an die Inquisition* gelesen und trotz mancher Gegenstimmen gutgeheißen. Nun hielt KARL THEODOR seinen Einzug, von ZAUPSER mit einer Ode begrüßt. ZAUPSERS Ode an die Inquisition wurde von dem neuen Herrn verboten, obwohl nicht nur MAX JOSEPH damit einverstanden gewesen war, sondern auch die Zensurbehörde die Ode hatte passieren lassen. Den äußeren Anlaß für KARL THEODORS Härte hat die Verfolgung des spanischen Freigeistes OVIDA gegeben, aber vermutlich schlug man den Sack und meinte den Esel, nämlich eine etwa gleichzeitig erschienene Schrift ZAUPSERS über den falschen Religionseifer. Zu dieser Abhandlung hatten ZAUPSER die öffentlichen Angriffe besonders des Hofpredigers bei St. Michael, JOHANN NEPOMUK GRUBER, getrieben, der ihn einen Ketzer nannte. Der Kurfürst ließ dann auch diese Abhandlung verbieten, erteilte der Zensurbehörde einen Verweis und wies das Hofkriegsratsdirektorium an, »erwähnten

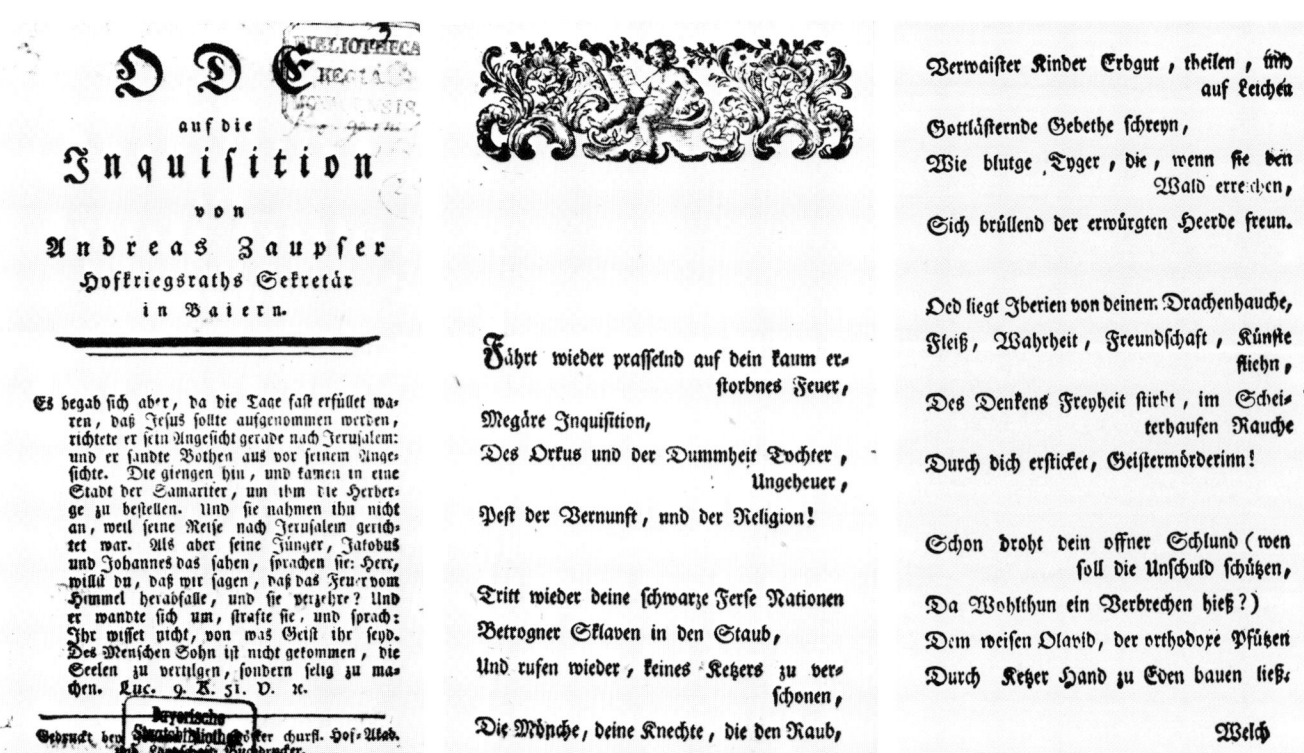

26 Mit der »Ode auf die Inquisition« fiel Zaupser bei Karl Theodor in Ungnade

Sekretarius Zaupser mit der Kanzleiarbeit so weit zu beschäftigen, damit ihm zu theologischen so anderen ausschweifenden Schreibereien keine Zeit übrig verbleibe.« ZAUPSER erlitt dabei keinerlei materiellen Schaden, aber die Verfügung traf ihn tief.

1784 erhielt er einen neuen Wirkungsbereich. Herzogin MARIA hatte eine Militärbildungsanstalt, die Herzoglich-Marianische Landesakademie gegründet. Sie nahm an ZAUPSERS Arbeit Interesse und bestellte ihn zum Lehrer der Logik, der Metaphysik und der praktischen Philosophie. An der Akademie waren RUMFORD und BABO seine Kollegen. In dieser Zeit wandte sich ZAUPSER verstärkt Studien der Mundart zu und gab 1789 sein *Idiotikon* heraus. 1794 ging ZAUPSER aus gesundheitlichen Gründen in den Ruhestand. Zu seinem Biographen und Herausgeber der Gedichte wurde später sein Sohn, den MAX IV. JOSEPH, respektive König MAXIMILIAN I. beruflich gefördert hat.

BABO wurde bereits mehrfach in anderem Zusammenhang erwähnt. Er ist der Sohn eines kurtrierischen Hauptmannes bayerischer Abstammung gewesen, war zunächst 1774 Sekretär an der Mannheimer Bühne und lebte seit 1784 in München, wo er sich dem Kreis um RUMFORD anschloß. Zehn Jahre lang war BABO an der Militärakademie, wurde zum Zensor bestellt, zum Geheimsekretär des Kurfürsten und zum Leiter der Hofbühne, wo er sich durchaus Verdienste erwarb. BABO ist auch Mitglied der Akademie der Wissenschaften gewesen. In unserem Zusammenhang ist er durch seine vaterländischen Dramen von Interesse, von denen besonders das Trauerspiel *Otto von Wittelsbach* bekannt wurde. Man hat das Stück seit mehr als hundert Jahren nicht mehr aufgeführt; seine literarhistorische Wirkung war eher negativ, denn da es den Königsmord durch einen Wittelsbacher zum Thema hatte, wurden 1781 die vaterländischen Dramen für die nächsten Jahre überhaupt verboten, was sich auf das dramatische Schaffen in Bayern ungünstig ausgewirkt hat. Der Kurfürst jedoch, dem es um die Würde des Kurhauses ging, war befremdet darüber, daß »man aus der bayerischen Historie solche Thaten, welche dem Churhaus zu keiner Ehre gereichen, mithin mehr in die Vergessenheit als Gedächtnis gebracht werden sollen, hervorsucht und nicht nur auf das öffentliche Theater bringt, sondern auch durch approbirten Druck authoritate publica zu verbreiten sucht.«

Autoren, die unter KARL THEODORS Edikt zu leiden hatten, waren auch sonst in der Umgebung des Hofes zu finden, wie KARL VON ECKARTSHAUSEN, kurfürstlicher Rat und Zensor, ein Anhänger ROUSSEAUS, der Stücke wie das Singspiel *Fernando und Yariko* und das Drama *Liebrecht und Hörwald oder So geht's zuweilen auf dem Lande* schrieb. Oder auch der kurpfalzbayerische Kammerherr F. G. VON NESSELRODE, der den Todessturz der FANNY VON ICKSTATT 1785 vom Turm der Frauenkirche dramatisierte, eine Werther-Travestie. LUDWIG THOMA hat ihn für wert befunden, in seine Anthologie *Bayernbuch* aufgenommen zu werden. Da waren aber auch so bekannte Namen vertreten wie Graf TÖRRING aus dem Jettenbacher Zweig des Geschlechtes. Er trat 1773 noch unter MAX III. JOSEPH als kurfürstlicher Kämmerer in den Staatsdienst und brachte es unter König MAX I. bis zum Staatsminister und Präsidenten des Staatsrates. TÖRRING war nicht der einzige Aristokrat seiner Zeit, der Theaterstücke schrieb, was in diesen Kreisen damals fast Mode war. Zur gleichen Zeit wie er veröffentlichten die Grafen SODEN, SAVIOLI-CORBELLI, MORAWITZKY, DAUN und ANTON VON TÖRRING-SEEFELD, Rat und Kammerherr, Kammerpräsident und Finanzminister des Königs, der sein Stück *Die Belagerung der Stadt d'Aubigny, ein heroisches Schauspiel* 1778, also ein Jahr nach KARL THEODORS Regierungsantritt veröffentlichte. Sie schrieben zumeist bürgerliche Familienstücke und historische Dramen. TÖRRING verfaßte Ritterdramen, beeinflußt von GOETHES *Götz von Berlichingen*. Seine *Agnes Bernauer* hatte viel Erfolg. TÖRRING fand unter den Verfassern von Ritterstücken viele Nachahmer. Bis hin zu SCHIKANEDER wird er zum Teil wörtlich zitiert. Als Dichter vaterländischer Dramen hat er besonders BABOS *Otto von Wittelsbach* beeinflußt.

Aber es würde zu weit führen, hier all die als Dramatiker auftretenden Adligen aufzuführen, die im Hofdienst standen. Das reicht von der Zeit MAX III. JOSEPH über KARL THEODOR bis hin zu König MAX I.

Joseph Marius Babo

Josef Aug. Graf Törring

61

Königreich Bayern

Maximilian IV. Joseph

Jean Paul

»Max, daß'd nur g'rad da bist« wurde der Zweibrücker Herzog in München begrüßt, als er 1799 das Erbe des ohne Nachfolger gebliebenen ungeliebten Karl Theodor antrat. Kurfürst Max IV. Joseph, nach 1805 der »gute König Max«, war zwar für die Münchner eine Erlösung, aber sein Interesse für Literatur war gering und ging über Pflichtübungen nicht hinaus, wie am Beispiel Jean Paul zu erkennen ist. Die literarischen Beziehungen überließ er der Königin, die dabei auch kein übermäßiges Interesse entwickelte. Zwar erhielt Jean Paul vom König eine Pension von 1000 Gulden, aber als der Dichter einmal dem Monarchen vorgestellt wurde, bekannte dieser offen: »Lieber Richter, ich selbst bin wenig bewandert in Ihren Werken, aber gehen Sie zu der Königin, die kennt alle und sagt mir viel Rühmliches davon.« Die königliche Pension hat Jean Paul nicht davon abhalten können, kräftig auf Bayern zu schimpfen, die väterliche Regierung des Königs hat er aber doch lobend anerkannt. Devot war er nicht. Als Jean Paul 1820 bei Max I. zur Audienz war, wurde er hernach gefragt, ob Seine Majestät gnädig gewesen sei. Die Antwort des Dichters konsternierte die Gesellschaft: »Gnädig mit mir? Bin ich ein Verbrecher?«

Amüsanterweise stellte 1822 Richard Otto Spazier fest, Jean Paul habe nicht nur einem Braumeister mehr geglichen als einem Dichter, er habe auch mit König Max I. nicht wenig Ähnlichkeit im Äußeren gehabt. Spazier war Zeitgenosse, aber auch heute könnte man dies nach Porträtvergleichen bestätigen. Ein Brief des Königs und des Kronprinzen Ludwig, von dem Jean Pauls Frau Emma berichtet, ist allerdings nicht überliefert oder sonstwie belegt. Aber existiert haben wird er wohl, denn wozu sollte sie diese Zeugnisse sonst erfunden haben.

Ludwig I.

Das beginnende 19. Jahrhundert bringt für die Literatur in Bayern einen neuen Ansatz. Mit der Säkularisation wird die Vorherrschaft der Klöster und der Geistlichkeit gebrochen. Bayern wird Königreich und gewinnt an Raum und Bevölkerung. Mehr und mehr beginnen ›Fremde‹ in München das literarische Leben mitzubestimmen. Die Aufklärung des ausgehenden achtzehnten Jahrhunderts hatte unter Max I. und Montgelas den Ausschlag gegeben. Christoph von Aretin, Hofbibliothekar und Konfiskator der Klosterbibliotheken, versuchte mit seiner Zeitschrift *Aurora* den Bildungsstand des Landes im Sinne der Aufklärung zu beeinflussen. Aufklärer waren auch Clemens Alois Baader, Anton von Bucher, Lorenz von Westenrieder.

Johann Michael Sailer

Ein anderes Erbe des 18. Jahrhunderts bringen Franz von Baader und Johann Michael Sailer mit. Ersterer steht den mystisch-theosophischen Kräften der Gegenaufklärung nahe, Sailer ist von Jesuiten erzogen, verschließt sich der Aufklärung aber nicht ganz. Als Prediger und Erbauungsschriftsteller findet er den neuen, der Zeit gemäßen Ton. Sailer war der erste Preisträger des von der Akademie betreuten Predigerinstituts, das sich die Aufgabe gestellt hatte, die geistliche Beredsamkeit zu fördern. Sailers Wirkung ist so groß, daß man bald vom ›Sailerschen Geschmack‹ redet.

62

27 Jean Paul

28 Johann Michael Sailer

29 Friedrich Schelling, Silhouette aus Goethes Besitz

Sein 1785 erschienenes *Vollständiges Gebetbuch für katholische Christen* erzielte größte Breitenwirkung. BAADER war einer der ersten und wirkungsvollsten Vertreter der Münchner Romantik, während SAILER an der von Ingolstadt nach Landshut verlegten Universität wirkte, wo er die Männer um sich scharte, die man der Landshuter Romantik zurechnet. Selber mehr Prediger als Schriftsteller liegt seine Bedeutung in seinem ruhigen, nachhaltigen Einfluß auf einen Kreis, zu dem auch Kronprinz LUDWIG zu zählen ist. Von SAILER lernte dieser, Wesentliches von Unwesentlichem zu unterscheiden. Auf LUDWIG hatte SAILER den größten Einfluß, er blieb ihm zeitlebens Mentor. Zu diesem Kreis zählten auch KARL VON SAVIGNY und dessen Frau Gunda, eine geborene BRENTANO, der Oberpfälzer JOSEPH LÖW, KARL ROTTMANN und besonders SCHENK und RINGSEIS. Als SAILER dank LUDWIGS Einfluß Bischof in Regensburg wurde, hörte der Landshuter Kreis auf zu bestehen. LUDWIG holte GÖRRES, SCHELLING, RINGSEIS, BAADER, SCHUBERT zu sich als Lehrer an die Universität nach München, SCHENK stand als Innenminister und spiritus rector der bayerischen Kulturpolitik an seiner Seite. Der Ruhm dieses Kreises verbreitete sich schnell und übte große Anziehungskraft aus. Der Mittelpunkt war JOSEF GÖRRES, an den EICHENDORFF 1828
Josef Görres schrieb: »Gott selbst redet wieder einmal unmittelbar die Sprache der Poesie zu den Völkern. Denn so erscheint mir jetzt die tiefe Bewegung, der junge König und das ganze großartige Walten in Bayern.« GÖRRES' Berufung ist im Zusammenhang mit der Verlegung der Universität von Landshut nach München zu sehen. Bis dahin saß er – fast fünfzigjährig – im Straßburger Exil. 1825 verfaßte er eine Apostrophe an König LUDWIG, die er dem Herrscher über RINGSEIS zukommen ließ. RINGSEIS strebte eine Berufung GÖRRES' als Professor der Geschichte an, was LUDWIG durchaus befürwortete. GÖRRES selbst widerstrebte innerlich noch, er scheute das Münchner Klima und sah Bayern, trotz des Wirkens der Männer um den König, als feindliches, aufkläreriches Land, »wo die Feinde alle mächtig durch Stellung, Zeit und Umstände«. BRENTANO versuchte, ihn zu überreden, unter Hinweis auf Personen wie Bischof SAILER, EDUARD VON SCHENK und MELCHIOR VON DIEPENBROCK, SAILERS Sekretär und nachmaligen Kardinal.

Erst nach langer Verzögerung durch die politische Verwicklung mit dem preußischen Staat traf GÖRRES im November 1827 in München ein, um »die Lehrstelle eines ordentlichen Professors der allgemeinen und Litterärgeschichte« anzutreten. Wohlgefühlt hat er sich zunächst nicht. »Die Hiesigen hassen mich sattgrimmig und möchten mich mit den Augen totstechen« schreibt er im selben Jahr an BRENTANO. Aber »die Grundlage für die Wirksamkeit der letzten zwanzig Jahre seines Lebens waren gewonnen« (Karl Alexander von Müller). SAILER dankte LUDWIG für diese Berufung: »Ganz besonders danke ich Eurer Majestät für Görres' Anstellung. Denn er ist gerade so würdig, so mächtig, alle Parteyen mit der bloßen Wahrheit niederzuschlagen, als gröblich er von allen gelästert wird. Euer Majestät werden dies Urteil selbst aus innerer Anschauung wahrnehmen, sobald seine schöne Seele, sein reines Leben und sein Genie Superieur wird Anlaß gefunden haben, sich darzustellen, wie es ist.«
Schelling SCHELLINGS Berufung nach München sollte noch lange nachwirken, besonders in seinem Einfluß auf den Kronprinzen und späteren König MAX II., dessen Lehrer er war. SCHELLING stand aber mit LUDWIG auch schon während dessen Kronprinzenzeit in freundschaftlicher Korrespondenz. LUDWIG holte öfter SCHELLINGS Rat auch in aktuellen Fragen ein, und SCHELLING schreibt ihm am 11. Juli 1827, er betrachte es als sein höchstes Ziel, daß »die unbestechliche Geschichte, wenn sie einst die Schöpfung König Ludwigs I. erzählt, nach größern und ruhmvollern Namen auch von mir sagen möge: auch ihm war es vergönnt, etwas zu wirken für die königliche Absicht: Erhebung des Bayer'rischen Volkes zu dem ihm gebührenden Standpunkt im Reiche des Geistes.« LUDWIG weiß SCHELLING in seiner Kulturpolitik hinter sich und setzt es einer gewonnenen Schlacht gleich, daß er SCHELLING 1827 nach München berufen kann. Noch in Landshut hatte ja SAILER SCHELLINGS Lehre abgelehnt, obwohl er ihn persönlich hochschätzte. In München tritt SCHELLING ihm geistig näher, tritt damit auch LUDWIG näher, der als Schüler JOSEPH ANTON SAMBUGAS SAILERS Bekenntnis-

64

christentum und Irenik schätzte. SCHELLING verstand es, sich in München einzuleben, er legte nicht die Anmaßung und Überheblichkeit der späteren Nordlichter an den Tag.

1842 verließ er München, um nach Berlin zu gehen, sehr zum Kummer des Kronprinzen MAX, der den Vater aus Athen bittet, den geliebten Lehrer »wenn es nur immer möglich, ihn doch ja nicht gehen zu lassen.« Aber die »dringende, kindliche Bitte wegen Schellings Erhaltung für Bayern« ist vergeblich. Schon 1841 hatte LUDWIG dem Sohn geschrieben: »Mein Schwager, der König von Preußen, wünscht Schelling in seine Dienste zu haben, ich hielt ihn schon einmal zurück, aber Stimme der Vorsehung glaubt er in dem Ruf zu vernehmen, Gutes wirken zu können, ich will ihn nicht daran hindern.« Nach fast 40 Jahren in Bayern geht SCHELLING nach Berlin, bleibt München aber verbunden. LUDWIG I. war er Berater und Helfer in seinen kulturpolitischen Bestrebungen gewesen, dem Sohne MAX II. aber stand er persönlich näher, hatte auf dessen religiös-philosophische Entwicklung entscheidenden Einfluß, wie auch aus dem Briefwechsel beider abzulesen ist.

Bezeichnend für den literarischen Kreis um LUDWIG ist der Almanach *Charitas,* den EDUARD VON SCHENK betreut. Zu den Mitarbeitern zählen neben dem König selbst und später dem Kronprinzen MAX, SAILER, MELCHIOR VON DIEPENBROCK, FRIEDRICH VON THIERSCH, GOTTHILF HEINRICH SCHUBERT, FRIEDRICH RÜCKERT, PHILIPP VON MARTIUS, LUDWIG AURBACHER, FRIEDRICH BECK, GRAF POCCI, FRANZ VON KOBELL, JOSEF PANGKOFER, KARL FERNAU, alias SEBASTIAN FRANZ VON DAXENBERGER, der nach SCHENKS Tod den Almanach bis 1847 weiter betreut.

Charitas

Die *Charitas,* obwohl teilweise sehr auf »christliche Jungfrauen« abgestellt, hat durchaus romantische Züge. Greift man willkürlich einen Jahrgang heraus, etwa den von 1836, so findet man dort Beiträge wie *Alix von Orange,* ein romantisches Gedicht von FRANZ LAMBERT FREIHERRN VON VARICOURT, *Die Äbte* des der Spätromantik nahestehenden AURBACHER oder *Die nächtlichen Erzählungen* SCHENKS. Das sind Nacht- und Todesstücke, eingespannt in eine Rahmenhandlung und im Thema durchaus romantisch, wenn auch mit biedermeierlichem Einschlag. Die Namen POCCI, KOBELL und Kronprinz MAX sind schon Hinweise auf die langsame Verschiebung des Kreises um LUDWIG auf den Dichterkreis um MAX II. Aber noch ist es nicht soweit.

König LUDWIGS eigene Gedichte sind viel verspottet worden. Zu unrecht. Denn er fühlte sich nicht als Literat und ließ sich keineswegs über die Qualität seiner Verse durch Schmeicheleien hinwegtäuschen. In einem Distichon *An mich* schreibt er: »Daß dich nicht täusche das reichliche Lob; denn was du gedichtet, / Ungepriesen blieb's, säßest du nicht auf dem Thron.« Ähnlich selbstkritisch von seinen Gedichten dachte auch sein Sohn MAX, der als König seine Verse veröffentlichen wollte, aber auf den Rat GEIBELS hin davon absah. Übrigens hat auch LUDWIGS Tochter ALEXANDRA AMALIA literarisches Talent entwickelt und gab Erzählungen und Übersetzungen heraus. Worin der Wert der Gedichte des Königs lag, hat der alte Grantler GRILLPARZER erkannt, der 1830 in sein Tagebuch schrieb: »Die Gedichte eines Königs sind aus einem ganz anderen Gesichtspunkte zu beurteilen als die des übrigen Haufens der Sterblichen ... Bei dem dichtenden König ist das Gegebene nicht das wichtigste: was er dabei gedacht, ist die Hauptsache und beglückt in seinen Wirkungen ein hoffendes Land.«

GRILLPARZER hat auch EDUARD VON SCHENK geschätzt, der ein fruchtbarer Dichter war und ein umfangreiches Werk an Romanen, Novellen, Dramen und Gedichten hinterließ. Sein bekanntestes Drama *Belisar* wurde 1827 mit großem Erfolg in Wien aufgeführt. GRILLPARZER schreibt SCHENK, den er für einen liebenswürdigen und poetisch begabten Mann hält, nach München: »Gestern wurde ihr Belisar bei uns und zwar mit einem Erfolg aufgeführt, dessengleichen ich seit Jahren nicht erlebt habe.«

Eduard von Schenk

Am 31. Dezember 1825 wurde SCHENK mit dem Kultus- und Bildungsbereich im Innenministerium, 1828 mit der Führung des Ministeriums selbst betraut. Damit stand die Bildungspolitik nach LUDWIGS Wunsch im Geiste SAILERS. SCHENK, der in Düsseldorf geboren wurde, ist der Sohn eines der ersten Beamten unter MONTGELAS, HEINRICH SCHENK, gewesen. In Generaldirektor SCHENKS Haus verkehrten die Gelehrten, die MAX I. nach München gerufen hatte, wie FRIEDRICH HEINRICH VON JACOBI, JAKOB NIETHAMMER und FRIEDRICH VON THIERSCH. Es fehlten auch SAILER und Kronprinz LUDWIG nicht. An der Universität Landshut hatte SCHENK sich immer mehr an SAILER angeschlossen und trat unter dessen Einfluß zum katholischen Glauben über. »Was den König für ihn einnahm, war die Gleichheit der Gesinnung, der Staats- und Weltanschauung, die Tüchtigkeit im Staatsdienst, die Charakterfestigkeit und Überzeugungstreue... Er verstand es, auf die schwierige Psyche seines Herrn einzugehen, ohne Heuchler und Höfling zu werden... Mit Schenk an der Spitze wurde der Oberste Kirchen- und Schulrat zur Einbruchsstelle des vor Jahren in Landshut entwickelten neuen Geistes in die amtlichen Positionen der Aufklärung in München« (Spindler).

Man stößt immer wieder auf die Landshuter Jahre, auf SAILER und seine Nachwirkung. Denn die Landshuter Romantik ist insofern mehr als nur eine literarisch-philosophische Bewegung gewesen, als LUDWIG I. ihre Vertreter aufrief, in Staat und Gesellschaft die Ideale in die Wirklichkeit umzusetzen. Das Zentrum dieser Geistesbewegung bildeten SAILERS Gläubigkeit und SCHELLINGS Geist, der dem Ganzen ein Gerüst gab und die Verworrenheit in einem System auffing. Ludwig wußte sich mit SAILER, SCHELLING, BAADER, GÖRRES und RINGSEIS einig in der Aufgabenstellung der neuen Regierung, die von SCHENK so formuliert wurde: »Vereinigung der Religion und der monarchischen Grundsätze mit der Freiheit, des Glaubens mit dem Wissen«. Die Versöhnung und gegenseitige Durchdringung von Religion und Wissenschaft war die Maxime, wie sie auch BAADER (»Aussöhnung und Übereinstimmung der Wissenschaft mit dem Glauben und des Glaubens mit der Wissenschaft und das wechselseitige Durchdringen beider«) und SCHELLING (an Schenk: »Die große Aufgabe unserer Zeit, Durchdringung von Religion und Wissenschaft«) formulierten.

August von Platen Kritisch stand AUGUST GRAF VON PLATEN EDUARD VON SCHENK gegenüber. Mag sein, daß PLATEN auch ihn gemeint hat mit dem Vers:

> Keiner gehe, wenn er einen
> Lorbeer tragen will, davon
> Morgens zur Kanzlei mit Akten,
> Abends auf den Helikon.

PLATEN diente als Page bei der Taufe des Kronprinzen MAX und hat aus dieser Zeit gute persönliche Kenntnisse der königlichen Familie, über die er sich kritisch, aber objektiv geäußert hat. Von LUDWIG meint er, er würde auch ein ausgezeichneter Mann sein, wenn er kein Prinz wäre, und über dessen Verse: »Er verehrt auch die Musen, macht sogar selbst Verse, die gut genug für einen Prinzen sind.« Ab 1826 bezog PLATEN vom König, dessen Thronbesteigung er mit einer Ode besungen hat, eine Pension, die er allerdings im Süden verzehrte und nur hie und da aus Italien nach München kam, wo er sich von seinem Platz an der Seite des Königs durch SCHENK, dessen literarischem Mentor, verdrängt fühlte.

Heinrich Heine Daß aber SCHENKS Einfluß nicht allmächtig war, zeigt das Beispiel HEINRICH HEINES. HEINE war 1827 in München und machte sich Hoffnungen auf eine Professur an der Universität. SCHENK setzte sich beim König, den HEINE zu dieser Zeit noch einen netten Menschen nannte, für ihn ein: er empfiehlt das Anstellungsgesuch des »Dr. Heinrich Heine als außerordentlicher Professor an der hiesigen Universität. In den Schriften des letzteren waltet ein wahrer Genius; sie haben das größte Aufsehen in Deutschland erregt; einige Auswüchse und Verirrungen fanden sich in den Jugendwerken aller unserer großen Schriftsteller; mehreren wahrhaft genialen Menschen in unserem teutschen Vaterlande hat am Anfang nur eine wohltätige Fürstenhand gefehlt, die sie in Schutz und zugleich in Pflege nahm, ihre guten Eigenschaften aufmunterte und ihre Mängel und Verirrungen väterlich zurecht zu weisen suchte. Dr. Heine bedarf auch einer solchen Hand, und ich bin überzeugt, daß er – wenn Eure Majestät ihn Allerhöchst Ihres Schutzes würdigen – einer unserer ausgezeichnetsten Schriftsteller werden wird.« Aber Jugendsünden wurden schon früher nicht nachgesehen, LUDWIG ist HEINE zwar

66

nicht abgeneigt, aber dessen Konfessionswechsel ist ihm suspekt und auch GÖRRES und DÖLLINGER raten ab. LUDWIG lehnt das Gesuch ab. HEINE, der die Münchner Verhältnisse zum Teil humorvoll verspottete (über Görres: »letzterer wird täglich katholischer und wird gewiß Kardinal; Madame Görres strickt schon violette Strümpfe«) reagiert nun verbittert und ungerecht. Seit der Ablehnung seines Gesuchs verfolgt er LUDWIG mit seinem Haß. In seinen *Lobgesängen auf König Ludwig* ist er so geschmacklos, ihm dessen Sprachfehler vorzuwerfen:

> Das ist Herr Ludwig von Bayerland,
> desgleichen gibt es wenig';
> Das Volk der Bavaren verehrt in ihm
> Den angestammelten König.
>
> Er liebt die Kunst, und die schönsten Frau'n
> Die läßt er porträtieren;
> Er geht in diesem gemalten Serail
> Als Kunst-Eunuch spazieren.
>
> Herr Ludwig ist ein großer Poet,
> Und singt er, so stürzt Apollo
> Vor ihm auf die Knie und bittet und fleht:
> Halt ein! ich werde sonst toll, o!
>
> Herr Ludwig ist ein mutiger Held,
> Wie Otto, das Kind, sein Söhnchen;
> Der kriegte den Durchfall zu Athen,
> Und hat dort besudelt sein Thrönchen.

In einem anderen Gedicht wird er noch geschmackloser und läßt die von LUDWIG »angestotterte« Madonna sagen: »Hätt' ich in meiner Schwangerschaft / Erblickt den häßlichen Toren, / Ich hätte gewiß einen Wechselbalg / Statt eines Gottes geboren.«

Aber es wäre wohl zuviel verlangt, daß ein Goethe-Verehrer wie LUDWIG I. HEINRICH HEINE hätte verstehen können. 1786, im Geburtsjahr des Königs, betrat GOETHE vor seiner italienischen Reise das erste Mal bayerischen Boden und besuchte im September München, wo er bei dem Weinwirt Albert in der Kaufingerstraße logierte; es blieb sein einziger Besuch in der Landeshauptstadt. Seine Beziehungen zu München und Bayern waren jedoch vielfältig. Er hatte mit PLATEN Kontakt, mit ARETIN und MANNLICH. Im Auftrag MONTGELAS' trat FRIEDRICH IMMANUEL NIETHAMMER mit GOETHE in Verbindung. Er suchte ihn als Mitarbeiter für ein deutsches Nationalbuch, eine Anthologie der klassischen Nationalschriftsteller, zu gewinnen. GOETHE war sehr interessiert, aber der Plan wurde nicht durchgeführt. Besonders durch seinen Briefwechsel mit SULPIZ BOISSERÉE war GOETHE über die Verhältnisse in München sehr gut informiert, so auch über den Wunsch des Königs, den Dichterfürsten nach München zu holen. Schon im Februar 1826 hatte LUDWIG nach Weimar geschrieben. »Es verlangt mich sehr, Gothe'n persönlich kennen zu lernen, auf den mein Teutsches Vaterland mit vollstem Recht so stolz ist, wenn auf eines Andern Verdienste man stolz seyn darf. Mit offenen Armen soll der Erhabene in München empfangen werden, sollte jedoch derselbe nicht in Bayerns Hauptstadt kommen, so muß ich auf eine andere Weise Rath schaffen, denn versagen kann ich mir die hohe Freude nicht, seine mündliche Bekanntschaft zu machen, überflüssig wär's meine Gesinnungen gegen Sie zu wiederholen, da ich meine Heimat preise, daß sie einen Göthe besitzt.«

Nun, der »Erhabne« fühlte sich zu alt, um nach München zu reisen, auch wenn BETTINA VON ARNIM in einem Brief an ihn schon den Kronprinzen schwärmerisch als edle Natur, die Betrug nie verletzt, als gehörnten Siegfried und Blüte, auf die der Morgentau fällt, gepriesen hat. Aber der enthusiastische Monarch ist kein Mann der Konventionen. Ohne Ankündigung und ohne große Umstände besucht er GOETHE zu

Goethe

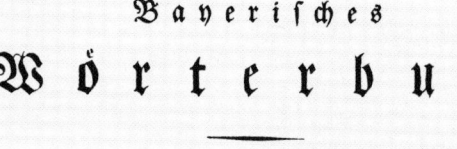

Bayerisches
Wörterbuch.

Sammlung
von

Wörtern und Ausdrücken,

die in den lebenden Mundarten sowohl, als in der ältern
und ältesten Provincial-Litteratur des Königreichs Bayern,
besonders seiner ältern Lande, vorkommen, und in der heutigen
allgemein-deutschen Schriftsprache entweder gar nicht, oder
nicht in denselben Bedeutungen üblich sind,
mit

urkundlichen Belegen,

nach den Stammsylben etymologisch-alphabetisch geordnet
von

J. Andreas Schmeller.

Erster Theil,
enthaltend die Buchstaben
A, E, J, O, U; B; P; D; T; F; V.

Stuttgart und Tübingen,
in der J. G. Cotta'schen Buchhandlung.
1 8 2 7.

31 – 32   Johann Andreas Schmeller und das Titelblatt zu seinem
»Bayerischen Wörterbuch«

dessen 78. Geburtstag am 28. August 1827. Sein Besuch macht Eindruck, nicht nur in Weimar. Er ist der erste König, der GOETHE in seiner Wohnung besucht. VARNHAGEN ruft begeistert aus: »Schön, herrlich, dieser König weiß, daß auch Könige huldigen müssen.« ECKERMANN hielt unter anderen diesen Ausspruch GOETHES zu LUDWIGS Besuch fest: »Da sehen Sie einen Monarchen, der neben der königlichen Majestät seine angeborene schöne Menschennatur gerettet hat. Er ist eine seltene Erscheinung und deshalb umso erfreulicher.« Bei der Gelegenheit überreichte LUDWIG das Groß-kreuz des bayerischen Verdienstordens. Im Jahr darauf ging LUDWIGS Hofmaler STIELER nach Weimar, um GOETHE zu porträtieren; es ist das schönste und bekannteste Bild GOETHES geworden. Er hält darauf ein Blatt Papier in der Hand mit einem Gedicht der Königs ›An die Künstler‹.

GOETHE hat LUDWIGS Gedichte etwas überschwenglich gepriesen: »In der Form und Behandlung hat er viel von Schiller, und wenn er nun in so prächtigem Gefäße uns den Gehalt eines hohen Gemütes zu geben hat, so läßt sich mit Recht viel Treffliches erwarten.« Ausgerechnet mit SCHILLER verglichen zu werden, wäre LUDWIG nie in den Sinn gekommen. Denn mehr noch als GOETHE wurde SCHILLER von ihm verehrt. Und Verehrung ist bei dem heißblütigen König bereits Liebe. Die beiden Dichter vergleicht er so: »Eine Sonne prangend strahlt im Glanz / Goethe. Wie des Mondes hehrer Schim-mer / Spricht aus dem Gemüt Schiller immer / Und der Teutsche reichet ihm den Kranz.« Oder an SCHILLER: *Schiller*

> Manchmal glaube ich, daß and're
> Dich, Erhabener erreichet,
> Lesend doch wieder in Dir werd'
> ich des Irrtums gewahr.
> Schiller, wie Du spricht keiner zum Herzen.

Bereits 1806, als der Kronprinz in Weimar das Theater besuchte und dort GOETHE zum ersten Mal sah, legt er Blumen auf SCHILLERS Grabgewölbe, dessen schlechten Zustand er erstaunt zur Kenntnis nimmt. 1808 schreibt er an die Witwe: »Seine per-sönliche Bekanntschaft zu machen war ein sehnsuchtsvoller Wunsch, doch die Werke seiner großen, reinen Seele begleiteten mich auf allen meinen Reisen, Nahrung für Herz und Geist; wie so oft aus dem Menschengewühl flüchtend gaben sie Befriedigung meiner Sehnsucht.« In seiner charakteristischen Art, die keine Rücksicht auf bestehen-de Meinungen nimmt, läßt der Kronprinz in Salzburg, das er mit höchstem Bedauern später zu Österreich geschlagen sieht, vor dem Schloß Mirabell die *Räuber* aufführen, obwohl dergleichen in Bayern damals nicht gerne gesehen wurde. Eine Aufführung der *Jungfrau von Orleans* besuchte er während des Wiener Kongresses und schreibt ent-setzt seiner Frau: »Aber in jeder Hinsicht sah ich kaum ein Stück, dessen Aufführung mir mehr mißfallen. Es muß doch arg sein, wenn ich in einem Trauerspiele Schillers lache und ich kann Dir versichern, daß ich lachte, wie ich beim Kasperl noch nie ge-lacht, der Leib schmerzte mich davon.« Das Herz tat ihm jedoch weh, als er bei seinem Goethebesuch in der großherzoglichen Bibliothek in Weimar den vermutlichen Schä-del SCHILLERS wie in einem Naturalienkabinett auf einem Sockel liegen sah. Auf sein Betreiben wurden die Knochen beigesetzt. SCHILLERS frühen Tod hat er oft bedauert, er hätte ihn gerne nach Italien mitgenommen: »Was erst wärest Du geworden / Schiller, und was Rom durch Dich.«

So tut er eben für den toten SCHILLER, dessen Enkel sein Patenkind ist, was er kann. Bereits 1826 ließ er den kostenlosen Nachdruck der Werke SCHILLERS in Bayern ver-bieten und erreichte dieses Verbot zumindest auf die Dauer von 20 Jahren auch für das übrige Reich. Ja der sprachgewandte König, der möglichst alles in der Ursprache las, übersetzte als ›Pensionär‹ Schillers *Don Carlos* ins Spanische.

Aber in LUDWIGS Kreis sind, neben auswärtigen Dichtern wie ERNST MORITZ ARNDT, die den König verehrten, noch kleinere und größere Geister zu finden. Da ist der bayerische Schwabe LUDWIG AURBACHER, seit 1809 Professor für Literatur und Kunst am königlichen Kadettenkorps, der mit BAADER, RINGSEIS, SCHENK, SAILER und DIEPENBROCK verbunden war und am Kadettenkorps Kollege SCHMELLERS. Weiten *Ludwig Aurbacher*

69

Kreisen ist noch heute sein *Volksbüchlein* mit den Sieben Schwaben bekannt, er schrieb auch eine von JEAN PAUL beeinflußte Schulmeisteridylle, *Die Berlenburger Fibel,* schrieb Beiträge nicht nur für die *Charitas,* sondern auch für *Eos,* die Zeitschrift des Görreskreises, für *Flora,* die bei LENTNER erschien und die *Bayerischen Annalen.* AURBACHER hat sich auch um die Wiederentdeckung der katholischen Barockliteratur bemüht.

Friedrich Beck   FRIEDRICH BECK, der durch seinen Vater mit SAILER bekannt war und sich ganz dem Kreis um LUDWIG I. anschloß, wurde zum literarischen Sprecher der ›Gesellschaft für deutsche Altertumskunde zu den drei Schilden‹, dem Vorgänger des Historischen Vereins von Oberbayern. Sein bekanntestes Werk ist der Künstlerroman *Geschichte eines Steinmetzen* von 1835.

Was diesem Kreis um LUDWIG und all seinen so verschiedenen Geistern gemeinsam war, ist der Umstand, daß er vom Geist SAILERS geprägt war, einem ernsten, vertieften Christentum ohne Engstirnigkeit. »Fromm sollen meine Bayern sein«, wünschte sich LUDWIG, »aber lebenslustig dabei, munter, keine Kopfhänger.«

Johann Andreas Schmeller   Aber LUDWIG förderte auch Kräfte, die diesem romantischen Kreis fernstanden, Anhänger der Aufklärung, wie JOHANN ANDREAS SCHMELLER. »Darin sind wir einig, daß Bayern keinen besseren deutschen Mann aufzuweisen hatte, als diesen liebenswürdigen, bescheidenen Schmeller, der alles, was er geworden ist, seiner rein angelegten und rein gebliebenen Natur verdankt ... Sein bayrisches Wörterbuch wird für immer als ein unerreichbares Muster dastehen, wie sich Sprache und Sachkenntnis lebendig durchdringen sollen« (J. Grimm). Seine Aufgabe, die er ohne die Förderung schon des Kronprinzen LUDWIG wohl so nicht hätte leisten können, war die Erarbeitung der Grundlagen zur Erforschung der bayerischen Mundart, die er mit seiner Grammatik und eben dem Wörterbuch, zu dem Kronprinz LUDWIG 1816 den Auftrag gab, erfüllte. Der volle Titel gibt den Willen des Autors wieder: *Bayerisches Wörterbuch. Sammlung von Wörtern und Ausdrücken, die in den lebenden Mundarten sowohl, als in der älteren und ältesten Provincial-Literatur des Königsreichs Bayern, besonders seiner älteren Lande, vorkommen, und in der heutigen allgemein deutschen Schriftsprache entweder gar nicht oder nicht in denselben Bedeutungen üblich sind, mit urkundlichen Gelegen nach den Stammsilben etymologisch-alphabetisch geordnet...*

SCHMELLER hat bedeutende mittelalterliche Dichtungen neu ediert wie die *Carmina Burana, Muspilli* und den *Ruodlieb.* Eine gewaltige Aufgabe war die Sichtung der Unmenge von Büchern und Handschriften, mit denen die Säkularisation die Hofbibliothek überflutet hatte. »Alle diese Arbeiten scheinen typisch zu sein für die Romantik, und doch steht bei Schmeller eine ganz andere Haltung dahinter, nämlich eine bewußt gesellschaftsbezogene, dem Volk zugewandte, soziale Einstellung« (Pörnbacher).

Jakob Philipp Fallmerayer   Mit SCHMELLER geistig verwandt war JAKOB PHILIPP FALLMERAYER, der GÖRRES' Nachfolger an der Universität hätte werden sollen. Seinen *Fragmenten aus dem Orient* verdankt dieser große Prosaist, Reiseschriftsteller und Byzantinist seinen Beinamen der ›Fragmentist‹. Seine Beteiligung an den Stuttgarter Beschlüssen von 1849 vereitelte seine Berufung, und damit war auch die Freundschaft mit König MAX II. verscherzt.

Josef von Hormayr   JOSEF FREIHERR VON HORMAYR, ein Tiroler, spielte im München LUDWIG I. als Geschichtsschreiber eine Rolle, war allerdings als Intrigant denkbar unbeliebt. Seine *Goldene Chronik von Hohenschwangau* hat er 1842 dem Kronprinzen MAX gewidmet.

Christoph von Schmid   Auch die von LUDWIG I. hochgeschätzten Autoren des Biedermeier wie CHRISTOPH VON SCHMID und die heute völlig vergessene ISABELLA BRAUN führen wieder zu SAILER. CHRISTOPH VON SCHMID war SAILERS Lieblingsschüler, der ihm zu einer Stelle als Domkapitular in Augsburg verhalf, wo SCHMID seine Erzählungen für die Jugend schrieb. Diese in klarer Sprache verfaßten Erzählungen wie *Ostereier* und *Rosa von Tannenburg* waren ein Riesenerfolg, sie wurden in vierundzwanzig Sprachen übersetzt. RÜCKERT nannte ihn genial, STIFTER und SCHELLING rühmten ihn. Heute werden seine Erzählungen nur noch wenig gelesen, da sie zu brav, zu rührselig sind und die moralische Nutzanwendung zu direkt. Seine *Erinnerungen aus meinem Leben* sind aber immer noch lesenswert, er hat darin seinem Lehrer SAILER ein kleines Denkmal gesetzt.

Ludwig hat sich auch für andere Dichter eingesetzt und interessiert. So suchte er Ludwig Tieck für München zu gewinnen, Rückert verdankte ihm seine Erlanger Professur, den österreichischen Freiherrn Joseph Christian von Zedlitz, den Verfasser der *Totenkränze* suchte er ebenso in München zu halten wie Michael Beer, den Bruder des Komponisten Meyerbeer. Beer starb 1833 in München.

Etliche der Dichter um Ludwig I. leiten aber in eine andere Ära über, sie stehen auch bei seinem Sohn Max II. und zum Teil auch noch bei Ludwig II. in Gunst.

Graf Pocci etwa wurde schon 1835 von Ludwig I. zum Reisebegleiter des Kronprinzen nach Italien bestellt. Er begleitete auch Ludwig selber auf zwei italienischen Reisen. Ludwig machte ihn zum Zeremonienmeister, gleichzeitig erhielt Pocci das kleine Ritterlehen am Ammersee. Pocci erhielt durch sein Hofamt hinreichend Muße, sein Talent in Musik, Zeichnen und Dichten zu entfalten, auch wenn er sein Amt nicht als Sinekure betrachtete. 1847 wurde Pocci Hofmusikintendant. Max II. zog den ›Kasperlgrafen‹ zu seinen Symposien zu, und Ludwig II. ehrte ihn 1864 für die dem Vater und Großvater geleisteten Dienste mit dem Amt des Oberkämmerers.

Graf Pocci

Hermann von Schmid wurde 1815 im ehemals bayerischen Innviertel geboren und schlug wie der Vater die juristische Laufbahn ein. Als Jurist arbeitete er in Würzburg, Dachau und dem Chiemgau und konnte dabei, wie später Ludwig Thoma, manche Motive für seine Dorfgeschichten sammeln. Seine Neigung galt aber zunächst dem Theater. Zwei Dramen, *Camoens* und *Bretislav,* wurden 1843 in München aufgeführt und erregten das Interesse König Ludwigs. Er wollte dem angehenden Dichter zur Weiterbildung den Aufenthalt in München ermöglichen und gab ihm eine Stelle im Polizeidienst, die Schmid zwar nicht behagte, aber es war nichts anderes frei. Einige weitere Stücke hatten weniger Erfolg; dieser stellte sich erst 1849 mit dem Schauspiel *Straßburg* ein, das den König natürlich schon vom Thema her interessierte. Seine Anteilnahme an Ronges deutschem Kirchentum, einer nicht genehmigten Sekte, brachte ihn um die Gunst Ludwigs, der ihn 1850 in den Ruhestand versetzen ließ.

Hermann von Schmid

33 Franz Graf Pocci

Er mußte zunächst bei einem Rechtsanwalt in Stellung gehen, lebte dann aber als freier Schriftsteller, schrieb historische Romane und besonders die Dorfgeschichten, die seinen Namen bekannt machten. Diese Erzählungen – einige historische Stoffe bearbeitete er auf Wunsch MAX II. – brachten ihn wieder in Gunst bei Hofe. Sowohl MAX II. als auch LUDWIG II. haben ihn mehrfach ausgezeichnet. 1870 ernannte ihn LUDWIG zum Direktor des Volkstheaters am Gärtnerplatz. Hier konnte er nun Volksstücke aufführen wie den *Tatzelwurm* und *Die Z'widerwurzen*. Einige Stücke schrieb er für die Separatvorstellungen LUDWIG II. Das Gärtnerplatztheater ist die Geburtsstätte der Bauernkomödie, womit nicht gesagt werden soll, das sei ausschließlich SCHMIDS (seit 1876 VON SCHMID) Verdienst gewesen, der als Dramaturg nicht einmal die glücklichste Hand hatte.

Wenn auch LUDWIG I. sich für die Literatur lebhaft interessierte und sich für manche Dichter einsetzte, so kann man doch Dreyer nicht gut widersprechen, der in seiner Biographie Herzog MAXIMILIANS konstatierte: »In allen Biographien Ludwigs I. begegnet man dem krankhaften Bestreben, den königlichen Sänger und den ebenso begeisterten wie tatkräftigen Schirmherrn der bildenden Künste auch als Mäcenas der Poesie zu kennzeichnen. Die Nachwelt wird darüber anderer Meinung sein. Was die bildende Kunst König Ludwig I. verdankt, ist mit ehernen Lettern in das Buch der Geschichte eingegraben; allein für die Dichtkunst fielen doch nur Brosamen seiner königlichen Huld ab. Erst unter seinem Sohne König Max II. wurde München ein Hochsitz der deutschen Literatur, wie einst Weimar unter dem Herzog Karl August.«

MAXIMILIAN II. JOSEPH

1848 trat LUDWIG I. zurück. Nicht etwa wegen der Affäre mit LOLA MONTEZ – das war nur der äußere Anlaß. Aber mit dem Jahr 1848 traten eben Zeiterscheinungen auf, die es LUDWIG I. verleideten, weiter König zu bleiben, da er sich nicht dreinreden lassen wollte. Aber nun ging seine Ära zu Ende. Unter seiner Ägide hatte die Münchner Romantik blühen können, obwohl er selber kein eigentlicher Romantiker war, sondern der Klassik zuneigte. Eine entscheidende Rolle hatte die »romantische Idee von der Einheit aller Künste« gespielt, das »Verbindende war für Ludwig Religion« (Pörnbacher).

Bei MAXIMILIAN war das anders, seine Kulturpolitik war intellektueller, aber auch blutleerer. Er brachte Unfrieden in die Münchner Literaturszene durch die Berufung der ›Nordlichter‹, wobei er die einheimischen Literaten weitgehend übersah. Dazu kam, daß die ›Nordlichter‹ zum großen Teil überheblich auftraten und die Ansässigen vor den Kopf stießen. Der erste, der kam und den Kreis der Nachfolgenden beherrschte, war EMANUEL GEIBEL aus Lübeck. Dieser von GEIBEL beherrschte Münchner Dichterkreis ist weniger eine Schule gewesen, eher ein literarischer Kreis, dessen oberste dichterische Maxime die Strenge der Form war, wobei PLATEN als Vorbild diente. GEIBEL: »Dass wollen wir Platen nicht vergessen / Dass wir in seiner Schule gesessen: / Die strenge Pflicht, die römische Zucht / Sie trug uns allen gute Frucht.« Nur wer diesen Anforderungen genügte, wurde von ihm in das *Münchner Dichterbuch* von 1862 und in die ›Gesellschaft der Krokodile‹ aufgenommen.

Emanuel Geibel

Friedrich Bodenstedt

Als einer der nächsten kam 1854 FRIEDRICH BODENSTEDT. Er wurde als Professor für slawische Sprachen nach München berufen. Seine *Lieder des Mirza-Schaffy* hatten ihn schon berühmt gemacht. Laut HEYSE ist GEIBEL über BODENSTEDTS Berufung nicht begeistert gewesen. BODENSTEDT ging 1867 als Intendant nach Meiningen. Seine literarischen Erzeugnisse als Lyriker und Erzähler sind nicht so verdienstvoll wie seine Übersetzungsarbeiten aus dem Russischen und dem Englischen.

Wilhelm Dönniges

BODENSTEDTS Berufung ging auf WILHELM DÖNNIGES zurück, der zwar selber kaum als Literat anzusprechen ist – er war Historiker und Staatsmann – aber seines Einflusses wegen hier erwähnt werden muß. Kronprinz MAX schreibt 1844 in einem Brief an Minister KARL AUGUST VON ABEL: »Er (Dönniges) ist brav, gründlich unterrichtet und dabei mir von persönlicher Annehmlichkeit durch sein heiteres Wesen und durch seinen leichtfasslichen, von aller Pedanterie freien Vortrag. Sie werden zugeben, daß dieser Verein von Eigenschaften nicht leicht zu finden ist. Daß ich einen so begabten, tüchtigen Mann zum literarischen Referenten bedarf, braucht wohl keine nähere Erörterung.« DÖNNIGES war dem Kronprinzen durch RANKE als wissenschaftlicher Berater vorgeschlagen worden. MAX und WILHELM DÖNNIGES freundeten sich in des Prinzen Studienzeit in Göttingen an. 1842 kam DÖNNIGES nach München und legte schon jetzt beim Kronprinzen den Grund für dessen spätere Triaspolitik. LUDWIG I. verfügte aber, daß DÖNNIGES München wieder zu verlassen habe, da ihm die Abhängigkeit des Kronprinzen von diesem Mann zu stark wurde, dem LUDWIG auch sein betont preußisches Auftreten verübelte. DÖNNIGES und der Kronprinz blieben aber in Briefkontakt, und 1847 kam DÖNNIGES als Bibliothekar zurück. Nach LUDWIGS Rücktritt kam sein ganzer politischer Einfluß auf MAX zur Geltung. Zusammen mit Minister VON DER PFORDTEN bestimmte er die Außenpolitik, im Gegensatz zu VON DER PFORDTENS Österreichpolitik jedoch nach Preußen strebend. Als DÖNNIGES zusammen mit dem preußischen Gesandten versuchte, VON DER PFORDTEN zu stürzen, mußte er München verlassen, kehrte jedoch nach acht Wochen zurück. Da aber der Widerstand gegen DÖNNIGES immer stärker wurde, konnte er seine bestimmende Stellung nicht mehr halten. Seine Drohung, in preußische Dienste zu treten, verärgerte MAX II. ebenso wie DÖNNIGES' Lebenswandel. In den folgenden Jahren wurde er überwiegend zu diplomatischen Missionen verwendet. 1864 war seine politische Laufbahn wegen einer Affäre zunächst beendet, erst LUDWIG II. bediente sich seiner wieder. Zuletzt war er Gesandter in Italien. DÖNNIGES hat sehr starken Einfluß auf des Königs Kulturpolitik gehabt, besonders auch auf die Berufung der ›Nordlichter‹. Namentlich RIEHL, LIEBIG und DINGELSTEDT haben seinem Einfluß ihre Berufung zu verdanken. DÖNNIGES, ein überaus begabter Mann, galt als des Königs böser Geist. Er war zu intrigant, zu wenig einfühlsam und zu arrogant, um sich in München viele Freunde zu machen.

Paul Heyse

Einer der wenigen, die zumindest versuchten, in Kontakt mit den Einheimischen zu kommen, war PAUL HEYSE, der Schützling GEIBELS, der ihn schon als Schüler förderte und den Sechzehnjährigen in den Kreis um FRANZ KUGLER einführte, wo er FONTANE und EICHENDORFF kennenlernte. 1854 vermittelte er ihm eine Einladung beim König, dem er HEYSE mit den Worten empfahl: »Ew. Majestät, ich bin der untergehende Steuermann und Paul Heyse ist die aufgehende Sonne«. HEYSE schreibt dankbar über seine Berufung: »Mitten in die Vorarbeiten hinein kam mir im März 1854 ein Brief aus München zu, in dem mich Dönniges im Auftrag des Königs Max II. einlud, nach München überzusiedeln und dort mit einem Jahresgehalt von 1000 Gulden, die einige Jahre später auf 1500 erhöht wurden, zu leben, ohne weitere Verpflichtung, als an den gesellschaftlichen Abenden des Königs, den sogenannten Symposien, teilzunehmen. Daß ich durch diese märchenhafte Glückswendung auf einen Schlag aller Zukunftssorgen enthoben wurde, hatte ich einzig und allein Geibels unermüdlicher Freundschaft zu verdanken. Er war im Frühjahr 1852 von König Max berufen worden; in seinem guten Glauben an meinen Stern hatte er meine Berufung beim König durchgesetzt. So wurde das Dekret unterzeichnet, durch das mir in der bayerischen Hauptstadt eine zweite Heimat bereitet wurde. . . Meine erste Audienz bei dem Könige überzeugte mich, daß es mir nicht schwer fallen würde, nach dem Wunsche dieses gütigen Fürsten in seiner Nähe ausschliesslich meinem Talent zu leben.«

Das Recht, an der Universität Vorlesungen zu halten, hat HEYSE nie wahrgenommen. Seinem geselligen Talent verdankte er den Kontakt auch zu den ablehnend eingestellten bayerischen Schriftstellern. Er ist der Begründer des literarischen Vereins ›Krokodil‹, der sich nach einem Gedicht HERMANN LINGGS benannte:

›Krokodil‹

Das Krokodil von Singapur

Im heil'gen Teich zu Singapur	Es ist ganz alt und völlig blind
da liegt ein altes Krokodil	Und wenn es einmal friert des Nachts
Von äusserst grämlicher Natur	So weint es wie ein kleines Kind,
Und kaut an einem Lotosstiel.	Doch wenn ein schöner Tag ist, lacht's.

34 Paul Heyse, Karikatur von F. A. v. Kaulbach

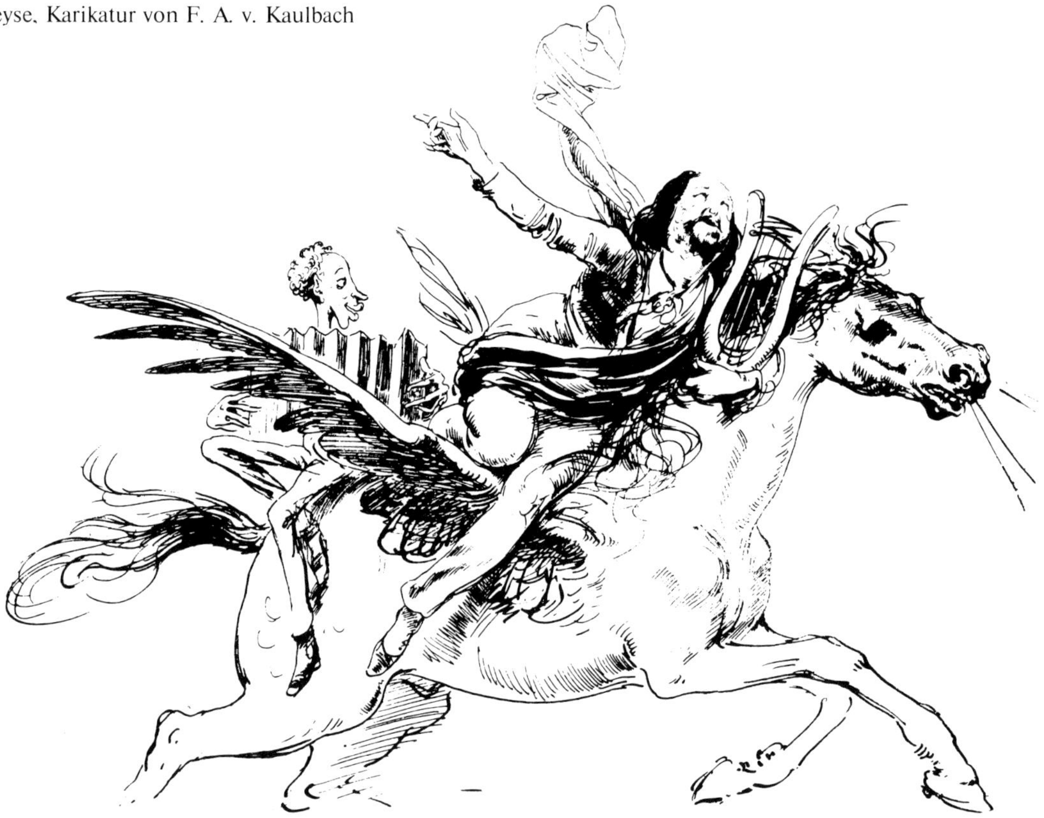

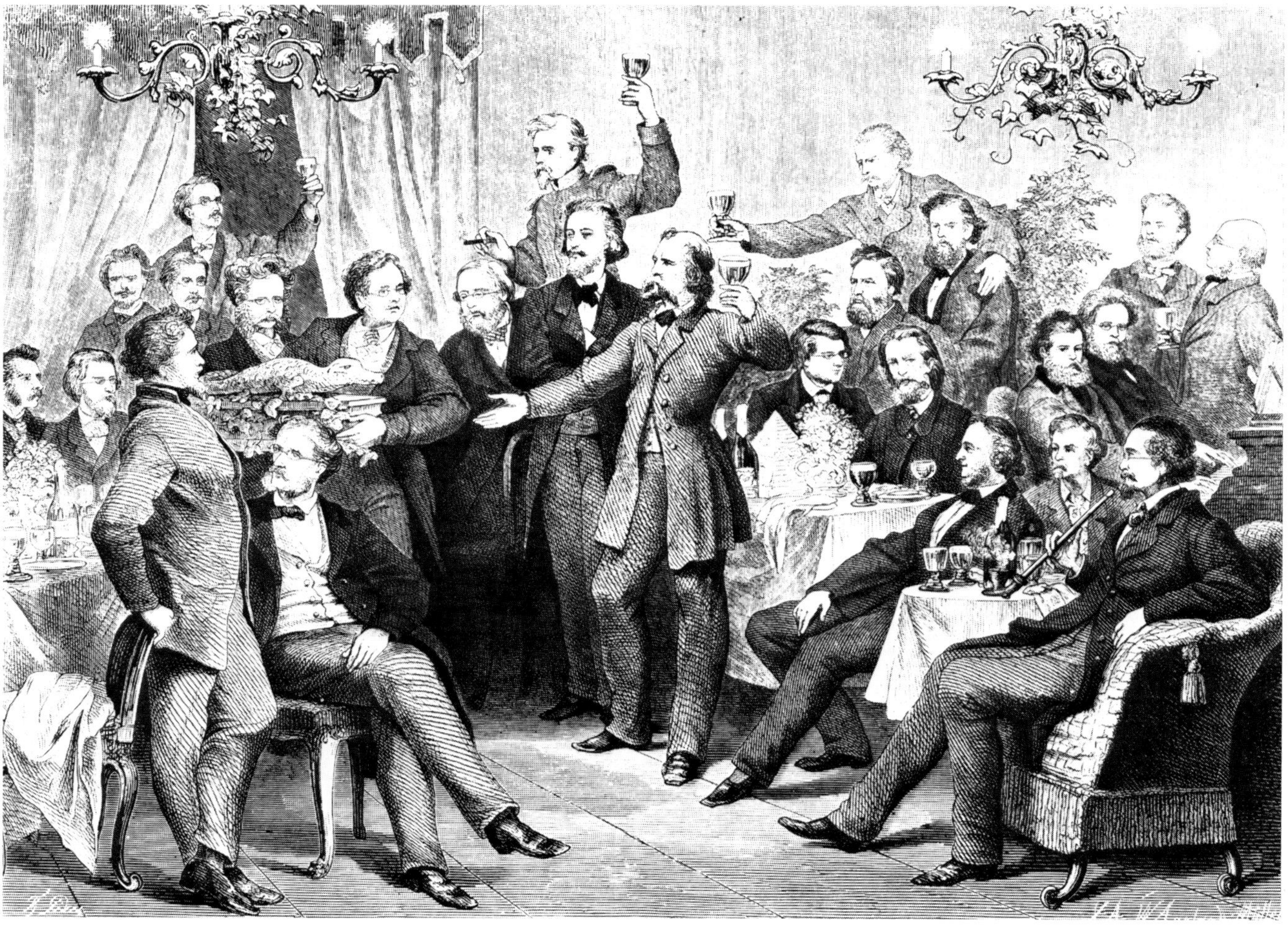

35 Die Dichtergesellschaft »Das Krokodil«, Zeichnung von Th. Pixis

Es gesellten sich GEIBEL, LINGG, HERTZ, GRAF SCHACK, BODENSTEDT, DAHN, MELCHIOR MEYR, HOPFEN, HAUSHOFER und andere dazu. Diese Vereinigung verschrieb sich der Maxime, die Kunst habe auch das Zeitliche im Licht des »Ewigen« darzustellen, den »Reiz und Adel der äußeren Form« zu bewahren und das »allgemein Menschliche« hervorzuheben. Über sein Verhältnis zu den Einheimischen und das ›Krokodil‹ schreibt HEYSE: »Die Spannung zwischen den Berufenen und den einheimischen Poeten hatte auf die Länge nicht bestehen bleiben dürfen. Ich wollte doch wenigstens den Versuch machen, die jungen Kollegen zu uns heranzuziehen. Freilich wurde ich belehrt, daß es nicht so leicht sein würde, die autochthone Gesellschaft zu versöhnen. Es gelang dies erst, als aus tastenden Anfängen sich eine Vereinigung wirklich begabter, ernsthafter Talente herausbildete.« Eben das Krokodil.

Nach MAX II. Tod lockerten sich HEYSES Beziehungen zum Hof, besonders durch den Einfluß RICHARD WAGNERS. Als LUDWIG II. GEIBEL sein Gehalt strich und dieser grollend München verließ, verzichtete auch HEYSE demonstrativ auf seine Bezüge, die er allerdings auch nicht mehr nötig hatte.

Es gibt einen Vers, der unter Anspielung auf die Namen der Berufenen die Unsicherheit der Hofgunst besingt:

Merkt es euch, ihr Geibel, Heyse, die ein Wind beliebig dreht,
Hofgunst ist ein Dingel, das auf keinem festen Boden steht.

Als Verfasser werden gleich drei verschiedene Männer genannt: AUGUST JOSEPH ALTENHÖFER, der Redakteur der Augsburger Allgemeinen, MARTIN SCHLEICH und GEORG ADOLF GLASSBRENNER. Wer nun wirklich der Verfasser war, ist wohl nicht mehr festzustellen.

Über das Verhältnis, das der abgedankte König LUDWIG I. zu den Berufenen hatte, berichtet HEYSE eine kleine Anekdote. Auf der Straße rief der König einem Bekannten zu: »Habe gestern das Stück von dem Heyse gesehen. Ein schönes Stück, ein sehr schönes Stück. Mag sie aber alle nicht.«

Was der Kreis um GEIBEL und HEYSE leistete, fand damals viel Beachtung. Beide waren Modedichter des Bürgertums, die für uns nicht mehr viel Bedeutung haben. 1910 erhielt HEYSE als erster Deutscher den Nobelpreis für Literatur, die Zeit war aber schon über ihn hinweggegangen. Was bleibt, ist seine Novellentheorie und seine noch immer lesenswerten Erinnerungen. Als Anreger und Übersetzer, wobei die Formstrenge eine Hilfe war, beeinflußten GEIBEL und HEYSE aber das kulturelle Leben ihrer Zeit. GEIBELS Wunsch »Und es mag am deutschen Wesen / Einmal noch die Welt genesen«, womit er ausschließlich den literarischen Einfluß meinte, konnte jedoch nicht Wirklichkeit werden.

Einer der nächsten Berufenen war ADOLF FRIEDRICH GRAF VON SCHACK. Er folgte der Aufforderung des Königs nicht sofort. Zwar fühlte er sich geschmeichelt durch die Anerkennung seiner literarischen Tätigkeit, war aber verstimmt darüber, daß man ihm in Unkenntnis seiner Lebensumstände eine Art Stellung anbot. Sein Verhältnis zum König war gut, besonders reizte ihn an München aber der Umgang mit seinen alten Freunden GEIBEL und HEYSE. DÖNNIGES, RIEHL, CARRIERE und BODENSTEDT lernte er erst hier kennen. In seinen Erinnerungen zeigte er, daß er überhaupt nicht in der Lage war, die Mißstimmung gegen die Nordlichter zu begreifen. Nach SCHACKS Ansicht war der König bei seinen Berufungen auf seinen eigenen Ruf als Literaturkenner bedacht, der nicht wollte »daß mittelmäßige Poeten, mochten sie auch von der Gunst der ungebildeten Menge getragen sein, dadurch, daß er sich ihre Verse vorlesen ließe, den Schein auf ihn würfen, als wüßte er nicht, was gut und was schlecht in der Dichtkunst sei«. Eine recht hochmütige Äußerung, die zudem den Einfluß DÖNNIGES' unterschätzt.

SCHACK war weiter viel auf Reisen, tat sich aber etwas darauf zugute, auch außerhalb der Symposien zum König gute Kontakte zu haben. Seine Beziehungen zu LUDWIG II. gingen über gesellschaftliche Unterhaltungen etwa auf Hoffesten nicht hinaus. Den Münchnern ist SCHACK wohl nur noch durch seine Gemäldesammlung in Erinnerung.

Adolf Friedrich von Schack

37 Franz von Kobell, Karikatur aus dem »Archiv der Zwanglosen« von Franz Graf Pocci

36 Franz Graf Pocci, Selbstporträt im »Archiv der Zwanglosen«

Bereits 1853 war MAX II. durch die Lektüre von WILHELM HEINRICH RIEHLS *Bürgerlicher Gesellschaft* auf diesen aufmerksam geworden. Die Berufung ließ nicht lange auf sich warten. Sie ging einerseits von der staatswissenschaftlichen Fakultät der Universität aus, andererseits vom König, der für die Leitung der Presseangelegenheiten im Ministerium des königlichen Hauses und des Äußeren RIEHL oder BODENSTEDT vorschlug, die Wahl aber DÖNNIGES überließ, der sich für RIEHL entschied. Mit dreißig Jahren trat er 1854 sein Amt an. Von seiner Pressetätigkeit ist wenig bekannt, dagegen war seine Tätigkeit als Professor für Staatswissenschaft, Staatskunst, Gesellschaftswissenschaft, Volkswirtschaft, Kultur- und Staatengeschichte über vierzig Jahre lang erfolgreich. RIEHL hat sich über MAX II. oft geäußert. In seinen *Kulturhistorischen Charakterköpfen* schreibt er über das Lernbedürfnis des Königs, er habe als Monarch noch eifriger gelernt, denn als Kronprinz, ohne dabei seine Pflichten zu vernachlässigen. »Er lernte aber auch keineswegs um seiner selbst willen, sondern viel mehr noch, weil er sein Volk zum Lernen drängen wollte. Denn sein großer Lebensplan stand dahin: das bayrische Volk durch freie Bildung höher zu heben und in jenes Gemeinbewußtsein der deutschen wissenschaftlichen Kultur zurückzuführen, das ihm während des 17. und 18. Jahrhunderts teilweise abhanden gekommen war. In diesem praktischen Sinne lernte er mit den Gelehrten, während ihm für jede idealste Wissenschaft und Kunst, welcher lediglich die Wahrheit und Schönheit Selbstzweck ist, das volle sympathische Verständnis wohl minder eigen war.«

RIEHL durfte sich geehrt fühlen, gleich zu Beginn seiner Tätigkeit auch in das Symposion berufen zu werden, in den engsten Kreis um den König; hier lebte König MAX seinen Beziehungen zu seinen Dichtern. Über diesen Kreis ist sehr viel geschrieben worden. RIEHLS Darstellung, die sich auf die Jahre 1854 bis 1864 beschränkt, dürfte die informativste und dabei objektivste Schilderung sein. Daher soll sie hier in Auszügen aus den *Kulturgeschichtlichen Charakterköpfen* zitiert werden: »Anfangs sprach man nur von dem ›Dichterkreise‹, welchen der König allwöchentlich einmal zum Souper und Billard bei sich versammelte. In der Tat überwog von 1853 bis 1855 das poetisch-literarische Interesse. Der Mann, welchem neben der königlichen Initiative das Verdienst der ersten Anregung und Organisation dieser Zusammenkünfte gebührt, Dönniges, war Diplomat, Gelehrter und Poet zumal; Geibel, der nicht bloß durch seine Verse, sondern auch durch seine Persönlichkeit die besondere Zuneigung des Königs gewann, entwarf und leitete meist das poetische Programm des Abends; Heyse, Schack, Bodenstedt kamen hinzu, Kobell, Pocci, Thiersch vertraten das ältere Münchener Element. Schon um die Räume, wo wir uns versammelten, wob sich der Zauber der Poesie . . . . Hier stand der einfache Tisch mit der grünen Lampe, um welchen wir so manchen Abend saßen, in ernste Gespräche vertieft, oft auch erregt in stürmischer Debatte.

Dem Könige zur Rechten saß allezeit Liebig, zur Linken Geibel. Das Souper war höchst einfach; der König pflegte nicht mit zu essen . . . Übrigens hatten die gesellig heiteren Zusammenkünfte des Dichterkreises schon früher einen lehrhaften Anstrich. Mit dem Vortrage der eigenen neuesten Arbeiten wechselten planvoll geordnete Proben aus der Weltliteratur aller Zeiten, und die kritische und kunsthistorische Debatte ergab sich dann von selbst. Nun war aber schon durch Liebig ein rein wissenschaftliches Element in den Dichterkreis gekommen, andere Gelehrte wurden gleichfalls als Stammgäste geladen, und so bildete sich – seit 1855 – der Dichterkreis unvermerkt in einen Gelehrtenkreis um. Die Dichter fehlten zwar niemals, und ein Gedicht gab dem Abende auch fürderhin seinen künstlerischen Schmuck und Abschluß. Allein die Wissenschaft gewann dann doch die Vorhand . . . Wir selbst begannen unsere Tafelrunde um diese Zeit nicht mehr den ›Dichterkreis‹, sondern das ›Symposion‹ zu nennen: offiziell und im Munde des Königs hatte sie gar keinen Namen. Die Einladungen lauteten: Zum Billard . . . .

Der Kreis der geladenen Gäste erweiterte sich, und die sehr verschiedenartigen Persönlichkeiten stellten für sich schon eine kleine Encyklopädie dar. Aus der bunten Reihe erwähne ich neben den stammhaltenden Dichtern Geibel, Heyse,

Wilhelm Heinrich Riehl

Das Symposion

77

Schack, Bodenstedt, Kobell und meiner Person die Gelehrten Liebig, Bischoff, Jolly, Thiersch, Sybel, Löher, Bluntschli, Dollmann, Carriere, Gietl, Windscheid, Siebold, Pettenkofer, Cornelius, Hermann, Ringseis, und die Künstler Kaulbach, Piloty, Pocci, Klenze, Adam u.a., wobei nicht vergessen werden darf, daß auch unter den Kavalieren des königlichen Dienstes Männer sich fanden, die, wie von der Tann und Spruner an den wissenschaftlichen Aufgaben des Abends ebenso berufen als eifrig teilnahmen ...

Anfangs fanden die Symposien einmal in der Woche statt; von 1856 bis 1859 wurden sie häufiger, ja es gab eine Zeit, an der wir vier- bis fünfmal wöchentlich geladen waren, so daß sich die Teilnahme für unsre engere Gruppe der Stammgäste zu einer Art regelmäßigen und nicht immer mühelosem Dienst steigerte. Mit der tiefen inneren und äußeren Veränderung, die seit 1859 in der Person des Königs eintrat, wurden auch die Symposien unregelmäßiger und immer seltener; sie bestanden aber doch fort bis wenige Tage vor seinem Tode.«

RIEHL machte dem König auch detaillierte Vorschläge zur Pflege des Volkslieds und schlug vor, das Militär, das die eigentliche hohe Schule der Bauern sei, mit dieser Aufgabe zu betrauen. RIEHLS musikalische Liebe galt aber der Hausmusik, die er mit HEYSE und GEIBEL in dem ›Ecke‹ genannten Freundeskreis bei Frau VON LEDEBOUR pflegte. Auch SCHACK stieß später zu dieser Runde. RIEHL hat auch mit eigenen Kompositionen zu diesen Abenden beigetragen, überwiegend Liedern, für die RICHARD WAGNER allerdings nur Spott übrig hatte: »Für ihn ist nur das Musik, was man mit der Pfeife im Mund spielen kann.«

Neben seinen Aktivitäten als Novellendichter und Musiker hat RIEHL für den König häufig sozialwissenschaftliche und volkskundliche Gutachten geschrieben. 1858 hat König MAX seine berühmte ›Fußreise‹, die überwiegend mit Pferd und Wagen stattfand, durch das Gebirge gemacht, die neben FRIEDRICH BODENSTEDT *(Eine Königsreise)* auch RIEHL ausführlich geschildert hat *(Eine Fußreise mit König Max* in den *Kulturhist. Charakterköpfen)*. Auf Anregung des Königs gehen RIEHLS Bücher *Augsburger Studien,* die *Pfälzer* und die *Deutsche Arbeit* zurück. Am höchsten ist aber wohl seine Mitarbeit an der *Bavaria. Landes- und Volkskunde des Königreichs Bayern* einzuschätzen.

Josef Friedrich Lentner Schon der Kronprinz MAX hatte volkskundliche Materialien sammeln lassen, wobei sich besonders JOSEF FRIEDRICH LENTNER hervortat. LENTNER bereiste im Auftrag MAX' die letzten sechs Jahre seines Lebens jeden Sommer die Gebiete Ober- und Niederbayern, Bayerisch Schwaben, Neuburg, den Bayerischen Wald und Teile der Oberpfalz wie weiland AVENTINUS. Er schreibt darüber an STEUB: »Sag' nur den Leuten, daß ich sechs Jahre die Straßen und Wege ganz Altbayerns von Füssen bis Furth im Böhmerwalde, von Rain bis Schellenberg am Watzmann durchfahren bin ... und sehr viele Winkel entdeckt habe, zu denen selbst die katholisch-monarchistischen Vereine noch niemals ihre Adressenunterschriftsammler hingeschickt haben, daß ich die Küchenzettel der gesammten Nation studiert, Schneider und Näherin, Hochzeitlader und Totengräber werden könnte in allen Gauen, ohne gegen Ritus und Mode zu sündigen.«

Nach FRIEDRICH LENTNERS Tod hatte zunächst der Regierungsassessor FENTSCH die Fortsetzung des Werkes noch unter dem Titel *Ethnographie von Bayern* übernommen. 1854 wurde RIEHL Mitarbeiter und übernahm 1857 die Leitung des gesamten umfangreichen Projekts. Vom König holte er sich die Erlaubnis, noch weitere Schriftsteller zur Mitarbeit heranzuziehen, von denen namentlich FELIX DAHN zu nennen ist.

Felix Dahn Dem jungen Privatdozenten DAHN kamen die 600 Gulden festes Gehalt gerade recht, aber auch die Zusammenarbeit mit RIEHL, vorübergehend auch mit SCHEFFEL, und mit den von ihm gewonnenen Mitarbeitern wie KONRAD VON MAURER und LUDWIG VON ROCKINGER freute ihn. Seine Hauptarbeit bestand in der Aufarbeitung der Lentnerschen Notizen, die zwölf eng beschriebene Foliobände füllten. Ursprünglich sollten diese Notizen dem König für seine geplanten, aber nicht ausgeführten Reisen durch ganz Bayern zur Vorbereitung dienen.

78

DAHN, der sich mit Recht in Bayern zu Hause fühlte und dabei auch dem Norddeutschen verbunden war, hat sich bei der Beurteilung des Streites zwischen den Einheimischen und den ›Nordlichtern‹ eine eigene Meinung gebildet. In seinen Erinnerungen berichtet er diesen Dialog: Von einem der Berufenen, dessen Namen er nicht nennt, auf seine Arbeit ›Könige der Germanen‹ angesprochen, bejaht DAHN die Frage ob er Bayer sei. »Hätt's nicht geglaubt« ist die Antwort. »Warum nicht?« – »Das ist ja eine ganz tüchtige Arbeit.« Darauf DAHN: »Diese Bemerkung zeigt, Herr Professor, daß Sie den Stamm nicht kennen, von dessen Geld Sie leben.«

Zu den Symposien nur selten hinzugezogen wurde zu seinem großen Ärger FRANZ VON DINGELSTEDT, der 1851 als Intendant nach München kam, aber schon 1857 nach Weimar wechselte. Er war dem König nicht sonderlich sympathisch, der auch in ihm lediglich den Intendanten sah und sich für seine schriftstellerischen Arbeiten kaum interessierte. *Franz von Dingelstedt*

Mit Pensionen wurden dagegen OTTO LUDWIG, HERMANN LINGG und MELCHIOR MEYR, der Dichter des Ries bedacht. MEYR wäre allerdings beinahe nicht in den Genuß dieser Vergünstigung gekommen, da ihn GEIBEL nicht als Dichter akzeptierte.

HERMANN LINGG war zunächst Militärarzt und versuchte sich danach mit seiner kargen Militärpension als Dichter in München. GEIBEL wurde auf ihn aufmerksam und gab seine Gedichte heraus. Von GEIBEL, aber auch von LIEBIG und PETTENKOFER, der selber Gedichte schrieb, wurde der König auf LINGG aufmerksam gemacht und besserte ihm seine Pension soweit auf, daß er endlich heiraten konnte. Er gehört nicht zum Abendkreis des Königs, wohl aber in die Umgebung GEIBELS und HEYSES. Das ›Krokodil‹ verdankt seinem Gedicht den Namen. In seinen späteren Jahren war LINGG mit CONRAD FERDINAND MEYER befreundet. »Als der Autor der ›Völkerwanderung‹ 1905 starb, war Heyse der letzte aus der alten Zeit, der hinter seinem Sarg ging. Die Literatur hatte neue Heroen wie George und Rilke und eben erst erschien Thoma's Andreas Vöst« (Hubensteiner). *Hermann Lingg*

Aber wesentlich für die literarische Entwicklung Münchens in diesen Jahren war ja ohnehin weniger das Symposion als die Gesellschaft der Krokodile, deren Vorbild der ›Tunnel über der Spree‹ gewesen ist. Im Zusammenhang mit dem Krokodil tauchen auch Namen aus der alten ›Charitas-Zeit‹ auf, wie DAXENBERGER, der Sekretär des Kronprinzen MAX war. HEYSES Gehilfe bei der Gründung war JULIUS GROSSE, der 1852 nach München kam, um Maler zu werden, dann aber zur Literatur überging. Sein Morgenblatt *Bayerische Zeitung* war ein Sammelblatt der Berufenen. GROSSES Schwager war MAX TRAUTMANN, der in seiner Jugend Sekretär des Prinzen KARL gewesen ist. Er widmete sich ganz historischen Themen (›Altmünchen‹) und ist dem romantischen Patriotismus zuzurechnen. DREYER nennt KOBELL, STEUB, POCCI und TRAUTMANN ein Dichtervierblatt. TRAUTMANN genoß in hohem Maß die Gunst MAX II., LUDWIG II. machte ihn zum Hofrat, und auch der Prinzregent hat TRAUTMANN sehr geschätzt. *Julius Grosse*

Max Trautmann

König LUDWIG I. war KOBELL stets gewogen gewesen, aber zu seinem Mäzen wurde erst MAX II., mit dem er mehrere Berührungspunkte hatte. Zum einen war KOBELL bei den Symposien gern gesehen, allerdings mehr als der bedeutende Mineraloge, der er wahr, denn als Dichter. Dann war er auch oft Gast der Herbstjagden des Königs, nahm auch an dessen Fußreise teil, wobei er nicht selten als Dolmetscher in Sachen Dialekt einspringen mußte. Überhaupt war er der Verbindungsmann des Königs zur mundartlichen Literatur; in dessen Auftrag gab er seine *Oberbayrischen Lieder mit ihren Singweisen* heraus. Aber auch bei den Teegesellschaften der Königin war der ›Hoftiroler‹ ein gern gesehener Gast. Vom König wurde er in das Komitee zur Beurteilung der Preisdramen aus der bayerischen Geschichte berufen, und, was wichtiger ist, in die bayerische wissenschaftliche Kommission. Nun entstand seine *Geschichte der Mineralogie*. KOBELL war einer der wenigen Einheimischen, der mit den »Nordlichtern« auf gutem Fuß stand. Wirklich freundschaftliche Beziehungen hatte er aber nur zu POCCI und später zu RIEHL. *Kobell*

In der Umgebung König MAX II. wären noch mehr Namen zu nennen wie

38 Der junge Franz v. Kobell

39 »Oberbayerische Lieder«, gesammelt und herausgegeben von Kobell im Auftrag König Max II.

Rückert und Fallmerayer, die den Kronprinzen in Hohenschwangau besuchten, ohne daß sich nähere Beziehungen daraus entwickelten. Es sind eigentlich zwei Kreise, die in Betracht kommen. Einmal das Symposion und sein Bezug zu den Krokodilen, den eigentlichen Münchner Dichterkreis also, dessen Verdienst in der Formgebung, der Übersetzung und der Pflege der Tradition liegt.

Dann ist der Kreis um die *Bavaria* von Belang. Beide Kreise überschneiden sich *)Bavaria(* teilweise, aber hier kommen doch ganz andere Männer zum Zug wie Lentner, Steub, Noë und Hermann von Schmid, der das Genre später in etwas fragwürdige Heimatkunst umwandelt. Hier wäre auch Hyazint Holland zu erwähnen, der im Auftrag des Königs eine Geschichte der altdeutschen Dichtkunst in Bayern schreibt. Max hat sich nicht nur mit der Unterstützung dieses Kreises für)vaterländische Wissenschaft und Kunst(eingesetzt, sondern den Maximilians-Orden für Wissenschaft und Kunst gestiftet, mit dem Männer wie Jakob Grimm, Schelling, Eichendorff, Grillparzer, Uhland, Mörike, Hebbel und Storm ausgezeichnet wurden. 1979 ist dieser Orden wieder ins Leben gerufen worden. Aus seinem historischen Interesse heraus – Max meinte ja, er hätte sicher Professor werden können, wenn er nicht König sei – hat er aus seiner Privatkasse nicht nur die *Bavaria,* sondern auch die *Allgemeine Deutsche Biographie* und Heinrich von Sybels *Historische Zeitschrift* gefördert.

Aber die Literaturwissenschaft ist allzu leicht geneigt, in der Beschreibung der Literaturgeschichte der zweiten Hälfte des 19. Jahrhunderts in Bayern neben dem Kreis, oder besser den Kreisen um König Max II. zuwenig auf die patriotischen Gegner der Berufenen einzugehen, deren geistige Wurzeln in der bayerischen Aufklärung verankert sind. Der Bruch in der eigentlichen bayerischen Literaturgeschichte ist nur scheinbar. Aber hier ist nicht der Platz, auf diese Thematik einzugehen.

Riehl hat das Wirken Ludwig I. und Max II. verglichen und kommt zu dem richtigen Ergebnis: »Der Vater wirkte aus Bayern heraus für das künstlerische Deutschland; der Sohn wollte aus Deutschland heraus für Bayern wirken.«

Ludwig II.

Ludwig II. ist wie sein Großvater ein Verehrer Schillers gewesen, für den er auch noch schwärmte, als sich seine literarischen Neigungen später änderten. Schillers Dramen wurden auch bei des Königs Separatvorstellungen gegeben. Seit etwa 1880 entwickelte er eine schwärmerische Neigung zu den Werken Victor Hugos, die er sich von Schneegans und Heigel übersetzen ließ.

Die Stücke, die ihm seine Hofdichter für die Privatvorstellungen schreiben mußten, spielen meist in der Zeit Ludwig XIV., wobei der König, ein Kenner dieser Epoche, viele Sonderwünsche hatte. Seine Dramatiker waren neben dem Übersetzer August Fresenius, einem Frankfurter, Ludwig Schneegans, Hermann von Schmid und Karl August von Heigel.

Heigel war unbestreitbar der wichtigste unter ihnen, der zum König geradezu *Karl August von Heigel* herzliche Beziehungen hatte, obwohl sich beide nie persönlich begegnet sind – vielleicht aber auch gerade deswegen. Ludwig wurde durch Heigels Roman *Benedictus* auf den Dichter aufmerksam. 1875 ließ er Heigel durch seinen Kabinettsekretär von Ziegler den Wunsch mitteilen, ihn einmal auf dem Gebiet der dramatischen Dichtung arbeiten zu sehen. Im Jahr darauf wurde Heigel mit der Vollendung von Grillparzers Fragment *Esther* betraut. Nach Meinung von Possart hat Heigel die Aufgabe sehr gut gelöst, er bescheinigt ihm, ein »Dramatiker vom Scheitel bis zur Sohle« zu sein. Ein solches Talent war schon erforderlich, um Ludwigs Sonderwünsche zu erfüllen. Die historischen Stoffe, die er gestaltet wissen wollte, waren oft trocken und schwer zu bearbeiten. Heigel stellte den König aber stets zufrieden, der übrigens auch seine Prosa zu schätzen wußte. Possart schreibt über Heigel: »Mit Bewunderung hat es uns Schauspieler stets erfüllt, wie er in kurzer Spanne Zeit – aus oft spröder, toter Materie – warme, lebenssprühende Menschen gestaltet, wie er den kargen Stoff ohne ihn in seinem historischen Bestande zu verletzten, durch kühn hineingeflochtene Nebenhandlung mit selbstschaffender Kraft bereichert und poetisch verklärt hat.«

Nur *Der Paumgartner,* ein dramatisches Bild aus dem sechzehnten Jahrhundert, stieß beim König auf heftiges Mißfallen. Kein Wunder, schildert es doch das Schicksal eines Mannes, der sein ganzes Geld durch kostspielige Bauten verschleudert. LUDWIG fühlte sich kritisiert. Er blieb HEIGEL aber weiter zugetan, versetzte ihn in den Adelsstand, was HEIGEL aber keinerlei finanzielle Vorteile brachte. 1882 teilt ZIEGLER dem Dichter mit »wie huldvoll Seine Majestät Ihrer gedenken, mag Ihnen sein, daß Allerhöchstdieselben in einer der jüngstvergangenen Nächte lebhaft von Ihnen träumten.«

Sieben Briefe des Königs an seinen Hofdichter sind erhalten, in denen er immer wieder für dessen Arbeit und seine Zuneigung dankt: »Ich fühle Ihren Zeilen den warmen Pulsschlag eines Mir tief und wahrhaft ergebenen Herzens ab, das mir auch in der Ferne ein treuloyales Andenken widmet . . .«.

Die Gunst des Königs, dem er zehn Jahre seines Lebens widmete, hat HEIGEL nach dessen Tod sehr geschadet. Er hatte viele Neider und war als Dichter in der Öffentlichkeit in Vergessenheit geraten. So mußte er sich sein Publikum neu erobern und hat sich dabei ausschließlich auf Prosa beschränkt. Als Theaterdichter war er verfemt. Eine Aufführung von *Der Minnesänger,* 1886 im November unter dem Titel *Hohenschwangau,* fiel durch und wurde vom Prinzregenten wegen »religionsfeindlicher Tendenzen« verboten. HEIGEL hatte mit seinen Stücken »dem unglücklichen Fürsten lichte Stunden« bereiten wollen, seine Prosa zeigt aber, daß er kein Romantiker wie LUDWIG II. war. 1884 hat HEIGEL seinem König diese Verse gewidmet:

Schon bin ich für die andern all' verschollen,
Doch wohn ich selig in der Einsamkeit
Und lebe eben jetzt im wonnevollen
Sonnigen Sommer meine Weihnachtszeit;
Denn mein Erlöser bist du aus der Fron
Der stumpfen Menge um verhaßten Lohn . . .
Und wenn die Neider mich mit Lächeln fragen,
Was ich für meinen künft'gen Wert getan,
Kann ich bescheiden, dennoch ruhmreich sagen:
Ich wandle meines Königs Sonnenbahn . . .

Ludwig Schneegans   Des Königs Sonnenbahn wandelte als Theaterdichter auch LUDWIG SCHNEEGANS, ein Freund HEYSES und Sohn des Straßburger Archivars SCHNEEGANS. Er hoffte, durch die Vermittlung des Hoftheaterintendanten VON PERFALL eine Stelle als Hofdichter zu bekommen, was aber wegen des gespannten Verhältnisses PERFALLS zu RICHARD WAGNER nicht einfach war. 1870 schließlich bekam der Achtundzwanzigjährige sein Amt als offizieller Hofdichter mit der Verpflichtung, Übersetzungen und Bearbeitungen für die Separatvorstellungen des Königs zu machen. Besonderen Anklang fand SCHNEEGANS bei LUDWIG mit seinem Drama *Maria, Königin von Schottland.*

1876 heiratete SCHNEEGANS die ebenfalls schriftstellernde Hofschauspielerin MARIE RAMLO. 1884 zog er sich jedoch an den Bodensee zurück und hatte mit der königlichen Kasse um sein Geld zu kämpfen. Nach LUDWIGS Tod mußte er sogar die Gerichte bemühen, um für seine Übersetzungen die Summe von 1700 Mark zu bekommen.

Peter Cornelius   In naher Verbindung zu SCHNEEGANS stand PETER CORNELIUS, Lyriker und Komponist, eine Neffe des berühmten Malers. Er war LUDWIG SCHNEEGANS ein väterlicher Freund. Sein Sohn, der Komponist des *Barbier von Bagdad,* war mit der ältesten Tochter von LUDWIG SCHNEEGANS verheiratet. CORNELIUS war aber auch mit RICHARD WAGNER befreundet und kam durch diesen nach München und in Beziehung zu König LUDWIG.

Paul Heyse   Den norddeutschen Dichtern, die sein Vater an den Hof geholt hatte, brachte LUDWIG II. keine Sympathie entgegen. Als GEIBEL 1868 in deutschnationaler Begeisterung dem König von Preußen zujubelte, war Ludwig so verärgert, daß er ihm die Pension entzog. Daß infolgedessen auch Heyse demonstrativ auf seine Bezüge verzichtete, hat der König ihm zeitlebens übel genommen. Es bestand der Plan, Heyse zum Schauspieldirektor zu machen, den aber Cosima Wagner vereitelte, die dem König schrieb: »Paul Heyse würde natürlich nur als literarischer Berater eintreten wollen. Meine Einwendungen gegen ihn sind folgende: Erstens die jüdische Abstammung, worin ich den hohen Freund untertänigst bitte, kein Kastenvorurteil zu erblicken, sondern eine tiefbegründete Furcht vor einer Rasse, die den Deutschen viel Unheil gebracht hat. Zweitens die Unerfahrenheit in Bühnenverhältnissen, drittens die eigene Produktivität. Die Dramen Paul Heyses werden ihm immer vor den Werken Schillers, Goethes, Shakespeares gehen. Viertens die Unfähigkeit und der innere Unwille, sich mit den Kunstanschauungen zu vertrauen, da man sich natürlich für einen ganz anderen Dichter selbst hält. Fünftens die Mühe, die man haben würde, sollte der Versuch nicht zur Zufriedenheit ausfallen, Paul Heyse zu entfernen. Es würde einen förmlichen Eklat geben, die Zeitungen, das ganze verkappte und offene Israel würden sich für ihn aufstellen wie ein Mann.« Der König durchschaute nicht die Fadenscheinigkeit dieser Argumente und gab Cosima recht.

Interessant ist, daß Cosima für den Posten, den Heyse nicht bekommen soll, Hermann von Schmid vorschlägt, allerdings soll er nur ein »einfacher Regisseur« sein, als »Mensch, den man kaum kennt und den das Publikum nicht beachtet«. Nun, man kannte Schmid schon. Zumindest König Ludwig schätzte ihn im Gegensatz zu seinem Vater sehr, er verlieh ihm den Kronenorden und damit den persönlichen Adel und gewährte ihm lebenslang einen Ehrensold. Schmid hat für den König auch vier Stücke für die Separatvorstellungen geschrieben, sämtlich dramatische Bilder aus dem Leben Ludwig XV., die zwar Schmids technisches Geschick zeigen, aber doch nicht verbergen können, daß er kein Dramatiker gewesen ist.

Hermann von Schmid

Allerdings ist es dem König ein Rätsel, wie ein so »gebildeter und sachverständiger« Mann wie Schmid auch nur für kurze Zeit die Leitung des »verworfenen Aktientheaters« übernehmen konnte, was Ludwig an Schmids Stelle mit »Abscheu und Entrüstung« als »entehrende Zumutung« abgelehnt hätte. Von Schmid als Direktor des Gärtnertheaters hofft der König, Schmid werde das »in ihn gesetzte Vertrauen bewähren. Von seinen literarischen Arbeiten, hauptsächlich seinen Novellen, habe ich nur Gutes gehört.«

Von den einheimischen Dichtern schätzte Ludwig besonders Lingg, Maximilian Schmidt und Kobell, dem er allerdings nie vergessen hat, daß Kobell den Kronprinzen Ludwig, der mit seinem Bruder Otto auf einer Treppenbrüstung spielte und den Mahnungen des Dichters zur Vorsicht nicht folgte, gewagt hatte zu berühren.

Die Schauspielerin und Bühnendichterin Philomena Hartl-Mitius hat für Ludwig das sittengeschichtliche Drama *Der Verstoßene* geschrieben.

Die literarischen Beziehungen der Wittelsbacher als regierendes Haus über Ludwig II. hinaus zu verfolgen, ist wenig sinnvoll. Der Prinzregent war kein großer Literaturfreund und auch über Ludwig III. gibt es in dieser Beziehung kaum etwas zu berichten. Ins 20. Jahrhundert führen uns erst die wittelsbachischen Nebenlinien, deren literarische Spuren aber zunächst im 13. Jahrhundert gesucht werden sollen.

Nebenlinien der Wittelsbacher

HEINRICH I. VON NIEDERBAYERN

Die Söhne Herzog OTTOS II. regierten zunächst nach dessen Tod 1253 die ererbten Lande gemeinsam. 1255 teilten sie jedoch das Erbe: LUDWIG regierte als LUDWIG II. in den oberen Teilen Bayerns und der Rheinpfalz, HEINRICH erhielt den unteren oder niederen Teil Bayerns. Die Trennung in Ober- und Niederbayern war vollzogen.

> Uz Beierlant ein vürste wert,
> den grueze ich mit gesange;
> sin herze manger êren gert;
> des milte muoz mich belangen

Tannhäuser   hat der TANNHÄUSER den Herzog von Niederbayern besungen, und auch seinen Bruder LUDWIG nicht vergessen: »Sin bruoder heizet Ludewik, der hât der tugende ein wunder.«

HEINRICH VON NIEDERBAYERN scheint ein literarisch interessierter Mann gewesen zu sein, der manchem Fahrenden Gelegenheit gab, ihn zu besingen. So vermutet HYAZINT HOLLAND: »Der unbekannte Dichter des Lohengrin, dessen Abfassung in die Zeit von 1276–1290 gesetzt ist, hat ein Lob des Bayerlandes eingeflochten, welches vielleicht eine Beziehung zu Herzog Heinrich von Niederbayern vermuten läßt.«

Boppo, Friedrich von   Sicher ist dagegen die Beziehung zu Meister BOPPO, einem alemannischen fahrenden
Sonnenburg   Spruchdichter, der als einer der zwölf alten Meister genannt wird. Sein Lob auf Herzog HEINRICH ist überliefert, ebenso das eines weiteren der zwölf alten Meister, des FRIEDRICH VON SONNENBURG im Pustertal, der seine Sprüche über Religion, Tugend und Politik unter Einfluß des REINMAR VON ZWETER geschrieben hat.

JOHANN II., GRAF ZU SIMMERN–SPONHEIM

Ein Sprung über zwei Jahrhunderte führt nach Simmern-Sponheim, zu JOHANN II., dem Vater des Kurfürsten FRIEDRICH III. JOHANN war ein literarisch sehr interessierter und produktiver Mann. Er ist der Förderer und Geldgeber des Druckers HIERONYMUS RODLER gewesen. In seiner Druckerei hat er mit eigener Hand Illustrationen zu historischen Werken angefertigt, die sein Sekretär herausgab. Er verfaßte selber eine bayerisch–pfälzische Reimgenealogie. Wahrscheinlich hat er auch aus dem Französischen übersetzt und die Geschichte des Riesen *Fierabras* aus dem karolingischen Sagenkreis bearbeitet, »Eyn schöne kurtzweilige Histori von eym mächtigen Riesen auß Hispanien«, die 1533 in Simmern herauskam. Zwei Jahre später erschien in Simmern eine Ausgabe der *Haimonskinder,* die JOHANN ebenfalls bearbeitet haben dürfte.

JOHANNS Reimchronik soll nach Kluckhohn ein halbes Jahrhundert später JOHANN I. HERZOG VON ZWEIBRÜCKEN bearbeitet haben, was aber als nicht sicher erwiesen gelten muß, obwohl JOHANN VON ZWEIBRÜCKEN Verdienste um die Genealogie des Hauses Wittelsbach hat. Er hat »mit unermüdeter eigener Hand« ältere genealogische Forschungen zusammengetragen, wenn auch ungewiß blieb, wie umfangreich diese Arbeit war.

84

Die Linie Wartenberg ist literarisch nicht weiter hervorgetreten, aber immerhin war, wie erwähnt, JOHANNES KHUEN seit etwa 1631 Hausgeistlicher in der durch Herzog FERDINAND, dem Sohn ALBRECHT IV. und Gemahl der MARIA PETTENBECK gestifteten Wartenbergischen Kapelle im Rosental. FERDINAND war der Gründer der gräflich-wartenbergischen Nebenlinie, deren Haupt zu KHUENS Zeiten ERNST BENNO, kur-bayerischer Kämmerer und Pfleger zu Erding war. Er starb 1666 und hat es seinem Benefiziaten KHUEN immerhin ermöglicht, ganz der Dichtung zu leben.

ALBRECHT VI. DER LEUCHTENBERGER

Im selben Jahr wie ERNST BENNO starb ALBRECHT DER LEUCHTENBERGER, der besonders in den Jahren 1637 bis 1644 ein guter Freund und Mäzen JAKOB BALDES gewesen ist. Da der Sitz des Herzogs, die Maxburg, mit dem anstoßenden Jesuiten-kolleg durch einen gedeckten Gang verbunden war, trafen sie sich häufig zum Spazier-gang in den hängenden Gärten des Herzogs, die MERIAN in einem Stich verewigt hat und BALDE in einem Gedicht, dessen erster Vers lautet:

> Wenn hier ich weile, dank ich's dir, Alberten,
> Du lässest ungestraft hinab mich sehn,
> Hoch über Säulen darf ich schwelgen gehn
> Durch eines neuen Babels Hängegärten.

WILHELM VON BIRKENFELD-GELNHAUSEN

Herzog WILHELM kam 1777 mit KARL THEODOR nach Bayern und ist der erste ›Herzog in Bayern‹, der Großvater des Herzogs MAX. 1806 übersiedelte er nach Bamberg, wo er auch gestorben ist. In diese Zeit fällt E. T. A. HOFFMANNS Aufenthalt in Franken 1808 bis 1814. WILHELM zog ihn in seine Gesellschaft. HOFFMANN widmete der Tochter des Herzogs, der HERZOGIN VON NEUCHÂTEL eine Kantate, als sie ihren Vater besuchte. Eindrücke der zeremoniellen Hofhaltung des Herzogs, der die Ambi-tionen eines souveränen Fürsten hatte, sollen sich in Hoffmanns Romanen *Die Elixiere des Teufels* und *Kater Murr* niedergeschlagen haben.

Bevor wir mit den Herzögen in Bayern fortfahren können, ist chronologisch aber noch die Linie Pfalz-Zweibrücken dazwischenzuschieben.

CHRISTIAN IV. VON PFALZ-ZWEIBRÜCKEN

Der bereits mehrfach erwähnte Herzog CHRISTIAN war in erster Linie ein Förderer der schönen Künste, hat dabei aber auch, wenn auch nicht gezielt, einen Dichter gefördert. FRIEDRICH MÜLLER, bekannt als der Dichter des Sturm und Drang, Maler-Müller, war in Zweibrücken Schüler des Hofmalers JOHANN CHRISTIAN VON MANNLICH und wurde Kupferstecher im Dienste des Herzogs, fiel aber dann bei CHRISTIAN in Ungnade und ging 1774 nach Mannheim, wo er Verbindung zu WOLFGANG HERIBERT VON DALBERG und OTTO HEINRICH VON GEMMINGEN-HORNBERG hatte und Mitglied der Deutschen Gesellschaft wurde. 1777 trat er als kurfürstlicher Kabi-nettsmaler in die Dienste KARL THEODORS, der ihm auch seine Romreise ermöglichte. Als Maler ist MALER-MÜLLER auch durch den Kronprinzen und späteren König LUD-WIG I. unterstützt worden, der ihm eine Pension bewilligte und seine Ernennung zum Hofmaler erreichte.

Herzog CHRISTIAN war aber besonders in den literarischen Salons und den Künstler-ateliers von Paris, in den Kreisen DIDEROTS und der Enzyklopädisten zu Hause. Im

40 Herzog Wilhelm, der erste »Herzog in Bayern«, residierte
zu E.T.A. Hoffmanns Zeiten in Bamberg

42 Franz v. Kobell, Holzschnitt von 1875

41 Herzog Max, der »Zither-Maxl«

43 Herzog Ludwig Wilhelm, ein Freund Ludwig Thomas

Salon seiner Frau, der Gräfin FORBACH, verkehrte der Philosoph FRIEDRICH MELCHIOR VON GRIMM.

Die Gelehrten des Zweibrücker Gymnasiums, das von Herzog CHRISTIAN nachhaltig gefördert wurde, faßten 1777, also zwei Jahre nach dem Tod des Herzogs, den Plan zur Herausgabe alter Klassiker. Diese Ausgaben wurden als *Editiones bipontinae* berühmt. Wenn das auch unter der Regierung KARL III. AUGUST geschah, so darf doch behauptet werden, daß es CHRISTIAN IV. Anregungen waren, die hier weiterwirkten.

Aber zurück zu den Herzögen in Bayern.

HERZOG MAX IN BAYERN

Herzog MAX in Bayern, ›Sissis‹ Vater, verdient selber als Autor genannt zu werden. Er hat Lyrik, Novellen, Historisches und Dramatisches geschrieben. 1839 erschienen seine *Wanderungen nach dem Orient 1838* (1978 in einem Reprint vorgelegt), zuvor hatte er unter dem Namen PHANTASUS oder dem Kürzel P. B. (PHILIPPUS BAVARICUS) veröffentlicht, wobei er sich besonders an den französischen und deutschen Romantikern schulte. Er schrieb 1825 seine unveröffentlichten *Abenteuer des wohlberühmten Famulus Quieck,* an JEAN PAUL angelehnt. Ein heiteres bayerisches Stück in Knittelversen ist der *Fehlschuß,* der in München und Wien über die Bühne ging. Er veröffentlichte auch historische Novellen und Werke über Karl I. von England, Friedrich II. von Preußen und Karl XII. von Schweden, war aber weder an den literarischen Unternehmungen LUDWIG I. noch MAX II. beteiligt.

Zur Förderung der Kunst stiftete Herzog MAX Medaillen, die unter andern HEIGEL, FRANZ BONN, DAXENBERGER, KOBELL, SAPHIR, HERMANN SCHMID, LUDWIG STEUB, KARL STIELER, ISABELLA BRAUN und HELEN PICHLER erhielten, aber auch EUGEN SUE. Besonders der Volkspoesie hat sich der Zitherspieler MAX angenommen. Er veröffentlichte 1846 eine Sammlung von oberbayerischen Volksliedern, von denen KOBELL siebenundzwanzig in seine Sammlung übernahm, ohne die Quelle anzugeben.

FRANZ STELZHAMMER, der österreichische Mundartdichter, war Gast des Herzogs, ebenso KARL ADAM KALTENBRUNNER, von dessen Dialektliedern der Herzog einige vertonte. Auch ANTON FREIHERR VON KLESHEIM, der »süßlich-sentimentale Dichter des Schwarzblatts aus'm Weanerwald« (Dreyer) stand in seiner Gunst. Mit DAXENBERGER trat der Herzog in nähere Beziehung, sie begegneten sich öfters in der Gesellschaft »Altengland«. MAX stand aber auch zu dem ihm völlig wesensfremden JUSTINUS KERNER, den auch LUDWIG I. schätzte, in Verbindung. KERNERS Sohn THEOBALD berichtet von einem Besuch des Herzogs bei KERNER in Weinsberg: »Abends spielten der Herzog und Petzmayer (des Herzogs Begleiter) auf der Zither und Justinus Kerner dazwischen hinein auf der Maultrommel.«

Die literarisch bedeutendsten und ihm besonders nahe stehenden Freunde waren aber doch POCCI und des Herzogs literarisches Vorbild KOBELL. Besonders das Verhältnis zu KOBELL ist freundschaftlich vertraut. »Lieber Franzl«, ist die Anrede in des Herzogs Briefen und »Ihr alter, treuer Freund Maxl« die Unterschrift. KOBELL hat seinem Freund, dem Herzog, seine Mundartgedichte gewidmet.

Der Herzog hatte auch ein Symposion nach seiner Art, bei dem es lustig und fidel, aber nicht oberflächlich zuging. KOBELL und POCCI waren Dauergäste bei dieser »Tafelrunde des König Artus«, bei der auch HYAZINT HOLLAND ein gern gesehener Gast war.

HERZOG LUDWIG WILHELM

Die Herzöge in Bayern haben es weiter mit den bayerischen Dichtern gehalten. Denn auch LUDWIG WILHELM, der Enkel des Herzogs MAX in Bayern, mit dem wir ins 20. Jahrhundert eintreten, ist ein Freund der Heimat gewesen. Mit LUDWIG

THOMA war er gut befreundet, sie waren fast Nachbarn – Thoma am Tegernsee, der Herzog in Wildbad Kreuth. »An Thoma grab'n ma lusti ei« waren des Herzogs Worte, mit denen er seine Trauer beim Tod des Freundes überspielte. Zum engsten Freundeskreis gehörte aber auch der KIEM PAULI, den er nach Vermögen förderte. Herzog LUDWIG WILHELM hat unter dem Pseudonym LUDWIG WILHELM SCHANZ geschildert, wie er den KIEM PAULI kennenlernte: »Es war im Sommer 1910 beim Scheibenschießen auf der Weißach. Mittags kommt der Dengg mit drei Musikern mit Miesbacher Tellern am Kopf. Einer war dabei, a ganz a magerer mit Brillen, mit am hellblauen Seidencravattl und mit a mordsgroßen Baßgitarr.

Ludwig Thoma sagt zu mir: ›Setz ma uns a bissl zamm, die müssn uns jetzt was spieln.‹ Die fangen an, der Holl Carl von Rottach mit der Zither, der mir schon bekannt war, der andere, der Reiter Hans mit der Schoßgeigen auch, aber mehr als Schwarzfischer wie als Musiker, und der dritte, der Kiem Pauli, überhaupt nicht.« Dann geht der Herzog auf das hervorragende Gitarrespiel des KIEM PAULI ein. »Von da an warn mir zwei oft beinand.« Er berichtet vom Tod THOMAS, »was für uns alle ganz arg« war, und wie der KIEM PAULI das Volksliedersammeln angefangen hat. »Das war der Anfang von einer langen, mühsamen Arbeit, die immer weitergeht und der wir verdanken, daß wir überhaupt noch bayrisch leben.«

Vom Herzog LUDWIG WILHELM und seiner Familie, einschließlich des Kronprinzen RUPPRECHT hat THOMA gesagt: »Alles das sind so einfache, taktvolle und altbayrische Menschen.«

Nicht alle Dichter, die zu den Wittelsbachern in Beziehungen standen, konnten das von ihren Fürsten sagen. Es fing nicht so bayerisch an wie es endet, und die Literatur war auch nicht gerade die bevorzugte Domäne der Wittelsbacher. Aber oft war das persönliche Engagement da, die Einflußnahme direkt. Und – nehmt alles nur in allem – es ist kein Zufall und durchaus wittelsbachisch, daß bei allen Verzweigungen und auch Verirrungen der Beziehungen der Wittelsbacher zu ihren großen und kleinen Dichtern das Ganze bayerisch endet.

Erich Valentin

DIE WITTELSBACHER UND
DIE MUSIK

Eine Darstellung der Beziehungen der Wittelsbacher zu ›ihren‹ Musikern kann nur ein Versuch sein. Denn eine ins Detail gehende Auswertung der Materialfülle würde sich zwangsläufig zu einer kompendienhaften Geschichte der bayerischen und deutschen, darüber hinaus sogar der europäischen Musik ausweiten. Das liegt zunächst an der Materie an sich. Die Musik, darin von den anderen Künsten wesentlich verschieden, beruht ja nicht nur auf dem vom Komponisten geschaffenen Werk und dem Komponisten selbst, sondern gleichermaßen auf der Wiedergabe, der Ausführung oder »Execution«, bei der es des Mittlers, des Interpreten, bedarf. Der Interpret wiederum kann ebenso der Kapellmeister sein, der bis in das 19. Jahrhundert hinein gern mit dem Komponisten identisch ist, wie der Instrumental- oder Gesangsvirtuose, der Orchestermusiker oder Chorsinger. Das alles richtet sich von Fall zu Fall nach der historischen Situation und stilistischen Forderung.

Das bedeutet, daß der Radius der jeweils zu fördernden Künstler einen vielschichtigen, großen Personenkreis umfaßt. Dabei spielen Stil, Musizierpraxis und Musikanschauung eine entscheidende Rolle, variabel nach der allgemeinen musikgeschichtlichen Lage. Aus diesen Bedingungen ergibt sich das lebendige, wandelbare Bild, das die Ereignisse in diesem und jenem Zeitraum zum integrierenden Bestandteil der größeren Zusammenhänge macht. Das führt, denken wir beispielsweise an das 16. Jahrhundert, zu internationalen Wechselbeziehungen oder, wie im 18. Jahrhundert, zum stilbildenden Anstoß. Gerade diese im Sinne des Wortes hervorragenden Beispiele wie das München des 16. oder das Mannheim des 18. Jahrhunderts sind exemplarische Bekundungen zum einzuschlagenden Thema. Insbesondere gilt dies für die ›Mannheimer Schule‹, die durch den Werktyp wie durch seine Wiedergabe Aufsehen erregte und geschichtswirksam wurde.

Wesentlich hierbei ist, daß nicht allein die musikhistorischen Prämissen und ästhetischen Voraussetzungen in Betracht zu ziehen sind, sondern auch die Initiativen, die den Vorgang überhaupt begleiteten und als solchen erst ermöglichten. Diese mannigfachen Initiativen wiederum sind Abbild jener Anregungen, Interessen und Maßnahmen, die im Verlauf der Jahrhunderte, beispielsweise durch die Wittelsbacher, der Musik, ihrer Pflege, Repräsentanz und Entwicklung zuteil wurden. Die verästelte Familiengeschichte mit ihren genealogischen Verflechtungen, ja, selbst politische Aktionen, wie die Abschlüsse von Erbverträgen oder das Zustandekommen von Verbindungen zu anderen Herrscherhäusern und Ländern, gewinnen nicht nur im Rahmen des politischen Geschehens, sondern sogar für die geschichtliche Kontinuität und Ausbreitung der Musik an Gewicht. Aber angesichts der erwähnten Zusammenhänge erstreckt sich dieser Vorgang im Bereich der wittelsbachischen ›Zuständigkeit‹ keineswegs nur auf den bayerischen Raum. Selbst hier ist, am Anfang wenigstens, keine einheitliche Konzeption zu fixieren. Denn innerhalb Bayerns offenbart sich ein durch Schwerpunktverlagerungen, Landesteilungen, Erbschaften und anderes veranlaßtes Nebeneinander von regional geordneten Gruppierungen, ein in der Tat lebendiges, buntes Bild musikgeschichtlicher Entwicklungen, abhängig jeweils von der an die Herrscherpersönlichkeit gebundenen Neigung zur Musik, abhängig meist auch von der politischen Lage und dem wirtschaftlichen Hintergrund. Das Bayerische ist es nicht allein, um das es dabei geht. Aber es ist der entscheidende Kernteil des Ausstrahlungsbereiches, dessen Radius weitaus größer ist. Das Studium der Genealogie und der Blick auf die Landkarte bestätigen es. Denn in der deutschen wie der europäischen Geschichte erscheinen die Namen der in Frage kommenden Persönlichkeiten.

Dank dieser vielgefächerten Familiengeschichte spiegeln sich in den Querverbindungen genau jene Konstellationen wider, die den Ablauf der allgemeinen Musikgeschichte ausmachen. Kleine und große Namen, welch letztere als »Leuchttürme« (wie Strawinsky sagt) herausragen, stehen in den Regesten, Rechnungsbüchern und Korrespondenzen. Es sind bedeutsame Kapitel, die man aufschlägt, wenn man LUDWIG SENFL, ORLANDO DI LASSO, MOZART oder WAGNER liest, um nur die lapidaren Merkzeichen herauszugreifen. Auch das bedeutet viel, wenn man im Zusammenhang mit beispielhaften Namen wie ARCHANGELO CORELLI und GEORG FRIEDRICH HÄNDEL von mittelbaren Kontakten erfährt. Es geht dabei nicht allein um jene, die ihr ›Honorar‹, ihren Entgelt erhielten, das heißt von Amt und Auftrag lebten, vielmehr auch um jene, die durch Ehrung oder Anerkennung ausgezeichnet wurden. Andererseits lassen Widmungen oder Huldigungswerke gelegentlich über die bloße ›devotio‹ hinaus Beziehungen erkennen, die zum Teil auf persönlichem Vertrauen beruhten, wie es ja auch nicht ungewöhnlich war, daß dieser oder jener Musiker außerhalb von Amt und Beruf mit politischen und diplomatischen Missionen betraut wurde. Derlei Wertschätzung ist als gesellschaftliches Phänomen zu respektieren. Der große Künstler war durch den Ruhm seiner schöpferischen oder interpretatorischen Leistungen ›berühmt‹. Man begehrte seiner. Man lud ihn ein, förderte ihn, versicherte sich seiner, weil er einen Namen hatte oder, was bemerkenswerter ist, weil er sich einen Namen machen sollte. Es gehörte mit zum Ansehen des Potentaten, ihn an sich zu binden, und dies keineswegs nur im glänzenden Licht der Allerhöchsten Gnadensonne oder bloßen Wohlwollens, sondern in den meisten Fällen aus Neigung, Kenntnis, Interesse und Verständnis. Daß dabei ein tragischer ›Fall Mozart‹, der weder in München noch in Mannheim ein Unterkommen fand, zustandekam, mindert den Anspruch in keiner Weise; über die mutmaßlichen Gründe wird noch zu sprechen sein.

Wie dem auch sei: die familiäre und politische Geschichte der Wittelsbacher deckt sich in den wesentlichen Momenten mit der Musikgeschichte. Sie verbindet, stellt Zusammenhänge her, die ihrerseits begründen und erläutern, auf welche Weise diese und jene Phasen der allgemeinen Musikgeschichte zustandekamen. Es zeigt sich dabei, daß beispielsweise die Landesteilungen, die nach der 1214 unter Herzog LUDWIG I. von Bayern vollzogenen Vereinigung von Bayern und Rheinpfalz bereits 1255 unter OTTO II. einsetzten und erst 1392 mit der achten Bayerischen bzw. 1410 mit der dritten Pfälzischen Landesteilung endeten, keine Erschwernisse darstellten. Sowohl diese Prozeduren und ihre damit verbundenen Dezentralisierungen als auch die mannigfachen Erbabsprachen waren der musikgeschichtlichen Entwicklung keineswegs abträglich. Sie trugen sogar nicht selten zur Bereicherung bei. Das Neben- und Nacheinander der einzelnen Familienzweige, deren Geschichte von 1180 an zu verfolgen ist, beinhaltet zugleich die Ausbreitung der Einflußbereiche. In Auswirkung dieser politischen und familiengeschichtlichen Ereignisse werden dabei quer durch den deutschsprachigen Raum, und mit einigen ›Ablegern‹ darüber hinaus, wichtige Punkte und Stationen der Geschichte der Musik schlechthin tatsächlich erkennbar.

Wie es am Anfang ausgesehen hat, mag dahingestellt sein. Immerhin lassen sich bereits in der Frühzeit die familienpolitischen Praktiken feststellen, die durch Verbindungen nach verschiedenen Seiten hin den Besitzstand mehren und Verbindungen sichern sollten. Der erste Landesherzog OTTO, ›pater patriae‹, war mit der aus dem Niederländischen stammenden AGNES VON LOON verheiratet, einer auf alle Fälle literaturinteressierten Frau. Sein Bruder KONRAD war Erzbischof von Salzburg und später Mainz. Da sich, abgesehen von der im Volk geübten Musik und der der ›histriones‹, das musikalische Dasein ausschließlich auf den Bereich der Kirche erstreckte, ihrer Obhut unterstand und in den Klöstern durch Aufzeichnung und Untersuchung festgehalten wurde, entfällt gewissermaßen die weltliche ›Zuständigkeit‹. Die Pflege des cantus choralis und der frühen Mehrstimmigkeit oblag der Kirche. Aber interessant ist, daß sich beispielsweise die neumierten Aufzeichnungen in Bayern in etwa mit denen in Salzburg zur Zeit des wittelsbachischen Erzbischofs KONRAD decken. Der allgemeine Stand der Dinge war hier wie da der gleiche.

Aber Mutmaßungen genügen nicht. Lediglich einige Kombinationen erscheinen zulässig. Das gilt vor allem in Zusammenhang mit den Vertretern der ritterlichen Kunst, und auch hier mit gewissen Einschränkungen, da zum einen wesentliche Zeugnisse dieser ›Minnesänger‹ der Epik und somit eindeutig der Literatur angehören, zum andern das meiste in den Bereich des Möglichen, aber nicht erwiesen Tatsächlichen zu verweisen ist. SOPHIE, die 1238 in Eisenach verstorbene Tochter OTTO I., war mit dem thüringischen Landgrafen und Pfalzgrafen von Sachsen, HERMANN I., verheiratet, eben jenem, der 1207 den ›Sängerkrieg auf der Wartburg‹ veranlaßt haben soll. Falls die bayerische Herzogstochter an den Museninteressen ihres Gemahls beteiligt gewesen sein sollte, dann wäre es sogar eine Frau, die den Primat des Anspruchs auf das Mäzenatentum in musicis der Wittelsbacher erheben könnte.

Minnesänger   Erst mit OTTO II. (1206–1253) in Landshut und seinem Sohn HEINRICH I. (1235–1290), dem Niederbayern, betreten wir einigermaßen gesicherten Boden. Zwar zählte REINBOT VON DURNE, Schreiber OTTOS DES ERLAUCHTEN, zu den Epikern. Aber der erste zu fixierende Name eines in wittelsbachischen Diensten stehenden Dichters wirkt wie ein Auftakt zu einer Reihe von Namen aus dem ›bairisch‹-oberdeutschen Kreis, die in der Literatur- wie Musikgeschichte ihren historisch verbrieften Platz haben. Sie sollen ›auf Verdacht‹ genannt sein. Ob zwischen ALBRECHT VON JOHANNSDORF, der um 1200 lebte, und ALBRECHT VON SCHARFENBERG im 14. Jahrhundert nun auch Herr WALTHER VON DER VOGELWEIDE und NEIDHART VON REUENTAL (in Landshut 1227) oder der TANNHÄUSER, der wie der REUENTALER im Kreis um OTTO II. zu suchen ist, in die Kategorie jener gezählt werden dürfen, die der Dienste bei den wittelsbachischen Herren ›gerten‹, mag als denkbar in Erwägung gezogen sein. Beim REUENTALER gibt es keine Zweifel. Um vieles später erst, am Anfang des 15. Jahrhunderts, ist eine eindeutige namentliche und personelle Beziehung, in diesem Falle zur pfälzischen Linie des wittelsbachischen Hauses, zu registrieren. Es handelt sich um OSWALD VON WOLKENSTEIN (etwa 1377–1445) aus dem Tirolischen. Als Dichter wie als Musiker (und Soldat) steht er in der Endphase dessen, was man ›Mittelalter‹ zu nennen pflegt. In diesem Sinn war er einer der letzten, wenn nicht der letzte Repräsentant der ritterlichen Kunst, zugleich bedeutsames Glied der Entwicklung der von den Florentinern eingeleiteten Mehrstimmigkeit. Im Jahre 1401 begab er sich mit Kurfürst RUPRECHT III. (1352–1410) – seit 1400 König RUPRECHT I. – nach Italien. Mit dessen Sohn Kurfürst LUDWIG III. (1378–1436) stand er in freundschaftlichen Beziehungen und war 1424 in Heidelberg sein Gast.

Mittlerweile hatte sich allerdings die allgemeine Situation der Welt wesentlich verändert. Das gilt für die politische Konstellation, innerhalb derer gleichzeitig mit dem Aufbau der Residenzen und ihrer Hofhaltungen die Städte und mit ihnen die Ansprüche der Bürger wuchsen. In demselben Maße vollzog sich in Musik und Musikpflege der entscheidende Wandel zum Ausbau der Mehrstimmigkeit und des instrumentalen Musizierens. Mit dem endgültig besiegelten Ausklang der ritterlichen Welt ging deren Tradition in die Obhut der Städte und Bürger über. Dieser Vorgang erhielt im Hinblick auf die höfische Atmosphäre ein besonderes Gepräge. Die Übernahme der ritterlichen Obliegenheiten durch die Meistersinger und ihre zunftmäßig geordnete Ausübung wirkt natürlich im Zeitalter der aufblühenden Polyphonie nahezu anachronistisch. Sie war jedoch eben deshalb bemerkenswert, weil sich darin die stadtbürgerliche Verantwortungswilligkeit kundtut. Die deutsche Tradition nahm ihren Ausgang vor allem von Nürnberg und Augsburg, den Reichsstädten, in denen sich aus den ›Gesellschaften‹ die ›Singschulen‹ entwickelten. Die ›Meister‹ der Deut-

Die Meistersinger   schen sind im Grunde nichts anderes als die ›mestres‹ der Franzosen. Allerdings sind die ›Meister‹ bezeichnenderweise, bezeugt in den ›Carmina magistralia‹ der Colmarer Liederhandschrift, dichtende und Melodien schreibende Meister adeliger und bürgerlicher Herkunft. Erst die Assoziierung des ›Meisterlichen‹ mit dem Zunftbegriff brachte die Entscheidung.

Auch in München gab es Meistersinger. Da aber, wie die Forschung feststellte, Singeschulen dort erst nach 1500 entstanden, könnte oder kann man sogar die ersten nominierten Meistersinger von Baiern-München in der Obhut oder im Bannkreis der

Musikpflege am Hofe ALBRECHT III. (1401–1460) vermuten. Er galt als »kunstraichist maister von der musica«, der Musik also sehr nahestehend wie übrigens auch
sein Vater Herzog ERNST (1373–1438), was insofern nicht eines gewissen Reizes
entbehrt, da man gewohnt ist, ihn nur in Zusammenhang mit der Agnes Bernauer-
Tragödie zu sehen. Zwei Zeugen aus der Welt der Meistersinger sind zu erwähnen.
Der eine ist der Lyriker und Epiker MICHEL BEHEIM oder BEHAM (1416–1474), der
Schwabe, den es umtrieb und der bei ALBRECHT III. in München wie bei dem pfälzischen Regenten und Kurfürsten FRIEDRICH I. (1425–1476) in Heidelberg gern gesehener Gast war. Der andere, bei dem man allerdings auf Vermutungen angewiesen ist,
war der Münchner Lyriker ALBRECHT LESCH (etwa 1420–1478/79). Seine ›Töne‹ sind
mit denen eines FRAUENLOB, NEIDHART, TANNHÄUSER, HEINRICH VON OFTERDINGEN,
des MÜNCH VON SALZBURG und anderen aufgezeichnet und überliefert; sie weisen ihm
unter den Meistern den ihm gebührenden Platz zu. BEHEIM vor allem, der übrigens als
Schultheiß von Sülzbach den unrühmlichen Tod durch Mörderhand fand, steht in gewissem Sinne auf dem Scheitelpunkt der musikalischen Entwicklung. Denn aus der
Tatsache, daß ALBRECHT III. im Jahre 1450 einen CONRAD PAUMANN in das Hoforganistenamt einsetzte und daß der andere Gönner BEHEIMS, FRIEDRICH I., einen JOHAN-
NES VON SOEST in die Hofkantorei berief, läßt sich leicht die geschichtliche Lage ablesen.

Eine neue Zeit war längst angebrochen. Seit der ›rinascità‹ des 14. Jahrhunderts und
der den ›Herbst des Mittelalters‹ heraufbeschwörenden noblen Kunst eines GUIL-
LAUME DE MACHAUT war Ende und Anfang einer großen Entwicklung bestimmt. Aus
dem Abschluß der ›ars antiqua‹ bildete sich der Beginn der ›ars nova‹, einer ›nova
schola‹, die sich bewußt vom Vergangenen abzusetzen bemühte. Der Akzent war gesetzt, das Zeichen war gegeben, das einen gewaltigen Aufbruch anbahnte. Die als ›bur-
gundisch‹ und später ›niederländisch‹ charakterisierte Sprache bewirkte eine alle politischen Grenzen überspringende Inter- oder besser: Übernationalität, und zwar nicht
nur innerhalb des kontinentalen Europa. Neue, selbstgeschaffene Gesetze verwandelten die ›Mehrstimmigkeit‹ zur Polyphonie. Die Instrumentalmusik trat ihren Weg
zur Eigenständigkeit an. Vor allem aber wurde alles, was da im Zeichen des Humanismus und der ›Renaissance‹ zustandekam, in jene breit sich ergießenden Ströme geleitet, die von nun an in herrlicher Vielfalt das sacrum und das profanum in gleicher
Weise bestimmten.

Dieser grobe Umriß soll nur andeuten, unter welchem Aspekt der wittelsbachische
Anteil in das Ganze eingegliedert werden kann. Es ergibt sich, daß hierbei das
15. Jahrhundert, in dem gerade noch die Meistersingerei zum Wort kam und das
Neue bereits in Gang war, als der erste endgültig gesicherte Boden betrachtet werden
kann. Von diesem Zeitraum an wurden sowohl in der ›bairischen‹ wie auch in der
›pfälzischen‹ Linie die Grundlagen zu all dem geschaffen, was den erwähnten Anteil
am allgemeinen Verlauf der Musikgeschichte auslöste.

Die Präliminarien, von denen die Rede war, die nicht völlig gesicherten, aber
durchaus denkbaren frühen Ansätze und Möglichkeiten sind ebenso wichtig wie die
dokumentarisch belegbaren Tatsachen. Man muß das eine wie das andere in Erwägung ziehen, um aus dem Einklang von politischer und musikalischer Geschichte die
Kontinuität dessen ableiten zu können, was zu dem überwältigenden Gesamtergeb-
nis führt.

Angesichts der Vielfalt, die sich seit dem 15. Jahrhundert anbietet, erscheint es notwendig, die Wege der Linien vorerst getrennt zu verfolgen. Das zeitliche Nebeneinander der hier wie da erkennbaren Ereignisse ergibt insofern ein überraschendes Bild, als
sich deutliche Unterschiedlichkeiten herausstellen. Das bunte, farbenträchtige Ta-
bleau gibt überzeugend wieder, was, zugleich als geistesgeschichtliche und kultur-
historische Komponente, in der Tat die allgemeine Musikgeschichte ausmacht. Das
Besondere daran aber ist, daß sich Berührungspunkte und Wechselbeziehungen feststellen lassen, die ihrerseits Abbild der politischen Zusammenhänge und familiären
beziehungsweise persönlichen Kontakte sind.

93

Die Herzöge von Baiern

Ihre Geschichte beginnt, wie bekannt, 1180 mit OTTO I., dem Grafen von Wittelsbach. Was danach kommt und bereits angedeutet ist, erweist sich als ein geradezu erregendes Bild. Landesteilungen, Streitereien unter Verwandten, Versöhnungen, Absprachen, Heiraten, kriegerische Konflikte, Friedensschlüsse, Reichtum, Not –, das waren die unentwegten Begleiterscheinungen, bis 1505 unter ALBRECHT IV., dem Weisen, das mehrere Male geteilt und aufgegliedert gewesene Land unter *eine* Hand kam. Aber auf diesem Weg unter der Obhut der ›Pfalzgrafen bei Rhein und Herzöge von Bayern‹ (oder: Baiern?) breitete sich in den mannigfachen Stationen eine Fülle von Varianten aus, die auch dem musikalischen Tun zugutekam: Nieder- und Oberbayern, die ›obere Pfalz‹ (mit Amberg als Sitz des kurpfälzischen Statthalters), Tirol, Mark Brandenburg, Straubing-Holland, Ingolstadt, Landshut, München undsofort. Dennoch eben verzeichnet die musikgeschichtliche Chronik da und dort Bemerkenswertes. Allen Wirrnissen, die gar am Ende des 15. Jahrhunderts einen Erbfolgekrieg unausweichlich zu machen schienen, allen Mißhelligkeiten zum Trotz schimmern aus dem Dunkel einige friedliche Punkte hervor.

Kaiser LUDWIGS DES BAYERN Sohn ALBRECHT I. (1336–1404), der als Vertreter seines Bruders WILHELM I. (1333–1389), des »dollen Graaf«, bis 1388 das Amt des straubingischen Statthalters in Holland bekleidete, hatte erwiesenermaßen in Straubing eine musikfreudige Hofhaltung. Der Sohn JOHANNES II., Herzog ERNST, fand Muße, sich an der Musik zu erfreuen, und hat gar aus Dankbarkeit den Peissenberger Orgelbauer ERHARD SCHMID von den Steuern befreit. Gewichtiger, weil folgenschwerer, wirkt unter dem Regiment des Landshuters LUDWIG DES REICHEN (1417–1479) die Gründung der Humanisten-Universität Ingolstadt (1472). Sicherlich ist der musikhistorische Effekt dieses Ereignisses nur mittelbar in den Fragenkreis einzubeziehen. Aber er ist letztlich nur denkbar aus der Initiative, die von der Gründung ausging. Daß in den Fakultäten gesungen wurde, sei nur nebenbei erwähnt. Wichtiger ist die Tatsache, daß 1492 der Humanist KONRAD CELTIS einen Lehrstuhl erhielt. Sein Mitarbeiter, den er von Padua kannte und den er später nach Wien nachholte, war der Südtiroler *Petrus Tritonius* PETRUS TRITONIUS oder TREIBENREIF (Lebensdaten unbekannt). Die in Ingolstadt aus dieser gemeinsamen Arbeit mit CELTIS entstandenen Vertonungen von Oden des Horaz (» . . . undevigenti Horatii carminum genera harmonias composuit«) erschienen erst 1507 in Augsburg unter dem Titel *Melopoia sive Harmoniae tetracenticae super XXII genera carminum Elegiacorum Lyricorum et ecclesiasticorum hymnorum per Petrum Tritonium.* Diese ›harmoniae‹ gelten als Grundlage der deutschen Entwicklung der Odenkomposition und des Odenstils, gekennzeichnet als tetracenticae, das heißt vierstimmige Sätze, die, den ›tempora syllaborum et pedum‹ entsprechend, Note gegen Note komponiert sind. Ihrer Struktur wegen dienten sie sowohl philologischen als auch musikpädagogischen Aufgaben. Es handelt sich dabei um einen wichtigen Beitrag zum Anliegen der wortbezogenen musikalischen Bemühungen innerhalb der Musikentwicklung des 16. Jahrhunderts. Die von TRITONIUS ausgehende Bewegung, eine spezielle Sparte der deutschen Humanisten-Musik, hat über LUDWIG SENFL und PAUL HOFHAIMER eine bis zum Anbruch des neuen Stils (Monodie) nachwirkende, über die bloße Nachahmung hinausgehende Kompositionspraxis ausgelöst. Noch etwa 1515 finden sich in *Utilis et compendiaria introductio, qua ut funda-*

mento iacto quam facillime musicum exercitium, instrumentorum et Lutine et quos uulgo Geygen nominant... des 1526 in Wien verstorbenen schwäbischen Lautenisten HANS JUDENKÜNIG in die Lautentabulatur übertragene Melodien des TRITONIUS.

Mag dies als internum academicum sozusagen unter Ausschluß der Öffentlichkeit vor sich gegangen sein (wenngleich die angedeuteten Folgerungen dem zu widersprechen scheinen), so offerierte die anläßlich der Vermählung des Thronfolgers GEORG mit HEDWIG von Polen durch LUDWIG DEN REICHEN 1475 ausgerichtete ›Landshuter Hochzeit‹ vor aller Augen und Ohren Pracht und Glanz höfischer Repräsentation: ein Schauspiel, das wie ein von Musik erfülltes Friedensfest wirkte. Von über tausend musici ist die Rede. Allerdings konnte nur ein Bruchteil Eigenbestand sein. So hatte beispielsweise der salzburgische Erzbischof seine Leute entsandt. Was da sang und klang, hatten die edlen Gäste ›mitgebracht‹. Und was die Gassen und Plätze mit Musik erfüllte, kam von der allerseits herbeigeströmten vaga turba, den Spielmännern.

Ein Jahr vor dieser Festivität, im Jahre 1474, hatte der Herzog für Niederbayern eine ›Landesordnung‹ erlassen. Zehn Jahre davor aber hatte er für die trumpetter und paucker einen ›Trummeterbrief‹ angeordnet, in dem er einen seiner Musiker für das Amt des Spielgrafen bestimmte und somit die rechtliche Stellung, Gerichtsbarkeit und Sicherung der ihm untergebenen Spielleute gewährleistete. Der solchergestalt nicht nur um die Musik, sondern auch um die Musiker besorgte Herzog wird sogar als Autor eines Liedes genannt, das in dem um 1460 begonnenen Liederbuch des Nürnberger Arztes HARTMANN SCHEDEL *(Schedelsches Liederbuch)* enthalten ist.

Unter ALBRECHT III., der 1438 als Nachfolger ERNSTS den Bayern-Münchener Herzogsstuhl in Besitz nahm, wurde der Musik breitester Raum gewährt. Nicht umsonst nannte man ihn den »musicae artis amator«, »den kunstraichist meister«. Der in Böhmen Gebildete und Ausgebildete hing, wo auch immer er sich aufhielt – in Landshut oder Straubing, dessen Hofkapelle er einrichtete – seinen musikalischen Neigungen an. Sein Name trat bereits in Zusammenhang mit dem Meistersinger MICHAEL BEHEIM in Erscheinung. Wichtiger noch ist, daß sein Name mit dem des Nürnberger Organisten CONRAD PAUMANN (etwa 1415–1473) in Verbindung gebracht werden kann.

Conrad Paumann

Dieser PAUMANN, seit 1446 Stadtorganist in Nürnberg, war dem Rat gegenüber die Verpflichtung eingegangen, die Stadt nur mit dessen Genehmigung zu verlassen. Was der Grund war, daß er 1450 heimlich nach München ging, ist unbekannt. Möglicherweise lag eine Einladung des herzoglichen Hofes vor. Auf alle Fälle trat er das Amt des Hoforganisten an. Die fast romanhaft wirkende ›Flucht‹ des blinden organista, der in seiner Vaterstadt Ansehen und Förderung genoß, hatte anscheinend keine bösen Folgen. ALBRECHTS Gattin, die Braunschweigerin, die er nach dem Tod der Bernauerin geheiratet hatte, übernahm die Vermittlung, so daß PAUMANN 1451 endgültig und legal seines Nürnberger Amtes ledig war. Er blieb bis über den Tod ALBRECHTS hinaus im Hofdienst. ALBRECHT, so wird berichtet, stellte ihn auf der Trausnitz dem burgundischen Herzog PHILIPP DEM GUTEN vor, beschenkte ihn mit einem Haus in München (in der heutigen Residenzstraße), das ihm auch unter ALBRECHTS Sohn belassen wurde. Dieser Sohn war SIGMUND (1439–1501), der 1467 zurücktrat und das Regierungsamt seinem Bruder ALBRECHT IV. (1447–1508) überließ.

Die Anerkennung, die sich darin äußert, daß sich die drei einander folgenden Landesherrn seiner Dienste versicherten, beruhte zweifellos auf Leistung und Ruhm PAUMANNS, der sich auf verschiedenen Reisen nicht nur auf der Orgel hören ließ (so in Mantua vor dem Markgrafen LUDOVICO GONZAGA, der ihn 1470 in den Ritterstand erhob, oder vor dem Regensburger Reichstag 1471). Vergeblich bemühte man sich, ihn an Mailand oder Neapel zu binden. Seine letzte Reise führte ihn 1472 nach Heidelberg (zu dem musikkundigen Kurfürsten FRIEDRICH I.?). PAUMANN starb 1473 in München und wurde am Liebfrauendom begraben.

PAUMANN, der nicht nur als Organist, das heißt ausübender Künstler zu respektieren ist, galt seinen Zeitgenossen als »der kunstreichist alle instrument vnd der Musica maister«. Die Zahl der überlieferten Werke des vielseitigen uomo virtuoso ist nicht groß. Aber was vorhanden ist, besitzt historische Gültigkeit. Der Inhalt seiner *Fundamenta organisandi* bezieht sich auf die Unterweisung in der Kunst des Organisierens, das ist des orgelgerechten, dem ›clavierten‹ Instrument schlechthin angepaßten Musizierens durch Improvisation und Kolorierung der Vokalstimmen. Die teils zwei-, teils dreistimmigen Sätze (letztere im *Buxheimer Orgelbuch*) sind wichtige deutsche Beiträge, deren Bedeutung vor allem dadurch erhärtet wird, daß sie zugleich Bindeglieder zum burgundischen und niederländischen Stil darstellen. Der Begriff des *Fundamentbuchs* ist auf ihn zurückzuführen. Denn seine ›fundamenta‹ haben über die Schule der meist oberdeutschen ›Koloristen‹ und die Tabulaturen der ›Ornamentisten‹ aus dem Kreis um PAUL HOFHAIMER – der sogenannten ›Paulomimen‹ – Folgerungen von großer Tragweite ausgelöst. Man hat lange Zeit mißverstanden, was aus dem von PAUMANN eingeleiteten Komponier- und Musizierverfahren eines instrumentgerechten Stils für die Zukunft erwachsen ist. Ohne diesen Weg wäre die Blüte der deutschen Klavier- und Orgelmusik bis zu JOHANN SEBASTIAN BACH möglicherweise nicht zustandegekommen.

Das mag hochgegriffen sein. Aber es ist ernsthaft zu erwägen, wobei auch dessen zu gedenken ist, was die Förderer und Gönner dieses Künstlers zur Sicherheit seiner Entwicklung beigetragen haben. Von den Tagen PAUMANNS und ALBRECHT III. an läßt sich die Geschlossenheit des musikalischen Bestandes verfolgen. Mehr noch ist festzustellen: ein Anwachsen, das einem Hineinwachsen in die Musik des Jahrhunderts gleichkam und die eigentliche breite Grundlage bereitete, die unter den herzoglichen und kurfürstlichen Nachkommen überhaupt erst systematisch ausgebaut wurde. Ob mit dem in den Akten 1508 genannten »Meister Pauls org.«, das heißt während der Regierungszeit ALBRECHT IV. beziehungsweise WILHELM IV. (1493–1550) –, ob mit diesem Organisten »Pauls« PAUL HOFHAIMER gemeint sei, ist fraglich. Gemeint ist vielmehr wohl PAUL PAUMANN, der bis zu seinem Tode 1517 das Amt seines Vaters wahrnahm.

Im Jahre 1520 wurde, veranlaßt durch den Tod Kaiser MAXIMILIAN I., die reichbestückte kaiserliche Hofkapelle aufgelöst. Es ehrt den künstlerischen Weitblick WILHELM IV., daß er durch Übernahme von Mitgliedern dieser Institution die 1482 von ALBRECHT III. installierte herzogliche Hofkapelle in München in jene Richtung zu lenken vermochte, die später, unter LASSO, zu Glanz und Größe und weit über München und Bayern hinausstrahlender Bedeutung führte. Bereits 1522 hatte WILHELM IV., der auf Grund der von seinem Vater erwirkten Regelung die Primogenitur in Anspruch nehmen konnte, aus Anlaß seiner Vermählung mit der badischen Markgrafentochter JAKOBAEA MARIA den vom Kaiser hochgeschätzt gewesenen LUDWIG SENFL beauftragt, mit deutschen Liedern aufzuwarten. 1523/24 wird sein Aufenthalt in München bereits registriert. SENFL hatte die an ihn ergangene Berufung zum ›musicus intonator‹ angenommen.

Ludwig Senfl

Der gebürtige Schweizer LUDWIG SENFL (etwa 1486–1542/43) war 1496 in die Dienste Kaiser MAXIMILIAN I. getreten. Vermutlich in Zusammenhang mit der Auflösung der Augsburger Kapelle wurde er als einer der wenigen, die in Wien Aufnahme fanden, als Choralist dem seit ungefähr 1496 als Hofkomponist in kaiserlichen Diensten stehenden HEINRICH ISAAC (etwa 1450–1517) beigegeben. Der auch dem Nichtfachmann allein durch den wunderschönen ›Innsbruck‹-Liedsatz vertraute HEINRICH ISAAC, »Tedesc Enrico«, wurde sein Lehrer. Unklar wie die Geburts- und Sterbedaten bleiben auch die Ereignisse, die sein Leben im Gefolge des hochverehrten und berühmten Lehrers begleiteten. Fest stehen 1504 sein Aufenthalt in Zürich und 1507/08 sein Wirken in Konstanz, wo er in den geistlichen Stand trat, was ihn allerdings nicht hindern sollte, etwa 1530 in den Ehestand zu treten. Florenz und Augsburg sind als weitere Stationen zu verzeichnen. Nachweisbar ist auch sein Abstecher nach Passau, wo er zu seinem Recht zu kommen hoffte, als man ihm nach des Kaisers Tod die ihm auf Lebenszeit zugesagte Besoldung minderte und vor allem das Überbrückungsgeld vorenthielt. Wichtig für alles, was danach geschah und zu seiner Berufung nach München führte, war die ihn bindende Auflage, sich weitere vier Jahre durch Verzicht auf

Jacob yonisio.

44 Ludwig Senfl,
»fürstl. Componist
zu München«

45 Widmung Senfls an Herzog
Wilhelm IV.

EN Opus Muficum feftorū dierū
hyemalium, cuius cantū choralem qrauis uox
habet a laudatiſsimo muſicæ artis auctore D:
Henrico Yʒac. Diui Maximiliani Cæſaris
a lucubratioibus Muſices, foeliciter et magno
niſu cæptū, ſed cogentibus alio fatis, imperfectū
maxima ex parte relictū, poftea a gratiſſimo,
ipſius diſcipulo D: Ludouico Semifflio, eiuſde
Cæſareæ maieſtatis iudicio in defuncti præcepto,
ris locum adoptato, nūc uero apud illuſtriſsimū
Boiorum Principem Gulielmū, Comitem
Rheni Palatinū, utriuſq Boiarię ducem
et Patrem patrię optime meritū, Muſico
intonatore facile œleberrimo, magna
cura ac uigilys ſingulari arte et in,
duſtria ad extremam (quod dicit)
manū Muſis omibusfauentibus
perductum, Optioq Principi Guli,
elmo, incomparabili Muſarū
Mecœnati, uire optimo
ſacrum et dicatum,
Anno a Chriſto
nato.M.D.
XXXI.

eine andere Tätigkeit an die Abmachung gebunden zu halten. So erschien denn, wie später König Ludwig II. im Falle Wagners, als der verständige Retter in der Not Wilhelm IV., der klug und vorausschauend genug war, eine Persönlichkeit vom Range Senfls an seine Hofhaltung zu binden. Der »fürstliche Componist zu München«, als welchen sich Senfl selbst bezeichnete, führte, auch wenn es Mißhelligkeiten gab, wohl ein freundliches Dasein. Man muß ihn sehr geschätzt haben. Das geht daraus hervor, daß er, der in Korrespondenz mit Martin Luther stand und sich der Reformation gegenüber zumindest nicht ablehnend verhielt, um dieser Haltung willen allem Anschein nach ungeschoren blieb.

Sein Werk, Geistliches und Weltliches in fröhlichem Einklang, bildet eine Synthese aus den Elementen der von den beiden großen Repräsentanten der ›niederländischen Schule‹, Heinrich Isaac und Josquin de Près, geprägten Stiltendenzen. Die in den Gestaltungsprinzipien seiner Vorbilder zum Ausdruck gebrachten, das Tor in die Zukunft weit aufstoßenden Mittel der explicatio textus fanden in seiner Sprache eine eigenständige Formulierung, die ebenso ansprechend wie kunstvoll ist. Seine Messen und Motetten, seine lateinischen, französischen, italienischen, vor allem aber deutschen ›Liedsätze‹ stellen in ihrer Art ›klassische‹ Höhepunkte der ›geselligen‹ Kunst dar. Sie sind in der Tat Höhepunkte. Denn eine neue Entwicklung ging von ihnen nicht aus, es sei denn, man denkt an die Wirkung auf Zeitgenossen wie Georg Forster, den Amberger, oder ›Heranwachsende‹ wie Lasso. In den deutschen Liedsätzen und den dem Humanisten Minervius zweifellos für Schul- und Studienzwecke zugedachten lateinischen Odenkompositionen, die um der metrischen Bedingungen willen weniger freizügig sind als die frischen, stimmungsreichen Liedsätze, offenbart sich am einleuchtendsten die Grundhaltung, die Senfl vertrat. Er rühmte sich immer wieder voller Dankbarkeit, Schüler Isaacs gewesen zu sein, dessen *Choralis Constantinus* (tomus tertius) er 1555 veröffentlichte. Die Tatsache, daß von 1512 bis 1597 noch in Sammelausgaben Werke Senfls erschienen – in Mainz, Augsburg, Nürnberg, Basel, Wittenberg, Straßburg, Frankfurt (Oder), Venedig –, bezeugt die Ausstrahlung, die von ihm ausging. Die Namen der Editoren, die seine opera in ihre Sammlungen aufnahmen, bestätigen das Ansehen, das er über seinen Tod hinaus, vor allem aber zu Lebzeiten genoß, Namen wie Finck, Judenkünig, Newsidler, Heyden, Rhaw, Glarean, Paix.

Mit Stolz nannte er sich den »musicus intonator« des »illustrissimus Princeps et Dominus Comes Palatinus Rheni« (nach der Titelei der *Quinque Salutationes Domini nostri Hiesu Christi,* Nürnberg 1526) und als »musicus primarius« des »Illustrissimus Boiorum princeps Guilelmus« (in *Varia carminum genera,* Nürnberg 1534). Im Jahre 1539 erschienen in Nürnberg *Harmoniae poeticae Pauli Hofheimeri* [et] *Ludovici Senflii.* Die Gleichstellung seines Namens mit dem des – laut Vadian – »celebratissimus musicus« dokumentiert das Ansehen, das er genoß.

Gewiß, der Ruhm gebührt in allem dem Meister selbst. Aber die Entfaltung seines Schaffens und Wirkens erscheint ohne das Protektorat und die Einsicht dessen, der ihn an seinen Hof band, letztlich undenkbar. Wilhelm IV. war es zu danken, daß zugleich mit der Berufung Senfls und der Konsolidierung der Hofkantorei nach dem Vorbild der kaiserlichen Hofkapelle der Anschluß an die europäische Musik der Zeit zustandekam. Das Repertorium der Musikalien gibt darüber Auskunft. Unter Senfls Nachfolgern Wolfgang Funckh und Andreas Zauner wurde der Bestand gewahrt.

Ludwig Daser　　Eine interessante Persönlichkeit innerhalb dieser Entwicklung ist neben einem Niederländer, Mathesz oder Matthes Nidlender, hinter dem man Matthäus le Maistre (etwa 1505–1577), den späteren Dresdener Hofkapellmeister, vermuten darf, der Salzburger Ludwig Daser (etwa 1525–1589). Er war als Tenorist in der Hofkapelle unter Senfl tätig und wurde 1552 Zauners Nachfolger im Kapellmeisteramt. Seine Stellung in der Musikgeschichte ist unauffällig, zumal er zu den Anhängern der konservativen Richtung zählte. Aber als einer der Nachfolger Senfls und als Amtsvorgänger eines Orlando di Lasso, der sogar noch mit ihm zusammen arbeitete, verdient er eine gewisse Aufmerksamkeit, insbesondere durch seine Personalien. Denn

DASER war der Sohn eines salzburgischen Benediktiners, der sich der Reformation anschloß und in München seine neue Heimat fand. Warum sein zu hohem Amt gelangter Sohn 1563 entlassen wurde, ist unklar. Man könnte Glaubensgründe anführen. Aber dem widerspricht die Tatsache, daß er seine Besoldung behielt und bis 1572 in München blieb, als er in Stuttgart Hofkapellmeister wurde. Damals wie auch später bedachte er den Münchner Hof mit Musicalia; vor allem, was noch wichtiger ist: seine Werke wurden aufgeführt.

Es ist eher anzunehmen, daß er unter die Räder des Revirements geriet, das den Anbruch der großen, vielleicht größten Musikära am Münchner Hof und in Bayerns Musikgeschichte zwangsläufig begleitete. Der Erneuerung und Modernisierung stand er zweifellos im Weg. Man hatte einen Besseren gefunden. Dessenungeachtet widmete DASER seine 1578 im Druck erschienene *Passionis Domini Nostri Jesu Christi Historia* seinem einstigen Herrn und Gönner.

Dieser Herr und Gönner war seit 1550 WILHELM IV. ältester Sohn, ALBRECHT V. (1528–1579), der ungeachtet der strapazierten Staatskasse und der diesbezüglichen Querelen seiner Beamten mit bewundernswertem Eifer und geradezu mitreißendem Elan den Ausbau der Hofkapelle und die freudige Pflege der Musik betrieb. Mit seinem Namen und dem seines Sohnes WILHELM V. (1548–1626) ist eines der rühmlichsten Kapitel der abendländischen Musikgeschichte verbunden. Das Motiv ihrer im Sinne des Wortes souveränen Handlungsweise war nicht Repräsentationslust, sondern ganz persönliches Engagement. Es ging so weit, daß sich ALBRECHT V., nachdem er die jungen musici aus den Niederlanden und anderswoher geholt hatte und sich in geselligem Umgang ihrer Fröhlichkeit und Freundschaft erfreute, über die griesgrämig kolportierte Meinung, daß es sich um »ungeschampere, drunckne und sonst liederliche leut« handele, ebenso hinwegsetzte wie über die unabläßlichen Sparsamkeitsmahnungen seiner Berater. Es ist natürlich leicht, sich über die Ratgeber zu mokieren. Aber hätten die Herzöge diesen Ratschlägen nachgegeben, wäre eben dieses rühmliche Kapitel nie zustandegekommen. Ein besonderes Stück Musikgeschichte hätte sich, wenn überhaupt, andernorts abgespielt. So aber wurde der Bayern-Münchner Hof mit seiner Kapelle oder Kantorei und seinen exzellenten Musikern aus den Niederlanden, aus Italien und, vor allem im Instrumentalbereich, aus Deutschland zum Mittelpunkt europäischen Musikgeschehens, folgenreiches Gegenstück zu Rom und Venedig. Was in München entstand, wurde zum Ereignis. Daß es das wurde und sich zu historischem Ausmaß auswuchs, ist eine der Variationen zu dem ostinaten Thema, das im Verlaufe der Geschichte der Musik und ihrer Förderung immer wieder begegnet: gegen alle Widerstände die Schaffung von Werten, deren sich die Nachwelt dankbar rühmt.

Hofkapelle Albrecht V.

Schon die Absicht ALBRECHT V., seine Hofmusik zu verjüngen und der Zeit anzupassen, zeugt von Aufmerksamkeit und Verständnis, von Weltoffenheit und Initiative. Die in seinem Auftrag in den Niederlanden unternommenen Recherchen stießen auf den jungen ORLANDO DI LASSO, der trotz seiner Jugend bereits Ansehen und Ruhm genoß.

ORLANDO DI LASSO (etwa 1532–1594) oder ORLANDO LASSO, wie er sich selbst in seinen Briefen an WILHELM V. nennt, stammte aus Mons im Hennegau. Im Dienste des Herzogs FERDINAND I. GONZAGA lernte er die Welt kennen. Er war in Frankreich und Italien, gelangte über Neapel nach Rom, wo er 1553, als Amtsvorgänger PALESTRINAS, Kapellmeister am Lateran war. In Antwerpen erreichte ihn der Ruf nach München. Er begann 1556 als Tenorist und Cantor. Acht Jahre später lautete sein Amtsprädikat »magister Capellae«. Wie groß die Anerkennung LASSOS, der sich 1558 mit einer in Hofdiensten stehenden Münchnerin verheiratete, war, mag darin zu erkennen sein, daß er alle Planungen, wie beispielsweise die Fixierung der Praeceptorenzuständigkeit bei der Schulung der Chorknaben, durchsetzte. Mehr noch: er war im Kreis der herzoglichen Familie als Erzieher und geselliger Freund gefragt. Er konnte es sich dank solchen Wohlwollens leisten, sich als reisender Künstler zu betätigen. 1569 hatte er sich einen Vertreter in der Person des »unnder Capelmaisters« und – seit 1571 –

Orlando di Lasso

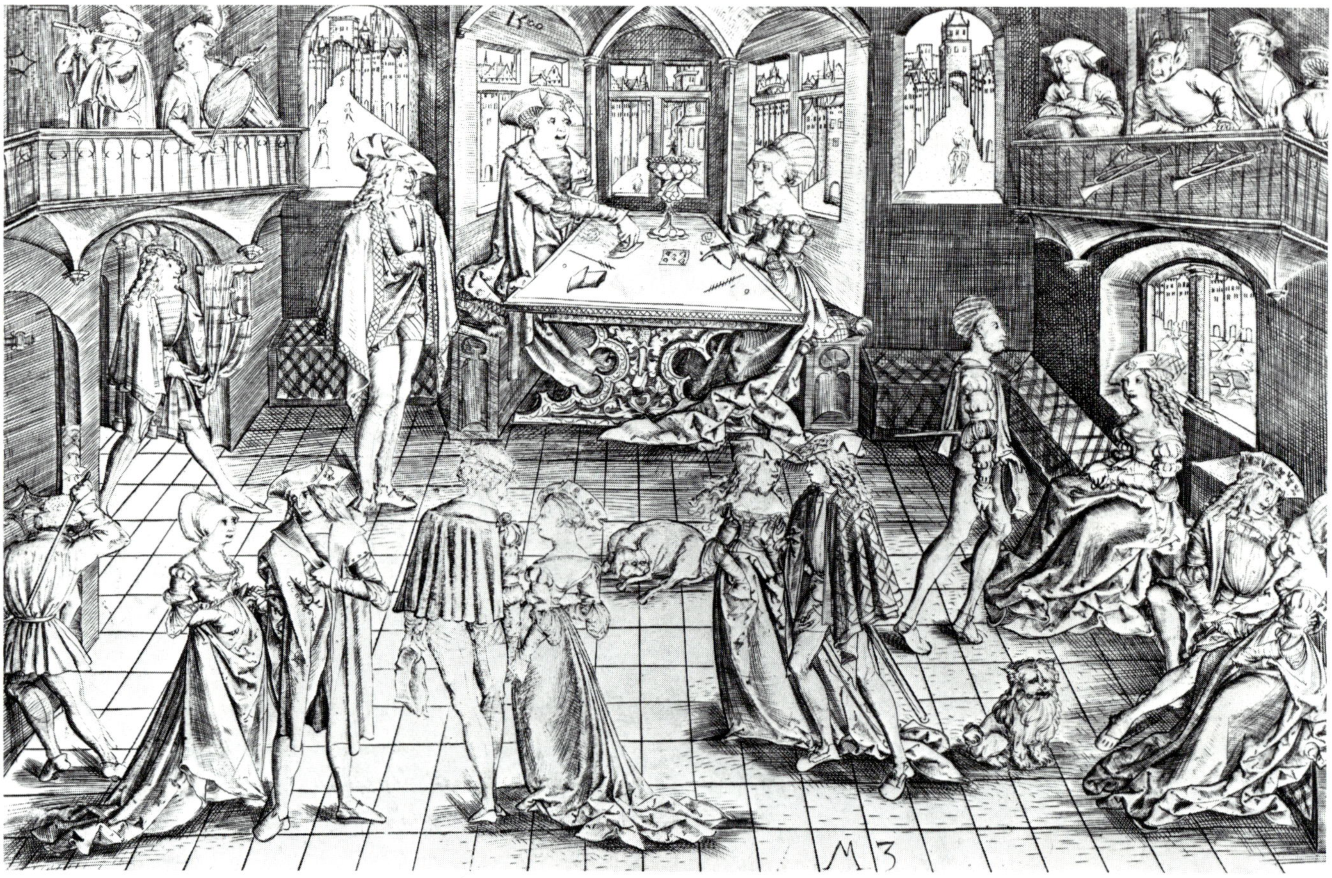

46 Hofball in der Neuen
    Veste zu München
    mit Albrecht V.

47 Orlando di Lasso, um 1560

48   Die Münchner Hofkapelle unter Lasso (am Spinett)

Knabenkapellmeisters JOHANNES DE FOSSA (gest. 1603), eines Niederländers, zugelegt. Er besuchte Italien, Frankreich – in Paris hätte man ihn 1574 gar zu gern behalten – und seine Heimat. Allenthalben wurde er gefeiert und geehrt. Kaiser MAXIMILIAN II. verlieh ihm 1570 den Adel. Papst GREGOR XIII. übergab ihm 1574 den Orden vom Goldenen Sporn (den MOZART zweihundert Jahre später erhielt).

Das alles geschah vor dem glänzenden Hintergrund des musik- und menschenfreundlichen Hofs ALBRECHTS, der unentwegt den Sparforderungen entgegentrat und die Hofkapelle, die 1568 aus nicht weniger als achtundfünfzig Musikern bestand, 1569 bis auf einundsechzig erweiterte; mit den Chorknaben belief sich die Zahl bis ungefähr auf achtzig. Allerdings wurde 1571 die Reduzierung unumgänglich. Aber die Zahl war immer noch stattlich genug, daß man sich sehen beziehungsweise hören lassen konnte. Der anscheinend allzeit fröhliche und lebenslustige LASSO, der sich gern auch als Komödiant betätigte, hatte Freunde und Beziehungen auch in den Reichsstädten, zu den FUGGERS in Augsburg – HANS JAKOB FUGGER war 1565 Hofmusikintendant in München –, Kontakte nach Nürnberg, zu Kloster Weingarten und weit in die Welt hinaus.

Der erste Höhepunkt seiner Münchner Tätigkeit war die Ausgestaltung der Hochzeitsfeier des Thronfolgers WILHELM mit RENATA VON LOTHRINGEN. Das war 1568. Als späterer Herzog WILHELM V. (seit 1579) war er LASSO aufs engste verbunden. Diese Festivität ist rechtens mit der ›Landshuter Hochzeit‹ verglichen worden. Aber sie war insofern mehr, als sie mit den künstlerischen Akzenten, die LASSO setzte, und vor allem durch die uns überlieferte Beschreibung des neapolitanischen Kapellmitgliedes MASSIMO TROJANO wie eine Demonstration musikalischer Größe und Aktualität erscheint.

Die ›Niederländer‹ Der Name des Italieners, der von den FUGGER aus Augsburg gekommen war, später wegen einer Mordaffäre in Landshut ausgewiesen wurde, erinnert an das wesentlich Neue der Situation, wie sie in ganz Europa erkennbar war: die Verbreitung der ›Niederländer‹ und die durch sie erfolgte Schwerpunktverlagerung nach dem Süden, womit in entscheidendem Ausmaß die Italiener ins Gespräch kamen. Es war nicht nur das Anliegen LASSOS, sondern auch das seines herzoglichen Mentors, an diese Entwicklung anzuknüpfen und Verbindung nach Italien aufzunehmen, mit dem Ziel vor allem, italienische Künstler an den Hof zu verpflichten. ALBRECHT V. war es, der die Drucklegung der Motetten des aus den Niederlanden stammenden, aber der venezianischen Schule des ADRIAN WILLAERT, der ebenfalls Niederländer war, zugehörenden CIPRIANO DE RORE (1516–1565) und ihre Zusammenfassung in dem von HANS MIELICH ausgestatteten Codex veranlaßte. Man nimmt sogar an, daß sich RORE 1558/59 in München aufhielt. Eines anderen historischen Ereignisses ist Erwähnung zu tun: im Kreis jener, die den Herzog, LASSO und die musici 1562 zur Kaiserkrönung nach Frankfurt begleiteten, befand sich der Venezianer ANDREA GABRIELI (1510/20–1586). Von da an ergoß sich geradezu ein Strom von Musikern unterschiedlicher Nationalität nach München, wo sie als Schüler oder Mitarbeiter LASSOS zu der unter ALBRECHT V. und WILHELM V. liebevoll und begeistert entfalteten Blüte beitrugen.

Aus der stattlichen Zahl seien in erster Linie jene genannt, die in ihrem Wirken und Schaffen eine gewisse Geschichtsträchtigkeit erreichten und sich in den Gesamtprozeß einreihten. Da wären etwa: IVO DE VENTO (gest. 1575), seit 1556 vielleicht schon als Sängerknabe am Hof, 1560 in Venedig, vier Jahre später Organist, 1568 Kapellmeister der Landshuter Kapelle des Erbprinzen WILHELM, 1569 in München, aber diesmal als Organist; oder der Niederländer ANTONIUS GOSSWIN (gest. etwa 1598), der »uomo perfetto«, vermutlich Chorknabe unter LASSO, als Altist 1568 erwähnt, ein Jahr danach Chef der Landshuter Kapelle, nach deren Auflösung erneut in München, dann in den Niederlanden, von wo er 1574 nach München zurückkehrte, nach seiner Entlassung Kapellmeister der Freisinger Kapelle des Fürstbischofs ERNST (1554–1612). Wie sehr die politische Konstellation mit der musikgeschichtlichen in Einklang zu bringen ist, erweisen die Beispiele aus Landshut oder eben das Beispiel ERNSTS, der ein Sohn

TENOR

ANDREÆ GABRIELIS

SACRAE CANTIONES (VVLGO MOTECTA
APPELLATAE) QVINQVE VOCVM, TVM VIVA
Voce, tum omnis generis Inſtrumentis cantatu commodiſſimæ.

LIBER   PRIMVS

Venetijs Apud Antonium Gardanum.   1565.   F

ILLVSTRISSIMO ET EXCELLENTISSIMO
PRINCIPI D. ALBERTO PALATINO RHENI
Comiti, & Vtriuſq; Bauariæ Duci, D. S. & P; obſeruandiſſimo.

Q̲uum eſt Illuſtriſſime, atq; optime princeps, omnia Muſica omnium, non niſi tuę magnitudini ab omnibus dicari, qui & Apollo alter es, & idem cenſeris, Muſis unus omnibus pater. Hæc igitur pauca noſtra tui nūc animi mittimus celſitudini, ut cum illa tibi cordi fuerint maximum arbitrer à Deo, bonorum illo omnium datore, muneris quiddam adeptus fuiſſe. Nihil enim eſt, quod magis cupiam, optemq; , quàm mea tibi grata omnia fore, quę ab intimo ſemper ſunt corde profecta. Nam ſeruulorum parta cui magis conueniunt quam domino? Vt nullis etiā maleuolis maledicendi ſit locus uſquam, in publicum hæc exeant, ut quod per ſe infirmum eſt, per te corroboretur: ſi . n . mali nunquam benedicere nouerint, tui iam rationem habentes, intra dentium ſepimentum maledicta continebunt, & malè dicere deſinent. Accipe ergo eo uultu, ac animi hilaritate noſtrum hoc opuſculm, ut (qui tuus fuit ſemper mos) uirtutis amator, & uirtutis ſtudioſus maximè cognoſcaris. Vale perpetuo felix noſtræ tempeſtatis uerè Auguſte .

Andreas Gabriel humillimus ſeruus.

49   Titelblatt und Widmung der »Sacrae cantiones«
Andrea Gabrielis an Albrecht V.

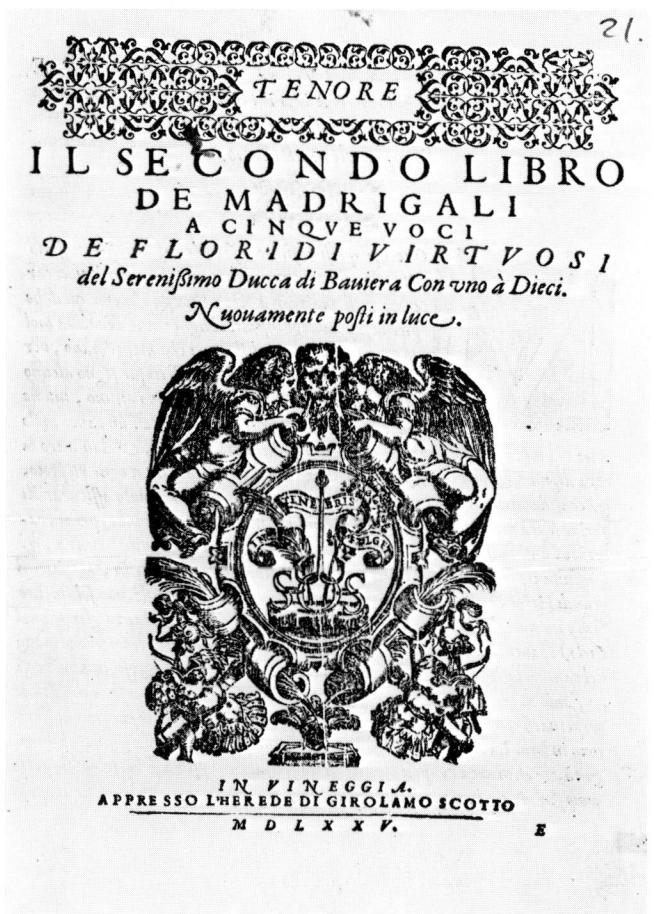

50   Die »blühenden Künstler« der Herzogs von Bayern:
Andrea und Giovanni Gabrieli und Lasso

ALBRECHT V. war. Der Freisinger, der mehrere geistliche Ämter bekleidete (Hildesheim, Paderborn, Magdeburg), wurde Fürstbischof von Lüttich und übernahm 1583 die geistliche Kurfürstenwürde in Köln beziehungsweise Bonn. Damit nahm die bis fast in die Beethoven-Zeit reichende wittelsbachische Präsenz in Kurköln ihren Anfang. Unter den dort amtierenden Musikern ist in der Tat seit 1584 auch GOSSWIN nachweisbar.

Ein anderes, beredtes Beispiel, das zugleich das menschlich-künstlerische Interesse des Herzogshauses belegt, ist die von der Erzherzogin-Witwe MARIA an ihren Bruder WILHELM V. ausgesprochene Bitte, den nach dem Tode des Erzherzogs KARL II. und nach der Auflösung der Grazer Hofkapelle stellungslos gewordenen LODOVICO ZACCONI (1555–1627) aus Pesaro zu übernehmen. ZACCONI begegnet 1591 als »Hofcaplan und Musicus« in München.

Der Namen sind mehr, unbekannte und bedeutende nebeneinander: so der seiner Herkunft nach nicht zu lokalisierende JOHANNES LOCKENBURG (etwa 1530–1591/92), seines Zeichens »Camerdiener« und Organist, der Schwede JACOB REINER (etwa 1560–1606), die Brüder GUAMI – FRANCESCO (etwa 1544–1601) der eine, seit 1568 als ›busuner‹, als Posaunist, und GIOSEFFO (1530/40 – etwa 1611) der andere, seit 1568 als ›organista‹ in München; oder GREGOR AICHINGER (1564–1628) aus Regensburg, der 1577 als Sängerknabe genannt ist, möglicherweise, aber nicht erwiesenermaßen auch der Trostberger ADAM GUMPELZHAIMER (1559–1625), der sich später segensreich als Pädagoge und Komponist in Augsburg betätigte. Insbesondere aber verdienen drei Namen von historischer Größe und Gültigkeit nachdrückliche Erwähnung: LEONHARD LECHNER (etwa 1553–1606), der Südtiroler, der bei den »Cannthorey Khnaben zu Lanndtshuet« begann, und der Thüringer JOHANNES ECCARD (1553–1611), »des weltberufenen Orlandi discipulus«, 1571/73 als Sänger. War die Anwesenheit dieser beiden schon eine Begebenheit von historischem Gewicht, so war die die Jahre 1575/79 umspannende Zugehörigkeit des GIOVANNI GABRIELI (etwa 1555–1612), Neffen des ANDREA GABRIELI, eine entscheidungsvolle Stufe auf dem Weg in die Welt und die Musik des 17. Jahrhunderts. LECHNER wurde vor oder neben PRAETORIUS und SCHÜTZ zum Meister der evangelischen Kirchenmusik. Das Programm des ECCARD manifestieren die *Preussischen Festlieder*. GABRIELI aber, der Jüngere, Schüler und adlatus LASSOS, wurde Freund und Lehrer eines HANS LEO HASSLER und vor allem HEINRICH SCHÜTZ. In seltsamer Verquickung und glücklicher Verheißung hatte die Musik der Folgezeit durch LASSO und über LECHNER, GABRIELI, HASSLER und endlich SCHÜTZ ihren Ausgangspunkt. Dieser Tragweite muß man sich bewußt werden, um sich darüber Klarheit zu verschaffen, was im gegenreformatorischen München an Freiheit und Möglichkeit gegeben war. Die aus den Geburtsdaten erkenntliche Generationszugehörigkeit derer, die den Weg in die Zukunft anbahnten, macht deutlich, mit welcher Affinität LASSO die Jungen zu formen und zu entwickeln vermochte, wie stark sein Anteil an dem war, was aus und nach ihm entstand. Daß dies in und durch LASSO entwickelt werden konnte, und dies in der Atmosphäre, die ihm sein Wirkungskreis bot, fordert auch von der Nachwelt, die selbst in einem Stadium des Übergangs steht, Bewunderung. Der herzogliche Hof zu München war solchergestalt nicht nur Heimstatt der ›Musik der Zeit‹, sondern darüber hinaus bereits ein ahnungsvolles Stück Zukunft.

Es sind nur einige genannt, die des Nennens wert und würdig erscheinen. Im wittelsbachischen Bildersaal bayerischer, deutscher und europäischer Musikgeschichte, verkörpert im Namen, in der Person und in der Bedeutung eines ORLANDO DI LASSO, wären in der Tat noch unzählige weitere Erscheinungen zu präsentieren, so beispielsweise JACOBUS DE KERLE (1531/32–1591), der von Augsburg aus Herzog ALBRECHT 1562 *Sex missae* dedizierte und zur Münchner Hochzeit eine Motette beisteuerte, oder PHILIPPUS DE MONTE (1521–1603), der Beziehungen zu WILHELM V. und zu LASSO pflegte. Gerade das Miteinander der Alten, zu denen diese zwei zählen, und der Jungen bezeugt mit der erwiesenen Liberalität der Einstellung die freudige Gebe- und Empfangsbereitschaft, die den weltoffenen Hof kennzeichnet, den Hof allerdings

wohl nur in jenen, die die Verantwortlichen waren, weniger in den anderen, den Sub-
alternen, die auch dem alternden Lasso das Leben nicht gerade erleichterten.

Die Freundschaft, die der Erbprinz Wilhelm von den Landshuter und Friedberger
Tagen an mit seines Vaters Kapellmeister geschlossen hatte, hielt auch an, als
Albrecht V. die Augen schloß und Wilhelm zur Regierung gelangte. Nur wurde das
Verhältnis, das in der Jugend den Anstrich von fröhlichem Übermut hatte, nunmehr
durch den Ernst, der sie mehr und mehr kennzeichnete, gewandelt. Denn auch in
Lasso, der keine Sorgen wirtschaftlicher Art zu tragen hatte, ist in seinen späten
Lebensjahren eine Veränderung wahrzunehmen. Noch gibt es in seinem Werk neben
Messen und Motetten die von chromatischer, wortbezogener Ausdruckskraft getra-
gene Buntheit der Madrigale, Villanellen, Chansons und ›teutschen Lieder‹, Zeugnisse eines hochgebildeten Mannes, der das Italienische, Deutsche, Französische
(und Lateinische) beherrschte, in den Sprachen zu schreiben und zu reden vermochte
und sich in ihren Dichtern auskannte; unter den geistlichen deutschen Liedern finden
sich auch solche auf Worte von Luther und Speratus, unter den weltlichen – aus der
Frühzeit wenigstens – sogar eines von Hans Sachs. Aber je älter Lasso wurde, desto
deutlicher wurde die Verlagerung auf das geistliche Werk *(Bußpsalmen, Matthäus-
Passion)*. Für ihn selbst, der sich einst, 1563, in jungem Stolz seines Titels und Amtes
eines »maistre de la chapelle de l'excelentissime et Ilustrissime Duc de Bauiere« ge-
freut hatte, war die köstliche Zeit der Gesellschaftlichkeit und der höfischen Repräsentation (wie sie der Hans Mielich-Codex 1565/70 darstellt) vorbei. Es war wohl in
erster Linie seine zunehmende Neigung zu Mystik und religiöser Besinnlichkeit, die
den Alternden erfaßte und formte. Am Verhältnis zu seinem herzoglichen Gönner
hatte sich jedoch nichts geändert. Lediglich Wilhelms geistlicher Bruder Ernst
zeigte, wie es den Anschein hat, weniger Interesse an Lasso. Allerdings waren ohnedies gewisse Voraussetzungen, insbesondere im Hinblick auf die Musik und ihren
Dienst, anders geworden. Nach der schon unter Albrecht unumgänglich gewordenen Reduzierung der Kapelle begann man nun doch gezwungenermaßen der Sparsamkeit zu huldigen. Entscheidender noch waren die durch die Beschlüsse des Tridentiner Konzils erfolgten Auswirkungen auf allgemein religiösem wie speziell kir-
chenmusikalischem Gebiet (Gründung des Collegium Gregorianum 1574).

Lasso, der bis zum Lebensende allen Verlockungen widerstand und seinem Herzog
und München die Treue hielt, starb 1594 – im gleichen Jahr wie Palestrina – in seiner
Wahlheimat. Das Epitaph, das ihm Herzog Wilhelm 1595 errichtete, versehen mit
Lassos Adelswappen und geschmückt mit dem Bildnis der Familie, befindet sich im
Bayerischen Nationalmuseum München. (Das Grab selbst auf dem aufgelassenen
Franziskanerfriedhof war in etwa in der Nähe der heutigen Hauptpost).

Lassos Nachfolger wurde Fossa. 1602 trat Lassos Sohn Ferdinand an dessen
Stelle. Rudolph di Lasso, übrigens auch als Komponist tätig, wirkte seit 1589 als
Organist. Bis 1629 stand Lassos Enkel Ferdinand im kapellmeisterlichen Dienst am
Hof.

Die große Zeit war vorerst vorüber. Wilhelm V. dankte 1597 ab. Sein Sohn Maximilian (1573–1651) wurde 1623 Kurfürst von Bayern und Reichs-Erztruchseß. Wie
sich am politischen Himmel große Wandlungen ankündigten, vollzog sich auch,
Abbild der zeit- und geistesgeschichtlichen Konstellation, innerhalb der Stilgeschich-
te und ästhetischen Vorstellung von Wesen, Gestalt und Inhalt der Musik eine kardinale Wende. Mit dem ›Begriff‹ des Barocks ist es hierbei nicht abgetan. Das Verfahren
ist zu einfach, um den Übergangsprozeß von der sogenannten Renaissance eben zum
sogenannten Barock deutlich zu machen. Die Florentiner ›Monodisten‹ und die genialen Gestalten eines Claudio Monteverdi – Generationsgenosse Shakespeares –
und Heinrich Schütz, die erst den lediglich gelehrten Vorstellungen der Urheber des
neuen Stils Leben und Gültigkeit verliehen, verkörpern den grundlegenden Einschnitt, der insofern ein ›Übergang‹ war, als sich in den beiden genannten ›Künstlern‹
die latente Verbindung zu den von Lasso abzuleitenden Vorgängen vollzog. Aus der
strikten Ablehnung all dessen, was die Musik der Vergangenheit zuwegegebracht

51 Zweiter Teil von Lassos
»Patrocinium musices«

52 Titelseite des posthum
erschienenen
»Magnum opus musicum«

CIRCVS

SYMPHONIACVS

RVDOLPHI DE LASSO.

COMMISSI

IN ARENAM

PHONOMACHI

DVODENI. VNDENI.
NOVENI.
Sæpe Plures. Pauciores.

NVMERO
PARI. IMPARI.

Dati in prælum & prælium propriâ
impensâ. Ære proprio.

TENOR.

MONACI,
Ex Typographeo Nicolai Henrici.
∞ Iɔc. IIIX.

53 Tenorstimmbuch des
»Circus Symphoniacus« von
Rudolph de Lasso, 1607

hatte, aus der Ablehnung der Polyphonie war ein neues Ideal erwachsen, das sich in der Geburt der Generalbaßpraxis und des monodischen Prinzips kundtat. Der Glaube, sich dem antiken Vorbild genähert zu haben, und die Annahme, mit dem ›dramma per musica‹ in unmittelbare Nachbarschaft zur griechischen Tragödie gerückt zu sein, erwiesen sich als Fehlschlüsse. Aus dem ›dramma per musica‹ wurde das Gebilde, dem man den Namen ›Oper‹ gab. Es bildeten sich neue Formgesetze, Ordnungen nach fest umrissenen Regeln, deren Konzeption um die Mitte des 17. Jahrhunderts endgültig vorlag: in der Arie wie in den zyklischen Elementen von Suite, Sonate, Concerto und in der Großräumigkeit von Oper und Oratorium. Die verschiedenen Abläufe vollzogen sich auch unterschiedlich: in Italien, aber auch in Frankreich, in England und in Deutschland.

Dieser üppige Reichtum entstand vor dem Hintergrund der politischen Auseinandersetzungen, die vor allem Deutschland in Mitleidenschaft zogen. Es ist geradezu überwältigend, daß und was an künstlerischen Hochleistungen möglich war, selbst im zerstörten und zersplitterten Deutschland, wo zwar Versuche wie die Einführung der Oper an den Umständen scheiterten, auf anderen Gebieten jedoch, vor allem in der Kirchenmusik, Großes zustandekam. Gerade aber die äußeren Gegebenheiten machen deutlich, wie abhängig das künstlerische Gebaren von der jeweiligen politischen Situation war. Aber nicht nur die allgemeine Lage war entscheidend, sondern auch die vorhandene oder eben auch nicht vorhandene Möglichkeit, der Musik in ihren verschiedenen Aussageformen den Weg zur Entfaltung zu erschließen. Hier war es, je nach der Situation, wie vordem der Initiative und Bereitwilligkeit derer anheimgegeben, die in der Lage waren, ihrem Kunstwillen und ihrer Musikfreude durch die Tat Ausdruck zu verleihen. Es ist kein Zufall, daß an den Höfen jener, die es vermochten, die repräsentative Form der Oper besonders gedieh.

Soweit war es in Bayern noch nicht, als MAXIMILIAN Herzog und Kurfürst wurde. Der große Staatsmann, der den *Codex Maximilianeus* schuf und damit seinem Lande ein einheitliches Recht verlieh, hatte Sorgen genug, die ihm der Krieg bescherte. Was aber für die kommende Geschichte – auch die der Musik – von Bedeutung war, ist die Tatsache, daß der nun mit der erblichen Kurwürde versehene Herzog die ›obere Pfalz‹, zu der diese Würde gehörte, zurückerhielt. Die seit dem Hausvertrag von Pavia (1329) bestehende Oberpfalz war mit der ›unteren Pfalz‹, der Rheinpfalz, RUDOLF II. zugeschlagen worden. Aus dem leidigen Hin und Her, das dann die Eigenständigkeit Bayerns und der beiden Pfalzen garantieren sollte, erwuchs aus den Hausverträgen des 18. Jahrhunderts die natürliche Abmachung des gegenseitigen Erbrechts. Bis dahin allerdings verliefen die Linien getrennt. Aber wie im bayerischen Bereich wurde das gleiche Spiel von Landesteilungen, Heiratspolitik, Erb- und Erwerbspakten gespielt. Nach der Landesteilung von 1410 gab es immerhin neben den Kurpfälzern die Neuburg-Oberpfälzer, die aus Simmern-Zweibrücken-Veldenz und Mosbach und, seit 1505, die Neuburger ›Junge Pfalz‹.

Was bei diesem Prozeß der Vielfalt und des Auf und Ab aus kultureller Sicht passierte, war überraschend. Gerade im musikalischen Sektor breitete sich eine Vielfalt aus, die ihrerseits über die europäische Landkarte verstreut war. Heidelberg, Amberg und später Mannheim wurden Mittelpunkte. Der friedfertige Austausch oder die im Zeichen ihrer jeweiligen Herren ermöglichten Anknüpfungspunkte der Musiker haben hier wie da, im Bayerischen wie im Pfälzischen, Parallelzusammenhänge bewirkt, deren Buntheit und Variabilität, auch im geographischen Sinne, auf die mannigfachste Weise die allgemeine Musikgeschichte bestimmend mitgeformt haben.

Der besondere Reiz liegt dabei in der gelegentlichen Unterschiedlichkeit der geistigen, nicht zuletzt auch religiösen Ausrichtungen. Aber dies ist ebenso fruchtbar gewesen und geworden wie die Übereinstimmung. Kann man, auf die Musik bezogen, an der bayerischen Entwicklung eine Grundtendenz von Ausbreitung und Konzentration in der Verbindung von Niederländischem und Italienischem ablesen, ergibt die kurpfälzische Orientierung auf Grund der Umwege und Kombinationen eine Summe von Strömungen, als deren Extrakt die Ausbreitung über den nordwestdeutschen und nordeuropäischen Raum und die ›Rückkehr‹ auf den Ausgang anzusehen ist. Die politischen Maßnahmen und Ereignisse, die die Ursachen der musikgeschichtlichen Prozesse waren, haben Resultate erwirkt, die zwangsläufig in den gleichen Kanal einmündeten: gemeint ist die im Jahre 1777 laut Erbabsprache erfolgte Übertragung der bayerischen Nachfolge an die kurpfälzische Linie, d. h. zugleich der Anschluß der im 17. und 18. Jahrhundert vornehmlich im Geiste des italienischen Barock vollzogenen Musikpflege der bayerischen Wittelsbacher an die von den Pfälzern inaugurierte Stilrevolution. Das bindende Moment ist das Mozart-Kapitel, das in beide ›Zuständigkeiten‹ gehört.

Was sich aus dem Zwischenzeitlichen ergeben hat, war am Ende nicht mehr und nicht weniger als das aus mehreren Entwicklungskomponenten gewachsene Ereignis der ›Mannheimer Schule‹, die bis in das frühe 20. Jahrhundert hinein so gut wie unbekannt war. Als sie entdeckt und unter dem Namen ›churpfälzische Schule‹ erläutert wurde, war mit einem Schlage das Geheimnis gelüftet, das die Herkunft eines HAYDN, MOZART und BEETHOVEN umgab. Aber über das Musikalische hinaus stellt dieses ›Mannheim‹ eine wichtige Station in der deutschen und europäischen Geistesgeschichte des 18. Jahrhunderts dar: zwischen Zürich und Weimar. Gewiß ist die von KARL THEODOR ausgehende Konzeption maßgebend. Aber auch sie wäre ohne die vorausgegangene Geschichte undenkbar geblieben.

Die Kurpfälzer

Man kann verschiedene Zeitpunkte oder Anlässe in Erwägung ziehen, mit denen der Beginn des Beitrags der Kurpfälzer zur Geschichte der Musik anzusetzen wäre. Es könnte die Gründung der Heidelberger Hofkapelle unter RUPRECHT I. (1309–1390) sein. Oder es ließe sich die chronistisch verbriefte Tatsache heranziehen, daß Kurfürst RUPRECHT III. (1352–1410), der 1400 in Köln – nicht in Aachen – als RUPRECHT I. den Königsthron bestieg – laut Überlieferung bei der Krönungsfeierlichkeit »dat evangelium von der missen« leibhaftig und persönlich sang. Der Wahrheit näher käme die bereits erwähnte Tatsache der Beziehungen des WOLKENSTEINERS zu Kurfürst LUDWIG III. (1378–1436). Durch das persönlich bekundete Interesse, das FRIEDRICH I. (1425–1476) der Musik entgegenbrachte, erscheint dieser Zeitraum am ehesten belegbar. Von FRIEDRICH I. weiß MICHAEL BEHEIM zu berichten, daß er die Musik liebte und »guter gesellschafft« zugeneigt war, vor allem aber:

> Vnd hett zu syner ziit allweg
> nur die besten künster in pfleg,
> trumeter, pfiffer, busauner,
> lutenschlaher, örgler, singer,
> vnd er het nich aleine
> lieb zu den dingen aine;
> Svnder sein grosse lieb vnd lust
> was zu zierheit des gotghues sust.
> so alle ding recht zu warn gan
> in siner capell mit mess han,
> mit korgesang, weiss, worte
> vnd waz darzu gehorte.

Johannes von Soest

Von denen, die seiner Hofkantorei angehörten und den »korgesang« betreuten, ist geschichtlich verbrieft JOHANNES VON SOEST oder DE SUSATO (1448–1506) aus Unna in Westfalen nennenswürdig. Er war vom landgräflichen Hof in Kassel 1472 nach Heidelberg »Zu vnserem Sengermeyster« berufen worden. Sein Name findet sich noch unter PHILIPP DEM AUFRICHTIGEN (1448–1508), der, mit der bayerisch-landshutischen Tochter LUDWIGS DES REICHEN vermählt, 1474 bis 1476 in Amberg lebte, ehe er die Nachfolge FRIEDRICHS antrat. Wie sich die Beziehungen zwischen dem Westfalen und seinem kurfürstlichen Protektor weiterhin gestalteten, ist nicht ganz klar. Da JOHANNES VON SOEST 1490 seine medizinischen Studien in Pavia beendet hatte und sich – dies mit Unterstützung PHILIPPS – als Arzt in Worms etablierte, sind alle zwischenzeitlichen Aktivitäten nur zu vermuten. 1480 dedizierte er sein literarisches Hauptwerk *Die Kinder von Limburg* seinem Gönner PHILIPP. Es ist jedoch anzunehmen, daß der von FRIEDRICH I. eingesetzte und in seinem Wirken durch eine vom Kurfürsten erlassene ›Sängerordnung‹ unterstützte Sängermeister bis 1495 in Heidelberg tätig war. Auch ist denkbar, daß er wie die »trummetter und pawgker« der Hofkapelle bei der Landshuter Hochzeit 1475 mittat. Der im niederländisch-englischen Repertoire beheimatete SUSATO (der wohl nichts mit dem 1564 verstorbenen TILMAN SUSATO zu tun hat) war nicht nur Sänger, sondern auch Lehrmeister.

Einer seiner berühmtesten Schüler war Sebastian Virdung (etwa 1465-?). Der angeblich aus Amberg stammende Virdung war seit 1483 studiosus der Universität Heidelberg und, von einem nicht bestimmbaren Zeitpunkt an, Altist der Kantorei. Das Wohlwollen Philipps schützte ihn vor mancherlei Unzuträglichkeiten, die er sich dank seines anscheinend unsympathischen Wesens allenthalben zugezogen hatte. Unklar wie seine Herkunft ist auch seine Lebensgeschichte. Man spricht vom Pfarramt im oberpfälzischen Lengenfeld (1489) und von der Kaplanei auf Burg Stalberg (1500/07). Das paßt aber nicht ganz zu der Überlieferung, daß er bis 1505 in Heidelberg der Kantorei angehört habe. Nach dieser Zeit war er unter anderem in Konstanz und Augsburg. Der Aufenthalt in Augsburg 1510, anläßlich des Reichstages, brachte ihm die Beziehung zu Othmar Luscinius (etwa 1478-1537), dem Straßburger, der für sein einziges, aber wesentliches Werk von Bedeutung werden sollte. Dieses Werk war das in Augsburg geschriebene *gedicht der deutschen musica,* das jedoch verloren gegangen ist. Es ist eingegangen in das 1511 in Basel erschienene Lehrbuch *Musica getutscht und ausgezogen,* das heißt Auszug oder Extrakt der deutschsprachigen *musica,* eines der wichtigsten Zeugnisse für die Kenntnis von Musikanschauung und -ausübung des frühen 16. Jahrhunderts; als Instrumentenkunde ist es bedeutsam neben des Martin Agricola *Musica instrumentalis deudsch* (1529) und des Juan Bermudo *Declaración de instrumentos* (1549). Damit Virdungs Schulwerk auch für die Lehre nutzbar gemacht werden konnte, hat es, auf Bitten Virdungs, besagter Luscinius - humanisierter Name für Nachtigall - in eine freie lateinische Übersetzung gebracht und in seine *Musurgia seu praxis musicae* aufgenommen, erschienen 1536 in Straßburg.

Nicht weniger grundlegend als Virdungs Buch ist ein unmittelbar zeitnahes Dokument aus der Feder des Arnolt Schlick (etwa 1460 - etwa 1521): *Spiegel der Orgelmacher und Organisten,* in Speyer 1511 erschienen. Dieses erste deutschsprachige Spezialwerk für Orgelbau und Orgelspiel des Heidelbergers, der Johannes von Soest als eines seiner Vorbilder betrachtete, ist deshalb von maßgebender Wichtigkeit, weil es der Erfahrung einer Persönlichkeit entwachsen war, die auf dem Gebiet des Orgelbaus wie des Orgelspiels Rang und Namen besaß. Er hatte sich »vil iar vor keysern vnnd königen churfürsten fürsten geistlichen vnd weltlichen auch andern herren« bewährt. Der Vielgereiste und Hochgepriesene war Mitglied der Kantorei schon unter Philipp und nach dessen Tod auch unter Ludwig V. (1478-1544), der durch die Ehe mit des Bayern Albrecht IV. Tochter Sybilla dem Münchner Hof verbunden war. Der der Musik zugeneigte Fürst setzte »meister Arnolt« in den Vorzug, auf Lebenszeit dem Hof angehören zu dürfen, wohl wissend, was er an Schlick hatte.

In der Entwicklung der deutschen Orgelmusik von Paumann zu Scheidt und letztlich bis Bach stehen im frühen 16. Jahrhundert Paul Hofhaimer und Schlick als die richtungweisenden Erscheinungen an bestimmender Stelle. Beide haben es vermocht, den gleichzeitigen Tendenzen der italienischen und spanischen Orgelliteratur Ebenbürtiges aus der Sicht der deutschen Eigenentwicklung an die Seite zu setzen. Schlicks *Tabulaturen Etlicher lobgesang vnd lidlein vff die orgeln vn lauten* (Mainz 1512), die erste im Druck erschienene deutsche Orgeltabulatur, stehen chronologisch sogar noch vor den italienischen und französischen Orgeldrucken. Vor allem ist interessant, daß in Schlicks Werk in Satz, Technik und Spielmanier eine fortschreitende Wandlung erkennbar ist. Daß es innerhalb der Kollegenschaft nicht immer einträchtig zuging, bezeugt Schlicks Abwehr der gegen ihn gerichteten Angriffe, wie aus der Vorrede zu seinem Werk hervorgeht. Gleichwohl, dieser streitfreudige Virdung, der seiner Anerkennung und Bedeutung sicher war, genoß auch des jungen Fürsten Ludwig Gunst. In einem während seines diplomatischen Dienstes am französischen Hof aus Lyon an Virdung (1503) gerichteten Brief läßt Ludwig erkennen, daß er den Sangmeister seines Vertrauens für würdig erachtete. Er breitet ihm in diesem Brief seine Gedanken über die musikalische Situation des französischen Hofes aus, sich zur Sache bekennend: »Dann wie woll der konglichen

Dem Edlen vnd Ernuesten/Job
sten vom Brand/dem Jüngern/jetz der zeyt Haubt=
man zu Waldtsachssen/vnd zum Liebenstein Pflegern/
meinem günstigen Junckherrn.

Ein willig vnnd freundlich dienst alle zeyt
zuuor/Ernuester günstiger Herr Naubtman/vnd Pfleger/
Wir zweiffele gar nit/E. Er. haben die zwey teil teutscher
liedlein/so ich vor etlichen jaren neben andern gesengen den
liebhabern der edlen Music/durch den druck mitgeteilet/gesehen. Nu bin
ich aber derselbigen zeyt bey solchen liedlein hinfürter zu bleiben/vnd keins
mehr inn druck zu geben/bey mir genzlich entschlossen gewesen. Zuuor auß
dieweyl ich im hohen vnd nötigen geschefften beladen/vnd one das teg=
lichs allenthalb vil Teutscher liedlein/auch schier onn maß hin vnd wider
gedruckt werden/Sintemal mir aber mitler zeyt etlich jar her vil frölicher
schöner/vnd sehr guter liedlein/nit allein von E. Er. sonder auch von vn=
sern alten Heydelbergerischen tisch vnd bethgesellen/als nemlich von Her=
ren Gasparo Othmayr/der zeyt weit berümbten Componisten/vnd Ste=
phano Zirlero/zu Heydelberg Churfürstlicher Canzley verwanten/vnd
andern guten freunden vnd günnern/gesetzt vnd vberschickt worden/vnd

a ij   ich

ich von vilen der edlen Music liebhabern/lange zeit her gebeten worden/
solche liedlein in gleicher weiß/wie die vorigen/durch den druck ihnen mit
zuteilen/hab ichs solchen nicht können vnd mögen lenger abschlagen. Der=
halben ich mir neben meinen geschefften vnd studiis/so vil zeit vnd weil ge
nommen (dieweyl sie zu singen/vnd auff Instrumenten zu brauchen sehr
dienstlich/leicht vnd erwünscht/darzu/das sie vber nacht nicht möchten
verloren werden) auß allen die lieblichsten vnd schlechtesten/allein herauß
geklaubt vnd zusam getragen/die also durch den druck anderen/der lieb=
lichen vnd freundlichen Music liebhabern/wollen mittheylen/ob mit sol=
chen lieblichen vnd einfeltigen liedlein/welche auch ein sehr schlechter sin=
ger singen vnd brauchen kan/Dem grossen vnfletigen sewischem sauffen/
vnd zenckischem/haderischen spielen/bey der gesellschafft zu zeyten möchte
gewheret werden/Versihe mich genzlich/solches werde nicht allein E. Er.
sondern auch aderen der Musicken liebhabern gefellig sein/vnd solches im
besten von mir auffnemen. Das ich aber E. Er. solche liedlein zuschreybe/
hab ich solches nicht können vnd mögen vnterlassen/nicht allein von vn=
ser alter kundschafft vnnd freundschafft wegen/das wir zu Hoff in des
Durchleuchtigisten vnd Hochgebornen theuren Herrn/vnnd Churfür=
sten am Rhein/Pfalzgraff Ludwigen/Hochlöblicher gedechtnuß seligen/
singern von jugend auff mit einander auffer zogen/vnd von vnserm from=
men Preceptorn vnnd Componisten/Laurentio Lemlin/seligen hochge=
dachtens Churfürsten senger oder Capellenmeyster instituirt worden/
Sondern auch/das wir auch nachmals mit obgedachten Hochgebornen

Chur=

Churfürsten Brüdern/Pfalzgraff Wolffgang/vnserem gnedigsten Her=
ren/Derselbigen zeyt Keyserlicher Maiestat Obersten/nach Franckreych
gezogen/in Geldern/Brabandt/vor Landtresl/vnd anderen Orten vnter
seiner genaden/vnd seines gnads/Lutinant/Sebastian Vogelsperger
seligen/vnserem guten freunde mit einander zu Feld gelegen/manchesmal
mit guten vnd starcken zenen bößlich geessen/vbel getruncken/vnnd hart
gelegen sind: Vnd in summa zum dickermal den hunger vnd durst mit ei=
nem alten liedlein gebüsset/wie denn E. Er. solches auch gut wissen tra=
gen/rc. Darnach das auch E. Er. der edlen Music noch heut bey tag ein
sonderlicher liebhaber vnd fürderer ist/vnnd solches noch mit dem setzen/
oder Componieren (welches bey andern des adels ein seltzam wilpred/vnd
schier ein schand ist) neben Herren geschefften vnd embern noch heutiges
tags beweyset/Will derhalb solche liedlein E. Er. als meinem Günstigen
Junckern/vnd alten Tisch vnd Schulgesellen/hiemit befolhen/vnnd mich
E. Er. allezeyt zu dienen/willig erbotten haben. Geben zu Nürmberg
nach Christi vnsers HErren erloser vnd einigen seligmachers/an Sanct
Mertens tag 1551.

G. Forsterus D.

a iij

LXXVIII.   G. Forsterus.

Von Gottes gnad/ward in   den tod/
Auff Sontag hie/gnad O   culi/

Ludwig Pfalzgraff ergeben/   Von Christ geburt/die zal   beruxt/
das merckent fleissig eben.

tausent vnd auch fünffhun   dert/   vierzig vier jar/ich sag für   war/

groß klag man sich verwun   dert.

BEY REIN ist war/dreissig acht jar/hat er das land regieret./In schirm vnnd schutz/
vor allem trutz/sein vnterthan außgeführet. Edel vnnd Knecht/das arm gschlecht/von Widwen
vnd auch Waysen/in gricht vnnd recht/allzeyt versecht/mit friden vnd mit reysen.

Kein ding thet zweyern/HERTZOG IN BAYRN/der löblich Fürst geboren./Wo
zwitracht wart/leib gut nicht spart/dardurch offt het verloren. Manch grosser Herr/land leut
vnnd ehr/vnschuldigs blut vergossen/solchs vorkam er/ach Gott vnnd Herr/wolst jns genies
sen lassen.

Ja ich mein den/DES HEYLIGEN RÖMISCHEN REICHS ERTZ=
TRVCHSES VND CHVRFVRST war/in manchem jar/sein nam nit kombt in ver
geß. Was er hat thon/Teutsch nation/wirdt vber lang gespüret/Keyser vnds Reych/die Fürsten
gleich/hat er fürwar gezieret.

Dieweyl nu Gott/jn gfodert hat/auß zergencklichem leben./So wünschen wir/auß herz
begir/der Herr wöl jm auch geben. Durch seine güt/ewigen frid/darnach in stetz thet dürsten/
sagen wir ein/in ganzer gmein/gnad Gott dem frommen Fürsten.

f

54 – 56   Georg Forsters
Selbstbiographie und pfalzgräfliche Erinnerungen

57 – 58   Georg Forsters Nachruf auf Pfalzgraf Ludwig V.

senger vil vnd was vns bedunken vast gud, so will vns doch das, so die orgeln vnd pfiffen da zu djenen, nit so lieblich und lustlich dunken sin, als dusen, wissen aber nit, ob wjr recht haben oder nit..« Davor aber spricht er vom »geschefft der sengerij, auch meister Arnolt vnd des orgeln, sampt vnsern hern vnd vatter trometten her an hoff.«

Er brauchte sich demnach seiner Heidelberger Kantorei und Kapelle, die er 1508 übernahm, als er Kurfürst wurde, nicht zu schämen. Unter LUDWIG V. Regiment wies der Bestand neben SCHLICK etliche Namen auf, die später zu Ansehen gelangten und deren Werke noch heute im Musiziergebrauch stehen. Da war beispielsweise der Eichstätter LORENZ LEMLIN (etwa 1495-?), des Kurfürsten »senger oder Capellenmeyster«. Seine Liedsätze und Motetten, nicht groß an Zahl, aber durch ihre unverändert singgerecht gebliebene Manier ausgezeichnet, haben durch die Person ihres Autors insofern Folgen gezeitigt, als sich um LEMLIN eine Gruppe von jungen Menschen scharte, die als Sängerknaben seiner Obhut anvertraut waren und von ihm Anregung und Ansporn erhielten. Die Wissenschaft bezweifelt zwar die Existenz einer ›Heidelberger Schule‹. Der Zweifel ist berechtigt, wenn man die stilistische Konzeption zum Kriterium nimmt. Aber durch die Initiative, die auf LEMLIN zurückging, erscheint es nicht unangebracht, den losen Zusammenhalt, der sich dabei ergab, als eine Gruppe von ›Heidelberger Liedermeistern‹ zu deklarieren.

Georg Forster Einer der ersten, die zu nennen sind, wäre der Amberger GEORG FORSTER (etwa 1510-1568). Er war seit 1521 Sängerknabe in Heidelberg. Dank der Hilfe des Kurfürsten wurde er in die Lage versetzt, an der Universität seine altphilologischen Studien zu betreiben. Über Ingolstadt und Wittenberg, wo er in den Luther-Kreis trat, kam er, nunmehr als Arzt, nach Bamberg und Würzburg. Nach Erwerb des Doctor medicinae in Tübingen ließ er sich in Amberg nieder und siedelte 1547 nach Nürnberg über. Dieser nobilissime dilettante, der als medicus wie als musicus ein ›peritissimus‹ war, hatte vor allem mit der fünfbändigen Sammlung seiner ›teutschen‹ Liedsätze entscheidenden Anteil an der Überlieferung dessen, was »alle liebhaber der edlen Music« bewegte und beschäftigte. An sie wendet sich die Widmung des ersten Teils, die zugleich ein wertvoller Interpretationshinweis ist. Denn die Sätze sind zum Singen und »auff allerley Instrumenten zu brauchen«. Was er anbietet, ist eine erlesene Auswahl von Liedsätzen nicht nur aus eigener Feder, sondern solche auch von SENFL, dem Schweizer am Münchener Hof, von OTHMAYR, BRANDT und anderen. Noch in späterer Zeit erinnerte sich FORSTER seines kurpfälzischen Förderers LUDWIG. Im dritten Teil seiner Sammlung – *Der dritte teyl schöner lieblicher alter vnd newer Teutscher Liedlein nicht allein zu singen sonder auch auff allerley Instrumenten zu brauchen* (Nürnberg 1549) – gedachte er des im Jahre 1544 Verstorbenen mit Wort, Melodie und Satz:

> Des Gotte gnad
> Ward in den tod
> Ludwig Pfaltzgraff ergeben.
> Auff Sontag hie
> gnand Oculi
> das merckent fleissig eben.
> Von Christgeburt
> die zal berurt
> tausend vnd auch fünffhundert
> viertzig vier jar [.]
> ich sag fürwar [:]
> groß klag man sich verwundert.

Jobst von Brandt Dieser dritte Teil ist von FORSTER dem Heidelberger Kantoreigefährten JOBST VON BRANDT (1517-1570), »Jodocus Branth ex Waltershoffen« (bei Marktredwitz), gewidmet. Der junge Adelige war 1530 nach Heidelberg gekommen. Während seines Studiums gehörte er als Sängerknabe der Kantorei an. FRIEDRICH II. (1483-1556) nahm ihn in kurfürstliche Dienste, und zwar als Hauptmann des Stiftes Waldsassen und als Pfleger. Allerdings hatte er mit dem oberpfälzischen Statthalter, dem Neu-

112

burger OTTHEINRICH, Schwierigkeiten, die erst unter dessen Nachfolger, dem Zwei-brücker WOLFGANG, beigelegt wurden. Mit FORSTER und OTHMAYR gehörte er zum engsten Kreis um LEMLIN. FORSTER, der die vornehmlich motettisch geprägten Sätze BRANDTS in seine Sammlung aufnahm, gedenkt in der Vorrede der gemeinsam ver-brachten Zeit unter LUDWIG V. und der Teilnahme am cleve-jülichschen Feldzug unter Pfalzgraf WOLFGANG. Voller Respekt, aber herzlich erinnert er sich dabei der »alten tisch vnd schulgesellen«.

Der andere aus dem Heidelberger Freundeskreis um FORSTER war der Nieder-bayer STEPHAN ZIRLER (etwa 1520–1568), Student, dann Sängerknabe. In seiner in höfischen Diensten stehenden Beamtenlaufbahn war er vom kurfürstlichen Ver-trauen getragen. FRIEDRICH III. gewährte ihm lebenslängliche Zuwendungen. Der nächst FORSTER Bedeutendste in diesem Kreis war zweifellos CASPAR OTHMAYR (1515–1553) aus Amberg. Er war einer der von FORSTER angesprochenen »Heydel-bergischen tisch vnd schulgesellen«, dessen Sätze ebenfalls in FORSTERS Sammlung Aufnahme fanden. Er war studienhalber nach Heidelberg gekommen und wurde Mitglied der Hofkantorei. In seinem Kurfürst FRIEDRICH II. gewidmeten Werk *Symbola Illustrissimorum Principum* (Nürnberg 1547) berichtet er, daß er als Knabe schon ein »familiaris et domesticus« des Fürsten gewesen sei. Daraus wird geschlos-sen, daß er während FRIEDRICHS Amberger Zeit – FRIEDRICH residierte übrigens meist in Neumarkt – bereits dem Hof angehörte. Da FRIEDRICH erst 1544 Kurfürst der Pfalz wurde, OTHMAYR aber bereits 1532 in den Matrikeln der Heidelberger Uni-versität erscheint, wurde er vermutlich unmittelbar in die Kantorei abgeordnet. ZIR-LER ist nur mit wenigen Liedsätzen vertreten; seine Dienste für das Haus Wittelsbach leistete er – immerhin auch ein Vertrauenszeichen für einen musicus – als Sekretär OTTHEINRICHS. OTHMAYR hingegen, der als Magister die Universität Heidelberg ver-ließ (1536), Rektor in Heilbronn, Kanonikus und Propst in Ansbach wurde, hat ein reiches Schaffen hinterlassen. Seine geistlichen und weltlichen Sätze – unter letztern *Reutterische und Jegerische Liedlein* (Nürnberg 1549) – stellen einen letzten Höhe-punkt der deutschen Liedsatzkunst dar, vor allem da, wo er an die Schreibweise SENFLS Anschluß suchte. Auch er ist – selbstverständlich – in FORSTERS Sammlung enthalten. Die Vielfalt dessen, was FORSTERS Anthologie – letztlich doch heidel-bergisches Resümee einer aus einem Ganzen erwachsenen Entwicklung – ist auf-schlußreiches Abbild jener Zusammenhänge, die sich aus der kurpfälzischen Situa-tion anboten, und als solches ein interessantes Vergleichsobjekt zur gleichzeitigen Situation im bayerischen Bereich. In OTHMAYR erscheint eine gewisse Annäherung erreicht zu sein. Aber bei allen denkbaren Berührungen sind die verschieden gear-teten Ausgangsbasen und Voraussetzungen zu berücksichtigen. Das Verwirrende und Erfreuliche an dieser Zweigleisigkeit ist der lebendige Einblick in die Mannigfal-tigkeit dessen, was zur gleichen Zeit an verschiedenen Plätzen geschah und zustande-kam.

Diese in die allgemeine Musikgeschichte eingreifenden Momente erreichten ihren Kulminationspunkt in der Regierungszeit OTTHEINRICHS (1502–1559). Der vitale, eigenwillige ›Magnanimus‹, der im Alter von zwanzig Jahren mit seinem Bruder PHILIPP, dem Burglengenfelder, das Herzogtum Neuburg – seit 1505 die ›Junge Pfalz‹ – übernahm, hat trotz aller Widerwärtigkeiten und Schwierigkeiten, die ihm Zeit, Schicksal und Gesinnung bereiteten, den Grund zu einer weit ausgreifenden Ent-wicklung gelegt. Er tat es, ungeachtet dessen, daß der freudig-lebenszugewandte Fürst 1544 ein Fiasko erlitt, das ihn zwang, Neuburg zu verlassen und sich nach Hei-delberg beziehungsweise Weinheim in die Obhut FRIEDRICH II. zu begeben. 1552 wurden ihm die Neuburger Rechte wieder zuerkannt. Vier Jahre später wurde der Neuburger Kurfürst der Pfalz. OTTHEINRICH, mit SUSANNA, der Tochter ALBRECHT IV. von Bayern in kinderlos gebliebener Ehe verbunden, war überzeugter Luthera-ner geworden. Nach seinem Tod fiel die pfälzische Kurwürde an die Linie Simmern, unter der bis zum Tode des ›Winterkönigs‹ zwar Kapelle und Kantorei weiterhin ge-diehen, ohne jedoch Aspekte von musikgeschichtlicher Tragweite zu eröffnen.

Stephan Zirler

Caspar Othmayr

113

Diese waren entstanden, als OTTHEINRICH regierte. Ihre Folgerungen erwuchsen aus dem Politikum, daß 1614 die Herzogtümer Cleve und Jülich an Neuburg fielen. Der sich daraus ergebende circulus vitiosus führte bekanntermaßen von Neuburg über Düsseldorf nach Mannheim, wobei mit dem politischen Vorgang höchst gewichtige Momente der Musikgeschichte zutage traten.

Der Grund war, wie bemerkt, durch OTTHEINRICH gelegt. In Fortsetzung der Liste berühmter Namen sind zwei zu erwähnen, die zwar noch unter FRIEDRICH II. erscheinen, aber doch wesentlich unter OTTHEINRICH gefördert worden waren. Der eine ist der neben PAUL HOFHAIMER auch biographisch (durch sein Wirken in Salzburg) zu stellende Böhme GREGOR PESCHIN (etwa 1500 – etwa 1547), den OTTHEINRICH 1539 als Organist nach Neuburg berufen hatte. PESCHIN wahrte die Treue und folgte seinem Herrn in das Heidelberger Exil.

Gregor Peschin

Sebastian Ochsenkhun

Der andere war der Nürnberger SEBASTIAN OCHSENKHUN (1521–1574). Man nimmt an, daß es sich bei dem von OTTHEINRICH 1536 zum Studium bei HANNS VOGEL nach München entsandten ›Knaben‹ um OCHSENKHUN handelt, der möglicherweise als Sängerknabe in Neuburg heranwuchs und unmittelbar vor dem Eklat 1544 als Lautenist am Neuburger Hof angestellt wurde. Um 1546 war er Hoflautenist in Heidelberg. Sein *Tabulaturbuch auff die Lauten von Motetten, Frantzösischen, Welschen und Teutschen Geystlichen und weltlichen Liedern, sampt etlichen iren Texten* (Heidelberg 1558) ist auf OTTHEINRICHS Anregung entstanden und ihm dediziert. Der Inhalt ist deshalb bemerkenswert, weil er außer Sätzen der Heidelberger ›Liedermeister‹ auch solche aus dem allgemein-zeitgenössischen Repertoire bietet. Dieses Dokument und der Musikalienkatalog der Heidelberger Kapelle aus dem Jahre 1544 bezeugen das weltaufgeschlossene Interesse, das man der Musik entgegenbrachte. OTTHEINRICH hat man gar zur Last gelegt, daß seine Musikbesessenheit mit zum finanziellen Ruin seines Neuburger Regiments beigetragen habe. Es ist bekannt, daß er selbst in seinen Exiljahren, die ihm armselig erscheinen mußten, seinen Neigungen nicht entriet, bedacht nicht nur auf die Repräsentanz seines Musenhofes, sondern nicht weniger besorgt, im Sinne des MARTIN AGRICOLA die Jugend zur Musik anzuhalten (» . . . sollen die Kinder auch zur Musica gehalten werden vnd mit den Andern singen«), stellte er bekenntnishaft und seine Nachfolger verpflichtend in seinem Testament eindeutig fest: »Dieweil die liebliche Kunst der Musica, in heiliger göttlicher schrifft, auch sonst bey verstendigen leuten, ein gut lob und zeugnus hat, vnd one zweifel Gott der Allmechtig, ain Schöpffer und Brunn aller guten Kunst und gaben die erkantnus solcher Kunst den menschen nit vergebens mitgetaillt, auch dieselbig billich, als liebliche gaben Gottes, zu gebrauchen, wie dann fürnemlich zu der Ehr Gottes, vnd volgends zu erquickhung menschlichs gemuets geschehen soll. So ist vnser entlicher und letzter will, das vnsere angestellte Capell vnd Music gleichnus on allen abgang in gueter harmonia vnd ordnung . . . conseruirt vnd erhallten . . . werden.«

Dazu kam es vorerst nicht.

Denn Pfalzgraf WOLFGANG (1526–1569) aus der Linie Zweibrücken-Veldenz, der seit 1557 die ›Junge Pfalz‹ (und seit 1566 die geteilte Grafschaft Sponheim) regierte, war nüchtern genug, angesichts der leeren Staatskasse sparsam zu sein und der Festesfreude ein Ende zu bereiten. Auch PHILIPP LUDWIG (1547–1614), Erbe von Sulzbach und Hilpoltstein und durch seine Ehe mit der Tochter des Herzogs WILHELM DES REICHEN von Jülich, Cleve und Berg Anwärter auf das niederrheinische Territorium, hielt sich anfangs zurück. Erst 1590 entschloß er sich, die rühmliche Tradition zu erneuern. Seinen Geschmack und sein Verständnis bekundet das Chorrepertoire, das zugleich für die Qualität des Klangkörpers spricht. Es weist die führenden Namen der Zeit auf, ANDREA GABRIELI beispielsweise und HANS LEO HASSLER. Auch das ›Gastspiel‹ der Münchner Hofkapelle unter LASSO (1574) einerseits und das Vorhandensein von Werken des aus dem Ambergischen stammenden Heidelberger Hofkapellmeisters ANDREAS RASELIUS andererseits bezeugen die Groß-

DIe Psalmen Dauids/

Wie die hiebeuo2 in allerlej art Reymen vnd Melodei-
en/ durch den Herrn CASPARVM VLENBERGIVM
in Truck verfertigt/newlich abgesetzt/vnd allen anfangenden Schülern der Musig zu dienst einfeltig
mit vier Stimmen zugerichtet:

Durch
CVNRADVM HAGIVM RINTELEVM,

Dieser zeit des Durchleuchtigen/ Hochgebo2en Fürsten vnd Herrn/ Herrn Johans Wilhelmn/ Hertzogen zu Gülich/
Cleue vnd Berg/ Grauen zür Marck vnnd Ra-
uenßberg/ Herrn zu Rauenstein/ 2c.
MVSICVM.

Werdet voll des Heiligen Geistes/vnd redet vntereinander von Psalmen/
vnd Lob/vnd Geistlichen Gesengen/Singet vnd Lobsinget dem
Herrn in ewren hertzen. Ephes. v.

Gedruckt zu Düsseldo2ff durch Albert Buyß/ im Jahr nach
Christi geburt/funfftzehenhundert neun vnd achtzig.

59 Der »Magnanimus«
Ottheinrich

60 Der Ulenberg-Psalter

61 Der Augsburger Jakob Paix
in Neuburg

zügigkeit und vor allem das Funktionieren der Wechselbeziehungen zwischen München, Heidelberg und Neuburg.

Jakob Paix

Im Jahre 1601 berief PHILIPP LUDWIG den Augsburger JAKOB PAIX (1556 – etwa 1623) in das Neuburger Hoforganistenamt. PAIX, wahrscheinlich Schüler des pfalzgräflichen Gymnasium Academicum in Lauingen, war Organist an St. Martin in Lauingen. Dort schrieb er auch sein Hauptwerk *Ein Schön Nutz- vnnd Gebreuchlich Orgel Tabulaturbuch* (1583). Es ist merkwürdig, daß, nach den vorhandenen Drukken, der Schwerpunkt seines kompositorischen Schaffens in der Lauinger Zeit lag. Das Tabulaturbuch ist ein bemerkenswertes Kompendium zur Musik der Zeit und zugleich Ausweis für die ›Richtung‹, die PAIX vertrat. Motetten von LASSO und PALESTRINA stehen neben Liedsätzen und Canzonen, Tänzen und Phantasien. PAIX, zuerst Hoforganist, dann Hofkapellmeister, blieb bis 1617 in Neuburg. Seines Glaubens wegen verließ er Neuburg und begab sich vermutlich in den Dienst JOHANN FRIEDRICHS (1587–1644), des dem lutherischen Bekenntnis anhängenden Bruders des neuen Neuburgischen Herrn, nach Hilpoltstein.

Dieser neue Herr war WOLFGANG WILHELM (1578–1657), der 1613 in München heimlich und ein Jahr später in Düsseldorf öffentlich zum Katholizismus übertrat. Das entscheidende politische Ereignis während seiner Regierungszeit war 1614 der Abschluß des Xantener Vertrags, wonach Jülich und Berg an Neuburg (Cleve, Mark und Ravensberg an Brandenburg) fielen, 1628 die Pfalz an Bayern. WOLFGANG WILHELM war in erster Ehe mit MAGDALENA VON BAYERN, Tochter WILHELM V., vermählt und erfreute sich enger freundschaftlicher Beziehungen zum Herzog und späteren Kurfürsten MAXIMILIAN I.

Unter WOLFGANG WILHELM, der schon als Erbprinz der Musik oblag, erfolgte, ähnlich wie im München der Lasso-Aera, eine von geradezu elementarem Gegenwartsbewußtsein erfüllte Annäherung an die Entwicklungsvorgänge innerhalb der europäischen Musikgeschichte. Auf der Grundlage der durch den Schongauer MATTHAEUS BLUEM ausgebauten Hofkapelle entfaltete sich eine wesentlich dem stile nuovo der Italiener zugewandte Internationalität. Sie begann mit der Berufung des Italieners GIUSEPPE NEGRI. Dessen Nachfolger im Kapellmeisteramt wurde BIAGIO

Biagio Marini

MARINI (1597–1665) aus Brescia. Man nimmt an, daß er Geigenschüler des GIOVANNI BATTISTA FONTANA war und möglicherweise sogar noch Schüler CLAUDIO MONTEVERDIS. Er war herzoglicher musicus in Parma, als an ihn der Ruf nach Neuburg erging. Das war 1623. Er blieb vier Jahre in Neuburg. 1644 trat er erneut in Neuburger Dienste, diesmal allerdings bereits in Düsseldorf. Auch nach seiner Rückkehr nach Italien blieb er den Wittelsbachern verbunden. Das bestätigt die Widmung seines 1655 in Venedig erschienenen op. *22 Per ogni sorte d'istromenti musicale, diversi generi di Sonate da chiesa e da camera*, mit Gitarrentabulatur und Generalbaß versehene Dokumente für die Frühgeschichte der Sonate und ihrer Doppelgleisigkeit der Anwendung in ›Kirche‹ und ›Kammer‹. Der Widmungsträger ist Bayerns Kurfürst FERDINAND MARIA. Aber in die Widmung ist die Reminiszenz an MAXIMILIAN I. und WOLFGANG WILHELM einbezogen.

Die musikgeschichtliche Bedeutung MARINIS beruht auf dem von ihm – ähnlich FONATANA und SALOMONE ROSSI – unternommenen Experiment, die neue Praxis des basso continuo mit der Solovioline (oder dem cornetto) zu verbinden und somit die Violinsonate ›erfunden‹ zu haben (in op. 1, den *Affetti musicali*, Venedig 1617). Drei Werkgruppen MARINIS sind in Neuburg entstanden und dem hochherzigen Gönner dediziert: das op. 7 *Per le musiche da camera. Concerti à 4, 5, 6 voci et instrumenti* (1624), op. 8 *Sonate, Symphoniae, Canzoni, Pass'emezzi, Balletti, Correnti, Gagliardi e Ritornelli à 1, 2, 3, 4, 5 et 6 voci* (1626) und op. 9 *Madrigaletti à 1, 2, 3 et 4 voci* (1625). Die drei Werkzyklen sind 1625/26 in Venedig erschienen. Der von WOLFGANG WILHELM in den Adelsstand erhobene MARINI gilt als der im beruflichen Sinne erste Violinvirtuose. Die Eigenart seines Schaffens steht in Zusammenhang mit dem durch die GABRIELIS und insbesondere MONTEVERDI in Bewegung gebrachten Stil- und Formumbruch in Venedig, MARINIS letztem Aufenthaltsort. Die Kombination

116

von unterschiedlichen Formtypen – bis zur Oper (*Le lagrime d'Erminia,* 1623) – und Musizierpraktiken, von Vokalem und Instrumentalem rückt MARINI, je intensiver man seine Schaffensweise betrachtet, desto deutlicher als einen, der aus der Präsenz des neuen Stils eigenständige Folgerungen zog, maßgeblicher, als man bisher annahm, in den Blickwinkel der gesamten Musikgeschichte. Er gehört zu den für wichtig zu erachtenden Erscheinungen, in denen sich die Verbindung zwischen Italienischem und Deutschem anbahnte, indem er – wie in den Neuburger Werken – die Elemente des stile nuovo nach Deutschland brachte, und zwar speziell in der außerhalb oder neben der Oper sich entwickelnden Richtung auf die musica da camera.

Daß MARINIS Name innerhalb seiner wittelsbachischen Dienste sowohl in Neuburg als auch in Düsseldorf auftaucht, erhärtet die mehrfach schon hervorgehobene Synthese politischer Ursachen und künstlerischer Wirkungen. Aber die Tatsache, daß der Neuburger Hof 1636 nach Düsseldorf übersiedelte, hatte nicht gleich zur Folge, daß Neuburg musiklos blieb, wenigstens, soweit es die vom Hof inaugurierte Musikpflege angeht. Unter PHILIPP WILHELM (1615–1690) beginnt sogar eine neue Welle der italianità. In GIOVANNI BATTISTA MOCCHI (1620–1688), wahrscheinlich *Giovanni Battista Mocchi* Schüler des GIACOMO CARISSIMI, des Oratorikers, hatte er einen ebenbürtigen Gesprächspartner, wovon beider Briefwechsel Zeugnis ablegt. Erhalten sind von ihm lediglich eine interessanterweise deutschsprachige Krippenkantate sowie Messen und Offertorien (letztere übrigens aus Freisinger Bestand, was wiederum als Beweis für die wechselseitigen Beziehungen angesehen werden darf). Es ist denkbar, daß er auch der Autor des *Balletto a cavallo* war, das zu Ehren der 1662 in Neuburg weilenden CHRISTINE VON SCHWEDEN aufgeführt wurde. Noch einmal fiel höfischer Glanz auf Neuburg, als zur Hochzeit JOHANN WILHELMS mit der Kaisertochter MARIA ANNA 1678 eine deutsche Oper herauskam und 1679 gar zwei weitere, die deshalb zu registrieren sind, weil sie zu den im süddeutsch-österreichischen Raum sparsamen und vergeblich gebliebenen Bemühungen zählen, die von HEINRICH SCHÜTZ eingeleitete Etablierung einer deutschen Oper fortzuführen.

Bemerkenswert ist auch das zwar nur kurze Zeit andauernde Ereignis, daß 1662 der reiselustige Römer VINCENZO ALBRICI (1631–1696) auf ein Jahr in Neuburgische *Vincenzo Albrici* Dienste trat. ALBRICI war einst an der Seite HEINRICH SCHÜTZ' Leiter der Dresdner Hofkapelle. Dresden, London, Leipzig, wo der Vorgänger BACHS im Thomas-Kantorat, JOHANN KUHNAU, sein Schüler war, und Prag markieren die Folgestationen, wobei interessant ist, daß er in Leipzig Organist an St. Thomae war. In diesem rastlosen Kirchenmusiker zeichnet sich immerhin durch Namen wie SCHÜTZ, KUHNAU und letzlich BACH so etwas wie ein Brückenschlag zwischen den Zeiten ab.

Aber die bevorstehenden politischen Veränderungen waren unausweichlich und setzten in Neuburg auch für die höfische Musik neue Zeichen. Das eine Ereignis war die erwähnte Verlegung der Residenz nach Düsseldorf. Das andere war 1685, nach dem Erlöschen der Linie Simmern, die Übernahme der pfälzischen Kurwürde durch die Neuburger und somit und endlich die Übersiedelung nach Heidelberg. Dessenungeachtet ist noch einiges zu konstatieren, als wesentlichstes vor allem die gelegentliche Zusammenlegung zu bestimmten Anlässen, sei es in Neuburg, in Düsseldorf, sei es in Heidelberg. Die Weiträumigkeit der Verlagerung der politischen Schwerpunkte zwischen Neuburg und Heidelberg – mit Düsseldorf als historischer Verbindung – wirkt schier unübersehbar, insbesondere wenn man die die Musik und ihre Geschichte betreffenden Wirkungen bedenkt. Es hat im ersten Augenblick den Anschein, als sei Heidelberg, dessen neue große Stunde erst wieder kommen sollte, ›vergessen‹.

Nun hatte in der Tat die in Heidelberg verankerte, einst glanzvolle kurpfälzische Tradition nach dem Abgang OTTHEINRICHS und bis zum Regierungsantritt WOLFGANG WILHELMS und seines Sohnes PHILIPP WILHELM nichts Außergewöhnliches aufzuweisen, das von musikgeschichtlichem Belang werden sollte. Unter allen, die den Bestand von Kapelle und Kantorei sorgsam hüteten, ragt einzig der in Amberg geborene FRIEDRICH IV. (1574–1610), seit 1594 Kurfürst, hervor.

Es fällt allerdings auf, daß die musikalischen Honoratioren, die des Erwähnens wert sind, aus welchen Gründen auch immer, keine konstanten Gäste waren. Das gilt beispielsweise für ANDREAS RASELIUS (etwa 1562–1602) aus Hahnbach bei Amberg.

Andreas Raselius Er war 1581 studienhalber nach Heidelberg gekommen, wurde praeceptor und magister artium, mußte dann aber aus Glaubensgründen Heidelberg verlassen und ging nach Regensburg. Ob er schon in seinen ersten Heidelberger Jahren dem Hofe nahestand, ist nicht eindeutig, aber denkbar. Denn 1600 wurde er, nur zwei Jahre vor seinem Tod, zum Hofkapellmeister eingesetzt. Seine Werke fallen samt und sonders in seine Regensburger Zeit, darunter die *Teutschen Sprüche aus den sonntäglichen Evangeliis* (1594/95) und das Lehrwerk *Hexachordum seu Quaestiones musicae* (erschienen 1589 in Nürnberg). Ein unruhiger Geist war auch KONRAD HAGIUS

Konrad Hagius (1550–1616) aus Rinteln an der Weser. Er war Königsberger Student, kam auf Umwegen 1586 nach Düsseldorf, wo er in die Dienste des Neuburgers JOHANN WILHELM trat, ging wieder auf Wanderschaft, bis er 1603 nach Heidelberg kam, 1604 als »Churf. Pfaltz. Musicus« genannt. Von 1607 an war er an verschiedenen Orten tätig (Stuttgart, Bückeburg), ehe er sich endgültig in seiner niedersächsischen Heimat niederließ. Für Düsseldorf schrieb er sein wichtigstes Werk, *Die Psalmen Dauids Wie die hiebeuor in allerlej art Reymen vnd Melodeijen durch den Herrn Caspar Ulenbergium in Truck verfertigt newlich abgesetzt vnd allen anfangenden Schülern der Music zu dienst einfeltig mit vier Stimmen zugerichtet.* Belegt ist dieser 1589 verfertigte *Ulenberg-Psalter* durch den auf dem Titel vermerkten Hinweis »Dieser zeit des Durchleuchtigen Hochgeboren Fürsten vnd Herrn Herrn Johann Wilhelmn . . .« Dieser Ulenberg-Psalter, dessen textliche Erstausgabe in das Jahr 1582 fiel, hat in der Geschichte der Psalmkomposition seine besondere Bedeutung. Nachdem schon ORLANDO DI LASSO und sein Sohn RUDOLPH 1588 fünfzig Psalmen gesetzt hatten, kommt diesen vierstimmigen Aussetzungen im Kantionalstil, das heißt in homophonem Verfahren von Note gegen Note, zumal es sich um alle Psalmen handelt, historische Gültigkeit zu. Ein wesentlicher, auf die Sache bezogener Grund ist die Absicht, den Volksgesang zu motivieren, mit der in der Vorrede ausgesprochenen Tendenz: »Es wirt alhie in diesem buch zum meistentheil gering art der Music gebraucht, welchs nur um der jugent willen geschehen und sonsten auch denen zum guten, welche etwas von der Kunst gelehrnet haben und darin weiter vortzufahren gedencken.« Ähnlich wie in RASELIUS' Regensburger *Cantionale oder Kirchengesenge* von 1588 geht es darum, die Gemeinde zu aktivieren. Dieses Verfahren, in vorliegendem Falle der katholischen Gemeinde zugedacht, ist in beiden Konfessionen zu verfolgen: über HASSLER und PRAETORIUS bis zu HEINRICH SCHÜTZ. Was man aber daraus noch weiter ersehen sollte, ist der selbständige Beitrag der kirchenmusikalischen Praxis zur Stilentwicklung schlechthin: die Oberstimmenbetonung und die Anwendung der homophonen Satzart. Beachtenswert ist hierbei die Tatsache, daß die vom 16. Jahrhundert mählich entwickelte und in das 17. Jahrhundert hinüberwirkende Sonderbarkeit dieser Schreibweise auf diesen bestimmten Zeitpunkt des ausgehenden 16. Jahrhunderts konzentriert ist.

Auch wenn es sich bei diesen Namen um Randerscheinungen der musikalischen Ereignisse in Düsseldorf und Heidelberg handelt, so sind sie aus zweierlei Gründen erwähnenswert: einmal daß sie überhaupt Berücksichtigung fanden, zum andern, im Falle HAGIUS', der neuerliche Hinweis darauf, wie eng die Verbindung zwischen den neuburgisch-düsseldorfischen und rheinpfälzischen Höfen war.

Thomas Simpson Daß erstmals auch englische Künstler herangezogen wurden, belegt die Anwesenheit des als ›Violist‹ bezeichneten THOMAS SIMPSON (1582–?), nicht zu verwechseln und auch nicht verwandt mit CHRISTOPHER und JOHN SIMPSON. Er blieb von 1608 bis etwa 1611 in Heidelberg. Sein *Opusculum Neuwer Pavanen, Galliarden, Couranten und Volten,* die 1610 in Frankfurt erschienen, widmete er FRIEDRICH IV. Auch dieses beiläufig erscheinende Ereignis verdient insofern Beachtung, als es sich bei diesem Wegbereiter der Suite um einen jener Musiker des Shakespeare-England handelt, die – wie JOHN DOWLAND und WILLIAM BRADE – den Kontinent, vor allem Deutschland,

118

Dem Durchleuchtigisten

Hochgebornen Fürsten vnd Herren/Herren
Friderichen/Pfaltzgrafen bey Rhein/deß heiligen Römi=
schen Reichs Ertz Truckseßen vnd Churfürsten/Hertzo=
gen in Bayern ꝛc. Meinem Gnädi=
gisten Herren.

Vrchleuchtigister Hochgebor=
ner Churfürst/Gnädigister Herr/daß E.
Churfürstl. Durchl. ich dise meine gegenwertige Ge=
sang zu dediciren, vnnd dieselben vnter E. Chur=
fürstl. Durchl. patrocinio inn Truck zu geben/mich
vnternemen dürffen/darzu bin ich fürnemlich diser
vrsach halben bewegt worden/daß E. Churfürstl.
Durchl. ich nicht allein jederzeit für einen Hocherleuchten/vnnd von Gott
dem Allmächtigen mit vielen hohen fürtrefflichen Thugenden begabten
Fürsten/vnd einen sonderlichen Liebhaber aller guten Künst/bevoꝛderst aber
der Edlen Musica, hab rhümen hören/Sondern das auch E. Churfürstl.
Durchl. wie ich berichtet werde/an meinen hiebevoꝛ außgangenen Gesän=
gen ein gnädigstes gefallen haben.   Daher ich die vnterthänigste Hoff=
nung geschöpfft/daß E. Churfürstl. Durchl. dise meine neue Compositio=
nes Musicæ, wie schlecht vnnd gering auch dieselben scheinen mögen/auch
nicht vnangenem sein würden.   Ist demnach an E. Churfürstl. Durchl.
mein gantz vnterthänigste bitt/E. Churfürstl. Durchl. wöllen dieselben von
mir zu gnädigstem gefallen auff vnnd annemen/vnnd Derselben zu Chur=
fürstlichen Gnaden mich vnterthänigst lassen befolhen sein.   Geben zu
Nürmberg/den 11. Octobris, Anno 1601.

E. Churfürstl. Durchl.

Vnterthänigster

Hanns Leo Haßler.

aa ij

62   Hans Leo Haßler widmete 1601 den
»Lustgarten teutscher Gesäng...« dem Pfalzgrafen Friedrich

aufsuchten. Daß ihm FRIEDRICH bis zu seinem eigenen Tod Herberge bot und sich von ihm ehren ließ, ist, ähnlich wie bei HAGIUS und RASELIUS, ein Zeichen der Aufgeschlossenheit, die der Kurfürst den Begebenheiten seiner Zeit entgegenbrachte. Was er tatsächlich galt, geht daraus hervor, daß HANS LEO HASSLER (1564–1612) ihm 1601 seine in Nürnberg gedruckten *Lustgarten neuer teutscher Gesäng, Balletti, Gaillarden und Intraden* dedizierte. Einen englischen Musiker hatte auch WOLFGANG WILHELM an seinem Hofe: den Lautenisten EDWARD LEECH, den er sogar studienhalber nach Italien schickte, »weilen . . . bei herrenn vnd fürsten daselbsten trefliche guedte instrumentales musici zu finden sein.«

Aber damit war vorerst die große Zeit beendet. Der musikgeschichtliche Komplex der Nachfolgeschaft dieses Musikfreundes – von FRIEDRICH V. (1596–1632), dem ›Winterkönig‹, bis zum letzten Vertreter der Simmern-Linie, KARL II. (1651–1685), dem Bruder der LISELOTTE VON DER PFALZ –, war höchst unergiebig. Er mußte es sein und bleiben, da die politischen Vorgänge einer noch so bescheidenen Musikpflege alles andere als hold waren.

Das traurige Finale war nicht endgültig. Aber es brauchte mancherlei Wege und vieler Umwege, bis eine neue musikalische Zukunft entstehen konnte. Die Umwege sind bereits beschrieben. Aber sie erscheinen um ihrer grundlegenden Konsequenzen willen so entscheidend, daß sie nicht oft genug nachgezeichnet werden können. Zwei Ziele ergeben sich aus den Abläufen: die Einmündung in den Endpunkt Heidelberg-Mannheim und die parallel verlaufende Kontinuität der Entwicklung in München. Das Endergebnis war, wie bekannt, die Synthese Mannheim-München. Was aber hier wie da, bis es soweit war, ›außerdem‹ zustandekam, verdichtet und vervollständigt das Gefüge einer durchaus im politischen Spiel begründeten, im musikgeschichtlichen Ertrag aber höchst fruchtbaren Entwicklung.

Das ›außerdem‹ waren die Wege nach Düsseldorf und Hannover, nach Brüssel und Köln-Bonn, ja, bis nach Schweden. Das aber macht es gerade so interessant, daß die ›Filialen‹ wittelsbachischer Kompetenz, die aus den politischen Vorbedingungen heraus auch musikalische und musikgeschichtlich markante Erträgnisse ermöglichten, von verschiedenen Ausgangspunkten aus, das heißt aus den einzelnen Linien, geschaffen wurden. Der aus einer bewegten Vorgeschichte zur Einheit gediehene Komplex, aus dem die bayerischen Herzöge als Kurfürsten hervorgingen, trägt ebensoviel zum angedeuteten Ganzen einer ersprießlichen Vielfalt bei wie die Summe der pfälzischen Linien. Das Reizvolle an diesem Werdegang ist das Spiel der ›Ablösung‹, die im Wechsel der einander als Erben folgenden Linien das Nebeneinander in ein Nacheinander und endlich in ein Ganzes verwandelte. Eben dieses Spektrum verleiht dem historischen Vorgang jene Farbigkeit, die den Hintergrund der musikalischen Konstellationen bilden. Diese Konstellationen sind deshalb von Belang, weil sie unter durchaus gleichen zeit- und stilbestimmten Gesetzen standen. Die Varianten, die sich je nach Orientierung, Geschmack, Weltanschauung und geistiger Einstellung da und dort ergaben, bilden, zum Ganzen zusammengefügt, das anschauliche Bild der Zeit, von der jeweils die Rede ist.

Die bayerischen Kurfürsten

Die historischen Daten sind bekannt. Sie sollen als bindendes Gerüst vorangestellt werden, um deutlich zu machen, welche Stationen – auch im musikgeschichtlichen Bereich – zu fixieren sind.

Im Jahre 1623 erhielt MAXIMILIAN, der mit TILLY den ›Winterkönig‹ in der Schlacht am Weißen Berge geschlagen hatte, die Pfälzer Kurwürde. 1648, nach der Restituierung der Kurpfalz und der Rückgabe der Rechte an KARL I. LUDWIG (1618–1680), wurde eine achte Kurwürde geschaffen. 1685 fiel die pfälzische Kurwürde aus den bekannten Gründen an Pfalz-Neuburg (PHILIPP WILHELM). 1777 kam, dem von KARL PHILIPP und MAX EMANUEL geschlossenen Hausvertrag von 1724 gemäß, Bayern an die Pfalz. 1799 erhielt Herzog MAX JOSEPH aus der Zweibrückener Linie die Kurwürde von Bayern und Pfalz, deren Zusammengehörigkeit und Bestand bereits 1779 im Friedensvertrag von Teschen garantiert worden waren.

In diesen nüchternen Jahreszahlen, die den Umkreis der Politik abstecken, verbirgt sich, musikgeschichtlich gesehen, die Entwicklung von MONTEVERDI und SCHÜTZ bis HAYDN und MOZART. Wenn wir diese Abfolge in die landläufigen summarischen Kategorien übersetzen, so ist es das Nacheinander von Barock und Klassik. Es ist fast als symbolisch anzusehen, daß mit dem Ausklang der grandiosen Lasso-Zeit ein gewisser Stillstand eintrat, einem Einschnitt gleich, der, dem Stilumbruch parallel, in der Reduzierung der bisherigen Klangmittel erkennbar wurde.

WILHELM V. Sohn MAXIMILIAN war der Musik zugewandt. Sparsamkeit und womöglich Neigung zu anderen Idealen und Vorstellungen veranlaßten ihn, den Bereich der Musik auf Kammer und Kirche zu beschränken. Einer der Repräsentanten der musica sacra war der Niederbayer ANTON HOLZNER (1598/1600–1635). Er begann als Discantist der Hofkapelle und war studiosus in Parma. Auf persönliche Veranlassung MAXIMILIANS ging er nach Rom, wo er möglicherweise Schüler des GIROLAMO FRESCOBALDI wurde. 1619 trat er das Münchner Hoforganistenamt an und wurde 1624 nunmehr ›kurfürstlicher‹ Konzertmeister. Fünf Jahre danach übernahm er als Magister der »pueri symphoniaci« die Nachfolge des FERDINAND DI LASSO. Sein wesentlich auf die Münchner Zeit konzentriertes Schaffen umfaßt Orgelwerke (Kanzonen im Stile FRESCOBALDIS) und Kirchenmusik, in der eine sinnvolle Synthese von altem, PALESTRINA nahem, und neuem Stil zutagetritt.

Anton Holzner

Aber der Zeiten Lauf war unaufhaltsam. Die ›welschen musici‹ erhielten, wie es von nun an allenthalben der Brauch, den Vorrang. 1635 kam, von Wien her, GIOVANNI PORRO (etwa 1590–1656) als Vizekapellmeister nach München. Der ehemalige Organist des Herzogs von Parma war Mitarbeiter FRESCOBALDIS an St. Peter in Rom gewesen. Das Werk des erfolgreichen Italieners, der dem Hof in München und Straubing diente, umfaßte in der Hauptsache Kirchliches. Weder von diesem noch von den weltlichen Zeugnissen seines Schaffens (Madrigale) ist etwas erhalten. Inwieweit er mit den auch in München unausweichlich gewordenen Opernversuchen in Zusammenhang stand, bleibe dahingestellt. Zu Ehren seines Sohnes FERDINAND MARIA und anläßlich dessen Procura-Vermählung mit HENRIETTE ADELAIDE VON SAVOYEN ließ MAXIMILIAN 1651 »eine schöne comoedia cantata« in der Residenz aufführen. Zu den eigentlichen Hochzeitsfeierlichkeiten sollte Besonderes geboten werden. Schon 1641 war eine theatralische Repräsentation, verfaßt von dem mittlerweile zum Kapellmeister aufgerückten PORRO, erwogen worden. Zehn Jahre später hätte sie Wirklichkeit werden sollen, als der »zur Churfürstl. Hofstatt beschriebene« geistliche Herr und »Harpfenist« GIOVANNI BATTISTA MACCIONI, dessen Lebensgeschichte bislang im Dunkeln geblieben ist, nach München kam. MAXIMILIANS Auftrag zum Umbau des Kornstadels bei St. Salvator zum ›theatrum‹ bestätigt die operistischen Absichten. Den Kurfürsten ereilte jedoch in Ingolstadt der Tod, so daß die vorgefaßten Pläne unterblieben.

Die erste Oper
in München

So kam es erst 1653 zum Ereignis der Etablierung der Oper in München. FERDINAND MARIA (1636–1679), der ›pater patriae et pacis‹, hatte 1651, zunächst unter der Vormundschaft seiner Mutter und des Onkels ALBRECHT, die Nachfolge angetreten. Sein, durch die musikalischen Ambitionen seiner Frau, der »illustre poetessa«, unterstütztes Interesse an Musik und Theater schuf die Grundlage zur Geschichte der Oper in München. Sie blieb bis tief in das 18. Jahrhundert hinein auf dem Boden des italienischen Musiktheaters, parallel in etwa zur Situation in Wien und Dresden. Der Autor der ersten Oper in München, *L'arpa festante,* die anläßlich der Anwesenheit Kaiser FERDINAND III. 1653 zur Aufführung gelangte, war besagter MACCIONI, nominiert als »Capellano e Arpinista dell' Altezza Elettorale di Baviera«.

Von nun an riß die Kette nicht ab. Das barocke Festspiel hielt seinen Einzug und belebte die höfische Szene mit seiner Pracht und Größe. 1654 kam die zweite Oper heraus: des PIETRO ZAMBONINI *La ninfa ritrosa* mit der Musik vielleicht von PORRO, der 1656 das Zeitliche segnete. Alles, was in diesen Jahren auf dem Gebiet des Operntheaters geschah, wirkt wie ein Versuch, ein Präludium zu dem, was sich üppig entfalten sollte.

Johann Kaspar Kerll

Mit dem Eintritt des JOHANN KASPAR KERLL (1627–1693) in das Hofkapellmeisteramt wurde systematisiert, was von seinen Vorgängern eingeleitet worden war. KERLL, aus dem vogtländischen Adorf stammend, hatte in Wien bei dem kaiserlichen Hofkapellmeister GIOVANNI VALENTINI studiert. (Wenn es zutrifft, daß dieser aus der Schule des GIOVANNI GABRIELI kam und KERLL somit Enkelschüler des Venezianers aus dem Kreis um LASSO war, würden sich in seltsamer Weise zwei Bereiche Münchner Musikgeschichte berühren). Von Wien aus begab er sich nach Rom in die Lehre bei GIACOMO CARISSIMI und GIROLAMO FRESCOBALDI. Daß er gar noch Schüler JOHANN JAKOB FROBERGERS war, ist unbelegt. Nach seinem ohnedies weiträumigen Studienweg begann er seine Laufbahn als Organist des Statthalters Erzherzog LEOPOLD WILHELM in Brüssel. Nach Auflösung der Brüsseler Hofhaltung folgte er 1656 dem Ruf nach München. Sein dramatisches Schaffen nahm 1657 mit *Oronte,* im Salvatortheater aufgeführt, seinen Anfang. Besonders beziehungsvolle Fakten seiner Zugehörigkeit zum kurfürstlichen Hof waren die von ihm vorgenommene Reform der Hofkantorei sowie, als sichtbare Zeugnisse der Verbundenheit, die Widmung der als op. 1 deklarierten geistlichen Konzerte des *Delectus Sacrarum cantionum* (1669) an FERDINAND MARIA und der *Modulatio Organica super Magnificat* (1686) an dessen Schwiegertochter MARIA ANTONIA. Der für die Geschichte der Klavier- und Orgelmusik in seiner Auswirkung bis auf BACH einflußbestimmende Komponist, der auch für die Entwicklung der Sonate einiges beisteuerte, blieb bis 1673 in Münchner Diensten. Er bewahrte auch von Wien aus, wo er Organist an St. Stephan und Hoforganist wurde, als einstiger kurfürstlicher Hofkapellmeister und ›kurfürstlicher Rat‹ dem bayerischen Hof die Treue. Von 1683 an war er wiederholt in München (wo er auch starb). Er war 1664, als er mit der Hofkapelle in Regensburg weilte, von Kaiser LEOPOLD I. geadelt worden. Auf alle Fälle besaß der Münchner Hof in diesem als Komponist, Virtuose und Lehrer anerkannten Künstler eine Persönlichkeit von zentraler, geschichtswürdiger Funktion und Größe.

Von seiner Lehrfähigkeit legen drei berühmte Schüler Zeugnis ab: der Elsässer FRANZ XAVER MURSCHHAUSER (1663–1738), der Münchner JOHANN CHRISTOPH PEZ (1664–1716), vor allem der agile, ehrgeizige, aber geniale AGOSTINO STEFFANI.

Agostino Steffani

Dieser AGOSTINO STEFFANI (1654–1728), der auf Anregung der Kurfürstin, der Savoyerin, und auf Veranlassung FERDINAND MARIAS in München und Rom stu-

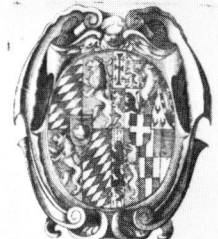

L' ERINTO
Drama Regio musicale
Confacrato
Alle Ser.me Altezze Elett.li
di
FERDINANDO DUCA
ELETTORE
&
ENRIETTA ADELAIDE
DUCHESSA ELETTRICE
DI BAVIERA.
Nell' occafione della Nafcita
DELLA SER.MA PRENCIPESSA
MARIA ANNA CHRISTINA
LORO PRIMOGENITA.

Del Co: Pietro Paolo Biffari Cav.r
In MONACO, M. DC. LXI.

63 »L' Erinto«, Textbuch von
Bissari, Musik von Kerll,
München 1661

64 Der »Orpheus aetatis«
Johann Kaspar Kerll

65 Komponist, Kapellmeister, Theologe, Diplomat:
Agostino Steffani

dierte, war jener »wälsche Musicus Augustin«, dessen sich der Neuburger Philipp Wilhelm 1683 erinnerte. Seine biographische und musikalische Wanderschaft, die sich zwischen München, Hannover, Brüssel, Düsseldorf, Rom und Heidelberg unruhvoll bewegte, folgte den Spuren der wittelsbachischen Herren. Er war aus Padua als Schützling des bayerischen Kurfürstenpaares 1667 nach München gekommen, trat in die Hofkapelle ein, reiste 1672 nach Rom, wo ihn Ercole Bernabei unter seine Fittiche nahm. 1674 kehrte er mit seinem Lehrer, der Hofkapellmeister wurde, nach München zurück, wurde Hofmusiker, vier Jahre später »Hof- und Kammerorganist«. Im Anschluß an eine Studienreise nach Frankreich und Italien erschien er 1679 wieder in München, diesmal theologischer Studien halber, wurde 1680 Priester und komponierte – nunmehr schon unter der Regierung Max Emanuels – seine erste Münchner Oper (*Marco Aurelio* 1681). In allen Ehren entlassen, begab er sich 1688 nach Hannover. Diese Situation gerade bietet Anlaß, seinen Namen und seine Person, die musikgeschichtlich und persönlich in die unmittelbare Nähe zu Händel geriet, nicht aus den Augen zu lassen. Der tiefere Grund seines Ausscheidens war wohl die Verärgerung über das Avancement Bernabeis, dessen Stelle er einzunehmen gehofft hatte.

Ercole Bernabei   Ercole Bernabei (etwa 1621–1687) war vor seiner Berufung nach München Kapellmeister am Petersdom in Rom. Er war Schüler des durch seine vielchörige, für den Salzburger Dom 1628 komponierte Messe berühmten Orazio Benevoli gewesen. Dessen strenger Stil aus römischer Schule wirkte über Bernabei auch auf Steffani nach. Da seine fünf Münchner Opern bis auf zwei Textbücher verloren gegangen sind, bleibt als Maßstab der stile ecclesiastico seiner geistlichen Werke. Sein Wirkungsbereich fällt entscheidend erst in die Regierungszeit Max Emanuels (1662–1726), des ›blauen Kurfürsten‹, der als Siebzehnjähriger die Thronfolge unter der Vormundschaft seines Onkels Maximilian Philipp angetreten hatte und seit 1680 allein regierte. Max Emanuel war es, der seinen Hofkapellmeister anhielt, über die Pflege des strengen Stils in Klöstern und Stiften zu wachen und als Lehrer in dieser Schreibweise zu wirken. Zweierlei ist darin festzuhalten: die nunmehr offiziöse Mitwirkung an der musikalischen Arbeit der Klöster, so daß Lassos diesbezügliche Bemühungen eine Fortsetzung fanden, zum andern aber die Feststellung, daß bei aller Opern- und Theaterlust aus barocker Sinnenfreude auf den Gebieten der Kirchen- und ganz besonders der Instrumentalmusik ein Anstoß von allgemein-musikhistorischer Tragweite gegeben wurde.

Allen Mißlichkeiten, die sich Max Emanuel in seiner Tollkühnheit aufgeladen hatte, zum Trotz ließ er seine Neigungen nicht zu kurz kommen: ob während seiner kriegerischen Unternehmungen, ob im Exil oder – sogar bei leerer Staatskasse – nach seiner Rückkehr: die Musik und die Musiker blieben ununterbrochen von seiner Gunst bedacht. Selbst im Exil wurde darauf geachtet, daß die Kinder – durch Wolff Jacob Lautensteiner – in der Musik unterwiesen wurden. Der am Münchner Jesuiten-Gymnasium aufgewachsene Kerll-Schüler *Johann Christoph Pez*   Johann Christoph Pez, der 1688 als Hof- und Kammermusiker angestellt worden war, begleitete seinen Herrn auf den Türkenfeldzügen. Auf Betreiben Max Emanuels begab er sich zum Studium nach Rom. Als er 1692 heimkehrte, hatte er wenig zu tun, da Max Emanuel das Statthalteramt in Brüssel versah. Willig nahm er deshalb die durch den Kurfürsten und Erzbischof von Köln, Joseph Clemens (1671–1723), den Bruder des Kurfürsten von Bayern, ausgesprochene Berufung nach Bonn an, wurde 1695 Kapellmeister und kurfürstlicher Regierungsrat. Interessant ist, daß er trotz seiner Beziehungen zum pfalz-neuburgischen Kurfürsten Johann Wilhelm nicht nach Düsseldorf ging, sondern 1701 nach München zurückkehrte. Die Zeiten waren nicht die besten. Der Spanische Erbfolgekrieg war in vollem Gange. Aber Pez blieb, wurde sogar auf Wartegeld gesetzt und erst 1706 entlassen.

Die Hofmusiker unter *Max Emanuel*   Das Schicksal der Ruhelosigkeit Max Emanuels spiegelt sich im Schicksal, aber auch in der Treue seiner musikalischen Mitarbeiter wider. Während Giuseppe Antonio Bernabei (1649–1732), Schüler und seit 1687 Nachfolger seines Vaters als

IL LITIGIO DEL CIELO,
E DELLA TERRA
CONCILIATO
Dalla Publica Felicità di Baviera.
Torneamento festivo
AGLI AUGUSTI SPONSALI
DELL' ALTEZZA REALE
DI
MARIANNA
CHRISTINA,
Delfina di Francia
NATA
PRINCIPESSA ELETTORAL DI BAVIERA.
PER COMANDO
DELLE ALTEZZE SERENISSIME
DI
MASSIMILIANO FILIPPO,
Duca dell' una e l' altra Baviera, e del Palatinato
Superiore, Co. Palatino del Reno, Landgravio di Leüchtemberg, &c.
Amminiſtratore dell' Elettorato di Baviera.
E Di
MASSIMILIANO EMANVELE,
Duca dell' una e l' altra Baviera, e del Palatinato
Superiore; Elettore del S.R.Imp.Co.Palatino del Reno,
Landgravio di Leüchtemberg, &c.
A CVI SI DEDICA.
Poſto in Muſica dal S ERGOLE BERNABEI M.ro di Cap.di S.A.E.
In Monaco, Per GIOVANNI IECLINO, Stampatore Electorale.
ANNO M. DC. LXXX.

66 Titelseite des in München
1680 gedruckten Librettos
zur Festoper
des Hofkapellmeisters
Ercole Bernabei

67 Des Ferdinand Maria
getreuer Konzertmeister und
»churfürstliche Rath«
dall' Abaco widmete seinem
Gönner die »Concerti à più
Istrumenti«, etwa 1717

Opernkomponist und Hofkapellmeister (was den Zorn STEFFANIS auslöste), 1692, als MAX EMANUEL München verließ, mit dem Restbestand der Hofkapelle in München blieb, ging der 1689, wohl durch Vermittlung STEFFANIS, als Hoforganist nach München berufene PIETRO TORRI (etwa 1650–1737) mit dem Kurfürsten nach Brüssel und freute sich dort des Titels eines maître de chapelle. Dort traf er STEFFANI, der sich mittlerweile der Diplomatie zugewandt hatte und als braunschweigisch-lüneburgischer Gesandter auftrat. Nach einem Gastspiel in Hannover, hinter dem wohl STEFFANI stand, kehrte TORRI 1699, als der Brüsseler Glanz erlosch, nach München zurück. Obwohl er sich dem Bernabei-Sohn unterordnen mußte, nahm er an den Huldigungen für den heimkehrenden Kurfürsten teil. Er folgte ihm 1704 sogar getreulich nach der Schlacht bei Höchstädt ins Brüsseler Exil, floh mit ihm nach Valenciennes und Paris. Dafür erlebte er 1715 den triumphalen Einzug in München mit und sonnte sich in der Würde eines Hofkapelldirektors.

Da wäre noch, mehr als Nutznießer denn als Gefolgsmann, der Venezianer PIERRE-ANTOINE FIOCCO (etwa 1650–1714) zu nennen. Als »lieutenant de la musique« hatte er unter TORRI die Brüsseler Hofmusik zu betreuen. MAX EMANUEL beauftragte ihn mit der Gründung einer Académie de Musique und ernannte ihn 1703 zum Hofkapellmeister. Von anderer Statur ist die interessante Erscheinung des Schärdingers IGNAZ RUPERT MAYR (1646–1712). Er trat nach Diensten in Freising, Regensburg, Passau 1683 in den Einflußbereich MAX EMANUELS. Dessen Initiative war seine Entsendung nach Paris zu danken, seiner »Perfectionierung« wegen, die er 1685, nunmehr als »Aulae et Camerae musicus«, bis 1707 nutzbringend anwenden konnte. In eben diesem Jahr kehrte er, als Hofkapellmeister des wittelsbachischen Fürstbischofs, nach Freising zurück. (Sein Nachfolger wurde 1712 PEZ).

Der Genialste und Wichtigste im Kreis um den blauen Kurfürsten war eindeutig der Veroneser EVARISTA FELICE DALL' ABACO (1675–1742), Schüler GIUSEPPE TORELLIS und vielleicht TOMMASO ANTONIO VITALIS. Er war 1704 als Violoncellist nach München gekommen. Im Gefolge des Kurfürsten ging er die Wege mit, die von München nach Brüssel und Paris und 1715 wieder nach München führten. 1717 erhielt er, als Nachfolger des Konzertmeisters DARDESPIN, den Titel eines ›Churfürstlichen Raths‹.

Während die 1691 gedruckten *Concerti a una e più voci, con instrumenti e senza* des FIOCCO die venezianische Herkunft von Stil und Form dokumentieren, zeigt sich in den Werken ABACOS, die musikalische Situation widerspiegelnd, die fruchtbare Synthese von italienischer und französischer Manier. Der ihm bereits 1696 nahegebrachte stile francese wurde durch die unmittelbare Berührung mit der Welt des JEAN BAPTISTE LULLY fruchtbar. Die nahezu ausschließlich unter der Ägide MAX EMANUELS entstandenen Werke ABACOS, voran die drei ersten opera von 1705/06 und 1712/15, sind *Sonate da camera, Concerti a quattro da chiesa* und *Sonate da chiesa e da camera.* Das italienische Element in den Werken ›da chiesa‹, das heißt in den Kirchensonaten und -konzerten, etwa im Sinne ARCHANGELO CORELLIS, und der französische Anteil in den Tanzsätzen der Kammersonaten, das heißt weltlichen Instrumentalstücken, verbinden sich zu jenem noblen, großartigen Stil, der der Sprache BACHS (dies in op. 5, den *Concerti a più istrumenti* von etwa 1717) und HÄNDELS ebenbürtig ist. Wie stark die persönliche Anteilnahme MAX EMANUELS war, geht daraus hervor, daß seine Neigung zum Französischen seine musici beeindruckte. Aus den wenigen im Druck erschienenen Werken MAYRS – seine Freisinger Schulspiele sind verschollen – läßt sich, soweit es sich um Instrumentalmusik handelt, die Beziehung ablesen. Das *Pythagoräische Schmids-Füncklein,* das 1692 in Augsburg herauskam, ist MAX EMANUEL gewidmet. FIOCCO huldigte seinem Herrn während seiner Theaterdirektorenjahre mit Opern LULLYS und diesbezüglichen Devotionsprologen. Wie es sich mit VINCENZO BERNABEI (1669–?), dem jüngsten Sohn des ERCOLE, verhielt, bleibt mangels Unterlagen unklar. Aber seine 1711 unternommene Reise nach Compiègne läßt Rückschlüsse wenigstens zu. Sogar für ›teutsche‹ Stücke war Platz (des Hofmusicus SEERIEDER *Genovefa*).

126

Ungeachtet der allzeit verworrenen politischen Verhältnisse war die Regierungszeit MAX EMANUELS – wie in anderen Bereichen der Kunst – für Musik und Musiker
eine Epoche des Glanzes und der Glückseligkeit. ›Concerts de musique‹ in Lustheim, Akademien auf dem Redoutenhaus, Nachtmusiken in Fürstenried, Musik in
der Residenz, bei der der Kurfürst selbst die Gambe strich oder den flauto spielte
(wie FÉNÉLON von seiner Brüsseler Begegnung berichtet), Messen und Opern in
gleichmäßiger Folge –, sie ließen nichts von den bedrohlichen Hintergründen ahnen.

Musiker unter
Karl Albrecht

Es muß zunächst die ›Alten‹ aus der Gefolgschaft MAX EMANUELS hart angekommen sein, als 1726 des Kurfürsten Sohn aus dessen zweiter Ehe, KARL VII. ALBRECHT
(1697–1745), 1741 König von Böhmen, 1742 deutscher Kaiser, die Regierungsgeschäfte übernahm. Es war weniger die anfangs wenigstens geübte Sparsamkeit, die
sie berührte. Vielmehr war es der fast rigorose Eingriff, den er vornahm, als er das
Steuer von der französischen in die italienische Richtung herumriß. ABACO blieb bis
1740 im Amt. Sein Sohn JOSEPH CLEMENS DALL'ABACO (1709–1805) zog es vor, sich in
wittelsbachische Dienste nach Bonn zu begeben. GIUSEPPE ANTONIO BERNABEI,
ähnlich dem alten ABACO ein ruhender Pol in der Erscheinungen Flucht, blieb bis zu
seinem Tod im Dienst. TORRI hatte es leichter. Denn er war ohnedies das italienische
Gewissen MAX EMANUELS gewesen. 1722 hatte er zur Heirat KARL ALBRECHTS mit
MARIA AMALIA, der Tochter Kaiser JOSEPH I., eine Oper *Adelaide* beisteuern dürfen.
Als TORRIS Nachfolger verschrieb sich der neue Kurfürst den Venezianer GIOVANNI
PORTA (etwa 1690–1755), dessen Landsmann GIOVANNI FERRANDINI (1710–1791),
BERNARDO ALIPRANDI aus Mailand und welches der italienischen Namen mehr sind.
Auch TOMMASO ALBINONI (1671–1750), dessen Instrumentalmusik die Aufmerksam-
keit BACHS weckte, wurde herangezogen. Der Venezianer schrieb die Oper *I veri*
amici und das Turnier *Il trionfo d'amore*. Interessant ist, daß ein ›echter‹ Belgier,
JAQUES JEAN BAPTISTE LOEILLET (1685–1746), einer aus der weitverzweigten Familie,
den MAX EMANUEL nach München mitgebracht hatte, im Dienst blieb.

Die vom Vater überkommene Begeisterung und die von der Mutter ererbte
künstlerische Begabung haben den in politicis unglücklichen, um Gerechtigkeit bemühten Monarchen in seiner Aufmerksamkeit für die Kunst, für Architektur und
Musik im besonderen, geleitet. Selbst die Musik ausübend, wurde er ihr unbedingter
Förderer, ernsthaft darauf bedacht, seinen Kindern – MARIA ANTONIA WALPURGIS
Symphorosa (1724–1780) und dem Erbprinzen MAXIMILIAN JOSEPH KARL – eine
gründliche Ausbildung zuteil werden zu lassen. Das Vertrauen, das er dabei in FER-
RANDINI setzte, erscheint gerechtfertigt, da besagte Kinder ihrem Lehrer zugetan
waren und vor allem blieben.

Entwicklung der Oper

Daß sich des kaiserlichen Kurfürsten tatkräftige Liebe zur italianità im Opern-
theater nicht großartiger auswirkte, war nicht seine Schuld. Die hohe Zeit der opera
seria war allgemein vorbei. Die herausragenden Triumphe der Sänger, die ja mit
ihren Arien die eigentlichen Träger des Musiktheaters waren, begannen zu verblassen: die der FAUSTINA BORDONI-HASSE und des Kastraten ANTONIO BERNACCHI –
noch zu MAX EMANUELS später Zeit – und des CARLO BROSCHI-FARINELLI, die in
München Triumphe feierten. Neue Zeichen wurden gesetzt. Es regten sich allenthalben neue Ansätze, die Widerständen gleichkamen und revolutionäre Züge trugen. Das geschah in der Auswirkung der tragédie lyrique der Franzosen, im Aufblü-
hen der opera buffa – erstmals in München bereits 1722 mit Albinonis Intermezzo
Vespetta e Pimpinone – und schlechthin, wie im Literaturdrama, die Abneigung
gegen das antikisch sich gebärdende Barocktheater und speziell seine Sonderform
der absoluten Arienoper mit ihren ›Affekten‹ zugunsten des Aktionsdramas mit seinen ›Leidenschaften‹. Die von GOLDONI, DIDEROT und LESSING verfochtenen Ideale
des Literaturtheaters – mit SHAKESPEARE im Hintergrund – fanden in den Bestrebungen, denen JOMELLI, GLUCK und noch der alte JOHANN ADOLPH HASSE zusteuerten,
eine aufregende Parallele. Was noch von opéra comique und Singspiel dazukam,
unterbaute, genährt von der allgemeinen geistigen und gesellschaftlichen Entwicklung, den Prozeß der Verwandlung.

127

68 Die höchst sachverständige
Maria Antonia Walpurgis,
bayerische Prinzessin und
Kurfürstin von Sachsen

69 Hofkonzert in Ismaning

Auf der anderen Seite war die immer noch vorhandene glanzvolle Situation in Instrumental- und Kirchenmusik ein betreutes Erbe der jüngsten Vergangenheit. Allerdings rührten sich auch mit Sinfonia, Sonata und Quadro neue Kräfte, in Italien selbst, stärker noch bei den Norddeutschen und den Wienern und, vorstoßend in andere Regionen, in der ›pfalz-bayerischen‹ Schule. Es war das, was wir die Bach-Zeit nennen, vergessend, daß auch und gerade Bach außerhalb dessen stand, was die neue Zeit unter anderen ästhetischen und sozialen Aspekten zuwegebrachte. Erst als MOZART die Münchner Arena betrat, war die alte Ära beendet.

Nun besaßen in der Tat GIOVANNI FERRANDINI und seine Kollegen nicht das Format eines KERLL, STEFFANI oder ABACO. Aber in dieser Phase, da Musik und Theater sich anderen Zeichen zuzukehren begannen, waren sie, ihren Auftrag nach bestem Wissen und Gewissen erfüllend, an ihrem Platze. FERRANDINI aus Venedig, mit zehn Jahren schon Oboist in der Kapelle des Herzogs FERDINAND, zwölfjährig bereits Mitglied der kurfürstlichen Hofmusik, setzte fort, was TORRI, der vielleicht sein Lehrer war, und GIOVANNI ANTONIO BERNABEI in die Wege geleitet hatten. 1729 betrat er mit *Il sacrificio invalido* die Opernbühne. Die Mehrzahl seiner Opern ist auf Dichtungen des großen Musiktheaterdichters PIETRO METASTASIO komponiert, der der eigentliche gute Geist der opera seria war, und mit dem sich noch MOZART zu befassen hatte. Eine der Opern FERRANDINIS, *Talestri Regina delle Amazoni* (1760), fällt aus dem Rahmen. Ihre Poesie war das Werk seiner Schülerin MARIA ANTONIA WALPURGIS, die überdies ihre Dichtung selbst in Musik setzte. Der vielseitige FERRANDINI, wohldotiert und hochgeschätzt, avancierte zum ›Kammer-Compositor‹ (1732), zum Kammermusikdirektor, Rat und gar Truchseß.

Im Jahr 1755, eben jenem, in dem unter MAX III. JOSEPH das von CUVILLIÉS erbaute Residenztheater mit *Catone in Utica* seiner Bestimmung übergeben wurde, nahm FERRANDINI seinen Abschied. Auch der neue Kurfürst wußte seine Leistungen anzuerkennen und sicherte dem in Padua Lebenden von 1778 an seine Pension zu. FERRANDINI kehrte 1790 nach München zurück. Seine Tochter ANNA MARIA ELISABETH war Sängerin und erfreute sich des Wohlwollens der Prinzessin MARIA ANTONIA WALPURGIS, die sich auch als Gattin des sächsischen Kurfürsten in Dresden nicht nur als fähige Komponistin, sondern auch als aufmerksame Förderin betätigte. NICOLO PORPORA (1686–1768), der sie 1748/51 in Dresden im Gesang unterrichtete und wohl auf ihre Veranlassung Kapellmeister wurde (und dessen lernender Adlatus in Wien übrigens der junge JOSEPH HAYDN war), widmete ihr 1754 seine *Sonate XII di violino e Basso*. Nach dem Tode des sächsischen Kurfürsten (1763) wandte sie sich mit spontaner Aufmerksamkeit den heimatlichen Musikbelangen zu. Ihr war es zu danken, daß 1773 der *Orfeo* GLUCKS, dessen Schaffen sie schon 1747, bei den Dresdener Hochzeitsfeierlichkeiten, kennen gelernt hatte *(Le nozze d'Ercole e d'Ebe)* –, ihr war es zu danken, daß CHRISTOPH WILLIBALD GLUCK (1714–1787) mit seinem *Orfeo* in München bekannt wurde. Die Münchner Aufführung war, wie es heißt, nicht sehr glücklich. Aber es war ein Vorstoß, den man der Wittelsbacherin hoch anrechnen muß, zumal sie selbst keine besondere Neigung zu GLUCK und seiner Sprache besaß.

Dank seiner Position und seines langen Lebens – er starb nur wenige Wochen vor MOZART – war FERRANDINI das verbindende Glied. 1737 war ihm GIOVANNI PORTA (etwa 1690–1755) als Hofkapellmeister vorgesetzt worden; außerdem wurde er mit der Unterweisung der begabten Prinzessin betraut. PORTA, gebürtiger Venezianer, war nach vielen Wanderjahren (Rom, London, Venedig) in München zur Ruhe gekommen. Das ›alla napolitana‹ des gängigen Opernstils, in dem er sich 1738 mit *Ifigenia in Aulide* in München vorstellte, entfaltete sich bis 1744, als er den *Traum des Scipio* – als deutsche Version des *Sogno di Scipione* – präsentierte, sogar zu einer gewissen Größe. Den Kulminationspunkt auf diesem Wege stellte 1738 *Gianguir* nach APOSTOLO ZENO, dem Vorläufer METASTASIOS in der Geschichte des Librettos, dar. Aber der Opernerfolge ungeachtet muß seine Kirchenmusik besonders berücksichtigt werden.

Giovanni Ferrandini

Förderung durch Maria Antonia Walpurgis

Giovanni Porta

IFIGENIA
IN
AULIDE.
DRAMMA PER MUSICA,
DA RAPPRESEENTARSI
NEL TEATRO
DI
S. A. S. E.
DI
BAVIERA.
Nel Carnevale
Del' Anno 1738.
La Mufica è del Sig. Giovanni Porta,
Maeftro di Capella di S. A. S. E.

IN MONACO
Appreffo Giov. Giac. Vötter, Stampat.
degli Stati Provinc. di Baviera.

70   Die »Ifigenia in Aulide«
des Apostolo Zeno mit der
Musik von Giovanni Porta

71   Clemens August berief
1733 den Großvater Beethovens
nach Bonn

72   Beethovens geliebter Großvater

Auch deutsche beziehungsweise bayerische Komponisten kamen zum Zug. Unter ihnen befindet sich JOSEPH ANTON CAMERLOHER (1710–1743), dessen italienische Oper *Melissa tradita* 1739 des Kurfürsten Begeisterung erweckte und ihn veranlaßte, seinen ›Cammercompositore‹ 1741 mit der Komposition der *Clemenza di Tito*, nach METASTASIO, zu beauftragen und ihn zur Kaiserkrönung nach Frankfurt mitzunehmen. Die Ungunst der Zeitläufe – Besetzung Münchens 1742/43 durch österreichische Truppen nach der Kaiserkrönung – hatte KARL ALBRECHT, der selbst die Musik »übte«, von seiner Liebe zur Musik bis in seine letzte Stunde nicht abzubringen vermocht. In dem, was ihm gelang, und in der Erziehung seiner Kinder, die er an die Musik heranführte, hatte er die Lückenlosigkeit der Entwicklung zu wahren gewußt, auch wenn sich die von ihm verfochtenen Ideale als nicht mehr haltbar erweisen mußten.

Zu den Nachkommen MAXIMILIANS und FERDINAND MARIAS gehört in diesem Zusammenhang auch des Kurfürsten Bruder CLEMENS AUGUST (1700–1761), der, seit 1716/19 als Propst von Berchtesgaden und Bischof von Regensburg, 1719/22 Bischof von Münster und Paderborn, 1723 als Nachfolger seines Onkels JOSEPH CLEMENS (1671–1723) Erzbischof und Kurfürst von Köln (sowie 1725 Propst zu St. Paul in Lüttich) wurde. Der kunstfreudige geistliche Herr, der nicht unbedingt willens gewesen war, den theologischen Beruf zu ergreifen, war der letzte wittelsbachische Herr auf dem Kurstuhl des allmächtigen Kölner Erzstifts, wichtigster Mann auf den sellae episcopales an der ›Pfaffengasse‹ längs des Rheins. Er war in Brüssel geboren, in Graz und Klagenfurt aufgewachsen, in Rom ausgebildet, bei aller Souveränität aber nicht geschickt genug, sich politisch richtig zu verhalten. Er verfolgte die Verfahrensweise seines Vaters und seines kaiserlichen Bruders und segelte auf den Wogen wechselvoller Politik einträglich, aber unsicher dahin. Mag man aufgeatmet haben, als er 1761 in Koblenz starb und ein Habsburger seinen Platz einnahm: seine Baufreudigkeit und seine Musikbegeisterung, die er in der eigentlichen Residenz am Fuß des Siebengebirges, in Bonn, entfaltete, weckten Bewunderung und Respekt.

Die Hofkapelle seines Onkels konnte er unbesehen übernehmen. Aber durch ihn kamen auch einige neue Namen auf die Liste. Als einer der ersten und interessantesten wäre LUDWIG VAN BEETHOVEN (1712–1772) aus Mecheln zu nennen. CLEMENS AUGUST hatte ihn 1733 als ›Hofmusicus‹ nach Bonn geholt, so daß es der Initiative dieses Wittelsbachers zu danken ist, daß des Großvaters berühmter Enkel gleichen Vornamens ein ›Bönnscher‹ wurde. Die Leitung der Hofmusik hatte der »Cammermusiken Componist« GIROLAMO DONINI (gest. 1753). Nach dessen Tod wurde Nachschub aus München geholt. JOSEPH CLEMENS FERDINAND DALL'ABACO (1709–1805) trat 1729 als Violoncellist in die Hofkapelle ein und rückte 1738 zum »Direktor der Kurfürstlichen Cammermusik« auf. GILLES VAN DEN EEDEN, einer der Lehrer BEETHOVENS, traktierte die Hoforgel. JOHANN VAN BEETHOVEN, Vater des berühmten LUDWIG, wurde 1756 »zu Ihrer Churfl. Durchl. gnädigster zufriedenheit« als Sänger benotet. Ein weiterer Name der Umwelt BEETHOVENS war der des Hoftrompeters und -violinisten FRANZ RIES (1723–1784). Auch als Entdecker und Förderer von Talenten betätigte sich CLEMENS AUGUST: er schickte den gutbezahlten französischen Geiger JOSEPH TOUCHEMOULIN (1727–1801) zum Studium bei TARTINI nach Padua und den Sänger ANTON RAAFF (1714–1797), der mehrfach MOZARTS Wege kreuzte, zu FERRANDINI nach München und zu BERNACCHI nach Bologna. Was man übrigens in Bonn oder auf Schloß Brühl musizierte, war in etwa Ähnliches, was man in München zum Besten gab.

1745 war KARL ALBRECHT gestorben. Sein Sohn MAX III. JOSEPH (1727–1777) übernahm ein schweres Erbe. Der Füssener Friede, mit dem der Österreichische Erbfolgekrieg beendet wurde, sicherte den Bestand des Kurfürstentums. Aber es hieß, wie fast immer: sparen. Den Musen wurde diese Notwendigkeit durch den friedfertigen Herrn jedoch nicht angelastet. FERRANDINI, des Kurfürsten Gambenlehrer, war immer noch im Amt, auch PORTA, der 1755 starb. Sein Nachfolger wurde der zwei Jahre zuvor berufene ANDREA BERNASCONI (1706–1784), Lehrer der kurfürstlichen

Die Musik unter Clemens August in Bonn

73   Maximilian III. Joseph mit Graf Seeau, 1755

Töchter. Mit dem schon 1745 komponierten dramma per musica *Temistocle* nach METASTASIO führte er sich 1754 ein. Sein letztes Münchner Bühnenwerk war 1772 der *Demetrio*. In Oper wie Kammermusik verschloß er sich den Neuerungen. Es blieb alles beim Alten. Zudem war es ein Mißgriff, den Bologneser Martini-Schüler ANTONIO TOZZI (etwa 1736 - etwa 1812) zu engagieren. Er hatte das Mißgeschick, mit seinem *Orfeo* 1775 in die Nähe eines Größeren zu geraten. (Außerdem mußte er eines Liebeshandels wegen bei Nacht und Nebel verschwinden). Das für die Geschichte gravierendste Ereignis war mit eben dem Größeren verbunden: es handelte sich um die Uraufführung der opera buffa *La finta giardiniera* von WOLFGANG AMADEUS MOZART (1756-1791) im Salvatortheater am historischen 13. Januar 1775. Intendant der Musik und Spektakeln war JOSEPH ANTON GRAF SEEAU.

Mozarts
La finta giardiniera

Es war nicht das erste und auch nicht das letzte Mal, daß MOZART in München war und mit dem Hof in Berührung kam. Auf der großen Westeuropa-Reise, die 1763/66 Vater MOZART mit Frau und beiden Kindern NANNERL und WOLFERL unternahm, war München begehrte Station, die sie schon vom Januar 1762 kannten, als die Kinder sich vor MAX III. JOSEPH produzierten. Sie wurden vom Kurfürsten glanzvoll aufgenommen. Das geschah im April 1763 in Nymphenburg. »Wir sitzen in München«, schreibt LEOPOLD MOZART am 21. April 1763 an seinen Hausherrn LORENZ HAGENAUER nach Salzburg. »am Sonntag den 12:t Abends sind wir angelangt; am Montage war galla wegen dem Antoni Fest, wir fuhren nach Nymphenburg. Der Prinz von Zweibrücken, der uns von Wien kannte, sahe uns vom Schlose aus im Garten spazieren, er erkannte uns, und gab uns ein zeichen vom Fenster. wir näherten uns, und nachdem er vieles mit uns sprach, fragte er, ob der Churfürst wuste, daß wir hier wären. Wir sagten nein; Er schickte gleich einen neben ihm stehenden Cavaglier zum Churfürsten um ihm zu sagen, ob er die Kinder nich hören wollte-- wir sollten entzwischen im Garten spazieren gehen, und die Antwort erwarten.- - In der That kam gleich darauf ein Laufer, der uns meldete, daß wir um 8 Uhr bey der Musick erscheinen sollten.«

In diesem Brief fiel ein Name, den LEOPOLD MOZART zum ersten Male nennt: neben der Erwähnung des Pfalzgrafen FRIEDRICH MICHAEL (1724-1767) von Birkenfeld-Zweibrücken an anderer Stelle der des CLEMENS FRANZ DE PAULA, Herzog von Bayern (1722-1770), kurz Herzog CLEMENS VON BAYERN, Vetter des Kurfürsten. Dieser Herzog CLEMENS, seit 1741 mit der Pfalz-Sulzbacherin ANNA MARIA CHARLOTTE vermählt, führte im Clemens-Schlößl oder in der Max-Burg sein eigenes Musikleben. Er hielt eine Kapelle und ließ sogar Oper spielen, wobei er mit Interesse den Bestrebungen der Neueren entgegenkam. Seine Bibliothek enthielt unter anderem Werke von JOMELLI, TRAETTA, TERRADEGLIAS, GLUCK (wenn auch nur dessen *I Cinesi*). Wie stark sein persönliches Engagement war, geht daraus hervor, daß er sich hilfsbereit und nachdrücklich um junge Musiker, deren Begabung er erkannt haben muß, bemühte. So schickte er den Sänger JOHANN BAPTIST WALLISHAUSER (1735-1811), Schüler CAMERLOHERS und Hofsänger in Freising, zum Studium nach Italien. Der Heimgekehrte nannte sich, auf den Rat des Herzogs, von nun an VALESI. Als solcher ist er, nach des Herzogs Tod in das kurfürstliche Ensemble aufgenommen, bei der Uraufführung von Mozarts *La finta giardiniera* 1775 unter den Mitwirkenden zu suchen - von MOZART als »mezzo carattere« beschrieben - und auch 1781 bei der Uraufführung des *Idomeneo* in der Rolle des Neptun. Er war der Lehrer des VALENTIN ADAMBERGER (1740-1804), der in Diensten des Herzogs stand und ebenfalls der kurfürstlichen Kapelle einverleibt wurde. ADAMBERGER war 1782 in Wien der erste Belmonte in MOZARTS *Entführung aus dem Serail*. Unter den geförderten Instrumentalisten befand sich der Fagottist FELIX REINER (1732-1783), der ebenfalls auf Geheiß des Herzogs nach Italien ging, nach seinem Studium Mitglied der herzoglichen und dann der kurfürstlichen Kapelle wurde.

Clemens von Bayern

Der große Erfolg, den nun 1775 die in Anwesenheit des Kurfürsten, der Kurfürstin und der verwitweten MARIA ANTONIA WALPURGIS vollzogene Aufführung der um einiges später als *Gärtnerin aus Liebe* in Augsburg gespielten opera buffa fand, ließ in

74   Der 21jährige Mozart mit dem Orden vom Goldenen Sporn

75 Mozart berichtet am 14. Januar 1775 an seine Mutter über die Uraufführung der »Finta giardiniera«

76 – 79 Gemeinsamer Lagebericht von Mutter Mozart und Sohn an den Vater (1777) über Gespräche und Begegnungen in München

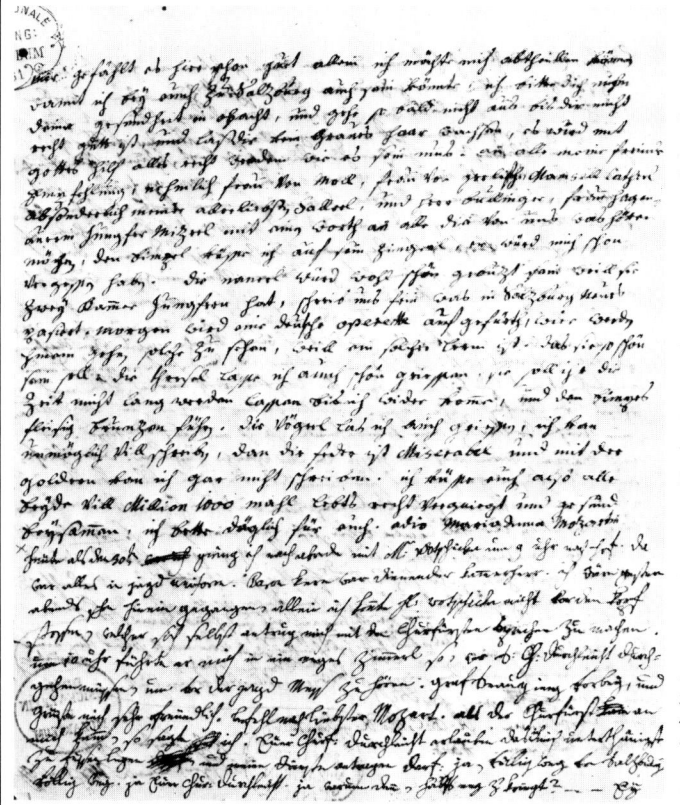
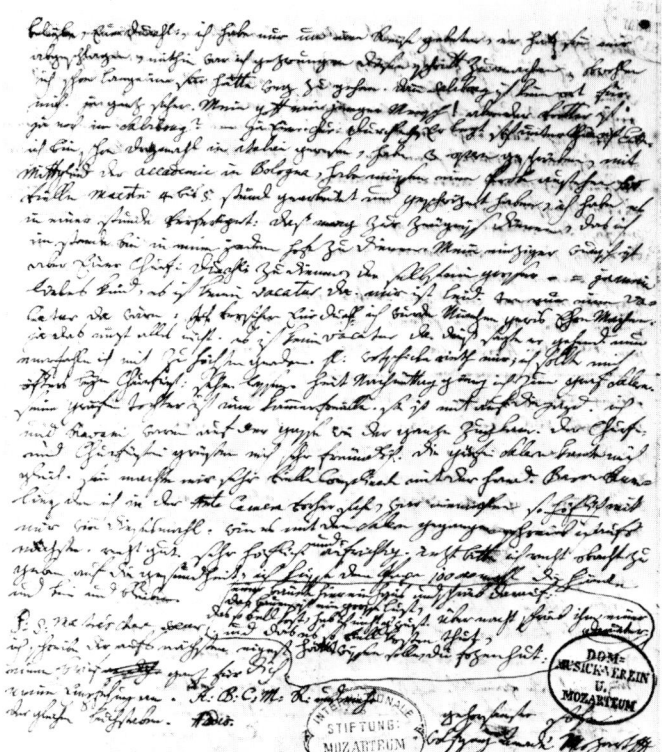

80   Orakelspruch aus dem »Idomeneo« Mozarts in seiner Handschrift

Salzburg Gerüchte aufkommen, Mozart würde in kurfürstlich bayerische Dienste treten. Davon war weder damals noch später je die Rede. Am 21. Januar 1781 meldete Vater Mozart seiner Frau, daß sich für eine weitere Aufführung der Oper die Herzöge Maximilian Joseph (1756–1825), der spätere Kurfürst und König, und Karl III. August Christian von Zweibrücken (1746–1795) sowie der »Churfürst von der Pfalz«, Karl Theodor, angesagt hätten.

Es ist seltsam, daß sich um den neunzehnjährigen Mozart, von dem, nach Schubarts *Deutscher Chronik,* die »Genieflammen« erkennbar geworden seien, die musikkundigen und musikfreundlichen wittelsbachischen Persönlichkeiten scharten, jene, in deren Obhut er sich gar zu gern begeben hätte.

Der ›Fall Mozart‹

Aber es kam nicht dazu. Auch nicht 1777, als Mozart, aus salzburgischen Diensten entlassen, vergeblich bei dem gleichen Kurfürsten, der ihm so freundlich entgegengekommen war, antichambrierte. Die berühmte Entgegnung Max III. Josephs auf Mozarts am 30. September 1777 persönlich vorgetragenes Ansuchen »Es ist keine vacatur da« ist oft genug von der klügeren Nachwelt glossiert worden. Daß Mozart weder bei Max Joseph in München noch bei Karl Theodor in Mannheim und dann, 1781, nach der Uraufführung des *Idomeneo,* bei Karl Theodor, der ihn gut kannte, in München ein Echo oder einen Platz fand, an den er gehört hätte, ist gewiß unbegreiflich. Aber eben weil beide Fürsten nicht nur musikliebend, sondern darüber hinaus musikverständig waren, müssen andere Gründe im Wege gestanden haben. Es besteht keine Ursache, die Schuld bei Mozart oder in irgendeinem Verhaltensfehler zu suchen.

Man könnte etwa in Erwägung ziehen, was zwar noch nicht erwiesen, aber denkbar wäre: daß Mozart einer geheimen Absprache zum Opfer fiel. So wie die Kaiserin Maria Theresia, die den kleinen Mozart gehätschelt hatte, ihren Sohn Ferdinand dringend davor warnte, Mozart an seinen Hof nach Florenz zu binden, spielt auch hier etwas mit, das auf einer ganz anderen als der persönlichen oder fachlichen Ebene liegt. Man kann, ohne es, wie gesagt, vorerst beweisen zu können, mutmaßen, daß der Ursprung der Aktion in Salzburg zu suchen ist, am Hof, weniger wohl beim Fürsterzbischof Hieronymus Colloredo, der viel zu aufgeklärt war, als beim Hofadel. Mozart war bekanntlich 1770 durch Papst Clemens XIV., denselben, der den Jesuiten-Orden aufhob, mit dem Orden vom Goldenen Sporn ausgezeichnet worden. Dieser Orden berechtigte seinen Träger, sich ›cavaliere‹, chevalier, Ritter zu nennen (wovon beispielsweise Gluck heftig Gebrauch machte). Das auffallende Schweigen, das selbst der sonst werbefreudige und gelegentlich gesprächige Vater über diesen ehrenvollen Vorgang breitete, mag seine Ursache im Einspruch der adelsstolzen Ruperti-Ritter gehabt haben, die es dem bürgerlichen musicus verwehrten, sich gleicher Gesellschaftsrechte zu erfreuen. Selbst bis in das augsburgische Patriziat wirkte diese Animosität. Es muß, so möchte man meinen, die fürstlichen Herren in München und Mannheim hart angekommen sein, gegen ihre künstlerische Überzeugung und ihr musikalisches Gewissen handeln zu müssen, zumal bei einem, der in der Tat mehr war als jene, die sie umgaben.

Denn allenthalben stand doch der Musik und den Musikern Tür und Tor offen: in München, Ismaning, Dachau, Schleißheim, in Freising, wo in der fürstbischöflichen Kapelle des Kardinals von Bayern, Johann Theodor (1703–1763), Bischofs auch von Regensburg und Lüttich, der Kanonikus und Kapellmeister Placidus von Camerloher (1718–1782) seines Amtes waltete und seinen Herrn nach Bonn und Düsseldorf, Lüttich und Paris begleitete. Der Murnauer Camerloher, Kirchen- und Schulmusiker, steht in seinen Sinfonien auf dem Scheitelpunkt zwischen italienischer Vergangenheit und ›mannheimischer‹ Zukunft. Das Verfahren in op. 4 beispielsweise, den *Sinfonie a duoi Violini, Alto-Viola, Violoncello oB.c.* von 1762 läßt die Möglichkeit offen, die Sinfonien im alten Sinn der Generalbaßüberlieferung (B.c.) zu musizieren oder aber im neuen Sinn der insbesondere von Joseph Haydn in den Quadri praktizierten Manier, es ohne Generalbaß zu tun und das Violoncello als Basis zu betrachten. Das kleine ›o‹ (ossia-oder) enthält ein wichtiges Stück Musik-

Placidus Camerloher

137

81   Hofkonzert mit Placidus Camerloher
(mit der Notenrolle dirigierend) und Fürstbischof Johann Theodor
(mit der Gambe)

geschichte. Es sollte nicht am Rande betrachtet werden, was da im Schatten der großen Zentren hervorgebracht wurde. Man ahnt nicht, wen man in CAMERLOHER vor sich hat, wenn man ihn auf dem Gemälde von DELCLOCHE, in Ismaning das Hofkonzert dirigierend, in seinem geistlichen Habitus sieht, nach barocker Manier die Notenrolle schwingend, anspruchslos und ein tätiger Mittler zwischen den Stilen und, wahrscheinlich ohne es zu wissen, Mitbereiter des Weges nach Mannheim.

Denn dies ist auf Grund der bisherigen Betrachtungen das entschiedene und entscheidende Ziel. Es wurde angebahnt und erreicht durch das, was sich in allen Bezirken da und dort, aber insbesondere innerhalb der wittelsbachischen Politik abspielte. Sie erhalten in dem, wovon noch zu sprechen sein wird, ihre volle und endgültige Bestätigung.

Voraussetzung und Vorgang wurden durch das bestimmt, was in diesem Rahmen geschah. Dazu gehören auch so nüchterne Tatsachen wie jene, daß just vor Ablauf des Jahres 1777, am 30. Dezember, MAX III. JOSEPH von Bayern starb. Durch seinen Tod ging eben nicht nur ein Teil der bayerischen Geschichte, sondern auch ein Kapitel Musikgeschichte zu Ende. Das heißt: mit dem Erlöschen seiner Linie ging das Erbe auf das Kurpfälzische Haus über. Das ist eine bekannte Tatsache. Ihre politischen Folgerungen sind geläufig. Weniger im Bewußtsein steht die musikgeschichtliche Konsequenz, die sich daraus ergab. Das diesbezügliche Bindeglied war dabei, so seltsam es auch erscheinen mag, die Erscheinung MOZARTS. Im übrigen sei nicht außer Acht gelassen, daß der bayerische Zweig zwar im Mannesstamm erloschen war. Aber es lebte immerhin noch als Kronzeuge der Vergangenheit des Kurfürsten Schwester MARIA ANTONIA WALPURGIS, die erst 1780 in Dresden starb und als aktive Teilhaberin am musikalischen Geschehen eine nicht unerhebliche Rolle spielte.

Pfalz-Bayern

Die scheinbar ausufernden Entwicklungstendenzen im genealogisch-politischen Ablauf führten die verschiedenen Linien und in ihrem Gefolge auch deren musikgeschichtlichen Anteil zum Zusammenfluß und zur Einmündung in einen einzigen Mittelpunkt.

Es sei erneut daran erinnert, um den Zusammenhang einzuhalten. 1685 war nach dem Erlöschen der pfälzischen Simmern-Linie mit PHILIPP WILHELM das Haus Neuburg in die kurpfälzischen Würden getreten. 1742, mit dem Tode KARL PHILIPPS übernahm die sulzbachische Nebenlinie der Neuburger mit KARL THEODOR das kurpfälzische Erbe. Es war ursprünglich für den Pfalzgrafen JOHANN CHRISTIAN bestimmt, ging aber, da JOHANN CHRISTIAN früh starb, auf dessen Sohn über. Es erhebt sich für den Historiker wie für den Musikgeschichtler die durchaus unwissenschaftliche Frage, wie die Dinge insgesamt verlaufen wären, wenn JOHANN CHRISTIAN das Erbe angetreten hätte. 1777 endete, wie bereits erwähnt, die bayerische Linie, so daß KARL THEODOR, dem Hausvertrag gemäß, mit der bayerischen und pfälzischen Kurwürde eine unerhörte Konzentration der politischen Kräfte in sich vereinte. Aber nicht nur im Politischen stellte dieses Pfalz-Bayern die vielzitierte ›dritte Kraft‹ (neben Preußen und Österreich) dar. Es wurde sogar innerhalb des musikalischen Entwicklungsprozesses in gleicher Weise dominierend. Man möchte von der ›zweiten Kraft‹ – neben Wien – sprechen, wenn nicht gar, unter dem Gesichtspunkt der Entwicklung, der ›ersten‹. Auch hier, im Zustandekommen des mit dem Namen ›Mannheim‹ verbundenen musikhistorischen Begriffs, spielten die angedeuteten politischen Schwerpunktverschiebungen eine merkbare Rolle. Sie wird in Verbindung gerade mit den sich anbahnenden grundlegenden musikalischen Folgerungen erkennbar. Denn es hätte sich auch anders auswirken können, wenn nicht dies geschehen wäre: nachdem PHILIPP WILHELM 1685 von Neuburg nach Düsseldorf übergesiedelt war und die von den Franzosen arg bedrängte pfälzische Residenz Heidelberg keinen Anreiz bot, verlegte PHILIPP WILHELMS Nachfolger, sein Bruder KARL PHILIPP, 1720 endgültig die Residenz nach Mannheim. So kam auf dem Wege von Neuburg über Düsseldorf nach Heidelberg und dann, lediglich von äußeren Umständen bestimmt, Mannheim, zunächst allein und schließlich in Kombination mit der von München einlangenden Linie die zentrale, vor allem kulturgeschichtliche Bedeutung Mannheims zustande.

Dieser weite Umweg, der, weil er an die pfälzische ›Vorgeschichte‹ anknüpfte, durchaus folgerichtig war, verlangt eine Darstellung der Ereignisse, wie sie sich abspielten, eine Rückblende auf die Vorgänge, die in zeitlicher Parallele zu dem standen, was vom Ablauf der Begebenheit im Umkreis der bayerischen Musikgeschichte berichtet werden konnte.

Es hatte sich an der Struktur im Grunde genommen nichts geändert, als PHILIPP WILHELM, statt in Neuburg oder Heidelberg zu ›regieren‹, es vorzog, die Residenz der Herzogtümer Jülich und Berg, die 1666 an die Neuburger gefallen waren, eben Düsseldorf, zum Sitz zu wählen. Im wesentlichen handelte es sich, soweit es die musikalischen Belange betrifft, zunächst um eine Art Fortsetzung der neuburgischen Erfolge. Neue Akzente setzte erst PHILIPP WILHELMS Sohn JOHANN WILHELM (1658-1716), der zwar die Verbindung zu Neuburg nicht ganz abreißen ließ, aber sich

Verlagerung nach Mannheim

Residenz Düsseldorf

doch, von seinen nunmehrigen rheinischen Landsleuten liebevoll Jan Wellem genannt, in der von ihm architektonisch bereicherten Stadt an Düssel und Rhein etablierte. Die 1709 von seinem Sekretär Giorgio Maria Rapparini erstellte Würdigung *Le portrait du vrai mérite dans la personne serenissime de Monseigneur l'Electeur Palatin* zitiert auch eine Reihe von Musikern am Düsseldorfer Hof, von denen doch einige des Erinnerns wert sind, zumal in ihren Beziehungen zur Umwelt.

Eine interessante Erscheinung ist der Bayer Johann Hugo Wilderer (1670/71–1724). Er hatte bei Giovanni Legrenzi in Venedig studiert, ehe er im Jahre 1687 in Düsseldorf Hoforganist wurde. 1696 bis 1702 wirkte er als Vizekapellmeister und stieg auf der Stufenleiter der Anerkennung immer höher: 1703 Hofkapellmeister, 1704 oder 1705 Erhebung in den Adelsstand. Im übrigen gehörte er zu jenen Düsseldorfer Musikern, die unter Karl Philipp mit in den neuen Bestand des Orchesters in Mannheim, wo er auch starb, aufgenommen wurde. Er war in erster Linie Opernkomponist. Es heißt allerdings, daß ein *Kyrie* und *Gloria,* in der Abschrift Bachs, lange Zeit als Werk des Thomaskantors galt. Fest steht der Zusammenhang mit einem anderen großen Zeitgenossen: 1710 begegnete er in Düsseldorf Georg Friedrich Händel (1685–1759), der auf dem Wege von Hannover – über Halle – nach London war. Es ist sogar darauf hingewiesen worden, daß gewisse innere Zusammenhänge zwischen dem Schaffen Wilderers und Händels anzunehmen seien, exemplifiziert in etwa im *Esther*-Thema nach Racine, das sich bei beiden vorfindet. Das Werk Wilderers, die nicht erhaltene *Esther,* wurde, was wiederum die Spannweite des Wirkungskreises anzeigt, 1723 als geistliche Oper in Heidelberg und 1724 als Oratorium in Mannheim aufgeführt. Interessant ist auch, daß sich Händel und Wilderer gleichermaßen der Anerkennung Agostino Steffanis rühmen durften. Ohne Steffanis Kammerduette sind die Duette Händels nicht denkbar. Steffani, der Ruhelose, der München verlassen hatte, war, mittlerweile »Envoy extraordinaire«, 1699 bis 1700 in Düsseldorf, begab sich dann nach Heidelberg und endlich nach Rom, wo er den von ihm geförderten jungen Händel 1709 kennen lernte, den er nach Hannover mitnahm. Vermutlich hatte er die Einladung Händels nach Düsseldorf vermittelt. Die Beziehung Händels zu Johann Wilhelm kann allerdings auch durch eine andere Seite hergestellt worden sein: durch den Prinzen Giovanni Gastone de Medici, den Händel seit 1703 kannte. Die Schwester des Prinzen, Anna Maria Luise, war die zweite Ehefrau des Kurfürsten. Übrigens war Händel auf der Rückkehr von London nach Hannover im Jahre 1711 wieder Gast am Rhein.

Georg Friedrich Händel

Ein anderer, den Rapparini nennt, ist der Nürnberger Georg Andreas Kraft (etwa 1660–1726), »Chef du concert des violons«. Dieser Geiger, der zu den Opern Wilderers die Balletteinlagen komponierte, hatte auf Geheiß des Kurfürsten in Rom studiert, um sich bei Archangelo Corelli zu »perfectionieren«. Kraft gebührt der Ruhm, die Hofkapelle so aufgebaut zu haben, daß Teile derselben später nach Mannheim überführt werden konnten. »Concertmeister Crafft«, der mit dem ihm befreundeten Wilderer an der Spitze der Hofkapelle an der Kaiserkrönung in Frankfurt 1711 teilnahm, hat die Auswirkung seiner orchestererzieherischen Tat in Mannheim nicht miterlebt, da er es vorzog, als Vogt in Kaster zu bleiben und an seinem Amtssitz zu sterben. Daß Johann Wilhelm seinen Geiger gerade zu Corelli schickte, läßt auf engere Beziehungen schließen. Archangelo Corelli (1653–1713) soll, was aber noch nicht belegt ist, 1679 eine Deutschlandreise, bei der er München, Heidelberg, Ansbach, Hannover und Düsseldorf besuchte, unternommen haben. Fest jedoch steht die Dedikation seines op. 6, der *Concerti da camera* von 1712 an Johann Wilhelm, auch wenn sie erst nach Corellis Tod durch Matteo Fornari erfolgt sein sollte. Das ihm von Johann Wilhelm errichtete Grabmonument im römischen Pantheon vermerkt seine Nobilitierung zum »Marchione de Ladenburg« (1715).

Archangelo Corelli

Auch Johann Schenk oder Schenck (etwa 1656–?), Gambist und als solcher einer der letzten Großen seines Instruments, wirkte am Düsseldorfer Hof. Johann Wil-

82–83   Zwei Musiker Jan Wellems:
Hugo Wilderer und Georg Andreas Kraft

84   Georg Friedrich Händel

85   Der »musicus famigeratissimus« Johann Schenk

HELM hatte ihn 1696 vermutlich aus Amsterdam berufen. »Herr Cammer-Rath Schenck« fungierte als Kammerdiener seines Herrn. Sein hauptsächlich der Instrumentalmusik zugekehrtes Schaffen vermittelt zwischen niederländischer und norddeutscher Technik. Man vermutet, daß er nach dem Tod des Kurfürsten in seine niederländische Heimat zurückkehrte. Über den Tod JAN WELLEMS hinaus wahrte hingegen die Lautenistenfamilie WEISS oder WEIS dem Haus die Treue. JOHANN JAKOB WEISS (etwa 1662–1754), der Schlesier, war 1708 aus Breslau kommend in die Düsseldorfer Kapelle eingetreten. Er siedelte 1718 mit KARL PHILIPP nach Heidelberg beziehungsweise Mannheim über. Sein Sohn SILVIUS LEOPOLD WEISS (1686–1750), der Berühmteste, kam 1715/16 als Kammermusiker nach Düsseldorf, das er aber 1718 wieder verließ. Sein Reiseleben führte ihn unter anderem auch nach Leipzig, wo er 1735 J. S. BACH nahekam. JOHANN SIGISMUND WEISS (etwa 1690–1737) trat mit seinem Vater in die Düsseldorfer Kapelle ein, ging mit nach Mannheim, wo er als »Hofinstrumentalmusikdirektor« starb.

Auffallend ist die starke Bevorzugung des instrumentalen Elements. Das soll nicht besagen, daß das Theater zu kurz kam. Dafür spricht das Opernwerk WILDERERS oder das des SEBASTIANO MORATELLI (gest. 1706), der vom kaiserlichen Hof in Wien mit der ersten Frau JOHANN WILHELMS, der Kaisertochter, nach Düsseldorf gekommen war und sich als Kapellmeister und Geistlicher Rat betätigte, ehe er sich nach Heidelberg auf sein Altenteil zurückzog. Oder es ist an den mailändischen Sänger und Vizekapellmeister CARLO LUIGI PIETRAGRUA, der sich PETER GRUA nannte, zu erinnern. Er wird von 1693 bis 1716 genannt. Seine Oper *Telegono,* nach der Poesie des Hofdichters PALLAVICINI, schickte JOHANN WILHELM als Geschenk an die Kaiserin ELISABETH, Gattin KARL VI.

JOHANN WILHELMS politische Interessen, die sich vor allem nach der Ächtung MAX EMANUELS von Bayern und Oberpfalz auf die Erwerbung dieser Landesteile richteten und wonach er seine Schachzüge beim Kaiser orientierte, hatten 1708 insofern einen Erfolg eingetragen, als in Regensburg der ›oberpfälzische Belehnungsaktus‹ zustandekam. Daß solches gefeiert werden mußte, war selbstverständlich. Nach der Poesie des kurpfälzisch-neuburgischen Geheimsekretärs und Hofdichters BENEDETTO PALLAVICINI (1672–1742) schrieb AGOSTINO STEFFANI die tragedia per musica *Tassilone,* die 1709 in Düsseldorf uraufgeführt wurde. Das Thema war beziehungsreich genug. Die vom Dichter angelegte Version stellt nicht den Titelhelden, sondern den Kurfürsten in Gestalt des »Gheroldo, principe di Svevia« – der historischen Erscheinung des Grafen Gerold, den Karl d. Gr. an die Stelle des abtrünnigen Bayernherzogs Tassilo III. setzte – in den Mittelpunkt. Großes barockes Festspieltheater mit Sängern, deren Namen in Venedig, Mailand und London genannt wurden –, Abglanz einer Epoche, die von einer bedeutenden Persönlichkeit geprägt wurde. JOHANN WILHELM umgab sich mit Künstlern von hohem Rang, wechselte Wort und Brief – so mit MORTARI und STEFFANI – mit ihnen, besaß, so erweckt es den Eindruck, eigenes künstlerisches Urteilsvermögen. Es war aber zugleich der Abglanz einer endenden Stil-Ära, deren Ablösung just von denen, die seine Nachfolge antraten, mitbestimmt wurde.

Die in jeder Hinsicht entscheidende Wendung vollzog sein Bruder KARL III. PHILIPP (1661–1742). Zumindest steuerte er durch seine Maßnahmen Wesentliches dazu bei. Seine Lebensdaten spiegeln den historischen Prozeß wider: der gebürtige Neuburger kehrte auf dem Umweg über Breslau und Innsbruck nach Neuburg zurück, wo er 1716/17 residierte, ging 1718 nach Heidelberg und, wie gesagt, 1720 nach Mannheim. Von seinem Wirken in Breslau beziehungsweise Brieg, das nicht mit dem seines kirchenmusikalisch wenig glücklichen Bruders FRANZ LUDWIG (1664–1732, seit 1683 Bischof von Breslau, später Kurfürst von Trier und seit 1729 Mainz) verwechselt werden darf, – von diesem frühen Wirken KARL PHILIPPS wird nur berichtet, daß er sich eine Kapelle hielt, aus der er einige Mitglieder auf seinem weiteren Weg mitnahm. Zweifellos sind darauf die Beziehungen der Lautenistenfamilie WEISS zu JOHANN WILHELM zurückzuführen. Nach seiner durch Kaiser

LEOPOLD 1704 ausgesprochenen Ernennung zum Gubernator für Tirol traf KARL PHILIPP 1707 in Innsbruck ein und übernahm auf volle zehn Jahre die kaiserliche Statthalterschaft. Er war unter allen Künsten der Musik besonders zugetan. Aus diesem Grunde galt seine Aufmerksamkeit nicht nur der Einrichtung seiner Hausakademien, sondern vor allem der Konstituierung der Hofkapelle, deren Qualität gerühmt wurde und deren geschichtlicher Ruhm darin bestehen sollte, daß sie – vereint mit den Düsseldorfer Kräften – die Grundlage des Mannheimer Orchesters wurde.

Die Innsbrucker Hofkapelle unterstand JOHANN JACOB GREBER (etwa 1700–?). GREBER hatte in Italien studiert, war in London, wo sein für Wien komponiertes Pastoral *Gli amori d'Ergasta* 1705 aufgeführt wurde, und in Breslau. Von dort ging er, seines Zeichens »churpfalzischer Hofkammerrat«, im Jahre 1707 als Kapellmeister nach Innsbruck, das heißt im Gefolge KARL PHILIPPS. Mit seinen Opern *L'allegrezza dell'Eno,* nach der Dichtung des aus Düsseldorf nach Innsbruck (und Mannheim) übernommenen PALLAVICINI, und *Enea in Cartago* (1711) war sein theatralischer Beitrag in Innsbruck erfüllt. Bis 1733 kamen spätere Werke noch in Heidelberg heraus. Inwieweit er aber am weiteren Verlauf beteiligt war, ist nicht ganz gesichert. Denn zwischen Innsbruck und Heidelberg fällt seine Beurlaubung nach Düsseldorf. Obwohl er in den Mannheimer Akten bis 1723 erscheint, ist nicht gewiß, ob er vorher nach Innsbruck zurückgekehrt ist.

Auch GOTTFRIED FINGER (etwa 1660 – etwa 1723) aus Olmütz entstammte der Breslauer Kapelle KARL PHILIPPS. 1707 wurde er »Kammermusicus und Instrumentalcomponist« in Innsbruck. Auf sein »sehnlige Verlangen« durfte er nach Düsseldorf, folgte aber 1717 KARL PHILIPP nach Neuburg und Heidelberg, endlich Mannheim. Festliche Musiktheater-Ereignisse mit politischem Akzent waren die Aufführung des *Radamisto* von FRANCESCO FEO anläßlich der Anwesenheit MAX EMANUELS von Bayern 1716 und, ein Jahr später, ein Huldigungsstück unbekannter Herkunft *Par sine pari* zur Vermählung der Tochter KARL PHILIPPS, der sangeskundigen ELISABETA AUGUSTA, mit dem Pfalzgrafen und Herzog in Bayern JOSEF KARL VON SULZBACH. Der Abschied von Innsbruck war aber keineswegs der Abschied von der Musik.

Auch während des Neuburger Intermezzos, das er nach der Übernahme der kurfürstlichen Würde vor die Übersiedlung nach Heidelberg einschob, kamen die Musen nicht zum Schweigen. Zwei Opern oder Pasticci wurden glanzvoll repräsentiert: *Crudeltà consuma amore* nach der Poesie des unentwegten PALLAVICINI und mit der Musik der maestri da capella GREBER, FINGER und STRICKER sowie *L'amicizia in terzo overo il Dionisio* mit der Musik von STRICKER, JOHANN DAVID HEINICHEN (1683–1729), FINGER und MESSA. HEINICHEN stand zu jener Zeit am Beginn seiner Dresdener Hofkapellmeistertätigkeit. Über MESSA ist nichts bekannt, wohingegen AUGUSTIN REINHARD STRICKER (etwa 1675 – etwa 1720) als musikgeschichtliche Persönlichkeit durchaus nicht im Verborgenen steht. Er war mit FINGER an der Berliner Hofkapelle und ist durch diesen wahrscheinlich nach Neuburg vermittelt worden. Er ist deshalb auffallend, weil er unmittelbar vor seiner Neuburger Zeit als Amtsvorgänger J. S. BACHS als Kammermusikdirektor in Köthen wirkte. G. PH. TELEMANN erwähnt ihn neben FINGER in seiner Autobiographie, die JOHANN MATTHESON 1740 in der *Grundlage einer Ehrenpforte* veröffentlichte, als »Churfältz. Capellmeister«.

Die Köthener Kapelle bestand, als sie BACH von STRICKER übernahm, aus achtzehn Musikern. Wenn, wie die Forschung feststellte, im Jahre 1723 dem Mannheimer Orchester allein sechzehn Mitglieder des Innsbrucker Ensembles angehörten, so ist bereits mit dieser Teilzahl angedeutet, um welche Größenordnung es sich bei dem respektablen Engagement KARL PHILIPPS handelte. Dieser neuburgischinnsbruckische Beitrag und die noch stattlichere Zahl von fast vierzig Musikern aus der neuburgisch-düsseldorfischen Provenienz ergeben eine Summe, die nicht allein der Zahl nach das Ansehen des Mannheimer Orchesters begründet haben.

Zum ersten Male taucht schon 1723 der Name CANNABICH auf, verbunden mit der Person des Elsässers MARTIN (MATTHIAS) FRIEDRICH CANNABICH (etwa 1700–1733), der übrigens der Flötenlehrer KARL THEODORS wurde. KARL PHILIPPS letzte große musikalische Tat war 1741 die Berufung des JOHANN STAMITZ (1717–1757) in die »direction über die gäntzliche churfürstliche Music«, vielleicht, wie man vermuten darf, im Gefolge des zu krönenden deutschen Kaisers, des Königs von Böhmen und Kurfürsten von Bayern KARL ALBRECHT. Die Auswirkung dessen, was STAMITZ erreichte, trat aber erst nach KARL PHILIPPS Tod zutage. Denn KARL PHILIPP starb 1742. Das bedeutete, daß mit ihm die Neuburger Linie ausstarb und die Hinterlassenschaft an den Sulzbacher KARL THEODOR überging. Vom Politischen abgesehen, ist, vergleicht man die Musikernamen, zwar eine ganz in sich geschlossene Entwicklung zu konstatieren, wohl aber – denken wir in Zusammenhang mit STRICKER an BACH und andererseits an STAMITZ! – zugleich ein grundlegender Stilwechsel. Es war ein Vermächtnis von Bedeutung, das, von drei großen kurfürstlichen Persönlichkeiten aus der Simmern-Linie begründet und verwaltet, übernommen wurde.

Johann Stamitz

Es bleibt, in diesem Zusammenhang ein Weniges aus der Vergangenheit nachzutragen, das, vielleicht nur mittelbar, aber dennoch gewichtig genug erscheint, um in Erwägung gezogen zu werden. Vor allem sind es gewisse Nebenergebnisse, die Aufmerksamkeit erfordern, einmal weil sie interessant sind, zum andern, weil sie gelegentlich in Kontakt zu den bereits abgehandelten Komplexen zu stehen kommen, jedenfalls des Erwähnens wert sein sollten.

Seit dem unglücklichen Winterkönig FRIEDRICH V. (1596–1632), von dem CHRISTIAN FRIEDRICH DANIEL SCHUBART in seinen *Ideen zur Ästhetik der Tonkunst* (1784/85 niedergeschrieben, erschienen Wien 1806) meldet, daß er die Harfe »vortrefflich« spielte und »auch in seinem Unglück immer musikalische Bedienten um sich« hatte, seitdem ist nicht viel Aufsehen erregendes geschehen, es sei denn, daß der 1633 verstorbene Breslauer SAMUEL BESLER in einer gewissen Voreiligkeit 1620 dem böhmischen König die *Citharae Davidiciae,* Musik aus dem Geiste HEINRICH SCHÜTZ', huldigend zu Füßen legte. Von FRIEDRICHS Tochter SOPHIE (1630–1714), der »Mutter der Könige von Preußen und England«, hingegen ist einiges zu berichten, das eine gewisse Geschichtswürdigkeit besitzt. Zwar geben ihre Memoiren und Korrespondenzen wenig Aufschlüsse. Im Briefwechsel mit LEIBNIZ erscheinen sporadisch die Namen STEFFANI und ATTILIO ARIOSTI (1666 – etwa 1740). Aber in den Briefen an ihre Tochter SOPHIE CHARLOTTE (1668–1705), die Kurfürstin von Brandenburg und preußische Königin, läßt sie dies und jenes über musikalische Begebenheiten verlauten, die in Hannover vonstatten gingen. SOPHIE VON DER PFALZ, seit 1655 Gattin des Herzogs ERNST AUGUST VON BRAUNSCHWEIG-LÜNEBURG, hatte, seit der Herzog Kurfürst von Hannover war, guten Einblick speziell in die musikalischen Verhältnisse am hannöverschen Hof. Die zentrale Erscheinung im musikalischen Leben an der Leine, in Hannover und Herrenhausen, war der immer wieder auftauchende AGOSTINO STEFFANI, der vor allem im Politischen seine Hände tatkräftig im Spiel hatte. Immerhin wurden von 1689 bis 1696 auch zehn seiner Opern in Hannover aufgeführt, darunter der berühmte *Enrico Leone,* mit dem das Opernhaus 1689 eröffnet wurde. In Briefen der seit 1698 verwitweten Kurfürstin SOPHIE erscheint auch der Name HÄNDELS, voller Anerkennung, ja Lob, so wenn sie von der Musik eines »Sachsen« spricht, die »alles übertrifft, was ich je auf dem Clavier und in der Composition gehört habe«. Das war 1710, als HÄNDEL Kapellmeister wurde. Zwei Jahre später unternahm er seine zweite Reise nach London, von der er nicht zurückkehrte. Er befand sich allerdings 1716 im Gefolge des neuen Kurfürsten GEORG LUDWIG, der, nunmehr als GEORG I. auch König von England, vorübergehend in seinen Stammlanden residierte.

Sophie von der Pfalz

Es bleibe offen, inwieweit die musikaufgeschlossene Wittelsbacherin in Hannover bei den künstlerischen Initiativen ERNST AUGUSTS oder auch ihres Sohnes mitwirkte. Anzunehmen ist es. In einem Brief an die Raugräfin AMALIE in Heidelberg (1708) berichtet sie über eine Aufführung der Oper *Jason* von GEORG CASPAR SCHÜRMANN

86 Kurfürst Karl Theodor, 1757

87 – 88 Das »teutsche Comödienhaus« und die große Hofkirche in Mannheim

(etwa 1672–1751) in Braunschweig, daß die »spectaquelen über die massen schön« waren und »können in Italien nicht besser gemacht werden«.

Der kleine Exkurs erscheint auf alle Fälle ergiebiger als die Frage, wie es sich mit der Musiknähe der Nichte Sophiens, der forschen Liselotte von der Pfalz, Elisabeth Charlotte (1652–1722) verhielt, der Heidelbergerin, Tochter Karl Ludwigs und Enkelin des Winterkönigs. Immerhin: als zweite Gemahlin des Herzogs Philipp I. von Orléans (1671) kam sie in unmittelbare Berührung mit der durch und in Jean Baptiste Lully verkörperten Musik- und Theaterwelt Ludwig XIV., ihres Schwagers. Inwieweit die Querelen um den auf das Zustandekommen einer opéra français bemühten Robert Cambert (etwa 1628–1677) und seine mit dem Auftreten Lullys zerstörten Hoffnungen, wenigstens am Amt des »Intendant de musique« des Herzogs teilnehmen zu können, bis zu Elisabeth Charlotte vordrangen oder sie sogar beschäftigten, ist fragwürdig. Aber des Erwähnens wert ist, daß der Vater des François Couperin le Grand, Charles Couperin (1638–1678/79), Organist und Geiger, als »officier de Mme la Duchesse d'Orléans« zitiert, in unmittelbaren Bezug zu ihr zu bringen ist. *Liselotte von der Pfalz*

Überraschenderweise um vieles ertragreicher als dieses französische Intermezzo ist eine andere ›ausländische‹ Episode, von der man es nicht erwarten zu können glaubt. Es handelt sich um die schwedische Königszeit der Zweibrücken-Kleeburger Linie der Wittelsbacher. 1654 hatte auf Betreiben der dem Thron entsagenden Christine von Schweden Karl Gustav (1622–1660) als Karl X. den schwedischen Königsthron in Besitz genommen. Ihm folgten Karl XI. (1655–1697) und Karl XII. (1682–1718). Das musikalische Rückgrat dieser drei Könige bildete eine einzige, übrigens auf deutschen Ursprung zurückgehende Musikerfamilie: die von dem Leipziger Thomaskantor Andreas Düben (1558–1625) abstammende, in ihrer Einmaligkeit den Bachs und Couperins ähnelnde Familie Düben. Des Andreas Sohn Anders Düben d. Ä. (etwa 1590–1662) hatte bei Jan Pietersz Sweelinck in Amsterdam studiert. Etwa 1620 kam er nach Stockholm und wurde 1640 Hofkapellmeister. Er schrieb auf den Tod Karl X. ein *Miserere*. Sein Sohn Gustav Düben (1624–1690) trat 1648 in die Hofkapelle ein und wurde 1663 Nachfolger seines Vaters. Der aufgeschlossene und gebildete Künstler, dessen Sammlung (›Dübensammlung‹ der Universität Uppsala) mit Werken und Widmungen bedeutender Zeitgenossen von Weltoffenheit und Kenntnissen zeugt, hatte sich seine Erfahrungen wahrscheinlich auf seinen in den Sechzigerjahren unternommenen Reisen erworben. *Schwedisches Intermezzo*

Seine Beziehungen waren weit gespannt. Es begegnet Vincenzo Albrici, der Leiter der italienischen Operntruppe, eben derselbe, der kurzzeitig am Neuburger Hof wirkte. Die Heinrich Schütz-Schüler Christoph Bernhard (1627–1692) und Matthias Weckmann (1621–1674) gehören dazu, vor allem aber Dietrich Buxtehude (etwa 1637–1707) und der Bernhard-Schüler Christian Ritter (etwa 1645/50 – etwa 1725). Buxtehude, von dem der junge Bach nachhaltige Eindrücke empfing, komponierte 1680 eine *Aria sopra la Nozze di Sua Maesta il Re di Svezia,* das heißt zur Hochzeit Karl XI. mit Ulrike Leonore von Dänemark. Ritter war zwischen 1681 und etwa 1717 in Stockholm, seit 1690 als Hofkapellmeister. Aus den in Dübens Sammlung enthaltenen Namen läßt sich schließen, daß er auch in Italien war (Carissimi). Sein Schaffen ist für die schwedische Musikgeschichte von Bedeutung (u. a. erste komponierte Chorwerke in schwedischer Sprache). Der jüngere Gustav Düben (1659–1726) war seit 1691 neben oder mit Christian Ritter Hofkapellmeister. Er wurde von Karl XII. im Jahre 1698 geadelt, die gleiche Auszeichnung, die seinem Sohn Anders Düben d. J. (1673–1728) im Jahre 1707 zuteil wurde. Dieser Düben, Kapellmitglied seit 1686, Hofkapellmeister seit 1699, öffnete dem französischen Operngeschmack die Tore. 1726, inzwischen zum Hofmarschall ernannt, legte er sein Musikamt nieder.

Die schwedische Regierungszeit der Wittelsbacher deckt sich ungefähr mit der Zeit des musikalischen Schaffens der Familie Düben. 1718 war mit dem Tod Karl XII. dieses Sonderkapitel abgeschlossen.

89 Das Adelswappen der Düben

Der kurpfälzische Raum mit Mannheim, Heidelberg und Schwetzingen wurde zum Quellbecken der Musik- und Theatergeschichte. Der dies zuwegebrachte, KARL IV. PHILIPP THEODOR, kurz: KARL THEODOR (1724–1799), konnte auf den Voraussetzungen aufbauen, die JOHANN WILHELM und KARL PHILIPP geschaffen hatten. Wie sich, rein aus genealogischen Gründen, die Erbfolge der Pfalz-Neuburger und der Pfalz-Simmerner auf diese eine Persönlichkeit, den Sulzbach-Birkenfelder, konzentrierte, ergoß sich auch der Zusammenfluß der vorgegebenen musikgeschichtlichen Strömungen in eben diesen einen Raum, der seiner Obhut unterstand.

Der ›Mannheimer Stil‹   Die Konzeption des ›Mannheimer goût‹ oder Stils, der ebensosehr das kompositorische Element von Form und Struktur, Stil und ästhetischer Begründung endgültig von der barocken Überlieferung löste, wie sie die Musizierpraktiken auf eine andere als bisher geübte Manier stellte, kam gewiß nicht von ungefähr. Aber das Modell, das einen MOZART in Bann schlug, das Vorbild und die Zusammenfassung, die ihrerseits Schule machten, bestand wesentlich aus dem, was in eben dieser modernen Manier das Mannheimer Orchester zu präsentieren vermochte. Selbst LEOPOLD MOZART, der Kritische, der von der »Mannheimerei« erschreckt war, mußte 1763 über dieses Orchester bekennen: »ohne Widerspruch das beste in Teutschland«. Der Engländer CHARLES BURNEY (1726–1814) lernte es auf seiner Reise 1772 kennen und bemerkt in *The Present State of Music in Germany, the Netherlands and United Provinces:* »Es sind wirklich mehr Solospieler und gute Komponisten in diesem als vielleicht in irgendeinem Orchester in Europa. Es ist eine Armee von Generälen, gleich geschickt, einen Plan zu einer Schlacht zu entwerfen, als darin zu fechten« (nach der deutschen Ausgabe *Tagebuch einer musikalischen Reise,* Hamburg 1772/73). Bemerkenswert ist dazu MOZARTS Bestätigung: »das orchestre ist sehr gut und starck . . . es läst sich eine schöne Musick machen« (1777), mit dem Hinweis, daß es um die Kirchenmusik jedoch schlecht stünde, » . . . weil man hier ietzt bey dermaligen umständen hauptsächlich für die istromenti schreiben muß, weil man sich nichts schlechters gedencken kann, als die hiesige Vocal-stimmen. sie haben nur 2 Castraten hier, und die sind schon alt. mann läßt sie halt absterben.« SCHUBART, der Ähnliches sagt, weiß aber auch zu melden, daß dem Kurfürsten der »Glanz zu verdanken, der sogar den Neid des stolzen Auslands erregt und seinen Hof zu einer Schule des wahrhaft guten Geschmacks in der Tonkunst gemacht hat.« Nach Aufzählung der mannigfachen guten Taten KARL THEODORS, der, »ein enthusiastischer Verehrer der Tonkunst«, selbst die Flöte spielte und alles nur Denkbare unternahm, auch zur Förderung seiner Landeskinder beizutragen, faßt er zusammen: »Das Theater des Churfürsten und sein Concertsaal waren gleichsam ein Odeum, wo man die Meisterwerke aller Künstler charakterisiert«. Das betrifft die Vielfalt im Repertoire des Musiktheaters, das sich nicht nur auf hauseigene Komponisten beschränkte, sondern tief hineingriff in das zeitgenössische Schaffen, etwa zu NICCOLO JOMELLI, GLUCK und dem jüngsten Bach-Sohn JOHANN CHRISTIAN BACH. Auch das Experiment fehlte nicht (GEORG BENDAS Melodramen, WIELAND-SCHWEITZERS deutsches Singspiel mit ernstem Stoff wie *Alceste* und *Rosemunde*). Auf der anderen Seite war es eben die hohe Qualität des Orchesters, die die Einmaligkeit der Faszination auslöste. Aus den Reihen der führenden Mitglieder dieses Orchesters rekrutierte sich das, was als ›Mannheimer Schule‹ in die Geschichte eingegangen ist und Musikgeschichte ›gemacht‹ hat.

»Kein Orchester der Welt hat es je in der Ausführung dem Mannheimer vorgethan. Sein Forte ist ein Donner, sein Crescendo ist ein Catarakt, sein Diminuendo – ein in die Ferne hin plätschernder Krystallfluß, sein Piano ein Frühlingshauch. Die blasenden Instrumente sind alle so angebracht, wie sie angebracht seyn sollen: sie heben und tragen, oder füllen und beseelen den Sturm der Geigen.« Diese poetische Auslassung des dichtenden Musikers SCHUBART umreißt mit der Schilderung des Orchesters und seiner Klanglichkeit zugleich die Elemente des Mannheimer Stils,

148

des ›modernen‹ Stils schlechthin, der in der Exekution durch dieses Musterorchester zur Vollendung gebracht wurde. Aber nicht nur dies, auch die Atmosphäre wird beschrieben: »Wenn der Churfürst in Schwetzingen war, und ihm sein vortreffliches Orchester dahin folgte; so glaubte man in eine Zauberinsel versetzt zu seyn, wo alles sang und klang.« Nur noch Klopstocks Enthusiasmus übertrifft Schubarts Begeisterung: »Hier schwimmt man in den Wollüsten der Musik.«

Auch die Kirchenmusik erreichte nach und nach ein neues, höheres Niveau. Namen wie TELEMANN und HÄNDEL – der *Messias* in italienischer Sprache unter VOGLER – und die der Mannheimer Komponisten stehen auf dem Arbeitsprogramm. CHRISTOPH MARTIN WIELAND, der in Mannheim MOZART begegnete, meint 1777, daß ihm eine Christmette in der Hofkirche »über alle fêten und Opern geht«.

An allem, was in »Concert« und Theater und in der Kirche geboten wurde, nahm die Öffentlichkeit teil: » . . . die Opern und Conzerte, wozu alle seine Unterthanen Zutritt haben, bilden durchs ganze Churfürstenthum den musicalischen Geschmack«, konstatiert BURNEY, eine Wirkung, die er darauf zurückführt, daß eben die Musik »Sr. Churfürstl. Durchlaucht liebster und beständigster Zeitvertreib« war. Sein Bemühen um die neue Literatur und um die Konzeption eines Nationaltheaters hatte auch in der Musik weitreichende Parallelen, des Inhalts, daß nicht nur Musik und Musikpflege sein förderndes Wohlwollen fanden, sondern seine Ziele über das Künstlerische hinausgingen. Dazu gehört das Interesse an den theoretisch-didaktischen Belangen. 1761 bis 1767 hatte FRANZ XAVER RICHTER *Harmonische Belehrungen oder gründliche Anweisung zu der musikalischen Ton-Kunst oder regulären Composition* verfaßt. Er widmete sie dem Kurfürsten und begründete, »daß das in Höchstderoselben Dienst stehende musikalische Collegium für eines der hervorragendsten und vollkommensten in Europa zu halten sei«. Ein anderer Beleg für das über das künstlerische Engagement weit hinausgehende Verständnis KARL THEODORS ist die 1776 erfolgte Proklamation einer ›Mannheimer Tonschule‹ durch den Abbé VOGLER.

Das allenthalben gerühmte und berühmte Orchester, Fundament aller Bestrebungen und Erfolge, hatte in JOHANN STAMITZ im Sinne des Wortes die berufenste Persönlichkeit an seiner Spitze. Mit seinem Namen verbindet sich in erster Linie die berechtigte Vorstellung eines großen Virtuosen, Orchesterführers und Lehrers. Aber man sollte darüber die für die Mannheimer ›Schule‹, das heißt die Stilrichtung, Grundlagen schaffenden Kompositionen STAMITZ', seine Sinfonien und Konzerte, nicht minder bewerten. Denn, um es kurz zu formulieren: durch ihn wurde die klassische Sinfonie mit ihren vier Sätzen (im Unterschied zur Dreisätzigkeit der Italiener) und die Themendualität der Sonatentechnik auf den Weg gebracht. Alles, was zu MOZART und BEETHOVEN und darüber hinaus führte, wurde aus diesem Ursprung heraus erst ermöglicht. Es ist beziehungsvoll, daß die Franzosen, als sich STAMITZ auf seiner zweiten Paris-Reise 1754 präsentierte, den Sinfonietyp des Böhmen aus Mannheim als »Sinfonie d'Allemagne« deklarierten. STAMITZ war, als er 1742 sein vielzitiertes Frankfurter Krönungskonzert gab, bereits in Mannheim ansässig. Seine Anerkennung war so groß, daß er schon 1743 »Erster Hof-Violist« wurde und, nach der Ablehnung einer Berufung nach Stuttgart (1748), als »Instrumental-Music-Director« (1750) zum Verantwortlichen avancierte. 1751 und 1754 reiste er nach Paris, von MELCHIOR GRIMM in dessen gleichbetitelter Schrift als »Le Petit Prophète de Boehmischbroda« apostrophiert. Das Wirken STAMITZ', dessen Lebensgeschichte fast mozartisch kurz war, fällt noch in die Lebenszeit JOHANN SEBASTIAN BACHS, HÄNDELS, TELEMANNS. Diese Tatsache ist in Betracht zu ziehen, will man sich Klarheit darüber verschaffen, welche geradezu revolutionierende Kraft aus dem »Enthusiasmus des Genies« (Burney) erwuchs. Nur weil sein Leben vorzeitig endete, wird die Vorstellung erschwert, daß er ein junger Zeitgenosse der genannten Alten war, unter deren Augen die ›Revolution‹ vollzogen wurde. Welcher grundlegende Wandel sich begeben hatte, mag daraus ersichtlich sein, daß die Praxis der alten ›Instrumentenchöre‹, die auch in Mannheim noch in den Zwanzigerjahren des

Auswirkungen Johann Stamitz'

90 Der Vater der »Mannheimer«: Johann Stamitz

18. Jahrhunderts geübt wurde, durch das ›Orchester‹ endgültig abgelöst worden war.

STAMITZ war der Lehrmeister einer Reihe von Persönlichkeiten, die mit und nach ihm den hohen Stand und die Zukunftsträchtigkeit der ›Mannheimer‹ bestimmten.

Christian Cannabich — Das gilt vor allem für CHRISTIAN CANNABICH (1731–1798), der schon als Dreizehnjähriger, das heißt bereits während der Stamitz-Ära, in die Hofkapelle eintrat. Er war Schüler STAMITZ'. Darüber hinaus boten ihm die Atmosphäre des Elternhauses und der Reichtum dessen, was ihm Musik- und Theaterleben Mannheims vermittelte, eine Fülle von Anregungen. Auf Veranlassung des Kurfürsten wurde ihm die Möglichkeit verschafft, bei NICCOLO JOMELLI in Rom Komposition zu studieren. 1753 heimgekehrt, begab er sich ein Jahr später nach Mailand (zu SAMMARTINI?). 1759 begegnet sein Name wieder in Mannheim, und zwar in Verbindung mit dem Titel eines »maestro de'concerti«. Von 1764 an war er – mit Unterstützung durch CHRISTIAN IV. VON PFALZ-ZWEIBRÜCKEN – etliche Male in Paris. Als MOZART 1777 dem ihm von früher her bekannten CANNABICH, der ihm Freund wurde und über den Tod hinaus blieb, in Mannheim besuchte, war der längst Berühmte Direktor der Instrumentalmusik (als welcher er 1778 KARL THEODOR nach München folgte). Als Operist aus der Schule JOMELLIS, als Instrumentalkomponist mit Sinfonien, Orchestertrios und Quartetten den Mannheimer Stil zur Perfektion führend und als Dirigent ist CANNABICH, Generationsgenosse JOSEPH HAYDNS, bei allen kritischen Einschränkungen, deren man sich nicht enthalten darf, nicht zuletzt als eine Art Mentor MOZARTS und dessen – neben JOHANN CHRISTIAN BACH – anregendes und gültiges Vorbild aus dem gesamtgeschichtlichen Ablauf der Musik und ihres speziellen Mannheimer Kapitels nicht fortzudenken.

Die Nachwirkung STAMITZ' erstreckt sich bis auf die dritte Mannheimer Generation. Der Violoncellist ANTON FILZ (etwa 1730–1760), der seit 1754 dem Orchester angehörte, bezeichnet sich in seinen *Six Sonates en Trio* als »Virtuoso di Camera di sua A. S. L'electore Palatino e Dissepolo di Giovan Stamitz«. Möglicherweise war auch KARL JOSEPH TOESCHI (gest. 1788) Schüler STAMITZ'. Er war der Sohn des 1742 aus Stuttgart zugezogenen Mannheimer Konzertmeisters und späteren Direktors der Instrumentalmusik, ALESSANDRO TOESCHI (etwa 1700 – etwa 1758), Nachkomme der italienischen Aristokratenfamilie TOESCA. KARL JOSEPH TOESCHI, seit 1752 im Orchester, brachte es 1774 bis zum Kabinetts-Musikdirektor. Nachweislich Schüler STAMITZ', aber auch CANNABICHS, war JOHANN BAPTIST TOESCHI (etwa 1740–1800) seit 1774 Konzertmeister. Er saß am gleichen Pult mit IGNAZ FRÄNZL (1736–1811), von dessen Spiel MOZART meint: »er ist meinethalben kein hexmeister, aber ein sehr solider Geiger«. FRÄNZL war der Lehrer seines Sohnes FERDINAND FRÄNZL und des FRANZ ECK (1774 – etwa 1804). Durch ECK, der schon in die Münchner Phase der Mannheimer gehört, wirkte die Schule bis auf LOUIS SPOHR weiter, das heißt bis in das 19. Jahrhundert. Ebenfalls Schüler STAMITZ' und CANNABICHS war CARL STAMITZ (1745–1801), der 1762 bis 1770 Mitglied des Orchesters war, sich danach zum international anerkannten Reisevirtuosen und Komponisten entwickelte. Zwei weitere Lehrer dieses Stamitz-Sohnes haben allgemein-musikgeschichtliche Bedeutung erlangt. Der eine ist der Wiener IGNAZ HOLZBAUER (1711–1782). Er kam dank seiner Lehrjahre in Wien und Venedig aus der Tradition, war viel umhergewandert, ehe er von Stuttgart aus 1753 in Mannheim landete. Seines Zeichens Oberkapellmeister, erfreute er sich der Gunst des Kurfürsten, der ihm die Möglichkeit zu drei Italien-Reisen bot. Seine deutsche Oper *Günther von Schwarzburg* – deutsch in der Sprache, nach der Dichtung von ANTON KLEIN, und deutsch im Inhalt – erregte 1777 wie seine Kirchenmusik MOZARTS nachhaltige Bewunderung. Der andere, der des jungen STAMITZ' Lehrer war, ist der aus Mähren stammende FRANZ XAVER RICHTER (1709–1789). Er war 1747 über Kempten im Allgäu als kurfürstlicher Kammerkompositeur in mannheimische Dienste getreten. Nach Abschluß des erwähnten Traktats begab er sich auf Reisen und folgte 1769 einem Ruf in das Kapellmeisteramt am Straßburger Münster.

Immer wieder begegnet man bei der Aufzählung der Musikerpersönlichkeiten, die

91 Der Freund Mozarts:
Christian Cannabich

Chretien Cannabich

Dedié a Son Altesse Serenißime Monseigneur
Le Prince Louis
Prince Hereditaire de Heße Darmstadt &. &. &.

Par Egide Verhelst, Professeur de L'academie des Dessins, de Dußeldorff Membre de L'academie des Dessins de Mannheim,
et Graveur de S. A. S. E. Palatine a Mannheim 1779.

92–93 Ein theatergeschicht-
liches Ereignis: Holzbauers
»Günther von Schwarzburg«,
Mannheim 1777

KARL THEODOR

Dem Durchlauchtigsten Gönner
der Tonkunst

Unter dessen erhabenem Schutze
die Pfältzische Bühne zum erstenmal
einen deutschen Helden besang,
widmet dies Werck
mit dem höchsten Beyfall gekrönet
zum Denkmal der Treue, des Dankes,
und der Liebe,

Sein erster Kapellmeister

HOLZBAUER.

GÜNTHER VON SCHWARZBURG

ein

SINGSPIEL

IN

DREI AUFZÜGEN

in

Musik gesetzt

und

SEINER KURFÜRSTL: DURCHLAUCHT
ZU PFALZ
ZUGEEIGNET

von

Höchst derselben ersterem
Kapellmeister:

JGNATZ HOLZBAUER

MANNHEIM
Jn der Kuhrfürstlich Privilegirten Noten fabrique
Von Johann Michael Götz

kostet 11 Gulden reinisch.

KARL THEODOR nach Mannheim an sich gezogen hatte, dem Namen MOZARTS. Das trifft für CANNABICH zu und für HOLZBAUER und insbesondere für die Familie des Flötisten JOHANN BAPTIST WENDLING (1723–1797). Dieser Elsässer war erst in Zweibrücken tätig, bevor er, 1751, nach Mannheim übersiedelte und sich 1778 jener Gruppe von Musikern anschloß, die es vorzogen, in Mannheim zu bleiben. Seine Frau DOROTHEA, geb. SPURNI, war Hofsängerin. Beider Tochter ELISABETH AUGUSTA WENDLING (1752–1794), die »Gustl«, von der der sie rühmende MOZART behauptet, daß sie des Kurfürsten Maitresse sei, war Opernsängerin in Zweibrücken, Mannheim und München. Ihre Tante ELISABETH AUGUSTA WENDLING (1746–1786), Tochter des Mannheimer Sängerpaars SARSELLI, war in München die erste Elettra in Mozarts *Idomeneo* (1781). FRANZ ANTON WENDLING (1729–1786), Bruder des JOHANN BAPTIST, gehörte seit 1755 als Geiger dem Mannheimer Orchester an und ging mit nach München, im Gegensatz zum Neffen des JOHANN BAPTIST, JOHANN KARL WENDLING (1750–1834), der als Geiger in Mannheim blieb. Endlich: DOROTHEA WENDLING (1767–1839), Tochter FRANZ ANTONS, war »Virtuosa da Camera« in München.

Wie sehr die WENDLINGS, die als eine einzige Musikerfamilie ein Stück Mannheimer Musik um KARL THEODOR repräsentieren, in MOZARTS Mannheimer Zeit hineinspielten, geht aus der Korrespondenz hervor, die MOZART mit seinem Vater führte. In ihr spielt auch GEORG JOSEPH VOGLER (1749–1814), der »Abbé Vogler« der

Musikgeschichte, eine große, wenn auch nicht immer freundliche Rolle. VOGLER, aus der Umgebung von Würzburg stammend, war zunächst Theologe, als welcher er 1771 mit dem Titel eines »Kurfürstlich pfälzischen Almoseniers« und als Hofkaplan in Mannheim auftauchte. Nach einer Italienreise wird er 1774 zum zweiten Male genannt: nunmehr als Geistlicher Rat und Vizekapellmeister. Dieser kuriose, höchst eigenwillige, aber an Initiativen reiche Musiker, dessen Wirken und Wirkung noch nicht ausgeforscht sind, wird leicht durch die Brille MOZARTS und übrigens auch BEETHOVENS, der ihm ebensowenig Sympathie entgegenbrachte, gesehen und beurteilt. Immerhin war der wohl eher vom Theoretischen als vom Künstlerischen her zu Respektierende, der zumindest als Lehrer CARL MARIA VON WEBERS und GIACOMO MEYERBEERS nicht zu übersehen ist, der Schöpfer der ›Mannheimer Tonschule‹, die durch ihn, auch wenn er längst nicht mehr nach Mannheim gehörte – 1784 war er Nachfolger des jüngeren BERNASCONI in München – bis in das 19. Jahrhundert hinein ausstrahlte. Seine unmittelbaren Mannheimer Schüler waren der komponierende Violoncellist FRANZ DANZI (1763–1826) und sein eifersüchtiger Konkurrent PETER WINTER (1754–1825), der allerdings seinen Lehrer verleugnete. DANZI war ein Sohn des Italieners INNOCENZ DANZI (etwa 1730–1798), Violoncellist der Hofkapelle in Mannheim wie München, wohin ihm sein Sohn 1781 folgte und zwei Jahre danach die Stelle seines Vaters übernahm.

Es ist selbstverständlich, daß sich MOZART, um einen Platz bittend, 1777/78 durch VOGLER irritiert fühlte; ob mit Recht oder nicht, soll offen bleiben. Weniger selbstverständlich jedoch erscheint es, daß er auch in Mannheim, wie vordem in München, nur einem verlegenen »Achselschupfen« und nach langen Wochen des Wartens einer endgültigen Ablehnung begegnete. Das verwundert umsomehr, als KARL

THEODOR ein Kenner war, der bei anderen seine Vertrautheit mit den Dingen von Musik und Theater und seinen Mut zum Wagnis bewies. Das unter seiner Ägide entwickelte Repertoire war weit gespannt. Es enthielt Werke von JOMELLI, TRAETTA, GRAUN, HASSE, BENDA, SALES, AGRICOLA, dem Londoner BACH, GLUCK. »Ihre Werke wechselten jahraus, jahrein mit den Kompositionen seiner eigenen Meister ab, so daß es keinen Ort in der ganzen Welt gab, wo man seinen musikalischen Geschmack in einer Schnelle so sicher bilden konnte als in Mannheim« (Schubart). In Schwetzingen ließ er GLUCKS *La Cythère assiégée* (1759) aufführen. Er huldigte vor aller Augen 1774 dem auf der Heimreise von Paris nach Wien befindlichen GLUCK mit einer ebenfalls in Schwetzingen arrangierten Aufführung von JOHANN CHRISTIAN BACHS *L'amore vincitore*, indem er ihm einen Ehrenplatz zuwies, auf dem GLUCK, vom köstlichen Mittagsmahl bei HOLZBAUER ermüdet, die Festivität – verschlief. KARL THEODOR ließ sich aus Paris über die sogenannten ›Reform‹-Opern GLUCKS orientieren. Überhaupt stand er den ›modernen‹ Bestrebungen wohlwollend gegenüber. So galt seine Wertschätzung den Werken JOMELLIS, wie aus seinem Briefwechsel mit dem römischen Residenten COLTROLINI (1751) hervorgeht. Und daß BENDAS melodramatische Versuche, HOLZBAUERS deutsche Oper und die Singspiel-Experimente WIELAND-SCHWEITZERS möglich waren, rundet das Bild einer Persönlichkeit, die einen VOLTAIRE aufnahm und sich am Kinde MOZART, das 1763 in Schwetzingen vorspielte, begeisterte.

Dennoch: derselbe MOZART mußte draußen bleiben. Er vernahm das Lob des Kurfürsten, dessen natürliche Kinder er unterrichten durfte. Der künstlerische Ertrag, den der enttäuschte MOZART mitnehmen konnte, war groß. Er begann schon im kargen Schaffen der Pariser Monate Früchte zu bringen. Dies und die persönliche Reminiszenz an ALOISIA WEBER, die Tochter des seit 1763 als Souffleur und Notenkopist des kurfürstlichen Theaters tätigen FRANZ FRIDOLIN WEBER, vermochten wohl kaum das Desaster auszugleichen.

Als MOZART nach Mannheim zurückkehrte, hatte sich vieles verändert. Nach dem Tode MAX III. JOSEPH residierte seit dem 1. Januar 1778 der pfälzische Kurfürst KARL THEODOR in München. Hier wie da galt sein Interesse dem Theater, selbst unter Berücksichtigung der unterschiedlich gearteten Strukturformen und Voraussetzungen. Der ›gute Kurfürst‹ MAX III. JOSEPH, der selbst komponierte, hatte die Opernzuständigkeit dem Grafen SEEAU anvertraut, mit dem sich KARL THEODOR arrangieren mußte. Das heißt: er mußte zunächst etwas übernehmen, was nicht seiner eigenen Initiative entsprungen war, wie etwa die Idee eines Nationaltheaters, das 1779 in Mannheim unter der Verantwortung DALBERGS entstand. Dazu kam, daß dem vorhandenen Musikerbestand fast der ganze musikalische Hofstaat – einschließlich der »Weberischen«, was MOZART arg traf – aus Mannheim einverleibt wurde. Das aus Mitgliedern der Mannheimer und Münchner Hofkapelle zusammengesetzte Orchester unterstand zunächst CANNABICH, bis 1787 der gebürtige Mannheimer PETER WINTER die Obliegenheiten eines Verantwortlichen für Hof- und Kirchenmusik sowie die italienische Oper übernahm. WINTER ging viele Umwege, bis er sich 1798 als Opernkomponist (*Der Sturm*) den Münchnern vorstellte (ein Jahr übrigens nach der Wiener Aufführung der *Zauberflöten*-Fortsetzung *Das Labyrinth* mit SCHIKANEDER). Die Situation war in allem anders geworden. In München mußte man sich daran gewöhnen, daß die italienischen Opernzeiten MAX III. JOSEPHS vorüber waren. Die Mannheimer gaben, allen Widerständen zum Trotz, den Ton an, einschließlich ihres angestammten Kurfürsten. Dennoch blieb das einzige große musik- und theatergeschichtliche Ereignis die Uraufführung von MOZARTS *Idomeneo, Ré di Creta* (1781). MOZART, vom Kurfürsten mit höchstem Lob bedacht, traf alte Freunde: die WENDLINGS, CANNABICH, den Oboisten FRIEDRICH RAMM (1744 – etwa 1808), den alten RAAFF, der ihm als Idomeneo herzlich wenig Freude bereitete. Ein für MOZART neuer Name war der des Münchners VALESI.

MOZARTS Wunsch, in München zu bleiben (» . . . hier bin ich gern«), blieb wiederum unerfüllt. Dabei hatte er alles getan, mit seinem nun in der Reife stehenden Werk alle Varianten zu offerieren, die seine Verwendbarkeit bekundet hätten. Er dachte wohl an den Hof beziehungsweise seine persönlichen Bläserfreunde, als er sich an die *Gran Partita* (KV 361/370a) machte, er dachte an die Kirche, als er das grandiose *Kyrie* (KV 341/368a), das *Münchner Kyrie,* aus eigenem Ermessen und Verlangen schrieb. Es ist bis heute noch nicht erwiesen, daß dieses Werk zu jener Zeit in München zur Aufführung gelangte. Hier fällt der gravierende Unterschied zu den ebensowenig mit dem gewünschten Erfolg des Bleibendürfens bedachten Zeiten auf, da MOZART unter MAX III. JOSEPH in München war. Denn MAX III. JOSEPH hatte im März 1775 MOZART mit der Komposition eines *Misericordias Domini* (KV 222/205a) beauftragt, und zwar mit dem ausdrücklichen Wunsch, daß es kontrapunktisch, das heißt im ›Kirchenstil‹ gehalten sein müsse. Es wurde in der Residenzkapelle, vermutlich unter dem jüngeren BERNASCONI, aufgeführt.

IDOMENEO.

DRAMMA

PER

MUSICA

DA RAPPRESENTARSI

NEL TEATRO NUOVO DI

CORTE

PER COMANDO

DI S. A. S. E.

CARLO TEODORO

Conte Palatino del Rheno, Duca dell' alta, e baſsa Baviera, e del Palatinato Superiore, etc. etc. Archidapifero, et Elettore, etc. etc.

NEL CARNOVALE

1781.

La Poesia è del Signor Abate Gianbattista Varesco Capellano di Corte di S. A. R. l'Arcivescovo, e Principe di Salisburgo. La Musica è del Signor Maestro Wolfgango Amadeo Mozart Academico di Bologna, e di Verona, in attual servizio di S. A. R. l'Arcivescovo, e Principe di Salisburgo. La Traduzione è del Signor Andrea Schachtner, pure in attual servizio di S. A. R. l'Arcivescovo, e Principe di Salisburgo.

MONACO,

Apreſso Francesco Giuseppe Thuille.

94 Der »Idomeneo«-Erfolg bekräftigte Mozarts Wunsch, in München zu bleiben

Das war erst sechs Jahre zuvor gewesen. Nun aber tat sich nichts mehr. MOZART begab sich, seinem fürsterzbischöflichen Landesherrn folgend, nach Wien, wenig freiwillig und bestimmt wenig freudig. Er kam ein einziges Mal noch nach München, 1790, auf der Heimfahrt von Frankfurt nach Wien, auf jener Reise, auf der er Mannheimer Erinnerungen auffrischte. Auf Einladung des Kurfürsten spielte er in der Residenz zu Ehren des Königs FERDINAND VON NEAPEL. An seine Frau CONSTANZE, geb. WEBER, schrieb er aus München: »Ich habe ohngeachtet ich gerne lange bey meinen alten Mannheimer freunden bleiben möchte nur einen Tag hier bleiben wollen, nun muß ich aber bis zu den 5:t oder 6:t [November] bleiben, weil mich der Churfürst wegen des Konigs von Neapel zur Accademie gebethen hat. Das ist wirklich eine Distinction. – Eine schöne Ehre für den Wiener Hof, daß mich der König in fremden Landen hören muß – daß ich mich mit Cannabichschen, la bonne Ramm, Marchand und Prochard gut unterhalten und recht viel von dir meine Liebe gesprochen habe, kannst du dir wohl einbilden . . . du kannst dir aber nicht vorstellen, wie das Gereiß um mich ist.«

Ganz vergessen war also MOZART nicht.

Aber es war zu spät. Die letzten Jahre KARL THEODORS waren von politischem Unheil überschattet. Der musenfreundliche, ungeliebte Herr hatte keine Gelegenheit mehr, sich den Künsten zu widmen. Am 16. Februar 1799, symbolhaft unmittelbar vor Anbruch eines neuen Jahrhunderts und einer neuen Zeit, starb er in München. Vorbei die Zeit, als es möglich war, daß, wie 1771, drei Kurfürsten gemeinsam musizierten: KARL THEODOR, der in München zu Gast war, auf dem flauto traverso, MAX III. JOSEPH, das Violoncello spielend, und CLEMENS WENZESLAUS, der Kurtrierer, der die Violine traktierte. »Es war eine seltene Erscheinung, drei Kurfürsten als Musiker bewundern und ehren zu können.« (Felix Joseph Lipowsky in seiner 1828 erschienenen Lebensgeschichte Karl Theodors).

Eine andere, weniger freundliche Musik wurde angestimmt. In diese neue Zeit hinein trat KARL THEODORS Nachfolger. Da KARL THEODOR ohne Erben blieb, fiel die doppelte Kurwürde an den in Mannheim geborenen Herzog von Zweibrücken-Birkenfeld MAX IV. JOSEPH (1756–1825), von 1806 an als MAX I. JOSEPH König von Bayern. Er war ein Neffe des Herzogs CHRISTIAN IV. VON ZWEIBRÜCKEN (1722–1775), der CHRISTIAN CANNABICH 1764 die Reise nach Paris finanzierte und seine eigene Hofmusik hielt, mit Künstlern wie ERNST EICHNER (1740–1770) und JOHANN KARL WENDLING. CHRISTIANS Bruder, Pfalzgraf FRIEDRICH MICHAEL VON ZWEIBRÜCKEN-BIRKENFELD-RAPPOLTSTEIN (1724–1767) war jener »Prinz v. Zweibrücken«, der 1763 die Mozartkinder in München willkommen hieß und versprach, sie in Mannheim »anzusagen«. Die musikalischen Vorbedingungen waren also gegeben, die Verflechtung vor allem mit den im bisherigen Verlauf der Geschichte auffallenden Vorkommnissen, Namen und Tatsachen. Wenn hier EICHNER, den man gern als mannheimerisch ausgibt, CANNABICH oder WENDLING in Erscheinung treten, auf einer Ebene, die abseits zu liegen scheint, ist damit das Wunder einer ungebrochenen Einheit angedeutet.

Die Zukunft verlief jedoch anders. Das war nicht nur bedingt durch den tief eingreifenden Wandel, der sich in der politischen Geschichte auftat, sondern auch durch die Entwicklung der Musik, die, durchaus von den Mannheimern kommend, neue Wege beschritt und in ihrer Zielsetzung ungeahnte Möglichkeiten erschloß, nicht zuletzt auch bedingt durch die verschiedenen Momente, die aus der gesellschaftlichen, geistigen und ästhetischen Situation entstanden.

Die bayerischen Könige

Die sich seit dem Regierungsantritt des zum König avancierenden Kurfürsten MAX JOSEPH anbahnende Entwicklung spiegelt Hand in Hand mit dem, was in größerem Maße als bisher von draußen in das politische Geschehen hineingetragen wurde, das Übergangsstadium der musikgeschichtlichen Situation im allgemeinen wider. Es war ein Zustand des Ausklingens und des Beginnens. Und dies wiederum war eben nicht nur eine Frage des Stilwandels, den man lapidar und bequem in den Formulierungen ›Klassik‹ und ›Romantik‹ – diese gar mit dem Sonderakzent einer ›Frühromantik‹ – auszudrücken pflegt. Es war aber mehr. Es war auch und erheblich die neue Position der Musik, des Theaters, der Künste schlechthin, die in Wechselwirkung zwischen Kunst und nunmehr ›Publikum‹ eine ungeahnte gesellschaftliche Funktion zu erfüllen begann. Die von GOETHE proklamierte »Heiligkeit und Würde der Kunst« hatte insbesondere für die Musik und den Musiker, der sich mit ihr schaffend oder vermittelnd befaßte, einen Status herbeigeführt, der mehr und mehr, analog dem allgemeinen Verbürgerlichungsprozeß, den Musiker zwang, sich einer anonymen Öffentlichkeit zu stellen. Aus dieser rekrutierte sich seine ›Anhängerschaft‹, je nach ›Richtung‹ oder Ansprechbarkeit.

Klassik und Romantik
    Dem ›Klassischen‹, das ja schon bei BEETHOVEN nicht mehr eindeutig erscheint, gesellte sich das ›Romantische‹ bei, und auch dies differenziert, wenn man die Weber-Generation als ›frühromantisch‹ kennzeichnet und andererseits die Folgegenerationen der um 1810 Geborenen, je nach nationaler Herkunft, als ›romantisch‹ oder als ›fortschrittlich‹ ausgibt. Bei dieser Polarität darf man als drittes Element das ›Biedermeier‹ nicht vergessen. Aber ebensowenig darf man neben dieser ausgesprochen ›bürgerlich‹ geprägten Form jene weiteren Gruppen außer acht lassen, die sich beispielsweise der Musik der Vergangenheit widmeten, analog der allgemeinen Einstellung zur Geschichte –, ein Prozeß, der in merkwürdigem Kontrast zu den gegenwartsbetonten Säkularisationsbestrebungen steht. Aber durch den Versuch, bei-

Wiederentdeckung des Mittelalters
spielsweise PALESTRINA zu ›entdecken‹ und zu ergründen – parallel zum erwachten Verhältnis zu Mittelalter und Renaissance in Bildender Kunst und Literatur –, erreichte man den Anschluß an ein der Kirchenmusik zugedachtes Ideal, das zugleich die »Reinheit der Tonkunst« (Thibaut 1825) in Gegensatz zur immer gewichtiger werdenden Instrumentalmusik stellte. Das Geschichtsbewußtsein führte zur Bach-Renaissance, die Stilkriterien heraufbeschwor, mit denen sich schon Musiker des ausklingenden 18. Jahrhunderts befaßt hatten. Nun wurde beides zum Programm, gleichermaßen aber auch zum Auslöser der Begründung der Musikforschung, als notwendiges Mittel, der Geschichte der Musik nachzugehen.

    Die verschiedenen Möglichkeiten, die sich wie von selbst aus der Zeit heraus anboten, bereicherten den Bestand. Aber sie erschwerten angesichts der nunmehr ›publik‹ gewordenen Musikpflege auch den Zugang. Es ergab sich deshalb auch eine breite Entwicklung dessen, was aus der dem späten 18. Jahrhundert verpflichteten und der Entdeckung des Volksliedes folgenden Musik ›im Volkston‹ gewachsen war. Seitdem HAYDNS *Schöpfung* 1799 zwei Uraufführungen in Wien erforderte – eine im Adelspalais, die andere im Burgtheater vor der großen Öffentlichkeit –, war das Verlangen erwacht, solches selbst singen zu können. Es entstanden aus den Singegesellschaften und ähnlichen des 18. Jahrhunderts jene Gemeinschaften, die sich im

Verlauf des 19. Jahrhunderts zu ›Vereinen‹ formierten. Der Anspruch führte zur Notwendigkeit der Organisation, in der sich das vom französischen Staatsbewußtsein erweckte Bedürfnis kundtat, sich durch ›Satzungen‹ demokratisch geformte Spielregeln zu schaffen. Andererseits erwuchs die Notwendigkeit, dem Bedürfnis durch Information und Unterweisung einen fachlichen Rückhalt zu geben (z. B. im Verfahren Hans Georg Nägelis). Weitgehende musikalische Bildung und Ausbildung, die sowohl dem zum »Freund der Tonkunst« (Rochlitz) umgewandelten Liebhaber der Musik galt, als auch dem Fachmann, der seine Lehre nicht mehr in der praktischen Arbeit bei einem ›Meister‹ erhielt, sondern im öffentlichen Institut, hatte dafür zu sorgen, daß das weit sich entfächernde Gebiet der Musik, die sich zwischen Einfachheit und höchstem Anspruch zu zersplittern begann, zugänglich gemacht werde. Es entstanden neue Berufstypen und Berufsgruppen, deren Aufgaben im Dienst der Öffentlichkeit standen. Gleichwie von nun an der Einzelne – als Einzelner oder im ›Kollektiv‹ – sich seinen Bezug zur Musik dieser oder jener Art suchte, war der Künstler als Individualität auf sich selbst angewiesen.

War nun andererseits bis dahin der Vertreter der hierarchischen Ordnung Auftraggeber, Förderer, Gönner und Schutzherr, gelegentlich sicher auch Bevormunder, oblag es nunmehr der ebenso individuellen Neigung – oder Abneigung – des Potentaten, sich so oder so zu verhalten. Die bayerische Königsgeschichte des 19. Jahrhunderts ist durch eben dieses Verhalten gekennzeichnet, sich je nachdem nahezu mit Ausschließlichkeit der Wissenschaft oder der Literatur, der Baukunst oder der Malerei mit persönlichem Engagement zuzuwenden. Es ist kein Zufall, daß sich, wie einst bei den Herzögen und Kurfürsten, die historisch vorgegebene Neigung speziell für die Musik – hier in Verbindung mit dem Theater und konzentriert auf einen einzigen Künstler – in Ludwig II. wiederholte. Wie bei Ottheinrich, Max Emanuel oder Karl Theodor war das nüchterne Resultat zwar eine leere Kasse –, aber das Engagement hatte hier wie da das bleibende, das historische Resultat des großen Ereignisses.

An dem, was gewesen war, änderte sich zunächst nichts, als Max Joseph das Erbe Karl Theodors antrat. Die Zeit hatte zwar ein anderes Gesicht angenommen. Aber die Voraussetzungen, die im Mannheimischen wurzelten, blieben in Gültigkeit. Christian Cannabich, seit dem Tod Toeschis Verantwortlicher, war 1798 gestorben. Im gleichen Jahr kehrte Franz Danzi, der Freund Carl Maria von Webers, von einer ausgedehnten Tournee zurück, wurde Vizekapellmeister und präsentierte sich noch 1811 als Opernkomponist in München, obwohl er bereits 1807 nach Stuttgart entwichen war; er war tatsächlich entwichen, wohl in erster Linie deshalb, weil ihm der zwar meist abwesende, aber unverträgliche Peter Winter das Leben erschwerte. Peter Winter, 1814 von König Max I. Joseph geadelt, hatte sich in der neuen Ära mit einigen Opern – darunter *Colmal* (1809) und Singspielen (*Der Sänger und der Schneider* 1820) – präsentiert und durch die Mitarbeit am Zustandekommen der ›Musikalischen Akademie‹ (1811) sogar verdient gemacht.

Mit dem Zustandekommen dieser heute noch bestehenden ›Musikalischen Akademie‹ hatte es nun seine besondere Bewandtnis. Schon Karl Theodor hatte neben den Hofakademien ›Liebhaberkonzerte‹ seines Orchesters im Redoutensaal einrichten lassen. Nur zaghaft faßte diese in Wirklichkeit Mannheimer Einrichtung in München Fuß. Nachdem sie sich eingebürgert hatte, wurde sie auch unter Max Joseph fortgesetzt. Winter und Cannabichs Sohn Carl hatten die Leitung. Zu den ersten Taten gehörte unter Cannabich die Erstaufführung von Haydns *Jahreszeiten* (1802), der erst 1810 *Die Schöpfung* folgte. Aber die Umstände waren dem weiteren Gedeihen ungünstig. Die Liebhaberkonzerte der Hofkapelle mußten eingestellt werden, zumal sich die Bürger selbst, beispielsweise in den Konzerten der ›Museum‹-Gesellschaft, versorgten. »Die Hofconcerte«, heißt es in der ›Allgemeinen Musikzeitung‹, »haben ihren Fortgang. Man gibt da viel Vorzügliches, und, Dank sey es den humanen Gesinnungen unsers Königs und der verehrten Königin, ist es auch dem nicht geadelten Kunstfreunde nicht allzuschwer gemacht, Zutritt zu erlangen.

Musikalische Akademie

Von Liebhaberconcerten haben wir lange nichts gehört. Sie sind gefallen und werden sich wahrscheinlich nie wieder zu ihrem vorigen Glanze erheben. Wer öffnet wohl gerne seine Börse für eine Sache, die er umsonst haben kann?«

Dieser Fragesatz umreißt die Situation. Aber auch die Tatsache, daß der Vorstoß zur Erneuerung der öffentlichen Konzerte von den Musikern der Hofkapelle ausging. Es waren elf an der Zahl, die sich 1811, mit WINTER, FRÄNZL und MORALT an der Spitze, mit einem Bittgesuch über die Hofmusik-Intendanz an den König wandten. Es heißt: »Der gänzliche Verfall der früheren hiesigen Liebhaber-Concerte und der vielfältig sich äußernde allgemeine Wunsch des Publicums, zuweilen durch vollständige Aufführungen berühmter Meisterwerke erfreut zu werden, vereinigten die Unterzeichneten, auf die Gründung eines für die hiesigen Musikliebhaber angenehmen und für das Personal der Kgl. Hofmusik zugleich nützlichen Instituts bedacht zu seyn. Wir bitten gegenwärtig unterthänigst Ew. Kgl. Majestät, uns mit Dero allerhöchstem Schutz zu beglücken und allergnädigst zu bewilligen, an solchen Festtagen, wo keine Theater-Vorstellungen seyn dürfen, große Concerte im Kgl. Schauspielhause und während des Winters eine Anzahl abonnirter Concerte im Kgl. Redouten-Saal nach dem Beispiel mehrerer größerer Städte geben zu dürfen.« Die angesprochene Nützlichkeit betrifft die »Liebhaber-Concert-Cassa«. Nützlich aber sollte das Unternehmen auch im Hinblick auf die »Kunstbildung des hiesigen Publicums« sein.

Keine drei Wochen danach (9. November 1811) erteilte MAX JOSEPH der Hofmusik-Intendanz diese eigenhändig unterzeichnete Anordnung: »Auf die allerunterthänigste Bitte Unserer gesammten Hofmusik-Individuen wollen Wir gestatten, daß Sie während dieses Winters eine Anzahl abonnirter Concerten im Redouten-Saale und auch einige große Concerte im Schauspielhause – soweit dies ohne Störung der Schauspielen geschehen kann – aufführen dürfen, jedoch nicht anders als mit ausdrücklicher Aufsicht und Leitung Unserer Hofmusik-Intendanz, sowohl was die Lage und Zeitbestimmung der Concerten betrifft, als auch was den Ertrag davon und dessen nützliche und schickliche Verwendung zum besten der gesammten Hofmusik-Individuen anbelangt.« Die benannten »Individuen« waren es zufrieden und verkündigten, daß sich »mit besonderer allerhöchster Genehmigung die königliche Hofmusik zur Errichtung einer Musikalischen Akademie als einer Fortsetzung der abonnirten Liebhaber-Concerte« vereinigte. Der König selbst bewies sein Interesse dadurch, daß er – zusätzlich zur Genehmigung – für jedes Konzert in der Regel fünfzig »Billetts« erwarb. Am »Mondtag den 9. December 1811« fand bereits das erste Konzert statt, mit einem bunten Riesenprogramm, an dessen Beginn eine »Große Simphonie von Beethoven« stand, mit Werken von CANNABICH, WINTER, MAIR, PAER und CHERUBINI. Im zweiten Konzert, noch im gleichen Jahr, gab es eine Uraufführung: PETER WINTERS Kantate *Die Tageszeiten* nach der Dichtung des Augsburgers JOHANN CHRISTOPH V. ZABUESNIG, der in der Politik der Reichsstadt und ihrer Überführung in das Königreich eine wichtige Rolle spielte.

Die nach eigenen, von der Hofmusik-Intendanz genehmigten Statuten arbeitende Musikalische Akademie stand also einerseits im Dienste des Königs, andererseits war sie ein Teil der Allgemeinheit. Es geschah wohl zum ersten Male, daß an einer *Peter Winter* Königlichen Ehrung, wie der für PETER WINTER anläßlich seiner fünfzigjährigen Dienstzeit, deren Beginn noch unter anderen Vorzeichen stand, auch die Öffentlichkeit teilnahm, obwohl es sich bei dem Anlaß um einen Vertrauensbeweis des Königs handelte. Im Redoutensaal wurde bei freiem Eintritt 1814 das Jubiläum konzertant gefeiert: »Se. K. Majestät, stets Verdienste mit väterlicher Huld würdigend, geruhten dem Jubilanten die Insignien des Civil-Verdienstordens schon am Tage dieser Festlichkeit überreichen zu lassen und mit diesen geziert hatte die musikalische Academie das Vergnügen, nicht nur ächtes Verdienst um die Kunst von ihrem allergnädigsten König anerkannt zu sehen, sondern auch den decorirten Greis in ihrer Mitte zu verehren.«

Dieser »decorirte Greis« starb 1825 in München, gefeiert durchaus, aber nicht

95 Der eigenwillige Peter v. Winter

96 Der junge Beethoven kam 1787 durch München

97 Musikdirektor des kgl. Theaters am Isartor in München,
Herr v. Lindpaintner

unbedingt geliebt, da WINTER, auf seinen Ruhm bedacht, mehr auf Reisen war, als daß er seine amtlichen Obliegenheiten konsequent erfüllt hätte. Daß der König dem Auszuzeichnenden die Insignien der Auszeichnung überreichen ließ und nicht selbst übergab, bezeugt nicht nur die zwar anerkennende, aber doch wohl nicht persönliche Verbundenheit zu Winter, sondern eben die verschobene Relation des Verhältnisses zwischen Gebieter und Untergebenem. Es erhebt sich die Frage, inwieweit sich angesichts der ohnedies erschwerten und komplizierter gewordenen Situation zwischen beide Faktoren die Zuständigkeiten der Verwaltungsinstanzen schoben.

Aber die Dinge gingen erfreulicherweise weiter und erfreuten sich durchaus des landesväterlichen Wohlwollens. FERDINAND FRÄNZL (1770–1833), Schüler FRANZ XAVER RICHTERS und IGNAZ PLEYELS, war von 1806 bis 1820, als Amtsnachfolger des CARL CANNABICH (1771–1806), Hofmusikdirektor. Diese Namen wirken wie Reminiszenzen aus der mannheimischen Provenienz, fast wie Schattengebilde aus längst versunkenen Zeiten, deren großes Erbe sie selbst nicht mehr fortzusetzen vermochten.

Repertoire des Musiktheaters zu Beginn des 19. Jahrhunderts

Die Sachlage hatte sich von Grund auf verändert, nicht zuletzt im Hinblick auf die bereits angedeutete Situation des musikalischen Schaffens und seiner Reflexion in der Öffentlichkeit. Das in München wie allenthalben aktuelle Problem war die Diskussion um das Musiktheater. Es verhärtete sich im Wettstreit um den Primat der italienischen oder der deutschen Oper, durchsetzt von den durch den Napoleonismus veranlaßten Beigaben aus der Welt des französischen Theaters. Das Repertoire war bunt und demgemäß uneinheitlich: WENZEL MÜLLER neben JOSEPH HAYDN, CHERUBINI, PAER, GLUCK (*Iphigenie in Tauris* 1808), DANZI und CANNABICH neben WINTER, der der Kurfürstin im Jahre 1800 mit dem Singspiel *Maria von Montalban* huldigte, und Abbé VOGLER (*Castor und Pollux* zur Vermählung der Prinzessin AUGUSTE mit EUGEN BEAUHARNAIS 1806), Französisches von DALAYRAC, ISOUARD, MÉHUL (*Joseph in Ägypten* 1809) und vielerlei mehr. Ereignisse waren MOZARTS *Titus* (1801), die Uraufführung von WEBERS *Abu Hassan* (1811) unter FRÄNZL, die Premiere von BEETHOVENS *Fidelio* (1821) und des *Freischütz* WEBERS (1822, ein Jahr nach der Berliner Uraufführung).

So besehen war das Tor zur Welt geöffnet. Aber was intern geschah, blieb in etwa beim alten. Denn selbst die Namen jener, die die Theater- und Musikgeschichte bestimmten, hingen mit der Vergangenheit zusammen. Lediglich in der Abfolge der Hoftheaterintendanten, die man, vom König betraut, als die eigentlich Zuständigen zu respektieren hat, vollzogen sich gründliche Revirements. JOSEF MARIUS BABO, der 1799 SEEAU abgelöst hatte, amtierte bis 1810, ihm folgte ein Jahr später KARL AUGUST DELAMOTTE. Aber bei den an verantwortlicher Stelle stehenden Musikern zeigt sich immer noch die Verbindung zur Vergangenheit. JOSEF V. LINDPAINTNER (1791–1856) hatte mit kurfürstlichem Stipendium bei WINTER studiert. JOHANN NEPOMUK V. POISSL (1783–1865), der Freiherr aus dem Bayerischen Wald, hatte bei DANZI und VOGLER gelernt. Daß er dort seine künstlerischen Weihen erhalten konnte, verdankte er der Geneigtheit des Königs, der ihm finanziell unter die Arme griff. LINDPAINTNER war Musikdirektor am Isartor-Theater und hatte sich bis 1816 mit etlichen Opern und Singspielen bekanntgemacht. Er ging 1819 auf eigenen Wunsch nach Stuttgart. Der außerordentlich fruchtbare POISSL, mehr durch seine Freundschaft mit WEBER als durch sein Schaffen in die Geschichte eingegangen, war seit 1823 Intendant der Kgl. Bayerischen Hofmusik, wurde 1824 Hoftheaterintendant und Vorsteher der Hofmusik (bis 1847), ein fachmännisch gebildeter Aristokrat an der Spitze der Musikverantwortung. In seinen Opern, von denen *Athalia* 1814 die berühmteste wurde, mischen sich die Elemente von opera seria, Singspiel und ›grand'opéra‹. Er blieb auch unter MAX JOSEPHS Nachfolger, LUDWIG I., im Amt.

Neue Bühnen

Die Erwähnung des Isartor-Theaters erinnert an einschneidende Maßnahmen, die sich der durchgreifenden Strukturwandlung anpaßten. Nachdem schon zu Lebzeiten KARL THEODORS der Bau eines neuen Opernhauses nach den Projekten von LORENZ QUAGLIO (1785 und 1792) erwogen worden war, entschloß sich MAX I. JOSEPH für die

160

Errichtung eines ›Kgl. Hof- und Nationaltheaters‹, mit dessen Bau KARL VON FISCHER beauftragt wurde. Es sollte ein Haus sein, das, seinem Namen gemäß, sowohl dem Hof als auch der ›Nation‹ zu dienen habe. Nachdem 1811 Kronprinz LUDWIG, dessen Haltung hinter solchen und ähnlichen Neuerungen zu vermuten ist, den Grundstein gelegt hatte, konnte das Haus 1818 seiner Bestimmung übergeben werden. Nach dem großen Brand von 1823 fand zwei Jahre später eine zweite Eröffnung statt. Die Einbeziehung der Allgemeinheit in den Anspruch auf Musik und Theater wird noch in anderen Unternehmungen deutlich. So wurde die als ›Kgl. Vorstadt-Theater‹ deklarierte Bühne unterstützt. Nach ihrem Eingehen wurde 1812 das ›Kgl. Theater an dem Isartor‹ errichtet. 1822 wurde es verpachtet und schloß 1825 seine Pforten. Das Moment der Verpachtung ist ebenso aufschlußgebend wie die Übergabe der Verantwortung an allen diesbezüglichen Geschehnissen an einen Intendanten, den es zwar schon früher gegeben hatte, dessen Funktion aber anders ausgerichtet war. Die neuen Intendanten waren teils Künstler, teils Verwalter. Ihre Generalformel, mit der sie zu arbeiten hatten, hieß – laut Kabinetts-Order – schlicht und einfach ›Sparsamkeit‹.

Neue Intendanten

Auch dies ist keine Neuheit. Aber sie steht in anderen Relationen zur Verantwortlichkeit. War der Herzog oder der Kurfürst selbst der Verantwortungsträger, der lediglich auf die leisen oder gelegentlich auch energischen Ratschläge der Kassenverwalter zu hören hatte (oder auch nicht), so war nunmehr der vom König und seinem Kabinett eingesetzte Intendant derjenige, der dem König gegenüber verantwortlich zu sein hatte. Inwieweit der König selbst oder das Kabinett an den Entscheidungen der Intendanten maßgeblich beteiligt war, bleibe unerörtert. Auf alle Fälle war, sozusagen neutralisierend, zwischen König und Intendanz oder, mehr noch, Ausübung der künstlerischen Ereignisse eine regulierende Kraft eingeschaltet, die im Grunde genommen nur die beiden LUDWIGS aus eigenem Ermessen ausschalteten. Normalerweise war das Kabinett der Überbringer des Königlichen Dekrets. Als 1814 Aschaffenburg an Bayern fiel, war es laut einem solchen Dekret »Seine Königliche Majestät«, die »allergnädigst geruhete«, den alten Mitgliedern der ehemals großherzoglich-frankfurterischen Hofkapelle Pension und Zulagen aus der »königlichen Staatskasse« zuzubilligen und dem Hofkapellmeister FRANZ XAVER STERKEL (1750–1817) ein Ruhegehalt zu gewähren.

Die Stiftung der Kantorei Tegernsee und die Übertragung ihrer Leitung an HERKULAN WIESER aus Dietramszell (1821) ist wohl unmittelbar königlicher oder kronprinzlicher Anregung entsprossen. Der tolerante König, der das Theater liebte, war in den Dingen der Musik kein Initiator. Aber er ließ, ohne sich einzumischen, geschehen, was in dieser abstrusen Zeit, da die ›Richtungen‹ aufeinanderzustoßen begannen und alle Bemühungen um eine einheitliche deutsche Opernbühne an ROSSINI scheiterten, vor sich ging. (ROSSINI war 1819 erstmals mit seinem *Barbier von Sevilla* in Erscheinung getreten).

Kantorei Tegernsee

MAX JOSEPHS eigentliche Interessen lagen auf außermusikalischen Gebieten. Nicht anders war es bei seinem Sohne LUDWIG I. (1786–1868), obwohl hier dank seiner grundsätzlichen Einstellung zu bestimmten Fragen nicht unwesentliche Anstöße von seiner Seite erkennbar sind. Sein von hohen Bildungsidealen getragenes Ziel war in der These verankert, daß Kunst kein Luxus sei. Auch die Musik war damit gemeint. Es gab musikalische Dinge und Personen, die sein persönliches Interesse weckten. Um alle Kraft auf das Hof- und Nationaltheater konzentrieren zu können, hatte LUDWIG das Isartortheater ausgeschaltet. Alles Vertrauen wandte er POISSL zu, der die Oper erweiterte und entwickelte. In beider Neigung zur deutschen Oper war ein verläßliches Fundament der Zusammenarbeit geschaffen. Es war sogar dem Intendanten gestattet, unter Umgehung des Instanzenweges beim König vorstellig zu werden, was andererseits zur Folge hatte, daß sich der König unmittelbar in Theaterdinge einschaltete. Obwohl POISSL Gedichte des Königs und 1832 ein »dramatisches Gedicht« mit dem Titel *Vergangenheit und Zukunft* auf die Krönung OTTOS VON WITTELSBACH zum griechischen König komponierte, wurde durch Per-

Die Oper

98　Das »kgl. Hof- und Nationaltheater« in München,
zu dem Kronprinz Ludwig 1811
den Grundstein legte, wurde 1818 eröffnet. Nach dem Brand von 1823
wurde sein Wiederaufbau sofort in Angriff genommen,
so daß bereits 1825
die zweite Eröffnung stattfinden konnte

sonalmaßnahmen, die der König traf, die Lage unhaltbar. Als Hoftheaterintendant wurde POISSL, der sich großer Sympathie erfreute, 1833 entlassen, als Hofmusikintendant hingegen beibehalten. Die eigentlichen Gründe für dieses Eingreifen des Königs lagen in der mißlich gewordenen Führung des ›Neuen Theaters am Maxplatz‹ durch POISSL, der vordem einen guten Spielplan mit Werken von WEBER, SPOHR, MOZART (sogar *Cosi fan tutte,* wenn auch in einer moralisch gereinigten Fassung), AUBER, BOIELDIEU brachte. Die Oper drohte von ihrer Höhe herabzusteigen, und die Steigerung der Ausgaben stand nicht im Verhältnis zum künstlerischen Effekt. Da heißt es dann in dem königlichen Lied vom Sparen: »In allem zu sparen, wo es sich füglich tun läßt, um im Großen, wo es erforderlich, auszugeben (was aber ohne jenes nicht möglich), ist zweckmäßig. Eine Kunst-, keine Versorgungsanstalt soll die Bühne sein«. POISSL geht. An seine Stelle tritt KARL THEODOR VON KÜSTNER. Aber ganz erlosch das gute Einvernehmen LUDWIGS zum Musiker POISSL nicht. Er verlangte 1843 eine Aufführung von dessen Oper *Zayde,* machte ihn 1847 zum Oberstkämmerer. Nur hatte POISSL das Pech, daß er zu den Anhängern der LOLA MONTEZ zählte und deshalb sich der erneuten Gunst, die ihn 1848 wieder in die Hoftheaterintendanz berief, nicht mehr erfreuen konnte.

Mit den Musikern, die LUDWIG I. vorfand oder berief, hatte er weniger Probleme. *Musiker unter Ludwig I.* Vor allem waren es zwei, die zwar weniger in ihrem alltäglichen Metier seine Aufmerksamkeit weckten als in dem, was sie selbst als ihr Anliegen betrachteten: die Kirchenmusik. Der eine, JOSEPH HARTMANN STUNTZ (1793–1859), ein Schweizer, war sogar noch Schüler WINTERS und in Wien SALIERIS gewesen. Der andere, JOHANN *Kirchenmusik* KASPAR AIBLINGER (1779–1867) aus Wasserburg, hatte sich nach vollendetem Theologiestudium in Italien umgehört und wurde Schüler SIMON MAYRS, des Bayern in Bergamo. 1819 übernahm er in München die italienische Oper und rückte, nachdem die Italiener verdrängt worden waren, 1826, eben schon unter LUDWIG I., zum Hofkapellmeister auf. Was bei beiden, insbesondere AIBLINGER, das Interesse LUDWIG I. weckte, war ihre Affinität zur Kirchenmusik im Sinne der Palestrina-Bewegung. Es fügt sich in das Bild der historischen Neigungen des Königs, der aus diesem geschichtlichen Verständnis heraus die Restitution der aufgehobenen Klöster und Stifte nachdrücklich betrieb, daß er AIBLINGER 1833 eigens nach Italien schickte, auf daß er der »alten Musik« auf den Grund käme und Materialien sammele. Wie STUNTZ, einer der ersten Repräsentanten der Chorgesangspflege, sich im Alter dem kirchenmusikalischen Dienst zukehrte, setzte sich AIBLINGER in der durch LUDWIG I. veranlaßten Allerheiligen-Hofkirche von 1837 an für die Polyphonie der alten Meister ein. (Ähnlich wie KASPAR ETT, der die im Gregorianum von ihm aufgespürten Werke LASSOS wieder zum Erklingen brachte und damit einen Wunschtraum SCHUBARTS erfüllte, der 1774 die Lasso-Pandekten in der Hand gehabt hatte und ihre »Entmoderung« herbeisehnte).

Das aktive Bestreben des Königs zeitigte Folgen, deren Auswirkung erst später spürbar wurde. Denn letztlich entsprachen die Bemühungen des Arztes und Theologen CARL PROSKE (1794–1861) um die Liturgie seinen Intentionen. Sie blieben nicht unwidersprochen. Die Diskussionen um die Kirchenmusik hielten an. Es gehört dazu, daß auch evangelischerseits Ansätze zur Erneuerung aus dem Geist der Alten gemacht wurden. Daß ein Anfang gerade im München LUDWIG I. versucht wurde, soll nicht unerwähnt bleiben. Es handelt sich um das *Evangelische Choralbuch* 1844, an dem JOHANNES ZAHN (1817–1895) mitarbeitete, und vor allem um dessen »nach der alten rhythmischen Original-Form revidirten Choräle« (1846) und das in München 1847 erschienene *Evangelische Choralbuch für Männerchor.* Sicherlich ist mit beiden Persönlichkeiten keine Beziehung zu LUDWIG I. herzustellen. Aber die Möglichkeit wie die Veranlassung sind auf die geistige und geschichtsorientierte Gesinnung des Königs zurückzuführen. Gemessen an dem, was sich auf dem großen Schauplatz des Musik- und Theaterbetriebes tat, wirken solche Vorgänge unscheinbar. Aber gemessen am historischen und in die Zukunft weisenden Qualitätsgrad des in Konzert und Oper Gebotenen und vor allem im Hinblick auf die effektiven Folgen ist dieser Prozeß zum Ausgangspunkt wichtiger Ereignisse geworden. Der Kampf um die italienische und die deutsche Oper, der in jenen Jahren ausgetragen wurde, ist ein sichtbares Symbol. Die stille, unverdrossene Arbeit jener, die sich bemühten, mit den Bestrebungen Schritt zu halten, die seit der Entdeckung PALESTRINAS und der Kirchenmusik BACHS mehr als nur historische Fündigkeit bewiesen, sind ernst zu nehmen. Unter solchem Aspekt ist eine Erscheinung wie AIBLINGER zu respektieren. Als Theatermusiker wäre und ist er längst vergessen. Es war dem Anstoß zu verdanken, der von LUDWIG I. ausging, daß er ihn, sein Anliegen verständnisvoll erkennend, auf die Spurensuche schickte. Als Gegenbeispiel läßt sich der vom König nicht weniger geschätzte JOSEPH MORALT (1775–1855) aus Schwetzingen anführen. Er ist vergessen, obgleich seine Verdienste um die italienische Oper und, seit 1836, an der Seite WINTERS, um das deutsche Musiktheater groß waren. Er war überdies, wie schon erwähnt, einer der Begründer der ›Musikalischen Akademie‹.

Das Odeon Für sie hatte LUDWIG I. ein eigenes Gebäude vorgesehen und verwirklicht. Eine seiner ersten Amtshandlungen war 1825 die Anweisung, »ein Gebäude zu einem Concertsaal – Odeon genannt – aufzuführen, dessen Benützung und Verwaltung aber der Kgl. Hoftheater-Intendanz zuteil ist«. Der von KLENZE errichtete und von CORNELIUS dekorierte Bau wurde 1828 seiner Funktion übergeben. Der Wunsch der »Allerhöchsten Willensmeinung«, daß die »abonnirten Concerte« fortgesetzt und namentlich in diesem Haus verankert bleiben sollten, stieß anfangs auf unerwartete Schwierigkeiten, da das erhoffte Interesse ausblieb. Vorerst begnügte man sich mit einer reduzierten Zahl. »Vor allem liegt es wohl außer Zweifel, daß Seine Majestät der König, der München in Beziehung auf Kunst jeder Gattung zur Stadt ersten Ranges umgeschaffen hat, das Aufhören der musikalischen Academie nur mit Mißfallen vernehmen würde . . .«, lautet es in einem direktoralen Schreiben aus dem Jahre 1834. Dem allen zum Trotz gingen die Dinge weiter.

Man spürt an Geschmack und Neigung den Wandel der Musikgeschichte. Stand MORALT als Kapellmeister noch oder bereits auf dem Boden JOSEPH HAYDNS, berief *Franz Lachner* sich jene große Persönlichkeit, deren Eintritt wie ein Schlußstrich unter das Vergangene wirkt, auf BEETHOVEN und SCHUBERT. Gemeint ist FRANZ LACHNER (1803–1895). Der Vielgeehrte und Hochgeachtete, dessen Leistungen man höher einschätzen sollte, als es geschieht, war in München Schüler KASPAR ETTS und in Wien bei jenem SIMON SECHTER, den sich SCHUBERT unmittelbar vor seinem Tode zum Lehrer erkoren hatte und der der Lehrer ANTON BRUCKNERS wurde. LACHNER stammte aus Rain und war auf Umwegen über Wien und Mannheim nach München gekommen. Das war 1836. Der Freund SCHUBERTS und SCHWINDS hat mit seinen acht Sinfonien, acht Suiten, den Kammermusiken und Opern (u. a. *Catarina Cornaro* 1841) einen prägnanten und durchaus persönlich gefärbten Beitrag zur Musik zwischen Biedermeier und Romantik geleistet. Was jedoch seine Berufung veranlaßte, waren seine dirigentischen Erfolge in Mannheim gewesen. Man war bestrebt, eine bedeutende Persönlichkeit – sogar MENDELSSOHN war im Gespräch – in die letztlich doch diffuse Situation hineinzustellen, auf daß die großen Pläne des Königs verwirklicht werden konnten.

Es gelang LACHNER, dank seiner Autorität das Hoforchester zu Leistungen anzuspornen, die selbst der ihm nicht sonderlich gewogene RICHARD WAGNER anerkennen mußte. Mit und durch LACHNER, dessen Persönlichkeit so stark gewesen sein muß, daß alles unmittelbar Vorhergegangene verblaßte, wurde der Grund für die künftige Entwicklung gelegt. Es ist zu respektieren, daß LACHNER zusätzlich zu dieser Orchesteraufgabe noch für die Hofmusik und die Musik in der Allerheiligen-Hofkirche verantwortlich war. Dennoch wurde auch das Repertoire der Oper auf den neuen, wenn auch noch nicht neuesten Stand gebracht, indem Werke von MEYERBEER, MARSCHNER, LORTZING zur Erstaufführung gelangten, unabhängig von dem, was unter dem königlichen Nachfolger LUDWIGS an Novitäten gebracht wurde.

Eine andere Aktion, die vor allem den Intentionen des Königs entsprach, wurde zumindest mit Hilfe LACHNERS in die Wege geleitet, auch hier als eine Maßnahme, die sich in der Zukunft auswirkte. Es war ein Wunsch LUDWIG I., daß nach dem Muster des ›Conservatoire Nationale de musique‹ in Paris in München ein musikalisches Lehrinstitut eingerichtet werde, das der Allgemeinheit zunutze kommen sollte. Als im Jahre 1830 der kgl. Bayerische Kammersänger FRANZ LÖHLE an den König und die Regierung herantrat, ihm die Gründung einer dem chorischen Nachwuchs dienlichen Singschule zu genehmigen, fand er sofort ein offenes Ohr. Dieses sich erfolgreich anlassende Unternehmen, dessen soziale Breitenarbeit auf den Prinzipien HANS GEORG NÄGELIS und somit PESTALOZZIS beruhte, sollte im Sinne der königlichen Vorstellung zum Konservatorium erweitert werden. Indes: LÖHLE starb. Sein Nachfolger wurde 1837 sein Opernkollege GEORG MITTERMAYER. Diesem nun oblag es, gutachtlich zu einem konkurrierenden Vorhaben Stellung zu nehmen, das von anderer Seite an den König herangetragen wurde. Der Konzertmeister ANTON MORALT hatte beantragt, seine private Musikschule zu einem staatlichen Institut zu erheben. Die Sache scheiterte jedoch an den Finanzen. Man verblieb beim alten Status, mit der Absicht allerdings, eine Erweiterung im Auge zu behalten. Nach dem Ausscheiden MITTERMAYERS traten, vor allem aus personellen Gründen, Schwierigkeiten ein, so daß man glücklich war, als sich LACHNER einmischte und sein Interesse bekundete, die hochfliegenden Pläne, für die sich auch KASPAR ETT und JOSEPH STUNTZ einsetzten, zu verwirklichen. LACHNER machte sich 1843 an die Realisierung eines Instituts, bei dem ihm allerdings in erster Linie eine »Gesangsanstalt« zur Ausbildung von Solo- und Chorsängern für die Oper vorschwebte. Obwohl man diese einseitige Orientierung als Versuch, einen haus- und landeseigenen Sängernachwuchs heranzubilden, respektieren mußte, erscheint es doch als ein Widerspruch zu dem, was dem König vorschwebte, zumal das französische Vorbild, das er im Auge hatte, zwar aus der ›Ecole Royale de chant et de déclamation‹ hervorgegangen war, aber eben den angestrebten breiten Wirkungskreis eines allgemein der Musik dienenden Instituts bereits erreicht hatte. Kurios ist, daß gerade LACHNERS Konzeption der Ansatzpunkt für den später von WAGNER gemachten Reformvorschlag bildete. LACHNER trat wieder zurück. In die dadurch entstandene Bresche trat 1846 wiederum ein Sänger, dessen Tendenzen aber über die enge Begrenzung auf das Gesangsfach weit hinausgingen. Das war der aus Prag stammende FRANZ HAUSER (1794–1870), erfolgreicher Sänger und Pädagoge (Lehrer u. a. der HENRIETTE SONTAG und der JENNY LIND), der sich nach vielen Bühnen- und Reisejahren als Lehrer in Wien niedergelassen hatte. Es ist so gut wie sicher, daß LACHNER HAUSERS Übersiedelung nach München und die Gründung seiner ›Musikschule‹ bewerkstelligt hatte. HAUSER hatte sich seit 1832 als Bach-Kenner und vor allem ›Sammler‹ betätigt. Er war mit ROBERT SCHUMANN, MENDELSSOHN und dem Thomaskantor MORITZ HAUPTMANN eng befreundet. Das sogenannte Dreieck MENDELSSOHN-HAUPTMANN-HAUSER stellt eine der entscheidenden Grundlagen der gesamten Bach-Geschichte des 19. Jahrhunderts dar. In den achtzehn Jahren, die HAUSER in München verbrachte, war die bayerische Haupt- und Residenzstadt eine Art ›Zentrale‹ der Bach-Bewegung. Abgesehen von diesem durchaus beachtenswerten Moment steht die Gründung seiner Musikschule im Vordergrund. Sogleich 1846 wurde ihr das Odeon als Unterrichtsgebäude zugewiesen. (Die Nachfolge-Institute, über die noch zu sprechen sein wird, sind bis zur Zerstörung des noblen Hauses 1944/45 dort untergebracht gewesen).

Es erscheint nicht unwesentlich, daß auch diese Seite der dem allgemeinen und sozialen Anspruch entgegenkommenden Maßnahmen der Intention LUDWIG I. entsprach. Dies und der von LACHNER inspirierte künstlerische Ertrag bildeten ein Ganzes. Die neuen Zeichen allerdings, die sich am Horizont zeigten, machten beiden, LACHNER wie HAUSER, zu schaffen und veranlaßten sie zu resignieren. Aber noch war es nicht so weit.

MAX II. JOSEPH (1811–1864), seit 1848 König, besaß eine starke und liebevolle Neigung zur Musik. Er war Schüler AIBLINGERS und übte selbst Musik aus (so als

99   Ohne Franz Lachners
künstlerisches Wirken
wären die Wagner-Wünsche
Ludwig II. unerfüllbar
geblieben

Franz Lachner

★ 2. APRIL 1803

100   Der junge König Ludwig II.

101   Richard Wagner in München

Bratscher im Streichquartett mit WILHELM HEINRICH RIEHL). Reibungslos wurde fortgesetzt, was bisher getan worden war, so daß im Grunde genommen alles unverändert blieb. LACHNER führte das Regiment. Als es ihn verlangte, München zu verlassen, um anderwärts seinen Ruhm zu pflegen, wurde alles unternommen, ihn zu halten. 1852 wurde er zum bayerischen Generalmusikdirektor ernannt, eine Funktionsauszeichnung, die hierzulande neu war. (1820 hatte Preußen den Italiener GASPARO SPONTINI durch die Verleihung dieses Titels in Berlin zu halten vermocht; noch vor LACHNER hatten ihn MENDELSSOHN und MEYERBEER vom preußischen König erhalten).

Dessenungeachtet galten die besonderen Interessen des Königs der Literatur und der Wissenschaft. Das aber schloß, wie gesagt, nicht aus, daß die Musikpflege einen ungeahnten Aufschwung nahm, zumal zum engsten Kreis des Königs FRANZ GRAF POCCI (1807–1876) gehörte, der ›Kasperlgraf‹, Komponist und Dichter, der bei MORALT studiert hatte und seit 1847, das heißt schon unter LUDWIG I., das Amt des Hofmusikintendanten bekleidete. Er war ein maßgeblicher Förderer LACHNERS, der im Odeon Bach und Beethoven aufführte und 1855 und 1863 ›Münchner Musikfeste‹ zuwegebrachte. Wenn man will, kann man auch den Pocci-Freund FRANZ VON KOBELL in seiner Eigenschaft als Volksliedsammler zu den Musikern zählen, die den König umgaben.

Hofmusikintendant Pocci

Zum ersten Male seit den Tagen KARL THEODORS erhielt die Musik wieder Vorrang, bereits unter LUDWIG I., mehr noch unter MAX II. JOSEPH, der mit nobler Liberalität allein den Verantwortlichen, LACHNER und POCCI, freie Hand ließ. Vor allem eben ist dabei zu bedenken, daß die Allgemeinheit an den künstlerischen Begebenheiten teilhatte, eine Situation, die merklich den Unterschied zur Vergangenheit unterstreicht. Das wirkte sich auf die Konzerte wie das Theater aus. Man hörte zum ersten Male BACHS *Matthäus-Passion* (1842) und man sah, was die neue Zeit im Musiktheater hervorbrachte: VERDI (*Ernani* 1848, *Nabucco* 1852, *Rigoletto* 1854, *Troubadour* 1859), man sah GOUNOD (*Faust* 1862), aber auch wieder MOZART (*Cosi fan tutte* mit Rezitativen 1851) und – WAGNER. Es ehrt LACHNERS Souveränität, daß er sich dazu verstand, den *Tannhäuser* (1855), den *Lohengrin* (1858) und den *Fliegenden Holländer* (1864) zu präsentieren. Symbolisch wirkt es, daß er den *Holländer* zwar einstudierte, die Direktion aber dem Komponisten selbst übergab.

Aufschwung der Musik unter Lachner und Pocci

Allenthalben rührten sich, ermutigt durch das Vorbild, im ganzen Land die Kräfte, im kirchlichen wie im weltlichen Bereich (Gründung des Bayerischen Sängerbundes 1861, dessen musikalische Betreuung der spätere kgl. Hofmusikintendant KARL V. PERFALL in Händen hatte). Nur das breite Fundament, das solchergestalt gelegt war, und in größerem Maße, als es den äußeren Anschein hat, den sozialen Ansprüchen gerecht wurde, ermöglichte alles, was die Zukunft zu bringen hatte. So wenig LUDWIG I. und MAX II. JOSEPH im allgemeinen Bewußtsein als musikzugewandt gelten, geschah es gerade unter ihrer Ägide, daß sich aus der Konturlosigkeit der frühesten nachkurfürstlichen Jahre ein fest umrissenes Gebilde scheinbar mühelos und ohne Komplikationen entwickelte. Es war keine Reform an Haupt und Gliedern, wohl aber eine alle Teile umfassende Durchdringung, die erstmals nicht nur das künstlerische Projekt, sondern auch die pädagogische und wissenschaftliche Seite einbezog. MAX II. JOSEPHS Quartettpartner WILHELM HEINRICH RIEHL (1823–1897), im Jahre 1854 als Staatswissenschaftler an die Universität berufen, Pressechef des kgl. Hauses, übernahm 1859 eine Professur für Kulturgeschichte; mit seinen volkskundlichen Arbeiten und Bemühungen um die Musik wurde er zum Ahnherrn der Soziologie und gab der Installierung der Musikwissenschaft, die um vieles später der von ihm inspirierte ADOLF SANDBERGER vornahm, richtungweisende Anregungen.

Übrigens hatte auch OTTO VON GRIECHENLAND (1815–1867) in ähnlicher Richtung Versuche unternommen, verhältnismäßig bald nach seinem 1832 erfolgten Regierungsantritt den Musikunterricht in den griechischen Schulen im Rahmen des Kulturvereins zu aktivieren (1836). Er rief sogar eine Schule für Kirchenmusik ins Leben. Allerdings kam das Resultat seiner Bestrebungen erst nach seinem 1862 erzwungenen Rücktritt zur Geltung. Immerhin war es möglich geworden, daß in der Heimat der Tragödie und der ihr vermeintlich nachgebildeten Oper diese Form des Musiktheaters, wenn auch nur in Gestalt italienischer Gastspiele, Fuß faßte.

Zwei Jahre nach der Rückkehr Ottos starb Max II. Joseph. Mit seinem Nachfolger Ludwig II. (1845-1886) wird ein sattsam diskutiertes Kapitel aufgeschlagen, das in Film und Fernsehen, Roman und Kolportage sinnverwirrend und nicht immer sachlich oder gar sachgerecht ausgewalzt wurde. Das Pro und Contra hat, mit anderen Vorzeichen versehen, bis heute nicht nachgelassen. Es betrifft das, was schon zu Lebzeiten des Königs und seines Idols Richard Wagner (1813-1883) die Gemüter erregte. Da mittlerweile die Öffentlichkeit, repräsentiert nicht nur durch die Bevölkerung, sondern maßgeblich durch Presse und Politik, ein unausschaltbarer Faktor der Mitsprache geworden war, hatte sich der Vergangenheit gegenüber die Situation von Grund auf verändert.

Ludwig II., als er 1864 den Thron bestieg, vollzog bekanntlich als erste Amtshandlung die Einladung Wagners nach München. Er erfüllte sich seinen Wunschtraum, den er hegte, seit er als Kronprinz das Werk Wagners kennengelernt hatte. Es ist eigentlich paradox, daß es gerade Lachner gewesen war, der dem jungen Menschen dieses sein Denken bestimmende Erlebnis vermittelt hatte. Wagner wurde nicht ›berufen‹, das heißt es war ihm kein Amt anvertraut, so daß im Grunde genommen offiziell nichts geändert wurde. Im Gegenteil: hier wie bei den folgenden künstlerischen Ereignissen bestätigte sich die Leistungsfähigkeit Lachners und des von ihm geführten Orchesters. Allerdings tat Lachner das, was kurioserweise bei seinem Amtsantritt sein Vorgänger auch getan hatte: er trat 1868 zurück und erbat seine Pensionierung.

Lachners verständliches Verhalten kennzeichnet die Lage. Das Bemerkenswerte bestand darin, daß man den definitiven Abschluß einer geschichtlich gewordenen Phase spürte. Daß diese zu Ende gehende Epoche, die durch den Thronwechsel signalisiert ist, bedeutend war, hängt mit der Bedeutung der künstlerischen Persönlichkeit, die sie prägte, eng zusammen. Daß man wußte, wer dieser Mann war, wird durch das erwähnte Verhalten seiner Vorgänger bestätigt, die gingen, als er kam. Daraus wird in diesem wie in jenem Falle, eben dem, daß er nun seinerseits die Konsequenzen zog, ersichtlich, daß Lachners Tätigkeit durchaus geschichtliche Ausmaße besaß. Seine Wirkungszeit stellt einen prägnanten Abschnitt dar. Er war von Ludwig I. berufen und führte sein Amt die ganze Regierungszeit Max II. Josephs hindurch, ja, er verblieb sogar die ersten vier Regierungsjahre des neuen Königs. Als Wagner kam, mußte er sich mit Lachner abfinden. Als Lachner ging, war Wagner bereits nicht mehr in unmittelbarer Nähe. Aber seine Hinterlassenschaft war stark und nachhaltend genug, Lachner zur Resignation zu zwingen. Das besagt, daß es sich nicht allein um die Persönlichkeit Wagners als solche handelt, sondern um die von seinem Werk und seiner Vorstellung veranlaßte und verursachte Wandlung aller Voraussetzungen.

Inwieweit nun Wagner das Vertrauen und die Zuneigung seines Königs ausnutzte, bleibe dahingestellt. Die gegen ihn ziemlich bald nach seiner Ankunft gesponnenen Intrigen aus Hof und Adel – zunächst nicht aus der Bevölkerung und ihrer städtischen Repräsentanz – führten bereits 1865 zu Wagners Entschluß, dem König seine Verabschiedung anheimzugeben. Das Gegenteil jedoch war der Fall: die Uraufführung von *Tristan und Isolde* (1865) bekräftigte das noch ungetrübte Einvernehmen. Aber neuerliche Verwicklungen, die in offene und öffentliche politische Fehde ausarteten, bewogen den König, Wagner das vorläufige Verlassen der Stadt nahezulegen. Trotz der linden Trübung des Verhältnisses, die durch die Cosima-Geschichte ausgelöst worden war und durch die Veröffentlichung des Aufsatzes *Deutsche Kunst und deutsche Politik* (1867) durch Wagner gesteigert wurde, hielt Ludwig II. auch fernerhin seine fördernde und schützende Hand über den am Vierwaldstädter See Ansässigen. Ungeachtet des drohenden Krieges reiste der rücktrittswillige König sogar nach Tribschen, wo Wagner dadurch in die Politik eingriff, daß

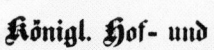

München.

Königl. Hof- und National-Theater.

Samstag den 10. Juni 1865.
Außer Abonnement.
Zum ersten Male:

Tristan und Isolde

von
Richard Wagner.

Personen der Handlung:

Tristan	Herr Schnorr von Carolsfeld.
König Marke	Herr Zottmayer.
Isolde	Frau Schnorr von Carolsfeld.
Kurwenal	Herr Mitterwurzer.
Melot	Herr Heinrich.
Brangäne	Fräulein Deinet.
Ein Hirt	Herr Simons.
Ein Steuermann	Herr Hartmann.

Schiffsvolk. Ritter und Knappen. Isolde's Frauen.

Textbücher sind, das Stück zu 12 kr., an der Kasse zu haben.

Regie: Herr Sigl.

Neue Decorationen:

Im ersten Aufzuge: Zeltartiges Gemach auf dem Verdeck eines Seeschiffes, vom K. Hoftheatermaler Herrn Angelo Quaglio.
Im zweiten Aufzuge: Park vor Isolde's Gemach, vom K. Hoftheatermaler Herrn Döll.
Im dritten Aufzuge: Burg und Burghof, vom K. Hoftheatermaler Herrn Angelo Quaglio.

Neue Costüme
nach Angabe des K. Hoftheater-Costümiers Herrn Seitz.

Der erste Aufzug beginnt um sechs Uhr, der zweite nach halb acht Uhr, der dritte nach neun Uhr.

Preise der Plätze:

Eine Loge im I. und II. Rang	15 fl.	— kr.	Eine Loge im IV. Rang	9 fl.	— kr.
Ein Vorderplatz	2 fl.	24 kr.	Ein Vorderplatz	1 fl.	24 kr.
Ein Rückplatz	2 fl.	— kr.	Ein Rückplatz	1 fl.	12 kr.
Eine Loge im III. Rang	12 fl.	— kr.	Ein Galerienoble-Sitz	2 fl.	24 kr.
Ein Vorderplatz	2 fl.	— kr.	Ein Parkettsitz	2 fl.	— kr.
Ein Rückplatz	1 fl.	36 kr.	Parterre	—	48 kr.
			Galerie	— fl.	24 kr.

Heute sind alle bereits früher zur ersten Vorstellung von Tristan und Isolde gelösten Billets giltig.

Die Kasse wird um fünf Uhr geöffnet.

Anfang um sechs Uhr, Ende nach zehn Uhr.

Der freie Eintritt ist ohne alle Ausnahme aufgehoben und wird ohne Kassabillet Niemand eingelassen.

Repertoir:

Sonntag	den 11. Juni	:	(Im K. Hof- und National-Theater) Martha, Oper von Flotow.
Montag	den 12.	„	(Im K. Hof- und National-Theater) Elisabeth Charlotte, Schauspiel von Paul Heyse.
Dienstag	den 13.	„	(Im K. Hof- und National-Theater) Mit aufgehobnem Abonnement: Zum ersten Male wiederholt: Tristan und Isolde, von Richard Wagner.
Donnerstag	den 15.	„	(Im K. Hof- und National-Theater) Laila Rookh, Oper von Felicien David.

Der ein

102 Das historische Dokument der »Tristan«-Uraufführung vom 10. Juni 1865

103 Karikatur auf Wagners Geldnöte

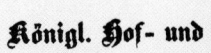

104 An der Seite des Königs wohnte Wagner der
»Meistersinger«-Uraufführung am 21. Juni 1868 bei

105 Titelseite der handschriftlichen »Ring«-Partitur

er LUDWIG II. seine Absichten ausredete. Es muß ein seltsames Band der Überein-
stimmung bestanden haben, daß, in Abwandlung des Wortes, der Künstler mit dem
König ging. Dieser König ließ es sich, aller Widerstände ungeachtet, nicht nehmen,
sein Bekenntnis zu WAGNER zu dokumentieren und 1868 der Uraufführung der
Meistersinger von Nürnberg im Münchner Hof- und Nationaltheater, die HANS V.
BÜLOW dirigierte, beizuwohnen. Zwar bedeutete es einen Höhepunkt im Leben
WAGNERS, daß er, vom König animiert, von der Hofloge aus für den Beifall danken
konnte. Aber der Triumph war teuer bezahlt, da ein Sturm der Entrüstung und
Schmähung über ihn hereinbrach.

Die endgültige räumliche Entfernung voneinander brachte nach und nach eine
gewisse persönliche Entfremdung, zumindest Abkühlung der Beziehungen. Sie
wurde von Seiten WAGNERS durch seinen Unwillen darüber genährt, daß der König
gegen WAGNERS Einspruch die Uraufführung von *Rheingold* (1869) und *Walküre*
(1870) in München angeordnet hatte, womit er sein Konzept des ›Bühnenfestspiels‹
zerstört sah. Von Seiten des Königs wurde die beginnende Ernüchterung durch
WAGNERS Entschluß ausgelöst, das Festspielhaus in Bayreuth und nicht in München   *Festspiele in Bayreuth*
zu etablieren. Immerhin erschien LUDWIG II. zu den ersten Bayreuther Festspielen
1876, das heißt er nahm an der Generalprobe und an der dritten Aufführung des *Ring
des Nibelungen* teil. Der finanzielle Mißerfolg führte 1878 zu einer organisatorischen
Lösung, bei der wieder der König seine Hand im Spiel hatte. Bayreuth und München
wurden ›wagnerisch‹ miteinander verbunden, zunächst höchst sachlich dadurch, daß
die gewährte Anleihe durch prozentuale Einnahmeverrechnung abgetragen werde.
Die letzte Folgerung war, daß WAGNER den *Ring des Nibelungen* für alle Bühnen
freigab. Für den *Parsifal* hingegen hatte LUDWIG II. auf Bitten WAGNERS das Vor-
behaltsrecht für Bayreuth ausgesprochen und den urheberrechtlichen Schutz, der bis
1913 in Geltung war, vorausgenommen. An der von HERMANN LEVI geleiteten
Uraufführung im Jahre 1882 nahm er jedoch nicht teil, obwohl er Orchester und
Chor der Hofoper zur Verfügung gestellt hatte. Als WAGNER 1883 starb, entsandte er
einen Beauftragten zu den Trauerfeierlichkeiten nach Bayreuth. Des Toten geden-
kend erklärte er: »Den Künstler, um welchen jetzt die ganze Welt trauert, habe ich
zuerst erkannt, habe ich der Welt gerettet.« 1884 erlebte er das letzte Werk WAGNERS
zweimal in einer seiner berühmten Münchner ›Separat-Vorstellungen‹. Zwei Jahre
danach brach das Verhängnis über ihn herein.

Das sind die nüchternen Tatsachen. Aber es ist etwas Außergewöhnliches an
diesen Fakten. Die geradezu schwärmerische Neigung des Königs war seiner sach-
bezogenen Aufgeschlossenheit entsprossen. Daß sie einer einzigen Persönlichkeit
und ihrem Werk galt, beinhaltet mehr als die bloße Erfüllung eines spontan übernommenen und ausgeübten Mäzenatentums. LUDWIGS Erkenntnis, daß er WAGNER
als erster zu würdigen vermochte und vor allem durch sein Handeln der Welt erhalten hatte, gehört in diesen Bereich des Außergewöhnlichen. Dieses gewisse Sen-
dungsbewußtsein behielt recht. Das fast bis zum Ende rastlos Leben WAGNERS, das
erst in Bayreuth zur späten Ruhe kam, als sein »Wähnen Frieden fand«, wurde nicht
nur durch die finanzielle Hilfe des Königs, sondern gleichermaßen durch sein volles
Verständnis in Bahnen gelenkt, die die im wahrsten Sinne des Wortes geschichtlichen Ereignisse ermöglichten, ja, verursachten. Die persönlichen Dinge, die das
jeweils Augenblickliche darstellen, werden im Verhältnis zu dem, was erreicht
wurde, unwichtig und sollten doch nicht als das ausschließlich Einzige in die Waag-
schale geworfen werden. Was sich damals unter heftigen Wachstumsschmerzen bildete und ›neu‹ war, erschreckend neu, ist mittlerweile ›Tradition‹ geworden. Daß
eben LUDWIG II. seinen Teil dazu beitrug, darf nicht unbeachtet bleiben. Vor allem
darf man den geschichtlichen Zusammenhang nicht aus dem Auge verlieren, um
begreifen zu können, was da überhaupt geschah.

Denn es geschah ja nicht nur in dem, was durch LUDWIG II. und WAGNER – »Au-
gustus und Horaz«, wie BÜLOW sagte, als er beide bei der *Meistersinger*-Uraufführung
in der Hofloge sah – vollzogen wurde. Die unmittelbaren, darin verwurzelten Kon-

sequenzen sind mitzubedenken. Sie offenbaren sich in vielerlei, in der allgemeinen Musik- und Theatergeschichte zunächst. Wie man es auch lesen mag – als ›Der Fall Wagner‹ oder als ›Wagner und seine Folgen‹ –, immer kommt die Unausweichlichkeit dessen zum Vorschein, was mit seiner Wirkung bis auf die Gegenwart durch Stil, Werk und Sprache WAGNERS ausgelöst wurde.

Diesem Allgemeinen und Geschichtlichen, um das – im Für und im Wider – keiner der Zeitgenossen und der Kommenden herum konnte, entspricht das spezifisch ›Münchnerische‹ und, denkt man an Bayreuth, ›Bayrische‹. Es betrifft einmal die ›Wagner-Tradition‹, die ihren eigenen und festen Platz neben der ›Mozart-Tradition‹ erhalten hat. Es betrifft jedoch vor allem unmittelbare Ergebnisse, die nur scheinbar am Rande zu stehen scheinen, in Wirklichkeit aber aus der Gegenwart heraus die Weichen für die Zukunft stellten.

Auf Wunsch LUDWIG II. hatte WAGNER 1865 einen umfangreichen *Bericht an Seine Majestät den König Ludwig II. von Bayern über eine in München zu errichtende deutsche Musikschule* verfaßt und noch im gleichen Jahr veröffentlicht. Er knüpft darin an des Königs Wunsch an, »meine Ansicht darüber, was von der Wirksamkeit eines Konservatoriums für Musik zu erwarten sei, und inwiefern hieraus Forderungen zu begründen, sowie diesen Forderungen entsprechende Einrichtungen am hiesigen königlichen Konservatorium der Musik zu treffen sein möchten, auszusprechen.« Nun war das als ›königlich‹ betitelte Konservatorium HAUSERS zwar in einem königlichen Haus, dem Odeon, untergebracht, aber nicht ›königlich‹ im Sinne von Verwaltung und Zuständigkeit, gewiß jedoch des königlichen Wohlwollens sich erfreuend. Aber es zeigte sich, daß Vorgeschichte und Struktur der Hauserschen Musikschule alle Voraussetzungen enthielten, WAGNERS Gedankengängen als Modell zu dienen. Sein Ziel war, kurz formuliert, die Ausbildung für den dramatischen Gesang in den Mittelpunkt zu stellen. WAGNER, der sich in seinem Bericht auffällig zurückhaltend gegen LACHNER verhält, konnte an die früheren Unternehmungen anknüpfen. Er meint: »Der Anregung des Generalmusikdirektors Franz Lachner war es zu verdanken, daß die nöthigen Fonds zur Gründung einer solchen Gesangsschule durch die Munifizenz Allerhöchst Ihres erhabenen Großvaters, Seiner Majestät König Ludwig I., bereits vor längeren Jahren überwiesen wurde. Es ist zu bedauern, daß diese Gesangsschule, ohne namhafte Vermehrung der ihr zugewiesenen Geldmittel, und ohne praktische Erkenntniß der für diesen Fall zu stellenden höheren Aufgabe, zu einer universellen Musikschule mit vorgeblicher Tendenz eines Konservatoriums erweitert worden ist . . . Ich trete somit der weisen Ansicht des Generalmusikdirektors Franz Lachner, daß dieser Misserfolg für das Erste nur durch Zurückführung des Konservatoriums auf seine ursprüngliche Basis als praktische Gesangsschule zu verbessern sein wird, mit vollkommener Überzeugung bei, und stimme dafür, die jetzigen Fonds des Konservatoriums lediglich zur Neubegründung einer zweckmäßig organisierten Gesangsschule zu verwenden.«

WAGNER hatte also in gewissem Sinne das weiterführen wollen, was die Urheber der Musikschulidee in München vor Augen hatten. Er ging noch einen Schritt weiter, indem er die Schule mit dem Hoftheater zu verbinden trachtete. Nur unterlag er bei der Beurteilung und Ablehnung des ›Konservatoriums‹ einem gründlichen Irrtum. Er übersetzte das ursprünglich italienische Wort »conservatorio« mit »Bewahranstalt«. Das war es in der Tat auch, aber im ganz ursprünglichen Sinn von Waisenhaus oder »Kinderbewahranstalt«. WAGNER hielt es in Anerkennung der italienischen Tradition in Gesang und Theater für eine Institution zur Bewahrung des Stils. Da aber eine deutsche Tradition in dieser Kategorie fehlte, erschien ihm das »Konservieren« sinnlos. In dem ihm vorschwebenden Sinne sollte die neue Musikschule soviel wie eine »Stilbildungsanstalt« sein, deren Hauptinhalt der »dramatische Gesang« sein müßte.

Bayerische Musikschule Als ›Königlich Bayerische Musikschule‹, die aus der Privatschatulle des Königs finanziert wurde, kam tatsächlich das geplante Institut als abgewandelte Fortsetzung der bestehenden Einrichtung zustande. Das war 1867. Sieben Jahre danach, 1874, wurde die Schule als ›Kgl. Staatsanstalt‹ aus der persönlichen Verantwortlichkeit des Königs gelöst und in die Obhut des Staates gegeben. Diese aus welchen Gründen auch immer vorgenommene Verstaatlichung stellt innerhalb der Geschichte der öffentlichen Musikausbildungsinstitute ein besonderes Phänomen dar.

Die Gründung von Musikschulen und Konservatorien wurde im 19. Jahrhundert als eine den gewandelten sozialen Voraussetzungen entsprechende Unerläßlichkeit und Notwendigkeit angesehen. Die Mehrzahl dieser Institute, wie beispielsweise die in Prag, Wien oder Salzburg, war aus bürgerlicher Initiative erwachsen. Staatliche und kommunale Gründungen (letztere z. B. in Straßburg) waren verhältnismäßig selten. Als wohl ältestes staatliches Unternehmen dieser Art ist das 1804 entstandene ›Akademische Musikinstitut‹ der Universität Würzburg zu betrachten, das 1820 in ein ›Kgl. Musik-Institut‹ umgewandelt wurde; Leiter und Initiator dieser Einrichtung, die also noch vor LUDWIG I. zustandekam, war FRANZ JOSEPH FRÖHLICH (1780–1862), der gleichzeitig als Dozent für Musikgeschichte und Musikdirektor der Universität fungierte. 1822 folgte Berlin mit dem Kgl. Institut für Kirchenmusik, anschließend Dresden, Gent, Weimar und Leipzig (dieses nach der 1843 vollzogenen Gründung erst 1876 als ›kgl.‹ legitimiert). In diesem Kreis spielt die Münchner Institution, als privates Unternehmen nur wenig jünger als die Konservatorien in Salzburg oder Leipzig, als ›kgl.‹ Institut älter als etwa Berlin, Stuttgart, Weimar, und als ›staatlich‹ in dieser Zeitspanne ziemlich allein stehend, eine besondere Rolle. Das Besondere an dieser Rolle ist darin zu sehen, daß ihr von Anfang an ein bestimmtes Ziel vorgegeben war. Der von den ältesten Initiatoren verfochtene Singschul-Gedanke wandelte sich durch Lachner zur ›Gesangsanstalt‹, die eben WAGNER zweifellos bewog, hier seine ›deutsche Musikschule‹ anzusiedeln.

Zwei Jahre nach WAGNERS Bericht an LUDWIG II. war nun dank des Königs Gnade die neue Musikschule mit diesen hochgesteckten Zielen zustandegekommen. Auf nachdrückliches Betreiben und Zureden seines damaligen Schwiegervaters FRANZ LISZT entschloß sich der große HANS V. BÜLOW (1830–1894), als »Vorspieler des Königs« zugleich das Amt des »artistischen Direktors« der Schule zu übernehmen; die Verwaltungsgeschäfte lagen in den Händen des Hofmusikintendanten KARL V. PERFALL. Ungeachtet der Hektik und der üppig ins Kraut schießenden Widerstände eines gegen den anderen, zumal jedem bekannt war, daß gerade BÜLOW eigens vom König nach München berufen worden war, wurde es fast wundergleich möglich, eine sachliche Atmosphäre des Lehrbetriebs herzustellen. Das wurde besonders deutlich im Entscheidungsjahr 1867, in dem BÜLOW zum Hofkapellmeister und PERFALL zum Hoftheater-Intendanten ernannt wurden. BÜLOW, der in der Oper auf Wunsch des Königs die Pariser Fassung des *Tannhäuser* brachte und den *Lohengrin* aufführte, sich aber keineswegs nur an WAGNER hielt, sondern auch MEYERBEER (*Die Afrikanerin*) und anderes präsentierte, war sachlich genug, dem königlichen Institut Lehrkräfte aus durchaus wagnerfremden, wenn nicht gar -feindlichen Lagern zu berufen. Der Stimmbildner FRIEDRICH SCHMITT (1812–1884), der einst an der Oper bei STUNTZ gelernt hatte, war bereits 1864 durch WAGNER nach München gekommen. Sein Schüler war der berühmte JULIUS HEY (1832–1909), der Maler, den LACHNER zur Musik geführt hatte; er war eine Entdeckung des Königs und blieb bis 1887 im Lehramt (mittlerweile auch Gesangsberater WAGNERS in Bayreuth). Ganz entscheidend jedoch war die Berufung zweier Persönlichkeiten, die überhaupt nichts mit WAGNER zu tun hatten: JOSEPH RHEINBERGER (1839–1901) aus Vaduz und FRANZ WÜLLNER (1832–1902) aus Münster. RHEINBERGER, der seit 1851 in München lebte, kam aus der Schule HAUSERS, hatte bei JULIUS JOSEPH MAIER aus der Schule MORITZ HAUPTMANNS, bei J. G. HERZOG, J. E. LEONHARD und LACHNER gelernt, ehe er 1860 Organist an der Michaels-Hofkirche wurde. 1867 erhielt er eine Professur an der Musikschule, trat zehn Jahre später das Amt eines Hofkapellmeisters und des Leiters der kgl. Vokalkapelle an. Als ›Schul-Inspektor‹ und vor allem als Lehrer, der eher von MENDELSSOHN kam als von WAGNER, hat er der Schule ihren Ruf verschafft. Gerade seine Lehrgebiete Orgel und Komposition sind in dieser Situation auffallend.

Lehrer der Musikschule

Rheinberger, Wüllner

106   Der getreue Hans v. Bülow   107   Joseph Rheinberger

108   Gruppenfoto aus Richard Wagners Münchner Zeit mit Hans v. Bülow und anderen

F. Uhl   R. Pohl   H. v. Rosti   Gasperini   Bülow   Jensen   Gille   Dräsecke   Damrosch   Porges   Mosonyi

Röckel   R. Wagner   F. Müller   A. Ritter

1865.

Eine ganze Generation von Komponisten, die man als erste ›Münchner Schule‹ zusammenfassen kann, ist aus seiner sachlichen, liebenswürdigen Obhut gewachsen (u. a. THUILLE, HUMPERDINCK, SANDBERGER, WOLF-FERRARI). Aus der Brahms-Nähe kam der Westfale WÜLLNER, Schüler des berüchtigten Beethoven-Adlatus ANTON SCHINDLER. Er war bereits 1856 Lehrer an der Musikschule HAUSERS, übernahm, nach einem erfolgreichen Zwischenspiel in Aachen, 1864 die Vokalkapelle und erhielt 1867 den Auftrag, an der kgl. Musikschule die Chor- und Orchesterklasse einzurichten. Der Dirigent der Münchner *Rheingold-* und *Walküre*-Aufführungen wurde 1871 Erster Hofkapellmeister (bis 1877).

Ein interessanter Fall ist die Erscheinung des PETER CORNELIUS (1824–1874). Der Schüler des Berliner Kontrapunktikers SIEGFRIED DEHN, ein getreuer Jünger LISZTS und WAGNERS, hatte sich als Komponist seine Eigenständigkeit zu wahren gewußt. Nur ungern hatte er Wien verlassen, um das Münchner Lehr-Amt für Harmonie und Poetik anzutreten. Er fühlte sich nicht recht wohl, so daß er bereits 1869 ein Entlassungsgesuch an den König richtete, es dann aber wieder zurückzog. Der sympathische Pessimist, der nicht »Wagners Gemütsdiener« sein wollte, blieb in seiner Selbstlosigkeit der Sache, an die er nicht glaubte, treu. Mit einer gewissen Schmerzlichkeit beurteilte er das Verhältnis des Königs zu WAGNER. In einem Brief an CARL HESTERMANN (1865) heißt es: »Der edle junge Monarch ist seinerseits in einer rein persönlichen Verzückung für den geliebten Genius befangen. Jede Störung der Außenwelt beleidigt ihn nur. Sein Großvater liebte die Kunst; Ludwig der Zweite ist verliebt in einen Künstler. Die strengen Forderungen der Zeit, der Wirklichkeit werden den engelsguten Jüngling eines Tages unsanft aus seinen Träumen aufscheuchen.« So ganz einseitig, scheint es doch, war LUDWIG II. nicht. Denn sonst hätte es nicht geschehen können, daß im Lehrerverzeichnis der Musikschule, aus dem einige geschichtlich wichtige Namen zitiert wurden, einträchtig Wagnerianer und Nicht-Wagnerianer (wenn nicht gar Wagnergegner) nebeneinander standen. Auch WILHELM HEINRICH RIEHL war, als Dozent für Musikgeschichte, von 1867 an (bis 1892) vertreten, obgleich ihn WAGNER in einer seiner »Censuren« 1867 arg zerrupfte (der Aufsatz erschien mit einer Replik RIEHLS 1872 ein zweites Mal). 1883 wurde RIEHL sogar durch den König geadelt.

Auch zeigt das Repertoire der Hofoper des von WAGNER nicht sonderlich geliebten Intendanten PERFALL nicht nur WAGNER, sondern auch VERDI (*Aida* 1877), HERMANN GÖTZ, MEYERBEER (*Hugenotten* 1885), GOLDMARK, MASSENET, PETER CORNELIUS (*Barbier von Bagdad* 1885), aber auch GLUCK, MOZART und WEBER. Es schälten sich dabei zwei Schwerpunkte heraus, die in etwa die Grundlage der späteren Münchner Festspiele bildeten: MOZART und WAGNER. In der musikalischen Theater- und Konzertverantwortlichkeit ergaben sich nach BÜLOWS Weggang (1869) einige wesentliche Änderungen. HERMANN LEVI (1839–1900), Schüler des Lachner-Bruders VINCENZ, wurde 1872 Hofkapellmeister und dirigierte 1878 den *Ring,* vier Jahre danach, nicht ganz nach dem Willen WAGNERS, die Bayreuther Uraufführung des *Parsifal.* Der Sechter-Schüler HANS RICHTER (1843–1916), Chordirektor unter BÜLOW, Leiter der *Ring*-Uraufführung in Bayreuth 1876, von LUDWIG II. mit dem Maximilians-Orden ausgezeichnet, wurde zum Betreuer des 1879 zum Hofkapellmeister ernannten FRANZ V. FISCHER (1849–1918), der ebenfalls – durch Erhebung in den Adelsstand – geehrt wurde.

Auch im Lehrerkollegium der Musikschule gab es einige Zuzüge: GIUSEPPE BUONAMICI (1846–1914), der sowohl bei BÜLOW als auch bei RHEINBERGER studiert hatte, trat, auf allerdings nur drei Jahre, 1870 ein; HEINRICH PORGES, seit 1871 ›Kgl. Musikdirektor‹, wurde Lehrer, HANS BUSSMEYER (1853–1930), später Direktor des Instituts, wurde 1874 aufgenommen. Daß hier wie da vor und nach 1874, das heißt dem Jahr der Verstaatlichung, alles so friedfertig und sogar tolerant zuging, hatte wohl seinen Grund darin, daß jener, der die schöpferische Unruhe gestiftet und damit einen unerwarteten Fortgang ausgelöst hatte, eben WAGNER, kein Interesse mehr dafür aufbrachte. Mehr oder weniger freiwillig hatte er München verlassen und sich am

Peter Cornelius

Repertoire der Hofoper unter Ludwig II.

Neue Lehrer an der Musikschule

175

109 Hermann Levi dirigierte die Uraufführung von Wagners »Parsifal« in Bayreuth, 1882

111 Hans Richter

110 Durch Felix Mottl gelangten die Münchner Festspiele zu Weltruhm

112 Der Münchner Franz Fischer, einer der bedeutendsten Wagner-Dirigenten seiner Zeit

Vierwaldstädter See etabliert, um die *Meistersinger* zu vollenden und seines selbstlosen Freundes Bülow Gattin Cosima zu ehelichen. Vollends 1872, als der Grundstein zum Bayreuther Festspielhaus gelegt wurde, war der Münchner Schulplan als ein praeludium paedagogicum längst vergessen, da er durch die Bayreuther Idee in die Praxis umgesetzt wurde und der Gedanke der ›Stilbildung‹ mittels eines Lehrinstituts auf der Bühne realisiert werden sollte. Es ist auch anzunehmen, daß des Königs persönliches Interesse erloschen war, weshalb man es als glückliche Fügung ansehen muß, daß das unter soviel Hektik geborene Institut – und nicht nur dieses –, nunmehr konsolidiert, entwicklungsfähig und in sich ruhend, in die Obhut des Staates überging.

Es bleibt nur anzumerken, daß der durch Wagners Vehemenz und die Begeisterung des Königs veranlaßte Umbruch in Wirklichkeit eine Fortsetzung der schon von den Vorgängern Ludwig II. eingeleiteten Entwicklung darstellt. In seinem an den König 1865 gerichteten Brief hebt er die Qualität des Orchesters, das er ebenbürtig neben das »ächte Künstlerpaar Schnorr« stellt, durch den Hinweis darauf, daß es »die einzige wirklich genügende Kraft« sei, nachdrücklich hervor. Außerdem fordert er, eine »außerordentliche Commission« einzusetzen, die die Aufgabe habe, »über den Zustand und die Gehaltsverhältnisse der Musiker des königlichen Hoforchesters eine gründliche Untersuchung anzustellen.« Das darin verfolgte Ziel sollte sein, »dem Hoforchester ein dauerhaftes Gedeihen als edles Kunstinstitut zu sichern.« Ersparnisse und Überschüsse des Hoftheaters sollten dem Orchester, aber auch »der Hebung der reinkünstlerischen Tendenzen dieser Kunstanstalt, namentlich in Bezug auf die Leistungen des Gesangschores« zugutekommen. Als Ergänzung diene ein Zitat aus der ›Augsburger Allgemeinen Zeitung‹ (1865), in der er gegen einen Artikel Stellung nimmt, in dem er angegriffen worden war. Es heißt: »Welches Urtheil ich mir über die heutigen deutschen Musikzustände gebildet habe, wird das Publicum nächstens zu erfahren Gelegenheit erhalten; welche Hoffnung für ihre Hebung ich gerade auf die Mitwirkung Münchens gründe, wird dann wohl auch einleuchten, und es wird zu erfahren seyn wie vorteilhaft ich von den Erfolgen des hoch verdienten Generalmusikdirectors Franz Lachner denken muß, daß ich, der ich kein unexperimentirter Phantast bin, diese Hoffnung eben auf den Boden dieser Erfolge gründe.«

Das Hoforchester

Es ist hier nicht die Aufgabe gestellt, den Dingen nachzugehen, die Wagners Stellungnahmen zur Folge hatten. Daß der König in der Orchester-Angelegenheit Abhilfe versprach, erscheint erwähnenswert. Inwieweit Wagners Vorstoß gegen die Theaterverwaltung in die Maschinerie der betroffenen Bürokratie geriet und von da her die Widerstände erzeugte, soll nur erwogen werden. Trotz vieler Bücher, die über das Thema Wagner und seinen König – oder umgekehrt – geschrieben worden sind, ist eine sine ira et studio verfaßte Darstellung bisher ausgeblieben. Wir sollten uns weder von vorgefaßter Meinung in dem einen wie dem anderen Sinne leiten lassen, auch nicht irritiert sein von der Emphase der Briefe, die sich der König und Wagner schrieben. Im Endeffekt war es doch der gewiß subjektive, aber unmittelbare und persönliche Anteil Ludwig II., der – durchaus aus dem Gewesenen heraus – die Zukunft erschloß. Denn als er starb, konnte sein den Thron verwaltender Nachfolger gedeihen und sich weiter entwickeln lassen, was auf ihn überkommen war.

Dieser Nachfolger, Prinzregent Luitpold (1821–1912), dritter Sohn Ludwig I., hatte als junger Prinz an der Seite seines königlichen Neffen 1865 die *Tristan*-Uraufführung miterlebt. Unter seiner Regierung wurde 1901 das seinen Namen tragende Wagner-Theater, das Prinzregententheater, auf der Bogenhausener Höhe eröffnet – Erfüllung jenes Planes, mit dem einst Ludwig II. Gottfried Semper betraute und das nun von Max Littmann als Festspielhaus gebaut und mit den *Meistersingern* der Öffentlichkeit übergeben wurde. Der den Musen der Bildenden Künste innig zugetane Regent, dem beim Zustandekommen des Gebäudes jenseits der Isar von Seiten des Bürgertums wesentliche Unterstützung zuteil wurde, hat seiner Landeshauptstadt Ruf und Ruhm als Kunststadt erneuert.

Prinzregententheater

177

Die Musikschule, die ›kgl. Staatsanstalt‹, wurde 1892 unter JOSEPH RHEINBERGER, der 1894 den Adel erhielt, in eine ›Staatliche Akademie der Tonkunst‹ umgewandelt. (Sie blieb es bis 1924, als sie unter SIEGMUND V. HAUSEGGER den Status einer ›Staatlichen Hochschule für Musik‹ erhielt). Neue Namen waren zu verzeichnen, aus denen sich, geschart um den Südtiroler LUDWIG THUILLE (1861–1907) eine zweite, die eigentliche ›Münchner Schule‹ rekrutierte.

Ludwig Thuille

THUILLE, Schüler RHEINBERGERS, war bereits 1883 in den Lehrkörper eingetreten und wurde 1903 Professor. Seine Schule repräsentierte als Gegenstück zur Leipziger und Wiener Schule die als ›Neuromantik‹ bezeichnete Richtung und brachte eine stattliche Zahl von Schülern hervor wie COURVOISIER, BRAUNFELS, WALTERSHAUSEN, REUSS, WEISMANN, ISTEL. Als Mitglied der »Ritterschen Tafelrunde«, einem Pendant zu den Dichter- und Malergruppen, gehörte er zu jenen, die der in ihrem Sinne neuen Musik die Wege zu ebnen suchten. Es ist interessant, daß erst nachträglich die von LISZT und WAGNER eingeleiteten Tendenzen zum Tragen oder zur Sprache kamen.

Alexander Ritter

ALEXANDER RITTER (1833–1896), seit 1886 im Ruhestand in München lebend, war das Haupt dieser Gruppe, von der keineswegs alle zur Akademie zählten. Die Namen der neuen Persönlichkeiten, die das Lehrerverzeichnis ausmachten, sind so zahlreich, daß nur einige zur Repräsentanz genannt seien: JOSEPH PEMBAUR (1875–1950), der Tiroler, der an der Akademie studiert hatte und 1897 als Vertreter der Liszt-Schule in den Lehrkörper eintrat, AUGUST SCHMID-LINDNER (1870–1959), der Schüler BUSSMEIERS und RHEINBERGERS, mutiger Vorkämpfer des umstrittenen MAX REGER (1873–1916), ab 1905 Lehrer des Instituts, HEINRICH KASPAR SCHMID (1874–1953), Thuille-Schüler und als solcher Absolvent der Schule, seit 1905 Lehrer, BERTHOLD KELLERMANN (1853–1926), einer der Senioren, Liszt-Schüler und -Apostel, seit 1882 im Haus, MAX ZENGER (1837–1911), der Historiker, ERNST RIEMANN (1882–1953), seit 1909 Professor, und vor allem der Schweizer WALTER COURVOISIER (1875–1931), seit 1910 im Amt, bedeutender Lehrer und Förderer der damals jungen Generation.

Diese keineswegs vollzählige Namensliste soll lediglich eine Andeutung von dem geben, was als Resultat des Vorausgegangenen entstanden war. Denn hier wie in den Bereichen von Theater und Konzert handelte es sich um eine natürliche Fortsetzung, bei der sich – unter den Zeichen der sich wandelnden Zeit – lediglich die Namen änderten. 1886, gleich nach dem Tod LUDWIG II., stand am Kapellmeisterpult der Oper ein junger Münchner namens RICHARD STRAUSS (1864–1949), Sohn des

Neue Namen bei Theater und Konzert

im Orchester Horn blasenden Wagner- und Bülow-Fressers FRANZ STRAUSS. 1894 war er wieder in München, nunmehr als Zweiter Kapellmeister, der zwei Jahre später zum Ersten aufrückte. Große Namen bieten sich an: HERMAN ZUMPE (1850–1903), seit 1900 Generalmusikdirektor, FELIX MOTTL (1856–1911), 1903 sein Nachfolger und mit BUSSMEIER Direktor der Akademie, HUGO RÖHR (1866–1937), der Rührige und Zuverlässige, seit 1896 Hofkapellmeister. An die Stelle PERFALLS war als Generalintendant ERNST V. POSSART getreten, sein Nachfolger wurde 1905 ALBERT V. SPEIDEL. Mit CLEMENS V. FRANCKENSTEIN (1875–1942), Thuille-Schüler und Komponist, rückt die Vergangenheit hart an die Gegenwart heran. Er war 1912 Hofmusikintendant und wurde, in zwei Abständen, Generalintendant. Mit ihm ziemlich gleichzeitig trat BRUNO WALTER (1876–1962) an das Generalmusikdirektorenpult.

Neues im Repertoire

Mit diesen Namen ist das reichhaltige Repertoire verbunden, mit MOZART (*Don Giovanni* im Residenztheater), VERDI (*Otello* 1888), WAGNER (*Die Feen* in Uraufführung 1888), STRAUSS (*Feuersnot* 1905, *Salome* 1906, *Elektra* 1909, *Rosenkavalier* 1911), PFITZNER (*Die Rose vom Liebesgarten* 1904, *Christelflein* 1906), DEBUSSY (*Pelleas und Melisande* 1908), WOLF-FERRARI (Uraufführung von *Die Neugierigen Frauen* 1903, *Die vier Grobiane* 1906, *Susannes Geheimnis* 1909), PUCCINI, OFFENBACH, HUGO WOLF (*Der Corregidor* 1903), KIENZL undsofort.

Das alles soll nur den breiten Spielraum aufzeigen im Rahmen der berühmten Jahre, da München »leuchtete«. Es war die Ära des Prinzregenten, ganz gleich nun, ob er persönlich daran beteiligt war oder nicht.

Wesentlich war, daß die Kontinuität des Geschichtlichen als Folgerung aus dem, was die vorangegangenen Zeiten geschaffen hatten, gewahrt blieb. Das gilt auch angesichts der veränderten Voraussetzungen, die das Königreich Bayern, seit 1871 Mitglied des Deutschen Reiches, in seiner Struktur bestimmten. Dieses Bayern war eine große Einheit, innerhalb deren gerade in Musik und Theater sich aus bürgerlicher Initiative eigenständige Leistungen bildeten. Interessant ist, wie sich an den bayerischen Universitäten im Bereich der sich anbahnenden musikwissenschaftlichen Fragen noch einmal der ganze historische Vorgang widerspiegelt, wenn man an das Ingolstadt des TRITONIUS denkt, an das Würzburg des ATHANASIUS KIRCHER im 17. Jahrhundert oder des bereits erwähnten FRÖHLICH, an das Erlangen EMIL AUGUST V. SCHADENS (1814–1852), der als Professor der Philosophie Musikästhetik betrieb, oder JOHANN GEORG HERZOGS (1822–1909), der von 1851 bis 1888 Universitätsmusikdirektor war, an Landshut mit dem Professor musices FRANZ SERAPH V. DESTOUCHES (1772–1844) und an München, wo nach FRANZ DAVID CHRISTOPH STÖPEL (1794–1836), nach RIEHL und dem Altphilologen WILHELM CHRIST mit der Privatdozentur ADOLF SANDBERGERS 1894 und seiner Professur 1900 eine ›Münchner Schule‹ der Musikwissenschaft entstand, der noch zu Zeiten des Prinzregenten die Privatdozenten THEODOR KROYER 1902 und EUGEN SCHMITZ 1909, beide aus der stattlichen Sandberger-Schule stammend, angehörten.

Münchner Schule der Musikwissenschaft

Das erscheint vielleicht nebensächlich. Aber es ist ein Teil nicht nur der musikalischen Ergebnisse dieser Zeitspanne, sondern, gleichbedeutend wie Konzert, Theater und Akademie beziehungsweise Hochschule für Musik, ein tragendes Element innerhalb des Ganzen, zu dem auch und besonders die allgemein wissenschaftliche Förderung zählt, soweit sie die Kompetenz und die Schatulle des Prinzregenten erlaubten. Wie dem auch sei: die von SANDBERGER 1900 begonnene Editionsreihe *Denkmäler der Tonkunst in Bayern* – als zweite Folge der *Denkmäler deutscher Tonkunst* – wurde zur umfassenden Anthologie der bayerisch-pfälzischen Musikgeschichte und somit eine Art Bilanz der historischen Erträgnisse. Die Tatsache, daß der Prinzregent, der sich immer als Thronverweser für den legitimen, aber geisteskranken König OTTO (gest. 1916) betrachtete, seinen wissenschaftlichen Interessen, die allerdings nicht so stark ausgeprägt waren wie seine künstlerischen Neigungen, nur in beschränktem Umfang durch Förderung und Hilfe Ausdruck verleihen konnte, läßt wie so manches, das sich in anderen Bereichen ereignete, erkennen, daß der großzügige Mäzen nicht in allem so freie Hand hatte wie seine Vorgänger. Parteien und auch Minister, Parlament und Kabinett ließen sich das Recht gelegentlicher Mitsprache nicht nehmen. Dessenungeachtet war es aber so, daß es einzig seiner Anregung zu danken war, daß die auch von außerbayerischen Stellen anerkannte Bedeutung der ›Kunststadt‹ München entstehen konnte. »Die Kunst blüht, die Kunst ist die Herrschaft, die Kunst streckt ihr rosenumwundenes Zepter über die Stadt hinaus und lächelt« (THOMAS MANN in *Gladius Dei, 1905*). Als man daran ging, an die Erhebung des Kurfürsten von Bayern zum König zu erinnern, verbat sich der Prinzregent dankend jegliche Feierlichkeit: »Die patriotische Gesinnung, die in diesen Festesvorbereitungen zu Tage tritt, erfüllt Mich mit aufrichtiger Genugtuung und hoher Freude. Sie ist Mir ein neuer Beweis, daß alle Teile des Königreichs sich in der Vereinigung unter dem Zepter des Wittelsbacher Hauses beglückt fühlen.«

Prinzregentenzeit

Dieses die ganze Gesellschaft umfassende Resümee war zugleich der Schlußstrich unter glückliche, zumindest friedliche Jahrzehnte. Die Zukunft verhieß nichts Gutes. Die Wolken, die heraufzogen, bedeuteten Unheil, das unabwendbar war.

Des Prinzregenten Sohn, LUDWIG III. (1845–1921), der die Regentschaft für König OTTO beendete und 1913 den Königsthron bestieg, hatte die schwere Aufgabe, eben dieser verhangenen Zukunft entgegenzugehen. Krieg, Not und Unruhe störten den Fortgang des Überkommenen. Aber sie vermochten sie nicht zu zerstören. Denn was bis 1918 noch zustandekam, war erstaunlich, ebenso wie die Tatsache, daß es danach »weitergehen« konnte. Es war zunächst die Zeit, da nach dem Tode FELIX MOTTLS BRUNO WALTER als Generalmusikdirektor das Amt, das LUDWIG I. für

Die Oper unter Bruno Walter

LACHNER eingerichtet hatte, voller Verantwortung und Erfolg verwaltete. In die bis zum Ende verbliebenen fünf, sechs Jahre fielen große Ereignisse, die es festzuhalten gilt: STRAUSS' *Ariadne auf Naxos* im Residenztheater 1913, PFITZNERS *Der arme Heinrich* im Prinzregententheater 1913, FRANZ SCHREKERS *Der ferne Klang* 1914, SCHILLINGS' *Mona Lisa* 1917, herausragend als historische Daten WAGNERS nunmehr urheberrechtlich frei gewordener *Parsifal* 1914 und die Uraufführung von HANS PFITZNERS *Palestrina* 1917, beide im Prinzregententheater. Dazu noch unter vielem anderem ein ganzer VERDI-Zyklus 1913 und MOZART, viel MOZART. Die letzten Vorkriegs-Wagner-Festspiele mußten jedoch abgebrochen werden.

Aufführungen der ›Musikalischen Akademie‹

Auch die ›musikalische Akademie‹ im damals noch ›kgl.‹ Odeon brachte noch manch Großes und Besonderes: neben dem klassischen Repertoire und dem romantischen Kernbestand – SCHUMANNS *Paradies und Peri* (1916) – Werke von COURVOISIER, FRANCKENSTEIN, MAHLER (zweite bis vierte Sinfonie 1911/13, das *Lied von der Erde* 1916, *Kindertotenlieder* 1917), KLENAU, BLEYLE, BRAUNFELS, nicht zu vergessen BRUCKNER (siebente und neunte Sinfonie 1915/17), DEBUSSY, STRAUSS (u. a. *Alpensymphonie* 1915), TRAPP, ZILCHER (seit 1908 kgl. Professor in Würzburg). Und auch hier: MOZART, viel MOZART.

In seinen selbstbiographischen Aufzeichnungen *Thema und Variationen* (1964) erinnert sich BRUNO WALTER, daß Mitglieder des Königshauses mit schöner Regelmäßigkeit nicht nur an Oper und Konzert teilnahmen, sondern auch ihr persönliches Interesse bekundeten. Anläßlich des 150jährigen Bestehens der ›Musikalischen Akademie‹ bestätigte 1961 Herzog ALBRECHT VON BAYERN, was sich aus dem von BRUNO WALTER Gesagten und was sich aus der Geschichte heraus von selbst ergibt: »Das Haus Wittelsbach hat sich für das Wirken der Musikalischen Akademie seit ihrer Begründung in besonderem Maße interessiert.«

Es geht nicht nur um diese Institution. Die schon früher gestellte Frage, inwieweit die in vergangenen Jahrhunderten bestätigte Aktionsfähigkeit und -bereitschaft noch in Kraft war, läßt sich aus der Wandlungsprozedur der generellen Voraussetzungen ablesen. Wie dem auch sei: das Bestehende war eine Folge dessen, was aus der Initiative des Hauses überhaupt entstehen konnte. Vor allem ist zu bedenken, daß es, nachdem das ›kgl.‹ in ›staatl.‹ umgewandelt wurde, im weiteren Ablauf keine Änderung gab. Bereits die Umwandlung der ›kgl. Musikschule‹ in eine ›staatliche Anstalt‹ unter LUDWIG II. zeigt die von der Zeitentwicklung bestimmte Tendenz, so daß auch in allen anderen Einrichtungen die nach 1918 einsetzende Metamorphose eigentlich nur eine Veränderung in der Verantwortlichkeit war.

Eine weitere Darstellung würde den gegebenen Rahmen sprengen. Aber was geschah und geschieht, offenbart sich als erfreuliche Folge von Variationen über ein geschichtliches Thema, dessen Substanz sich sinnvoll bewährt hat und weiterhin bewähren wird.

Die Herzöge in Bayern

Nicht als Nachtrag oder Anhang ist dieser Passus über die Herzöge in Bayern gedacht. Vielmehr soll er ergänzen und vervollständigen, weil er durchaus zum Thema der Untersuchung und Schilderung gehört.

Die pfalzgräfliche Linie von BIRKENFELD-GELNHAUSEN bildet den Ursprung dieses Zweiges, ausgehend von jenem JOHANN KARL (1638–1704), der in zweiter Ehe mit ESTHER MARIA VON WITZLEBEN aus dem thüringischen Römhild verheiratet war. Diese Ehe und ihre Folgen, die zu prozessuarischen Auseinandersetzungen zwischen den Halbbrüdern FRIEDRICH BERNHARD (1697–1739) und JOHANNES (1698–1780) führten, endeten mit der Legitimation der Nachkommen aus dieser zweiten Ehe des Pfalzgrafen. Unter den acht Enkeln der umstrittenen ESTHER MARIA (1665–1725) war der mittlere der drei Söhne des JOHANNES aus seiner Ehe mit SOPHIE CHARLOTTE VON DHAUN der interessanteste: Pfalzgraf WILHELM (1752–1837), ein begabter Mensch, den das Schicksal mehr mit Unglück als mit Glück verfolgte. Er wurde von den beiden bayerischen Kurfürsten KARL THEODOR und MAX IV. JOSEPH (König MAX I. JOSEPH) gefördert und begünstigt, geriet aber immer wieder unter die Räder des Mißgeschicks, so daß beide, vielleicht auch weil beide Gönner ihre schützende Hand von ihm zogen. Immerhin: der meist auf der Suche nach territorialem Besitz Befindliche wurde 1799 zum ›Herzog in Bayern‹, mit dem Rechtsanspruch, sich ›königliche Hoheit‹ zu nennen, erhoben. Er war eine außergewöhnliche, kluge Persönlichkeit, die sich im Militärdienst ebenso bewährte wie in politischen Manipulationen, die jedoch nicht mit den Ansichten und Zielen des Königs, später dann NAPOLEONS übereinstimmten; als erklärter Kontrahent MONTGELAS' machte er sich das Leben schwer, bis er 1834 endgültig aufgab und sich zurückzog.

Er war ein Herrscher ohne Land, und was er ›besaß‹, war letztlich jeweils nur eine Art ›Leihgabe‹, die ihm, den politisch schwankenden Umständen gemäß, auch immer wieder genommen wurde. Was ihm blieb, was das Herzogsschlößchen in Landshut, das alte Malteserpalais in München und, seit 1814, das von ihm erworbene und restaurierte Kloster Banz. Dazwischen liegen Fluchtwege, die von Landshut über Regensburg und Straubing nach Düsseldorf und Benrath führten, wo er sich bemühte, das ihm ›auf Zeit‹ übertragene Herzogtum Berg zu regieren. Das Ende war die Zuweisung der bisher fürstbischöflichen Residenz in Bamberg, weil von NAPOLEONS Gnaden Prinz MURAT, des Kaisers Schwager, als Großherzog das bergische Herzogtum, das WILHELM klug verwaltet hatte, übernahm, um es nach zwei Jahren wieder zu verlassen. WILHELM hatte mittlerweile, 1806, in Bamberg Fuß zu fassen gesucht. Eingeklemmt zwischen kleiner Haus- und großer Weltpolitik befleißigte er sich, noch im Gespräch zu bleiben. Auf Geheiß NAPOLEONS verheiratete er in Paris seine Tochter MARIA ELISABETH (1784–1849) mit dem von Haus aus bürgerlichen, rechtschaffenen ALEXANDRE BERTHIER, den NAPOLEON zum Prinzen von Neuchâtel und später Wagram gemacht hatte. Die Eheschließung erfolgte 1808.

Dieses Stichjahr ist bemerkenswert, denn es war zugleich das Jahr, in dem ERNST THEODOR AMADEUS HOFFMANN (1776–1822) das Kapellmeisteramt am Theater in Bamberg übernahm, das er aber bald wieder aufgab, um als Komponist, ›Direktionsgehilfe‹ und Bühnenbildner – mit etlichen Unterbrechungen – dem Theater verbunden zu bleiben. Es wird berichtet, daß Herzog WILHELM HOFFMANN in seine Hof-

E. T. A. Hoffmann

181

haltung und seine Geselligkeit aufnahm. In das genannte Jahr fallen zwei leider nicht erhaltene Kompositionen HOFFMANNS: eine Allegorie, ›Die Wünsche‹, zur Geburtstagsfeier WILHELMS, und ein *Ländliches Schauspiel* mit Text und Musik von HOFFMANN sowie *Die Pilgerin* zum Namenstag der Herzogstochter MARIE ELISABETH VON NEUCHÂTEL. Es ist nicht viel, aber doch erwähnenswert. Es heißt, daß E. T. A. HOFFMANN mit der ihm eigenen Ironie das duodezmäßige Hofleben von Bamberg in den *Lebensansichten des Kater Murr* sowie in den *Elixieren des Teufels* glossiert habe. Im *Kater Murr* ist es oder soll es der Sieghartsweiler Hof sein, in dem sich WILHELMS ›Residenz‹ und Land widerspiegeln:

»Jeder, der nur ein einziges Mal im Gasthofe des anmutigen Landstädtchens Sieghartsweiler abgestiegen ist, hat sogleich von dem Fürsten Irenäus reden gehört. Bestellte er nämlich bei dem Wirt nur ein Gericht Forellen, die in der Gegend vorzüglich, so erwiderte derselbe gewiß: ›Sie haben recht, mein Herr! unser gnädigster Fürst essen auch dergleichen ungemein gern, und ich vermag die angenehmen Fische gerade so zu bereiten, wie es bei Hofe üblich.‹ Aus den neuesten Geographien, Landkarten, statistischen Nachrichten wußte der unterrichtete Reisende aber nichts anders, als daß das Städtchen Sieghartsweiler samt dem Geierstein und der ganzen Umgebung längst dem Großherzogtum, das er soeben durchreiset, einverleibt worden; nicht wenig mußte ihn daher verwundern, hier einen gnädigsten Herrn Fürsten und einen Hof zu finden. Die Sache hatte aber folgenden Zusammenhang. Fürst Irenäus regierte sonst wirklich ein artiges Ländchen nicht fern von Sieghartsweiler, und da er mittelst eines guten Dollonds von dem Belvedere seines Schlosses im Residenzmarktflecken seine sämtlichen Staaten zu übersehen vermochte, so konnt' es nicht fehlen, daß er das Wohl und Weh seines Landes, das Glück der geliebten Untertanen stets im Auge behielt. Er konnte in jeder Minute wissen, wie Peters Weizen in dem entferntesten Bereich des Landes stand, und ebensogut beobachten, ob Hans und Kunz ihre Weinberge gut und fleißig besorgten. Man sagt, Fürst Irenäus habe sein Ländchen auf einem Spaziergange über die Grenze aus der Tasche verloren, so viel ist aber gewiß, daß in einer neuen, mit mehreren Zusätzen versehenen Ausgabe jenes Großherzogtums das Ländchen des Fürsten Irenäus einfoliiert und einregistriert war. Man überhob ihn der Mühe des Regierens, indem man ihm aus den Revenüen des Landes, das er besessen, eine ziemlich reichliche Apanage aussetzte, die er eben in dem anmutigen Sieghartsweiler verzehren sollte ... Fürst Irenäus hatte den Ruf eines feingebildeten Herrn, der empfänglich für Wissenschaft und Kunst.«

Der Kreis um Herzog Max in Bayern

Eine späte Freude des alternden, einsam gewordenen Herzogs WILHELM, dessen Sohn PIUS (1786–1837) ihm viel Kummer bereitete und in geistiger Verwirrung in Bayreuth starb, war das vertrauliche Verhältnis, das er zu seinem Enkel MAXIMILIAN JOSEPH, als Herzog MAX IN BAYERN (1808–1888) in die Geschichte eingegangen, fand. Dieser liebenswürdige, gesellige und kultivierte Mann, der seine Erziehung am königlichen Hof in München erhalten hatte, berühmt geworden vor allem als Vater der ›Sissy‹, der Kaiserin ELISABETH VON ÖSTERREICH, hatte unmittelbaren Zugang zur Musik, war interessiert an Volkslied und Zitherspiel. Seine Neigung zu Gespräch und Musizieren, der er in München und Possenhofen, in Kühbach und Aichach und seit 1875 in Tegernsee oblag, brachte ihn unmittelbar an die praktische Ausübung der Musik heran. So wie der übermütige junge Mensch sich nicht scheute, sich in seinen circensischen Reiterkünsten zu zeigen, enthielt sich der älter Gewordene nicht des lebhaften Vergnügens, seinem Freundeskreis mit KOBELL und POCCI einen Musiker einzuverleiben. Das war der renommierte österreichische Zithervirtuose JOHANN PETZMAYER (1803–1871), den er in Bamberg gehört und sich sogleich – es war 1837 – als ›Kammervirtuosen‹, der stets um ihn war und selbst auf seinen Reisen begleiten mußte, auf Lebenszeit verpflichtete. Man hat den seltsamen Vergleich angestellt, daß MAX für PETZMAYER in etwa dieselbe Rolle spielte wie LUDWIG II., der 1867 mit des Herzogs Tochter verlobt war, in seinem Verhalten gegen RICHARD WAGNER. Für die Volksmusik und speziell die Kunst des Zitherspiels, in dem der Herzog selbst sich zum virtuosen Könner ausbildete, ist nicht zu unterschätzen, was von hier aus an Freude und Anregung ausging. Die mit dem Signet »H. M.« versehene Sammlung *Oberbayerische Volkslieder mit ihren Singweisen* (1846) ist als Dokument zu werten. Es macht dem dichtenden und komponierenden Herzog, den Pocci so köstlich und freundschaftlich karikiert hat, durchaus Ehre und sollte als Zeugnis eines Jahrhunderts, das begann, sich auf das, was man seit 1832 als ›Volksmusik‹ bezeichnet, zu besinnen, ernst genommen werden. In dem freudigen Hin und Her, mit dem sich der Herzog und seine musikalischen Freunde mit Kompositionen »bewidmeten«, fällt doch immerhin das op. 24 des Herzogs auf, die *Wiener Ländler,* die er Henry Vieuxtemps dedizierte.

Was hier noch liebenswertes Vergnügen war, wurde später zum ernsten Anliegen. Es fügt sich, daß, als eine Art Familientradition, die Bereitschaft, Forschung und Sammlung des Volksgutes zu fördern, in des Herzogs Enkel, Herzog Ludwig Wilhelm (1884–1968) wiederkehrt. Denn er war – mit Herzog Albrecht aus dem Königlichen Hause – einer der intensivsten Betreuer der Bestrebungen des Kiem Pauli (1882–1960). Weil wir heute wissen, was das bedeutete, vermögen wir auch zu schätzen, was in dieser scheinbar unscheinbaren Nebenlinie der musikalischen Pflege zuwegegebracht worden ist.

113 Johann Petzmayer,
der »Kammervirtuose« des
Herzogs Max in Bayern

Der solches vermerkte, war CHRISTIAN DANIEL FRIEDRICH SCHUBART, der während seiner ihm von seinem württembergischen Herzog KARL EUGEN diktierten Haft auf dem Hohen Asperg in den Jahren 1777/78 »einem Ungeübten« jenes umfassende Werk diktierte, das 1806 sein Sohn, der kgl. preußische Legationsrat LUDWIG SCHUBART, unter dem Titel *Ideen zu einer Ästhetik der Tonkunst* herausgab. Im Kapitel »Schule der Deutschen«, das die deutsche Musikgeschichte insgesamt behandelt, erzählt er von der Vortrefflichkeit der Musik unter LASSO, »von dem man noch heutiges Tags viel lernen kann«. Daß der »Churfürst von Bayern« eine solche Musik gehabt habe, ist richtig; nur war es noch nicht ein Kurfürst, dem er ein derartiges Lob spendet. Es heißt dafür weiter: »Ueberhaupt waren die Herzoge von Bayern in den ältesten Zeiten, wie in den neuesten, immer die größten Beschützer der Musik und der Künste überhaupt.« Er wiederholt es, indem er seine Betrachtung der »Pfalz-Bayerschen Schule« mit dem Satz einleitet: »Es ist schon oben einmahl erwähnt worden, daß die Herzoge und Churfürsten von Bayern von jeher große Verdienste um die Musik hatten, und daß die Nation überhaupt ungemein musikalisch sey.« Schon 1758 hatte der Musiktheoretiker JACOB ADLUNG (1699–1762) in seiner lexikalisch angelegten *Anleitung zu der musikalischen Gelahrtheit* über »große Herrn, welche Musik verstanden und ausgeübet«, sie gegen die »Gattung der Musikfeinde« nachdrücklich hervorhebend, registriert: »Drei Kurfürsten spielten zusammen ein Trio zu München in Bayern 1752; der kölnische spielte die erste Violdigamb, der bayerische die andere, der pfälzer das Bassetgen.«

Es wäre ein zweifellos ebenso vergnügliches wie ertragreiches Unterfangen, aus der großen Literatur, aus Memoiren und Briefen, poetischen Schilderungen und fachlichen Auslassungen eine Anthologie zu erstellen, um aus Reflexionen und Kriterien bestätigt zu erhalten, was in diesem Versuch, den Weg der Wittelsbacher durch die Musikgeschichte abzuschreiten, unternommen wurde. Es handelt sich in der Tat, wenn man alle Begebenheiten Revue passieren läßt, um aktive Anteile an den großen Zusammenhängen, die, setzt man sie aus den zahlreichen Details zusammen, das eben ergeben, was man schlechthin als Geschichte der Musik bezeichnet. Das Merkwürdige, das heißt des Merkens Würdige, ist dabei die Beobachtung, daß sich in vielen Fällen ganz persönliche Neigungen und Interessen so auswirkten, daß sie sich entweder in den generellen Ablauf eingliederten oder aber den Anstoß zu neuen Ansätzen gaben. Die Kontakte sind dort mittelbar, wo sie durch irgendwelche Musiker, die herangezogen wurden, sogar zu Bereichen und Erscheinungen in Beziehung zu bringen sind, die de facto nicht direkt dazugehören. Das ist ebenso wichtig wie die Unmittelbarkeit jener Maßnahmen, durch die große (und kleine) Persönlichkeiten der Musik und ihrer Geschichte in den Wirkungskreis der wittelsbachischen Linien einbezogen wurden und unter ihrer Obhut und Förderung ihre künstlerischen Absichten realisieren konnten.

Die eingangs erwähnte Vielschichtigkeit der politischen Kompetenzen und Abläufe hat sich, wenn man es genau betrachtet, als folgenreich und nutzbringend erwiesen. Aber wie in der politischen Geschichte aus der Fülle eines fließenden Nebeneinander mehr und mehr unter dem Zwang der Verhältnisse, zu denen hierbei auch die mehrfach zitierten Erbverträge und andere Regularien zählen, das Ganze sich sozusagen auf eine einzige Linie verengte, vollzog sich in ähnlichem Ausmaß eine Verdichtung der musikalischen Strömungen, sichtbar in dem immer wieder herangezogenen Beispiel der ›Mannheimer Schule‹ und der Synthese ›Mannheim-München‹. Beides aber war nur denkbar auf Grund der weithin verstreuten Voraussetzungen, weithin verstreut im geographischen Sinne wie in der kultur- und geistesgeschichtlichen Zusammensetzung. Die ablesbaren Höhepunkte stellen sich zugleich als allgemein musikgeschichtliche Höhepunkte dar. Das gilt beispielsweise für das gesamte 16. Jahrhundert, und zwar einmal in der bayerischen ›Lesart‹ der Lasso-Zeit, oder aber, und so ganz anders in der pfälzischen Entwicklungsphase. Gerade dies macht es reizvoll, ein und dieselbe Epoche in verschiedenen Beleuchtungen zu sehen und von ihnen aus der Herkunft ebenso nachzugehen wie dem, was daraus folgerte. Der ausgiebige Umweg der Neuburger über Düsseldorf und Heidelberg-Mannheim und andererseits die aus der gleichen Quelle fließenden Zuströme aus Breslau und Innsbruck könnten dazu verführen, beide Prozesse in graphischen Linien darzustellen, um den ungeheuren Elan sichtbar zu machen, der sich darin betätigte. Daß wiederum die Richtungen in völlig andere, unerwartete Regionen vordrangen, was, wie allenthalben, durch die politischen Aspekte veranlaßt war, entbehrt nicht des Überraschungseffekts, wenn man neben dem neuburgisch geprägten rheinischen Raum um das Herzogtum Jülich das bayerisch initiierte Kurköln mit Bonn nebeneinander stellt. Aber auch hier zeigt sich erneut die Übereinstimmung dieser ›Seitenwege‹ mit der Tendenz der großen Hauptstraßen. Selbst die von der Pfalz ausgehende, immerhin hundertjährige schwedische Episode, die einen größeren Musikertrag brachte, als man vermuten wollte, ist in gewissen Momenten damit in Einklang zu bringen, wenn auch auf Grund der Gegebenheiten die Annäherung an die norddeutsche Musikentwicklung stärker ausgeprägt ist als der Zusammenhang zur Ausgangsbasis.

Es ist überhaupt bemerkenswert, wie vielfältig die Komponenten waren, aus denen sich die einzelnen Gruppierungen bildeten. Man könnte es ganz grob an folgenden Komplexen exemplifizieren. Das eine wäre in etwa der niederländisch-italienische Teil, der sich unter Lasso zur Eigenständigkeit wandelte, das andere wäre gleichzeitig die deutsche Liedsatzkunst in der Pfalz. Oder: die gesamte italienische Tradition der Operngeschichte in der sogenannten Barockzeit vornehmlich in München, dies jedoch in interessanter Alternative und Verbindung zu Düsseldorf wie Hannover. Daß dabei ein unruhiger Geist wie Agostino Steffani, in dem der Bezug zu Händel enthalten ist, wie ein cantus firmus die Vielstimmigkeit durchzieht, ist letztlich ebenso interessant wie die abseitige Tatsache, daß auch der absolut norddeutsche Name eines Dietrich Buxtehude mit ins Gespräch gezogen wird. Die Möglichkeit, daß im Nebenbei französische Namen wie Cambert und Couperin mitgenannt werden könnten (was noch Hypothese bleiben soll), ist ebenso apart wie die Tatsache, daß Corelli und Händel mitgenannt werden dürfen. In der letzten Phase vor dem 19. Jahrhundert, das auf die zwei Grundsäulen Wagner und Volksmusik zu stellen wäre, ist die ›pfalz-bayerische Schule‹ das kardinale Ereignis, das zwangsläufig die Namen Gluck und Mozart heraufbeschwört. Das sind, wie Wagner im Jahrhundert Lachners, die explosiven Momente.

Es erschien notwendig, bei allen in der Schilderung durch die Jahrhunderte hindurch auftretenden Namen der in den Umkreis der Wittelsbacher tretenden Persönlichkeiten in Stichworten ihre Herkunft und ihre Position zu streifen, einmal um dem musikgeschichtlich Unbewanderten die Wichtigkeit (oder auch Nebensächlichkeit) der Betreffenden vor Augen zu führen, auf daß daran die Bedeutung der Handlungsweise dieses oder jenes Potentaten gemessen werden könne. Zum andern sollte mit diesem Verfahren der Versuch unternommen sein, aus der Unterschiedlichkeit und Vielfalt der regionalen Herkünfte und beruflichen Wege der Einzelnen zu verdeutlichen, wie weitreichend doch das Blickfeld derer war, die sich ihre Musiker verpflichteten. Empfehlung und Beziehung vor allem zu den schon etablierten Kräften mögen mitgewirkt haben. Aber das Vertrauen, das die jeweiligen Herren in ihre ›Zuständigen‹ setzten, erscheint dabei genau so wichtig wie ihre eigenen Kenntnisse. Daß sie sich in höchst seltenen Fällen den Forderungen der Verwaltungsbürokratie beugten, ehrt sie noch im nachhinein, da ihr Verhalten die Unbedingtheit ihrer künstlerischen Ansprüche bezeugt. Das gilt nicht weniger als ihre Unbeugsamkeit gegen gelegentliche Machenschaften von höfischer oder sonstiger Seite her. So selbstverständlich erscheint es auch nicht, daß sie ihre Musiker auszeichneten und ehrten, ihnen private oder diplomatische Aufträge anvertrauten, ihnen Monumente errichteten. Als noch weniger selbstverständlich darf erachtet werden, daß dieser und jener in den Adelsstand erhoben wurde. Denn selbst für jene, die es anging, war es keine Selbstverständlichkeit, stellte doch der vielseitige JOHANN BEER (1655–1700) in seinen erst 1719 erschienenen *Musikalische Diskurse durch die Principia der Philosophie deduciert* die Frage, ob man sich »wegen der Musik« könne adeln lassen. Obwohl sie bejaht wird, ist doch die Frage als solche nicht unerheblich, weil sie kundtut, daß es – wohl angesichts der ständischen Hintergründe – als etwas ganz Besonderes angesehen wurde, daß ein Musiker in den Rang aristokratischer Würden versetzt werden konnte.

Man muß ohnedies, durchblättert man die einzelnen Abschnitte der genealogischen und musikalischen Geschichte der Wittelsbacher, konstatieren, daß sich die Bilder nicht in allen Zeitläufen gleichen. Die Ursache dafür hat vielerlei Voraussetzungen. Eine davon ist die bereits angeschnittene Frage, in wessen Zuständigkeit die Berufung und Förderung der Musiker fiel. Natürlich sind von eh und je die diesbezüglichen Urkunden von ›Höchstdero Hof-Cammer‹ verfertigt worden, waren aber auf jeden Fall vom Herzog, Kurfürst oder König unterzeichnet. Der Berufungsvorgang selbst erfolgte bis etwa zum späten 18. Jahrhundert nach Wunsch und Willen und auf Anregung des Monarchen. Aber schon in den Theaterfragen ergeben sich gewisse Abweichungen, weil hierfür der von Kurfürst oder König eingesetzte Intendant, der nicht unbedingt vom Fach sein mußte, zuständig und verantwortlich war. Das persönliche Interesse, mit dem beispielsweise KARL THEODOR Probe und Aufführung von MOZARTS *Idomeneo* besuchte, zeigt die immer noch aus der Vergangenheit übernommene Anteilnahme des Fürsten, der es durchaus in Händen hatte, Wünsche dieser und jener Art zu äußern und ihre Erfüllung unbedingt zu fordern. Aus der schönen Vergnüglichkeit, mit der sich die Herren der Musik und ihren Künstlern verbunden und verwandt fühlten (vor allem, wenn sie selbst musicam tractireten), wurde bürokratischer Ernst. Auch wenn nach wie vor nunmehr der König der Letztverantwortliche war, wurde durch die Abfolge in der Reihung König, Kabinett (und Parlament), Hofmusikintendant, Hoftheaterintendant, Generalmusikdirektor der Vorgang um einiges erschwert. Dazu kommt natürlich als wesentlicher Faktor, speziell im Theater, aber auch im öffentlichen Konzert, die Tatsache, daß die gesamte Bürgerschaft daran teilhaben durfte und sogar sollte. Dieses in das Soziologische weisende Moment ist unübersehbar. Es gehört entscheidend dazu.

Um so mehr mußte das aktive Eingreifen eines Königs wie LUDWIG II. Aufsehen erregen und Unruhe veranlassen. Dieser einzigartige, geniale Fall hat Großes bewerkstelligt und Ausmaße von geschichtlicher Tragweite angenommen. Das Ende ist bekannt. Es bedurfte auch bei WAGNER bei der Durchführung des vom König mit Idealismus verfochtenen Unterfangens des Mittelsmannes. Die neben dem Briefwechsel zwischen dem König und WAGNER parallel laufenden ›Sachbriefe‹ sprechen weniger von der Kunst als von Zahlen. Daß LUDWIG sich bis zur Erschöpfung bemühte, diesen realen, durchaus nicht fortzudenkenden Forderungen nachzukommen, erscheint als eine andere Form der Förderung als jene es war und sein konnte, die es in früheren Zeiten gab. Auch hier existierten nüchterne und ernüchternde Probleme, die den guten Willen belasteten. Man erinnere sich an OTTHEINRICH und an MAX EMANUEL. Aber, wie schon bemerkt: die leeren Kassen haben ungeachtet ihrer Leere der Nachwelt Kostbares hinterlassen. Das wäre nicht der Fall, wenn nicht ein stärkerer Wille und eine ungebrochene Begeisterung sich darüber hinweggesetzt hätten.

Ein anderes ist zu erwägen, das die chronologische Bilderfolge so bunt und vielgestaltig macht: das ist der Gestaltwandel des Strukturellen. Aus regionalen Bereichen, die ihr Eigenleben hatten, bildeten sich kraft der politischen (und genealogischen) Bedingungen größer werdende Einheiten, die sich ihrerseits innerhalb des Konsolidierungsprozesses zusammenschlossen und ineinander verschmolzen. Es war mehr als nur eine Namensänderung, als aus den Herzögen Kurfürsten wurden. In ihrer Funktion hatten die Kurfürsten an der Gesamtheit des Reiches maßgeblich teil. Als endlich, im Zeichen des Napoleonismus, mit dem Königtum auch der Staatsbegriff aufkam, waren neue Zeichen gesetzt. Der Gedanke des schon dem

186

18. Jahrhundert am Herzen liegenden Nationaltheaters verdichtete sich bei seiner Realisierung zum Hof- und Nationaltheater, in dem der König, Hausherr nach wie vor, seinen souveränen Platz besaß, den Raum aber mit der ›Nation‹ gemeinsam innehatte. Die ursprünglich ›königliche‹ Musikschule wurde zur ›staatlichen‹ Anstalt, die jedoch im Gebäude des kgl. Odeons ihren Platz und Wirkungsbereich fand. Obwohl es den Anschein hat, daß die Grenzen fließend waren, hoben sich die Zuständigkeiten doch voneinander ab. Gerade wenn man versucht, an der Geschichte *eines* fürstlichen Hauses über Jahrhunderte hinweg die in und von ihm geübte Musikpflege zu verfolgen, wird erschreckend und überzeugend deutlich, wie sehr die musikalische Geschichte mit der politischen Geschichte verbunden ist. Die Tatsache, daß fast alle großen Namen der deutschen und europäischen Musikgeschichte in der Chronik des Hauses vertreten sind, offenbart doch wohl, daß alles, wie es verlief, seine Richtigkeit hatte.

Ein einziger Name, dessen Werk zwar in Konzert und Oper vertreten war, fehlt in dieser Historie. Das ist merkwürdigerweise der Name BEETHOVENS. Was in den Dokumenten aufscheint, wirkt erheiternd, weil die Begleitumstände so merkwürdig sind. Es handelt sich um drei Berührungspunkte: Der erste war die ohne Wissen BEETHOVENS 1811 erfolgte Widmung der *Chorphantasie* (op. 80) an MAX I. JOSEPH. Das zweite Thema geht auf BEETHOVENS persönliche Initiative zurück und betrifft die *Missa solemnis,* die BEETHOVEN – über den bayerischen Gesandten STAINLEIN – König LUDWIG I. im Jahre 1823 gegen ein Honorar zur Deckung der Druckkosten überreichen wollte. Es war – lediglich als Folge bürokratischen Ermessens – nicht des Königs Schuld, daß daraus nichts wurde. Das Verfahren nahm seinen umständlichen Weg vom Ministerium des Äußeren zum Finanzministerium, das zur »Vernehmung« an die Hofmusikintendanz weiterleitete. Die von dort erfolgte Ablehnung beruhte auf der Begründung, daß die königliche Hofkapelle »so viel von den berühmtesten Meistern im Kirchstyle komponierte Werke« besäße, »daß selbst diese wegen ihrer großen Mannigfaltigkeit nur theilweise zur Aufführung gebracht werden können.« Genau diese Begründung wurde »auf seiner Majestät des Königs allerhöchsten Befehl« nach Wien weitergegeben. (Ob LUDWIG I. je etwas von diesem Vorgang erfahren hat?) Die dritte ›Begegnung‹ hat etwas Tragikomisches, weil in ihr der gute Wille LUDWIG II. mißbraucht wurde. Auf Befürwortung WAGNERS hatte 1868 der Großneffe BEETHOVENS, ein Hochstapler, sich als LUDWIG VON (!) BEETHOVEN ausgebend, Zugang zum König gefunden, der ihm bis 1870 drei erhebliche Subventionen aus der kgl. Kabinettskasse zukommen ließ. 1872 wurde selbiger BEETHOVEN wegen Betrugs zu vier Jahren Gefängnis verurteilt. Der vermeintliche ›Enkel‹ BEETHOVENS entzog sich der Haft durch die Flucht nach Amerika.

Vor dem Hintergrund einer großen, nachhaltigen Geschichte wirkt dies wie ein Satyrspiel, eine kleine Episode, deren Negativa erst richtig erkennen lassen, *wie* stattlich das Gebäude war und ist, das in Jahrhunderten errichtet wurde. Die Erwähnung dieser Episode geschah, um in etwa das zu bestätigen, was über die Wandlung der Kompetenzen im Verlauf des Strukturwandels gesagt worden ist. Daß sich ein wittelsbachischer König dem Namen BEETHOVENS gegenüber verpflichtet fühlte, sagt, auch wenn das Ergebnis unerfreulich war, alles aus, was an Positivem zu sagen ist.

Das Wort, das GOETHE an LUDWIG I. richtete, sein Zuruf: »Dem König die Musen!«, gelte allen Wittelsbachern insgesamt, die, die Musik pflegend und schützend, ihren Musikern, gleich in welchem Jahrhundert und unter welchen Umständen, ihre förderungsfreudige Zuneigung tatkräftig bewahrten und damit an einem erheblichen Stück des Zustandekommens der allgemeinen Musikgeschichte beteiligt waren.

Eckehart Nölle
DIE WITTELSBACHER UND DAS THEATER

Die Bedeutung des Theaters
im höfischen Leben

Am 30. Dezember 1685 hat der Textdichter VENTURA TERZAGO sein Libretto zur Oper *Servio Tullio* dem Kurfürsten MAX EMANUEL und dessen Gemahlin MARIA ANTONIA von Österreich gewidmet. Wir zitierten einige Kernstellen der Widmung, weil man die Funktion des Theaters im höfischen Leben ebenso daraus ablesen kann wie die Stellung der Theaterleute zum fürstlichen Auftraggeber:

Durchlauchtigste Churfürstliche Hoheiten

An dem wunderbaren Feuerball, der auf der Titelseite des »Servio« [Tullio!] das glückverheißendste Vorzeichen des römischen Diadems trägt, hat plötzlich seit dem vergangenen April meine ergebenste Thalia diese festliche Fackel entzündet, die heute, O Durchlauchtigste Verlobte, zum erhabenen Beilager Eurer erlauchten Hochzeit brennt.

Aber es erbleicht das Feuer meines »Servio«, und ich eröte an seiner Stelle, so schlecht der Größe des Anlasses entsprochen zu haben. Erinnert Euch jedoch, O Durchlauchtigste Churfürstliche Hoheiten, daß unsere Fröhlichkeit funkeln soll bis zum Juni und daß ich beehrt worden bin, mit einem weiteren gnädigsten Befehl, darüber hinaus dieses Drama zu erweitern . . .

Jedoch, da die Schnelligkeit der Flamme ebenso eigentümlich ist, wie sie meinem unterwürfigsten Gehorsam gebührt, erflehe und erhoffe ich die gewohnten Auswirkungen Eurer angeborenen Huld, und hingestreckt zu Euren Füßen in der Haltung der tiefsten Demut, neige ich mich vor Euren Durchlauchtigsten Churfürstlichen Hoheiten.

München, 30. December 1685

Der demütigste, ergebenste, gehorsamste Diener und treueste Untertan

Ventura Terzago

Scheinbar einfach – auf den ersten Blick wenigstens – mutet das Verhältnis des Künstlers zum Auftraggeber an: »der demütigste, ergebenste, gehorsamste Diener und treueste Untertan«; üblich gewiß, auch als Floskel, bei einem Mann wie TERZAGO jedoch bittere Notwendigkeit: ohne fürstliche Aufträge kann der Theatermann nicht einmal sein Leben fristen, geschweige denn künstlerische Ziele verfolgen. Er kann sich nicht, wie der ähnlich devot unterzeichnende Hofadel, auf ein Landgut zurückziehen, wenn er in des Fürsten Ungnade fällt.

Ob Dichter, Komponist, Sänger, Schauspieler, Tänzer oder Bühnenbildner und Theaterarchitekt: jeder hängt von der Gunst eines hohen Herrn ab, sei der kirchlicher oder weltlicher Fürst. Bis zum Beginn des 19. Jahrhunderts gibt es kaum die Lebensform des ›freien‹ Künstlers, schon gar nicht im Bereich des Theaters. Bücher leisten sich nur wenige Begüterte (und hinlänglich Gebildete); von Publikationen zu leben, ist kaum möglich. Die Theaterleute konnten nicht – wie heutzutage – ausweichen auf städtische Bühnen, Rundfunk, Film und Fernsehen. Die Einsicht, auch das geistige Eigentum bedürfe des Schutzes – der Gedanke des Urheberrechts also –, wächst erst im Laufe des 19. Jahrhunderts bei den gesetzgebenden Schichten.

Und doch – TERZAGOS Widmung läßt es ahnen – auch der Fürst erscheint nicht unabhängig von den Theaterleuten. Wer versinnlichte wortmächtiger, klangvoller und bildkräftiger zugleich die göttliche Erhabenheit des fürstlichen Hauses? Wer spannte kühner den Bogen vom fürstlichen Auftraggeber zu den vorbildlichen antiken Heroen göttlicher Abkunft? Nicht einmal ergebene Genealogen und Geschichtsschreiber haben die Herkunft des Hauses Wittelsbach ganz ohne Skrupel von antiken Halbgöttern und mythischen Herrschern abgeleitet – die Theaterleute waren da nicht so zimperlich. Aber nur eine unhistorische Betrachtungsweise, gespeist aus heutigem Demokratieverständnis, verachtet die Elogen und die hochfahrende Stoffwahl der Theaterleute jener Zeit als üble Speichelleckerei und Liebedienerei wirtschaftlich Abhängiger. Fraglos spielen solche Abhängigkeiten eine bedeutende Rolle im Verhältnis der Künstler zum Fürsten. Geistesgeschichtlich – in unserem besonderen Fall theatergeschichtlich gesehen – bliebe aber eine derartige Deutung an der Oberfläche haften und übersähe die tief begründete Affinität zwischen dem Idealbild fürstlicher Herrschaft und dessen Abbild im höfischen Festtheater.

»Repraesentatio Maiestatis«, Veranschaulichung der herrscherlichen Erhabenheit: das ist die (politische) Aufgabe des Theaters, auch am Hof der Wittelsbacher.

Bereits in der Geburtsstunde des europäischen Theaters – bei der Aufführung der *Perser* des Aischylos nämlich (472 v. Chr.) – hatte man die dem Theater eigentümliche, sein Wesen bestimmende Kraft erkannt: das Schicksal stiftende Handeln eines Einzelnen beziehungsweise eines Volkes am allgemein menschlichen, am religiösen oder am politischen Ideal der jeweiligen Gesellschaft zu messen und zu beurteilen – und dies verdichtet im Ablauf weniger Stunden. Die Aufführung als maßstäblich verkleinertes Modell des Lebens, ja, der Welt, ist als Versuchslabor menschlicher Verhaltensweisen in der Lage, Generationen und Epochen übergreifende Zusammenhänge und Wechselwirkungen zur Dauer einer Aufführung zu komprimieren. Sogar die christliche Kirche nutzte nach dem Untergang der »heidnischen« Antike (der nicht so spurenlos verlief, wie uns die meisten Geschichtsbücher glauben machen wollen), diese Fähigkeit des Theaters, geistige Gehalte zu versinnlichen; hier konnte sie die Heilsbotschaft und ihr Wirken im Weltganzen, trotz Ewigkeitsanspruch, im Ablauf von wenigen Stunden oder Tagen veranschaulichen.

Die »von Gottes Gnaden« hergeleitete Herrschaft des neuzeitlichen Fürsten hat ebenfalls in die Antike zurückreichende Wurzeln. Auch die Helden der griechischen Tragödie sind göttlicher Abkunft. Das Gottkönigtum war praktizierte politische Überzeugung der vorderasiatischen Reiche und Ägyptens. Berücksichtigt man diese historischen Zusammenhänge, dann erscheint es nicht mehr verwunderlich, wenn im »Herbst des Mittelalters« (Huizinga) und in der anschließenden Wiedergeburt der Antike, der Renaissance also, die Fürsten bewußt auf das antike Herrschaftsideal und seine künstlerischen Ausdrucksformen zurückgriffen. Die Verschmelzung dieser Elemente mit jenen der mittelalterlichen »Civitas Dei«, dem Gottesstaat, ermöglichte es ihnen, eine unanfechtbare Herrschaftslegitimation abzuleiten. Auf dem Hintergrund solcher geistesgeschichtlichen und politischen Zusammenhänge erscheint die anspielungsreiche Verknüpfung einer Herrscherpersönlichkeit des Hauses Wittelsbach mit einem Heroen der griechischen Mythologie nicht mehr allein als pure Schmeichelei, sondern als durchaus folgerichtige Verbindung ähnlich gearteter Herrschaftsideale. Allerdings mit einem wesentlichen Unterschied zwischen antiker und neuzeitlicher Weltauffassung: das antike Weltbild war anthropozentrisch, das heißt auch die Götter waren nach dem Ebenbild des Menschen geschaffen; das christliche Weltbild hingegen ist theozentrisch, das heißt auf Gott gerichtet, von göttlicher Offenbarung geprägt. Gott ist, in der christlichen Sicht, der verborgene und doch sich offenbarende Regisseur des Weltganzen, der Fürst aber der von Gott beauftragte Lenker der irdischen Geschicke. In dieser streng hierarchischen Ordnung spielt jeder die ihm zugewiesene Rolle, vom Fürsten bis zum Pferdeknecht. Maßstab für Qualität und Würde im Leben des Einzelnen ist nicht – wie heute – der Grad der Persönlichkeitsentfaltung im sozialen Zusammenwirken, sondern die höchstmögliche Beherrschung und Erfüllung der zugeteilten Rolle.

Das höfische Leben entspricht in seiner personellen, zeitlichen und räumlichen Ordnung, in der gliedernden Abstufung und Abfolge durchaus dem theatralen Vorgang. Hier wie dort gibt es Haupt- und Nebenrollen, den Inszenator und die Ausführenden; hier wie dort ist jeder kenntlich am Kostüm, an der Aufmachung (Maske), den Requisiten (Krone und Szepter z. B.); es waltet hier wie dort die angemessene und charakteristische Sprechweise, wir erkennen die jeweiligen Auftrittsräume für die Akteure und das Publikum.

Es ist gewiß kein Zufall, daß die Glanzzeit des höfischen Theaters, auch in den Residenzen der Wittelsbacher, mit dem Zeitalter des Absolutismus identisch ist – eine Zeitspanne, die sich, kunst- und theatergeschichtlich definiert, etwa vom Manierismus, der zweiten Hälfte des 16. Jahrhunderts, bis zum Rokoko, also etwa bis Mitte des 18. Jahrhunderts, erstreckt. Den Anfang hatten die italienischen Fürstengeschlechter gemacht, die nach schrittweiser Aufweichung ursprünglich republikanischer Verfassungen die Stadtstaaten absolutistisch zu beherrschen vermochten. Ihre Legitimation bezogen diese Fürstenhäuser aus dem Anspruch des Gottesgnadentums, ihren Glanz aus dem Zusammenwirken aller Künste im höfischen Fest. Beispielgebend für ganz Europa wurde darin der Hof der Medici in Florenz.

Während die meisten Festformen bereits im späten Mittelalter und in der Renaissance ihre Ausprägung gefunden haben, fällt die Geburt der Oper, des theatralischsten aller Festbestandteile, zeitlich mit dem Beginn des Barock zusammen. Entstanden um 1600 in Florenz aus einem bezeichnenden humanistischen Mißverständnis – man wollte die antike Tragödie und ihre historische Aufführungspraxis zu neuem Leben erwecken –, wurde die Oper zu der höfischen Kunstform schlechthin. Ihre zumeist heroische und unter Aristokraten spielende Handlung, die dem höfischen Weltverständnis gemäße Rollenverteilung, die Integration von Musik, Dichtung, Schauspielkunst, Tanz, Kostüm, Bühnenbild und Theaterraum mußten dem festwütigen Adel als das Ideal aller theatralischen Künste erscheinen. Und sie zeichnet sich durch einen weiteren, in den Augen des Barockmenschen unübersehbaren Vorzug aus: durch ihre absolute Künstlichkeit und Scheinhaftigkeit, die sie von den meisten anderen Festformen, so sehr diese auch künstlerisch gestaltet sein mögen, unterscheidet. Denn wie zutiefst suspekt den Menschen dieser Zeit alles Natürliche ist, das nicht die formende Hand des Künstlers verrät, bezeugen beispielsweise die architektonisch gestalteten Gartenanlagen oder auch die Verhüllung des menschlichen Körpers durch monströse Kleidung und die Perücke. Mit ihren wechselnden Schauplätzen kommt die Oper der unersättlichen barocken Schaulust entgegen. Zur rechten Zeit, nämlich kurz nach dem Entstehen der Oper, erfand GIOVANNI BATTISTA ALEOTTI das Kulissensystem, mit dessen Hilfe sich zahlreiche Verwandlungen der Bühnendekoration einfach und schnell bewerkstelligen lassen. Hatte man sich in der Renaissance damit begnügt, auf einer breiten Bühne mit geringer Tiefe perspektivisch gemalte Bühnenbilder als erkennbar illusionistische Räume zu bringen, so vertiefte man im Barock die Bühne beträchtlich und bemalte die auf beiden Seiten der Spielfläche hintereinander gestaffelten Kulissen mit perspektivischen Illusionsräumen, die für die wirklichen Schauplätze gehalten werden sollten.

Die zentralperspektivische Tiefenachse im Bühnenbild des 17. Jahrhunderts und die zu Beginn des 18. Jahrhunderts von FERDINANDO GALLI-BIBIENA erfundene diagonalperspektivische Dekorationsmalerei mit ihren seitlich verlaufenden Fluchtlinien, beschwören den Eindruck ungeheurer Tiefendimensionen und verleihen dem Spielraum eine dramatische Bewegtheit. Auf Flugmaschinen schwebt der Olymp mit seinen Göttern herab, aus Versenkungen entweichen höllische Geister; Bühneneffekte wie Blitz, Donner, Einstürze von Gebäuden, sogar Feuer und Wasser, verstärken die Wirkung des hinreißenden Spektakels. Zwischen Himmel und Hölle agiert der Mensch auf der Bühne – das Barocktheater wird dem festlich gestimmten Publikum zum Abbild des irdischen Daseins, dessen Scheinhaftigkeit man ebenso erkennt wie die des Theaters, wenn auch die Übergänge zwischen Schein und Sein gleitend bleiben.

Das im Barock in seiner noch heute verbreiteten Grundform entwickelte Opernhaus entspricht den Bedürfnissen der hierarchisch abgestuften Hofgesellschaft. Es gliedert sich in das Parterre und die Ränge mit den Logen; vom Zuschauerraum hebt sich das gewaltige Bühnenhaus ab. Die Fürstenloge wird gegenüber der Bühne eingebaut, so daß die perspektivische Ausrichtung der Bühnendekoration auf die

Blickachse des Herrschers keine Probleme bietet. Bezeichnend für die barocke Dialektik zwischen Schein und Sein ist die Gestaltung der Rampenzone, des Prosceniums: zwischen Bühne und Zuschauerraum, Spiel und Wirklichkeit, verläuft nun eine deutliche Grenze, die dieser Theaterform den Namen »Guckkastenbühne« eingetragen hat; die kulissenähnliche Architektur des Proszeniums setzt jedoch zugleich den Zuschauerraum unmerklich in den Spielraum fort. Mit der Oper und dem Theaterbau hat die höfische Festkultur zwei wesentliche, bis auf den heutigen Tag gültige Theaterkunstwerke geschaffen.

> »Das Fest ist jetzt zu Ende . . .
> Wie dieses Scheines lockrer Bau,
> So werden
> Die wolkenhohen Thürme, die Paläste,
> Die hehren Tempel, selbst der große Ball,
> Ja, was daran nur Theil hat, untergehn;
> Und, wie dies leere Schaugepräng'
> Erblaßt,
> Spurlos verschwinden. Wir sind solcher
> Zeug
> Wie der zu Träumen, und dies kleine
> Leben
> Umfaßt ein Schlaf. –«

Prosperos melancholisch-resignierende Worte aus SHAKESPEARES *Sturm* enthalten in dichterischer Form einen weiteren Aspekt barocker Welt- und Lebensauffassung: das Leben ein Traum, alles Irdische – »dies leere Schaugepräng« – der Vergänglichkeit, dem Nichts verfallen. Dieser die Sinne trügende Charakter der Welt, ihre Scheinhaftigkeit, erlaubt dem Barockmenschen die Gleichsetzung mit dem Theater.

Daseinsangst, Pessimismus und die stete Drohung des »Memento mori« – wie läßt sich vor diesem düsteren Hintergrund der beispiellose Fest- und Theaterrausch verstehen, der vom Beginn des 17. bis zur Mitte des 18. Jahrhunderts Europas Höfe überkommt und das Leben des Aristokraten zu einer einzigen, nur durch Kriege unterbrochenen Feier stilisiert?

Ein Hauptgrund, der Vergleich des Lebens mit einem Schauspiel, wurde bereits genannt. Ein weiterer ist der Stoizismus, mit dem der Barockmensch, vor allem der Adelige, dieser Erkenntnis der Scheinhaftigkeit aller irdischen Existenz begegnet. Indem er mit Auge und Ohr betörenden Festen und Opernaufführungen dem Schein bewußt Tribut zollt, wird er, zumindest für die Dauer der Festlichkeit, zum Herrn der Täuschung, die er durch künstlerische Formung bewältigt und deren Gesetze er deshalb zu durchschauen vermag.

Von seinem Gottesgnadentum durchdrungen, folgt der Fürst dem typisch barokken Drang zur Versinnlichung auch des Geistigen und läßt, mit bisher nie gesehener Prachtentfaltung und immer neuen festlichen Höhepunkten, seine Auserwähltheit bestätigen und feiern, wobei er in einer Person Veranstalter, Huldigungsobjekt und ranghöchster Zuschauer ist. Als Anlässe höfischer Feste dienen daher vorwiegend Ereignisse im Leben des Herrschers wie Geburten oder Namenstage, die Hochzeit, die Taufe der Nachkommen, ja, sogar sein Tod; darüberhinaus politische Marksteine wie Siege, Friedensschlüsse oder Zusammenkünfte mit verbündeten Fürsten. Da Anlaß und Zweck der Festlichkeiten letzten Endes immer die Verherrlichung des Fürsten ist, muß die Auswahl der darstellbaren Themen und Handlungen vergleichsweise eng bleiben; sie besteht hauptsächlich aus Stoffkreisen und Motiven der antiken Mythologie, des antiken Götter- und Heroenkults, dessen Gehalt sich in symbolischer oder allegorischer Weise auf die Person des Fürsten beziehen läßt. Entscheidend ist also weniger, welche Idee oder welches Motto dem Verlauf eines Festes zugrunde gelegt wird, sondern dessen künstlerische Gestaltung.

194

Und schier unerschöpflich erscheint uns die barocke Phantasie im Erfinden ständig prächtiger und komplexer werdender Festlichkeiten, zu denen alle Künste der Zeit ihren gleichwertigen Beitrag leisten. Schauplatz für die sich über Tage, oft sogar Wochen hinziehenden Feste ist der gesamte Lebensraum des absolutistischen Herrschers, seine Schlösser und Gartenanlagen, seine Theater und Turnierhäuser, die Straßen und Plätze seiner Residenzstadt. Der Totalität seines Herrschaftsanspruchs kann nur die Aufbietung aller Künste und Festformen zur Komposition eines einzigen Festes genügen. Das barocke Kunstideal wünscht dabei äußerste Bewegtheit und ständigen Wandel im Ablauf, verbunden mit größtmöglicher Verschmelzung der Einzelkünste zu einer organisch wirkenden Einheit. Dichtung und Musik, Schauspielkunst und Tanz, Aufzüge und Turniere, Feuerwerke und Wasserspiele, Architektur und Gartenbaukunst werden in dramaturgisch sinnvoller Weise zu einem theatralischen Gesamtkunstwerk verbunden.

Nicht nur beträchtlichen Aufwand an Phantasie und Gestaltungskraft erforderte diese höfische Theaterkultur, sie verschlang auch Unsummen. Dieser Umstand bedeutete freilich einen zusätzlichen Reiz für den Fürsten, denn es gehörte zu seinen wichtigsten Attributen, großzügig, ja, verschwenderisch zu sein, Gelder nicht zu horten, sondern damit höfischen Glanz zu bewirken. Gerade das Mißverhältnis zwischen finanziellem Aufwand und der eigentümlichen Flüchtigkeit und Vergänglichkeit des Festtheaters ermöglichte dem Fürsten den wohl eindrucksvollsten Erweis seiner Großzügigkeit und Freigebigkeit. Andererseits erklären die gewaltigen Kosten auch die historisch belegbare Tatsache, daß sich nur die bedeutendsten Hauptstädte der Wittelsbachischen Fürstentümer derartige Theateraufführungen leisten konnten; im wesentlichen also der kurbayrische Hof in München und der kurpfälzische in Heidelberg beziehungsweise Mannheim. Zwangen nämlich die geringeren Einnahmen eines kleinen Fürstentums den Herrscher zu entscheiden, ob er mit ihnen zwar glänzende, aber bereits nach Stunden vergangene Beweise seiner Erhabenheit inszenieren sollte oder doch lieber deren überdauernde Zeugen schaffen, so wählte er die Denkmäler der Architektur, der Plastik und Malerei sowie des Kunsthandwerks und beschränkte sich im übrigen auf den Unterhalt einer kleinen Hofmusik. Diesen zunächst nur – auf Grund ähnlicher Untersuchungen – vermuteten Sachverhalt haben die Vorarbeiten zu unserem Beitrag bestätigt. Eine weitere Erklärung für ein gewisses Mißverhältnis zwischen den Themen ›Bildende Kunst‹, ›Literatur‹ und ›Musik‹ einerseits sowie ›Theater‹ andererseits liefern der beträchtliche Altersunterschied und der davon abhängige Forschungsstand zwischen den einzelnen Fachwissenschaften. Während Kunst-, Literatur- und Musikgeschichte sich seit langem um die Erforschung ihrer Gegenstände bemühen, ist die Theatergeschichte ein verhältnismäßig junges Fach; weite Bereiche der europäischen Theaterentwicklung bedürfen deshalb noch der Erforschung; es fehlen allenthalben die Einzeluntersuchungen, die eine fundierte Gesamtdarstellung überhaupt erst ermöglichen. Zusätzlich erschwert wird die Forschung durch den bedauerlichen Verlust von Theaterakten, bedingt durch Kriege, politische Wechsel und die Neigung der Behörden, bei der Vernichtung alter Akten auch die das Theater betreffenden bevorzugt einzubeziehen. All dies gilt leider auch für die Theatergeschichte der wittelsbachischen Residenzstädte. Ein grundsätzliches Problem der Theatergeschichtsschreibung tritt hinzu, das die anderen Forscher kaum kennen: die Flüchtigkeit ihres eigentlichen Gegenstandes, der Aufführung nämlich. Mehr oder minder zufällig überkommen sind allenfalls deren Spuren, Dokumente der Vorbereitung einer Inszenierung, wie beispielsweise Textbücher oder Bühnenbild- und Kostümentwürfe, günstigstenfalls Aufführungsbilder oder Beschreibungen und kritische Anmerkungen eines Teilnehmers.

Auch unser Thema schränkt ein: nicht berücksichtigen dürfen wir, beispielsweise, die von den Wittelsbachern geförderten Aufführungen der Jesuiten. Auch das gelegentliche Auftreten einer Wandertruppe, die sich in der Residenzstadt ein Zubrot erhoffte, müssen wir ausklammern, wenn ihr Gastspiel nicht ausdrücklich auf Befehl des Fürsten stattgefunden hat, was selten genug der Fall war. Ohnehin spielt das Sprechtheater in der höfischen Theaterkultur eine untergeordnete Rolle, weil es aufgrund seines Repertoires kaum zur Verherrlichung der fürstlichen Majestät taugte, allenfalls – in seinen gefälligeren Ausprägungen – dem Unterhaltungsbedürfnis des Hofes dienen konnte. Hierin unterscheiden sich die wittelsbachischen Theaterverhältnisse sicher von jenen etwa des Versailler Hofes, wo immerhin ein Molière für Ludwig XIV. tätig war. Ja, man könnte fast zugespitzt formulieren, daß der Verfall der höfischen Theaterkultur in dem Augenblick einsetzte, als die Wandertruppen in der zweiten Hälfte des 18. Jahrhunderts seßhaft und zum Ensemblekern der mancherorts entstehenden ›Nationaltheater‹ wurden. Tatsächlich war es freilich eine Wechselwirkung, bedingt durch das Auslaugen der absolutistischen Herrschaftsidee und das Erstarken der bürgerlichen Aufklärung. Keineswegs hat die ›Nationaltheater‹-Idee grundsätzlich gegen den Hof gewirkt. Wir werden vielmehr Beispiele dafür finden, daß einige Wittelsbacher diese Tendenzen gefördert haben, ohne deshalb die Oper völlig aufzugeben. Bereits zu Beginn des 19. Jahrhunderts standen Oper und Schauspiel annähernd gleichwertig im Repertoire des ›Königlichen Hof- und Nationaltheaters‹ in München. Allerdings nimmt in diesem Jahrhundert auch die direkte Einflußnahme der Wittelsbacher auf das Theaterleben ständig ab. Ludwig II. leidenschaftliches Eintreten für die Musikdramen Richard Wagners bedeutet den letzten Höhepunkt und zugleich den eigentlichen Endpunkt der von den Wittelsbachern geprägten höfischen Theaterkultur.

»Repraesentatio Maiestatis« – Veranschaulichung herrscherlicher Erhabenheit: Funktion des Theaters auch im Hause Wittelsbach. Versuchten wir in dieser Einführung, die Bedingungen und Ziele der fürstlichen Theaterpflege grundsätzlich darzustellen, so soll im folgenden die historische Verwirklichung des fürstlichen Theaterideals an den Höfen der Wittelsbacher geschildert werden. Es kann in dem gesteckten Rahmen nicht unsere Aufgabe sein, jedes Theater- oder Festereignis anzuführen, womöglich gar, ohne die Namen der ausführenden Künstler überliefert zu finden. Vielmehr wollen wir Aufführungen solcher Theaterleute hervorheben, deren Wirken auf künstlerisch bedeutsame Weise Höhe- und Wendepunkte der Theatergeschichte prägte und deren Verbindung mit dem jeweiligen Herrscher belegt werden kann.

Wir haben gesehen, daß die Oper mit ihrer heroisch-tragischen Thematik die höfische Theatergattung schlechthin wurde. Folgte nun in der Antike der Tragödie ein Satyrspiel als komödiantische Auflockerung, so beginnt die wittelsbachische Theatergeschichte mit einem solchen ›Satyrspiel‹, dem die Operntragödien erst in einigem zeitlichen Abstand folgten. Wir meinen die Commedia dell'arte – Aufführungen zur Zeit der Herzöge Albrecht V. und Wilhelm V. in München und Landshut in der zweiten Hälfte des 16. Jahrhunderts.

196

Wilhelm V.

Feierlichkeiten zur Hochzeit Wilhelm V. mit Renata von Lothringen

Am 22. Februar 1568 fand in München die Vermählung WILHELM V., Herzog ALBRECHT V. Sohn, mit RENATA VON LOTHRINGEN statt. Glanz und Pracht der mehrwöchigen Festlichkeiten müssen auf die Zeitgenossen einen überwältigenden Eindruck gemacht haben, denn immerhin drei Chronisten berichten ausführlich darüber. Für uns von Belang sind die Aufzeichnungen des MASSIMO TROJANO, aus Neapel stammender Musiker am Hof ALBRECHT V. In seiner minuziösen, in Dialogform gehaltenen Beschreibung der Feierlichkeiten finden wir aufschlußreiche Hinweise auf komödiantische Einschübe in die mannigfachen Turniere. So berichtet er (wir zitieren aus Friedrich Würthmanns den Dialog vereinfachenden Übersetzung) vom Ringrennen am 24. Februar 1568: »Nach diesem kamen sechs Arlequins in Bergamesischer und ein vornehmer Herr in Venetianischer Tracht, welche so lächerliche Szenen aufführten, daß ich über der Ergötzlichkeit derselben die ihnen folgenden prächtigen Masken gänzlich übersah.« Sogar am Abend nach der Aufführung des von ANDREAS FABRICIUS stammenden Jesuitendramas vom *Starken Samson*, am 27. Februar, lockerte man das Festmahl mit Commedia dell'arte-Scherzen auf: »Zum Schlusse kam ein vornehmer Herr in Venetianischer Tracht mit zwei Arlequins, welche selbst diejenigen, welche . . . die Worte nicht verstanden, durch ihre Aktion und ergötzlichen Geberden aus vollem Halse lachen machten.« TROJANO verrät uns zwar die Namen der Darsteller nicht, doch dürfte es sich um Berufsschauspieler gehandelt haben, da die pantomimische Überzeugungskraft jener Einlagen Laien wohl überfordert hätte.

Doch wir wollen diese ersten Spuren des Auftretens italienischer Schauspieler am bayerischen Hof genauer verfolgen, denn sie fügen sich später zu einer Verbindungslinie mit jenen herrlichen Fresken in der Landshuter Burg Trausnitz, über die noch zu sprechen sein wird.

Commedia dell'arte-Aufführungen 1568

Ein Großteil der erlauchten Gäste war schon abgereist – das strenge Zeremoniell dürfte sich etwas gelockert haben –, als der jungvermählte Prinz WILHELM am Abend des 8. März 1568, einem Montag, eine Commedia dell'arte-Aufführung zu improvisieren befahl, an der auch die Damen als Publikum teilnahmen. MASSIMO TROJANO erwähnt, daß WILHELM schon einmal ORLANDO DI LASSO, »welchen der Herzog als einen in diesen Künsten wohlerfahrnen Mann kannte«, mit einer derartigen Aufgabe betraut hatte. Mit ORLANDO begegnet uns hier der große »magister capellae« als Kenner der Commedia dell'arte, die er vielleicht während seiner Tätigkeit in Rom (1553–1554) studiert hat. TROJANO berichtet jedenfalls, daß er mit ihm das Handlungsgerüst und die »lazzi« (wir nennen heute solche feststehenden komischen Spielelemente »Kisten« oder »gags«) abgesprochen habe. Nach TROJANOS Bericht hat ORLANDO dann sogar in der Aufführung eine Hauptfigur verkörpert: den Pantalone, jenen reichen, aber geizigen Ränkeschmied der Commedia dell'arte, der als venezianischer Patrizier für seine – im Spiel obligate – Tochter nur eine gute Partie duldet, selber aber mit Vorliebe laszive Abenteuer sucht, die seinem vorgerückten Alter und seiner vorgeblich strengen Moral kaum entsprechen. Die Rolle des Harlekin übernahm ein gewisser BATTISTA SCOLARI aus Trient, von dem TROJANO lobend sagt: »Battista . . . gefiel durch seine lächerlichen Geberden, welche er auf eine so unübertreffliche Art darzustellen wußte, als wäre er fünfzig Jahre in den bergamesischen Thälern gewesen.« Die Anspielung auf Bergamo bezieht sich auf die Genealogie des Harlekin: diese Typengestalt der Commedia dell'arte war nämlich eine verfeinerte und differenziertere Ausprägung der »Zanne«-Typen, deren sprachliche und gesti-

197

TROIANVS NEAPOLITANVS MAXIMVS

MAXIMI VT EFFIGIEM TROIANI, ARS REDDIT AD VNGVEM,
VIRTVS SIC DOTES EXPLICAT INGENII.

Nicolaus Nellius F.
1568.

114 Massimo Trojano,
Kupferstich von Nicolaus Nellius, 1568.
Trojano trägt ein Medaillon mit dem Porträt Herzog Albrecht V.

sche Charakteristika man von den Lastträgern in Bergamo ableitete; man sagte ihnen Gerissenheit, Arbeitsscheu, Gefräßigkeit und Geilheit nach. Eine andere Typengestalt, der »Capitano Spavento«, wurde von MASSIMO TROJANO selber gespielt, der überdies den Liebhaber Polidoro gab, sowie auch im Prolog der drastischen Komödie auftrat. Der »Capitano« war die Verkörperung des spanischen Offiziers, aufschneiderisch, dabei feige, in der Theatergeschichte als »miles gloriosus« bereits der antiken Komödie bekannt.

Soziologisch aufschlußreich ist die Besetzung der Rolle von Polidoros Geliebter mit dem MARCHESE DI MALASPINA, einem Kavalier am Hof ALBRECHT V. Üblich in der Commedia dell'arte war die Besetzung der Frauenrollen mit Schauspielerinnen – ein sonst zu jener Zeit überaus seltenes Verfahren. Hatte man am bayerischen Hof etwa noch Skrupel, Frauen auftreten zu lassen oder fehlte lediglich eine geeignete Darstellerin? Wir wissen es nicht. Daß ein Marchese, also immerhin ein Angehöriger des italienischen Hochadels, sich nicht scheute, eine (zudem weibliche) Rolle zu übernehmen, mit vom Hof besoldeten Künstlern gemeinsam zu agieren, erscheint uns als ein früher Beweis für die eigentümlich ambivalente Stellung des Musikers und Schauspielers: wirtschaftlich auf Gedeih und Verderb von der Gunst des Fürsten abhängig (»der gehorsamste Diener«) und doch zugleich des persönlichen Umgangs gewürdigt; ein wegen seiner Bildung und Kunstfertigkeit unentbehrlicher Partner der »Repraesentatio Maiestatis«, neben dem als Amateurmusiker, -tänzer oder -schauspieler zu bestehen selbst einen Aristokraten noch auszeichnen konnte.

Auch die Darsteller der Dienerrollen nennt uns MASSIMO TROJANO: ein CARLO LIVIZZANO spielte den des Polidoro, den des Capitano ein GIORGIO D'ORI aus Trient, und der Musiker ERCOLE TERZO gab die Dienerin Camillas, der Geliebten Polidoros. Bis auf ORLANDO DI LASSO also schon 1568 ein rein italienisches ›Ensemble‹.

Bilder jener Commedia dell'arte-Aufführung sind nicht überliefert; wir werden erst für ähnliche Inszenierungen in Landshut sichtbare Zeugnisse vorstellen können. Daß MASSIMO TROJANO uns jedoch auch die Handlung der Komödie überliefert hat, dürfen wir als großen Glücksfall werten, da sich der Improvisationsstil derartiger Inszenierungen meist einer schriftlichen Fixierung entzog und deshalb oft nur spärlichste Handlungsgerüste (sogenannte »canevasi«) bekannt sind. Im Hinblick auf die zentrale Bedeutung der Commedia dell'arte in der Frühzeit Wittelsbachischer Theaterpflege und auch, weil wir für die Landshuter Aufführungen keine Spieltexte bringen können, lassen wir MASSIMO TROJANO ausführlicher zu Wort kommen: »Die Comödie wurde auf folgende Art gespielt: Nach dem Prolog führte Orlando di Lasso eines seiner angenehmsten Madrigale zu fünf Stimmen auf. Unterdessen legte Massimo Trojano seine bäuerische Kleidung ab, und bekleidete sich mit carmesinrothem, mit breiten goldenen Streifen besetztem Sammt, und einem schwarzen, mit Zobelpelz gefütterten Mantel von Sammt, trat mit seinem Diener auf die Bühne, und pries der Liebe Glück, das er ungetrübt zufrieden genoß. Da erschien der französische Diener seines Bruders Fabrizio von dessen Villa, und überreichte ihm einen Brief voll schlimmer Nachrichten, welchen Polidoro mit tiefer Stimme las. Er rief wehklagend seine Geliebte, Camilla, eröffnete ihr die Nothwendigkeit seiner Abreise, nahm mit einem Kusse von ihr Abschied, und entfernte sich. Nun trat von der anderen Seite der Bühne Orlando di Lasso als vornehmer Venezianer auf, gekleidet mit einem Camisol von rothem Atlas, rothen Beinkleidern, einem langen schwarzen Kleide, mit einer sehr komischen Maske. – Er spielte auf einer Laute, und sang einigemal: ›Glücklich, wer diese Strasse ohne Seufzer wandelt.‹ – Hierauf legte er die Laute weg, und begann die Liebe anzuklagen, indem er in einem langen Monolog unter andern sprach: ›O armer Pantalon, der du nimmer diese Strasse ohne Seufzer und Thränen betrittst‹ . . . welche Szene von komischer Wirkung alle Zuschauer lachen machte. – Indeß Pantalon, theils für sich, theils mit Camilla über die Liebe also klagte, kam Arlequin, der seinen Herrn Pantalon lange Jahre nicht mehr gesehen hatte und daher nicht kannte. Er ging unachtsam umher, und stieß heftig an den armen Pantalon, worauf ein Streit zwischen beiden entstand. Endlich erkannten sie einander, und Arlequin nahm mit übergroßer Freude seinen Herrn auf die Schulter, drehte ihn nach Art eines Mühlrades, und trug ihn auf der ganzen Bühne herum; hierauf that auch Pantalon mit Arlequin dasselbe, bis beide zu Boden fielen. Nachdem sie sich wieder erhoben hatten, begannen sie ein komisches Gespräch über die alten Zeiten, und Arlequin fragte unter anderem seinen Herrn nach dem Befinden seiner Gemahlin. Pantalon eröffnete ihm, daß sie todt sey, worauf beide wie Wölfe zu heulen begannen, und Arlequin bittere Thränen vergoß, in Erinnerung an die Maccaroni und Raffioli, welche sie einst ihm zu essen gab. – Bald verwandelte sich jedoch ihre Traurigkeit wieder in Fröhlichkeit, und Pantalon beredete Arlequin, seiner geliebten Camilla einige Hühner zum Geschenk zu bringen. Arlequin versprach ihm, mit ihr zu reden, und somit trat Pantalon von der Bühne ab. Arlequin aber that gerade das Gegentheil. Er begab sich furchtsam an ihr Haus; Camilla verliebte sich in Arlequin, und hieß ihn eintreten. Es ist dieß eben nicht wunderbar, da denn oft unsere Schönen das Schlechtere dem Bessern vorziehen. Hierauf begann eine sehr angenehme Musik mit Streichinstrumenten und Singstimmen.«

»Im zweiten Akte erschien Pantalon, und wunderte sich, daß Arlequin noch keine Antwort brachte, indeß derselbe mit einem Briefe der Camilla kam, in welchem sie verlangte, daß, wenn er der Liebe Glück in ihren Armen genießen wollte, er sich verkleiden sollte, wie Arlequin es ihm angäbe, zu welchem Zwecke sich beide mit inniger Freude entfernten. Nun trat der Spanier voll Eifersucht auf die Bühne, und erzählte seinem Diener alle tapfer bestandenen Abentheuer, wie viele Hunderte sein Degen in den Nachen des Charon gesendet habe. Jetzt hatte eine geringe Schöne sein tapferes Herz besiegt, und der Gewalt der Liebe weichend, bat er die geliebte Camilla, ihn eintreten zu lassen. Camilla nahm mit schmeichlerischen Worten von seinen Händen eine goldene Kette, und versprach ihm, die nächste Nacht in seinen Armen zu ruhen, worauf der Spanier zufrieden im Herzen abtrat. Hierauf kamen Pantalon und Arlequin mit verwechselten Kleidern, und besprachen sich einige Zeit, auf welche Art seinem Herrn der Eintritt zur geliebten Camilla möglich werden könnte. Zuletzt gingen sie beide hinein, worauf eine angenehme Musik von vier Singstimmen, zwei Leuten, einem Clavicembal, einer Querpfeife und Baßgeige aufgeführt wurde.« –

»Im dritten und letzten Akte kam Polidoro von seines Bruders Villa zurück, und traf im Hause der Camilla den verkleideten Pantalon. Er fragte Camilla, wer dieser Mensch wäre, und erhielt zur Antwort, es sey ein Packträger, welcher ein Bündel Kleider der Schwester Doralice ins Kloster San Cataldo zu tragen habe. Polidoro befahl ihm, alsbald gegen gute Bezahlung den Bündel fortzutragen. Der arme alte Pantalon, welcher derlei Lasten zu tragen nicht gewohnt war, sträubte sich eine Zeit lang, und sagte zuletzt, er wolle den Bündel nicht tragen, er sey ein Edelmann wie Polidoro. – Nun ergriff Polidoro erzürnt einen Stock und schlug den Pantalon erbärmlich (zum großen Gelächter der Zuseher). – Pantalon entfloh, und Polidoro kehrte in das Haus der Camilla zurück. – Arlequin, welcher die Prügelei gehört hatte, traf zufällig einen Sack, und verbarg sich in demselben; die Dienerin Camillas band ihn zu, und legte ihn mitten auf die Bühne.«

»Sofort erschien der Spanier zu der ihm von Camilla bestimmten Stunde, und pochte an der Thüre und erfuhr durch die Dienerin Polidoros Rückkehr. Er trat erzürnt zurück, sah mit einem tiefen Seufzer zum Himmel und sprach: ›Weh mir Armen‹, stieß an den Sack, in welchem Arlequin eingehüllt war, und er und sein Diener fielen nacheinander darüber. Voll Wuth standen beide auf, öffneten den Sack, und jagten Arlequin heraus, welcher seine Glieder mit einem Stocke vertheidigend floh. Der Spanier und sein Diener verfolgten ihn, und Polidoro mit seinem Diener und Camilla mit ihrer Dienerin kamen aus dem Hause, und Polidoro eröffnete ihr, daß sie sich entschließen müsse, einen anderen zu heurathen, indem er sie aus gewissen Rücksichten verlasse. Camilla, welche sich einige Zeit dagegen sträubte, willigte endlich in Polidoros Befehle, und es ward eine Verbindung mit Arlequin beschlossen.«

200

»Während dieser Unterredung traten Pantalon in weißer Rüstung, welche jedoch nicht zugeschnallt war, und Arlequin mit zwei Flinten auf der Schulter, mit acht Dolchen im Gürtel, einem ledernen Schilde, einem Degen in der Hand und einem rostigen Helme auf dem Haupte, auf die Bühne, um denjenigen zu suchen, welcher Pantalon so jämmerlich geschlagen hatte. Da sie nun mit ihren Waffen mehrere kräftige Hiebe zur Uebung führten, ermuthigte Camilla Polidoro, den Pantalon anzureden, indeß der Alte und Arlequin sich nähern, und Arlequin vor Furcht zitternd, dem Pantalon bedeutete, daß er zuerst den Angriff machen müsse, Pantalon hingegen dasselbe dem Arlequin zu thun befahl. Polidoro, welcher ihre Furcht bemerkte, rief endlich, Signor Pantalon. Sogleich ergriffen sie ihre Waffen, und Arlequin wußte nicht, welche er zuerst nehmen sollte, und mit diesen Geberden entstand ein sehr lächerliches Gefecht. Endlich hielten Camilla Pantalon, und deren Dienerin Arlequin zurück, und es wurde Friede gemacht. Camilla wurde des Arlequin Gemahlin, worauf dann ein italienischer Tanz aufgeführt wurde. Zum Schlusse trat Massimo Trojano anstatt des Orlando di Lasso auf die Bühne, und bat die hohe Versammlung um Nachsicht, wenn etwa die Comödie den erlauchten Fürsten nicht entsprochen haben sollte, und sagte mit größter Ehrfurcht Allen gute Nacht.«

Es handelte sich also um das in der Commedia dell'arte übliche »Spiel von Liebe und Zufall«, bestehend aus Verwechslungen, Verkleidungen und Aus-der-Rolle-Fallen, wobei das Publikum – im Gegensatz zu den Personen der Handlung – stets den Überblick behält. Die komische Wirkung ergibt sich nicht aus individuellen Charakterzügen, sondern aus der übertreibenden, karikierenden Typisierung der Figuren; diese werden beherrscht, ja, überhaupt erst definiert durch Elementargefühle wie Sinnlichkeit, Gier, Eifersucht, Neid, Geiz, Furchtsamkeit und so fort. Die Aufgabe der Darsteller bestand demnach nicht darin, eine unverwechselbare Persönlichkeit zu gestalten, sondern einen Typus genau zu treffen, wobei gerade die vielfache Brechung durch Verkleidungen die eigentliche Typengestalt umso deutlicher hervortreten läßt. Etwa in der Szene, in der Pantalone – als Harlekin verkleidet – der Dienerrolle gar nicht gewachsen ist, als er unter einer zu tragenden Last zusammenbricht und zornig mit seiner adeligen Herkunft auftrumpft, die ihm natürlich keiner glaubt. Die scheinbare Lüge (er ist ja venezianischer Patrizier) trägt ihm vielmehr Prügel ein. Auch andere »lazzi« finden wir immer wieder in der Geschichte der Commedia dell'arte: Harlekin beweint die tote Frau des Pantalone (»wie ein Wolf heulend«), weil ihm deren Ravioli nun fehlen. Oder die Prügelei zwischen Pantalone und Harlekin (Herr und Diener), die nach dem jähen Wiedererkennen in ein solch wirbelnd-artistisches Begrüßungsritual übergeht, daß beide schließlich erschöpft zu Boden sinken. Auch das scheinbar sichere Versteck Harlekins in einem Sack oder einer Kiste, das sich gewöhnlich als üble Falle entpuppt. Besonders komisch die Szene, in der Harlekin, gerade weil er bis an die Zähne bewaffnet ist, im Augenblick der Gefahr nicht weiß, welchen seiner acht Dolche er nun zuerst ziehen soll. Der Reiz dieser »lazzi« (das Repertoire ließe sich beträchtlich erweitern) besteht darin, daß die Schauspieler sie möglichst virtuos oder in einer die Erwartung des Publikums täuschenden Weise ausführen. Gerade diese, für die Wirkung der Commedia dell'arte unerläßliche darstellerische Virtuosität erlaubt wohl den Schluß, daß die von Massimo Trojano überlieferte Aufführung doch zumindest teilweise professionellen Charakter gehabt haben dürfte. Wie überhaupt die Artistik dieser Theaterform mich an der immer wieder behaupteten Herkunft aus rein volkstümlichen Quellen zweifeln läßt. Gewiß, die Typengestalten kann man auf italienische Volks- und Gesellschaftsschichten zurückführen, der anspruchsvolle Darstellungsstil weist aber doch wohl auf eine wesentliche mitschöpferische Beteiligung der uns kaum bekannten mittelalterlichen Berufsschauspieler hin, die mit ihren vielseitigen Fertigkeiten als Gaukler, Musikanten, Akrobaten und Pantomimen die schwierige Epoche kirchlicher Anfeindungen zu überstehen wußten.

Als Bühne – Massimo Trojano erwähnt sie ausdrücklich – müssen wir uns ein einfaches Podium in einem für den Einbau geeigneten Saal des Schlosses vorstellen, aus

Brettern roh gefügt, zur besseren Sichtbarkeit erhöht und mit Tüchern begrenzt beziehungsweise abgedeckt. Die Beschreibung der Kostüme verrät hingegen den zur Typisierung erforderlichen Aufwand. Daß bei der Mitwirkung Orlando di Lassos musikalische Einlagen nicht fehlen durften, versteht sich von selbst. Wie professionell diese überlieferte Aufführung gewesen sein mag, läßt sich trotz aller begründeten Rückschlüsse nicht eindeutig klären. Tatsache ist, daß sie Herzog Wilhelm großes Vergnügen bereitet haben muß, denn auch in seiner Landshuter Zeit bemühte er sich um Commedia dell'arte-Inszenierungen, worauf wir noch eingehen werden.

Wie sah es nun mit der Gage aus, für Massimo Trojano zum Beispiel? Karl Trautmann hat Hofzahlamtsrechnungen aus dem Jahre 1568 entdeckt, wonach »Maximo Troiano vererung wegen ainer gehaltenen comedj . . . 20 fl.« zuteil geworden sind – falls nicht für seine Mitwirkung bei der beschriebenen Aufführung, so hat er noch eine weitere veranstaltet. Wie auch immer – die Gage ist hoch, gemessen an der damaligen Kaufkraft. Trautmann hat auch Kontoauszüge der Fuggerbank in Augsburg veröffentlicht, wonach Herzog Wilhelm im Jahr 1569 einer italienischen Truppe unter der Leitung des Prinzipals Jacopo di Venetia zweimal insgesamt mehr als 110 Gulden ausbezahlen ließ. Diese Komödiantentruppe bestand übrigens aus Berufsschauspielern, vermutlich Commedia dell'arte-Spieler wie die meisten venezianischen Truppen dieser Zeit.

Theater unter Hzg. Albrecht V.

Herzog Albrecht V. scheint die Musik dem Theater vorgezogen zu haben. Während seiner Regierungszeit gab es zwar hin und wieder auch flüchtige Gastspiele deutscher ›Komödianten‹ (unter ihnen ist Daniel Holzmann namentlich bekannt), doch waren sie mehr oder minder dilettantische Gesellen, die Hofdienste nicht erhoffen durften. Obwohl nicht im Sold der Wittelsbacher stehend, waren die Jesuiten mit ihren Aufführungen zur Regierungszeit der Herzöge Albrecht und Wilhelm die eigentlichen Repräsentanten des Theaters in München, auch für den Hof.

Mit Ausnahme der Commedia dell'arte, die Herzog Wilhelm bis fast zur Übernahme der Regierungsgeschäfte an seinem Landshuter Hof förderte. Da sich das junge Paar Ende Juni/Anfang Juli 1568 auf der Isar nach Landshut begeben hat, könnte jene auf 1569 datierte Bankanweisung für Jacopo di Venetia schon Auftritte seiner Truppe in Landshut beweisen. Augenfälligstes Zeugnis für Wilhelms Theaterleidenschaft sind freilich die noch heute weltweit als Touristenattraktion bekannten Fresken mit Typengestalten der Commedia dell'arte auf Burg Trausnitz.

Commedia dell'arte in Landshut

Die Handlung der Münchner Aufführung von 1568 hat uns Massimo Trojano überliefert. Da die Szenenbilder nur wenige Jahre danach auf der Trausnitz entstanden sind, haben manche Theater- und Kunsthistoriker der Versuchung nachgegeben, die Fresken als Abbilder der Aufführung von 1568 zu interpretieren – eine Deutung, die bereits Trautmann zu Recht widerlegt hat. Nicht nur die erwähnten Zahlungsbelege deuten auf Commedia dell'arte-Aufführungen in Landshut hin; es gibt noch weitere Beweise dafür, daß Wilhelm bis 1575 diese Spielgattung mit großem persönlichem Einsatz gefördert hat. In seinem aufwendigen Hofstaat finden sich immer wieder italienische »Springer« und Komödianten, mit Hilfe des Freundes Orlando di Lasso oder Fugger'scher Agenten verpflichtet. Auch uns schon bekannte Mitwirkende wie der als Goldschmied hauptberuflich tätige Battista Scolari, immerhin der Harlekin-Darsteller von 1568. Allen voran natürlich Massimo Trojano, der allerdings 1570 aus Landshut fliehen mußte, da er – hoffärtig und leidenschaftlich, wie er war – den Geiger Battista Romano nach einer Auseinandersetzung erschossen hatte. In den Jahren 1572 und 1573 weisen die Hofzahlamtsrechnungen jährliche Gagen von je hundertzwanzig Gulden für zwei »Zani Springer« aus (Leibarzt und Hofkaplan erhielten auch nicht mehr!). Außerdem waren Kost, Unterkunft und Kleidung frei. Einer der beiden »Springer« ist uns auch namentlich bekannt: ein gewisser Venturin, der immerhin vier Jahre am Landshuter Hof engagiert war. Ferner wird ein Johann Marin als Prinzipal einer Truppe genannt. Das sprechendste Zeugnis von Wilhelms Liebe zur Commedia dell'arte ist freilich sein

Schreiben vom 29. September 1573 an den Hofmeister CHRISTOPH VON RAINDORF – der Prinz weilte gerade in Friedberg, dem gelegentlichen Aufenthaltsort seiner Schwiegermutter: »Von Gottes gnaden Wilhelm herzog jn obern unnd nidern Bayrn etc. Unnsern grues zuuor, lieber, getreuer. Unnser genediger beuelch ist, du wellest allsbald unnsern diener Alexander Visconnten, gleichfals auch den zwaien springern, verner dem Bärtl leobartmaister unnd dann Babtisten goldschmiden, im faal er annder zu Lanndshuet, auferladen, das sie auf negsten sambstag, wo nit frue, doch gewislich auf den abent alhie erscheinen unnd sich bei unns anzaigen lassen. Beede springer, gleichfals auch der Baptist sollen zaniclaider, schönpärt, jre geigen unnd annderes, so sy zum sprinngen unnd sonnst zu jrem thuen gebrauchen . . . mit sich alher nemen . . . «

Eindeutiger kann eine geplante Commedia dell'arte-Aufführung gar nicht gekennzeichnet werden. WILHELM nennt nicht nur den uns schon bekannten Harlekin-Spezialisten BATTISTA SCOLARI, sondern er befiehlt auch die Mitnahme von »zaniclaider«, also entsprechenden Kostümen, sowie »schönpärt«, nach damaligem Sprachgebrauch Masken.

Das Jahr 1575 markiert den Einschnitt in WILHELMS prächtiger Hofhaltung: die Schulden des Erbprinzen betrugen inzwischen 229 375 Gulden, und Vater ALBRECHT V. befahl zornig die Reduzierung des Hofstaats, worauf 51 Personen entlassen wurden, unter ihnen die vielseitigen und unterhaltsamen Italiener.

Die Fresken auf Burg Trausnitz in Landshut

Vergegenwärtigt man sich diese immerhin fast siebenjährige Commedia dell'arte-Tradition auf der Trausnitz und an den wechselnden Aufenthaltsorten des Erbprinzen, dann erscheint der Gedanke doch recht abwegig, die nach 1576 entstandenen, spätestens 1578 vollendeten Fresken würden die Münchner Aufführung von 1568 festhalten. Auch der Vergleich der Motive mit der erhaltenen Spielvorlage von 1568 beweist das Gegenteil. WILHELM hat vielmehr zweifelsfrei in diesen Bildern den gerade erst verklungenen Zauber glücklicher und unbeschwerter Stunden beschwören wollen, da Zanni und Pantalone, der Capitano und das obligate Liebespaar mit ihren artistischen Späßen die Damen und Herren am Hof erheiterten.

In ihrem theatergeschichtlichen Wert können die Fresken kaum überschätzt werden, sind sie doch die ersten bildlichen Zeugnisse der Commedia dell'arte nördlich der Alpen überhaupt. Selbst im Ursprungsland Italien finden sich derart aussagekräftige Bilder aus der Entstehungszeit der berühmten Commedia dell'arte-Truppen kaum. Daß Text und Fresken von München beziehungsweise Landshut aus der Frühzeit stammen, erklärt auch die aus ihnen erkennbare Einschichtigkeit des Zanni-Typus; denn im Verlauf der Entwicklung formten einzelne Schauspieler die Zanni-Gestalt zu vielfältigen, gewisse Eigenschaften betonenden Typen aus, von denen wohl die bekanntesten Arlecchino, Mezzetino, Brighella, Truffaldino und Pulcinella sind.

Sogar an italienischen Verhältnissen gemessen, gehört also Herzog WILHELM V. zu den frühen Förderern der Commedia dell'arte, mithin eines sich gerade erst konstituierenden Berufstheaters. Und er macht uns noch nach 400 Jahren zum Augenzeugen seiner Theaterliebe, wenn wir die Fresken in Landshut betrachten. Sie verraten aber auch seine Intentionen als Bauherr. Denn nicht das italienische Theater allein, sondern die gesamte Renaissancekultur italienischer Fürstenhöfe galt WILHELM als Vorbild, dem er – ungeachtet aller Finanznöte – beim Umbau der wehrhaften mittelalterlichen Burg in eine prächtige fürstliche Residenz nachzueifern trachtete. Wie schon oft, so hat auch in diesem Fall der allzeit dienstbare HANS FUGGER seine Hand im Spiel. Er vermittelte nämlich dem Herzog jene Maler und Architekten, die er selber für die Ausgestaltung seiner Augsburger Wohnsitze aus Italien hatte kommen lassen. Allen voran FRIEDRICH SUSTRIS, aus Amsterdam stammend und in Italien ausgebildet, ferner die Maler ALESSANDRO SCALZI, nach seinem Herkunftsort »Padovano« genannt, und ANTONIO PONZANO – die beiden haben die Commedia dell'arte-Fresken ausgeführt, zu denen SUSTRIS angeblich die Entwürfe geliefert hat.

Die Künstler der Landshuter Fresken

PONZANO werden jene Deckenbilder zugeschrieben, die im sogenannten ›Ehren-

115–118 Commedia dell'arte-Fries von Antonio Ponzano,
1576, im »Ehrenlohnzimmer«
der Burg Trausnitz in Landshut

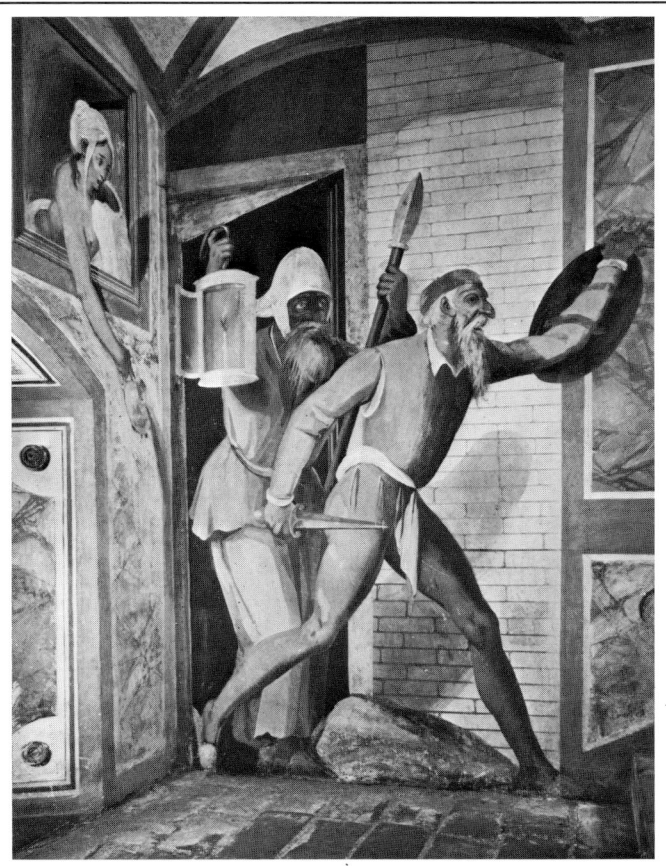

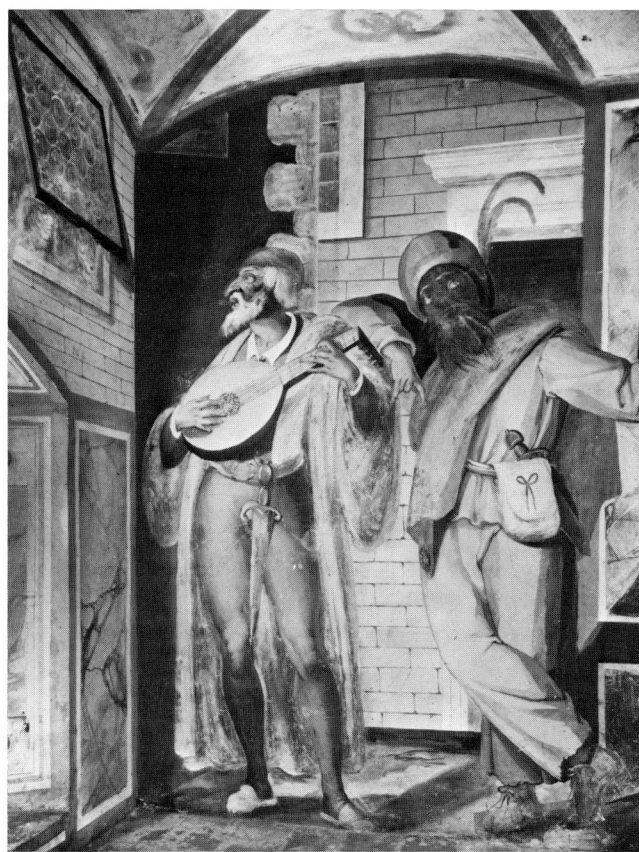

119 – 121   Commedia dell' arte-Fresken von
Alessandro Scalzi, gen. Padovano,
1578, im Treppenturm der Burg Trausnitz in Landshut

lohn-Zimmer‹, des Herzogs Arbeits- und Schlafraum, einen umlaufenden sechzehn-teiligen Fries von Commedia dell'arte-Szenen bildeten; Ponzano hat sie 1576 ge-malt. Thematisch stehen sie in geradezu unglaublichem Gegensatz zu den die Für-stentugenden allegorisch preisenden Deckengemälden von Friedrich Sustris. Le-diglich die Einbindung der Theaterszenen in Groteskwerk (Sphingen sowie pflanz-liche und architektonische Füllungen) und die insgesamt zierlichen Dimensionen mildern den inhaltlichen Kontrast. Dargestellt hat Ponzano das gewohnte Reper-toire an »lazzi«, gespielt von Pantalone, Zanni, Capitano, Cortigiana und den Ver-liebten, ja, sogar den in alten Hofrechnungen mehrmals erwähnten »Springer« hat Ponzano nicht vergessen. Und doch: im Vergleich zur ›Narrentreppe‹ Scalzis von 1578 wirken die Bilder ›zahmer‹, gleichsam gesitteter und konventioneller im Aus-druck. Ponzano illustriert eher Spielepisoden – mag sein, daß die erhabene Thematik der Hauptgemälde ihn zu einer verhaltenen Ausführung bewogen hat.

Ganz anders die überwältigende Wirkung der den Treppenturm schmückenden Fresken von Alessandro Scalzi: in einem grandiosen, Realität und Illusion ver-schmelzenden Wirbel begleiten lebensgroße Commedia dell'arte-Gestalten den Be-nutzer der Treppe. Gleich ihm verhalten sie auf Treppenabsätzen, sie betreten die-selben Stufen, gemalte und echte Türen verdichten die Augentäuschung: Scalzi illu-striert nicht, er vergegenwärtigt dramatisch: wer die Treppe begeht, wird in die Spielszenen hineingezogen, ohne daß eigentlich die Figurenfolge einen dramatur-gisch eindeutigen Zusammenhang ergäbe. Wir erleben vielmehr eine Fülle drasti-scher »lazzi« (Prügeleien, Eifersuchtsszenen, ein Ständchen Pantalones, der vor Liebe so blind ist, daß sich Zanni ebenso lässig wie dreist an ihn lehnen kann; oder: Zanni verpaßt dem Esel, auf dem Pantalone reitet, ein Klistier – und so fort). Die Typengestalten hat Alessandro Scalzi so genau erfaßt in Maske, Kostüm, Gestik und Gruppierung, daß man an ihnen heutige Schauspieler für eine Aufführung schu-len könnte. Fraglos besitzen die Fresken des Padovano einen bedeutenden theater-geschichtlichen Quellenwert; ihr unvergeßlicher Zauber liegt jedoch in der lebendi-gen, unmittelbaren Ausstrahlung allzeit gegenwärtiger Spielfreude. Vergleicht man die überaus unterschiedliche Malweise und Ausdruckskraft von Ponzano und Scalzi, dann kann man sich kaum vorstellen, daß alle beide Entwürfe von Fried-rich Sustris benutzt haben sollen, wie immer wieder behauptet wird. Zumindest bei Scalzis Fresken kann ich mir einen Einfluß des Sustris nicht gut denken (vgl. S. 346).

Porträt Wilhelm V. und
Renatas mit dem ›Zanni‹

Muß man schon die Ausschmückung einer wittelsbachischen Residenz im Nie-derbayern des 16. Jahrhunderts mit Komödianten-Szenen ungewöhnlich nennen, so sprengt eine bestimmte Szene der Narrentreppe alle dynastischen Traditionen des Herrscherporträts: jene nämlich, in der ein Zanni (vielleicht der Prinzipal einer Truppe?) den Erbprinzen Wilhelm an der einen und die fürstliche Gemahlin Re-nata an der anderen Hand hält, durch diese Geste das junge Paar verbindend. Eine persönlichere und unkonventionellere Darstellung fürstlicher Theaterleidenschaft ist uns aus jener Zeit nicht bekannt. Während Renatas Porträt vergleichsweise unin-dividuell wirkt, erscheint der Herzog – in strenger spanischer Hoftracht gekleidet – umso persönlicher und treffender charakterisiert. Merkwürdig kontrastiert sein in eine unbestimmte Ferne gerichteter Blick mit der handfesten Komödiensituation. Alessandro Scalzi hat in diesem Porträt des Herrschers wohl bereits jenen melan-cholischen Grundzug im Charakter Wilhelms festgehalten, der ihn als regierenden Fürsten dem Theater fast völlig entfremdete und einer weltabgewandten Religiosität

Abkehr Wilhelm V.
vom weltlichen Theater

öffnete – eine Wandlung, die ihm schließlich den Beinamen »der Fromme« eintrug. Seit seinem Regierungsantritt (nach Albrecht V. Tod im Jahr 1579) hat Wil-helm V. ausschließlich das Jesuitendrama gefördert. Hatte Wilhelm nun seine frü-here Theaterleidenschaft religiös sublimiert oder wollte er zur Vertiefung des Glau-bens das Theater der Jesuiten lediglich in Kauf nehmen? Wie dem auch sein mag – fast sauertöpfisch wirkt das 1583 im Hinblick auf den Münchner Fasching erlassene Verbot »der zani klaidungen darjnnen, Irer F. Gn. erfahrung nach, bisher die maiste unzucht geübet unnd getriben worden«.

122   Erbprinz Wilhelm und seine Gemahlin Renata an der Hand eines Zanni, Fresko von Scalzi, 1578.

Maximilian I.

Gleichfalls die 1584 dem Hofmeister gegebene Anordnung, von den Prinzen Maximilian und Philipp »Schalckhßnarren, Gaugler, Springer oder andere leichtferttige
Rott« fernzuhalten. Wilhelm V. Beziehung zum Theater erscheint von den Extre-
men seiner Zeit geprägt: hier die freudige Weltzugewandtheit der ausklingenden
Renaissance, dort die Drohung des ›memento mori‹ im sich verschärfenden Glau-
benskampf.

Maximilian I., Wilhelms Sohn, der als Herzog und später Kurfürst von Bayern
über ein halbes Jahrhundert herrschte (1597–1651), gilt vielen Historikern als der
bedeutendste politische Kopf unter den Wittelsbachern. Auch als oberster Befehls-

Maximilian I. und das
Theater

haber der Katholischen Liga im Dreißigjährigen Krieg hat er sich ausgezeichnet. Ein
Freund des Theaters war der ernste und strenggläubige Fürst indessen nicht. Vielleicht hat bei ihm sogar des Vaters Warnung vor »Schalckhßnarren« und »Gaug-
lern« kräftig nachgewirkt. Gewiß, die in München gelegentlich gastierenden Truppen traten auch manchmal am Hof auf. Wir hören ab 1597 immer einmal von englischen, spanischen, italienischen und sogar deutschen Komödianten, unter ihnen beispielsweise 1604 die Truppe des Martin Rost aus Straßburg. Diese Gastspiele blieben Episoden, es handelt sich nicht um Theaterleute im Dienst der Wittelsbacher.
Selbst der von Maximilian nachweislich gelobte Giovanni Paolo Agiocohia, »il
dottor da Bologna«, wahrscheinlich ein Commedia dell'arte-Spieler, konnte den Fürsten nicht endgültig für das weltliche Theater gewinnen. Maximilian bedankte sich
zwar mehrmals brieflich beim Herzog von Mantua, in dessen Dienst Agiocohia
stand, für die Gastspiele des »buffone«, die ihn und den Hof erfreut hätten, wirklichen Anteil nahm er jedoch nur an den großen Aufführungen der Jesuiten in München, die mit dem Wirken Jacob Bidermanns und Jacob Gretsers ihren Höhepunkt erreichten.

Genau besehen, war die Haltung Maximilians eigentlich theaterfeindlich, und
zwar schon vor Ausbruch des grauenhaften, nicht endenwollenden Krieges. So er-
eiferte sich 1602 (im 7. Teil seiner *Haußpolicey*) Ägidius Albertinus, »der Fürstlichen Durchlaucht in Bayrn Hof Raths Secretarius«, einst Jesuitenzögling und nun
selber Verfasser von religiösen Erbauungsschriften, gegen die Neigung mancher Fürsten zum Theater. Er benutzt hierzu die bis heute beliebten Argumente: »Nicht die
geringste ursach / warumb die Jugent in die unzucht und geilheit gerahet / seind die
Comedien / Spektackel unnd Schawspiel / welche an etlichen orten an den Fürstlichen Höfen / oder in den Heusern der Mechtigen / oder in den offentlichen darzu be-
stimbten Heusern gehalten werden. [. . .] Dann sie [gemeint sind die Schauspieler]
seindt gemeinklich eitele / liderliche / verschlagene / arglistige / unuerschambte und
gottlose leut / ja was mehr ist / man findt under jhnen Landuerwisene / ehuergessene
/ Landstürtzer / Zigeiner und arge Ketzer.« Und wen es angesichts solch gottlosen,
politisch unzuverlässigen und fremdrassigen Gesindels immer noch nicht graust, für
den hält Maximilians Sekretär noch das Schlimmste bereit als Trumpf – die
Unzucht: »Dann weil solche Comediantische Weiber gemeinklich schön und geil
seindt / und jre Erbarkeit albereit verkauft ist / so pflegen sie mit den Sitten / geberden und bewegnussen deß gantzen Leibs / und mit der zarten lieblichen und süßen
Stimm / unnd mit den zierlichen Leibsklaidern / (wie die Syrenen) die Menschen zu
bezaubern und zuuerenderen in bestias und unuernünfftige Thier: Sie bewegen die
Sinnen / sie erwaichen die affecten, sie locken den Kützel der geilheit / sie vertreiben
die billicheit / sie extorquiren die bewilligung / und sie verunreinigen das gewissen
der frommen. Daher dann man sich billich verwundern kan / warumb dises hoch-

schedlich unziffer allenthalben von den Obrigkeiten in den Stetten wirdet aufgenommen / geliebt und zugelassen / und sogar von etlichen eitelen Fürsten und Herrn an jren Höfen unterhalten / besolden und in ehren gehalten. Dann ob schon sie möchten für : und einwenden / daß das gemeine Volck dardurch underweilen empfange ein kurtzweil / unnd daß jhre gemüter dardurch werden recreirt und erquickt / so solte doch vilmehrers bey jhnen gelten die Ehr Gottes unnd das heil so viler Seelen / welche dardurch werden verloren: Billicher solten sie auch förchten den zorn Gottes / umb daß sie solche Leut befürdern welche mit jhren Künsten zuwider seindt Gott dem Herren / und dienstbar dem Teufel.« Starker Tobak, fürwahr, den ALBERTINUS hier raucht, wir finden den herzoglichen Sekretär leicht erhitzt bei der Schilderung der erotischen Ausstrahlung der Schauspielerinnen. Und das Argument manches Fürsten, »panem et circenses« brauche das Volk, wischt ALBERTINUS mit dem Hinweis auf das Seelenheil vom Tisch. Daß der Sekretär MAXIMILIANS nicht derart unverblümt gegen die Theaterleidenschaft der »eitlen Fürsten« hätte zu Felde ziehen dürfen, wenn sein Herr zu ihnen gehört hätte, brauchen wir wohl nicht zu begründen. Wie sehr er als Sprachrohr MAXIMILIANS gelten muß, beweist überdies dessen Verordnung von 1608: »Die Komedianten, Gaukler, Seiltänzer, Tänzer und ander unnützes Gesindel, so der Jugend mit ihrem Willen großes Aergerniß geben, und zum leichtfertigen Wesen anreitzen sind verboten, und kein Beamte darf herumziehenden Truppen Erlaubniß geben ihre üppigen Spiele zu treiben, sondern sie sind fortzuschaffen.«

Wir erinnern uns: gerade dreißig Jahre sind vergangen, seit MAXIMILIANS Vater, WILHELM V., sich und seine Gemahlin Hand in Hand mit einem Zanni-Darsteller auf einer Wand seiner Landshuter Residenz hat malen lassen. Die verhältnismäßig krassen Umschwünge in der Einstellung dieser beiden Wittelsbacher zum Theater spiegeln – wie schon gesagt – den Übergang von der weltfreudigen Renaissance zum Frühbarock mit seinen Kämpfen um den rechten Weg zur Erlangung ewiger Freude im Glauben – insofern ist das Schwanken zeittypisch. Darüberhinaus kennzeichnet es allerdings auch bis heute die ambivalente Wertung des Theaters durch die jeweils Herrschenden: sein Glanz und seine Imaginationskraft werden der »Repraesentatio Maiestatis« dienstbar gemacht, also politischen Zwecken zugeordnet, während seine Interpreten am Rand der Gesellschaft siedeln, zwar zeitweise hoch bezahlt, in Ausnahmefällen gar geadelt, solange sie nämlich Diener der Macht bleiben. Werfen sie sich aber zu ihren Kritikern auf, autonomen Ansprüchen der Wahrhaftigkeit in ihrer Kunst folgend, dann drohen den Theaterleuten Verbote und sogar Verfolgung. Dem beschriebenen Verhaltensmuster der Machthaber zum Trotz dürfen wir freilich nicht übersehen, daß die Wandertruppen zur Zeit WILHELM V. und MAXIMILIAN I. tatsächlich oft aus »zweifelhaften Elementen« bestanden, verbummelten Studenten, abtrünnigen Priestern, dirnenhaften Frauen, kurz Menschen, die in der festgefügten ständischen Ordnung jener Zeit keinen ehrenhaften Standort erhoffen durften, zumal die Kirche seit Anbeginn vom Theater her Gefahr witterte, Bejahung irdischer Freuden befürchtete, so daß schon die spätantiken Schauspieler auf Jahrhunderte in den Untergrund gehen mußten. Erst allmählich, mit fortschreitender Emanzipation, vor allem des Bürgertums, von der Kirche, konnte das Theater zur »moralischen Anstalt« werden, von der immerhin ein GOETHE und ein SCHILLER sich die geistig-sittliche Erhebung ihrer Nation erhofften.

MAXIMILIAN I., als Herrscher einer Epoche, in der Kirche und weltliche Macht noch aufs engste verknüpft waren (»Maximilian, von Gottes Gnaden Herzog . . . «), mußte in der »propaganda fide«, der Verbreitung des Glaubens durch das Jesuitentheater die einzig legitime Form von Theater erblicken. Umsomehr wirkt es wie eine Ironie der Geschichte, daß ausgerechnet dieser Vorkämpfer des Katholizismus zum eigentlichen Begründer der bis heute blühenden Münchner Oper wurde. Wir erkennen in dieser Paradoxie die eigengesetzliche Kraft, die der Oper im Verlauf von nur etwa fünfzig Jahren, seit ihrem Entstehen im Florenz des ausgehenden 16. Jahrhunderts, zugewachsen war, und zugleich ihre fast untrennbare Verquickung mit der

Maximilian I. als Begründer der Münchner Oper

»Repraesentatio Maiestatis«. Selbst ein so theaterferner Fürst wie MAXIMILIAN I. konnte letztlich nicht auf eine glanzvolle Hofoper verzichten, wollte er nicht den Anschein erwecken, seine Herrschaft sei letzten Endes zweitrangig und nicht in der Lage, mit Florenz, Turin, Wien, Dresden oder Versailles gleichzuziehen. Dynastische Gesichtspunkte waren es denn auch, die MAXIMILIAN zum Initiator der Münchner Oper machten, und zwar aus gegebenem Anlaß: dem siebenundsiebzigjährigen Greis war es gelungen, seinen erst vierzehnjährigen Sohn FERDINAND MARIA, den Thronfolger, mit der gleichaltrigen Prinzessin HENRIETTE ADELAIDE VON SAVOYEN zu vermählen – einem Geschlecht vom Alter des wittelsbachischen, ranggleich und zudem verwandt mit dem französischen Königshaus. Am 8. Dezember 1650 war im Dom von Turin die Procura-Vermählung (also ohne das Brautpaar) begangen worden, glanzvolle Festlichkeiten hatten sich angeschlossen, die den Turiner Hof auf dem Gipfel italienischer Fest- und Theaterkultur zeigten. Die bayerischen Gesandten, allen voran der Obersthofmeister Graf KURZ, berichteten natürlich tief beeindruckt davon. Daß man aber in München schon vorher über die glänzende Hofhaltung der Herzöge von Savoyen unterrichtet war, beweisen die bereits am 12. Februar 1651 beginnenden Vermählungsfeiern, die man gewiß schon 1650 geplant hatte, um im Vergleich mit Turin bestehen zu können. Man veranstaltete nämlich vom 12. bis 20. Februar 1651 Feuerwerke, Schlittenfahrten, Theateraufführungen (eine der Jesuiten darunter) und Maskeraden. Wir zitieren aus dem Tagebuch des Grafen KURZ eine für uns wichtige Schlüsselstelle. Er notiert am 13. Februar: »Nachmittag umb 2 Uhr ist die schöne Comoedi in gegenwart aller Chuur- und Fürsten gehallten worden, deren dissegno absonderlich beschrieben.« Und er führt in der ›Relation‹ aus: »Nach vollendeter schlittenfahrt, einer sehr schenen Comoedia in Musica so ihrer Churf. Durchl. Hofmusici repraesentirt, beigewohnt, Und sich damit biß umb 7 Uhr in die nacht aufgehaltten. Die Scena hatt sich bei dieser Comoedi viermal gar künstlich verendert, die actores aber sind sehr köstlich gekleydt gewesen, und haben ein jeder sehr wol und solcher gestalt agirt, daß sie den welschen dermalen in schwung gehenden Comoedian(t) nicht viel nachgeben werden.« Graf KURZ ist der erste Augenzeuge der bayrischen Theatergeschichte, der auch etwas über Kostüm und Bühnenbild einer Aufführung aussagt. Er stellt fest, daß die Schauspieler »sehr köstlich gekleydt gewesen«, und daß sich die Bühne viermal »gar künstlich verendert« hat, womit er nur einen technisch wie künstlerisch überzeugenden Szenenwechsel gemeint haben kann. Wir besitzen zwar keine bildlichen Beweise vom Stand der Bühnentechnik Münchner Jesuitenaufführungen, dürfen aber annehmen, daß auch hier die übliche Verwandlung der Szene mittels dreiseitig bemalter, zu beiden Seiten der Bühne hintereinander gestaffelter Prismen (sogenannter »telari«) praktiziert wurde. 1651 war dieses aus der Antike stammende System freilich schon überholt, denn inzwischen hatte GIOVANNI BATTISTA ALEOTTI das Kulissensystem erfunden, und GIACOMO TORELLI hatte dessen Möglichkeiten erkannt und verfeinert. Damit wurde eine in der Theatergeschichte einmalige Übermacht des Szenisch-Dekorativen begründet, die bis zum Ende des 18. Jahrhunderts alle anderen Elemente des Musiktheaters zu erdrücken drohte, zumindest aber die Entwicklung einer dramaturgisch stimmigen Operninszenierung behinderte. Allerdings befriedigte die Ausstattung die schier unersättliche Schaulust des barocken Menschen, unter anderem auch mit den immer prächtiger werdenden Kostümen, wovon Graf KURZ berichtet. Ihm verdanken wir noch einen weiteren wichtigen Hinweis in seinem Tagebuch, wenn wir auch Namen vermissen; daß nämlich die »actores« so gut gespielt hätten, daß sie den »welschen . . . nicht viel nachgeben werden« – ein hohes Lob doch wohl für deutsche Mitwirkende an dieser Aufführung. Gertraud Löwenfelder hat, meines Erachtens wohl begründet, darauf hingewiesen, daß man mit dieser Aufführung den Beginn der Münchner Hofoper ansetzen darf.

Die fast fünfstündige Aufführung dieser »comoedia in musica« hat im ›St.-Georgs-Saal‹ der Residenz stattgefunden, der bis weit ins 18. Jahrhundert selbst dann noch als Theatersaal diente, als längst ein richtiges Opernhaus vorhanden war. Und

Feierlichkeiten zur Hochzeit Ferdinand Marias mit Henriette Adelaide von Savoyen

210

auch dieses verdankte die Residenzstadt München Kurfürst MAXIMILIAN I., der mit dem Bauauftrag gegen Ende seiner Regierungszeit das erste barocke Hofopernhaus Deutschlands ermöglichte. Obwohl der Fürst unerwartet am 27. September 1651 gestorben ist, also vor Vollendung des Salvatortheaters und vor den Festlichkeiten zur eigentlichen Vermählung FERDINAND MARIAS mit ADELAIDE (im Jahr 1652), müssen wir beide Planungen unter MAXIMILIANS Zeit abhandeln, denn er hat – im wörtlichen wie im übertragenen Sinne – den Grundstein zur Münchner Operntradition gelegt. ADELAIDE war demnach nicht – wie oft behauptet wird – deren Schöpferin, sondern ihre bevorstehende Ankunft war der Anlaß für MAXIMILIANS Theaterunternehmungen.

Auftrag zum ersten Opernhaus am Salvatorplatz

GIOVANNI BATTISTA MACCIONI, von MAXIMILIAN noch 1651 engagierter Geistlicher, Poet, Diplomat und Musiker, hat vermutlich die Festoper zur 1652 gefeierten Vermählung geschaffen; überliefert ist sie in einer Kopie des JOHANN VON DELLING. Für uns von Belang, da mit dem Bau des Opernhauses zusammenhängend, ist eine Passage mit bühnentechnischen Hinweisen (die den Herkulesstoff behandelnde Oper hatte immerhin 20 Verwandlungen): »Die Gedanken sehen zwar etwas schwer, mühsam und kostbarlich aus, wenn aber die benannte Architecte Ihre Kunst rechte Wißenschaft haben so könen die 20 Aenderungen der Theatri nur mit Verdopplung der Scenen gar leicht gerichtet werden und sein hierum die Scenen solcher gestalten angetragen daß man zur urplötzlichen Veränderung Zeit genug hat. Wie da auch was in dem Chor mühsam scheint als der 7 Planeten Chor, item zu Auf und abfahrt des Triumph-Wagens mit einer einzigen Machina kan gerichtet werden, wan das Ort hoch genug, und sonsten wie es solle, bestellt ist. Andere Handgriff werden sich in tractirung der Sache selbst erlernen.« Das Zitat erlaubt uns, ein Gespräch zwischen dem gerade (am 17. Mai 1651) eingetroffenen theatererfahrenen MACCIONI und dem skeptischen alten Fürsten, den die bevorstehende Vermählung seines Sohnes mit einer italienischen Prinzessin zu ungewohntem theatralischem Aufwand verpflichtete, zu imaginieren. MAXIMILIAN kann sich kaum vorstellen, wie eine derart schwierige Aufführung technisch bewältigt werden soll. Doch MACCIONI beruhigt ihn mit dem Hinweis, daß mit der »Verdopplung der Scenen« die zwanzig Schauplatzwechsel ohne Schwierigkeiten zu meistern seien. Mit dieser Verdopplung kann er aber nur die bühnentechnische Erfindung TORELLIS gemeint haben, je zwei hintereinander gestellte Kulissenrahmen pro Gasse zu installieren, so daß die Bühnenarbeiter während der Aufführung die aus dem Spielraum gezogenen Rahmen mit der nächsten Dekoration behängen konnten. Im übrigen weist MACCIONI darauf hin, daß man durch Übung die Technik schon richtig anzuwenden lerne. Allerdings funktioniere das Ganze nur, »wenn . . . die benannte Architecte Ihre Kunst rechte Wißenschaft haben«, also ihr Handwerk verstehen.

Die Festoper 1652

Wer aber waren diese Architekten, damals zuständig für Dekoration und Theaterbau? Genau weiß man nicht, wer den alten Kornspeicher an der Salvatorkirche in ein Opernhaus umgebaut hat. Namentlich bekannt ist MARX (= MARCUS) SCHINNAGL (1622–1681), seit dem 15. Juni 1641 »Hofbauamtsadjunkt« mit zweihundert Gulden Gehalt jährlich, der wohl entscheidenden Anteil am Umbau gehabt hat. »Bürger und Schreiner allhier« [gemeint ist München], wurde er am 1. August 1654 zum Hofbaumeister mit fünfhundert Gulden Jahresgehalt befördert, gewiß auch in Anerkennung seiner Verdienste um den Theaterbau. SCHINNAGL begegnet uns auch später noch als Architekt des Turnierhauses. Daß er als bayerischer Handwerker nicht allein in der Lage war, ein Opernhaus nach internationalem Vorbild zu errichten, liegt auf der Hand. Wahrscheinlich unterstützten ihn die am Hof tätigen italienischen Künstler mit ihrem Rat, wohl auch KASPAR AMORT, der immerhin mehrere Jahre als Stipendiat des Hofes in Italien Malerei studiert hatte und später der erste Bühnenbildner des bayerischen Hofes werden sollte. MAXIMILIAN I. hatte ihn 1642 als Maler in den Hofdienst übernommen.

Die Baumeister des neuen Opernhauses

Bemerkenswert bleibt – trotz der undeutlichen Überlieferung – die Tatsache, daß MAXIMILIAN I., in Erwartung der Schwiegertochter ADELAIDE, das Theaterleben am

211

Münchner Hof vor allem mit einheimischen Kräften in Gang brachte, wohingegen die anderen bedeutenden Höfe Europas sich überwiegend italienischer Fachleute bedienten. Als patriotisches Selbstbewußtsein des Fürsten darf man diesen Umstand freilich nicht allein werten; es verrät sich darin auch eine gewisse Unbeholfenheit des alten Politikers und Feldherrn in Theaterdingen. Immerhin: er war energisch bemüht und für sein hohes Alter erstaunlich aufgeschlossen, »alß uf gdiste anschaffung der Pau sein Anfang genommen . . . « in der Woche vom 17. bis 24. April 1651. Gertraud Löwenfelder hat nachgewiesen, daß alle wesentlichen Elemente des Opernhauses – mit Ausnahme der Bühnentechnik – auf die Planungen MAXIMILIAN I. zurückgehen, daß also der bekannte Kupferstich von MICHAEL WENING aus dem Jahr 1685 den ersten Zustand des Opernhauses am Salvatorplatz zeigt. Lediglich die Fürstenloge war eine spätere Zutat der Gebrüder MAURO, da ursprünglich der Fürstensitz ein erhöhtes Podest im vorderen Bereich des Parketts gewesen ist. Eigentlich hatte der Bau noch 1651 zur geplanten Hochzeit vollendet sein sollen, doch er hat »wegen Ir khurfürstl. seeligster gedechtnus ableiben sein perfektion nit erlangt«. Die ersten nachweisbaren Aufführungen finden 1654 im Salvatortheater statt, die Bühnentechnik dürfte sogar erst 1657 auf neuestem Stand gewesen sein, Begebenheiten, die bereits in die Regierungszeit des Kurfürsten FERDINAND MARIA fallen.

Ferdinand Maria und Henriette Adelaide

FERDINAND MARIA, von 1651 bis 1679 Bayerns Kurfürst, und seine Gemahlin HENRIETTE ADELAIDE verwandelten innerhalb weniger Jahre ihre Residenzstadt München in ein Zentrum höfischer Theaterkultur von europäischem Rang. Wesentlichen Anteil daran hatte ADELAIDE, die allerdings auf den ihretwegen vom Schwiegervater MAXIMILIAN eingeleiteten Projekten aufbauen konnte. Denn sie hat keineswegs – wie immer wieder zu lesen ist – das Theaterleben Münchens begründet. Bei ihrer Heirat war die fünfzehnjährige Prinzessin ziemlich ahnungslos in Theaterdingen, da sie zwölf Jahre lang auf Landsitzen ihrer Familie aufgewachsen war und das Turiner Hofleben kaum kannte. Ihre italienische und französische Erziehung stimmten sie freilich empfänglich für die künstlerischen Strömungen der beiden führenden Kulturnationen. Der Kontrast zwischen der strengen spanischen Etikette am Münchner Hof und der lebenslustigen Kultiviertheit ihrer Turiner Heimat bedrückte die junge Frau. Auch die Kurfürstinwitwe MARIA ANNA, bis zum 27. September 1654 Regentin für den minderjährigen FERDINAND MARIA, zeigte wenig Verständnis für die Schwiegertochter. Während der dreijährigen Regentschaft MARIA ANNAS gehen die Bemühungen um ein angemessenes Hoftheater voran, obwohl die Fürstin eher sparsam wirtschaftet. Zwar wird die am 25. Juni 1652 abgehaltene Vermählung nicht so prunkvoll gefeiert wie geplant – das Trauerjahr verbietet die Aufführung der bereits erwähnten Herkules-Oper –, doch schon beim Besuch Kaiser FERDINAND III., im August 1653, führt man MACCIONIS *L'arpa festante* auf, entweder im Herkulessaal oder im St.-Georgs-Saal. Zu der im Hofgarten aufgeführten dramatischen Kantate *Triumph der Tritonen* schuf KASPAR AMORT die – leider nicht überlieferten – Dekorationen. Ab 1653 richten unbekannte »Welsche« das Salvatortheater soweit her, daß am 12. Februar 1654 das erste Hofopernhaus Deutschlands mit der Pastorale *La ninfa ritrosa* eingeweiht werden konnte. Das Theater hatte eine Länge von etwa dreißig Metern, eine Breite von etwa fünfzehn Metern und eine Höhe von etwa siebenundzwanzig Metern. Die Bühnentiefe betrug etwa zehn Meter, war demnach für spätere hochbarocke Verhältnisse noch recht flach, die Bühnenöffnung mit etwa neun Metern Breite und etwa sechs Metern Höhe verhältnismäßig klein – Dimensionen, die einen baldigen Umbau erzwangen.

KASPAR AMORT d. Ä. (auch »CASPAR AM ORTH« d. Ä.) war also der erste uns namentlich bekannte Bühnenbildner der Münchner Hofoper. Geboren 1612 in der Jachenau, war er von JOHANN TONAUER in München zum Maler ausgebildet worden. 1633 gewährte MAXIMILIAN I. dem begabten jungen Mann ein Stipendium zur künstlerischen Weiterbildung in Italien – ein Beispiel für die sinnvolle Förderung eines Talents durch die Wittelsbacher. Der Kurfürst scheint mit dem Ergebnis des Italienaufenthalts zufrieden gewesen zu sein, denn 1642 holte er den seit zwei Jahren in München als Bürger und Meister ansässigen AMORT an seinen Hof. Dort hat AMORT bis kurz vor seinem Tod, am 7. März 1675, vielfältige Aufgaben gemeistert. Über seine Mitwirkung am Bau des Salvatortheaters haben wir bereits gesprochen. Aus den Hofzahlamtsrechnungen geht hervor, daß AMORT von 1651 bis 1672 an allen wesentlichen Hoffesten und Theateraufführungen beteiligt war. Er hat Kostüme entworfen, Modelle gefertigt, Bauernwirtschaften, Schlittenfahrten und Feuerwerke dekorativ ausgestaltet. Uns interessieren vor allem die Bühnendekorationen des vielseitigen Mannes. Glücklicherweise haben sich seine Arbeiten zu den Festaufführungen im Fasching 1654, also noch zur Zeit von MARIA ANNAS Regentschaft, in Stichen erhalten. Es handelt sich um das schon erwähnte »Dramma per Musica« *La ninfa*

213

123 – 124   »La ninfa ritrosa«, Ausstattung von Kaspar Amort, München 1654

125 – 126   »Le pompe di Cipro«, Ausstattung Kaspar Amort, München 1654

ritrosa, aufgeführt am 12. Februar im Salvatortheater, und die »Introduttione per Baletti« *Le pompe di Cipro,* aufgeführt am 17. Februar im Herkulessaal der Residenz. Betrachtet man die dem *Ninfa*-Libretto beigebundenen Stiche von ANTONIUS PANITCY – sie haben in etwa die Funktion der heutigen Aufführungsfotos – , so erkennen wir bühnentechnische und inszenatorische Charakteristika der frühbarocken Münchner Hofoper: die erste Abbildung zeigt einen sich zwischen Felsen ins Meer ergießenden Fluß (laut Libretto die Isar!), auf einem Flugwagen der Friede, dem Amor voranfliegt. Es folgt die Wiedergabe einer Waldszenerie mit abschließendem Gebäudeprospekt. Die Bühne des Salvatortheaters hat bereits 1654 – wir können es auf den Stichen nachzählen – acht Kulissenpaare zu jeder Seite, ferner Wolkensoffitten und eine Flugmaschinerie. Die Gestaltung des Bühnenbildes ist streng zentral-perspektivisch; sie verrät nicht die szenische Raffinesse etwa eines GIACOMO TORELLI, der um diese Zeit schon alle Register der von ihm verfeinerten Kulissenbühne zieht. Allerdings lassen die Prospekte AMORTS malerische Qualitäten wenigstens ahnen. Zur betonten Tiefenachse in einer deutlichen Spannung steht die leicht diagonal versetzte Auftrittsachse der Sänger. Zur Aufführung von *Le pompe di Cipro* auf der kleineren Bühne des ›Herkulessaales‹ scheint AMORT dieselben Kulissen – nur auf sechs Paare reduziert und einmal die Motive Wald und Felsen mischend – verwendet zu haben. Die Auftritte erfolgten hier jedoch parallel zur Rampe, wohl der geringeren Raumtiefe wegen. Übrigens tanzten in dieser Aufführung auch HENRIETTE ADELAIDE und einige Hofdamen in orientalischen Kostümen mit, wobei selbstverständlich die Kurfürstin im Urteil der Zeitgenossen den stärksten Beifall einheimste. Immerhin beweist der gemeinsame Auftritt das wiedergewonnene Ansehen der Theaterleute. Über die Kostümentwürfe KASPAR AMORTS läßt sich nichts Verbindliches aussagen. Grundsätzlich entsprachen die Kostüme der Opernhelden im Barock der zeitgenössischen Mode, selbst dann, wenn Gestalten der Antike auf der Bühne erschienen. Nicht selten traten die Sänger in den abgelegten Gewändern der Aristokraten auf – ein für unsere Begriffe absurder Vorgang. Er wird verständlicher, wenn wir uns die anspielungsreichen Bezüge der Opernhandlung und ihrer Helden zum jeweiligen Herrscherpaar vergegenwärtigen.

KASPAR AMORTS Bühnendekorationen zeugen nicht gerade von italienischer Virtuosität und Phantasie; er begnügt sich – jedenfalls nach den überlieferten Stichen zu urteilen – mit zwei Grunddekorationen, die er mit wechselnden Prospekten den Handlungsorten der Libretti anpaßt. Immerhin ist er einer jener am Theater bis heute unentbehrlichen Alleskönner gewesen, ohne dessen Hilfe auch der spätere ›Star‹-Bühnenbildner FRANCESCO SANTURINI nicht so erfolgreich hätte arbeiten können. AMORT war mit allen Materialien und Techniken vertraut, und er besaß die wichtigen Verbindungen zu den ortsansässigen Handwerkern, die oft in großer Zahl an einer Aufführung mitwirkten. Bitter mag es für AMORT dennoch gewesen sein, von 1662 bis 1672 nur noch als ausführender Kulissenmaler zu dienen, dem nunmehr engagierten Italiener den Applaus zu überlassen. Dem Bayern bleibt aber das Verdienst, die frühbarocke Szenenkunst am Hoftheater eingeführt zu haben.

Verbesserung der Bühnentechnik   Unzulänglichkeiten der Bühnentechnik, die während der Aufführungen von 1654 zutage getreten waren, führten zu Verbesserungsvorschlägen des »welschen Paumeisters Francisci«, dessen Identität noch ungeklärt ist. Er wollte das Bühnenportal nach oben vergrößern und in der Unterbühne auf Schienen laufende Wagen für die Kulissenständer installieren – Vorschläge, die man schließlich 1657 verwirklichte. Dadurch verfügte das Salvatortheater nun über die neueste Bühnentechnik »nach der welschen mainung und manier«. Jetzt ist schnellster Szenenwechsel möglich, da mittels einer zentralen Welle, von der Seile zu den Kulissenwagen und zurück liefen, jeweils die gesamte Dekoration einer Szene aus der Bühne gezogen und gleichzeitig die nächste hineingefahren werden konnte, die man inzwischen auf die leiterähnlichen Kulissenständer gehängt hatte.

Unterdessen waren Kurfürst FERDINAND MARIA und HENRIETTE ADELAIDE volljährig und somit uneingeschränkte Herrscher auch über das Theaterleben Bayerns geworden. ADELAIDE, allen Künsten zugetan, pflegte besonders das so kraftvoll einsetzende Theater am Münchner Hof. Ihre Vorbilder blieben die italienischen Residenzen und das Versailles LUDWIG XIV., als dessen Gemahlin ihre Mutter sie gerne gesehen hätte. Zu unserer Verblüffung müssen wir jedoch immer wieder feststellen, wie häufig noch Jahre nach MAXIMILIANS I. Tod von ihm in Dienst gestellte Künstler die Hofoper geprägt haben. FRANCESCO SANTI gehört nämlich ebenfalls zu ihnen, der Bühnenbildner des am 13. Februar 1657 im Salvatortheater aufgeführten »Drama musicale« *L'Oronte*, aus der Feder des gerade erst zum Hofkapellmeister ernannten JOHANN KASPAR KERLL. Über die Person SANTIS gab es lange Zeit abenteuerliche Theorien, bis Gertraud Löwenfelder nachgewiesen hat, daß er identisch ist mit dem bereits 1642 von MAXIMILIAN I. engagierten »Franciscus Sandi, Castrat und Hofmusicus«, der als Sänger und Dekorateur bis 1659 dem Hof diente – zunächst mit vierhundertachtundsechzig, ab 1657 mit neunhundertdreiundneunzig Gulden jährlicher Gage. Rechnungen belegen, daß SANTI schon AMORT bei dekorativen Arbeiten geholfen hat, bevor er 1657 den *Oronte* ausstatten durfte. SANTIS Dekorationen sind in Kupferstichen (wohl ebenfalls von ANTONIUS PANITCY) überliefert, die dem Libretto beigebunden wurden. Aller fürstlichen Großzügigkeit zum Trotz hat SANTI zunächst einmal AMORTS Fels- und Waldkulissen aus dem Fundus geholt, um Kosten einzusparen. Gleichwohl erkennen wir bezeichnende Unterschiede: die barocke Vorliebe für Raumdynamik äußert sich in verstärkter Betonung der Tiefenachse, deren Fluchtpunkt bei einer Straßenszene fast im Unendlichen zu liegen scheint. Die – illusionistische – Raumtiefe erzielt SANTI auf derselben vergleichsweise kurzen Bühne, indem er die Kulissenwirkung auf dem Prospekt malerisch verdoppelt. Die Darstellung kurvierter Bauten auf dem Prospekt erforderte überdies eine genauere Kenntnis der mathematischen Gesetze perspektivischer Malerei, wie sie im Italien der Renaissance aus der antiken Literatur abgeleitet worden waren. Auch die Vorliebe für architektonische Motive, wie Straßenzüge und Plätze, ist typisch für die sich immer stärker auch in München durchsetzende Bühnenbildkunst der Italiener. Einzelne Motive überraschen uns: so der rechts hinter dem Portal stehende Obelisk, der im klassizistischen Bühnenbild um die Wende vom 18. zum 19. Jahrhundert beinahe obligat werden sollte. Die von der Zentralperspektive seitlich nach hinten abweichenden Fluchten dürften dem Vorbild des ›Teatro Olimpico‹ in Vicenza nachempfunden sein, wo VINCENZO SCAMOZZI ähnliche Straßenzüge plastisch auf die Hinterbühne gestellt hatte (1585). Auch die Hafenszenerie mit den Wachttürmen auf der linken und den Schiffen auf der rechten Seite lockert das starre symmetrische Bühnenschema wenigstens in den Motiven auf. Eine an das vordere Schiff angelehnte Treppe war offensichtlich praktikabel, so daß sie eine neue Auftrittsmöglichkeit bot.

SANTI hat wahrscheinlich auch noch die »Introduzione per il balletto« *I quattro elementi* ausgestattet, aufgeführt am 16. Januar 1657 im Herkulessaal anläßlich des Geburtstages der Kurfürstin MARIA ANNA. Abbildungen haben sich jedoch nicht erhalten. Weitere Arbeiten lassen sich nicht feststellen; auf jeden Fall endete SANTIS Tätigkeit für den Hof im Jahr 1659. Schöpferische Phantasie verrät seine bühnenbildnerische Arbeit nicht gerade. Bei aller Abhängigkeit von AMORT, SCAMOZZI und TORELLI erweiterte SANTI jedoch die Möglichkeiten der italienischen Bühnendekoration am Münchner Hoftheater, indem er neue Motive einführte und konsequent auf noch intensivere Raumdynamik hinarbeitete. Die Auftrittsmöglichkeiten vervielfältigen sich dadurch, die Gruppierung der Darsteller auf der Bühne kann sich spannungsreicher entfalten.

In diesem Zusammenhang erscheint eine grundsätzliche Anmerkung zum Problem der Inszenierung, der ›Regie‹ jener Zeit notwendig. Es gab damals den uns vertrauten Typus des Regisseurs noch nicht, der die gesamte Aufführung konzipiert, indem er die Handlung deutet und alle Ausführenden zu der seiner Interpretation dienlichen Darstellungsweise und Ausstattung inspiriert. Bis fast zum Beginn unseres Jahrhunderts beschränkte sich der Inszenator – meistens der Textdichter – auf wenige Anordnungen von Gängen und Stellungen, wobei der Wirkungswille der

Francesco Santi

127 – 129   »Oronte«, Ausstattung von Francesco Santi,
München 1657

130 – 132   »L' Erinto«, Ausstattung Vincenzo Castiglione,
München 1661

133–134 »L' Erinto«, Ausstattung von Vincenzo Castiglione, München 1661

Dekorateure und die Vorherrschaft insbesondere der Sänger-›Stars‹ dramaturgische Gesichtspunkte stets erfolgreich verdrängten, keineswegs zum Vorteil der künstlerischen Weiterentwicklung des Musikdramas.

Wenn wir auf die bisher beschriebene Entwicklung der Münchner Hofoper zurückblicken, überrascht uns der beträchtliche Anteil einheimischer Künstler daran. Unübersehbar wird freilich auch der zunehmende Einfluß italienischer Kräfte, die an den übrigen europäischen Theaterzentren längst die Schlüsselpositionen besetzt hielten. So erscheint es uns nur folgerichtig, daß FERDINAND MARIA den von Hof zu Hof reisenden VINCENZO CASTIGLIONE, einen Festspezialisten und »Thurniermaister« und seine »Compagnia« für insgesamt zweitausendzweihundertfünf Gulden Gage beauftragt hat, die Oper *L'Erinto* zur Geburtsfeier der Prinzessin MARIA ANNA CHRISTINA im Jahr 1661 auszustatten. CASTIGLIONE, über dessen Person und Werk sonst wenig bekannt ist, scheint zu jenen italienischen Künstlern zu zählen, die alle zeitgenössischen Fest- und Operntechniken souverän beherrschten, ohne eigentlich schöpferisch begabt zu sein. Ihre Stärke bestand darin, aus den vorgefundenen Verhältnissen das Beste herauszuholen, sozusagen mit dem von anderen Dekorateuren geschaffenen Fundus schnell und sicher neue Wirkungen zu gestalten. Hierbei kamen einem Mann wie CASTIGLIONE die vielerorts gesammelten Erfahrungen zugute. Und gerade diese überlegene professionelle Beherrschung der szenischen Ausdrucksmittel hatte an der Münchner Oper – allen achtbaren Ansätzen zum Trotz – bisher gefehlt. Erst CASTIGLIONE knüpfte den Anschluß an die internationale Opernkultur und inspirierte dadurch das Kurfürstenpaar, nach seinem Gastspiel endlich einen bedeutenden Bühnenbildner auf Jahre zu verpflichten, nämlich FRANCESCO SANTURINI. Wie aber sah nun CASTIGLIONES Ausstattung der im Salvatortheater aufgeführten Oper *L'Erinto* (Musik von J. K. KERLL, Text vom CONTE BISSARI) aus? Dreizehn Kupferstiche, vermutlich von MELCHIOR KÜSELL und ANTONIUS PANITCY, haben die wichtigsten Szenen für uns festgehalten. Auf den ersten Blick wenig Überraschendes: die uns bereits bekannten Fels-, Wald- und Straßenkulissen von AMORT beziehungsweise SANTI. Gleichwohl wirkt fast jeder Spielraum lebendiger, weniger starr und schematisch. Am auffälligsten ist die hintere Begrenzung der meisten Szenen durch einen Prospekt, der die Tiefenachse nur in Ausnahmefällen dynamisch betont, meist aber die Bühnentiefe abriegelt. CASTIGLIONE gewinnt dadurch aber – nur scheinbar paradoxerweise – die Ausnutzung der tatsächlichen Bühnentiefe für die Auftritte der Sänger und Tänzer. Wir sehen sie häufiger im Mittelbeziehungsweise Hintergrund der Bühne agieren. Die Erklärung des Paradoxons ist einfach: um die im Barock so überaus beliebte, schier unendlich wirkende Raumtiefe zu erzielen, muß der Dekorateur bereits die Fluchtlinien der letzten Kulissen so stark perspektivisch verkürzen, daß sie sich im gemalten, also flächigen Prospekt ohne Brechung auf den Fluchtpunkt zu bewegen können. Riegelt er die Bühne jedoch schon beispielsweise bei der sechsten Kulisse optisch ab, dann kann er die perspektivische Verkürzung soweit mildern, daß auch in der Höhe des Prospekts auftretende Darsteller nicht wie Riesen wirken und dadurch die Raumillusion zerstören. Auch die Motive auf den Prospekten sind neu für München: ein von Türmen flankierter Felsbogen, eine Kerkermauer oder eine Brücke venezianischer Art akzentuieren den Spielort. Der letzte Kupferstich zeigt sogar statt der bekannten Wolkensoffitten Deckensoffitten, also einen allseits begrenzten Saal. Besonders ergiebige Effekte konnte man auch mit jener Dekoration erzielen, in deren Prospekt ein Portal mit praktikablem Vorhang eingefügt war, der – geschlossen oder geöffnet – den Wechsel von kurzer oder von tiefer Szene ermöglichte. CASTIGLIONE spielt virtuos alle Effekte der barocken Verwandlungstechnik aus, ohne jedoch die zeitübliche Vorherrschaft des Dekorativen zu übertreiben; denn die Darsteller müssen sich kaum dem Bühnenbild unterordnen, um seine Wirkung zu wahren. Gerade CASTIGLIONES erkennbare Vorliebe für begrenzte Spielräume war für den Barock eigentlich untypisch, zumindest in Österreich und Süddeutschland. Lediglich in Frankreich und Venedig zeigte der Bühnenbildstil das auch von CASTIGLIONE gewahrte Maß, so daß

Vincenzo Castiglione

220

wir geneigt sind, ihn für einen venezianischen Künstler zu halten. In Venedig war der palladianische Renaissancestil auch in den folgenden Jahrhunderten das kaum in Frage gestellte Vorbild geblieben. Und wir werden am Hof MAX III. JOSEPH in GIOVANNI PAOLO GASPARI den venezianischen Bühnendekorateur finden, der die barocke Theatertradition zum Klassizismus hin entwickelt hat.

Ein Venezianer war es auch, der die Festlichkeiten zu Geburt und Taufe des Thronfolgers MAX EMANUEL ausstatten sollte: der schon genannte FRANCESCO SANTURINI. 1627 geboren, kam er als Sohn des venezianischen Theaterarchitekten STEFANO SANTURINI schon früh mit der Welt des Theaters in Berührung. In seiner Heimatstadt dürfte er auch ausgebildet worden sein, zunächst traditionsgemäß wohl vom Vater, denn Theaterarchitektur und Bühnendekoration waren zur Barockzeit keine verschiedenartigen Fachbereiche; die italienischen Künstler beherrschten in der Regel beides. Ab Mai 1662 steht der fünfunddreißigjährige SANTURINI im Dienst FERDINAND MARIAS. Die Hofzahlamtsrechnungen belegen Dienstbeginn und Ende: (1662) »Francesco Santurini Ingeniern dessen bsoldung Monats Mai, Juni, Juliy, Augusti, Septembris . . . monatlich verwilligt 50 Thaler . . . «; hinzu kamen noch verschiedene Zuwendungen, so daß SANTURINIS Gage knapp unter tausend Gulden jährlich lag. Sie steigerte sich in den folgenden Jahren auf insgesamt etwa fünfzehnhundert Gulden, gemessen an der damaligen Kaufkraft eine enorme Summe. Der letzte Zahlungsbeleg lautet: (1669) »Francesco Santurini gewester Schifmaister zu Starnberg für Außlesungs spesa laut Rechnung fl. 127.–.« Was es mit dem verblüffenden Titel »Schifmaister« für eine Bewandtnis hat, werden wir noch sehen. Festzuhalten bleibt, daß SANTURINI von 1662 bis 1669 der führende Ausstatter der Hofoper war, keineswegs länger, wie es die ältere Literatur oft behauptet (auch war er nicht mit FRANCESCO SANTI identisch!). In den knapp sieben Jahren hat er mindestens fünf große Aufführungen ausgestattet, alle in Kupferstichen überliefert. Die Zahl erscheint uns heute gering, doch spielte man im Barock ja nicht allabendlich Theater, sondern nur zur Faschingszeit oder zu bedeutenden Anlässen im Leben des Herrscherpaares. SANTURINI ist spätestens 1669 nach Venedig zurückgekehrt, wo er bis zu seinem Tod im Jahr 1682 zwei Theater zu ›Dumping‹-Eintrittspreisen betrieb, für die er auch gelegentlich die Ausstattung entworfen hat. Am 11. Juli 1662 wurde also Kurprinz MAX EMANUEL geboren, nach zehnjähriger Ehe des Kurfürstenpaares schon ein Anlaß zu überschwenglichen Feiern. Das Titelblatt der in sechsunddreißig Stichen überlieferten Festlichkeiten lautet: »Churfürstlich Bayrisches Frewden-Fest / das ist: Aigentliche Fürbildung in schönen Kupfferstücken der Comedi / genannt die ungecrönte Fedra / in underschidliche Veränderungen der Scennen oder Schawbinnen abgetheilt / dann deß darauff gefolgten Auffzuges zu einem Kopffrennen / welches in zehn Zug / und sechs Scenen bestehet / und letztlich acht Scenen des Feuerwercks von der Rachsuchenden Medea.

Welches alles in dem hierzu erbauten Churfürstlichen Comedi- unnd Thurnierhauß den 24. und 26. Herbstmonat / dann das Feuerwerk den ersten Weinmonat under freyem Himmel Zu allgemeiner Frewd deß Vatterlands gehalten und fürgestellt worden . . . «

Werke und Aufführungsorte sowie -daten werden genannt; die Kupferstecher sind MELCHIOR und MATTHÄUS KÜSELL; der uns schon bekannte KASPAR AMORT hat die Vorlagen gezeichnet, er war der eigentliche Chronist der Ereignisse. Mit dieser Festfolge aus Oper, Turnier- und Feuerwerksdrama hatte der bayerische Hof innerhalb eines guten Jahrzehnts nicht nur den Anschluß an die Festkultur der führenden europäischen Höfe gefunden, sondern sie sogar kurzzeitig überstrahlt. Denn das »Freudenfest« ist – noch vor den bis heute berühmten »Plaisirs de l'Isle Enchantée« LUDWIG XIV. in Versailles (Mai 1664) – die erste alle Gattungen, Schauplätze und Elemente miteinander verschmelzende Aufführung dieser Art im Europa des Absolutismus. Neben der Musik KERLLS und den Libretti des Grafen BISSARI gebührt vor allem SANTURINI das Verdienst des glanzvollen Gelingens. Die thematisch locker miteinander verknüpfte, selbstverständlich um den Ruhm des Hauses Wittelsbach

Francesco Santurini

Feiern zur Geburt
Max Emanuels

221

135 – 136   »Fedra incoronata«, Ausstattung von Francesco Santurini, München 1662

137–138 »Fedra incoronata«, Ausstattung von Francesco Santurini, München 1662

kreisende Handlung begann mit der am 24. September 1662 im Salvatortheater aufgeführten Oper *Fedra incoronata*. Wir streifen sie nur, da uns die beiden anschließenden Inszenierungen neuartiger und damit ergiebiger erscheinen. Als Ausstatter der
Fedra begegnet uns SANTURINI als Meister der zeitgenössischen Bühnenbild- und
Kostümkunst. Er faßt alle bisherigen technischen und stilistischen Errungenschaf-
ten der Barockbühne zusammen und spielt virtuos mit ihren Elementen. Hierin
offenbart sich ein über Jahrhunderte beharrender Grundzug des Theaters: es gibt –
auch in epochemachenden Inszenierungen – ungern frühere Fortschritte auf. Schöpferische Neuerungen bestehen nicht selten aus dem Umformen bereits vorhandener
Möglichkeiten. Die Entwicklung erfolgt bis ins 20. Jahrhundert nicht so sehr sprung-
haft und radikal, sondern eher behutsam. Als Qualitätskriterium der Ausstattung
erwies sich im Lauf der Entwicklung immer stärker die Frage nach der dramaturgischen Stimmigkeit, die Frage also: Wie setzt der Ausstatter Handlung (Fabel) und
Kostüm beziehungsweise Maske angemessen ins sinnlich Erfahrbare um? Inwiefern
schafft er den richtigen Spielraum und das die dargestellten Personen charakter-
lich und gesellschaftlich definierende Kostüm? Fragen, die im Barock, der alles überwältigenden Augenlust wegen, unbeantwortet bleiben mußten, falls sie überhaupt
gestellt wurden. SANTURINIS *Fedra*-Bühne macht da keine Ausnahme, wenn wir sie
mit heutigen dramaturgischen Maßstäben messen. Interpretiert aus dem barocken
Zeitgeist und im Hinblick auf den Zweck der Oper – die Verherrlichung fürstlicher
Macht – ›stimmen‹ jedoch auch seine Spielräume, da sie dem von Musik und Dichtung ausgedrückten Pathos zu entsprechen suchen. (Eine eigene Untersuchung wert
wäre diese bis heute – mit wenigen Aunahmen – hervorstechende Funktion der Oper
als repräsentativer theatralischer Ausdruck der jeweils herrschenden Macht. Um
großzügige Subventionen haben sich die Opernintendanten unter keiner Herr-
schaftsform sonderlich bemühen müssen – häufig im Gegensatz zu den Schauspiel-
intendanten. Nur scheinbar eine unpolitische Kunstform, dient die Oper stets auch
politischen Zwecken.) Während aber das Libretto die antike Mythologie mit ihren
Göttern und Heroen der wittelsbachischen Gegenwart von 1662 mehr oder minder
gewaltsam anzunähern versucht, verliert SANTURINI die nötige Bühnenpräsenz der
Sänger und Tänzer nie völlig aus den Augen. Die meisten Kupferstiche zeigen durch
den Prospekt begrenzte Spielräume nach venezianischer Tradition. Nur einmal de-
monstriert SANTURINI seine Fähigkeit, einen schier unendlich tiefen Saal mit Dek-
kensoffitten zu imaginieren. Im übrigen erweitert er die bisher in München bekannten szenischen Motive aufs üppigste, beweist, daß Wolken auch den Bühnenboden
und die Seiten füllen können, wenn es ein »Amfiteatro Celeste« zu bauen gilt. Geschlossene Räume, seien es nun Säle oder Höllenschlünde, bereiten ihm ebensowenig Schwierigkeiten wie exotische Palmenwälder oder gar unter Wasser spielende
Szenen. Wenn auch die folgenden Jahrhunderte von stilistischen Wandlungen gekennzeichnet werden, an szenischer Meisterschaft hat kaum einer in München SAN-
TURINI übertroffen.

Dies wird besonders deutlich, wenn wir das Turnier- und das Feuerwerksdrama in
seiner Ausstattung betrachten. *Antiopa giustificata* hieß das »dramma guerriero«,
mit dessen Aufführung am 26. September 1662 das »Frewden-Fest« fortgesetzt
wurde, und zwar im Turnierhaus am Hofgarten. Über diesen Aufführungsort hat es
manche Spekulationen gegeben, obwohl sich eindeutige Beweise für dessen Existenz,
Lage, Aussehen und Nutzung finden. Hofzahlamtsrechnungen belegen MARX
SCHINNAGL erneut als Architekten (durch einen Kostenvoranschlag, der allerdings
nicht einmal die Hälfte der tatsächlichen Baukosten von 35.025 Gulden ausmachte)
sowie KASPAR AMORT als Decken- und Wappenmaler. JOHANN SCHINNAGL, MARX'
Sohn, hat die architektonischen Grundansichten in Kupfer gestochen, MATHIAS
DISEL den Innenraum. Und von MICHAEL WENING stammt die folgende Beschrei-
bung des im März 1661 vollendeten Baus: »Das Turnier-Hauß ist ein drey gädiges
über 80 Schuech hohes gebeu / haltet in der Länge 360 in der Breite aber 80 Schuech.
Die Oberdecke ist 52 Schuech hoch, und ist diser Platz unten und oben mit zwey

*Das Turnierhaus
am Hofgarten*

224

139 Das Turnierhaus am Hofgarten in München
von Marx Schinnagl
mit Deckenbildern und Wappen von Kaspar Amort,
Kupferstich nach Mathias Disel

140 – 141 »Antiopa giustificata«, Bühne und Ausstattung von
Francesco Santurini, München 1662

142 – 143   »Antiopa giustificata«, Bühne und Ausstattung von
Francesco Santurini, München 1662

grossen Porten / worob Zwey Löwen mit den Chur-Bayrischen Wappen-Schild auß Metall gezieret / wie auch beyderseits mit zwey kleinen Thüren / und 84 Fenstern; item mit drey Gängen obeinander versehen. Für Ihre Churf. Durchl. aber hat es ob jeder Porten / und in der Mitte des Turnier-Hauß absonderlich Gäng. Auff den übrigen sehr weiten Gängen / und undenher ist so vil Platz / daß ohne Minderung der Turnier unnd Ritterspilen von 9 biß 10000 Persohnen allda gar bequemlich zusehen können.«

»Eben diß Orths werden auch von Landts-Fürstl. Herschafft mit Zuziehung deß Adels die Turnier unnd Ritter-spil gehalten. Der Auff- und Einzug wird bey herrlicher Music / Trompeten unnd Paucken-Schall / auch erhöchten Triumph-Wägen mit sonderem Pracht der darauff folgenden / unnd zu Pferdt mit Lantzen bewaffneten Ritterschaft / durch beede Porten gegen einander genommen / denen nach Musicalischem Streitt in der Mitte / linker Seiths durch ein grosses Thor noch ein anderer in Hof-Musicanten bestehender Auffzug entgegenkommet / unnd mithin den Zweck des Thurniers oder Ritterspils außstecket: wie danen hierauff beederseits zu den Waffen gegriffen / jedes mahl von vier und vier deß Adels mit Lantzen/Degen/Pistolen und Pfeil im schnellisten Pfert-Lauff / mit Bewunderung deß zusehenden Volcks / umb die von Gnädigisten Churf. Herrschaft Preyß gegebne verschidene Gewinnet tapffer und Ritterlich gekämpffet wird, Sonsten aber / und ausser des Turnier und Ritterspil dienet diser Platz zur Reittschuel / oder Bereittung Churfl. Pferdten.«

Wahrscheinlich hat WENING das Fassungsvermögen des Turnierhauses überschätzt. Gleichwohl hatte man den dreirangigen Riesenbau so berechnet, daß auch die Bevölkerung Münchens an den Spielen teilnehmen konnte, was in der Oper die Ausnahme blieb. DISELS Kupferstich des Innenraumes zeigt jene charakteristische Ausprägung der Dachzone, die genau dem ungewöhnlichen Portal auf den *Antiopa*-Stichen der KÜSELL entspricht, worauf bereits Gertraud Löwenfelder hingewiesen hat. Zweifelsfrei diente also der an der Westseite des Hofgartens gelegene Bau SCHINNAGLS nicht nur der üblichen Schulung der kurfürstlichen Pferde, sondern auch den aufwendigen Turnierspielen. SANTURINI, KERLL und BISSARI griffen mit der *Antiopa giustificata* auf die bereits im Florenz der Renaissance zur höchsten Blüte getriebenen »Trionfi« zurück, glichen sie jedoch durch noch stärkere Verschmelzung von Musik, Dichtung und Ausstattung der Oper an.

Das Wesen jedes Turniers ist ja die Konfrontation von mindestens zwei Teilnehmern. SANTURINI hat diese Grundkonstellation geistreich abgewandelt, indem er an den Stirnseiten des Turnierhauses einander gegenüberstehende Bühnen errichtete, deren jeweilige Attribute, die Wappen der Häuser Wittelsbach und Savoyen sowie jeweils zugeordnete männliche beziehungsweise weibliche Plastiken, sich auf den Kurfürsten und seine Gemahlin bezogen. Die Bühne war ebenerdig, um den Durchzug der Triumphwagen mit ihrer phantastischen Begleitung zu ermöglichen. Die nur fünf Kulissengassen tiefe Bühne wurde nicht – wie im Theater üblich – durch einen gemalten Prospekt abgeschlossen, sondern mit praktikablen, plastischen Dekorationselementen, durch die hindurch oder aus denen heraus die Auftritte erfolgen konnten. Wir sehen dort eine turmartige Festung, einen Höllenschlund, eine Wolkenwand, begrünte Hügel, ein Wäldchen, in den Wolken segelnd eine Dreimastbark, ferner ein Prunkzelt. SANTURINI nutzte und betonte die reale Raumdynamik des über hundertzwanzig Meter langen Turnierhauses, indem er die Maskenzüge aus der Tiefe der einen Bühne zur anderen hinüberziehen ließ. Jeder Zug gruppierte sich um eine Hauptfigur der Handlung, etwa die »Comparsa di Soloonte«, dessen Rolle FERDINAND MARIA selber übernommen hatte. Seinem Beispiel folgten weitere Vertreter des bayerischen Hochadels. Während das Bühnenbild – abgesehen von der technisch ungewöhnlichen Hintergrundgestaltung – wenig Überraschendes bietet, überwältigt uns SANTURINIS Phantasie bei der Gestaltung der Masken und Kostüme. Bereits in der *Fedra* hatte er das übliche barocke Opernpersonal erweitert, indem er Riesen, Fabeltiere, Begleiter des Bacchus, Nixen, Teufel und Kentauren auf die Bühne

228

stellte. Wie eine enzyklopädische Wiedergabe aller zur Barockzeit vorstellbaren Geschöpfe mutet das Personal der *Antiopa* an. Santurini mischt in den Aufzügen die mythologischen Gestalten mit den durch die damaligen Entdeckungsreisen bekannt gewordenen Menschen- und Tierrassen. Auch die Ausgeburten der mittelalterlichen Phantasie fehlen nicht. Feuerspeiende Schlangen und Drachen, manche fliegend, menschengesichtige Tiere, Satyrn und Kentauren, vielarmige Riesen, Löwen, geflügelte Teufel, Eulenwesen, Bären als Reittiere, Leoparden, die einen Prunkwagen ziehen, behaarte Tiermenschen, Zyklopen, Seepferde, vielgestaltige Hähne (an das Frontispiz von Grimmelshausens *Simplicissimus* erinnernd), der Hydra gleichende vielköpfige Drachen mit Flügeln, tiergesichtige Menschenleiber, Widder, Schlangen, Adler, Hirsche und Kamele – sie alle, die Ausgeburten der Phantasie wie die Abbildung realer Geschöpfe, ziehen am Auge des Betrachters vorbei. Aus ihnen bildet sich die »Comparsa« eines jeden Zuges, dessen Mittelpunkt ein Prunkwagen mit Anklängen an die Bühnendekoration oder eine Gruppe prächtig herausgeputzter Reiter ist. Die vieltausendstimmigen Rufe des Staunens und Entzückens der zeitgenössischen Zuschauer glaubt man angesichts der Kupferstiche noch zu vernehmen.

Ohne daß Santurinis schöpferische Phantasie bei der Masken- und Kostümgestaltung nachließe, dominiert doch bei dem das »Frewden-Fest« abschließenden Feuerwerksdrama *Medea vendicativa* die szenische Gestaltungskraft des Venezianers. Was in Italien längst Brauch war – die Einbeziehung des Wassers in eine höfische Festinszenierung –, führte nun Santurini in München ein. Das Feuerwerksdrama wurde nämlich auf Flößen inszeniert, die man »underhalb der Stattmühl« auf der Isar verankert hatte. Für die Aufführung am 1. Oktober 1662 wurden Zuschauertribünen am Ufer errichtet, ferner zwei als Proszeniumsrahmen dienende Mauerteile. Die Bühnendekorationen zeigen die auch im Opernhaus üblichen Motive. Der eigentliche und wesentliche Effekt ergab sich aus den »Seeschlachten« und Feuerwerken, deren Schöpfer Baron de Royer, »Gran Maestro dell' Artigliaria«, war, also ein Artillerie-Offizier. (Wir werden noch einige Feuerwerke kennenlernen, die von Artilleristen geschaffen worden sind.) In der Literatur wird immer wieder auf die Brandsicherung solcher Veranstaltungen durch das Wasser hingewiesen. Mindestens ebenso wichtig war aber den Veranstaltern die Verdoppelung der Feuereffekte durch die Spiegelung im Wasser, gern genutzt auch bei der Illumination von Wasserläufen in den Schloßparks. Das Schlußbild der *Medea* gipfelte in einer Apotheose der Geburt Max Emanuels. Wir erkennen im Vordergrund der Floßbühne seine Initialen, im Hintergrund die Devise »Laetamur in uno«.

Francesco Santurini hat mit der Ausgestaltung des »Frewden-Festes« Maßstäbe für die höfische Festkultur Europas gesetzt. Um einen Eindruck von der Farbigkeit solcher Theaterereignisse zu vermitteln, möchten wir den altkolorierten Kupferstich abbilden, der eine Dekoration Santurinis zur Oper *L'Amor della patria* von Sbarra und Kerll zeigt, aufgeführt am 6. April 1665 im Salvatortheater, anläßlich der Geburt des Prinzen Ludwig Amadeus (mit dem Ballett *I Trionfi di Baviera* im Herkulessaal). Im übrigen bekunden die Stiche des »Frewden-Festes«, daß die Inszenierung den gesamten Spielraum einzubeziehen versucht, wenn auch eine gewisse Symmetrie der Gruppierung vorherrscht. Auftritte auf der Tiefenachse werden gern mit solchen parallel zur Rampe in ein Spannungsverhältnis gesetzt.

Santurini scheint einen derart starken Einfluß auf das Theaterleben des Münchner Hofes ausgeübt zu haben, daß nach seiner Rückkehr in die Heimatstadt Venedig ein gewisses Vakuum zurückblieb. Gewiß, man führte noch Opern auf, doch von einem neuen meisterhaften Ausstatter hören wir vorerst nichts. Vermutlich hat man sich des reichen, von Santurini geschaffenen Fundus' bedient, so daß sein Stil noch einige Jahre weiterwirkte. Fast hundert Jahre aber, nämlich bis in die Zeit Max III. Joseph, zeugte ein Werk von der Kunst des Venezianers, das ihm den schon erwähnten skurrilen Titel eines »gewesten Schifmaisters zu Starnberg« eingebracht hatte: das Prunkschiff *Bucintoro*. Santurini hatte es, in Ferdinand Marias Auftrag, dem

Der Bucentaur

144 – 146 »Medea vendicativa«, Szenen der
Aufführung auf Floßbühnen von
Francesco Santurini, München 1662

147 – 148 »Medea vendicativa«,
Ausstattung von Francesco Santurini,
München 1662

Caspar An.Ort del.   Matthæus Küssel sculp.

Staatsschiff der venezianischen Dogen nachgebaut, auf dem sie alljährlich die symbolische Vemählung der Lagunenstadt mit dem Meer zu feiern pflegten. Die Wittelsbacher liebten es, mit dem von fast hundert Ruderern angetriebenen Schiff über den Starnberger See zu gleiten, etwa von Schloß Berg nach Starnberg, andächtig bestaunt von den Bauern und Fischern der Umgebung.

Letzten Endes markiert SANTURINIS Ausscheiden aus dem Hofdienst eine gewisse Stagnation der szenischen Opernpracht, allerdings nicht der musikalischen Qualität. Auffällig ist jedoch das zu dieser Zeit wachsende Interesse des Kurfürstenpaares am Schauspiel, wobei HENRIETTE ADELAIDE die eigentlich treibende Kraft war. Merkwürdigerweise spielt das italienische Sprechtheater keine Rolle am Hof; immerhin stammte die Kurfürstin aus Turin. Umso mehr aber das französische und, vom Kurfürsten gefördert, das deutsche. Wir haben außerdem Nachricht von gelegentlich bei Hof auftretenden Marionettenspielern (so in einer Hofzahlamtsrechnung von 1671: »Dem Floris Hiluersdingen umb willen Er zu Hof fünfmahl den Politschinellen Spill exhibiert. Zum recompens laut Scheins . . . fl. 180.« Es handelte sich hierbei wohl um die Figur des Pulcinella, eine neapolitanische Randfigur der Commedia dell'arte.)

Deutsche Theatertruppen am Hof Theatergeschichtlich bedeutsamer war die Anstellung einer deutschen Schauspielertruppe unter dem Prinzipal MICHAEL DANIEL TREU, der ersten am bayrischen Hof überhaupt und zugleich eines der frühesten Beispiele für die Bindung einer deutschen Wandertruppe an einen Hof von europäischer Geltung. Die Zeit FERDINAND MARIAS war die Epoche, in der sich aus zaghaften, zum Teil dilettantischen Anfängen die ersten deutschen Truppen bildeten, in beträchtlichem zeitlichen und qualitativen Rückstand zu den englischen, italienischen, französischen und spanischen Kompanien. Dieser Rückstand hat mehrere Ursachen: eine der wichtigsten ist das Fehlen einer deutschen und vor allem deutschsprachigen Nationalkultur nach dem Ausgang des Mittelalters. Die führenden Herrscherhäuser orientierten sich an ausländischen Vorbildern; die alles befruchtende Renaissance kam aus Italien. Dem weltlichen Theater fehlten bei uns die Dramatiker von Rang. Mit den vergleichsweise biederen Schul- und Fastnachtsspielen ließ sich auch keine hochstehende Schauspielkunst entwickeln. Man kann die wahrlich katastrophale Rückständigkeit des deutschen Theaters gut am Beispiel SHAKESPEARES verdeutlichen. Als TREU 1669 von FERDINAND MARIA eingestellt wurde, lag SHAKESPEARES Wirken als Autor, Schauspieler und Theaterunternehmer in London bereits sechs Jahrzehnte zurück. Seitdem verbreiteten englische Wandertruppen die Werke des bis heute nicht übertroffenen Dramatikers in Europa. In Frankreich schrieben CORNEILLE und RACINE ihre Tragödien, wirkte ein MOLIÈRE als Autor und Schauspieler am Hof LUDWIG XIV., des ›Sonnenkönigs‹. Und nur Stücke solcher Dramatiker zwingen die Schauspieler zur Verfeinerung ihrer Darstellungskunst. Erst im Lauf des 18. Jahrhunderts gelang in Deutschland der Anschluß an das literarisch anspruchsvolle, schauspielerisch ausdrucksreiche Sprechtheater, und zwar mit dem Wirken LESSINGS als Autor und Dramaturg.

Am Münchner Hof war man ja eigentlich durch die italienische Oper und ihre Ausführenden recht verwöhnt. Warum also die Verpflichtung einer zwangsläufig zweitklassigen deutschen Truppe? Es scheint Ende der 60er Jahre eine gewisse Aversion gegen das Übermaß ausländischer Einflüsse auf allen Gebieten gegeben zu haben. Auch war wohl Kurfürst FERDINAND MARIA – im Gegensatz zu seiner Gemahlin – kulturell verhältnismäßig anspruchslos, so daß er dem grobschlächtigen und deftigen Spiel der TREU'schen Truppe eher zuneigte. Und vor allem: eine Schauspieltruppe war entschieden billiger als die italienische Hofoper mit ihrem enormen Anspruch an Theaterbau, Bühnentechnik, Ausstattung und Sängerstars. Außerdem hing eine solche Truppe nicht derart vom Spielort ab; sie konnte auch auf den schnell improvisierten Bretterbühnen in Sälen der Landsitze auftreten, die der Hof in raschem Wechsel aufsuchte, ohne dort auf das Theater verzichten zu wollen.

Michael Daniel Treu MICHAEL DANIEL TREU hielt sich seit 1669 in München auf und wurde spätestens ab 1670 vom Hof besoldet. Mehrere Hofzahlamtsrechnungen geben Aufschluß über

149 »L' Amor della patria«, Ausstattung von Francesco Santurini, München 1665

150 Das Prunkschiff »Bucintoro« von Francesco Santurini, Modell

die Gagen und Hofämter der Schauspieler; außerdem belegen sie Aufführungen in den Schlössern Dachau und Schleißheim. Namentlich bekannt sind uns nur wenige Mitglieder der TREU'schen Truppe. Außer dem Prinzipal selber DANIEL CONRADI, PETER VON STRAHLEN und, natürlich, MARIA KLARA TREU, »gewesten herzog albrechtischen schnaiders alhie nachgelassne tochter« (eine waschechte Münchnerin also und hier die erste namentlich überlieferte deutsche Schauspielerin), die TREU bald nach seinem Eintreffen in München geheiratet hatte. Er war damals etwa fünfunddreißig Jahre alt, da er 1634 geboren sein soll. (Gestorben ist er übrigens im März 1708 in München; man bestattete ihn am 22.)

Wie aber war nun das Dienstverhältnis zum Hof geregelt? In diesem Zusammenhang offenbart sich, trotz aller fürstlichen Verschwendungssucht, sowohl ein nüchterner Sinn für die praktischen Bedürfnisse des Hofes als auch eine patriarchalische Fürsorge des Herrschers für seine Bediensteten (ein Zug, der bei der gewiß nicht unbegründeten Kritik am absolutistischen System nicht übersehen werden sollte): FERDINAND MARIA besetzte nämlich die ohnehin notwendigen Positionen, etwa des Türhüters, Fouriers oder Kanzleisekretärs mit den Komödianten (nachdem die Protestanten unter ihnen zum Katholizismus übergetreten waren). Auf diese Weise sicherte der Kurfürst deren Lebensunterhalt und sich zugleich deren Arbeitskraft in den langen spielfreien Zeiten. War gerade keine Stelle frei, dann erhielten die Schauspieler ein sogenanntes Wartegeld, außerdem Gage für jeden Auftritt, so daß sie nicht die bei den Wandertruppen übliche Not leiden mußten. TREU selber bezog etwa dreihundert Gulden jährlich; davon konnte man behaglich leben. Italienische Opernkünstler der ersten Garnitur verdienten allerdings das Drei- bis Fünffache. CONRADI erhielt seit dem 6. Juni 1669 ein Gehalt von etwa hundertsiebenunddreißig Gulden als »Hof Raths Canzlist« (bis 1695, seinem Todesjahr, hatte er sich zum »Churfrl. Khriegs Rath Secretarius« hochgedient). PETER VON STRAHLEN bezog jahrelang Wartegeld, bis er endlich ab 1675 als Türhüter der Ritterstube neunzig Gulden jährlich verdiente. Für Aufführungen am Hof gab es – auch bei festem Dienstverhältnis – noch zusätzlich die eigentliche Gage. Mit kurfürstlicher Erlaubnis durfte man sogar gegen Eintrittsgelder im Rathaussaal vor den Münchner Bürgern spielen, so in den Jahren 1670 und 1673 über siebzig Mal, in späteren Jahren (1677 und 1696) nur noch gelegentlich, freilich ohne anhaltenden Erfolg, »weilen es . . . damit schlecht hergangen und wenig Leith dazue khommen . . .«, vermerkt eine Stadtkammerrechnung von 1674. Auch am Hof fand TREU Anklang nur bei wenigen: beim Kurfürsten und einigen arg bodenständigen Hofbeamten aus dem Landadel, während HENRIETTE ADELAIDE die Nase rümpfte und sicher das Urteil des französischen Literaten CHAPUZEAU teilte, der 1671 zwar die Stadt und die fürstliche Residenz bewunderte, über das deutsche Theater aber abfällig bemerkte, seine Autoren seien ohne Kenntnis dramaturgischer Gesetze, ohne die Anmut und Feinheit der französischen Dramatiker. Auch sei die deutsche Sprache ungeeignet (hier irrt CHAPUZEAU, zumindest aus unserer heutigen Perspektive), und die Schauspieler seien wenig kunstfertig, kaum gebildet, ohne Weltläufigkeit, oft gar Dilettanten. Hart, aber im großen Ganzen zutreffend beurteilt dieser kultivierte Franzose das damalige deutsche Sprechtheater. Die Ursachen der Misere haben wir weiter oben zu beschreiben versucht.

Repertoire der Treu'schen Truppe

Wie TREU und seine Truppe gespielt haben, ist nicht überliefert. Was sie spielten, zählt TREU selber auf, als er sich 1666, nach längerem Aufenthalt in Dänemark beim Stadtrat Lüneburgs um eine Spielerlaubnis bemüht. Er führt fünfundzwanzig Stücke an, darunter zahlreiche Dramatisierungen biblischer Stoffe, ferner der antiken Mythologie und Geschichte, aber auch aus der jüngsten politischen Vergangenheit. Auffallend ist eine deutsche Bearbeitung von SHAKESPEARES *King Lear* (spießig verengt auf »eine materien worin die ungehorsamkeit der Kinder kegen Ihre Elder wirt gestraffet, die gehorsamkeit aber belohnet«). Und – vielleicht auch in München zum ersten Mal – ein Spiel »Von Doctor Johanni Fausto«. Aber nicht nur die große Tragödie hat TREU im Repertoire, »auch underschiedliche schone Pastorellen, welche mit lieblicher music auff dem deatro wird außgezieret wie auch mit allerhandt schonen scheffer Balletten geschlossen werden«. Man darf annehmen, daß TREU sein Repertoire in den drei Jahren bis zur Übersiedlung nach München kaum spektakulär verändert hat, so daß sich Rückschlüsse auf den Münchner Spielplan ergeben. Aufführungsort der deutschen Schauspiele war hauptsächlich der ›St.-Georgs-Saal‹ der Residenz, wo überhaupt, auch später noch, die Komödianten aufzutreten pflegten. Allem Anschein nach verfügte er über eine kleine, nicht fest installierte Bühne mit vereinfachter Kulissentechnik, die auch in die hierzu geeigneten Säle der verschiedenen Lustschlösser eingebaut werden konnte.

Trotz zahlreicher Aufführungen vor dem Hof konnte sich TREU nicht unangefochten durchsetzen. Erst nach dem Tode der Kurfürstin (am 18. März 1676) und in den ersten Regierungsjahren MAX EMANUELS spielten die deutschen Hofschauspieler erneut eine gewisse Rolle.

Französische Truppen am Münchner Hof – Philippe Millot

PHILIPPE MILLOT und seine aus acht Mitgliedern bestehende »Troupe Françoise de l'Electeur de Bavière« hatte die deutschen Konkurrenten zwischen 1671 und 1676 ausgestochen. Ein im Deutschen Theatermuseum aufbewahrter Kupferstich von JOHANN JAKOB THOURNEYSER nach einer Zeichnung von CHARLES-CLAUDE DAUPHIN (den Lebensdaten beider Künstler zufolge muß das Porträt um 1670 entstanden sein) zeigt MILLOT in der stolzen Pose des »Chevalier à la mode«, mit Allongeperücke, Federhut und Degen. Selbstbewußt und forschend zugleich sieht er sein Gegenüber an. MILLOTS Blick verrät (so scheint mir wenigstens) die Neugier, das Interesse des großen Schauspielers am Menschen und seinem Verhalten, aber auch die Frage: Wie komme ich an? (Generell beweist die Existenz solcher Darstellungen – selbst wenn man die oft zufällige Überlieferung berücksichtigt – den Rang eines Darstellers oder einer Aufführung. Auch heutzutage wird ja der Star häufiger fotografiert als ein kaum bekanntes Ensemblemitglied.) MILLOTS Selbstbewußtsein wird verständlich, wenn man seine Karriere als Schauspieler rekonstruiert: Bereits 1644 ist er führendes Mitglied des von MOLIÈRE in Paris begründeten »Illustre Théâtre«. Nach langjähriger Mitgliedschaft in angesehenen Truppen begegnet uns der in Dijon geborene MILLOT 1659 bei den »Comédiens de S.A.R. le duc de Savoie«. Dieser Herzog von Savoyen war aber ein Bruder unserer Kurfürstin HENRIETTE ADELAIDE. Zwölf Jahre vergehen aber noch, in denen MILLOT durch Frankreich und Belgien zieht, bis er mit seiner Truppe im Juni 1671 nach München kommt, einem Herzenswunsch der französisch empfindenden Kurfürstin entsprechend. Zu diesem Zeitpunkt dürfte MILLOT, errechnet aus den bekannten Daten seiner Biographie, ein Mann von annähernd fünfzig Jahren gewesen sein, mit mehr als einem Vierteljahrhundert Theatererfahrung, gewonnen in der Zusammenarbeit mit bedeutenden Dramatikern und Schauspielern. Seine Mitgliedschaft in verschiedenen, vom französischen Hochadel protektionierten Truppen hatte ihn weltläufig gemacht und sicher im Umgang mit den Mächtigen der Zeit. Zweifelsfrei repräsentierte MILLOT das damals erreichbare Höchstmaß differenzierter, von Stücken der (heute sogenannten) Weltliteratur inspirierter Schauspielkunst. Die zahlreichen französischen Höflinge und auch jener (überwiegende) Teil des bayerischen Adels, der sich am Versailler Stil des Sonnenkönigs zu orientieren pflegte, atmeten auf, als MILLOTS Truppe mit perfekten Aufführungen MOLIÈRES, CORNEILLES und RACINES die Plumpheiten des biederen TREU von der Bühne fegte. Außer den literarisch anspruchsvollen Tragödien und Komödien beherrschten die Franzosen selbstverständlich auch alle übrigen bei Hof beliebten theatralischen Unterhaltungen, wie Festspiele zu besonderen Anlässen, Schäferspiele oder die »Pièces à machines«, worunter man Inszenierungen mit ungewöhnlichem Ausstattungsaufwand zur Befriedigung der Schaulust verstand.

Spätestens Anfang Juni 1671 hatte die Truppe in München mit ihren Vorstellungen begonnen, denn am 19. Juni quittierte MILLOT den Empfang von hundertzwanzig Gulden für die Aufführung von drei Komödien. Im übrigen entsprach das Anstellungsverfahren dem bei der TREU'schen Truppe bereits beschriebenen. Die Franzosen wurden demnach auf freie Stellen gesetzt, die mit ihrer eigentlichen Auf-

151   Philippe Millot, Kupferstich von Johann Jakob Thourneyser nach Charles-Claude Dauphin

gabe wenig zu tun hatten, deren Besoldung jedoch eine sichere Einnahme bildete. Die Gagen lagen um etwa fünfundzwanzig Prozent höher als bei den deutschen Komödianten, erreichten aber bei weitem nicht das Niveau der Operngagen. Wir führen hier nur, stellvertretend, MILLOTS Position und Besoldung an, zitiert aus einem eigenhändig signierten Dekret FERDINAND MARIAS vom 15. Dezember 1671: »Demnach die Churfrl. Dhrl. in Bayrn etc. Unser genedigister Churfürst und Herr etc., Philippen Milot zu dero Rütter-Stuben-Portier gdist an- und aufgenommen und ihme zu Jehrlichen Sold Vierhundert gulden verwilliget . . . «. Sonderlich anstrengend dürfte der Portiersdienst (in fürstlicher Livree, versteht sich) kaum gewesen sein, eher ein Repräsentationsposten für besondere Anlässe.

Die Eingliederung der Theaterleute in die höfische Hierarchie, die in der Person des Kurfürsten gipfelt, ist gleichwohl Ausdruck einer unmittelbaren persönlichen Bindung des Bediensteten an den Dienstherrn und zugleich deren objektivierende Institutionalisierung, die neben Pflichten auch Rechte garantiert. Nur in dieser, den Absolutismus kennzeichnenden Abhängigkeit einerseits und der patriarchalischen Fürsorge andrerseits verwirklicht sich unser Thema ›Die Wittelsbacher und ihre Künstler‹ in reiner Form. Spätestens gegen Ende des 18. Jahrhunderts, mit dem Vordringen der Aufklärung, verstärkt dann zu Beginn des 19. Jahrhunderts, mit der Idee der konstitutionellen Monarchie, löst sich diese zugleich persönliche wie objektivierte Bindung des Künstlers an den Fürsten auf.

Die Förderung RICHARD WAGNERS durch LUDWIG II. beispielsweise hat eigentlich privaten Charakter, ist nicht mehr eingebunden in die übergreifende Idee der »Repraesentatio Maiestatis«, auch wenn LUDWIG es noch so aufgefaßt hat. Jedoch das Volk akzeptiert diese Gleichsetzung nicht mehr. Das Theater hatte sich vom Fürstendienst emanzipiert, und der Herrscher konnte seine Legitimation nicht mehr unangefochten in der »Maiestas« und ihrer »Repraesentatio« darstellen, auch wenn er davon träumen mochte.

Bedauerlicherweise kennen wir nur MILLOTS Porträt, nicht aber sein und seiner Truppe Repertoire und Aufführungsstil. Es wäre freilich absurd, anzunehmen, daß sich die Auswahl der Stücke und ihre Inszenierung wesentlich von der französischen Theaterpraxis unterschieden hätte, zumal ja MILLOT in seiner Anfängerzeit von MOLIÈRE geprägt worden ist. Es erscheint uns deshalb – ausnahmsweise – vertretbar, anhand einiger französischer Stiche zu Editionen MOLIÈRES wenigstens eine Ahnung vom Stil der MILLOT'schen Truppe zu vermitteln. Der beherrschende Eindruck aller abgebildeten Szenen ist die gleichsam abgezirkelte Präzision von Stellung, Zuordnung, Gestik und Mimik der Schauspieler; nichts bleibt dem Zufall überlassen. Die behutsame und zugleich charakterisierende Überbetonung des Kostüms steht im Mittelpunkt, nicht die Ausstattung. Und ein Grundzug französischer Schauspielkunst, vielleicht der wesentliche bis heute, tritt klar hervor: der Spielcharakter, das »Ausstellen« der Rolle, der Dramenfigur, bei weitgehender Zurücknahme des Rollenträgers, der persönlichen, privaten Wirkung des Akteurs. (DIDEROT konfrontierte diesen Schauspielertypus in seinem vielzitierten »Paradoxe sur le comédien«, 1777/78 verfaßt, mit dem sogenannten »Identifikationsschauspieler«. BRECHT hat dann dieses Grundproblem der Darstellungskunst wieder aufgegriffen.)

Nichts Dilettantisches haftet diesen Schauspielern an. Ihre Kunst hebt sie auch ab von den üblichen Wandertruppen, die rasch ihre Wirkungsstätten wechseln, während Kompanien wie die MILLOTS oft jahrelang im Dienst eines Hofes stehen. Unser schon einmal zitierter Chronist CHAPUZEAU hat MILLOT in München spielen sehen; er vermerkte, die Truppe sei zwar klein, aber gut aufeinander abgestimmt. Der Hof sei außerordentlich zufrieden mit ihnen, obwohl er doch zu den großartigsten Europas zähle und seine Mitglieder hochgebildet und des Französischen mächtig seien, allen voran die Kurfürstin.

Auch CHAPUZEAU hat – wie andere Zeitgenossen – die kulturell führende Rolle der Kurfürstin erkannt. Die Entlassung der Franzosen nach ihrem Tod (1676) und das neuerliche Auftreten der TREUSCHEN Truppe in den letzten Lebensjahren FERDI-

Stil der Millot'schen Truppe

L'AVARE

152–154 Szenen aus Stücken Molières, Kupferstiche von Sauvé nach Pierre Brissard

LE MALADE IMAGINAIRE

LE MISANTROPE

NAND MARIAS (bis 1679) bestätigen dieses Urteil. MILLOTS Abschied von München vollzog sich unter katastrophalen finanziellen Umständen, die beweisen, wie unsicher und wechselhaft die soziale Lage selbst angesehener Schauspieler damals war. Das versprochene Reisegeld ließ auf sich warten, MILLOT mußte Schulden machen, um sich und seine Truppe über Wasser zu halten. Ein erster Bittbrief MILLOTS an den Kurfürsten bewirkt die Auszahlung der Reisespesen, die aber zur Schuldentilgung verwendet werden müssen. FERDINAND MARIA erweist sich aber großzügig, indem er auf den zweiten Bittbrief MILLOTS eine weitere Zahlung veranlaßt, so daß die Franzosen im Juni 1677 abreisen können.

FERDINAND MARIA stirbt am 26. Mai 1679 in Schleißheim. Er hinterläßt seinem Sohn und Nachfolger, MAXIMILIAN II. EMANUEL, ein in allen Bereichen blühendes und institutionalisiertes Theaterleben; der Münchner Hof gilt als eines der glänzendsten Theaterzentren Europas.

Max Emanuel

MAXIMILIAN II. EMANUEL hatte – im Gegensatz zu vielen seiner Vorgänger – ein ungebrochenes Verhältnis zum Theater. Wenn er nicht gerade seinen Ruhm als Feldherr mehrte – und zumindest in dieser Rolle wurde er der populärste Wittelsbacher –, widmete er sich mit Passion und Kennerschaft dem Bau von Schlössern und der Pflege des Theaters. Gleichwohl sind die Spuren seiner fast fünfzigjährigen Theaterleidenschaft flüchtig, entsprechend seinem unsteten Leben an schnell wechselnden Aufenthaltsorten.

Der musikalisch begabte Kurprinz – er spielte Orgel und Viola da gamba – war früh schon ein Liebhaber des Balletts und der Ballerinen. Bereits als Sechsjähriger tanzte er vor höfischem Publikum. Seine Eltern hatten für ihn und die Schwester MARIA ANNA CHRISTINA am 1. Oktober 1666 JACQUES RODIER als Tanzmeister engagiert, im Hofdienst auch Kammerdiener der Fürstenkinder, zunächst mit siebenhundertfünfzig, später neunhundertfünfzig Gulden Gehalt. RODIER war Mitglied der ›Académie Royale de Danse‹ in Paris gewesen, LUDWIG XIV. berühmter Tanzakademie. Viermal wöchentlich unterrichtete der erstklassige Tänzer den Prinzen. MAX EMANUEL erwies sich als so begabt, daß unser Chronist SAMUEL CHAPUZEAU bereits über den Elfjährigen urteilt: »Er tanzt mit einer Grazie, mit einer ungezwungenen Kraft und einer Genauigkeit, worüber seine Meister nicht genug des Lobes finden.« Diese beinahe professionelle Beherrschung der Tanzkunst bestätigen auch andere Zeitgenossen. Des Fürsten Ausdauer verbreitete unter den Hofdamen und Kavalieren gelinden Schrecken, denn selbstverständlich mußten sie bei Bällen so lange durchhalten, bis MAX EMANUEL sich zurückzog.

Aufführungen zum Regierungsantritt Max Emanuels

JACQUES RODIER war es auch, der als Choreograph die wohl eindrucksvollste, Theater und Wirklichkeit verschmelzende Szene für die Feier der Volljährigkeit (11. Juli 1680) und damit den Regierungsantritt des Prinzen schuf. Der Festoper *L'Ermione* (Libretto: VENTURA TERZAGO, Musik: ANTONIO BERNABEI) folgte die *Allusione,* ein anspielungsreiches Ballett, in dem – nach einem Szenenwechsel von Sparta zur Münchner Residenz – Jupiter in Gestalt eines Adlers herabfliegt, der dem Hof den neuen Kurfürsten, als Ganymed verkleidet, überbringt. Tanzend erweist dieser Herzog MAXIMILIAN PHILIPP, dem bisherigen Vormund, seine Verehrung, bevor er sich in das große Ballett der Damen und Herren des Hofes einreiht, die ihn mit Hochrufen begrüßen. JACQUES RODIER hat vermutlich mit dieser Choreographie das Ballett als Opernabschluß in München eingeführt. Noch im selben Jahr 1680 ist er gestorben. MAX EMANUEL engagierte als Nachfolger OLIVIERO VIGASIO, Tanzmeister an der Universität Ingolstadt. Zuvor hatte der Kurfürst FRANÇOIS RODIER, Jacques' Sohn, zu PÉCOURT nach Paris geschickt, damit er dort seine Kunst vervollkommne. François diente dem Hof übrigens von 1678 bis 1690, zunächst als Tänzer, dann als Ballettmeister.

Johann Anton Gumpp

Unter den Theaterleuten, die an den festlichen Aufführungen anläßlich des Regierungsantritts mitwirkten, begegnet uns ein Innsbrucker als neuer Dekorationsmaler: JOHANN ANTON GUMPP, der 1678 das Bürgerrecht und die Mitgliedschaft in der Malerzunft zu München erlangt hatte. Spätestens 1680 wurde er zum Hofdienst herangezogen. Eine Hofzahlamtsrechnung von 1703 weist ihn als »Churf. Cammerdiener und Hofmahler« aus. Bis zu seinem Tod im Jahr 1719 dürfte GUMPP eine ähnliche Bedeutung für die dekorative Ausgestaltung von Hoffesten gehabt haben wie vor ihm KASPAR AMORT: alle Aufgaben wie Bühnenbilder, Kostüme, Feuerwerke und ähnliches meisternd, jedoch immer wieder im Schatten prominenter Gäste stehend, die ohne seine solide handwerkliche Basis, seine Kenntnis der Hofopernorganisation und seine guten Beziehungen zur ansässigen Künstlerschaft kaum ihre gestalterischen Höhenflüge hätten wagen können. Trotz der langen Tätigkeit für den Hof sind keine Bilddokumente vom Wirken GUMPPS erhalten. Wir müssen seine Eigenart aus Hofzahlamtsrechnungen zu erschließen versuchen.

Für die Oper *L'Ermione* stellte er am 13. Juli 1680 eine Rechnung über vierhundertzweiundfünfzig/vier Gulden aus; bezahlt hat ihm der Hof dreihunderteinundsiebzig/fünfzig Gulden. Was hatte GUMPP dafür angefertigt? Eine Walddekoration mit Palast-Prospekt, einen Marstall (»in eine jede Cenna ein Pferdt gemahlt«), ein Gewölbe, eine Ruine, einen Palast, einen königlichen Saal (»mit Colonnen und Tapetzen darauf Romanische Historien gefarbt gemahlt«), eine Himmel-Szene mit Wolken, ferner »13 figürlen gerisen und mit farben geduscht wie die Klaidungen vor die Herren Musicos gemacht sein worden«. Aufschlußreich ist die häufige Erwähnung von sechzehn großen und zehn kleinen Kulissen und einem kleinen Prospekt in der Rechnung. GUMPP hat also tatsächlich mit einer acht Kulissengassen tiefen Bühne im Salvatortheater arbeiten können, die er zusätzlich mit je fünf kleineren Kulissen pro Seite weiter zu verengen, aber auch durch die – insgesamt auf sechsundzwanzig Kulissen – erhöhte Anzahl im dekorativen Detail zu verfeinern imstande war. Die Schlußdekoration im *Allusione*-Ballett zeigte ja die Residenzstadt München (»La Reggia d'Baviera«), die der ausführende Kulissenmaler DOMENICUS SCHÖFFLHUBER in einer Rechnung genauer beschrieben hat: »Erstliche ein großes Portall oder Frontispicium mit vill Säullen und Bildern, auch sonsten vill Mühesame arbeith auß gemahlt, so dan in disem Portall die Statt München mit zehen Tallar [= Telari] oder Sennen [= Kulissen; hier verwechselt Schöfflhuber zwei grundverschiedene bühnentechnische Mittel!] und ein grossen Prospect repraesentiert, ober diser Statt 8 Süffl [= Soffitten] als Himmel, darin die 12 Himlische Zeichen gemalt . . . «. Offensichtlich hatte GUMPP demnach das Proszenium des Opernhauses am Salvatorplatz umgestaltet. Die Residenzstadt als Bühnendekoration vorzustellen, war bereits um 1600 in Florenz Mode geworden.

Verblüfft registrieren wir einen Künstler unter den Ausstattern der Oper *L'Ermione,* den Schindler als »Lehrer der Rokokogeneration« bezeichnet und dessen religiöse Plastiken wir noch heute in bayrischen Kirchen bewundern: ANDREAS FAISTENBERGER. Er hat, für neun Gulden Gage, Jupiters Adler entworfen. Dem 1647 in Kitzbühel geborenen, 1736 in München gestorbenen Bildhauer begegnen wir noch einmal bei solch unerwarteter Tätigkeit für das Hoftheater, nämlich 1688 in der Inszenierung der Oper *Niobe, regina di Thebe,* für die FAISTENBERGER einige wunderliche Bühnentiere geschaffen hat. Deren Konstruktion, Aussehen und Spiel-Funktion erläutert er recht anschaulich in seinen Rechnungen:

Andreas Faistenberger

»Erstlich einen löbensgroßen Elephanttin in welchen sich 17 Persohnen verborgen, den Khopf von Erdten possiert und darüber gepapt, den Corpus aber erstlich von Raiffen zusamben gemacht, yber welchen dan von corton lauther schilt in ein und and gericht wahren, welche den Elephantten formierten, so dan von obbemelten Persohnen auseinander gerissen und fir schilt gethragen wordten, daran verdienth   fl. 42.–

Mer habe ich ein ser grosses Monstrom gemacht, in dessen Rachen und laib ein mahn aufrecht hinein gehn miessen, wahr von holz und Raiffen zusamben gericht in und auswendig mit leinwath yberzogen, darfür   fl. 38.–

So habe obbemeltes Monstrum wider ver Endtern missen, und machen das man das ober und under Maul wie auch die Zungen auf und zue thuen khinen   fl. 8.–

Mer habe 2 etwas khleinere Thier mit fliglen gemacht auf welchen 2 Menschen von unden herauf khomben, die khöpf wurdten zweyerley auch von Erdten possierth und gepapt, die leiber von holz und leinwath zusamben gemacht und ausgeschopt, für bede   fl. 28.–

ein grossen pern   fl. 7.–«

Ähnliche Tiere und Fabelwesen haben wir bereits bei der Aufführung der *Antiopa*

241

giustificata 1662 im Turnierhaus vorgefunden. FAISTENBERGERS Hofdienst für die Bühne beweist, so scheint uns, zweierlei: einmal, daß es im Zeitalter des Absolutismus einem Künstler materielle Vorteile brachte, wenn er möglichst vielseitig verwendbar war, andrerseits erkennen wir die – auch geistig-künstlerische Verwandtschaft zwischen Hof- und Kirchendienst. Schwer vorstellbar, daß in unserer Zeit der Spezialisierung (und Konfrontation der Spezialisten) ein Schöpfer religiöser Plastiken auch für die Bühne arbeiten könnte, ohne im Urteil der Gesellschaft auf dem einen oder anderen Gebiet an Glaubwürdigkeit einzubüßen.

Doch wenden wir uns wieder JOHANN ANTON GUMPP zu. Sein eigentliches Verdienst scheint eine realistischere Ausgestaltung des Spielraums gewesen zu sein. Zwar bringt auch er die vom Librettisten vorgeschriebenen obligaten Szenen, wie königlicher Saal, Galerie, Garten und ähnliches, er füllt sie jedoch mit realistischen, oft gar dem alltäglichen Gebrauch dienlichen Gegenständen und Gerätschaften, wie Rechnungen GUMPPS zur Oper *Marco Aurelio* (aufgeführt am 13. 2. 1681, Libretto: TERZAGO, Musik: STEFFANI) beweisen. Wir zitieren nur wenige charakteristische Passagen:»Mutatio prima. Ein Königliches Cabinet biß zu dem ersten Prospect ser mihesamb mit mallerey, Spieglen, Tischen, schreibschaften geziehret Scenen 10... Mutatio tertia. Biß auf den ersten Prospect eine Guarderobe mit zierlich khästen darin allehandt Khleider gemalt.« GUMPP kennzeichnete also die jeweiligen Spielorte so genau, daß der Zuschauer sofort erkannte, welchen Zwecken die Räume zugeordnet waren – eine dramaturgisch sinnvolle Überwindung der oft allzu starren Typisierung des barocken Bühnenbildes. Aus den detaillierten Rechnungen GUMPPS läßt sich auch ein rhythmischer Wechsel zwischen kurzer und tiefer Bühne ablesen – dies freilich ist ein hochbarockes Stilmittel zur Steigerung der Raumdynamik. GUMPP hat übrigens auch die erste deutsche Oper in München, *Lisimen und Caliste* (Libretto: FRANZ GEORG IGNATIUS FREIHERR VON LEUBLFING, Truchseß MAX EMANUELS, Musik: VEIT WEINBERGER, aufgeführt im Fasching 1681), ausgestattet. Wie seine *Das Theater Gumpps* Dekorationen zu dem in bieder-trockenem Deutsch geschriebenen »musikalischen *im St.-Georgs-Saal* Drama« ausgesehen haben, wissen wir nicht. Schwer vorstellbar, daß GUMPP hierdurch sonderlich inspiriert worden ist. Bemerkenswert erscheinen uns noch zwei Werke GUMPPS: das für die französische Schauspieltruppe 1703 von ihm errichtete Theater im St.-Georgs-Saal der Residenz und seine szenische Ausgestaltung von Passions-Oratorien im Salvatortheater. Über den Bühneneinbau im St.-Georgs-Saal hat sich folgende (bereits erwähnte) Hofzahlamtsrechnung erhalten:»Dem Churf. Cammerdiener und Hofmahler Johann Anthoni Gumppen, wegen eines auf dem St. Georgensaal in der churf. Residenz verfertigten Theatri inhalt ordonanz unnd 3 schein fl. 550.–.« Diese Saalbühnen in der Residenz muß man sich als zwar prächtig ausgeschmückte, jedoch leicht, ja, fast provisorisch errichtete Theater vorstellen. Auffallend (und für die flexible Bauweise kennzeichnend) ist die Tatsache, daß die Wittelsbacher ihre Saalbühnen immer wieder dem Zeitgeschmack anpaßten. Auch GUMPPS »französisches Theater« erlitt unter MAX III. JOSEPH dieses Schicksal, das zwangsläufig die Zerstörung der bisherigen Gestaltung bedeutete.

Das andere Werk ist ein GUMPP zugeschriebenes Ölgemälde, wohl um 1690 entstanden, das eine Szene aus einem Passions-Oratorium wiedergibt. Eindeutig ist als Spielort das Opernhaus am Salvatorplatz zu identifizieren, dessen Portal lediglich anders ausgeschmückt erscheint. Auf die Verwandtschaft der gemalten Dekoration mit einem Bühnenbild der MAURO für die Oper *Servio Tullio* hat schon Gertraud Löwenfelder hingewiesen. Eigentlich ist ja die Verbindung zwischen Theater und Kirche nichts Neues. Im Mittelalter herrschte ohnehin das religiöse Theater vor, und die Jesuiten hatten sich die Bühneneffekte des weltlichen Berufstheaters zur »propaganda fide« zunutze gemacht. Allerdings ist unser Gemälde der erste sichtbare Beweis für die Aufführung geistlicher Oratorien im kurfürstlichen Opernhaus, inszeniert im Bühnenbild einer durchaus weltlichen Oper. Bekannt sind auch GUMPPS, gemeinsam mit FAISTENBERGER geschaffene Entwürfe für das ›Heilige Grab‹, aufgestellt zur Passionszeit in der Theatinerkirche.

242

155   Szene aus einem Passionsoratorium im Opernhaus
am Salvatorplatz in München.
Ölgemälde um 1690, Johann Anton Gumpp zugeschrieben

Gelegentlich wurde die Frage diskutiert, ob GUMPP seine Bühnendekorationen selbst entworfen habe oder ob er sie nach Anleitung des »welschen Pawmeisters« ANTONIO FRANCESCO PISTORINI ausgeführt hat. PISTORINI ist seit 1664 im Hofdienst zu finden als Baumeister und »Ihrer Churf. Durchl. Cammerdiener«. Nachweislich beauftragte der Hof ihn 1677 mit Theaterarbeiten, denn man zahlte ihm »wegen seiner bei den Comoedisachen habenden Sonderbaren Verrichtungen« hundertfünfzig Gulden. Was PISTORINI dafür geliefert hat und ob er GUMPP beeinflußte, läßt sich aus den spärlich erhaltenen Dokumenten nicht mehr rekonstruieren.

Gasparo und Domenico Mauro

Kein Zweifel aber, daß GUMPP italienischen Bühnenbild-Stars weichen mußte (wie vor ihm schon KASPAR AMORT), wenn es galt, erhabene dynastische Anlässe festlich auszugestalten. Als nämlich MAX EMANUELS Vermählung mit MARIA ANTONIA von Österreich, Kaiser LEOPOLD I. Tochter, in greifbare Nähe rückte, engagierte der Kurfürst zwei der berühmtesten Dekorateure, die venezianischen Brüder GASPARO und DOMENICO MAURO an sein Hoftheater. Ein »Francesco Mauro Zimerman« taucht schon 1662 bei den Vorbereitungen zum Freudenfest anläßlich der Geburt MAX EMANUELS in den Hofzahlamtsrechnungen auf (»fl. 202.30«) – möglicherweise der Vater von GASPARO und DOMENICO. GASPARO dürfte identisch sein mit jenem am 27. 1. 1663 aktenkundig gewordenen Weinempfänger: »Caspar Mauro von Wein zur Verehrung fl. 18«. Wie dem auch sein mag, die Gebrüder MAURO zählen bei ihrem Erscheinen in München 1685 zu den führenden Theaterarchitekten und Bühnenbildnern Italiens; in Venedig sind repräsentative Feste und Aufführungen ohne ihr Mitwirken die Ausnahme. Auch die Hofzahlamtsrechnungen erweisen die Geltung der MAURO: MAX EMANUEL zahlte ihnen die höchsten Gagen in der bisherigen Geschichte der Hofoper: [1686] »Caspar Mauro et cons. Wellischer Pau maister, umb willen sye sich bey denen wellischen Commoedien gebrauchen lassen vermög anschaffung fl. 4500.« Zwei weitere Zahlungsbelege von 1686: »Caspar unnd Dominio Mauro von Venedig, so an dem Comoedi heur alhir gearbeithet, yber diejener zur abferttigung gereichte fl. 3.000.– die zuvor anticipendo angeschafft und lt. der schein bezalt auch gdiste Decrets in Ausgab zubringen bewilligte fl. 432.–.«

Und: »den alhir gebrauchten welschen Paumaister Casparo Mauro zu seiner abferttigung 1800 und Raiß wegen 150 item Domenico Mauro Mahler zur abferttigung 1200 und Raiß wegen 150 . . . gdist verwilliget« (am 20. 3. 1686). Die letzte der zitierten Hofzahlamtsrechnungen ist die für uns aufschlußreichste: beweisen alle Rechnungen die selbst damals unglaublichen Gagen (für ca. fl. 12.000–15.000 konnte man ein stattliches Gut mit schloßähnlichem Herrenhaus erwerben), so differenziert die letzte Rechnung die Tätigkeiten der Brüder: GASPARO war also hauptsächlich Architckt, DOMENICO Bühnenbildner – gewiß keine allzu strenge Sonderung der Tätigkeitsbereiche, dies wäre untypisch für die Barockzeit. Die Anweisung von Reisespesen im März 1686 begrenzt die Tätigkeit der MAURO für MAX EMANUEL auf ein gutes Jahr. Dann wieder mehr als ein halbes Jahrhundert die Vorherrschaft einheimischer Künstler: nämlich von KASPAR GOTTFRIED STUBER und NIKOLAUS GOTTFRIED STUBER, seinem Sohn. Eine Gesetzmäßigkeit wittelsbachischer Theaterpflege am Münchner Hof wird erkennbar: süddeutsche beziehungsweise österreichische Theterarchitekten und Bühnenbildner meistern die Aufführungs-Routine, italienische Stars werden zur Gestaltung herausragender Hoffeste engagiert. Diese – von den vergleichbaren europäischen Höfen abweichende – Praxis wird erst 1749 von MAX III. JOSEPH durchbrochen, der mit GIOVANNI PAOLO GASPARI einen namhaften venezianischen Theatermann für ein gutes Vierteljahrhundert an seinen Hof bindet.

Wie schon MAXIMILIAN I. bei der Hochzeit FERDINAND MARIAS, so mußte auch MAX EMANUEL bei seiner eigenen Hochzeit mit der Kaisertochter kritische Vergleiche fürchten; verfügte doch sein künftiger Schwiegervater in Wien über das von LUDOVICO BURNACINI erbaute prächtige Opernhaus, worin der Architekt zugleich weithin gepriesene und in Kupferstichen verbreitete Ausstattungswunder vollbrachte. Der Kurfürst erhoffte also zweierlei von den MAURO: einmal die ›Modernisierung‹ des erst vierunddreißig Jahre alten Opernhauses am Salvatorplatz, was allein

Umbau des Salvator-theaters 1685

244

156   Das Opernhaus am Salvatorplatz in München nach dem Umbau durch die Gebrüder Mauro, 1685.
Kupferstich von Michael Wening

157   »Servio Tullio«, Ausstattung der Gebrüder Mauro, München 1686

bedeuten konnte: Umbau im Stil des Hochbarock; zum anderen eine der genialen Phantasie des BURNACINI adäquate Gestaltung der Bühnenräume und Kostüme für die geplanten Festaufführungen. Man sagt unserer Zeit nach, sie sei – auch im künstlerischen Bereich – außerordentlich schnellebig, während uns die Vergangenheit vergleichsweise beständig in ihrer Entwicklung vorkommt. Betrachten wir die wittelsbachische Theaterpflege, dann entlarvt sich unser (Kultur-) Geschichtsverständnis als Klischee: während wir beispielsweise ein gut anderthalb Jahrhunderte altes Theater (das Kgl. Hof- und Nationaltheater der heutigen Bayrischen Staatsoper) möglichst originalgetreu wiederherzustellen versuchten, ließen die Wittelsbacher Fürsten im Abstand von nur drei oder vier Jahrzehnten ihre Bühnen stilistisch völlig umwandeln, indem sie die Architektur dem jeweiligen Zeitgeschmack anpaßten.

MICHAEL WENING hat die Neufassung des Salvatortheaters aus dem Jahr 1685 in einem Kupferstich festgehalten. GASPARO MAURO gestaltete demnach, gewiß unterstützt vom Bruder DOMENICO, das eigentlich doch recht schlichte Haus gemäß barocker Raumauffassung um. Die klare Tektonik der die Ränge tragenden Balken verschleierte er durch vorgeblendete, fast manieristisch überlängte Figuren. Sie tragen auch die neue, dreigliedrige Fürstenloge, die sich in den Zuschauerraum hineinwölbt. Ungewöhnlich ist die Bekrönung durch den überdimensionalen Kurhut. Die gerade Decke des Zuschauerraums nimmt das Deckenmotiv der Rangbrüstungen in illusionistischer Malerei wieder auf. Der gewaltige Kronleuchter erregte sogar später die Bewunderung des doch weitgereisten Literaten BARON VON PÖLLNITZ, der nach einigen abfälligen Bemerkungen über den »altmodischen« Hofgarten, die »Salle de l'Opera« lobte: »Dekorationen, Maschinen, Kostüme, alles ist également magnifique und gut ausgewählt [. . .] An den bei Hof gefeierten Festen, Geburtstage und dergleichen, sieht man bei der Ouverture des Theaters einen Lustre besonderer Größe und Struktur herunter kommen. Der Plafond öffnet sich, um ihn herabzulassen wie um ihn wieder heraufzuziehen . . . «. Offensichtlich eine seltene Attraktion! Durch den Einbau der Fürstenloge wurde erst die konsequente Gestaltung des barocken Bühnenbildes ermöglicht, dessen Perspektive grundsätzlich auf den Blick des Herrschers ausgerichtet war. Der barocken Raumauffassung verschleierter Tektonik und betonter Dynamik entsprach die Umgestaltung des Proszeniums, die wir aus den ebenfalls von MICHAEL WENING gestochenen Aufführungsbildern der Festoper *Servio Tullio* erschließen können. Das ursprünglich streng rechteckige und flache Portal (vgl. Abb. zur *Fedra incoronata*) vertieften die MAURO beträchtlich, und zwar auf die Perspektivwirkung der Kulissen abgestimmt. Durch den Einbau dreifacher Korbbögen erreichten sie einen schwingenden oberen Abschluß des Proszeniums. Selbst den Orchesterraum begrenzt nun eine stark kurvierte Einfassung. Vom Stilbruch der beibehaltenen stufenartigen Sitzreihen abgesehen, war den MAURO der Umbau in ein barockes Hoftheater aus einem Guß gelungen.

Seit dem 15. Juli 1685 war MAX EMANUEL mit MARIA ANTONIA von Österreich vermählt, am 9. Oktober zog das junge Paar durch Triumphpforten in die Residenzstadt ein.

Festaufführungen zur Hochzeit Max Emanuels mit Maria Antonia von Österreich

Noch ein gutes Vierteljahr mußte der Hof zuwarten, bis am 21. Januar 1686 im endlich fertiggestellten Opernhaus die Festoper *Servio Tullio* (Libretto: TERZAGO, Musik: STEFFANI) und am 4. Februar das »Torneo« *Erote et Anterote* (Libretto: ebenfalls von TERZAGO, Musik jedoch von BERNABEI) im Turnierhaus stattfinden konnten. Beide Aufführungen haben die Gebrüder MAURO ausgestattet, vielleicht auch noch die am 19. Februar gespielte Oper *Ascanio*. Am 20. März jedenfalls vermerkte die Hofamtsregistratur die bereits erwähnten Rückreisespesen für die Italiener. Überhaupt: sieht man von der 1688 gegebenen »Maschinenoper« *Niobe, regina di Thebe* ab, die wir im Zusammenhang mit FAISTENBERGER erwähnten und deren italienische Dekorateure wir weder aus Dokumenten noch aus bildlichen Überlieferungen kennen, dann muß man die Inszenierung von *Servio Tullio* als letzte repräsentative Aufführung des 17. Jahrhunderts werten. Über drei Jahrzehnte währte anschließend der politisch bedingte Dornröschenschlaf des Münchner Hoftheaters,

246

mehr als sechs Jahrzehnte sollte es dauern, bis Max III. Joseph (am 1. Juli 1749) erneut einen italienischen Theaterarchitekten und Bühnenbildner engagierte (Giovanni Paolo Gaspari), diesmal allerdings für ein gutes Vierteljahrhundert.

Aus Platzmangel und weil vom Turnierdrama *Erote et Anterote* nur ein Kupferstich erhalten ist, beschränken wir uns auf die Inszenierung der Oper *Servio Tullio*. Das anspielungsreich mit der Geschichte des Hauses Wittelsbach verwobene Libretto erforderte beträchtlichen Aufwand an Szenen, Kostümen, Bühnenmaschinerie und Beleuchtungseffekten. Auf den ersten Blick enthüllt sich die den Bühnenraum mitgestaltende Funktion des umgebauten Proszeniums: seine reale Tiefe und deren perspektivisch verkürzte Konstruktion verschleiern den Übergang vom Realraum, dem Zuschauerraum nämlich, in den Illusionsraum der Bühne, deren Kulissenperspektive die Proszeniumsarchitektur oft übergangslos aufnimmt und weiterführt. Die hier, erstmals für das Münchner Theater, zu beobachtende Entwicklung hin zur Verschmelzung von Bühne und Zuschauerraum gipfelt im Residenztheater des François de Cuvilliés. Auch die Ausprägung der Soffitten korrespondiert bei den Mauro gelegentlich mit dem Korbbogenabschluß des Proszeniums. Eine begehbare Treppe erschließt erstmals konsequent die Höhendimension des Spielraums – eine besondere Steigerung der Raumdynamik und der Auftrittsmöglichkeiten für die Sänger. Im übrigen erscheinen die Dekorationen der Mauro, trotz Beachtung der Zentralperspektive, viel weniger kalkuliert als in früheren Phasen der Entwicklung. Teils durch stärkere malerische Wirkungen, teils durch vermehrte Plastizität der Dekorationselemente ergeben sich aufgelockerte, gleichsam ›natürlichere‹ Effekte. Zu diesem Eindruck tragen auch die raumgreifenden Ballette des François Rodier bei, die trotz französisch-abgezirkelter Choreographie stets in Spannung zum Spielraum ablaufen. Meisterlich beherrschten die Mauro das Spiel mit der Beleuchtung, das sie ja ausschließlich mit Öl- bzw. Unschlittlämpchen bewerkstelligen mußten. Eine Nachtszenerie mit dem die Wolken durchbrechenden Mondschein sowie die von der Sonne durchstrahlten Fenster eines Saales stellten äußerste Anforderungen an die eigentlich primitive Beleuchtungstechnik des Barocktheaters.

Als Helfer der Mauro finden wir in den Hofzahlamtsrechnungen von 1685 und 1686 übrigens Kaspar Gottfried Stuber vermerkt, dessen vergleichsweise geringe Gage auf eine untergeordnete Tätigkeit, vielleicht als Kulissenmaler, hinweist, der jedoch als Vater des von 1722 bis 1747 für den Hof als Theaterarchitekt und Dekorateur tätigen Nikolaus Gottfried Stuber erwähnt zu werden verdient.

Kurfürst Max Emanuel durfte mit dem Umbau seines Salvatortheaters und der Ausstattung der Festaufführungen durch die Mauro zufrieden sein: die erhaltenen Kupferstiche erweisen ihren Rang als führende Theaterleute in der 2. Hälfte des 17. Jahrhunderts, die in ihrer raumschöpfenden Phantasie Ludovico Burnacini in Wien kaum nachstanden.

Nicht nur im künstlerischen Bereich zeigte Max Emanuels Theaterleidenschaft professionelle Züge, auch im administrativen strebte er Verbesserungen an: hatte noch sein Vater Ferdinand Maria in Hermann Egon von Fürstenberg einen typischen ›Kavalier‹ zum Obersthofmeister und damit zum Intendanten des Hoftheaters bestimmt (nämlich von 1662–1674), so besetzte Max Emanuel (von 1689–1691) die Intendanz mit einem geschulten Tänzer, seinem aus Savoyen stammenden Freund Sigmund de Cabo, Marquis de St. Maurice, der bereits einige Jahre künstlerischen Einfluß auf die Gestaltung der Hoffeste genommen hatte und überdies zu den wenigen Menschen gehörte, deren Widerspruch Max Emanuel ertragen mochte. St. Maurice fiel übrigens 1691 bei der Belagerung von Mainz. Die administrativen Verbesserungen setzte der Kurfürst nach seiner endgültigen Heimkehr fort, wie wir noch sehen werden. Er brachte damit – ungewollt – einen Prozeß in Gang, der das Hoftheater immer mehr als Institution verselbständigte, bis es sich schließlich im 19. Jahrhundert weitgehend von der Einflußnahme des Herrscherhauses löste.

Die festlichen Aufführungen des Jahres 1686 erforderten nicht nur das Engagement der italienischen Dekorateure, sondern auch die personelle Verstärkung

158 – 159 »Servio Tullio«, München 1686

160 – 161   »Servio Tullio«, München 1686

des Opernensembles, namentlich durch zwei »auß Italien alhero berueffenen Singerinnen, nemblich Angela Orlandi und Antonia Gianetti«, die für ihr Gastspiel zweitausenddreihundert beziehungsweise zweitausend Gulden erhielten. Aber auch dem Schauspiel war MAX EMANUEL zugeneigt. Bereits seit den Tagen der Regentschaft Herzog MAXIMILIAN PHILIPPS existierte ein aus dem Hofadel sich rekrutierendes französisches Liebhabertheater, das unter anderem CORNEILLES *Nicomède,* und RACINES *Andromaque* aufzuführen wagte. Die uns schon bekannten MICHAEL DANIEL TREU und seine Frau MARIA KLARA durften mit ihrer Hoftruppe nach wie vor auftreten, freilich ohne MAX EMANUEL nachhaltig zu beeindrucken, auch wenn er die Truppe durch Dekret vom 1. November 1681 um die Schauspielerin URSULA MARIA MARGARETHA PERNER erweiterte, der er dreihundert Gulden jährliche Gage bewilligte. Die PERNERIN wurde schon 1685 wieder entlassen. Wirklichen Spaß scheinen

Commedia dell'arte am Hof Max Emanuels italienische Commedia dell'arte-Kompanien dem Kurfürsten bereitet zu haben. Er verpflichtete Ende 1684 GIOVANNI NANINI und seine zwanzigköpfige Truppe aus Venedig an den Münchner Hof; am 23. April 1686 endete dieses Engagement. Daß es sich um Commedia dell'arte-Spieler gehandelt hat, beweist eindeutig der Beiname »il dottore comico« des Prinzipals NANINI. Über die Gage gibt es ein Dekret vom 9. Juli 1685: »Demnach die Churfrl. Drl. in Bayrn etc. unser genedigster herr, denen alhie anwesenden Welschen comoedianten Gio. Nanini et cons., auf vorhero gepflogene handlung, auf ain jahr zue sold sechs tausent gulden dergestalt gdst. verwilliget, daß ihnen solche von drey zu drey monaten eingethailter außgevolget . . . werde.« Das Festjahr und damit das Engagement der NANINI-Truppe war im April 1686 unwiderruflich beendet. Nach dem Zwischenspiel einer weiteren italienischen Truppe, Ende 1686, verpflichtete MAX EMANUEL 1687 die Kompanie des FRANCESCO CALDERONE gen. SILVIO, die er in Venedig kennengelernt hatte, an seinen Hof. Dem bedeutenden Chronisten der Commedia dell'arte, RICCOBONI, galt CALDERONE noch in der Phase des Niedergangs als einer der letzten wahren Vertreter dieser Schauspielkunst. Wieder erweist sich MAX EMANUELS sicheres Urteil in Theaterdingen. Er ordnete am 1. Oktober 1687, nachdem TERZAGO die Truppe nach München vermittelt hatte, folgendes an: »Ihre Churfrl. Drl. in Bayern etc. unnser gdster. herr, haben Frannzen Calderone, dann dessen eheweib Agata Catharina, Bernhard Bonifaci und dessen eheweib Angela, Franzen Baletti mit Johanna dessen eheweib, und Victorin d'Orsi sambt seinem eheweib Theresia, yedes paar mit 1200 fl.; item Dominicum Orsatti, Dominicum Bononzini und Ambrosium Brollio, yeden mit 600 fl. iährlich solldt zu comoedianten bestöllt und von Venedig heraus berueffen lassen.« Mit CALDERONES Ensemble hatte MAX EMANUEL wohl die besten Erfahrungen gemacht. Zwar kehrten die Commedia dell'arte-Spieler im Oktober 1691 nach Italien zurück, doch der Kurfürst mochte sie nicht missen, denn von 1696 bis 1698 finden wir CALDERONE am Hof

Das Ensemble Calderones in Brüssel in Brüssel, wo MAX EMANUEL inzwischen als Statthalter der Spanischen Niederlande glanzvoll residierte. Eine Rechnungsaufstellung von ANTON FRANZ PISTORINI erlaubt uns, das Brüsseler Engagement der CALDERONE-Truppe auf die Zeit zwischen dem 1. November 1696 und dem 30. Juni 1698 zu datieren. Bedauerlicherweise können wir für die von MAX EMANUEL engagierten Commedia dell'arte-Spieler keine Bilddokumente bringen. Zweifelsfrei aber – der Kurfürst kannte diesen Theaterstil ja von seinen Venedig-Aufenthalten genau – dürfte es sich um eine besonders reine und artistisch hochstehende Ausprägung dieser Schauspielkunst gehandelt haben, wofür auch RICCOBONIS Urteil über CALDERONE spricht.

Schon das erste Jahrzehnt der Herrschaft MAX EMANUELS in Bayern ist gekennzeichnet von Sprunghaftigkeit und kriegsbedingter Abwesenheit vom Hof; deshalb nur schwierig und lückenhaft rekonstruierbar sind die Aktivitäten auch im Bereich des Theaters, obwohl ihm – neben der Bautätigkeit – die besondere Aufmerksamkeit des Kurfürsten galt. Noch schwieriger für den Chronisten erweisen sich die fast ein Vierteljahrhundert während Theaterunternehmungen zur Zeit der Statthalterschaft und später der Emigration in den Spanischen Niederlanden. Seit seiner Ankunft in Brüssel (im Frühjahr 1692) stagnierte das Theaterleben am Münchner

Hof weitgehend, denn der Kurfürst hatte die führenden Kräfte mitgenommen. Obwohl MAX EMANUEL in Brüssel sprichwörtlich glanzvoll Hof hielt, sind die konkreten Belege für das Theater nur dürftig zu nennen. Dies hat zwei Ursachen: einmal hat das französische Bombardement der Altstadt von Brüssel (in der sich die meisten Theater befanden) im Jahre 1695 wohl auch die Theaterakten und -archivalien untergehen lassen, zum anderen hatte MAX EMANUEL Organisation, Verwaltung und Finanzen seiner Theater einem »Entrepreneur« beziehungsweise »Impresario«, also einem Unternehmer übertragen, und zwar einem gewissen GIOVANNI PAOLO (DE) BOMBARDA. Die Theatergeschichte lehrt, daß solche Theatermanager, die ja in erster Linie auf Gewinn aus waren, bis heute nicht selten eine gelinde Aversion gegen geordnete Buchführung und Klarheit verschaffende Aktenablagen hegen, so daß ihre Theaterleitung nur spekulativ vergegenwärtigt werden kann. Auch der in Rom um die Mitte des 17. Jahrhunderts geborene, 1712 vermutlich in Brüssel gestorbene BOMBARDA macht da keine Ausnahme. Seine Biographie ist nicht ohne romanhaften Reiz: als italienischer Kaufmann in den Spanischen Niederlanden tätig, heiratete sich BOMBARDA in zweiter und dritter Ehe hoch in die Kreise flämischer Großgrundbesitzer. Uns unbekannte Fähigkeiten ließen ihn zu einem der Hauptfinanzagenten MAX EMANUELS werden, dem er überdies auch als Diplomat diente. Weitere Einnahmen bezog BOMBARDA aus dem Betrieb zweier Theater, des am 15. 11. 1694 gemeinsam mit MAX EMANUELS Kapellmeister P. A. FIOCCO gemieteten ›Théâtre d'Opéra du Quai au Foin‹ (dessen Direktor BOMBARDA bis Ende 1697 war) und des Schauspielsaales bei der ›Montagne Sainte-Elisabeth‹, den er von 1695 bis 1697 leitete. Solchermaßen ausgewiesen als Theaterfachmann, erschien BOMBARDA dem Kurfürsten als der geeignete Mann, ab 1698 den Bau des ›Théâtre de la Monnaie‹, des bis heute führenden belgischen Theaters, zu betreiben. Der Umstand, daß BOMBARDA auch als »Architekt« in der älteren Literatur auftaucht, hat ihn gelegentlich zum Baumeister der Brüsseler Oper werden lassen. Tatsächlich aber war das ›Théâtre de la Monnaie‹ das Werk zweier venezianischer Architekten und Bühnenbildner, nämlich von PAOLO und PIETRO BEZZI. PAOLO, dessen Bruder TOMMASO sich als Festdekorateur und Feuerwerkskünstler in Italien einen Namen gemacht hatte, lieferte 1697, von BOMBARDA beauftragt, die Pläne für das Brüsseler Opernhaus. 1698 war der Außenbau vollendet, doch gravierende Konstruktionsfehler bewogen BOMBARDA, PAOLO die Bauleitung zu entziehen und sie dessen Neffen PIETRO zu übertragen, der von 1698 bis 1699 das Theater fertigstellte. Im Januar 1700 wurde das Theater, wahrscheinlich mit einer Oper des JEAN-BAPTISTE LULLY, eröffnet. Der tausendzweihundert Personen fassende Bau mit der verhältnismäßig schlichten Fassade eines adeligen Stadtpalais' hatte hunderttausend Gold-Scudi gekostet. Auf hufeisenförmigem Grundriß waren sechs Logenränge errichtet, nach dem Vorbild der venezianischen Theater San Cassiano und della Fenice. Mit Hilfe der BEZZI hatte also BOMBARDA MAX EMANUELS Wunsch nach einem repräsentativen Opernhaus erfüllt. Und der Kurfürst war's zufrieden. Hatte BOMBARDA nicht schon 1695 seine Fähigkeiten mit der Gründung der »Comédiens de S.A. Electorale de Bavière« bewiesen, einer Schauspielertruppe, die mit französischen Komödien im ›Montagne Sainte-Elisabeth‹ auftrat und der immerhin ein PIERRE DU CHEMIN und ein ANTOINE DUBOCAGE angehörten? BOMBARDA freilich war immer noch nicht zufrieden. Er forderte und erhielt (am 20. Januar 1705) das Privileg, auf dreißig Jahre allein Opern, Komödien und Ballette in Brüssel aufführen zu dürfen. Allerdings mußte er schon im Mai 1706 Brüssel verlassen und MAX EMANUEL in die unruhigen Jahre des Exils folgen. Das ›Théâtre de la Monnaie‹ wurde von den Erben BOMBARDAS verkauft. LULLYS Opern und Ballette beherrschten den Spielplan in diesem Jahrfünft, und es nimmt nicht Wunder, daß MAX EMANUELS Theatergeschmack vom bisherigen italienischen Theater zum französischen sich wandelte. Auch in den häufig wechselnden Exilresidenzen MAX EMANUELS finden wir die Spuren französischer Schauspieltruppen, ohne daß wir Genaueres über ihre Zusammensetzung und ihren Spielplan aussagen könnten. Zu flüchtig sind die Dokumente, Aufführungsbilder fehlen überhaupt. Hektisch

Max Emanuels Theater in Brüssel

Giovanni Paolo Bombarda

Das ›Théâtre de la Monnaie‹ in Brüssel

Französische Schauspieltruppen im Exil

und eigentlich hoffnungslos wie das Leben des Emigranten MAX EMANUEL erscheint auch das – im äußeren Schein glanzvolle – Auftreten schnell wechselnder Truppen. Sicher ist nur, daß der mit Reichsacht belegte Kurfürst stets einen Troß von Theaterleuten hinter sich herzog, wo immer er sich aufhalten mochte, ob zu Namur, zu Mons oder zu Compiègne. Zwei Namen scheinen uns aus dieser Zeit noch erwähnenswert, da sie für die spätere Theatergeschichte des Münchner Hofs an Bedeutung gewonnen haben: der des FRANÇOIS DE CUVILLIÉS père, der seit 1706 als Kammerzwerg im Gefolge MAX EMANUELS geführt wurde und der ab 1725 als Hofbaumeister in München wirkte, nachdem er als Stipendiat des Kurfürsten ab 1720 bei BLONDEL in Paris Architektur studiert hatte. Der andere Theaterkünstler war JEAN PIERRE DUBREUIL, vom 1. Oktober 1715 bis 1732 (seinem Tod) Tanzmeister am Münchner Hof. MAX EMANUEL hatte ihn in Brüssel erstmals tanzen sehen, sein Talent erkannt und ihn fürstlich belohnt. Am 10. April 1715 war MAX EMANUEL nach München heimgekehrt, als Kurfürst von Bayern restituiert. DUBREUIL gehörte zu den ersten, die er an sein Hoftheater verpflichtete: »Ihre Churfürstl. Drl. in Bayern etc., Unser genädigster Herr, haben dero den ersten Oktober 1715 aufgestelten Hof Danz-Maistern Peter Dubreil zu Ihrer Drl. des Chur-Prinzen Cammer-Diener gdgst. declariert und ihme Beynebens als Danz Maistern zu seinem Jährlichen Behalt Sechs hundert Gulden [. . .] genädigst Bestimmet [. . .] Sig. den 14. Februar 1718.« Auch hier wieder die soziale Sicherung des Künstlers als Kammerdiener im Hofetat. DU-BREUIL zählte übrigens zu den frühesten Vertretern einer professionell ausgebildeten Berufstänzerschicht.

Es nimmt nicht Wunder, daß MAX EMANUEL in den langen Jahren seines Aufenthalts im französisch geprägten Kulturkreis von Brüssel, Lille, Mons und Compiègne mehr und mehr dem französischen Theater zuneigte. Hatte er – als Begründer und Erbauer des ›Théâtre de la Monnaie‹ – schon den Werken LULLYS im Spielplan den Vorzug gegeben, so war er doch nie einseitig, wie das Engagement der venezianischen Truppe des CALDERONE beweist. Auch die deutschen Schauspieler erhielten in München ihre Chance. Von TREU war schon die Rede. Auch ein gewisser JOHANN HEINRICH PRUNIUS (oder BRUNIUS) muß in MAX EMANUELS Dienst gestanden haben, zumindest lassen außerbayerische Urkunden darauf schließen. Leider sind ja die Hofzahlamtsrechnungen der Jahre 1715 bis 1750 fast alle verlorengegangen, so daß wir diese sonst so ergiebige theaterhistorische Quelle nicht nutzen können. PRUNIUS soll Mitglied von STRANITZKYS, des berühmten Wiener Hans Wurst', Truppe gewesen sein, bevor er sich, etwa um 1715, selbständig machte. Jedenfalls findet sich eine beweiskräftige Titulatur in einem Brief des PRUNIUS vom 27. September 1719 an den Rat von Nördlingen: » . . . Es haben Ihro Churfrstl. Dchl. in Bayrn, mein Gnädstr. Churfürst und Herr, in dero Hohen Diensten ich zu stehen dermahl begnadiget, mit meiner bande Hochteutscher Commedianten mir die Unterthänigste Erlaubnus Zugestanden, uf 3 Monath anderer Orthen meine Von 16 Lebendigen Persohnen theatralische und Moralische sehenswürdige Actiones offentlich fürstellen Zu dörffen . . .« PRUNIUS' Truppe hat demnach aus sechzehn Spielern bestanden, die offensichtlich den üblichen Spielplan damaliger deutscher Komödianten vorführte, nämlich auf Bieder-Moralisch getrimmte Stücke, wohl meist entsprechende Bearbeitungen aus der dramatischen Literatur und von Stoffen der Bibel beziehungsweise der Geschichte und Mythologie. Blieb PRUNIUS in seinem Gesuch um Spielerlaubnis bei der Wahrheit, dann stand er also im Dienst des Kurfürsten und hatte lediglich drei Monate Gastiererlaubnis. Anders gelagert war vermutlich der Fall des Prinzipals STEPHAN MAYR, der 1721 das von ihm begehrte kurfürstliche Privileg erhielt, in München mit seinen »Teutschen Comoedianten« aufzutreten. Obwohl es sich hier nicht um Theaterleute im Dienst der Wittelsbacher handelt, scheint uns diese besondere Theaterförderung erwähnenswert, denn sie ermöglichte einer Wandertruppe doch ein gewisses Auskommen. Der Rat einer Stadt überlegte sich nämlich genau, ob er der vom Kurfürsten privilegierten Truppe die Spielerlaubnis versagen sollte. Nachdrücklich genug war ja die Mitteilung des Privilegs an die Ratsherren: »Maximilian

Emanuel Churfürst etc. Liebe, Getreue, demnach Wir Stephan Mayr Burger und teutschen Commediant alhier et cons. auf Ihr beschechen underth. Suppliciren und beigebrachten ursachen, daß Sye nemblichen nit allein ehrliche commedien spillen und forderist umb alhiesige burgers und andere leuth umbsechen und solche hierzue gebrauchen, mithin sowol iederman, hoch und Niedern standts bemieglichen Satisfication damit machen wollen, die gdiste. Verwilligung gethan, daß Sye alhier vor andern, sowohl ietzt als hinkhinfftig, sowohl geistlich als weltliche Commedien öffentlich spillen darffen, Alß haben wir Euch ein solches zur nachricht notificiiren wollen. München 2. mai 1721.« Der Kurfürst verbürgte sich gewissermaßen für die moralische Untadeligkeit und artistische Qualität der Schauspieler und ihrer Aufführungen und hob sie damit ab von der Schar herumwandernder und oft verfolgter Außenseiter der damaligen Gesellschaft – ein seit der Renaissance vom europäischen Hochadel praktiziertes Verfahren.

Aller großmütigen Förderung deutscher Komödianten zum Trotz: großen Gefallen konnte ein so theaterbegeisterter und kenntnisreicher Fürst wie MAX EMANUEL an diesen – im Vergleich mit Italienern und Franzosen – letzten Endes grobschlächtigen Gesellen kaum finden. Neben der italienischen Commedia dell'arte bevorzugte der Kurfürst seit seiner Brüsseler Zeit das französische Schauspiel und seine Interpreten. Schon als Knabe hatte er PHILIPPE MILLOT und seine Truppe gesehen, das aus dem Hofadel bestehende französische Liebhabertheater verstärkte den Einfluß. Außerdem war MAX EMANUEL ohnehin französisch erzogen – LUDWIG XIV. galt in jeder Hinsicht als Vorbild. Zudem war des Kurfürsten Schwester, MARIA ANNA CHRISTINA, verheiratet seit 7. März 1680 mit dem französischen Thronfolger, zumindest formal mit der Leitung der Hofbühnen von Paris und Versailles betraut. Alle Voraussetzungen für die Beschäftigung MAX EMANUELS mit dem französischen Theater waren gegeben; sie wirkten sich aber erst voll aus in den Jahren zwischen 1701 und 1704, also zwischen der Beendigung der Statthalterschaft und dem Beginn des Exils. Im Frühling des Jahres 1701 war der Kurfürst nach München zurückgekehrt. Noch im Lauf dieses Jahres müssen französische Schauspieler, von Brüssel kommend, am Hof aufgetreten sein, denn am 28. Oktober 1701 wurde dekretiert: »Ihre churfrl. Drl. in Bayrn etc. unser gdister herr haben mit dem Chateauneuf französischen Comoedianten zu Hanover auf 6 Monath lang alhie derlei französische Comoedien zu spihlen, dahin gdist. tractieren lassen, das Ihnen darfür Acht tausent fünfhundert und Neunzig französische Livers gegeben . . . « Auch Reisespesen werden angewiesen und am 25. November 1701 quittiert von PREFLEURY, DUCORMIER, PREVOST, DE LA GARDE und D'ARTENAY. Weitere Dekrete beweisen, daß die Truppe vor dem 13. Januar 1702 bereits in München aufgetreten war und daß der Kurfürst sie durch feste Gagen an den Hof zu binden trachtete. Insgesamt waren es vierzehn Darsteller (je sieben Damen und Herren sowie deren Diener, die sogenannten »gagistes«). Es handelte sich um den Kern der »Comédiens du duc d'Hannovre«, welche im Urteil ihrer Zeitgenossen zu den besten französischen Schauspielern zählten. Daß JOHANN ANTON GUMPP 1703 für diese Truppe, die MAX EMANUEL jährlich fast zwanzigtausend Gulden kostete, eine Bühne in den ›St.-Georgs-Saal‹ eingebaut hatte, erwähnten wir bereits. Am 13. August 1704 wurde MAX EMANUEL bei Höchstädt von den Österreichern besiegt und mußte ins Exil gehen. Die französischen Schauspieler gerieten dadurch in größte Not, da die Besatzungsmacht kein Interesse daran hatte, die hohen Gagen weiterzuzahlen. Einer nach dem andern verließen die Komödianten München. Einige von ihnen folgten MAX EMANUEL nach Brüssel und an die anderen Residenzen seines Exils, wo sie ziemlich regelmäßig vor dem Kurfürsten aufgetreten sind.

Der kurze Rückblick auf MAX EMANUELS Beziehungen zum französischen Theater erweist die zunehmende Vorliebe des Fürsten für diese Schauspiel- und Tanzkunst. Der Gedanke, bei seiner endgültigen Rückkehr nach München keine französische Truppe vorzufinden, scheint ihm unerträglich gewesen zu sein. Rückwirkend auf den 1. April 1715 nämlich (also immerhin zehn Tage vor seinem feierlichen Ein-

Engagement einer französischen Truppe für München 1715

zug in die Residenzstadt!) datiert das Dekret vom 1. September 1715 das Engagement eines vollständigen französischen Ensembles: »Demnach Ihre Churfrl. Drl. in Bayrn, Unßer Gdister. Herr, für die undern 1. April diß jahrs neu aufgestölte comoedianten und andere darzue benöthigte persohnen einen respective jährlichen underhalt in drey und dreyßig tausent Livres de France bestehent, wie beyligente Specification repartierter maßen weißet, gdst. Verwilliget . . . « Da unsere Kenntnisse wegen des Verlusts der Rechnungen und Theaterakten von 1715 bis 1750 spärlich bleiben müssen, gibt uns die »Specification« wenigstens Aufschluß über die Zusammensetzung der französischen Truppe: fünfzehn Schauspieler und Schauspielerinnen (mit je 1.600 Livres jährlicher Gage), drei Tänzer (unter ihnen der uns schon bekannte PIERRE DUBREUIL), sieben »Gagisten«, also Hilfskräfte, ein Dekorateur, eine Souffleuse (wie man sieht, ein alter Theaterberuf!), zwei Bekleiderinnen (also Kostümspezialistinnen) sowie zwei Botinnen. Immerhin also einunddreißig Mitglieder zählte die Truppe mit ihren Hilfskräften. An Namen sind überliefert: die Schauspieler BEAUPRÉ, CHAMPVALLON, CLAVEL, DAUVILLIERS, ANDRÉ DUCLOS, GRANDVAL, PIERRE GRAVIER, PIERRE REY, LOUIS LE SAGE; die Schauspielerinnen CHAMPVALLON (Frau des schon erwähnten Darstellers) und VASSY, ferner die Tänzerinnen LA FEUVRE und LA CREMERS. Sie alle tauchen zwischen 1715 und 1720 in Dekreten, Personalakten oder gar Totenregistern auf, ohne daß wir sie präzise dem Ensemble zuordnen können. Im Jahre 1720 war die Schuldenlast des Hofes so erdrückend geworden, daß MAX EMANUEL sich genötigt sah, den Hofstaat möglichst in allen Bereichen zu verkleinern. Den Einsparungen fiel das gesamte französische Ensemble zum Opfer. Die Hofkapelle allerdings wurde als unabdingbar angesehen – eine aufschlußreiche Gewichtung von Theater und Musik im Hinblick auf die herrscherliche Selbstdarstellung, nicht nur bei den Wittelsbachern, sondern an allen Fürstenhöfen.

Wo aber sind die französischen Schauspieler aufgetreten und was haben sie gespielt? Zum Glück überbrücken die 1717 beginnenden Tagebuchaufzeichnungen des Grafen MAXIMILIAN VON PREYSING jene Lücke, die durch den Verlust der Rechnungen und Akten entstanden ist. PREYSING erwähnt sowohl Aufführungen in GUMPPS Theater im ›St.-Georgs-Saal‹ als auch Inszenierungen französischer Schauspiele im Opernhaus am Salvatorplatz. Und eine neue Bühne läßt sich mit PREYSING datieren: das Heckentheater von Nymphenburg. Der Graf notierte zum 6. August 1719: »Nach der taffel gienge alles gleich nach Nimphenburg, wo umb 9 Uhr [gemeint ist 21 Uhr] die frantzösische commedie auf dem offenen theatro, les trois cousines [von Dancourt] gehalten und mit Vil hundert ämperl illuminiert worden.« Erstmals begegnet uns in der Theatergeschichte der bayrischen Wittelsbacher ein Gartentheater. Ungewöhnlich auch die Bespielung zur Nachtzeit bei künstlicher Beleuchtung. In der ersten Hälfte des 18. Jahrhunderts erfreuen sich derartige ›Natur‹-Theater zunehmender Beliebtheit. Sie sind wohl zaghafte Vorboten des Rokoko, seiner Neigung zum Idyll, zur pastoralen Naturverbundenheit, ohne daß man allerdings auf gestaltende Eingriffe in das natürliche Wachstum der Bäume und Pflanzen verzichtet hätte. Während jedoch die Heckentheater etwa von Salzburg (Mirabell), Herrenhausen oder Bayreuth außerordentlich raffinierte Nachahmungen barocker Opernbühnen präsentieren, war das Nymphenburger Gartentheater von auffallender Schlichtheit. MATHIAS DISEL, nach seiner Tätigkeit für Salzburg ab 1718 »Churfürstl. Bayrischer Garten Ingenieur«, hat das Theater gezeichnet, KARL REMSHART hat es in Kupfer gestochen (1722). Auf trapezförmigem Grundriß sehen wir geradlinig – wie Mauern – verlaufende und geschnittene Hecken, etwa einen halben Meter erhöht gegenüber dem Zuschauerbereich, von je fünf Springbrunnen auf den Seiten geschmückt und einer größeren Fontäne im Hintergrund akzentuiert. Ob DISEL auch Schöpfer dieses Heckentheaters war, bleibt fraglich.

Im sogenannten ›Schwarzen‹ oder ›Perspektiv‹-Saal der Residenz gab es seit 1719 ebenfalls Schauspielaufführungen. Auch studierte man dort gelegentlich Opern ein, bevor sie im Salvatortheater aufgeführt wurden, wahrscheinlich, weil die dortigen Proben weniger Aufwand an Personal und Geld erforderten. Das Repertoire der französischen Schauspieler übermittelt uns ebenfalls Preysings Tagebuch. Wie zu vermuten war, finden sich darin die schon damals ›klassischen‹ französischen Autoren wie Racine, Corneille und Molière mit ihren Hauptwerken. Und natürlich die ihnen nacheifernden Tragödien- und Komödienschreiber der zweiten Generation und Garnitur. Da keine Aufführungsbilder erhalten sind, läßt sich zum Darstellungsstil nur vermuten, daß Max Emanuels französische Darsteller in der Tradition eines Philippe Millot agiert haben. Während sich in Deutschland der grundlegende, nämlich klassische Schauspiel- und Inszenierungsstil erst in der Goethe-Zeit, also der zweiten Hälfte des 18. Jahrhunderts, zu entfalten begann, war diese Entwicklung in Frankreich bereits zur Zeit Ludwig XIV., also ein Jahrhundert früher, in Gang gekommen. Der hohe literarische und dramaturgische Anspruch der Racine, Corneille und Molière hatte die Schauspielkunst schnell zu solcher darstellerischer Reife verfeinert, daß sie bis in unsere Gegenwart (an der ›Comédie Française‹) als maßgebendes Vorbild wirken konnte.

Hatte Max Emanuel seine erste französische Truppe aus politischer Notlage im Stich lassen müssen, so die zweite aus finanzieller. Eine länger dauernde Ensemblepflege war unmöglich; die Schicksale der Schauspieler endeten oft sehr traurig in Hunger und Not. Einer jedoch verstand sich zu halten und lieferte gleichsam das Satyrspiel: Pierre Laurent, dessen Familie noch den Enkel Max Emanuels, Max III. Joseph, beziehungsweise dessen Hofbauamt manche Nerven kostete. Laurent war von Max Emanuel ab 1. Juli 1720 in Dienst gestellt worden: »Ihre Churfürstl. Dhl. in Bayrn, Unßer gdister. Herr, haben gdist. resolvieret, dem gewesten comoedianten Pierre Laurent für einen so genandten Theaters- und Scenendecoratorn mit jährlichen Sechshundert Gulden besoldung anstöllen und Zwar mit disem gehalt den anfang vom ersten July ao. 1720 machen Zulassen . . . « Damit war ein weiterer ständiger Theaterposten geschaffen, der des Maschinenmeisters und Inspizienten. Die Besetzung freilich war ein Mißgriff: in der Dienstwohnung im Salvatortheater brachte Pierre Laurent so manches vom Bestand des Theaters unter, was ihm zur eigenen Behaglichkeit dienlich schien. Nach seinem Tod 1731 trieb's der Nachfolger, der Stiefsohn Jean Baptiste Laudé, noch ärger. Er verdiente zwar nur vierhundert Gulden jährlich (bei freier Dienstwohnung im Theater) und wurde überdies verpflichtet »die hindterlassene wittib [nämlich des Pierre Laurent] sambt geschwistigten ohne entgelt zu undterhalten«, doch auch ihm ging die Gemütlichkeit über alles. Ohne Genehmigung installierte er Öfen im überwiegend hölzernen Theater, schmückte die Wohnung mit Gegenständen aus dem Fundus und feierte die Verbesserung seiner Lage mit manch herzhaftem Trunk. Fast fünfzehn Jahre gelang es ihm, dem kurfürstlichen Bauamt zu trotzen, bis er 1745 den Bogen überspannt hatte, als er sich nämlich »so weith erkühnkht hat, auf daß daselbstige theatrum 4 biß 5 Pferdt zu stellen, folglich aus dero operahauß einen Pferdtstahl zu machen«. Das Maß war voll, und das Bauamt setzte ihn an die Luft. Umso erstaunlicher mutet es an, daß Max III. Joseph 1749 Laudés Stiefbruder August Laurent auf die vakante Position setzte. Trunksucht und Arbeitsscheu reihten ihn würdig ein in die Tradition seiner Familie.

Im Gegensatz zu den Schauspieltruppen war die Hofoper so fest etabliert, daß sie auch in der Folgezeit selten in ihrer Substanz bedroht erscheint. Als einzige Theaterform entspricht sie mit ihrer Verschmelzung aller Künste unangefochten dem Anspruch des Fürsten auf die möglichst vollkommene Versinnlichung herrscherlicher Repräsentanz. Vielleicht erklärt sich daraus der Umstand, daß bei den wenigen wirklich großen Höfen Europas kaum je von einer Opernkrise berichtet werden kann. Die Hofoper war schon in der zweiten Hälfte des 17. Jahrhunderts allerorten so institutionalisiert, daß sie auch dann (meist gut dotiert) ›funktionierte‹, wenn ein eigentlich am Theater kaum interessierter Fürst regierte. Max Emanuel zählte nicht zu ihnen. Wie Graf Preysing überliefert, wurden jährlich zwei bis drei Opern neu aufgeführt, weitere fünf bis zehn aus dem Repertoire wiederholt. Die zunehmende Häufigkeit der Aufführungen darf als weiteres Indiz für die Selbstverständlichkeit

Die Hofoper

des Opernbetriebs gedeutet werden. Man näherte sich der uns so vertrauten, fast alltäglichen Routine, bewältigt von einem Stamm bewährter, oft einheimischer Künstler. Lediglich herausragende Ereignisse oder Zeiten (wir nennen sie ›Festspiele‹) erforderten besonderen Aufwand. Auch MAX EMANUEL hält es nicht anders: GUMPP und die STUBER meistern – auf hohem Niveau – die Repertoire-Aufführungen; die MAURO oder einen GIACOMO MONARI engagiert der Kurfürst, wenn es gilt, imperialen Glanz zu erzeugen. Als zwingende Anlässe hierfür haben wir schon des öfteren die Hochzeiten kennengelernt, die ja auch in dynastischer Hinsicht eine Schlüsselrolle spielen. So auch bei der Vermählung von MAX EMANUELS Sohn, des Kronprinzen KARL ALBRECHT, mit AMALIA MARIA JOSEPHA, Kaiser JOSEPH I. Tochter. Überwunden die langjährige, im Krieg gipfelnde Entfremdung der Häuser Wittelsbach und Habsburg, verziehen MAX EMANUELS Hinwendung zu Spanien und Frankreich. Entsprechend aufwendig feierte man die versöhnende Hochzeit. Nach überwältigenden Opernaufführungen im Schloßtheater der Favorita bei Wien, am 6. Oktober 1722, von deren Glanz die Kupferstiche JOHANN ANDREAS PFEFFELS Kunde geben und deren Dekorationen von GIUSEPPE GALLI-BIBIENA lange den Irrtum nährten, dieser bedeutendste aller barocken Bühnenarchitekten habe in München gewirkt, setzte man die Feiern mit Festaufführungen in München fort. Also nicht GIUSEPPE GALLI-BIBIENA stattete die Münchner Inszenierungen aus, sondern GIACOMO MONARI, ein Meisterschüler seines Vaters FERDINANDO GALLI-BIBIENA. Im Libretto der am 18., 24., 28. Oktober und 2. November 1722 gegebenen Festoper *Adelaide* ist vermerkt: »Il scenario del Sig. Giacomo Monari, Bolognese, Scolare del Sig. Ferdinando Galli Bibiena.« Die zweite Festoper, *I veri amici,* aufgeführt am 21., 27. und 31. Oktober 1722, dürfte ebenfalls MONARI ausgestattet haben. Außerdem veranstaltete man zwei Turniere: am 22. Oktober das erste, *La publica felicità;* das Textbuch verzeichnet: »L'Inventione della Machina è del Signor Antonio Beduzzi Ingegnere di Corte S. M. Ces. e Cattolica«; das zweite Turnier (am 4. November): *Il trionfo d'amore,* ist auch in einem Textbuch überliefert, dessen einschlägige Passage lautet: »L'Inventione della Machina del Signor Nicolo Stuber di Monaco.«

An diesem Abschnitt der wittelsbachischen Theatergeschichte gerät deren Chronist in eine ebenso paradoxe wie aussichtslose Lage: obwohl alle zeitgenössischen Zeugnisse belegen, daß die Festaufführungen von 1722 zu den prunkvollsten und künstlerisch höchststehenden Ereignissen des höfischen Theaters im 18. Jahrhundert zählen, ergeben sich nicht die mindesten Anhaltspunkte, sei es bildlicher, sei es archivalischer Art, die Besonderheiten dieser Aufführungen zu vergegenwärtigen. Selbst die ausführliche Festbeschreibung des PIERRE DE BRETAGNE übermittelt uns nur den zeitlichen Ablauf der Ereignisse und behauptet ihre überwältigende Wirkung. Wie sie jedoch zustande kam, erfahren wir nicht. Auch die Nennung der entscheidenden künstlerischen Kräfte gibt uns nur dürftige Anhaltspunkte für den Stil der Aufführungen. Von NIKOLAUS GOTTFRIED STUBER hat sich einzig eine Kerkerdekoration als Zeugnis seiner jahrzehntelangen Tätigkeit als Bühnendekorateur erhalten, obwohl er nachweislich mindestens neunundzwanzig Opern ausgestattet hat, nämlich von 1722 bis 1747. Von ANTONIO BEDUZZI wissen wir nicht mehr, als daß er ein aus Bologna stammender Maler und Theateringenieur war, der seit 1708 im Dienst des Wiener Hofes stand. Nur wenig aufschlußreicher ist die Titulierung GIACOMO MONARIS als »Scolare del Sig. Ferdinando Galli Bibiena«. Sie erlaubt jedoch immerhin Rückschlüsse auf das entscheidende Stilmerkmal seiner bühnenbildnerischen Tätigkeit: der (1684 geborene und 1769 gestorbene) Bologneser hätte gewiß nicht solchen Wert auf die Erwähnung seiner Lehrzeit bei FERDINANDO GALLI-BIBIENA gelegt, wenn er nicht dadurch einen Beweis für die Besonderheit seines eigenen Dekorationsstiles hätte erbringen können, wodurch er sich wohl auch größere Marktchancen ausrechnete. Daß MAX EMANUEL ihm die Ausstattung der großen Festaufführungen übertragen hat, bestätigt die Richtigkeit von MONARIS Spekulation, ein Dekorateur der FERDINANDOS Stil beherrsche, sei gefragt. Und in der Tat:

162 Schauessen anläßlich
der Vermählung Karl Albrechts mit
Amalia Maria in Wien, 1722,
Ausstattung von
Giuseppe Galli-Bibiena

163 Feuerwerk auf dem
Starnberger See anläßlich der
Vermählung Karl Albrechts mit
Amalia Maria, 1722

164 »Carousel-Comique«, Scherzturnier, das in München
wahrscheinlich am 4. und 8. Februar 1723
abgehalten wurde

FERDINANDO GALLI-BIBIENA war ja nicht nur der Vater und Lehrmeister des genialen GIUSEPPE, sondern auch der eigentliche Überwinder des zentralperspektivisch gestalteten Bühnenraumes, der für das gesamte 17. Jahrhundert maßgeblich war. Im Jahr 1703, und zwar bei einer Inszenierung in Bologna, hatte FERDINANDO erstmals seine neuartige Raumauffassung »di veder la scena per angolo« vorgestellt, 1711 publizierte er sie in Parma in seiner *Architettura Civile*. Er gab darin die Zentralachse des hochbarocken Bühnenbildes als alleiniges Gestaltungsprinzip auf und erweiterte sie durch zwei sich kreuzende diagonalperspektivische Blickachsen, so daß der Opernbesucher nun in einen übereck gestellten Spielraum sah, wodurch die ganze Szene einen gewissen Ausschnittcharakter gewonnen hatte: der Betrachter mußte die nach allen Richtungen unbegrenzten Räume in seiner Phantasie weiterführen und vollenden. Diese Spielraumgestaltung hatte einen doppelten Effekt: der raffiniert gewählte, scheinbar ›zufällige‹ Ausschnitt wirkte einerseits realer, andererseits steigerte er die Kompliziertheit und Dynamik der Beziehungen zwischen Zuschauerraum und Bühnenraum. FERDINANDO behielt allerdings meistens noch die zentrale Tiefenachse bei und setzte sein neues Prinzip in Spannung zu ihr, indem er radial von ihr abstrahlende Raumfluchten schuf. Dies also war zur Zeit MAX EMANUELS der modernste Bühnenbildstil, und in GIACOMO MONARI konnte der Kurfürst für die Hochzeit des Prinzen KARL ALBRECHT einen Künstler verpflichten, der die neue Methode beim Erfinder gelernt hatte. Diese für den Spätbarock charakteristische Raumauffassung dürfte bis in die fünfziger Jahre, also vor allem während der Tätigkeit des NIKOLAUS GOTTFRIED STUBER, an der Münchner Hofoper dominiert haben. Erst GIOVANNI PAOLO GASPARI hat das spätbarocke Bühnenbild überwunden. Um wenigstens einen Eindruck der von FERDINANDO GALLI-BIBIENA geschaffenen, von seinem Sohn wie auch von MONARI übernommenen Raumgestaltung zu vermitteln, bilden wir einen Kupferstich von JOHANN ANDREAS PFEFFEL ab, der das Schauessen des fürstlichen Brautpaares auf der Bühne des Schlosses Favorita bei Wien am 6. Oktober 1722 im Bühnenbild GIUSEPPE GALLI-BIBIENAS wiedergibt. Selbstverständlich speisten KARL-ALBRECHT und AMALIA MARIA JOSEPHA von Österreich vor dem mit Damen und Herren des Hofes besetzten Zuschauerraum.

Zur Vermählung veranstaltete man auch ein Feuerwerk auf dem Starnberger See, damals noch Würmsee genannt, und zwar am 26. Oktober 1722. Der Kupferstich von FRANZ JOSEPH SPAETT läßt uns teilnehmen an dem »Lust-Freuden- und Kunst-Feuer/ So Auß Ihrer Chur-Fürstl. Durchleucht in Bayrn MAXIMILIANI EMANUELIS Gnädigister Verordnung Zu Ehren Der mit Ihro Durchl. Dero Chur-Printzen CARL ALBERT Und Ihro Durchl. Königl. Princessin zu Ungarn und Böheimb/ Ertz-Hertzogin in Oesterreich MARIA AMALIA Vorgangenen Hochen Vermählung gehalten würdet«. THOMAS LINTNER, »Churfürstl. Obrist/ und Artiglerie Brigade Commendanten«, verdankte man Gestaltung und Leitung des Feuerwerks, der Hauptmann und »Ober-Feurwercks-Meister« FRANTZ ANTON KELLER und die Artillerie-Brigade besorgten die Ausführung. PIERRE DE BRETAGNE berichtet, wie sich der Hof, ins Glücksspiel vertieft, auf dem Prunkschiff ›Bucintoro‹ dem Starnberger Ufer nähert, wo das Feuerwerk vorbereitet worden ist. Auf einem Felsen der Liebesgott, mit der Fackel in der Hand, an einem Baum lehnend; die Initialen des Brautpaares zu seinen Füßen leuchtend; Tritonen, aus deren Krügen sich die Hauptflüsse Bayerns ergießen, der Himmel überstrahlt von farbig sprühenden Sternkaskaden, während über die Seeoberfläche feurige Schlangen zucken, die prächtig geschmückten Schiffe des Hofstaats wie Flammen umzüngelnd. Anschließend begibt man sich zum Souper nach Schloß Berg.

Von den großen Hochzeitsturnieren des Jahres 1722 hat sich keine Abbildung erhalten. Vielleicht aber gibt ein anonymer Kupferstich, betitelt »Carousel Comique«, ein Scherzturnier wieder, das am 4. und 8. Februar 1723 von MAX EMANUEL veranstaltet wurde. Der Kupferstich zeigt, wie für unser Turnier überliefert, zahlreiche Typengestalten der Commedia dell'arte, die zu Pferde die ritterlichen Aufgaben zu meistern versuchen. Als türkische Krieger verkleidete Ziele am Rand und auch in der Kampfbahn spielen womöglich auf MAX EMANUELS glorreiche Rolle als Sieger über die Türken an. Wie weit sich der Adel zu dieser Zeit vom strengen ritterlichen Ethos des mittelalterlichen Turniers entfernt hatte, ist angesichts der als Harlekine verkleideten Turnierteilnehmer unübersehbar.

MAX EMANUEL hatte übrigens 1722 KARL GRAF VON LODRON zum Intendanten der Hoffeste und damit auch des Theaters ernannt. LODRON bekleidete diese Position bis 1740. Außerdem berief der Kurfürst seinen ehemaligen Kammerzwerg FRANÇOIS DE CUVILLIÉS D. Ä. 1725 auf die Stelle des Hofbaumeisters nach München. Er wird uns beim Bau des Residenztheaters erneut begegnen. Daß NIKOLAUS GOTTFRIED STUBER seit 1722 regelmäßig Opern im Salvatortheater ausstattete, gehört ebenfalls zu den Theaterverdiensten MAX EMANUELS.

Am 26. Februar 1726 ist der Kurfürst gestorben, voll später Reue über den Schuldenberg, den er seinem Sohn und Nachfolger KARL ALBRECHT hinterlassen mußte.

Karl Albrecht

War es schon schwierig, MAX EMANUELS Verhältnis zum Theater und zu seinen Künstlern aus den spärlichen Zeugnissen zu skizzieren, so erscheint dies Unterfangen für die Regierungszeit KARL ALBRECHTS nahezu hoffnungslos. Wie bereits erwähnt, sind die Rechnungen und Theaterakten jener Epoche weitgehend verloren. Und von der fast dreißigjährigen Tätigkeit des führenden Bühnenbildners NIKOLAUS GOTTFRIED STUBER ist ein einziger Kerkerentwurf überkommen. Dabei war KARL ALBRECHTS Beziehung zum Theater, selbst an wittelsbachischen Maßstäben gemessen, besonders innig, ja, man darf sagen, schöpferisch. Bereits als Kurprinz leitete er persönlich Opernproben. So vermerkt Graf PREYSING am 1. Juli 1720 in seinem Tagebuch: »Der Churprinz aber blibe in der staat, und probirte die opera auf dem theatro.« Und am 9. Juli 1720: »Der Churprinz blibe zu München wegen der eßelmilchchur, hielte die prob der opera, und speiste nachts mit etlich Dames im balcon wehrenter opera.« Als regierender Kurfürst übersetzte KARL ALBRECHT ein Libretto des PIETRO METASTASIO, dessen auf dramaturgische Stimmigkeit bedachten Operntexte entscheidend zur Erneuerung des Genres beitrugen. Auch trat er gelegentlich in französischen Schauspielen, die er besonders liebte, als Darsteller auf, wobei er nicht einmal vor MOLIÈRES schwieriger Titelrolle des *Misanthrope* zurückschreckte, allerdings nur in Liebhaberaufführungen.

Nicht zuletzt freilich hatte der enorme Theateraufwand MAX EMANUELS dem Thronfolger drückende Schulden hinterlassen. Und so mußte auch in diesem Bereich gespart werden, mitunter auf geradezu komisch anmutende Weise – und letzten Endes erfolglos. Immerhin wurde am 18. Oktober 1727 ein Dekret erlassen, wonach »fortan von den Kerzen die Stimpfeln, sowohl beim theatro, als den Musikanten jedesmal zurückzunehmen und zu weiterem Nutzen zu verwenden« seien. Da die »Stimpfeln« aber wohl doch nicht eingesammelt und wiederverwendet wurden, beschloß die Hauskämmerei 1732 sogar, »daß Graf VON LODRON [also der Intendant!] der vor beede Jahr zuruckhgeblibnen Stimpfel halber zur verantworttung und restitution angehalten werden wolle«. Der Verbleib der Kerzenstummel kann heute nicht mehr geklärt werden. Das anekdotische Beispiel beleuchtet die schon damals übliche Praxis so mancher Behörde, mit einigem Verwaltungsaufwand an Kleinigkeiten zu sparen, während die am andern Ende ausgegebenen Unsummen solche Sparversuche lächerlich machen. Denn die Stars an KARL ALBRECHTS Theater, insbesondere die Kastraten und Primadonnen sowie die Bühnendekorateure, bezogen nach wie vor fürstliche Gagen. Selbstverständlich unterhielt KARL ALBRECHT auch eine komplette französische Schauspieltruppe. Der in Brüssel geborene und französisch erzogene Fürst machte sich wenig aus den italienischen Commedia dell'arte-Späßen; diese einst hochartistische Theaterform war ohnehin gerade in einer Phase des Niedergangs. Auch die deutschen Komödianten verharrten noch auf ihrem verhältnismäßig niedrigen künstlerischen Niveau. Wer die besten Schauspieler und Stücke Kontinentaleuropas in seinem Theater erleben wollte, landete in der ersten Hälfte des 18. Jahrhunderts also zwangsläufig bei den Franzosen.

Der uns schon bekannte Graf PREYSING hat in seinem Tagebuch die Aufführungsdaten genau verzeichnet, leider nicht immer die Stücktitel oder sonst interessierende Einzelheiten erwähnt, sich auch kritischer Bemerkungen zu den Aufführungen enthalten. Immerhin können wir seinen Eintragungen entnehmen, daß – nach dem Trauerjahr für MAX EMANUEL – ab 29. März 1728 bis zum 17. August 1741 in so kurzen Abständen französische Inszenierungen zu sehen waren, daß wir von einem fast alltäglichen Spielbetrieb der Hoftheater sprechen können, vor allem, wenn man die

Opernabende hinzuzählt. Lediglich die Fastenzeit, Trauerfälle oder Abwesenheit des Kurfürsten bedingten längere Spielpausen. Die Truppe muß allerdings erst Anfang 1729 fest engagiert worden sein, denn PREYSING notiert am 9. März 1729: »Die frz. Comedianten aufgenommen und von mir ihnen der Vertrag gemacht worden.« Wahrscheinlich wurden die seit März 1728 stattfindenden Aufführungen einzeln honoriert; möglich, daß KARL ALBRECHT die Spieler prüfen wollte, bevor er sie endgültig in seinen Dienst stellte.

Französische Truppen unter Karl Albrecht

Die Namen der meisten Mitglieder sind überliefert, wenn auch die Zeiträume ihres Engagements nicht klar bestimmt werden können. Wir nennen deshalb die Akteure, die uns innerhalb des Zeitraums von 1728 bis 1741 begegnen: die Schauspieler DUCLOS, LOUIS LEFÈVRE, DULONDEL, PRÉFLEURY L' AÎNÉ, PRÉFLEURY LE CADET [der ältere PRÉFLEURY spielte – wie erinnerlich – ja schon in MAX EMANUELS Truppe, was auch für den folgenden gilt:] D'ARTENAY; LE GRAND L'AÎNÉ, LE GRAND LE CADET, CLAVEL, DUCHEMIN, DEVORRE, ferner PIERRE DEFFORGES und seine Frau. Weitere weibliche Mitglieder waren: LA MOTTE, LA DENIS, FÉDERIC, PRÉFLEURY, LE GRAND, DULONDEL und JACINTHE, LA JUMIÈRE und MADAME SCIO. Die Letztgenannte war schon seit Jahren im Dienst KARL ALBRECHTS, ehe er auch ihren Mann mit Dekret von 18. Februar 1740 nach München verpflichtete: »Ihre Churfürstl. Drl. in Bayern etc, Unser Gnädigister Herr, haben den gewesten Chur Pfälz. Hoff-Danzmaister Sigmund Scio, in betracht dessen eheweib allbereiths etliche jahr bey dero Hoff Comoedianten Parthey alhier in Diensten stehet, alß Hoff-Danzmaistern genedigst an- und aufgenohmen und ihme zum jährlichen gehalt drey hundert Gulden . . . genädigist resolvieret.« Der Vorgang erweist wieder einmal die unbedingte Abhängigkeit solcher Theaterleute von irgendeinem Hofengagement: das Ehepaar SCIO hatte jahrelang getrennt leben müssen, um sein Auskommen zu finden (wobei man sich vergegenwärtigen sollte, daß eine Reise von München nach Mannheim zu jener Zeit ein mehrtägiges Abenteuer bedeutete). Die Gage der Franzosen betrug im Durchschnitt jährlich zwischen sechshundert und neunhundert Gulden, wobei man Damen und Herren gleich honorierte, wenn sie in vergleichbaren Rollenfächern auftraten. Das Repertoire der Truppe KARL ALBRECHTS birgt kaum Überraschungen: man gibt die Tragödien des PIERRE CORNEILLE (und die des Sohnes THOMAS), ferner heute vergessene Autoren. Am 10. Juli 1732 überrascht uns dann eine Aufführung von VOLTAIRES *Brutus*. Dessen Stücke hat übrigens CLEMENS AUGUST von Köln, KARL ALBRECHTS Bruder, selbst übersetzt und dramaturgisch bearbeitet. MOLIÈRE war selbstverständlich unter den Komödienautoren unangefochten führend, neben ihm die DANCOURT, SURESNES, BOISSY und andere.

Als KARL ALBRECHT am 12. Februar 1742 in Frankfurt zum Kaiser gekrönt wurde, begann die Invasion der Österreicher in München, das sie bis weit in das Jahr 1744 besetzten. Die französische Truppe KARL ALBRECHTS mußte nun ein ähnliches Schicksal erleiden wie jene MAX EMANUELS: ohne Gage in äußerste Not geratend, verließen die meisten München, wenige blieben, in der Hoffnung auf bessere Zeiten. Die schienen gekommen zu sein, als der glücklose letzte Kaiser aus dem Hause Wittelsbach am 23. Oktober 1744 in seiner Residenz Einzug hielt. Doch bevor er seine französische Truppe – wie er es geplant hatte – wieder erneuern konnte, ereilte ihn der Tod am 20. Januar 1745.

Die Hofoper

Daß KARL ALBRECHT bei aller Liebe zum französischen Theater die Hofoper nicht vernachlässigt hat, versteht sich nach dem eingangs Gesagten von selbst. Nicht nur der imperiale Anspruch dieses Wittelsbachers hätte eine glanzvolle Opernbühne unabdingbar gefordert; seine frühen Inszenierungsbemühungen lassen gewiß auch eine persönliche Beziehung zur Oper erkennen. Bei seiner Hochzeit 1722 hatte KARL ALBRECHT in Wien den bedeutendsten Bühnenbildner und -architekten des Barock, GIUSEPPE GALLI-BIBIENA, am Werk gesehen. Die anschließenden Feste in München stattete GIACOMO MONARI aus, wie GIUSEPPE ein Schüler des FERDINANDO GALLI-BIBIENA.

Nach diesem, bis 1749 letzten Engagement eines italienischen Dekorateurs, schob sich NIKOLAUS GOTTFRIED STUBER immer mehr in den Vordergrund. 1722 hatte er schon das Turnierspiel *Il trionfo d'amore* ausgestattet. Seitdem lieferte er fast jährlich, und zwar bis 1747, mindestens ein komplettes Bühnenbild für die jeweiligen Neuinszenierungen, was sich anhand der Angaben in den Libretti beziehungsweise von Rechnungen belegen läßt. Erhalten hat sich freilich nur ein Kerkerentwurf, den wir später noch betrachten wollen. Doch wer war dieser NIKOLAUS GOTTFRIED STUBER? Seinen Vater KASPAR GOTTFRIED haben wir schon bei den Festaufführungen des Jahres 1686 kennengelernt, als er den MAURO zuarbeitete. Der 1650 im schwäbischen Weissenhorn geborene, am 24. März 1724 in München gestorbene Maler hatte außer NIKOLAUS GOTTFRIED einen weiteren Sohn, FRANZ LORENZ, der von 1725 bis 1728 (seinem Todesjahr) für die Oper tätig war, meist als Mitarbeiter des Bruders. Mit Sicherheit allein ausgestattet hat er 1725 die Oper *Porsena*. Dennoch reichte es nicht zu einer eigenen Karriere. Aber auch NIKOLAUS GOTTFRIEDS Werdegang vollzog sich in Sprüngen. Geboren am 15. Januar 1688 in München, wo er auch am 23. April 1749 gestorben ist, erfreute er sich schon früh der Förderung durch Kurfürst MAX EMANUEL, der ihn mit COSMAS DAMIAN ASAM zur Weiterbildung (1712 bis 1713) nach Italien schickte. Von 1716 bis 1723 gehörte NIKOLAUS GOTTFRIED STUBER der Malermeisterzunft in München an. Im Glauben an eine gesicherte Existenz im Hofdienst verließ er die Zunft. Tatsächlich beauftragten ihn MAX EMANUEL und später KARL ALBRECHT, Opernaufführungen auszustatten, und zwar gegen Stückhonorar, das der Hof jedoch selten korrekt auszahlte. Als 1738 an die viertausend Gulden Gage ausstanden, bat STUBER um Festanstellung gegen sechshundert Gulden jährlich, die ihm KARL ALBRECHT ab 1. Juli 1738 bewilligte, wofür STUBER »alle Jahr ein ganz Neue Decoration zu mallen und aufs Theatrum zu ställen, auch die vorhandtene und nachkommente Decoration, gemesse aufgerichte inventarjum, in brauchbaren stand zu erhalten, nitweniger bey allen operen, das Scenarium einrichten und Exequiern helffen«. STUBER war also seit diesem Dekret, nach heutigen Maßstäben, Ausstattungsleiter der kurfürstlichen Hofbühnen. Gleichwohl wurde er ein Opfer der wirren Zeitläufe (in die elf Jahre seiner Amtszeit fielen u. a. die Kaiserkrönung KARL ALBRECHTS und die Auseinandersetzungen mit Österreich), so daß der Hof bei STUBERS Tod 1749 der Witwe annähernd viertausend Gulden schuldete, ihr aber erst nach einigen Bittgesuchen achtundsiebzig Gulden jährliche Rente gewährte, und zwar ab 1754, also schon unter der Regierung MAX III. JOSEPH.

Nikolaus Gottfried Stuber

Vier Bühnen hatte STUBER hauptsächlich zu betreuen, indem er neue Dekorationen schuf beziehungsweise den vorhandenen Fundus pflegte und, je nach Bedarf, einsetzte: das Opernhaus am Salvatorplatz, den ›St.-Georgs-Saal‹ und den ›Schwarzen Saal‹ in der Residenz sowie ein Saaltheater in Schloß Nymphenburg. Dort bespielte man nämlich nicht nur gelegentlich das Heckentheater, sondern auch eine Saalbühne, die sich im heutigen Bürotrakt der Bayrischen Verwaltung der staatlichen Schlösser, Gärten und Seen befunden hat. Über dieses »Comedi Theatrum« beziehungsweise »Comedihaus« ist nur wenig bekannt. Mit Sicherheit wurden dort zwischen 1729 und 1740 Schauspiele, ja, sogar kleinere Opern aufgeführt. Als Konstrukteur käme selbstverständlich auch STUBER in Frage. Die Bühne dürfte der damaligen Technik entsprochen haben, denn eine diesbezügliche Rechnung vermerkt (1730): »Nitweniger Niklasen Gottfriedt Stuber, Hofmahler so zum derorthigen Comedi Theatrum 10 Waldt und Häuser Scenen und 4 Schliss, dan 3 döckhen gemahlen ...« Die Bezeichnung »Scenen« bedeutet Kulissen, so daß wir auf je fünf Kulissen zu jeder Seite schließen müssen. 1749, spätestens, hat man das Schloßtheater in einen Küchentrakt umgebaut. Vom 4. Januar 1741 hat sich eine Rechnung erhalten, die beweist, daß STUBER auch für französische Aufführungen im ›Schwarzen Saal‹ tätig war: »zu der französischen Comedie auf dem Schwarzen Saall zwey Scenen mit Loquen gemacht ... fl. 10.–.«

Von größerer Bedeutung sind diejenigen Belege, die STUBER mit Sicherheit als Theaterarchitekten KARL ALBRECHTS ausweisen. Im Jahr 1740 deklarieren zwei Rechnungen von STUBER: »zu den gehaltnen Pastorale in alhisige Residenz auf den

Neue Bühnenbauten im ›St.-Georgs-Saal‹ von Stuber

165   Entwurf von Nikolaus Gottfried Stuber zur Umgestaltung des Opernhauses am Salvatorplatz in München, 1742

166 Bühnenbildentwurf von
Nikolaus Gottfried Stuber,
1747

sog. St. Georgs Saal das ganze Theatrum erbaut und mit vier neuen Veränderungen die darzue gehörigen Scenen samt den Proscenio und anfiteatrum mit allen darzue gehörigen Mahlereien verferttigt . . . in Verdinst gebracht fl. 700.–.« Dann aber scheint ihm diese Rechnung doch zu niedrig vorgekommen zu sein: »massen dieses eingangs angeführte Neue Comedi-Theatrum wegen der villen Scenen, Logien und Plafond sehr ville mehr kekostet hat, auch dises wohl mit guettem fleys gemahlen wordten . . . fl. 1500.–.« STUBER erwähnt das Proszenium und das »anfiteatrum«, nach damaligem Sprachgebrauch der Zuschauerraum; zweifellos hat er das Saaltheater völlig neu gestaltet. Daß dennoch nicht STUBERS Neufassung des ›St.-Georgs-Saal‹-Theaters beim Brand der Residenz am 5. März 1750 verlorenging – wie immer behauptet wird –, bedarf noch der Richtigstellung. STUBERS Neufassung der Bühne im ›St.-Georgs-Saal‹ läßt auf einen Geschmackswandel KARL ALBRECHTS schließen. Hierfür spricht auch eine farbig getuschte Federzeichnung mit der Signatur »NICO-LAUS GODFRIDT STUBER Ihro khaiserliche May. Hof Mahler und architetto in München 1742«, die – nach der Titulatur zu urteilen – erst nach der Kaiserkrönung KARL ALBRECHTS (am 12. Februar 1742) entstanden sein kann. Der Kaiser hatte STUBER offensichtlich damit beauftragt, Vorschläge für einen Umbau des Salvatortheaters im Rokoko-Stil zu unterbreiten, da er wohl an dem Barock der Gebrüder MAURO keinen Gefallen mehr fand.

Die zweiteilige Zeichnung – jede Hälfte enthält einen eigenständigen Entwurf – wird dominiert von der durch die Kaiserkrone und einen darüberliegenden waage-rechten Abschluß gekennzeichneten Fürstenloge. Sie überragt sämtliche Ränge, gleichwohl läßt sie die florale und figurale Dekoration eher flächig erscheinen, zumal im Vergleich mit der raumgreifenden Komposition der MAURO (vgl. Abb. 156). Auf zweierlei Weise gelingt es STUBER, die Tektonik des Rangaufbaus zu überspielen: in der linken Hälfte der Zeichnung überwuchern variierte Rocaille-Motive die einzel-nen Logenränge, deren Decken und Böden entgrenzend, während auf der rechten Hälfte durchgehende Gebälkkonstruktionen die Tektonik verschleiern. Die bei den

266

MAURO noch innen liegenden Sitzstufen blendet STUBER dem Logenbau vor, eine letzten Endes auch nicht überzeugende Lösung. Insgesamt erweist der Umbau-Vorschlag für das Salvatortheater NIKOLAUS GOTTFRIED STUBER als malerisch empfindenden Künstler, dem die architektonische Struktur eines Raumes wenig bedeutet; insofern ist er gewiß ein typischer Vertreter des Rokoko, als den ihn auch seine Wand- und Deckengemälde, beispielsweise in Nymphenburg, kennzeichnen. STUBERS Umbauplan blieb unausgeführt, sei es, weil er KARL ALBRECHT nicht gefiel, oder weil dessen früher Tod ihn vereitelte. STUBERS bühnenbildnerische Tätigkeit ist nicht rekonstruierbar. Man darf wohl vermuten, daß er die diagonalperspektivische Raumauffassung FERDINANDO GALLI-BIBIENAS, vermittelt durch GIACOMO MONARI, beherrscht hat. STUBERS einziger erhaltener Bühnenbildentwurf, der abgebildete Kerker aus der Zeit MAX III. JOSEPH, nämlich datiert 1747, scheint auf den ersten Blick tektonisch genau erfaßbar zu sein. Schaut man aber genau hin, dann verschwimmt der Hintergrund der Korbbögen in malerischer Verunklärung. Deutlich allerdings ist der Verzicht auf die zentrale Mittelachse; der Blick wird in seitlich abstrahlende Raumfolgen gedrängt.

Zum Abschluß des Kapitels über KARL ALBRECHT wollen wir noch NIKOLAUS GOTTFRIED STUBERS *Castrum doloris* vorstellen, das er im März 1745 für den am 20. Januar gestorbenen Fürsten in der Theatinerkirche zu München errichtet hat. Der Tod als Abgang von der Bühne des Weltlebens – diese Auffassung verdeutlicht die typisch barocke Geisteshaltung. Der tote Fürst wurde ein letztes Mal mit allem Prunk und Pomp in der Rolle des Herrschers gezeigt, seine Macht und Erhabenheit durch ein großartiges Zeremoniell dargestellt. Der Trauerzug bei der Überführung des Leichnams in die Kirche, die Aufbahrung dort und die Trauerfeier selbst wurden durchaus theatralisch ›inszeniert‹. In der Kirche errichtete man, oft Wochen nach der Beerdigung, das *Castrum doloris,* ein mit emblematischen und allegorischen Motiven geschmücktes, tabernakelartiges Schaugerüst, silbern und schwarz bemalt. Rangähnliche Sitzreihen, wie im Theater angeordnet, füllten sich mit dem Abschied nehmenden Hofstaat des Verstorbenen, wobei feierliche Trauermusik den Anschein eines Theaterereignisses verstärkte. Der Kupferstich von FRANZ XAVER JUNGWIERTH beweist schon durch den gewählten Ausschnitt, daß man sich der theatralischen Wirkung des von STUBER geschaffenen *Castrum doloris* durchaus bewußt war. Wie durch ein Theater-Proszenium erblicken wir den kulissenartig gestaffelten Aufbau des Trauergerüsts, das ein Porträt des Kaisers bekrönt.

167 Trauergerüst,
»Castrum Doloris«, von
Nikolaus Gottfried
Stuber, errichtet für
Kaiser Karl VII. in der
Theatinerkirche, 1745

Max III. Joseph

NIKOLAUS GOTTFRIED STUBER hat seinen Dienstherrn nur vier Jahre überlebt. Nach dem letzten Kaiser aus dem Haus Wittelsbach hatte der letzte altbayrische Kurfürst, MAX III. JOSEPH, am 20. Januar 1745 die Regierungsgeschäfte übernommen, noch nicht achtzehnjährig. »Ich habe an dem Kurfürsten von Bayern gefunden, was ich nie gesucht hätte, keine gemeine Kenntnisse, eine helle Denkart, gesunden Verstand und vor allem ein unverbesserliches Herz.« Der so lobend über MAX III. JOSEPH sich äußert, ist weder ein liebedienerischer Höfling noch ein um Anstellung buhlender zweitrangiger Poet, sondern einer der unabhängigsten Köpfe des 18. Jahrhunderts und der kluge Mitbegründer des deutschen Sprechtheaters: GOTTHOLD EPHRAIM LESSING. In unser Deutsch übertragen: LESSING erkannte den Kurfürsten als einen Mann von genauen Kenntnissen, logischer und unverbildeter Denkweise und Warmherzigkeit – eine von der Mehrheit der Untertanen geteilte Meinung. Der letzte altbayerische Wittelsbacher wurde geliebt, auch wenn er im Urteil der Nachwelt weniger Aufmerksamkeit erringt als etwa MAX EMANUEL.

Schon der achtzehnjährige Kurfürst mußte die beinahe traditionellen Probleme eines bayerischen Thronfolgers lösen: den Frieden (im Österreichischen Erbfolgekrieg) herbeiführen und ein mit zweiunddreißig Millionen Gulden verschuldetes Land sanieren. Dies alles auf dem Untergrund schwindender absolutistischer Macht, aufkeimender republikanischer Ideen und des erstarkenden bürgerlichen Selbstbewußtseins. Auch im Theater – der am stärksten gesellschaftlich bedingten Kunstform – drückt sich die zeittypische Ambivalenz aus.

Zunächst freilich verläuft das Theaterleben am Münchner Hof bis 1749 in den schon von KARL ALBRECHT vorgezeichneten Bahnen, wenn man von bestimmten Kürzungen im Etat der Oper absieht. Erst 1749 wurden einschneidende Veränderungen notwendig und auch beschlossen. Als neuen Intendanten der Hofoper ernannte MAX III. JOSEPH den Grafen JOSEPH VON SALERN, der ein illegitimer Wittelsbacher Sproß gewesen sein soll. Er amtierte bis 1753 und starb 1805, hochbetagt, als Kunstsammler. Mit Dekret vom 30. April 1749 schuf der Kurfürst eine weitere bühnentechnische Position an seiner Oper, indem er JOHANN BAPTIST POST zum Beleuchtungsmeister ernannte. Eine Maschinenmeisterstelle war ja – wie erinnerlich – bereits vorhanden, wenn auch die bisherigen Amtsinhaber aus der Familie LAURENT den Theaterbetrieb eher störten als förderten. Bedeutender war jedoch die Verpflichtung eines neuen Theaterarchitekten und Bühnenbildners, die NIKOLAUS GOTTFRIED STUBERS Tod am 23. April 1749 notwendig gemacht hatte. Am 23. September 1749 erging das Einstellungsdekret: »Ihre Churfürstliche Durchlaucht in Bayern Unser gnädigster Herr etc. haben den JOHANN PAUL GASPERI in ansehung seiner besizendten hechst Ihro sonders angeruembten vortreflich Mahlers Kunst, als einen Theatern Mahler mit bestimbung eines Jährlichen gehaltes Von ain Tausent Gulden Von anfang heurigen dritten quartals, gnädigst aufgenohmen.« GIOVANNI PAOLO GASPARI war demnach am 1. Juli 1749 von MAX III. JOSEPH in den Hofdienst übernommen worden. (LORENZ VON WESTENRIEDER behauptete übrigens, die Position sei eigentlich JOSEPH IGNATZ SCHILLING zugedacht gewesen: »Als der Hofmaler STUBER starb, wurde ihm [SCHILLING] diese Stelle vom Hofe angetragen; er schlug sie aber aus, um etwa die Mutter nicht zu kränken.«) Wie dem auch sein mag: mit der Berufung als Ausstattungsleiter an die Münchner Hofoper begann für GASPARI ein gutes Vierteljahrhundert ununterbrochenen Wirkens am bayerischen Hof. In seine Tätigkeit fallen so bedeutsame Höhepunkte der Münchner Theatergeschichte wie die Erbauung des Residenztheaters von CUVILLIÉS, die Aufführung der Oper *Orpheus und Eurydike* von GLUCK und MOZARTS *La finta giardiniera*. Aus GASPARIS Anstellungsdekret geht hervor, daß er MAX III. JOSEPH »angeruembt« worden war.

Veränderungen an der Hofoper 1749

Giovanni Paolo Gaspari

269

In der Tat war der damals siebunddreißigjährige Venezianer in Süddeutschland kein Unbekannter mehr. Im Dienst der weithin als Kunst- und Theaterkennerin von Rang geltenden Markgräfin WILHELMINE VON BAYREUTH, Friedrichs des Großen Schwester, hatte GASPARI vom Frühjahr 1738 bis 1745 sich einen guten Namen errungen. Er baute das primitive Erlanger »Comoedienhaus« 1743 zu einem Hoftheater von kühler venezianischer Eleganz um (übrigens das älteste erhaltene Hoftheater Süddeutschlands) und führte als Bühnenbildner den zeitgemäßen spätbarocken Stil der BIBIENA ein. Ihnen mußte GASPARI allerdings weichen, als die Markgräfin GIUSEPPE und CARLO GALLI-BIBIENA mit dem Bau des Bayreuther Theaters beauftragte. Bis zu seinem Engagement in München arbeitete GASPARI wahrscheinlich als Architekt und Bühnenbildner für Schloßtheater in Prag und Böhmen, wo er auch schon in den dreißiger Jahren des 18. Jahrhunderts nachweisbar ist. GASPARI wurde 1712 in Venedig geboren als Sohn des namhaften Architekten und Vedutenmalers ANTONIO GASPARI, der übrigens auch für den Erhalt der palladianischen Bauwerke zuständig war. Der vom Vater ausgebildete GIOVANNI PAOLO war demnach geprägt von der Architektur PALLADIOS und vom Bühnenbildstil des beginnenden Jahrhunderts. Daß MAX III. JOSEPH ausgerechnet ihn an seinen Hof holte und dann ein Vierteljahrhundert seine Dienste in Anspruch nahm, scheint mir einen deutlichen Geschmackswandel des Kurfürsten im Vergleich mit seinen Vorgängern zu erweisen. Weder den ausgeprägten, etwas pathetischen Barock der Bologneser Schule noch gar bayerische Rokokoschwelgerei konnte er von einem Künstler wie GASPARI erwarten. Dessen heftige Auseinandersetzung mit CUVILLIÉS beim Bau des Residenztheaters wird uns in diesem Zusammenhang noch beschäftigen.

Umbau der Bühne im ›St.-Georgs-Saal‹

Zunächst aber – bereits einen Monat nach dessen Dienstantritt – beauftragte der Kurfürst seinen neuen Theaterarchitekten, die Bühne im ›St.-Georgs-Saal‹ der Residenz umzugestalten, also STUBERS noch frische Rokokofassung zu verändern. Eine Hofbauamtsrechnung aus dem Jahr 1750 liefert den Beweis: »Erstlichen hat Berichter Simon Höppler im Monath aug: ferttigen Jahrs [also 1749!] Zu errichtung des Neuen Französisch: Comodianten Theatri uf dem Georgen Saall in alhiesiger Residenz, für dem Hofmahler GASPERI, Verschaidener feiner Gattungen Farben abfolgen lassen . . . « Wie GIOVANNI PAOLO den St.-Georgs-Saal umgebaut hat, wissen wir nicht, denn bei dem großen Brand 1750 in der Residenz wurde auch sein französisches Komödiantentheater ein Raub der Flammen, also nicht dasjenige STUBERS, wie noch G. Löwenfelder annahm.

GASPARI hat schon 1749 oder 1750 in München geheiratet, denn am 8. Oktober 1750 taufte er einen Sohn auf den Namen KARL BEGANIANUS FRANZ; der wurde Historienmaler in Venedig. Nach dem frühen Tod seiner ersten Frau heiratete GASPARI in den bayerischen Adel ein: am 27. Mai 1759 führte er die sechsundzwanzigjährige MARIA ANTONIA VON REISSENEGGER, Tochter eines kurfürstlich bayerischen Hofkammerrats, zum Altar. Soziologisch immerhin bemerkenswert: mag sich doch in einer solchen Verbindung das hohe Ansehen eines Theatermannes vom Range GASPARIS ausdrücken, aber auch die Aufweichung aristokratischen Standesbewußtseins.

Bau des Residenztheaters

Nach ersten bühnenbildnerischen Arbeiten GASPARIS in der Tradition eines GIUSEPPE GALLI-BIBIENA und PIETRO RIGHINI bringt das Jahr 1752 eine Opernpause. Vermutlich hatten alle Künstler genug damit zu tun, am Bau des neuen Residenztheaters mitzuwirken, den man inzwischen begonnen hatte. Gründe für diesen Neubau waren die ständige Brandgefahr in der Residenz durch die Saalbühnen, ferner das Alter und die entfernte Lage des allmählich verkommenen Salvatortheaters, dessen Architektur MAX III. JOSEPH wohl auch zu barock erschien.

Beteiligung Gasparis am Theaterbau Cuvilliés'

Über die Baugeschichte des Meisterwerks von CUVILLIÉS ist ebensoviel geschrieben worden wie über seine künstlerische Bedeutung. Für unseren Zusammenhang sind aber nur drei Fragen wichtig: War GASPARI an der Errichtung des Residenztheaters beteiligt? Wenn ja, was hat er dafür beigesteuert? Und schließlich: Was hat es mit dem heftigen Streit zwischen ihm und den beiden CUVILLIÉS (Vater und Sohn)

270

für eine Bewandtnis? Die Beteiligung GASPARIS am Bau des Residenztheaters wird eindeutig belegt durch einen Erlaß des Kabinettsekretärs JOSEPH VON ERDT, dem der Kurfürst die Bauleitung übertragen hatte. In diesem Dekret vom 9. Februar 1753 erläuterte VON ERDT zunächst seine Aufsichtsbefugnis, dann führte er aus, was zum planmäßigen Fortgang der Bauarbeiten geschehen müsse: »Zu solchem Ende ist von höchst deroselben gnädigst verordnet worden, daß sowohl dem Churfürstlichen Ober Pau-Meister Cuvilliés, ergo dem Theatre Mahler Gaspari, Und hierzu angestellt fremden Machinisten gemessen aufgetragen werden, ihme von Erdt die verlangende Plans Und Zeichnungen auf jedmaliges begehren vorzuweisen ... « Die ausdrückliche Nennung GASPARIS neben CUVILLIÉS erlaubt den Schluß, daß er in verantwortlicher Stellung an der Ausführung des Theaters beteiligt war. Dieser Umstand ist auch nicht weiter verwunderlich, denn CUVILLIÉS war ja kein Theatermann, während GASPARI in Erlangen und Böhmen einschlägige Erfahrungen hatte sammeln können. Zudem mußte er als Ausstattungsleiter des neuen Residenztheaters mit dessen Bühne ständig arbeiten. Was lag also näher, als ihn mit deren Einrichtung zu beauftragen? Doch hierüber gibt der schon erwähnte Streit zwischen GASPARI und den CUVILLIÉS Aufschluß. Die Spannungen waren vermutlich schon 1750 bei der Verteilung der Kompetenzen aufgetreten; sie steigerten sich aber während der zweieinhalbjährigen Bauzeit derart, daß der offene Ausbruch sogar dem Kurfürsten im November 1753 zu Ohren kam, und zwar durch GASPARI selbst. Zuvor wandte sich dieser jedoch am 13. November 1753, also nach der festlichen Einweihung des Opernhauses, an das Obristhofmeisteramt, um seinen Standpunkt in dem Streit zu erläutern. Aus dem umfangreichen Brief wollen wir die Stellen anführen, aus denen hervorgeht, welche Arbeiten GASPARI beim Bau ausgeführt hat und welche die CUVILLIÉS. Ferner diejenigen Passagen, denen sich die Ursachen des Streits entnehmen lassen. Eine Schlichtungsverhandlung war wohl vorausgegangen, als GASPARI schrieb: »Es ist ein zum Voraus hochgenädig Bekhandte Sache, wasgestalten Von Sr: Churfr'tl:Drtl: mir zu dem Neu aufgeführten opera gebäu die Verförttigung derer hierzuebehörigen Theatralischen Decorationen, Und Ausziehrung Gdigist Ybertragen, welche arbeith soforth Von mir auch nit nur Gehorsambst ybernohmen: sondern hiernächstens auch in solchmessigen Standt hergestöhlt worden, daß hierab sowohl Von Bestgedacht Sr: Churfr'tl:Drtl: Und denen genädigisten Herrschafften, als Von dem gesambten Publico ein allseithig Verlautbares Contento, Und Begnüngliche Satisfication zuschöpfen geweesen, Und noch ist. Nur die Einzige CUVILLIÉ Vatter, und Sohn nebst Ihren anhängern seynt diejenige, welche an meinen Verförttigungen Verscheydentliche ausstöhlungen zuerdichten gewust ... « GASPARI schließt seinen Brief mit der Vermutung, daß die CUVILLIÉS sogar imstande wären, ihm »tausent Füeß Vorm S:v: hintern zu geben«. Der Anfang des Zitats beweist, daß der Kurfürst GIOVANNI PAOLO mit der Einrichtung der Bühne betraut hatte, denn GASPARI schreibt unmißverständlich, daß die Dekorationen zum neuen Operngebäude gehörten, nicht etwa zu einer bestimmten Oper. Wir erfahren außerdem, daß der Kurfürst mit GASPARIS Arbeit ebenso zufrieden war wie das Publikum, aber eben nicht die CUVILLIÉS mit ihren Anhängern. GASPARIS Hinweis auf diese Parteigänger der CUVILLIÉS läßt vermuten, daß es sich um eine breit angelegte Intrige gehandelt hat.

Vergegenwärtigt man sich den Hintergrund dieser Affäre, dann ergeben sich auch Erklärungen für die erbitterte Auseinandersetzung. GASPARI hatte sicherlich noch nicht die Kränkung überwunden, die ihm in Bayreuth durch die Bevorzugung der GALLI-BIBIENA zugefügt worden war. Hinzu kam gleich eine zweite: nicht er, sondern CUVILLIÉS bekam den Auftrag, das neue Münchner Residenztheater zu bauen, obwohl der – im Gegensatz zu GASPARI - keine Erfahrung mit der Theaterarchitektur vorweisen konnte.

Aber auch der jüngere CUVILLIÉS dürfte ein persönliches Interesse daran gehabt haben, GASPARIS Stellung als Ausstattungsleiter zu erschüttern. Er begann nämlich gerade zu jener Zeit, sich intensiv mit der Bühnenbildkunst zu beschäftigen, so daß

Kompetenzstreitigkeiten zwischen Gaspari und Cuvilliés

271

er möglicherweise gern selber das Dekorationswesen unter sich gehabt hätte. Und endlich war der Sohn des verstorbenen Theatermalers Stuber verärgert darüber, nicht der Nachfolger des Vaters geworden zu sein. An der scharf geführten Auseinandersetzung war also Gaspari sicher nicht allein schuld. Ein zweites Zitat aus demselben Schreiben soll belegen, daß Gaspari an der Gestaltung des Zuschauerraumes nicht beteiligt war, was noch Kreisel vermutet hat. Auch die Kompetenzstreitigkeiten gehen aus dem Brief hervor. Gaspari argumentierte in seinem Schreiben nämlich nicht ungeschickt, die Behauptungen der Cuvilliés seien eigentlich eher zum Lachen »dann Anthungswürdtig«, aber er wolle doch die Sache nicht auf sich beruhen lassen, damit sie nicht die Erfüllung der Pflichten gegenüber dem Kurfürsten gefährde. Und als weiteres Argument gibt er an: » . . . oder auch im fahl es durch Höheren Befehl Von mir abverlangt werden solte, gegen die innseithige Arbeith, dann . . . [?] gleichfahls meine Begründte ausstöhlungen, und zwar allerdings nach dennen Regln der Kunst entwerffen zukhönnen: Anderntfalls aber, Und was mein haubtmotivum ist, damit durch dergleichen zur Sach absolutè nit diensamben ausschweiffungen der höchste Herrndienst selbsten, worzue Uns das Votum Commune Verbündtet, Rückhgängig gemacht [. . .] Gleich es mith Einseithig-Cuvilliéscher aufstöhlung des Mallers Stuber, und Hörmanns in der Thatt selbsten schon Beschehen ist.«

Gaspari weist also an dieser Stelle darauf hin, er könne nach den Regeln der Kunst die »innseithige Arbeith« kritisieren. Damit kann er aber nur den Cuvilliés'schen Zuschauerraum gemeint haben, der seinem Architekturgeschmack natürlich nicht entsprochen hat. Auch die Anstellung von Stuber und Hörmann (eigentlich untergeordneten Hilfskräften) durch die Cuvilliés schürte Gasparis Ärger, da er sich übergangen fühlte. Erst in den späteren Jahren, als der jüngere Cuvilliés eigene Aufgaben hatte und Gasparis Stellung unangefochten war, kam es zu einem Ausgleich, der schließlich sogar zu freundschaftlicher Zusammenarbeit bei der Herausgabe der *Ecole de l'architecture Bavaroise* führte.

Die Bühne des neuen Residenztheaters

Wir wollen nun die Bühne betrachten, die Gaspari in das neue Residenztheater eingebaut hatte und auf der er in den kommenden zweiundzwanzig Jahren seine Dekorationen bauen sollte. Der auf Blatt 264 der *Ecole* wiedergegebene Grundriß Cuvilliés', gestochen von Däntler, zeigt neben dem hufeisenförmigen Zuschauerraum und den geschickt angeordneten Nebenräumen auch die technische Einrichtung der Bühne.

Die Rampenzone (»Avant Scene«) wird von den Proszeniumslogen flankiert. Hinter dem Vorhang beginnt die sieben Kulissengassen tiefe Hauptbühne (»THEATRE«), welche drei hintereinander gestaffelte Prospekte abschließen. Zur Erweiterung des Spielraumes gab es noch die Hinterbühne (»Arier Theatre«) mit einem »Horizon«. Dieser war mit seiner leicht konkaven Krümmung besonders geeignet zur Darstellung tiefer Landschaften. Das Residenztheater dürfte eine der ersten Bühnen Europas gewesen sein, die über einen derartigen Horizont verfügte, da er sich als bühnentechnische Besonderheit erst seit der Mitte des 18. Jahrhunderts entwickelte. Noch heute benutzen die Bühnen große Rundhorizonte, allerdings solche, die den Spielraum fast halbkreisförmig bis zu den Portaltürmen umspannen. Vielleicht haben die ungenügenden Beleuchtungsquellen seine Weiterentwicklung zunächst behindert, bis die Erfindung des elektrischen Lichts ihn zu einem der wichtigsten szenischen Gestaltungsmittel machte.

Der auf dem Stich angegebene Maßstab ermöglicht die Berechnung der Bühnengröße. Von der Rampe bis zum mittleren der drei Prospekte mißt sie genau zwanzig Meter, die Gesamttiefe beträgt sechsundzwanzig Meter. Das war für barocke Verhältnisse nicht sonderlich viel, denn noch 1748 hatte Giuseppe Galli-Bibiena beim Umbau des Dresdener Hoftheaters die Bühne von zweiunddreißig Metern auf fünfundvierzig Meter vertieft. Die Öffnung der Münchner Bühne war an der schmalsten Stelle etwa zehn, sechs Meter breit. Gaspari hat bereits bei der Einrichtung der Bühne kaum an die kolossale Tiefenwirkung barocker Szenen gedacht.

272

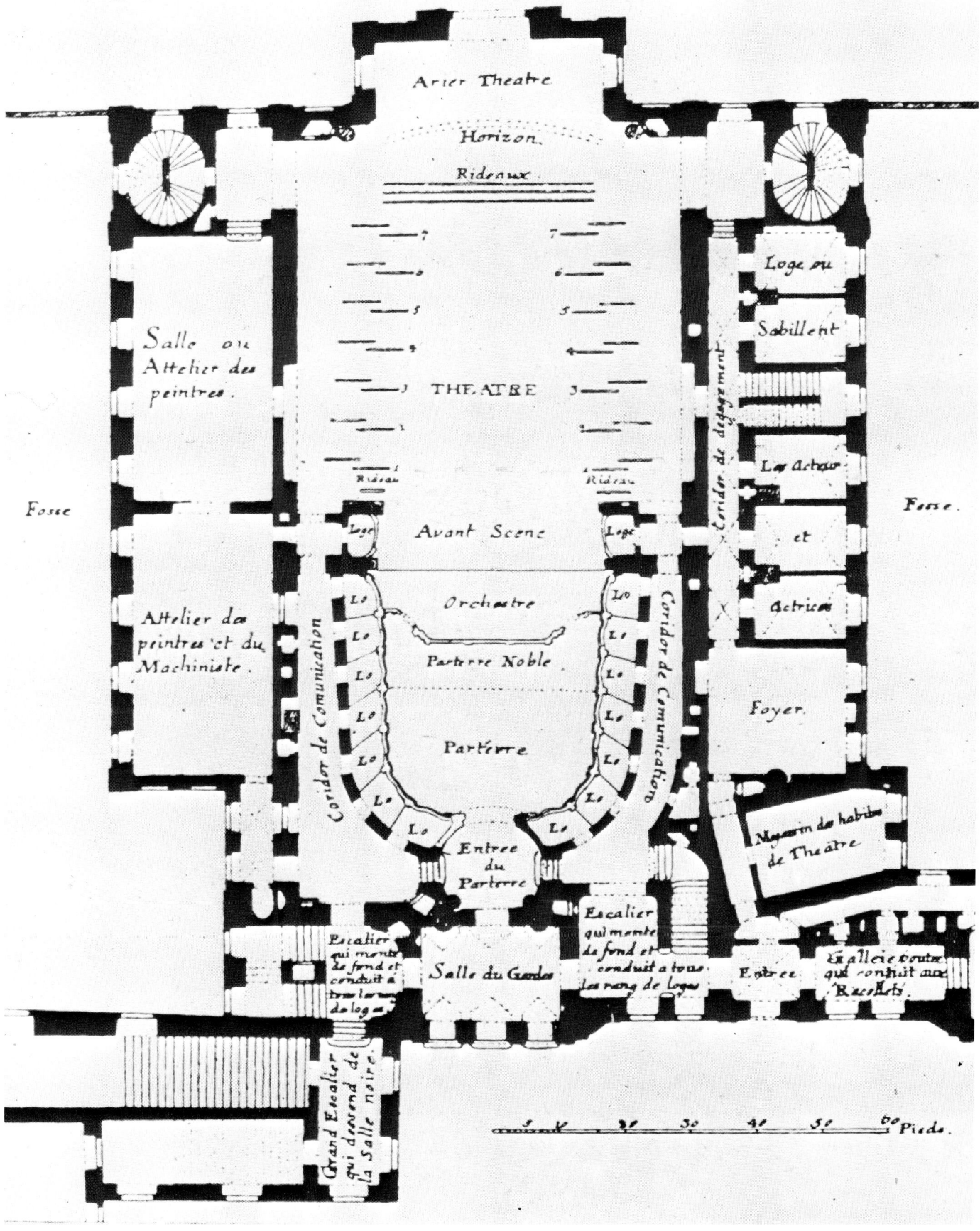

Arier Theatre

Horizon

Rideaux

THEATRE

Salle ou
Attelier des
peintres.

Fosse

Attelier des
peintres et du
Machiniste.

Coridor de Comunication

Loge

Avant Scene

Loge

Orchestre

Lo

Lo

Lo

Parterre Noble

Lo

Lo

Parterre

Lo

Lo

Lo

Lo

Lo

Lo

Coridor de Comunication

Coridor de dégagement

Loge ou
Sabillent

Les Acteur

et

Actrices

Foyer.

Magazin des habits
de Theâtre

Entree
du
Parterre

Escalier
qui monte
de fond et
conduit a
tous les
de loges

Salle du Gardes

Escalier
qui monte
de fond et
conduit a tous
les rang de loges

Entree

Escallier oute
qui conduit aux
Recollets

Grand Escalier qui devend de la salle noire.

Fosse.

10   20   30   40   50   60 Pieds.

168   Grundriß des Alten Residenztheaters, heute »Cuvilliés-Theater«, von François de Cuvilliés d. Ä.

169 Längsschnitt durch das Alte Residenztheater in München
von François de Cuvilliés d. Ä.,
Kupferstich von Valerian Funck, 1771

Blatt 265 der *Ecole* gibt den Längsschnitt des Residenztheaters wieder. Davon sind weitere technische Einzelheiten abzulesen. Unter dem Boden des Zuschauerraums erkennt man den Hebemechanismus für das gesamte Parterre. Mit seiner Hilfe konnte man aus Bühne und Zuschauerraum einen einzigen homogenen Festraum schaffen. Auch die perspektivische Verjüngung des Proszeniums hinein in die Bühne mit ihrer Kulissenstaffelung verstärkt das illusionistische Spiel zwischen Zuschauer- und Spielraum; die Grenzen zwischen Darstellern und Zuschauern verschwimmen: Wo befinden sich die eigentlichen Akteure?

Das hohe Bühnenhaus enthält die Oberbühne mit den Zügen für die Soffitten und Flugmaschinen, deren Beliebtheit allerdings in der zweiten Hälfte des 18. Jahrhunderts merklich abnahm. Die tiefe Unterbühne birgt die Schienensockel, auf denen je drei Kulissen pro Fach laufen. Die Kulissenständer sind deutlich niedriger als die Kulissen. Die drei auf dem Grundriß als »Rideaux« bezeichneten Prospekte erweisen sich keineswegs als Vorhänge, sondern laufen ebenfalls auf Schienen in der Unterbühne. Das also war die Bühne, die sich GASPARI für seine künftigen Ausstattungen in das Münchner Residenztheater eingebaut hatte.

Die Beleuchtung von Bühne und Zuschauerraum eines solchen Theaters können wir uns heute im Zeitalter EDV-gesteuerter Bühnenbeleuchtung, die sogar vereinzelt mit Laser-Strahlen arbeitet (Nationaltheater in München), kaum vorstellen. Glücklicherweise haben sich zwei Verzeichnisse der Beleuchtung unseres Residenztheaters zur Zeit MAX III. JOSEPH erhalten, und zwar angelegt von einem »JEAN PIERRE CONSTANT. Macheniste«, der übrigens auch als Tänzer agierte. CONSTANT führte auf: »Specification Deren in das Churfürstl: neue opera Hauß zur Illumination gehörigen Lampen.

Scenen Lampen	340.
Friesen Lampen	242.
Grosse Lampen	114.
Lichter stangen Lampen	126.
Laternen Lampen	62.
Grosse Lampen	36.
Wax Lampen	152.
Placken	20.
Portal Lampen samt denen Placken	24.
Kleine Lampen	200.
Kugl Lampen	18.
Summa deren Lampen	1334:«

Die zweite »Specification«, ebenfalls von CONSTANT und leider auch undatiert, gibt einige präzisere Angaben des Verwendungszwecks. So lesen wir, daß »112. orquessten lampen«, also für die Beleuchtung des Orchesters, vorhanden waren. Und »28. grosse lampen vor der orrisont«, also für den Horizont als Abschluß der Bühne. Trotz der über tausenddreihundert Lampen waren die Bühnenbildner gezwungen, Licht und Schatten auf die Kulissen zu malen, da die Beleuchtungsstärke nicht ausreichte, beides für den Zuschauer deutlich genug zu erzeugen.

Der bayerische Hof verfügte nun über zwei Opernhäuser. Schon bald erwies sich, daß das neue Theater wegen seiner raffinierten Technik und sonstigen Ausstattung im Betrieb höhere Kosten verursachte als das (langsam verkommende) Salvatortheater. Ein im August 1801 erstellter »Bericht der Hofcommision, die Theater Oeconomie« betreffend, stellt denn auch fest: »... bei dem theatralischen Mechanismus [gemeint ist der des Residenztheaters] wurde daher weder auf Leichtigkeit noch auf Geschmeidigkeit gesehen; die Decoration und ihre Bewegungsart wurde kolossalisch angelegt. In den italienischen Opern, wiewohl sie nur im Winter einmal in jeder Woche gegeben wurden, fühlte man schon die Unbehilflichkeit der Maschinerie ... Die Beträchtlichkeit der Unterschiede in der Theaterconstruction kann nicht besser bemerklich gemacht werden, als durch das auf Rechnung gestützte Datum, daß die Ausgaben auf Beleuchtung, Arbeitslohn der Zimmerleute, auf Comparsen und Cho-

170 Bühnenbild-Entwurf
von Giovanni Paolo Gaspari für die Oper »Adriano in Siria«,
München 1755

risten in dem alten Theater [also dem Salvatortheater] gerade halb so viel kosteten, als in dem neuen . . . dagegen aber hatte das alte Theater 14 Logen mehr und folglich ein nach Verhältnis größere Peripherie des Parterre . . . « Der finanzielle Aufwand für den Betrieb des Residenztheaters hatte zur Folge, daß MAX III. JOSEPH die kleineren, häufiger gespielten Opern und die Schauspiele im Salvatortheater aufführen ließ, die große Oper, die »seria«, im Residenztheater.

Während der Regierungszeit MAX III. JOSEPH vollzog sich im Bereich des Theaters – von den Zeitgenossen kaum bemerkt – ein allmählicher Wandel von der pathetisch-prunkvollen »Repraesentatio Maiestatis« des Barock zur intimeren, nicht mehr so stark auf die Schaulust allein abgestellten Inszenierung. Das Personal der Opern und Schauspiele wurde gleichsam ›menschlicher‹, rückte von den Heroen ab. Die Librettisten, allen voran PIETRO METASTASIO, wollten nicht mehr nur einem Fürsten huldigen, sondern bedachten auch eine gewisse dramaturgische Stimmigkeit und Glaubwürdigkeit der Handlung. In den Kompositionen begannen sich seelische Entwicklungen der Bühnenfiguren feiner zu artikulieren. Während aber an vielen Hoftheatern des aufgeklärten Absolutismus unverdrossen der überständige Barockstil weitergepflegt wurde, besonders in der Ausstattung, hatte MAX III. JOSEPH in GIOVANNI PAOLO GASPARI den Bühnenbildner, der als einer der ersten auf die neuen Bestrebungen einging. Zwar stand er anfangs – wie schon gesagt – unter dem Einfluß der BIBIENA und des RIGHINI, deren Barock- beziehungsweise Rokokostil er allerdings schon von überschwenglicher Raumdynamik und Ornamentik befreite. Bereits ab Mitte der fünfziger Jahre gelangte GASPARI zu Bühnenräumen, die sowohl realistische als auch romantische Stilzüge vorwegnehmen und sich in der grundsätzlichen Raumauffassung als Vorläufer des Klassizismus begreifen lassen. Aus seiner langen Tätigkeit für MAX III. JOSEPH können wir nur einige Beispiele dieses Stilwandels herausstellen.

Wandel des Theaterstils während der Zeit Max III. Joseph

Knapp zwei Jahre nach der Eröffnung des als »Juwel des Rokoko« apostrophierten Residenztheaters, und zwar zur Aufführung der Oper *Adriano in Siria* (1755) entwarf GASPARI einen Kerker. »Vor die opera Adriano . . . Darnach gefengnus mit beschluss mit 4 Wändten zu idter seite zwey mit.2. döckhen.––– 440.(fl.)«, beschreibt ein Kostenvoranschlag vom Juli 1754 die Dekoration. Eine Handzeichnung in der Kunstbibliothek Berlin sowie zwei Kupferstiche nach ihr (im Cuvilliés-Stichwerk und in der *Ecole de l'Architecture Bavaroise*) entsprechen dem beschriebenen Gefängnis. Man sieht die Kulissenpaare links und rechts, ebenso den gemalten Prospekt. Ferner ist die Verteilung der Decke auf zwei Soffitten gut ablesbar. GASPARI hat mit diesem Kerker den barocken Typus völlig überwunden. Der Gegensatz zum Spätbarock drückt sich aus im Verzicht auf die Gestaltungsprinzipien der BIBIENA – Diagonalperspektive, unbegrenzte Ausdehnung in die Tiefe und Höhe, Dynamisierung und wechselseitige Durchdringung der Raumelemente –, ferner in dem stark betonten oberen Abschluß durch die Balkendecke. Lediglich die Lichtführung setzt einen malerischen Akzent, sonst waltet der strenge Sinn des Künstlers für realisierbare Architektur. Als Spielraum war die Dekoration von geringer Tiefe. Nur zwei Kulissengassen wurden ausgenutzt, dann folgte der gemalte Prospekt. Die praktikable Tür vorne rechts ermöglichte seitliche Auftritte. Die Treppe war wohl auch begehbar.

Man wirft GASPARI in der Literatur häufig vor, seine *Carceri* seien weniger genial konzipiert als etwa die (noch heute berühmten) des PIRANESI, aber auch die der BIBIENA. Das mag stimmen, doch übersehen die Kritiker zweierlei: PIRANESIS Kerker-Alpträume waren nie für die Bühne gedacht, und die hoch- beziehungsweise spätbarocken Bühnenräume, etwa der BIBIENA, haben die Entwicklung der Oper eher behindert als gefördert; sie überstrahlten doch alle wesentlichen Elemente des musikdramatischen Kunstwerks – die Stimmartistik der Primadonnen und Kastraten ausgenommen. Nicht nur die Textdichter, sogar die Komponisten hatten sich nicht selten nach den Wünschen der Dekorationsstars zu richten, wobei die dramaturgische und musikalische Stimmigkeit oft auf der Strecke blieben. Wir sehen einen ursächli-

Bühnen-Entwürfe Gasparis

171   Aufführungsbild von Giovanni Paolo Gaspari
zur Oper »Talestri«
der bayerischen Prinzessin und Kurfürstin von Sachsen,
Maria Antonia Walpurgis, München 1760

chen Zusammenhang zwischen dem Niedergang der barocken Bühnenbild-Vorherr-schaft und dem Aufkommen der noch heute lebenden Musikdramen eines GLUCK, MOZART oder BEETHOVEN. Daß GASPARI im Barockstil hätte gestalten können, be-weisen seine frühen Entwürfe; er wollte aber zur Opernreform in der zweiten Hälfte des 18. Jahrhunderts seinen adäquaten Beitrag als Bühnenbildner leisten, indem er zum künstlerischen Partner von Komponist, Librettist und Sänger wurde. Für unse-ren Zusammenhang ist bemerkenswert, daß MAX III. JOSEPH diese Bestrebungen ge-billigt haben muß, sonst hätte er wohl kaum GASPARI noch weitere zwanzig Jahre mit der Ausstattung der großen Opern beauftragt. Ein anderer Kerkerentwurf weist sogar auf GASPARIS besonderes Ansehen bei Hof hin. Im Jahr 1760 gab es nämlich eine Theatersensation, der die Hofdamen und ihre Kavaliere gewiß höchste Anteil-nahme widmeten: MARIA ANTONIA WALPURGIS, die Schwester des Kurfürsten, trat mit der Oper *Talestri, regina delle amazoni* als Komponistin und Textdichterin in Erscheinung. Durch ihre Heirat (1747) Kurfürstin von Sachsen geworden, förderte sie das Opernleben am Dresdner Hof. Wie Markgräfin WILHELMINE VON BAYREUTH war sie der Kunst der Rokoko besonders zugeneigt und – wie sie – auch selbst schöp-ferisch tätig. Sie gehörte der Gesellschaft der »Akademischen Hirten« an, und zwar unter dem »Schäfer«-Namen »Ermelinda Talea Pastorella Arcada«, dessen Initialen sie in ihre Libretti drucken ließ. Kompositorisch lernte sie bei JOHANN ADOLF HASSE, als Librettistin wurde sie von METASTASIO beraten. Das Textbuch zur Münchner Aufführung der *Talestri* hat sich erhalten. Es fordert für den 3. Akt, 1. Szene, fol-gende Dekoration: »Nacht. Gehege, für die Wache der Gefangenen bestimmt, mit verschiedenen Kerkern, jeweils getrennt für dieselben. Den schrecklichen und ein-samen Ort wird man an mehreren Stellen von wilden Sträuchern und Efeu, das sich zwischen seinen antiken Ruinen schlängelt, versperrt sehen.« [Übersetzt aus dem Italienischen vom Verfasser]. Das Deutsche Theatermuseum besitzt ein signiertes Ölgemälde GASPARIS, das – abgesehen von der Staffage – bis in die Einzelheiten das Kerkergehege zur *Talestri* wiedergibt. Der eigentliche Spielraum ist das Gehege, in dem sich die Wachen aufhalten. Die Kerker der Gefangenen liegen hinter schweren Bohlentüren; letztere waren praktikabel, denn der Handlung ist zu entnehmen, daß sie häufig geöffnet werden mußten. Sogar das Gesträuch und den rankenden Efeu hat GASPARI mit realistischer Deutlichkeit hineingemalt. Daß es sich um eine antike Kerkerruine handelt, verrät das Bruchstück einer kannelierten Säule auf der linken Seite. Fahle Lichtwirkungen deuten die Nachtzeit an. Für GASPARI ungewöhnlich ist die Umsetzung eines Szenenentwurfs in ein Ölgemälde. Möglicherweise hat er die Kernszene der *Talestri* für die Kurfürstin als Andenken an die Aufführung ihrer Oper in der bayerischen Heimat gemalt. MARIA ANTONIA hatte übrigens die Titel-partie gesungen. 1761 folgte eine weitere Oper der Kurfürstin: *Il trionfo della fedeltà,* zweifelsfrei auch von GASPARI ausgestattet, wenn sich auch keine Entwürfe zuord-nen lassen. Im selben Jahr, am 9. Dezember, erließ das Hofbauamt eine »Instruction Deß Theatral Mahler CASPARJ betr:«, worin der Ausstattungsleiter – in fast preußi-scher Strenge – an seine bürokratischen Pflichten gemahnt wurde. Den schöpferi-schen Auftrag seines Amtes hat er wohl ernster genommen. Mit zwei weiteren Bei-spielen schließen wir diesen Versuch, die szenische Reform der Oper unter MAX III. JOSEPH wenigstens zu skizzieren. Für die Karnevalsoper von 1763, *Artaserse* (Li-bretto: METASTASIO, Musik: BERNASCONI), haben sich Entwürfe GASPARIS erhalten, von denen wir nur jenen zum 3. Akt, 8. Szene, vorstellen wollen, da es sich um die schönste Raumschöpfung des Venezianers handelt: »Ein prächtiger Orth, welcher zur Crönung des Artaxerxes bestimmt ist. Der Thron auf einer Seite. In der Mitte ein brennender Altar, nebst dem Ebenbild der Sonne.« Die in der Staatlichen Graphi-schen Sammlung München aufbewahrte Federzeichnung (braun-grau laviert, der Hintergrund in einem warmen, leuchtenden Gelb), zeigt den Sonnentempel. Thron und Altar waren gewöhnlich praktikabel, so daß GASPARI sie nicht darzustellen brauchte. Der Rundtempel strahlt Ruhe und Harmonie aus. Das Verhältnis der ein-zelnen Raumteile zueinander wird durch keine falsche Proportion gestört. Die

*Erste klassizistische Züge
in Gasparis Theaterstil*

279

172   »Artaserse«, Bühnenbild-Entwurf von G. P. Gaspari, München 1763

173   »Orfeo ed Euridice«, Bühnenbild-Entwurf von G. P. Gaspari, München 1773

schöne Rundung des zylindrischen Raumkerns wiederholt sich in dem Umgang. Das Hauptportal variiert ein palladianisches Motiv, das im Hintergrund noch einmal anklingt und in den seitlichen Portalen leicht abgewandelt erscheint. GASPARI erreichte mit diesem Sonnentempel von 1763 die gültige Ausprägung seiner vom Barock verschiedenen Raumauffassung. Er legte den Spielraum zentralperspektivisch an und schloß den Rahmen der Rampenzone völlig. Die Rückkehr zum Symmetrieprinzip war nur ein Mittel, barocke Raumdynamik zu vermeiden. Ein anderes war die Wahl des niedrigen Augenpunktes, der die Durchformung der Tiefenachse verhinderte. Der gemalte Hintergrund ist dadurch an die Vorderbühne herangerückt, volle Raumplastizität zeigt nur die Spielzone in Rampennähe. Mit diesen Gestaltungsprinzipien hat GASPARI klassizistische Tendenzen im Bühnenbild des 19. Jahrhunderts vorweggenommen. Lediglich die beispielsweise von KARL FRIEDRICH SCHINKEL angestrebte Reliefwirkung vermied GASPARI zugunsten eines gewissen Raumvolumens.

Daß GASPARI, wenn nötig, auch die barocke Ausstattungsmaschinerie beherrschte, bestätigt ein Augenzeuge, MATHIAS ANTON KLUEGER, in seiner *Wahrhaften . . . Beschreibung . . . der Feste 1765:* »Worauf Abends um 5 Uhr in dem neuerbauten, so kostbar als prachtvollen Opernhaus eine überaus kunstreiche und sehr schöne Opera, unter dem Titel: Semiramis, aufgeführet, und hierbei nicht nur die allervortrefflichste Musik gehöret, sondern auch die allersinnreichste und sehenswürdigste Flugwerk-Maschinen und Ballets unter beständigster Theater-Verwechslung auf das Anmüthigste bewundert . . . wurde.« Übrigens war die Aufführung jedermann zugänglich, wie KLUEGER ausdrücklich vermerkte.

GASPARIS letzte nachweisbare Ausstattung galt einem Werk des entscheidenden Opern-Reformers seiner Zeit: Am 5. Februar 1773 fand im Residenztheater die Münchner Erstaufführung von GLUCKS *Orpheus und Eurydike* statt. 1775 führte man sie erneut auf, jedoch statt der Musik GLUCKS diejenige des ANTONIO TOZZI, während der Text von CALZABIGI beibehalten wurde. Die Szenenangaben waren also dieselben. Das deutschsprachige Libretto fordert für den 2. Akt, 1. und 6. Auftritt, folgende »Veränderungen der Schaubühne«: [2.1.] »Ein angenehmer, doch einsamer Wald von Lorber und Cipreß-Bäumen, welche auf eine kunstreiche Art besetzet, in einer kleinen Fläche das Grabmal der Euridice einschliesset. Gegen die Tiefe der Schaubühne sieht man auf einer Seite die Oeffnung einer schreckbaren Höhle, durch welche man zur Hölle hinabsteiget. [2.6.] Eine schreckensvolle, mit Höhlen jenseits des Höllenflußes Cocytus versehene und hernach in der Ferne von einem finstern durch das Licht deren Flammen erleuchteten Rauch verdunkelte Gegend, welche diesen ganzen gräßlichen Wohnplatz überschattet.«

Ein Aquarell von der Hand GASPARIS (Staatl. Graph. Slg. München) stellt den Eingang in die Unterwelt dar. Das Blatt ist sehr detailliert angelegt. Die Sträucher und der gesamte Vordergrund sind in mannigfachen Abtönungen von Grün gemalt. Die Felsen auf den rahmenden Kulissen und Bögen sind in moosgrünen, rötlichen und grauen Farbstufungen wiedergegeben. Ein gleichsam magisches Licht erstrahlt im Innern der Höhle. GASPARI setzte das beim Höllentypus traditionelle Schwefelgelb nur in feinen Spuren. Kühles Blau und ein Rot, das nach Violett hin changiert, erzielen eine überraschend irisierende Lichtwirkung. GASPARI hat offensichtlich nicht das übliche theatralische Höllenfeuer gewollt, sondern ein geisterhaftes, gleichsam gläsernes Licht, wie es ihm für die Beschwörung des Totenreiches angemessener erschien. In schärfstem Kontrast dazu stehen die realistisch ausgebildeten Dekorationsteile vor dem Eingang mit ihren lebendigen Pflanzen und Felsformationen. Das Dekorationsinventar vom 1. März 1776 verzeichnet »2 transparente Höll Stücke«. Demnach war der Prospekt (oder waren es große Hintersetzer?) aus durchsichtigem Material, so daß man ihn von hinten beleuchten konnte.

Ob GIOVANNI PAOLO GASPARI auch MOZARTS (am 13. Januar 1775 aufgeführte) Oper *La finta giardiniera* ausgestattet hat, bleibt ungeklärt. Am 1. März 1775 ist GASPARI im Alter von dreiundsechzig Jahren gestorben; begraben wurde er auf dem

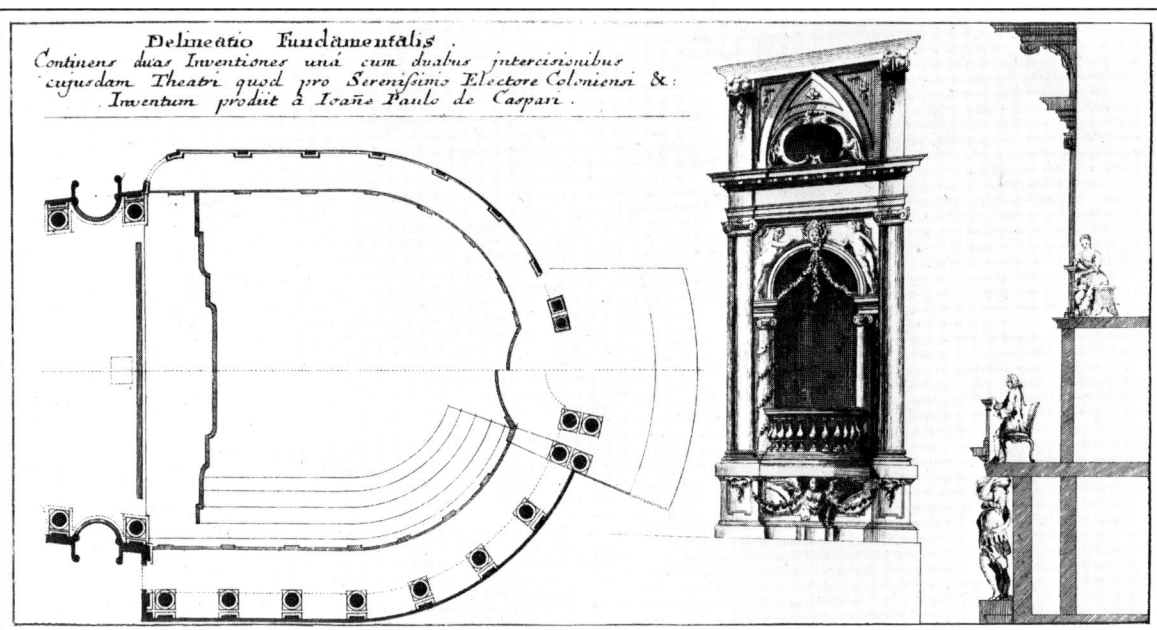

Delineatio Fundamentalis.
Continens duas Inventiones uná cum duabus intercisionibus
cujusdam Theatri quod pro Serenisimo Electore Coloniensi &
Inventum prodit á Ioañe Paulo de Caspari.

174 – 176
Theater-Entwürfe
von Giovanni
Paolo Gaspari
für Kurfürst
Clemens August
von Köln.
Kupferstiche aus
der »Ecole de
l' Architecture
Bavaroise«

Friedhof von St. Salvator, wo so viele Hofkünstler ihre letzte Ruhe gefunden haben. Im Besoldungsbuch von 1775 wird die Auszahlung von GASPARIS Gage an die Prima-ballerina TRANCART mit dem Hinweis begründet: »... weil dessen stelle nicht mehr zuersezen ist ...«

Unser Interesse erregt noch eine Eintragung im Begräbnisbuch Unserer Lieben Frau: »begraben 3. Martius 1775 PAULUS GASPARI, Köllnisch:Truchsess und Hofmaller...«. GASPARI, 26 Jahre im Dienst MAX III. JOSEPH in München – und nun diese Titel? Tatsächlich hat GASPARI für den Kurfürsten CLEMENS AUGUST von Köln, MAX JOSEPHS Onkel, ein Hoftheater entworfen, das auf drei Kupferstichen von VALERIAN FUNCK sowohl im Cuvilliés-Stichwerk als auch in der *Ecole de l'Architecture Bavaroise* wiedergegeben wird. Blatt 94 der *Ecole* zeigt den Grundriß und einen Logen-schnitt; es trägt die Aufschrift: »Delineatio Fundamentalis. Continens duas Inven-tiones una cum duabus jntercisionibus cujusdam Theatri quod pro Serenissimo Elec-tore Coloniensi &: Inventum prodiit a IOAÑE PAULO DE CASPARI.«

Gasparis Beziehungen zum Kölner Kurfürsten

Renard nimmt an, daß der Entwurf im Rahmen eines Wettbewerbs für ein Schloß-theater in Brühl entstanden ist, das Ende der fünfziger Jahre als Provisorium – nicht nach GASPARIS Plänen – errichtet wurde. Man kann mit dem Zirkel nachprüfen, daß GASPARI den Grundriß beider Teilvorschläge aus dem Kreis herausentwickelt hat, wenn dieser auch nur als leicht gestelzter Halbkreis sichtbar wird. Zweifellos hat der Architekt hier auf vorbarocke Muster zurückgegriffen. Der Kreis ist ja konstituie-rendes Raumelement sowohl für die antiken Theater wie auch für die der Renais-sance. Um die Mitte des 18. Jahrhunderts war wieder einmal die Frage nach dem »idealen« Theaterbau heftig diskutiert worden, und als Antwort der Progressiven galt die Forderung nach dem Theater der »Alten«, da es gleich gute Sicht für alle bie-te – nicht gerade ein für absolutistische Herrscher verführerisches Argument. So be-fand sich der fortschrittliche Architekt im Verein mit gleichgesinnten Theaterleuten und Ästhetikern durchaus im Gegensatz zum Geschmack der höfischen Gesell-schaft. Dieser Dualismus wird besonders deutlich in den beiden Entwürfen GASPARIS (Blatt 95 und 96 der *Ecole*) für den Zuschauerraum. Den Zwang zum Kompromiß bekundet der Stilbruch durch die Fürstenloge. Wie wenig diese GASPARIS an der Antike orientierten Raumvorstellungen entsprach, beweist ihre gleichsam unauffäl-lige Einfügung in den balkonartigen Rang, dessen Gliederung sich entschieden vom barocken Logensystem unterscheidet. Die Selbständigkeit der einzelnen Architekturelemente, ihre statische Ruhe, ihre Begrenzung durch die Horizontale und Vertikale und ihre klare Erfaßbarkeit sind Kennzeichen der klassischen Bau-kunst. In seinem Theaterentwurf für CLEMENS AUGUST von Köln erweist sich GASPARI als Architekt, der aus dieser klassischen Raumauffassung heraus gestaltet hat. Seinen mit dem Barock (Bayreuth) und dem Rokoko (München) noch völlig verwachsenen Zeitgenossen war sein Baustil fremd, sie standen ihm verständnislos gegenüber. Hätte CLEMENS AUGUST GASPARIS Plan verwirklichen lassen, so wäre sein Theater eins der frühesten Beispiele für die Abwendung von Barock und Roko-ko und die Wiedergeburt der klassischen Architektur im Theaterbau des 18. Jahr-hunderts geworden.

CLEMENS AUGUST hat auch das Bonner Hoftheater umbauen lassen, vielleicht durch GASPARI; ein Beweis konnte bisher nicht gefunden werden; lediglich gewisse, auf Gemälden überlieferte Stileigenschaften erlauben derartige Vermutungen. Wei-tere Spuren GIOVANNI PAOLOS am kurkölnischen Hof lassen sich nicht ausmachen. Sein Bruder PIETRO GASPARI (1720–1785) hat allerdings von 1755 bis etwa 1760 im Dienst CLEMENS AUGUSTS gestanden, jedoch als Freskenmaler (z. B. in Schloß Fal-kenlust). Auch in München hat er kurzzeitig gewirkt, und zwar als Assistent des Bru-ders bei den Arbeiten zur Eröffnung des Residenztheaters. PIETRO war ab 1760 wie-der in seiner italienischen Heimat tätig, wo er einmal als Bühnenbildner, hauptsäch-lich aber als Professor an der venezianischen Kunstakademie und als Vedutenmaler Ansehen errungen hat. Eine Stichserie seiner Veduten widmete er übrigens 1771 dem Kurfürsten KARL THEODOR von der Pfalz, vielleicht in der Hoffnung auf eine

177 Giovanni Paolo Gaspari

Anstellung, vielleicht auch als Dank für uns unbekannte Vergünstigungen. Mit dem Theater haben diese Idealveduten nichts zu tun, auch wenn es in der kunst- und theatergeschichtlichen Literatur behauptet worden ist. PIETRO verdanken wir auch das Porträt des Bruder GIOVANNI PAOLO, das als lavierte Federzeichnung und als Linienstich von G. C. KILIAN erhalten ist (Staatl. Graph. Slg. bzw. Stadtmuseum München).

JOSEPH CLEMENS UND CLEMENS AUGUST VON KÖLN

Am Beispiel der GASPARI erkennt man die oft engen Verbindungen, gerade in kultureller Hinsicht, zwischen den Linien des Hauses Wittelsbach. Nicht zuletzt CLEMENS AUGUST von Köln betrieb regen Austausch von bildenden Künstlern und Theaterleuten mit dem Münchner Hof. Sein Opernspielplan zeigt manche Parallelen zum Münchner, wenn er auch auf dessen Opulenz in der Anzahl und Ausstattung der Aufführungen verzichten mußte. Immerhin standen dem von 1723 bis 1761 regieren-

Theater in Bonn und Poppelsdorf

den Sohn MAX EMANUELS in seiner Residenzstadt Bonn zwei Spielorte zur Verfügung: ein für Aufführungen geeigneter Festsaal im Lustschloß Poppelsdorf, über dessen Bühneneinrichtungen weiter nichts bekannt ist, und ein Hoftheater in der eigentlichen Residenz. Bauherr des Schlosses wie des Theaters war allerdings CLEMENS AUGUSTS Vorgänger, der von 1688 bis 1723 regierende Kurfürst JOSEPH CLEMENS, ein Bruder MAX EMANUELS. Bereits im französischen Exil (1702–15) plante er den Neubau seiner Residenz in Bonn, für den ENRICO ZUCCALLI schon um die Jahrhundertwende als Architekt wirkte. ROBERT DE COTTE führte den Bau weiter und errichtete die Seitenflügel, von denen einer das Theater aufnahm. Frühestens 1717, mit Sicherheit aber 1723, noch zur Regierungszeit JOSEPH CLEMENS', war das Theater fertiggestellt. Ein erhaltener Grundriß zeigt die verhältnismäßig einfache Anlage mit relativ kleiner, nur fünf Gassen tiefer Bühne. Daß CLEMENS AUGUST in den fünfziger Jahren das Theater hat umbauen lassen, haben wir schon im Zusammenhang mit GIOVANNI PAOLO GASPARI erwähnt. Im übrigen kann man über die Theatergeschichte unter JOSEPH CLEMENS und CLEMENS AUGUST kaum konkrete Angaben machen, da fast alle Theaterakten Bränden und Kriegswirren zum Opfer fielen. Obwohl von beiden Fürsten überliefert wird, daß sie passionierte Theaterfreunde waren, mußten sie sich doch mit vergleichsweise zweitrangigem Theaterleben begnügen. Wie alle kleineren Landesherren zogen sie es vor, durch glanzvolle Bauten eine dauerhafte Repräsentation ihrer Macht zu schaffen. Darüberhinaus langte es nur noch zu einer guten Hofkapelle und zum kurzfristigen Engagement herumziehender Opern- und Schauspielensembles. Zwischen 1692 und 1748 sind Gastspiele italienischer Opern- und Schauspieltruppen nachweisbar, doch die Namen der Prinzipale und sonstiger Mitglieder bleiben unbekannt. 1748 stand die Truppe des französischen Prinzipals CLAVELLE im Dienst CLEMENS AUGUSTS, die 1749 von der Truppe des RENAUD (der ein beliebter Harlekin war) abgelöst wurde. 1755 bis 1757 spielte eine italienische Gesellschaft unter ANGELO MINGOTTI, 1758 bis 1759 die des GIUSEPPE FERRINI am Hof. Eine deutsche Truppe verdient nur deshalb Erwähnung, weil ihr zeitweise der Vater und der Großvater LUDWIG VAN BEETHOVENS angehörten (1754–1756). Mit dem Tod des Kurfürsten CLEMENS AUGUST von Köln, am 2. Februar 1761, endete die Herrschaft des Hauses Wittelsbach über das Bistum Köln.

Wir kehren von unserem Exkurs zurück nach München an den Hof MAX III. JOSEPH. Die beiden für Theaterbau und Ausstattung verantwortlichen Künstler des Kurfürsten, FRANÇOIS DE CUVILLIÉS D. Ä. und GIOVANNI PAOLO GASPARI, haben wir schon kennengelernt. Einige ihrer Mitarbeiter im Dienst MAX JOSEPHS sollen nicht unerwähnt bleiben, allen voran FRANÇOIS DE CUVILLIÉS DER JÜNGERE. Der Hoch-

François de Cuvilliés d. J.

talentierte erlitt das typische Schicksal von Kindern genialer Väter: zu Hause angeregt und ausgebildet, gelangte der jüngere CUVILLIÉS nur ausnahmsweise zum Zuge.

284

Achtbare, jedoch eigentlich unter seiner Begabung bleibende Aufgaben und, als Ausgleich, mannigfache unausgeführte Pläne prägen sein Bild in der Überlieferung. Am 24. Oktober 1731 geboren und schon am 10. Januar 1777, also sechsundvierzigjährig, gestorben, bringt er es 1768, dem Todesjahr des Vaters, zum 2. Oberbaumeister im Dienst MAX III. JOSEPHS.

Von 1770 bis 1773 hielt CUVILLIÉS eine Art von Künstlermatineen ab, bei denen als fortschrittlich geltende Künstler ihre Architektur- und Bühnenvorstellungen in (erhaltene) Skizzenbücher zeichneten (übrigens gehörte auch GIOVANNI PAOLO GASPARI zu diesem Kreis). Für unser Thema von Bedeutung sind die vom jüngeren CUVILLIÉS geschaffenen Festausstattungen von 1753 und 1765. Über seine Dekoration des *Geburtstagsfest 1753* italienischen Pastorale *Climene,* aufgeführt am 29. August 1753, dem Geburtstag des Kurfürsten, im Heckentheater zu Nymphenburg, gibt es eine handschriftliche Beschreibung in französischer Sprache (Hauptstaatsarchiv München); der unbekannte Chronist lobt zunächst Graf SEEAU als den »spiritus rector« des Festes und beschreibt dann CUVILLIÉS' Dekoration. Siebzehn Arkaden, sieben zu jeder Seite und drei als Hintergrund-Abschluß, bildeten die Hauptdekoration. Farbige Marmorsockel, grau und blau getönt, trugen diese Arkaden, die mannigfache Rokoko-Ornamente bildeten und von einer Vase oben abgeschlossen wurden. Girlanden verknüpften die Arkaden miteinander. In diese Dekoration waren die Fontänen des Heckentheaters integriert. Die Initialen der Kurfürstin bekrönten den Prospekt. Die Göttin Diana, aus blauem Marmor geformt, stand im Hintergrund vor einem Baum. Der gesamte Spiel- und Zuschauerraum war mit Tuchbahnen zeltartig überdeckt, so daß er einem Saaltheater ähnelte. Von 20 bis 23 Uhr dauerte die mit zwei Balletten aufgelockerte Inszenierung. CUVILLIÉS hatte besondere Wirkungen aus der häufigen Verwendung transparenter Dekorationen gezogen, und unser Chronist lobt ihn » . . . digne fils de M. CUVILLIES premier architecte de S. A. S. E. . . . «.

Am 14. Januar 1765 fand ein Domino-Ball im Residenztheater statt, anläßlich der *Fest anläßlich der* Vermählung der Prinzessin JOSEPHA ANTONIA mit dem künftigen Kaiser JOSEPH II. *Hochzeit Josepha* Glücklicherweise haben sich davon der Bericht eines Augenzeugen und ein Kupfer- *Antonias mit Joseph II.* stich erhalten. MATHIAS ANTON KLUEGER berichtet vom 14. 1. 1765: » . . . sodann zur *von Österreich 1765* Nachtzeit ein sehr magnifizenzvoller Domino-Ball in dem neuen chur-fürstl. Opern-Haus, jedoch nur für den Höchsten Hof- und hohen Adel gegeben wurde, welches Opern-Haus mit vielen tausend Gulden Unkosten in ein fast irdisches mit denen natürlichsten Schwibbögen, dann welschen Früchten und Blumenwerk, dann in bleiernen Teichen herzugeleitet einige Klafter hoch gesprungenen 12 Fontainen und allerkünstlichsten Wasser-Casquaden prächtigst, ja durch unzählbare Leuchter dem Tage gleich hell gemachtes Paradies und herausgeschmückten Kunstgarten verwandelt, mit Erstaunen zu besehen ware . . . « Ein von VALERIAN FUNCK gestochenes Blatt hält das Ereignis fest. Wir sehen außer den beschriebenen Dekorationen, daß man den Boden des Parterres auf das Niveau der Bühne gehoben hatte, um eine völlige Verschmelzung beider Raumteile zu erzielen. Kein geringerer als der Rokoko-Bildhauer IGNAZ GÜNTHER hatte den klassizistisch wirkenden Prospekt entworfen. Der allein dem Adel vorbehaltene Domino-Ball sowie das am 8. Januar 1765 gefeierte, auch dem Volk zugängliche Maskenfest im alten Turnierhaus bedeuten die letzte große Festveranstaltung des Absolutismus am Münchner Hof.

Zu den Mitarbeitern GIOVANNI PAOLO GASPARIS gehörte auch ein Neffe NIKOLAUS *Mitarbeiter für die* GOTTFRIED STUBERS, JOSEF DAMIAN STUBER (1718–1787), der seit 1752 Kulissen *Ausstattung* malte und 1755 als Landvermesser im Hofdienst war. Auch IGNAZ II BALTHASAR SCHILLING (1739–1808), ein Sohn des für die Jesuitenaufführungen als Dekorateur tätigen IGNAZ I. JOSEPH SCHILLING, war zeitweise für MAX III. JOSEPH und später für KARL THEODOR tätig, ohne jedoch eine führende Position zu erlangen. AUGUST DEMMEL (1724–1789) betätigte sich als aushelfender Dekorateur. Vor allem überbrückte er mit seiner Arbeit den Zeitraum zwischen dem Tod GASPARIS und dem Wirken LORENZO QUAGLIOS, also die Jahre von 1775 bis 1778, ohne jedoch dauernde Anerkennung und Anstellung zu erlangen. Nicht vergessen werden sollte MAX III. JOSEPH

178   Hofball anläßlich der Vermählung der
Prinzessin Josepha Antonia mit Kaiser Joseph II.
im Alten Residenztheater in München
am 14. Januar 1765. Ausstattung von Ignaz Günther (Prospekt)
und François de Cuvilliés d. J.

Hofmaler CHRISTIAN WINK (1738-1797), der nicht nur Entwürfe für die Gobelin-Manufaktur lieferte, sondern auch seit 1765 Figuren und Historienprospekte für die Hoftheater schuf. Besonders interessant ist ein (im Deutschen Theatermuseum erhaltenes) Gemälde, das seinen Vorhangentwurf für das Residenztheater wiedergibt. Die WINK zugeschriebene Ölskizze formuliert bereits das klassizistische Programm mit Rundtempel und Obelisk in archaischer Landschaft. Eine feste Anstellung bei Hof scheint dem auf Stunden- oder Stücklohn engagierten WINK nicht vergönnt gewesen zu sein, obwohl er – wie er selber in einem Anstellungsgesuch ausführte – » . . . ohne Eigenlob zu melden, bis daher in ganz Baiern der einzige Maler gewesen sei, der vorzugsweise in fresco und theatral arbeiten im Historischen Fache mit allseitiger Zufriedenheit gebraucht wurde«.

Das Ballett am Hof MAX III. JOSEPH wurde noch völlig von Franzosen und Italienern beherrscht. MICHELE DALL' AGATA wirkte von 1752 bis 1766 als »Grotesk-Balleten-Meister« und erster Tänzer, seine Frau ORSOLA von 1753 bis 1757 als Primaballerina. »Teatralischer Balleten-Meister« und erster Tänzer seines Faches war DU BUISSON DE CHALANDRAY von 1753 bis 1766. CANZIANI und TRANCART folgten von 1771 bis 1774 beziehungsweise 1772 bis 1776. Die ganze Truppe bestand aus vier männlichen und vier weiblichen Solisten sowie sechzehn Mitgliedern des »corps de ballet« (je acht Damen und Herren), also insgesamt vierundzwanzig Tänzern. Über Leben und Arbeit dieser weitgehend in den Opernbetrieb integrierten Hofkünstler läßt sich nichts Wesentliches mitteilen.

Ballett am Hof Max III. Joseph

Obwohl der Kurfürst mehrere Instrumente beherrschte und auch komponierte, nahm er doch Anteil an den gerade zu seiner Zeit erstarkenden Bemühungen um eine deutsche »National-Schaubühne«, in der sich anspruchsvolle deutsche Schauspielkunst gemeinsam mit den ersten literarisch hochstehenden Stücken deutscher Autoren bewähren sollten. Des Kurfürsten Interesse an französischen und italienischen Truppen nahm ab, wenn er auch noch 1749 den berühmten Harlekin-Darsteller GIUSEPPE FALCHI gegen sechshundert Gulden Jahresgage für seine französische Truppe verpflichtet hatte, in der dieser Rollen des »Nouveau Théâtre Italien« übernahm. Ohnehin gastierten viele und vielseitige Schauspieltruppen am Hof, ohne in dessen Dienst zu treten. Es kennzeichnet die Zeit des Umbruchs, daß der theaterfreudige MAX JOSEPH 1770 die Volksschauspiele verbot, sogar die Oberammergauer Passion, und fast gleichzeitig die Bemühungen um ein angesehenes Nationaltheater unterstützte. Ein mit JOHANN JOSEPH FELIX VON KURZ (nach der von ihm kreierten Figur auch »BERNARDON« genannt) 1765 begonnener Versuch, eine feste Truppe zum Spiel »regelmäßiger Stücke« aufzubauen, mißlang, nicht zuletzt, weil angesehene deutsche Schauspieler nicht mitarbeiten mochten, obwohl sie dazu eingeladen waren. Verärgert zog sich der Kurfürst zurück und verfolgte später nur noch als (wohlwollender) Zuschauer die diesbezüglichen Unternehmungen seines Intendanten JOSEPH ANTON GRAF VON SEEAU. In der Person des dem Kurfürsten freundschaftlich verbundenen Grafen betritt eine der schillerndsten Gestalten die Münchner Hofbühne. Der am 10. September 1713 in Linz geborene, am 25. März 1799 in München gestorbene ehemalige »Jagdkavalier« und Offizier war im Frühjahr 1753 von MAX III. JOSEPH zum Intendanten der »Hofmusik und Spektakeln« ernannt worden. Ein fragwürdiges Duell – sein Pferd soll instinktsicher mit dem Reiter den gefährlichen Schießplatz verlassen haben – unterbrach SEEAUS Karriere durch Dekret des Kurfürsten vom 14. August 1756 für ein Jahr (in dem erneut Graf VON SALERN als Intendant amtierte); danach beherrschte er allerdings bis zu seinem Tod, also auch noch unter KARL THEODOR, das gesamte Theaterwesen des bayerischen Hofes. Obwohl SEEAU kein Theaterkünstler im Dienst der Kurfürsten war, spielte er jedoch die Schlüsselrolle. Seine Position kennzeichnet einen wesentlichen Einschnitt im Theaterleben der Wittelsbacher: MAX III. JOSEPH hatte SEEAU nämlich als »Entrepreneur« eingesetzt, das heißt als Unternehmer der kurfürstlichen Theater. SEEAU arbeitete also auf eigenen Gewinn und Verlust, vom Kurfürsten freilich großzügig unterstützt mit Geld und Personal, wofür der Graf – als Gegenleistung – die theatrali-

Intendant Graf Seeau

179 Vorhang-Entwurf,
wahrscheinlich für das Alte Residenztheater.
Ölskizze, Christian Wink zugeschrieben

sche Unterhaltung des Hofes sichern mußte. In dieser administrativen Regelung drückt sich natürlich eine Verselbständigung des Theaters, eine gewisse Lösung von der Person des Fürsten aus, die auch künftig die Entwicklung charakterisieren wird.

GRAF SEEAU und seine Amtsführung waren schon zu Lebzeiten äußerst umstritten. Während FELIX VON LIPOWSKY reimte: »Ein Pächter in Kunstsachen handelt mit den Musen, wie ein Pächter einer Zuckerplantage mit Sklaven«, lobte eine (anonyme) »Unpartheyische Beurtheilung« 1784: »Und zwar muß ich zur Ehre des Herrn Grafen v. Seeau sagen, daß er der Mann ist, unter dem Baiern den grünen Hut und das bunte Jäckchen vergeßen hat, er hat den Hannswurst abgestellt, und unter ihm hat man in München die erste regelmässigen [sic!] Bühne gesehen, durch ihm [sic!] ist der bessere Geschmack in Baiern eingeführt worden, ihm diesem würdigen Mann hat Baiern in diesem Stück Verpflichtung, und wenn es das nicht erkennte, so wäre es undankbar.« Ein gewisser PEZZL urteilte 1784 jedoch: »Kenntnisse der vaterländischen Literatur, Theorie der Dicht- und Schauspielkunst mangeln dem Grafen völlig. Er gibt alle Stücke auf Risiko, gefallen sie, so brüstet er sich mit seinem guten Geschmack, gefallen sie nicht, so schimpft er über das Publikum.« Man könnte die Reihe konträrer Äußerungen über SEEAU weiterführen, ohne dadurch zu einem klareren Urteil über seine Intendanz zu gelangen. Als Tatsachen im Hinblick auf die Theaterverhältnisse am Hof MAX III. JOSEPH sind jedoch festzuhalten: 1. Seine Übertragung aller Theaterunternehmungen an den Grafen SEEAU führte zu einer jahrzehntelangen Verselbständigung und Loslösung des Theaterlebens vom Hof der Wittelsbacher. 2. SEEAUS Intendanz muß im Zwielicht bleiben, da alle Belege seiner Amtsführung verlorengegangen sind. 3. Wesentliche Theaterereignisse und Engagements in der Regierungszeit MAX JOSEPHS haben kaum Bezug zum Kurfürsten, sondern sind Unternehmungen des Grafen SEEAU. 4. Der Kurfürst war zwar interessiert an der Gründung einer »Deutschen National-Schaubühne«, aber er hat sie nicht begründet. Die Ernsthaftigkeit jedoch, mit der MAX III. JOSEPH die »National-Schaubühne« anstrebte, läßt sich mehrfach belegen; er unterstützte SEEAUS Bemühungen in dieser Richtung finanziell und personell. Seit dem ersten Auftritt der Truppe JOHANN BAPTIST NIESSERS (am 10. November 1771 im Faberbräu) verfolgte das Kurfürstenpaar deren Arbeit aufmerksam, ja, die Kurfürstin bearbeitete sogar ein Stück für die deutschen Schauspieler, die auch (ab 1. März 1773) im Salvatortheater auftreten durften. Wie ernst es MAX III. JOSEPH mit der Konstituierung eines deutschen Theaters wirklich war, verdeutlicht wohl am ehesten die Verleihung einer Goldmedaille an NIESSER durch die vom Kurfürsten begründete Akademie der Wissenschaften. Deren Vizepräsident, Graf THEODOR TOPOR MORAWITZKY, schrieb dem Schauspieler aus diesem Anlaß folgende – sicherlich auch des Kurfürsten Einstellung bestätigende – Zeilen: »Mein werthester Herr Nieser! Die kurfürstliche Akademie der Wissenschaften, aufmerksam auf alles, was guten Geschmack, feinere Empfindung und verbesserte Sitten im Vaterlande befördern kann, hat Ihnen die mitfolgende goldene Medaille durch mich übergeben zu lassen beschlossen. Die Akademie will dadurch die rühmlichen Bemühungen krönen und für das weitere ermuntern, durch die Herr Nieser am ersten an Reinigung unserer Schaubühne mit nicht geringen Schwierigkeiten und sichtbar gutem Erfolge gearbeitet hat. – Möchte doch dieser Schritt die bayerische Bühne auf alle Zeit von jeder Verunstaltung retten können!« Es ist heute kaum noch zu ermessen, was diese Auszeichnung eines deutschen Theatermannes damals bedeutet hat, dessen Bestrebungen von einer kurfürstlichen Akademie höchsten wissenschaftlichen Anspruchs gewürdigt wurden. Somit hat MAX III. JOSEPH zwar nicht institutionell, aber doch ideell den Boden bereitet, auf dem sein Nachfolger KARL THEODOR 1778 die Münchner »National-Schaubühne« begründen konnte.

Bestrebungen zur Gründung einer »Deutschen National-Schaubühne«

Die Pfälzer

AUGUST WILHELM IFFLAND, der bedeutendste Schauspieler (und vielgespielte Theaterautor) der deutschen Klassik urteilte in seiner Autobiographie über Kurfürst KARL THEODOR: »Er hat bei dem Antritt seiner Regierung so vieles noch in Ruinen gefunden, nach seiner vieljährigen Regierung ist so manches jetzt wieder zertrümmert worden, und dennoch ist so vieles noch erhalten worden, dessen ich mich mit freudiger Rührung erinnere. Der Kunstfreund findet überall seine Spur, in seinem Thun seine Gesinnungen. Der Nachwelt wird sein Name gegenwärtig sein.«

Obwohl der hier hochgelobte Kurfürst KARL THEODOR von der Pfalz durch den Tod des kinderlosen Altbayern MAX III. JOSEPH (am 30. Dezember 1777) sein Reich mehr als verdoppelt erhielt, konnte er sich seines Machtzuwachses nicht recht freuen. War doch die Erbfolge mit der Auflage verbunden, die Residenz von Mannheim nach München zu verlegen – in KARL THEODORS Augen ein Wechsel von französisch verfeinerter Lebensart zu provinzieller Biederkeit. Was die seinerzeitigen Theaterverhältnisse betraf, hatte er so Unrecht nicht. Die letzten Lebensjahre MAX III. JOSEPH waren zwar von dem einen oder anderen Theaterereignis begleitet, wofür die Namen GLUCK und MOZART stehen mögen, insgesamt aber erschien die Situation verworren und das Hoftheater dem Fürsten in die Hand SEEAUS entglitten. Selbst die Gründung der »National-Schaubühne« war mißlungen. KARL THEODOR hingegen hatte – übrigens im Todesjahr MAX III. JOSEPH – sein vergleichbares Unternehmen auf hohem Niveau in Mannheim erreicht. Er galt als einer der theaterfreudigsten Fürsten seiner Zeit. Ohnehin konnte nur die Kurpfalz, ihrer Größe und Bedeutung wegen, als einziges der zahlreichen wittelsbachischen Herrschaftsgebiete mit Kurbayern hin und wieder auf längere Zeit im Theaterbereich gleichziehen, ja, es gelegentlich gar übertreffen. Und doch bleibt es bis heute unmöglich, ein getreues Bild des pfälzischen Hoftheaters zu vermitteln, da der überwiegende Teil der literarischen, archivalischen und bildlichen Dokumente zerstört oder unauffindbar verschwunden ist. Und was sich erhalten hat, erweist dann doch einen beträchtlichen quantitativen und qualitativen Abstand zum Münchner Hof, jedenfalls bis 1742, also KARL THEODORS Regierungsantritt in der Pfalz. Ein skizzenhafter Exkurs erscheint dennoch lohnend, zumal ja endlich KARL THEODOR das Mannheimer Theater zu europäischem Rang führte. Mit den meisten erstklassigen Theaterleuten zog er auch 1778 nach München und prägte dort für den Rest des Jahrhunderts das Hoftheater.

Begonnen hat das Theaterleben in der Pfalz, gegen Ende des 16. Jahrhunderts, wie an den meisten größeren Höfen Europas: mit Maskenumzügen nach florentinischem Muster sowie Gastspielen von Wandertruppen verschiedener Nationalität. Die ausführenden Künstler blieben anonym und standen wohl kaum im Dienst des Hofes. Erst während der langen Regierungszeit KARL I. LUDWIG (1632–1680) gewann das Heidelberger Theater gewisse Konturen. Der in vielen Literaturen Europas gebildete Fürst hatte eine besondere Neigung zu SHAKESPEARE und dem englischen Theater, das er aus eigener Anschauung kannte, da seine Mutter aus dem schottisch-englischen Königsgeschlecht der Stuart stammte. Als gewissenhafter Landesvater machte er sich zunächst an den Wiederaufbau der im Dreißigjährigen Krieg verwüsteten Pfalz. Lediglich der Hofmusik gönnte er einen schmalen Etat, während er sich sonst mit Studenten- und Jesuitenaufführungen begnügte. Von den sechziger bis achtziger Jahren ist dann ein festes Hoftheater im – wegen seiner sieben Meter starken Mauern – sogenannten »Dicken Turm« des Heidelberger Schlosses nachweis-

180 – 181 »Die Über alle Tugende Triumphirende Tugend Der Beständigkeit«,
Aufführung im »Dicken Turm« des Heidelberger Schlosses, 1684

bar. Der Theologie-Student FRIEDRICH LUCÄ beschreibt den Bau: »An selbiger Ecke gegen die Stadt (wo das große Faß sich befindet) stehet der dicke Turm, und auf demselben ist das Theatrum, wo die Comödien gespielet werden. Inwendig ist der Platz des Turmes dergestalt weitläufig, daß über hundert Tische bequem dargesetzet werden können. Einstmals ließ daselbst der Kurfürst die verkehrte Welt präsentieren. Die Hirsche jagten die Jäger, die Weiber schlugen die Männer, die Schüler castigierten die Präceptores, die Pferde ritten auf Menschen und so fort. Während des Ballets fiel aber von einer Lampe ein Funke in eines Pferdes Haar, von Hanf gemacht, und zündete dasselbe an. Da man auf den Turm nur durch eine enge Schneckentreppe steiget, so entstand ein gewaltiger Lärm unter den Zuschauern und alles drängte, ohne Rücksicht auf den Ruf des Kurfürsten, der zuerst hinaus wollte, nach der Thüre und suchte sich zu salvieren. Zum Glück unterdrückte man noch zeitig das Feuer durch Auflegung von Kleiderwerk; wegen der Höhe des Turmsaales aber und der hohen Fenster darin konnte der Rauch niemanden schaden.« Der Zerstörung Heidelbergs im Jahre 1689 durch französische Truppen fiel sogar der »Dicke Turm« mit seinem Theater zum Opfer.

Die wenigen uns mit Titel überlieferten Werke, die im Turm-Theater des Heidelberger Hofes aufgeführt worden sind, kann man kaum einer Gattung zuordnen. Sie bestehen meist aus einer stillosen Mischung heterogener theatralischer Elemente, waren aber wohl als Oper gemeint. Ausgeführt wurden sie meist dilettantisch, das heißt als Liebhaberaufführungen durch den Hofadel, der vom Tanz- und Kapellmeister beraten gewesen sein dürfte. Während der kurzen Regierungszeit KARL II. (1680–1685), des letzten, prunkfreudigen, Kurfürsten der Linie Simmern, fand die Aufführung eines opernähnlichen Werkes unter dem Titel *Die Über alle Tugende Triumphirende Tugend Der Beständigkeit* statt, und zwar im Februar 1684; den Text verfaßte der Hofbibliothekar LORENZ BEGER. Im Deutschen Theatermuseum hat sich ein Folioband erhalten, der den Text wiedergibt und – auf 19 Kupfern, gestochen vom Augsburger JOHANN ULRICH KRAUS (1645–1719), – die Hauptszenen der Aufführung. Obwohl wir weder den Architekten des Theaters noch den Ausstatter ermitteln konnten, möchten wir aus dem Stichwerk wenigstens einen Eindruck der Theaterverhältnisse am pfälzischen Hof in der 2. Hälfte des 17. Jahrhunderts vermitteln. Das beigebundene »Verzeichnis der Persohnen« und ihrer Darsteller liest sich wie ein Auszug aus dem »Gotha«. Der gesamte pfälzische Hofadel, vom Kurfürstenpaar abwärts, teilte sich in die Rollen. Lediglich einige wenige Partien wurden mit nichtadeligen Kunstbeamten besetzt: die Göttin der Aufrichtigkeit spielte der Autor und »ChurPfaltz Antiquarius und Bibliothecarius, BEGER«, den Kriegsgott Mars »Mons. PELLETIER, Tantz-Meister«, der auch noch andere Balletthelden übernahm, sowie ein von Ansbach entliehener »Hoff-Musicus«, namens JOHANN HENRICH CHRISTIAN, der die »Constantia« gab. Wenn wir uns den 1662 von SANTURINI und 1686 von den MAURO geschaffenen Standard der Aufführungen im Salvatortheater ins Gedächtnis rufen, erkennen wir das beachtliche Qualitätsgefälle zwischen dem Heidelberger Hoftheater im Schloßturm und der Münchner Hofoper. Das Proszenium der Heidelberger Bühne, flankiert von den Standbildern der »Veritas« und der »Historia«, ist von solcher Schlichtheit, daß als Architekt ein deutscher Baumeister in Frage käme. Die fünf Kulissengassen tiefe Bühne dürfte acht bis zehn Meter hoch und zwölf bis fünfzehn Meter breit gewesen sein. Soffitten und einfache Flugmaschinen waren vorhanden. Doch sowohl deren Verwendung als auch die erkennbaren tänzerischen »Qualitäten« der Aufführung sind weit entfernt von der genialen Phantasie und professionellen Sicherheit vergleichbarer Aufführungen am Münchner Hof. Auch die Gestaltung der Kostüme wirkt schlichter und weniger barock. Interessanterweise tauchen orientalische Kostüme auf, vielleicht eine Anspielung auf MAX EMANUELS Türkensiege in Wien. Zu den originellsten Szenen gehört der Tanz von Sokrates, Diogenes und Äsop. Das Schlußballett versammelt den Hofstaat, angeführt vom Kurfürstenpaar, auf der Bühne.

Auf den leichtsinnigen und prunkliebenden KARL II. folgte der Neuburger PHILIPP

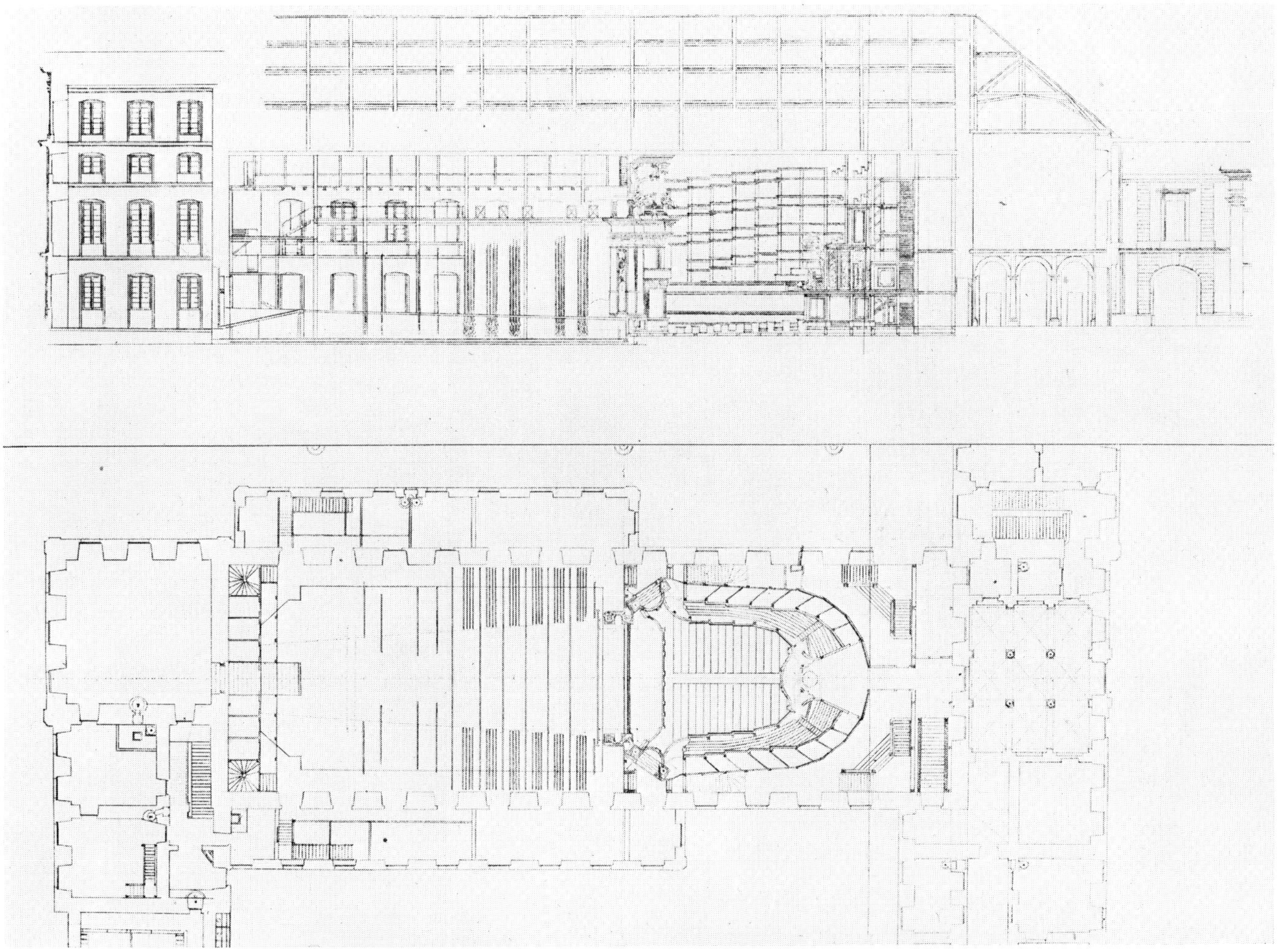

182   Das Kurfürstliche
Hoftheater im
Mannheimer Schloß von
Alessandro Galli-Bibiena,
Grundriß und Längsschnitt

183   Josepha Seyffert

WILHELM, der auch nur fünf Jahre die Kurpfalz beherrschte (1685–1690), und zwar in den Residenzen Heidelberg, Mannheim und vor allem Düsseldorf. Am Neuburger Hof hatte man zwar die Musik gepflegt, das Theater erschöpfte sich jedoch in gelegentlichen Gastspielen von Wandertruppen. In Düsseldorf war die Situation kaum anders. Von PHILIPP WILHELM ist nur zu berichten, daß er am 1. Juli 1687 die erste richtige italienische Oper in Heidelberg aufführen ließ, unter dem Titel *La gemma Ceraunia*. Von der (wahrscheinlich hochbarocken) Inszenierung haben sich leider keine Dokumente erhalten.

Der von 1690 bis 1716 in Düsseldorf residierende Kurfürst JOHANN WILHELM, im Rheinland populärer unter dem Namen »JAN WELLEM«, war politisch ziemlich uninteressiert. Statt die zerstörte Pfalz wieder aufzubauen, eiferte er in seiner Residenz dem Prunk LUDWIG XIV. nach, allerdings unter Einbeziehung der italienischen Oper. In zweiter Ehe mit der sagenhaft reichen Mediceerin ANNA MARIA LOUISE VON TOSCANA vermählt, konnte er sich beträchtlichen Aufwand leisten. Trotz allem sind seine Theaterleute weder biographisch noch stilistisch erfaßbar. Wir hören lediglich vom Hofmaler ANTONIO BERNARDI, der als Bühnenausstatter wirkte, und vom »regolator delle scene« ANTONIO FABRI. Wie prunksüchtig JAN WELLEM war, läßt sich ermessen, wenn man LISELOTTE VON DER PFALZ – selbst kein Kind von Traurigkeit – liest: »Unter uns geredt, der Kurfürst hätt besser getan, die 20.000 Thaler anzuwenden, das Heidelberger Schloß wieder zu bauen, als vor eine opera; das ist garnicht à propos in jetziger Zeit.«

KARL III. PHILIPP, JAN WELLEMS Bruder aus der Linie Neuburg, herrschte von 1716 bis zu seinem Tod am 31. Dezember 1742 über die Kurpfalz. Nach knapp zweijähriger Hofhaltung in Heidelberg übersiedelte er 1720 nach Mannheim, dessen Wiederaufbau weitgehend ihm zu verdanken ist. Erst im November 1731 war das Mannheimer Schloß, eine der größten und imposantesten Residenzen des europäischen Barock, bezugsfertig. In den vorangegangenen Jahren verhinderte Platzmangel größere Theateraktivitäten. Dabei war KARL III. PHILIPP in diesem Bereich durchaus ein Fürst von Distinktion; schon in seiner Neuburger Zeit, mindestens seit 1717, stand ALESSANDRO GALLI-BIBIENA als Erster Ingenieur und Architekt in seinem Dienst, als Sohn FERDINANDOS und Bruder GIUSEPPES Mitglied der berühmtesten Familie von Theaterarchitekten und Dekorateuren des Barock. Seit 1723 beschäftigte KARL III. PHILIPP als »Economo del teatro« in Mannheim noch einen GIOVANNI MARIA BIBIENA, als »Operamaler« HERMANN SPENG und als Maschinendirektor ANTONIO FABRI. PAUL DE FLEURIS wirkte von 1717 bis 1749 als Ballettdirektor, als Tanzmeister der uns schon bekannte SEBASTIANO SCIO, und zwar seit den dreißiger Jahren.

Folgenreich war des Kurfürsten KARL III. PHILIPP Entscheidung, in seinem riesigen Schloß ein Hoftheater von ALESSANDRO GALLI-BIBIENA errichten zu lassen. Zweifellos bedeutete das am 17. Januar 1742, anläßlich der Vermählung KARL THEODORS mit ELISABETH AUGUSTE VON SULZBACH, eröffnete Opernhaus für KARL THEODOR eine stete Provokation, es mit theatralischem Leben zu erfüllen. Ein Rechnungsakt vom 8. April 1737 gibt Aufschluß über die veranschlagten Baukosten, die mit 23726.– Gulden vergleichsweise bescheiden ausfielen. Allerdings ist die tatsächliche Summe unbekannt. Auch die Hauptmaße des Baues werden aufgeführt: das zweistöckige Gebäude sollte etwa fünfundsiebzig Meter lang und dreiundzwanzig Meter breit werden, im Dachstuhl war ein dreifacher Schnürboden geplant. Das 1741 fertiggestellte, im November 1795 durch französische Kanonen zerstörte Theater fand den Beifall der Zeitgenossen. Der Wiener Schauspieler MÜLLER, der ja die bedeutenden Theaterbauten seiner Heimatstadt kannte, schildert beeindruckt einen Besuch des Mannheimer Hauses im Dezember 1776: »Ich ging mit dem Hauptmann der Garde ins Opernhaus. Dieses Gebäude ist prächtig. Man sagte mir, BIBIENA hätte es gebaut. Die Bühne in sich selbst ist in der Öffnung nicht so hoch und breit wie das Kärnthnerthortheater. Allein der Platz der Zuschauer ist bequemer und festlicher eingerichtet. Es hat sechs Stock [gemeint sind Ränge]. Unter der kurfürstlichen

Loge, die sich in der Mitte befindet, geht einige Staffeln tiefer eine Gallerie bis an das Theater, die eigentlich das Parterre noble vorstellt, worauf sich alle Hofkavaliers und Offiziere befinden. Diese Gallerie ist mit vergoldeten Säulen sowie alle übrigen Etagen bis auf den letzten Platz hinauf geziert. Die Logen selbst sind ebenfalls wie im neuen Nationaltheater stufenweise erbauet. Über beiden Seiten des Orchesters sind rechts und links zwei halbzirkelrunde, hervorspringende Logen angebracht, wo sich die Pauker und Trompeter befinden. Das ganze Gebäude ist geschmackvoll gebauet und nichts gespart, um bei dem ersten Anblicke sowohl, als bei genauerer Untersuchung Vergnügen zu erwecken.« Der Grundriß des Zuschauerraums zeigt jene Glockenform, die man als »Markenzeichen« der bibieneesken Theaterbauten bezeichnen könnte. Die sechs Kulissengassen tiefe Bühne erfüllte den hochbarocken Standard. Mehrere variable Prospekte ermöglichten jeglichen gewünschten Hintergrund. ALESSANDRO GALLI-BIBIENAS Mannheimer Hoftheater entsprach dem traditionellen Stil der im Barock führenden Theaterarchitekten-Familie: fürstlich-repräsentativ, erlesen als Ganzes wie im Detail, die Summe barocker Zuschauerraum- und Bühnengestaltung – und doch schon ein wenig überständig, ein Spätwerk, das keine Zukunftsperspektiven eröffnete wie etwa GASPARIS Entwürfe für CLEMENS AUGUST von Köln. Zur Eröffnungsvorstellung mit der Festoper *Meride* versammelten sich zahlreiche Wittelsbacher der verschiedenen Linien in ihren Logen: selbstverständlich der greise Bauherr des Theaters, Kurfürst KARL III. PHILIPP von der Pfalz, Kurfürst CLEMENS AUGUST von Köln, Kurfürst KARL ALBRECHT von Bayern (ein Jahr darauf Kaiser KARL VII.), der bayrische Kurprinz MAX JOSEPH, Herzog CLEMENS FRANZ von Bayern sowie die Prinzessinnen MARIA ANTONIA WALPURGIS und THERESIA BENEDIKTA. Nicht zu vergessen das Brautpaar KARL THEODOR und ELISABETH AUGUSTE.

Am letzten Tag des Jahres 1742, dem Todestag KARL III. PHILIPP, wurde KARL THEODOR Kurfürst von der Pfalz und damit auch Herr über das höfische Theaterleben. Die Oper – noch immer das eigentlich fürstliche Repräsentationstheater – unterschied sich in der Folge nicht wesentlich von der Praxis vergleichbarer Höfe. Abweichungen ergaben sich allenfalls aus der jeweiligen Qualität der dienstbaren Künstler. So galt das Orchester KARL THEODORS als das beste überhaupt, während die Ausstattung unter ALESSANDRO GALLI-BIBIENA (bis zu seinem Tod 1748) und dessen Nachfolger STEFAN SCHENK (der von 1748–1758 wirkte) in vergleichsweise konventionellem Spätbarock schwelgte, freilich auf hohem künstlerischem Niveau. Die Kostüme entwarf nicht selten der Architekt, Hofbildhauer und Maler AUGUSTIN EGELL (1731–1785), der 1778 mit dem Hofstaat nach München übersiedelte. Dort waren ja die Opernverhältnisse unter MAX III. JOSEPH beinah umgekehrt akzentuiert: das Orchester war guter Durchschnitt, die Ausstattung jedoch durch GIOVANNI PAOLO GASPARI neuen Entwicklungen aufgeschlossener als in Mannheim. Akzentverschiebungen lassen sich auch im Repertoire beider Hoftheater feststellen: beanspruchten in der Pfalz Singspiel und Ballett schon einen kräftigen Anteil am Spielplan, so überwog in München die »opera seria«, die große italienische Oper. Gegen Ende der Regierungszeit MAX III. JOSEPH weisen jedoch Aufführungen der Werke GLUCKS und MOZARTS weit in die Zukunft. Zum Ballett fühlte KARL THEODOR nicht nur künstlerische Neigungen: die Tänzerin JOSEPHA SEYFFERT (1748–1771) erlangte 1765 die Stellung einer zweiten »Maitresse en titre«, was ihr drei Jahre später die Nobilitierung zur GRÄFIN HEYDECK einbrachte; vier Kinder (drei Töchter und ein Sohn) gingen aus dieser Verbindung hervor.

Mit der Berufung des LORENZO QUAGLIO (1730–1805) sicherte sich KARL THEODOR einen hervorragenden Bühnenbildner und Theaterarchitekten aus der wohl ungewöhnlichsten Dynastie der europäischen Kunstgeschichte. Seit dem Beginn des 17. Jahrhunderts, als die Familie QUAGLIO in Laino (nicht weit vom Comer See) mit einem Freskenmaler künstlerisch tätig wurde, bis in unsere Tage, da ein Nachfahre als Tier- und Landschaftsmaler in Australien arbeitet, hat die Familie QUAGLIO in fast lückenloser Folge über dreihundert Jahre und in insgesamt acht Generationen

Karl Theodor als Herr über das höfische Theaterleben

Lorenzo Quaglio

mehr als zwanzig bildende Künstler hervorgebracht. Die bedeutendsten Mitglieder der Familie waren Bühnenbildner. Von diesen vierzehn Theatermalern standen allein zehn im Dienst der Wittelsbacher. In unserem Zusammenhang müssen wir uns auf die in leitender Stellung tätigen Dekorateure beschränken, deren erster LORENZO gewesen ist. Seit 1752 in Mannheim, tritt er 1753 mit einer eigenen Ausstattung hervor. Am 16. Dezember 1758 hat ihn KARL THEODOR endgültig als Theaterarchitekten und Leiter des Ausstattungswesens in seinen Dienst genommen. 1778 erhob der Kurfürst LORENZO in den Adelsstand: der Theatermann, der Künstler, als gleichrangiges Glied der höchsten Gesellschaftsschicht seiner Zeit! Nicht allein Geburt, auch persönliche schöpferische Leistung galt KARL THEODOR als Ausweis adliger Haltung und Gesinnung. Gewiß, unübersehbar ist der affirmative Charakter der Kunst eines LORENZO QUAGLIO, der mit seinen Opernausstattungen der »Repraesentatio Maiestatis« zu später Geltung verhalf. Aber er hat auch – vor der Nobilitierung – das Mannheimer Nationaltheater erbaut, jenes nicht mehr ausschließlich dem Hof dienstbare Theater, auf dessen Bühne der rebellierende SCHILLER seine ersten Erfolge erlebte. LORENZOS Dienstzeit endete erst zehn Monate nach KARL THEODORS Tod, nämlich im Dezember 1799 mit der Pensionierung als »Hofkammerrath«.

LORENZO QUAGLIO muß demnach als der wichtigste Bühnenbildner und Theaterarchitekt KARL THEODORS angesehen werden. Entsprechend überlastet war er auch mit Pflichten, wie eine Bitte um Gagenerhöhung aus dem Jahr 1762 deutlich macht, in der QUAGLIO auf den Umfang seiner Tätigkeit hinweist: Es würden »dermalen Schauspiele aufgeführet, dergleichen niemalen, was die große, viele und mühsame Arbeit betrifft, dahier gesehen worden, also daß der Platz selbsten [gemeint ist die Bühne], solche Werke aufzuführen, zu klein sei und vergrößert werden mußte, – bei dergleichen Exhibitionen aber die jedesmaligen Veränderungen der Schaubühne zu erfinden, ins kleine auf das Papier aufzuzeichnen, von danne ins groß denen Malern vorzulegen, auch im Fall der Not mit zu malen, endlich jedes an gehörigen Ort zu setzen und einzurichten, eine Tag und Nacht andauernde, ihn in kurzer Zeit zu Grund richtende Arbeit sei«. LORENZO mußte demnach die für manche Aufführungen zu kleine Bühne erweitern – 1768 errichtete er gar zwei Anbauten (für 12956 Gulden Bausumme) –, auch erforderten Pantomimen, Ballette und Auftritte von Truppen oft vom herkömmlichen abweichende Dekorationen, die nicht aus dem Fundus zu erstellen waren. Aus Personalmangel mußte LORENZO manchmal sogar selber die Kulissen ausmalen. Allerdings besoldete ihn KARL THEODOR mit zweitausend Gulden Jahresgage fürstlich. Die wenigen erhaltenen Entwürfe LORENZOS, kaum datierbar oder einer bestimmten Aufführung zuzuordnen, verraten in der Raumauffassung eine gewisse Abhängigkeit vom Stil der BIBIENA: die gesamte Raumtiefe ist durchkomponiert. Die Formensprache klingt aber straffer, weniger überschwenglich, klassizistisch beruhigt. Die häufige Rahmung der Rampenzone und die relativ kurze, aber breite Spielfläche der Vorderbühne in den späten (Münchner) Entwürfen korrespondieren mit GASPARIS Bestrebungen. Man kann annehmen, daß er die neuartigen Szenenanforderungen in der 2. Hälfte des 18. Jahrhunderts, also beispielsweise die Gestaltung ›deutscher‹ historischer oder exotischer Schauplätze souverän beherrschte. CHRISTOPH MARTIN WIELAND jedoch, dessen *Rosamunde* QUAGLIO hätte ausstatten sollen – die Aufführung kam 1778 wegen des Trauerjahres für MAX III. JOSEPH nicht zustande –, schrieb 1780 sarkastisch an DALBERG, der das Werk nun geben ließ, er sei glücklich, daß er »keine Sonne mit armsdicken Strahlen und keinen Mondschein à la Peter Squenz mehr zu befürchten brauche, denn vermutlich seien diese vortrefflichen Dekorationsstücke, die dem Genie des Herrn QUAGLIO so viel Ehre machten, mit nach München abgeführt worden, wo sie einst in einer divina comedia auf dem Theater eines Augustiner- oder Kapuzinerklosters einen sehr guten Effekt machen würden«. Ob WIELAND mit diesem Urteil auf die zweifellos noch vorhandenen barocken Stilzüge im Werk QUAGLIOS anspielte oder ob er aus persönlichen Gründen so böse spöttelte, ist heute schwer zu entscheiden. KARL THEODOR zumindest war mit LORENZO zeitlebens zufrieden.

184 – 185   Bühnenbild-Entwürfe von Lorenzo I Quaglio, Mannheim um 1750

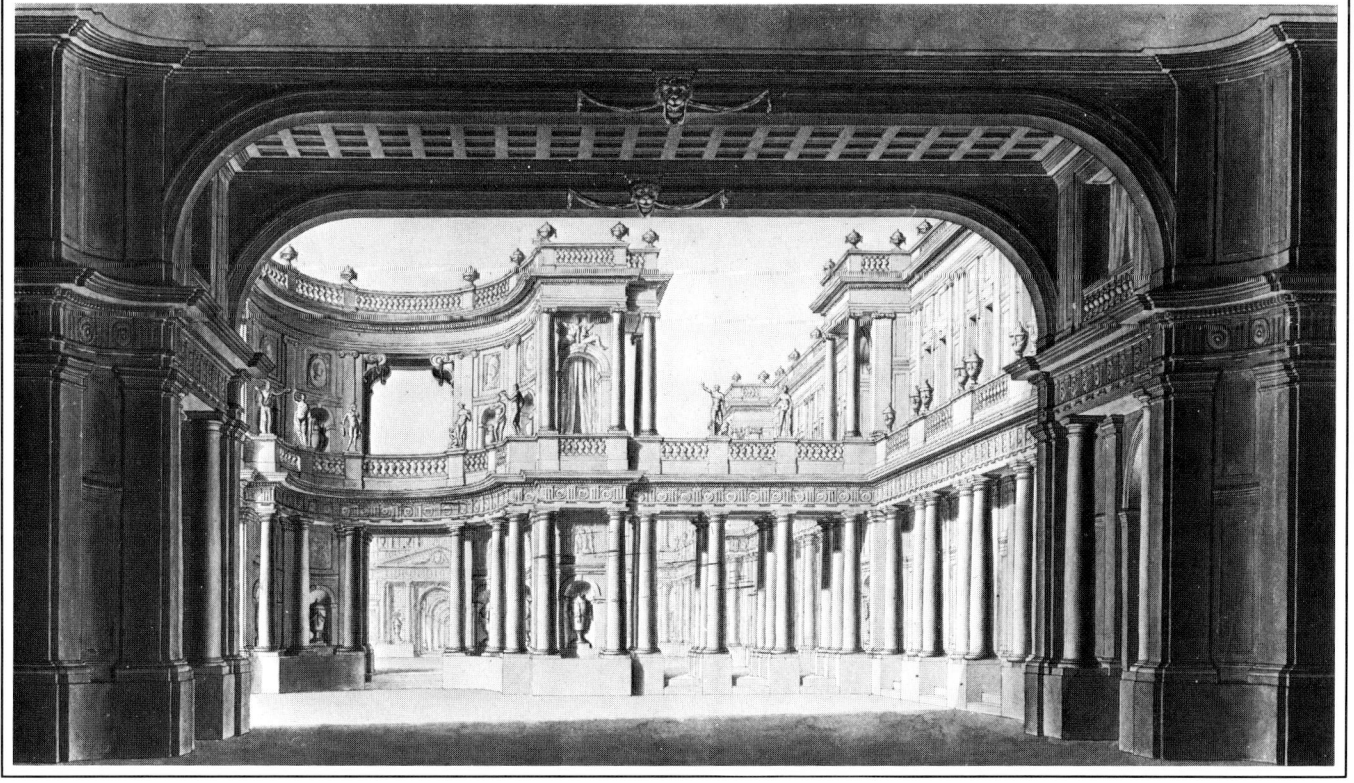

Bevor wir auf den Theaterarchitekten Quaglio - im Zusammenhang mit dem Mannheimer Nationaltheater - eingehen, wollen wir einen kurzen Blick auf die Theater in Karl Theodors Sommerresidenz Schwetzingen werfen. Schon Karl III. Philipp hatte seit 1719 Schwetzingen als Sommerresidenz bevorzugt. Karl Theodor beauftragte 1746 Alessandro Galli-Bibiena, ein »kleines Theatrum zur Exhibierung der französischen Comoedie in Schwetzingen« zu bauen. Da Alessandro 1748 starb, erhielt Nikolaus de Pigage (1723–1796), der 1749 von Karl Theodor verpflichtet wurde, den Auftrag, das Theater zu errichten. Der in bester französischer Bautradition gebildete Architekt, dessen Meisterwerk das 1755 bis 1769 erbaute Schloß Benrath bei Düsseldorf ist, benutzte möglicherweise Bibienas Vorplanung. Entwürfe hierzu haben sich jedoch von keinem Architekten erhalten. Auf jeden Fall lieferte Pigage am 20. Mai 1752 einen Kostenvoranschlag über rund sechstausend Rheinische Gulden (ohne Bühnenmaschinerie und Dekorationen). Am 15. Oktober 1752 scheint der Bau fertig gewesen zu sein, denn Pigage rechnete nun die tatsächlichen Baukosten in Höhe von etwa 22790 Rheinischen Gulden ab. Die fast vierfache Erhöhung der Summe erklärt sich wohl aus der überstürzten Planung und aus mannigfachen Erweiterungen. Das in französischem Geschmack gestaltete Theater bezieht durchaus Stilelemente der Bibiena-Bauten ein, etwa in der glockenförmigen Anlage der balkonartigen Ränge. Keine prunkvolle Fürstenloge, sondern zentralgelegene vordere Plätze im Parterre waren dem Herrscher und seiner Familie vorbehalten - ein französischer Brauch. Die Bühne ist etwa um ein Drittel tiefer als der Zuschauerraum und enthält alle uns schon bekannten Einrichtungen italienischer Bühnentechnik. Als besonderen Reiz empfanden die Zuschauer die Möglichkeit, durch die, bei bestimmten Aufführungen, geöffnete Bühnenrückwand den herrlichen Schloßpark als Natur-Prospekt mitspielen zu sehen.

Ganz und gar ›Natur‹ - Natur freilich im Geist des Rokoko nur als künstlerisch durchformte denkbar - war das wohl ebenfalls von Pigage gestaltete Heckentheater in Schwetzingen. Am Fuß des in ionischem Stil, auf einem künstlichen Hügel, errichteten Apollo-Tempels, der auf diese Weise als ständiger ›Prospekt‹ diente, befand sich das - heute zerstörte - Heckentheater. 1768 wurde es erstmals erwähnt, aber noch im Mai 1775 äußerte sich Pigage zu ergänzenden »zwei Proszenien«. Da sich keine Abbildungen erhalten haben, sei ein späterer Augenzeuge, Th. A. Leger, aus seinem 1829 in Mannheim erschienenen *Führer durch den Schwetzinger Garten* zitiert: »Der eyrunde untere Teil des Ganzen ist von hohem Gitterwerk und hinter demselben emporsteigender dichter Vegetation verschlossen und für die Zuhörer und Zuschauer bestimmt . . . Man gelangt zuerst auf einen erhöhten Umgang, der in derselben Eyform . . . um einen tiefer liegenden freien Boden, das sogenannte Parterre . . . herumzieht, welche die Sphinxgestalten umlagern. Auf drei Freitreppen, jede zwischen zwei Sphinxen, steigt man zu diesem Parterre hinab, an dessen vorderen Ende sich der Platz für die Musik . . . befindet. Hier erhebt sich der höher liegende, für . . . die Bühne selbst bestimmte Teil. Er beginnt als Proskenium oder Vorderbühne in dem vordersten und weitesten Teil der Eyform, beiderseits mit einer aus dem Gitterwerk in toskanischem Baustile gebildeten Portike verziert. . . . Ihre künstliche und starke Bildung verdient als ein technisches Meisterwerk alles Lob. Von hieran setzt sich die schmälere Bühne auf der schiefen Ebene eines regulären Trapezes zur Verstärkung des Formeindrucks nach optischen Grundsätzen gegen hinten allmählich verengter die Seiten mit zweckmäßig geordneten Baumreihen begrenzt, bis zu den Felsstufen fort, welche beiderseits zu dem Tempel hinaufführen.« Das Schwetzinger Heckentheater gehört zu den spätesten dieses Typus, da sich allmählich der wirklich natürliche, der ›englische‹ Garten ankündigte. Legers Beschreibung läßt erkennen, daß auch das Schwetzinger Heckentheater mit seiner Zweiteilung in ›Bühne‹ und ›Zuschauerraum‹ sowie der perspektivischen Verjüngung der Bühne eigentlich dem geschlossenen Theaterbau nacheiferte und lediglich die reizvolle Spannung zwischen Pflanzen und freiem Himmel einerseits und kunstvoller Gestaltung andrerseits auskostete.

Schwetzingen war Sommerresidenz. Hierhin zog sich KARL THEODOR mit seinem Hofstaat in den heißen Monaten zurück, um sich von den Regierungsgeschäften zu erholen. Schloß, Park und die Theater hatten intimere Dimensionen als in der Hauptstadt Mannheim; in Fragen der Etikette gestattete man sich eine gewisse Sorglosigkeit. Was Wunder, daß französische Komödianten, Tänzer und die opera buffa die Schwetzinger Spielpläne beherrschten. VOLTAIRE hielt sich im Juli/August 1753 als Gast KARL THEODORS dort auf. Man dachte, sprach und kleidete sich französisch; Frankreich war der große Nachbar, das Vorbild und – nicht selten – der politische Gegner. Dem Ballett waren sowohl KARL THEODOR als auch die Kurfürstin zugetan – nicht immer aus denselben Motiven. Trotz allem Aufwand in dieser Richtung blieb KARL THEODORS Theaterpflege in Schwetzingen im Rahmen der üblichen Aktivitäten vergleichbarer Höfe.

Anfänge eines Deutschen Nationaltheaters

Wirklich neu und von entscheidendem Einfluß auf die kommenden Jahrzehnte erwies sich des Kurfürsten Aufgeschlossenheit gegenüber den Bestrebungen, der deutschen Sprache und Literatur sowie einem deutschen Theater endlich Ebenbürtigkeit zu verschaffen mit der italienischen Oper und dem französischen Schauspiel. Selbst die Oper wurde in diesen Aufbruch zu einer deutschen Nationalkultur einbezogen. Nach der ersten pfälzischen Aufführung von WIELAND/SCHWEITZERS *Alceste* am 13. August 1775 in Schwetzingen (mit Wiederholungen und späterer Übernahme auf die Mannheimer Bühne) gab man im Januar 1777 in Mannheim IGNAZ HOLZBAUERS Singspiel *Günther von Schwarzburg*. Kein Geringerer als MOZART lobte Musik und Aufführung. Der Librettist, ANTON VON KLEIN, Jesuit und später Professor der Schönen Künste, brachte immerhin zwei Wittelsbacher in der historischen Handlung unter. Nicht konventionell, sondern durchaus programmatisch für den Zeitgeist ist sein Vorwort: »Deutsche Helden, die verdienten, daß ihr Bild mitten unter dem menschlichen Geschlecht aufgestellt würde, sollten die in ihrem Vaterland vergessen werden? Ist uns die Asche Roms und Athens allein kostbar und verehrungswürdig? Wir werfen unsere Augen auf fremde Tugendmuster, die vielleicht niemals gewesen sind, und sehen nicht, was in unserem Schose ist.«

Allen vaterländisch-historischen Stoffen und Verkleidungen zum Trotz hatte der Ruf nach dem National-Theater einen durchaus republikanischen, nicht selten aristokratiefeindlichen Beiklang. Es ist kein Zufall, daß die bürgerliche Hansestadt Hamburg hierin Pionierdienste geleistet hat. Und JOHANN FRIEDRICH LÖWEN nennt in seiner *Geschichte des deutschen Theaters* (1766, der ersten überhaupt) unverblümt die an der Misere der deutschen Schauspielkunst Schuldigen: »Dieser Mangel des Schutzes [gemeint ist: Unterstützung für die deutschen Truppen] rührt einmal von dem schlechten Begriff her, den unsre Großen sich von den deutschen Komödianten machen, wozu ihre ehemalige schlechte Lebensart und ihre Bemühung, mehr durch Possen zu belustigen, als durch wahre Schönheiten zu vergnügen, sehr viel beigetragen hat. Allein vorzüglich sind die tiefen Vorurteile unsrer deutschen Fürsten die Hauptursache. Da unsre Großen fast alle von der Sucht, fremde Länder zu sehen, angesteckt sind, da sie von Jugend auf von Männern unterrichtet sind, die selbst mehr nach dem französischen Geschmack gebildet sind und das unselige Vorurteil mit sich herumtragen, daß Geschmack und Witz nur allein in Frankreich zu Hause seien.« LÖWENS abgewogenem Urteil ist nichts hinzuzufügen – außer der Feststellung, daß nur wenige Jahrzehnte vorher, also zur Blütezeit des Absolutismus, solche Äußerungen undenkbar, geschweige denn publizierbar gewesen wären. KARL THEODOR jedenfalls mochte nicht zu jenen Fürsten gehören, denen nur das Fremdländische, insbesondere das Französische etwas galt, obwohl gerade er in französischem Geist erzogen war. Er ging sogar so weit, 1770 seine französische Truppe endgültig zu entlassen, für die er einige Jahrzehnte lang dreißig- bis vierzigtausend Gulden jährlich aufgewendet hatte, allerdings mit Verpflichtung eines verantwortlichen »Entrepreneurs«.

Wir müssen uns bewußt sein, daß an diesem Punkt der Wittelsbachischen Theatergeschichte unser Thema ›Die Wittelsbacher und ihre Theaterleute‹ die entscheidende Zäsur erfährt: In dem Augenblick, da der Kurfürst von Bayern (nämlich MAX III. JOSEPH) und der von der Pfalz (also KARL THEODOR) in den siebziger Jahren des 18. Jahrhunderts die Gründung beziehungsweise Förderung einer deutschen »National-Schaubühne« als »kulturpolitische Pflicht« (wie wir es heute nennen würden) zu erfüllen trachten, wird die bisherige Funktion des Hoftheaters, die »Repraesentatio Maiestatis« als Ausweis herrscherlicher Macht und fürstlichen Glanzes aufgegeben. An deren Stelle tritt die (letzten Endes bürgerliche) Forderung nach einer »Schaubühne als moralische Anstalt« (Schiller), deren Aufführungen ein deutsches Nationalbewußtsein wenigstens geistig-künstlerisch hervorbringen sollen, wenn dieses schon politisch unerreichbar bleiben mußte. Wir dürfen vermuten, daß den regierenden Fürsten diese Konsequenz gar nicht bewußt wurde. Andererseits offenbart die Unterstützung des Nationaltheater-Gedankens durch die Wittelsbacher ja auch eine Anpassungsfähigkeit des Geschlechts an den veränderten Zeitgeist. Es setzte sich an die Spitze einer eigentlich die aristokratische Vormacht bedrohenden Bewegung und gewann dadurch Einfluß auf deren Entwicklung. Unwiderruflich dahin ist aber – von Ausnahmen abgesehen – die enge persönliche Beziehung zwischen Herrscher und Künstler. Was könnte diese Behauptung besser untermauern als die Blütezeit des Mannheimer Nationaltheaters unter seinem Intendanten Freiherrn VON DALBERG zu der Zeit, als Kurfürst KARL THEODOR längst in München residierte und lediglich ein paar tausend Gulden zum Mannheimer Theaterbetrieb beisteuerte. Auch das Verhältnis des Fürsten zum Theaterpublikum hat sich entscheidend gewandelt. Im absolutistischen Zeitalter waren die Besucher einer Aufführung die persönlichen Gäste des alle Unkosten bestreitenden Herrschers; das Publikum setzte sich aus Mitgliedern des Hofstaats zusammen, ergänzt durch vom Fürsten ausgezeichnete Persönlichkeiten. Nun aber, in der zweiten Hälfte des 18. Jahrhunderts, öffnen sich die Hoftheater dem zahlenden Bürgertum.

186 Theobald Marchand

Bei genauerem Hinsehen entpuppen sich auch die thematische Rückwendung der Opern beziehungsweise Schauspiele und die Ausprägung ihrer Helden als Indiz für die abnehmende Strahlkraft des fürstlichen »Gottesgnadentums«. Nur scheinbar im Widerspruch zu dieser Behauptung steht das gehäufte Auftreten historischer Fürsten, etwa aus dem Haus Wittelsbach, in Opern- und Schauspieltexten des ausgehenden 18. und beginnenden 19. Jahrhunderts. Vergegenwärtigen wir uns nämlich die Tatsache, daß der mythische, oft göttergleiche Held der Barockoper vom Publikum unmittelbar mit dem in der Fürstenloge zuschauenden Herrscher gleichgesetzt wurde, dann erkennen wir den gravierenden Unterschied: Oper und Schauspiel flüchten doch nur deshalb in die große historische – und damit unanfechtbare – Vergangenheit des Herrscherhauses, weil die Gegenwart allein nicht ausreicht zur »Repraesentatio Maiestatis«. *Otto von Wittelsbach* heißt eines der beliebtesten Schauspiele der KARL THEODOR-Zeit! Die Epoche des selber glänzenden »Sonnenkönigs« ist unwiederbringlich dahin; das ferne, doch ungebrochene Licht der Ahnen hebt nun den Nachfahren von der düsteren Gegenwart ab. Im Alltag des absolutistischen Fürsten wie in seinem Hoftheater war das Publikum der unverzichtbare, komplementäre Partner; nur so konnte das Wechselspiel fürstlicher Selbstdarstellung und seiner Akklamation gelingen. Das Ende markieren die Separatvorstellungen vor LUDWIG II.: allein sitzt der König im Zuschauerraum, als ob er heimliche und verpönte Gelüste befriedigen würde. Die Schauspieler und Sänger stellen *für* »Seine Majestät den König« dar – nicht mehr *die* »Majestät des Königs«.

Man muß diesen Wendepunkt der wittelsbachischen Thatergeschichte so scharf und detailliert herausarbeiten, weil nur so verständlich wird, daß unsere Themenstellung ›Die Wittelsbacher und ihre Theaterleute‹ seit der zweiten Hälfte des 18. Jahrhunderts allmählich an Substanz verliert und alle nachfolgenden Theateraktivitäten der Wittelsbacher eine Relativierung erfordern. Das Theater, als die am innigsten gesellschaftsbezogene aller Künste, hat, gleichsam seismographisch, schon sehr früh den Machtverlust der Fürsten angezeigt.

Doch kehren wir zum Ausgangspunkt unserer Betrachtungen zurück, der Gründung des Mannheimer Nationaltheaters. Begonnen hatte KARL THEODORS Interesse am deutschen Theater nach gelegentlichen – von den Mannheimern als sensationell empfundenen – Besuchen von Aufführungen der Truppe des FRANZ JOSEPH SEBASTIANI. Der gebürtige Straßburger schlug seine Wanderbühne zwischen 1768 und 1771 an verschiedenen Plätzen in Mannheim auf und und spielte vor allem ins Deutsche übertragene französische Schauspiele. 1768 sah also KARL THEODOR mehrere dieser Inszenierungen, die ihn so begeisterten, daß er SEBASTIANI am 15. August 1768 zum »teutschen Hof-Comödianten« beförderte. Auch THEOBALD MARCHAND war Mitglied dieser Truppe, seit 1771 deren Prinzipal – ein Mann, der bald eine hervorragende Rolle am Nationaltheater KARL THEODORS spielen sollte. ANTON HUCK, von 1778 bis 1802 Protagonist am Münchner Nationaltheater, zählte ebenfalls zur Truppe SEBASTIANIS. Daß KARL THEODOR 1770 – gewiß unter dem günstigen Eindruck der deutschen Schauspieler – seine französische Truppe entlassen hatte, wurde bereits erwähnt. 1775 begründete er die *Kurpfälzische Deutsche Gesellschaft,* deren Aufgabe die Verbreitung und Popularisierung der deutschen Sprache in Kunst und Wissenschaft war und der im Laufe der Zeit so bedeutende Schriftsteller und Sprachforscher wie LESSING, SCHILLER, SOPHIE LA ROCHE, KLOPSTOCK, ADELUNG und IFFLAND beigetreten sind. Daß Freiherr VON DALBERG nicht fehlen durfte, versteht sich von selbst. Allseitige Begeisterung für die neuen Ideen drängte nun zur Institutionalisierung des deutschen Theaters. Große Namen kamen ins Spiel. Man hoffte, LESSING zu gewinnen, der auch fruchtbare Ratschläge gab, ohne jedoch in Mannheim Fuß fassen zu können. KONRAD EKHOF, der angesehene Prinzipal und große Schauspieler, war im Gespräch, kam aber nicht. Immerhin gab es MARCHAND und seine Truppe sowie FRIEDRICH MÜLLER (1749–1825), den Schriftsteller, bekannter aber als »Maler Müller«, der als Gutachter der Theaterbemühungen nicht ohne Einfluß blieb. Für KARL THEODOR schrieb er 1777 zwei Abhandlungen zur Gründung des Nationaltheaters und der Schauspielschule, wobei er ins Schwärmen geriet: »Ohnmöglich kann ich die Freude ... bergen, daß durch die reizendste Aussicht in Errichtung einer deutschen Nationalbühne in der Pfalz mein ganzes Herz erwärmt ... In einem Staate, wo unter der weisesten und mildesten Regierung Carl Theodors alle Wissenschaften und Künste blühen ..., was Wunder, daß von edlem Unmut entflammt der Gedanke auflodert, ... Deutschland eine Nationalbühne zu bilden ... « Aber die Theaterschule unter der Direktion des Schauspielers GOTTLIEB FRIEDRICH LORENZ scheiterte nicht zuletzt an dessen mangelnder Qualifikation; und das, obwohl MARCHAND ihn mit Vorlesungen unterstützte, deren Besuch für alle Mitglieder des deutschen Theaters Pflicht war. LESSING hatte übrigens zum Engagement der Truppe von ABEL SEYLER geraten, der ja das Hamburger Nationaltheater mitbegründet hatte. Insgesamt hochfliegende Pläne mit Männern von Rang und dann doch die vergleichsweise provinzielle Lösung: THEOBALD MARCHAND, der sich inzwischen durch seinen Spielplan sowie durch geschickten Umgang mit einflußreichen kurfürstlichen Beamten einen guten Stand bei Hof verschafft hatte, wurde von KARL THEODOR im April 1777 zum Direktor des *Churfürstlichen Hof- und National-Theaters* ernannt. Ein Freund berichtete LESSING darüber aus Mannheim: »Lachen Sie, Marchand erhält 18.000 fl., damit er die dicke Amme sei, welche dem mächtigen Wiegenkinde, der deutschen Nationalbühne, womit die Pfalz so lange schwanger ging, zur Geburt helfe. Heiliger Gott! Was muß man erleben! Mit Lessingen fängt man an und mit Marchand hört man auf!« KARL THEODOR wies die Mitglieder der Hofoper und des Balletts sowie das technische Personal an, MARCHANDS Aufführungen zu unterstützen und »dem Direkteur unter keinem ohnerheblichen Vorwand und mißfälligen Ausflüchten behinderlich [zu] erscheinen«. MARCHANDS Spielplan umfaßte Übersetzungen englischer und französischer Stücke, Singspiele, Ballettpantomimen und – nicht zuletzt – deutsche Originalschauspiele. Nur kurz währte diese Frühzeit des Mannheimer Nationaltheaters, das ja zugleich *Churfürstliches Hoftheater* war. Denn am 13. September 1778 verabschiedeten sich MARCHAND und seine Schauspieler mit

Institutionalisierung des Deutschen National-Theaters

187 Magdalena Marchand

Theobald Marchand als Direktor

301

einer Aufführung der *Minna von Barnhelm* – in Anbetracht der schlechten Behandlung LESSINGS nicht ohne Pikanterie. Bereits am 6. Oktober begann die Truppe ihre Tätigkeit in München. WOLFGANG HERIBERT FREIHERR VON DALBERG wurde von KARL THEODOR am 1. September 1778 zum Intendanten des nunmehrigen *Mannheimer Nationaltheaters* ernannt, das er bis zum 20. Juni 1803 leitete und zu einer der ersten Bühnen Deutschlands machte.

Bau des Mannheimer Nationaltheaters

Außer einer ansehnlichen finanziellen Unterstützung hatte KARL THEODOR dem Mannheimer Nationaltheater ein eigenes Haus hinterlassen. LORENZO QUAGLIO errichtete es im Auftrag des Kurfürsten in den Jahren 1775 und 1776. Genauer gesagt: er baute das ehemalige Zeughaus, das auch als Kornspeicher diente, in ein Theater um. »An unserem neuen Komödienhause arbeiten täglich 400 Menschen«, vermerkte CHRISTIAN FRIEDRICH DANIEL SCHUBART im Oktober 1776 (in seiner *Teutschen Chronik*), »und schwerlich wird Teutschland künftig ein schöneres aufzuweisen haben. In Schwetzingen üben sich Alt und Jung, dereinst auf unserm Theater zu spielen, das, wenn die Absicht unsers Kurfürsten erfüllt wird, mit der Zeit ganz originalpfälzisch werden soll.« LORENZOS Aufgabe war nicht einfach, denn er mußte mit den ungünstigen Maßen des vorgefundenen Baues zurechtkommen. Ein weiteres Problem ergab sich aus der Notwendigkeit, in dem verhältnismäßig schmalen Haus die zum öffentlichen Betrieb eines Theaters erforderlichen Nebenräume unterzubringen. Hierin unterschied sich ja das Mannheimer Nationaltheater wesentlich von den herkömmlichen Hoftheatern: waren diese in der Regel im umfangreichen Baukomplex eines Residenzschlosses untergebracht, dessen ohnehin vorhandene Gesellschaftsräume dem fürstlichen Privattheater zugeordnet werden konnten, so mußte ein allen Bürgern geöffnetes Theater zusätzlich mit Verkehrs- und Aufenthaltsräumen ausgestattet werden (Zugänge, Garderoben, Erfrischungs- und sonstige Aufenthaltsräume). LORENZO löste die Aufgabe, indem er der Längsseite des Baues drei vorspringende risalitartige Erweiterungen vorblendete – Raumgewinn und städtebaulicher Akzent zugleich. Die Anlage von Bühne und Zuschauerraum entsprach hingegen dem Vorbild der Hofopern.

Übersiedlung nach München

KARL THEODORS Übersiedlung nach München (1778) stürzte die Pfälzer und insbesondere die Hauptstädter in tiefempfundene Verzweiflung: gegründet vom Hof und beinahe ausschließlich vom Hof lebend, konnte man sich in Mannheim eine weitere Blütezeit kaum vorstellen. Und tatsächlich nahm der Kurfürst alle Hofkünstler von Rang mit sich, das berühmte Orchester ebenso wie die deutschen Schauspieler unter THEOBALD MARCHAND. DALBERG schreibt im Juli 1778 an den Finanzminister VON HOMPESCH: »Die gewißheit, daß unser Kurfürst die stadt Mannheim nächstens verlaßen werde, setzt die hiesige einwohner und bürger alle in die äuserste Verzweiflung. So viele tausende lebten bisher von dem Fürsten, der jährlich ansehnliche summen in die circulation kommen ließ, wodurch gewerb befördert und jeder bürger sich davon erhalten konnte . . . welche rührende Scene alß, nämlich da der Kurfürst vorbey fuhr, die ganze bürgerschaft sich versammelte, alle sich zu boden warfen, um rettung flehten, bitterlich weinten . . . « DALBERG fährt fort, nachdem er einige Vorschläge zur Erhaltung der Lebenskraft Mannheims gemacht hat: »wollte in dieser rücksicht [nämlich wohlhabende Familien zum Aufenthalt in Mannheim zu bewegen] der Kurfürst alljährlich einen gewißen fond zu öffentlichen Vergnügungen worunter ein schauspiel bestimmen . . . bey errichtung eines solchen schauspiels könnten jene nicht in ausübung gekommenen plane zur erhöhung der dramatischen Kunst in teütschland gebraucht und da manche hinternißse wegfielen, jetzt in ausübung kommen . . . « HOMPESCHS Antwort vom 16. Juli 1778 ist ermutigend: »Ich glaube übrigens allerdings, daß ein gutes National Theater in Mannheim zu errichten räthlich seye, dadurch würden fremde, und der Land Adel unvermerkt öfters herbei gelockt werden . . . « Wir wissen bereits, daß dann DALBERG das Mannheimer Nationaltheater zu einem Vorbild guter Dramaturgie und Schauspielkunst entwickelt hat.

Mit KARL THEODOR verlassen wir die Kurpfalz und kehren nach München zurück, das von nun an bis zur Absetzung der Wittelsbacher die eigentliche Residenzstadt bleiben sollte. MOZART zum Trotz, der am 12. November 1778 (als der Hof schon übergesiedelt war) aus Mannheim dem Vater die Hoffnung mitteilte, dort Anstellung zu finden: »Hier, nicht in München, denn der Kurfürst wird, glaube ich, gar gern wieder seine Residenz in Mannheim machen, indem er die Grobheiten von den Herrn Bayern unmöglich lange wird aushalten können!« Was wußte der Künstler schon von dynastischen Rücksichten! Uns aber interessiert, wie KARL THEODOR die Umsiedlung seiner Theaterleute menschlich und administrativ bewältigte. Der Kurfürst selber liefert die Antwort; wir zitieren Auszüge aus seinem Reskript vom 23. Juni 1778 an den Münchner Intendanten Graf SEEAU. Nachdem KARL THEODOR darauf hingewiesen hat, daß er ja nun eigentlich nicht unbedingt alle Opernmitglieder in doppelter Anzahl benötige, also zu Entlassungen guten Grund habe, fährt er fort: »Damit jedoch weder der eine noch der andere Theil sothanen zweyfachen Musick-Staabes Angehörigen durch eine solche Entschließung allzusehr bekränkt, sondern einem jeden Singulo die gnädigste Rücksicht seiner vor sich habender Verdienste und respec. eintrettender Bedürftigkeit, soviel es die Umstände erleiden, wirksam empfinden möge, sind Ihre Kurfürstliche Durchlaucht mildest bewogen worden, dero zeitherig kurpfälzische mit der nun auch überkommenen baierischen Hof-Musick zu vereinigen . . . Da auch die kurfürstlichen Schaubühnen mit diesem Staabe eine enge Verbindung haben . . . und es gleichwol der Willkür eines jeden, ob er sich mit bisherigem Gehalte darzu bequemen, oder lieber damit rückzubleiben entschließen wolle, freygestellet bleibet . . . « Der Kurfürst überließ es also der Entscheidung des einzelnen Hofkünstlers, ob er in Mannheim oder in München tätig sein wollte, und zwar – dies ist entscheidend – ohne auf die für Mannheim sich Entschließenden finanziellen Druck auszuüben. Im übrigen bestätigte KARL THEODOR im selben Reskript den Grafen SEEAU in seiner von MAX III. JOSEPH verfügten Position, die er sogar erweiterte: »Gleichwie nun höchstdieselbe dero Tit. Grafen von Seeau bey der bis anhero mit vorzüglicher Einsichte und wohl eingerichteter Oeconomie bekleideter Intendanten Stelle samt dem dafür bezogenen jährlichen Gehalte hiermit gnädigst bestätigen, sofort denselben fernerhin zum Vorstand des nun zu vereinigenden Orgesters kraft dieses ernennen . . . «

Bestätigung Seeaus als Intendant in München

Mit diesen Maßnahmen hatte KARL THEODOR die Weichen gestellt für das Theaterleben Münchens bis 1799, seinem eigenen und SEEAUS Todesjahr. Nicht ganz einfach stellen sich heute die organisatorischen und finanziellen Verflechtungen jener Jahre dar. SEEAU war zunächst einmal vom Hof bezahlter Intendant der Oper, des Balletts und des deutschen Schauspiels. Obwohl Hoftheaterintendant, war er zugleich aber auch »Entrepreneur«, das heißt beauftragt, zumindest mit der *Deutschen National-Schaubühne* eine gewisse Kostendeckung, wenn nicht gar Gewinn zu erwirtschaften. (Woran SEEAU durchaus interessiert war, da Überschüsse in seine Privatschatulle fließen durften; eigentlich hätte er auch für die Verluste einstehen müssen, doch die Praxis der kommenden Jahre lehrte, daß KARL THEODOR meistens die Defizite ausglich.) Um Gelder hereinzuholen, mußte man das Theater dem zahlenden Publikum öffnen – den Bürgern also, die nun in das vom Kurfürsten der *National-Schaubühne* überlassene Opernhaus am Salvatorplatz gingen, während CUVILLIÉS' neues Residenztheater dem Hof (und der großen italienischen Oper) vorbehalten blieb. Die im August 1778 ausgewiesenen Zuschüsse KARL THEODORS zu den einzelnen Sparten verraten uns doch auch etwas über deren Bedeutung für den Hof: Graf SEEAU erhielt für den Betrieb der Hofoper jährlich vierundzwanzigtausend Gulden, für das Ballett fünfzehntausend und für das deutsche Schauspiel neuntausend Gulden. Außerdem durfte der Intendant über alle Theater, die mit gut zweiunddreißigtausend Gulden zu Buch stehende Hofkapelle sowie das technische Personal und den gesamten Fundus verfügen. Auf den ersten Blick erscheint KARL THEODORS Organisation der Münchner Theaterverhältnisse wie die Lösung der Quadratur des Kreises, tatsächlich jedoch offenbart sie die Widersprüchlichkeit einer Zeit, in der die regierenden Familien – am Vorabend der französischen Revolution – um den Bestand ihrer Herrschaft kämpfen müssen. Das Gottesgnadentum der Fürstenhäuser bleibt zwar als Floskel bestehen, machtpolitisch gesehen, sind sie dann seit Beginn des 19. Jahrhunderts Herrscher von NAPOLEONS Gnaden. Und bis 1918, also bis zum Ende der Monarchie, wird ein Herrscher (auch aus dem Hause Wittelsbach) danach beurteilt, ob er die bürgerlichen politischen Ideale mit seinem Herrschaftsanspruch zur Deckung bringen und ein alle Stände verbindendes Nationalgefühl festigen kann.

Ambivalenz der Theatersituation in der Aufklärung

In diese Richtung zielt ja die Forderung der Klassiker nach einer *Deutschen National-Schaubühne*. Konkret, auf die Münchner Theaterverhältnisse unter KARL THEODOR bezogen: der Kurfürst will das Nationaltheater – aber auch noch die »Repraesentatio Maiestatis« in der Hofoper; Graf SEEAU hat freie Hand in allen Theaterunternehmungen – und ist doch dem Fürsten untertan. Die Emanzipation des Theaters vom Herrscherhaus schreitet voran – und doch behält sich der Kurfürst die letzte Entscheidung vor. Ein empfindliches Gleichgewicht strebte man an, erreicht wurde es nicht. Die Entwicklung des Theaters hatte sich verselbständigt; das Beispiel Mannheim bewies, daß es auch ohne den direkten Einfluß des Fürsten erfolgreich weiterging. Es ist kein Zufall, daß in die Münchner Regierungszeit KARL THEODORS das Entstehen einer regelrechten Theaterkritik zu datieren ist. Nicht mehr devote und akklamierende Hofberichterstattung im Stil eines MASSIMO TROJANO oder PIERRE DE BRETAGNE, sondern die ästhetisch-dramaturgisch begründete Auseinandersetzung mit einzelnen Aufführungen oder dem gesamten Spielplan kennzeichnet die neue Entwicklung. Wir, die wir täglich Theaterkritiken im Feuilleton unserer Zeitung zu konsumieren gewohnt sind, können die Ungeheuerlichkeit der Tatsache, daß eine Aufführung des Hoftheaters überhaupt kritisiert wurde, gar nicht ermessen. Rekrutierten sich diese Kritiker doch durchweg aus dem bürgerlichen Lager der Literaturprofessoren, die von ›aufgeklärtem‹ Standpunkt aus zu beurteilen wagten, inwiefern eine Hoftheaterinszenierung den bürgerlich-fortschrittlichen Idealen zu entsprechen vermochte. Im Widerstreit der Bestrebungen kam den Zensurbehörden eine Schlüsselstellung zu, deren Gewicht der Kurfürst erhöhen oder vermindern konnte. KARL THEODOR neigte – wie schon in der Pfalz – zu großzügiger Auslegung der Zensur, zumal auch Graf SEEAU – erhofften Gewinn fest im Visier – die strenge Behörde einfach umging, indem er möglicherweise anstößige Werke entweder überhaupt nicht oder nur in gemilderter Form einreichte.

Es ist notwendig, sich diese Ambivalenz der Theatersituation im München KARL THEODORS bewußt zu machen, um zu verstehen, daß deren Bild uneinheitlich, oft gar verwaschen erscheinen muß. Im Schauspiel dominierten die Singspiele französischer Prägung, aber auch SHAKESPEARE, LESSING, GOETHE und SCHILLER standen auf dem Spielplan. Eine »Münchner Dramaturgie« hat es nicht gegeben zur Regierungszeit KARL THEODORS. Vielmehr drei – einander fast ausschließende – Tendenzen: 1. den »aufgeklärten Absolutismus« des Kurfürsten, der die herkömmliche »Repraesentatio Maiestatis« will, zugleich aber auch die neue Bewegung zur »National-Schaubühne« hin bejaht – schon dies ein Widerspruch ohne Lösung; 2. die bewußte Förderung deutscher Schauspiele und Opern durch eine verhältnismäßig kleine Gruppe von ›aufgeklärten‹ Professoren und Theaterleuten; 3. das banale Unterhaltungsbedürfnis breiter bürgerlicher Kreise und – damit untrennbar verknüpft – der Wunsch des Grafen SEEAU, mit einem populären Spielplan Gewinne zu machen.

Marchand in München

Dabei waren die Voraussetzungen für eine »Münchner Dramaturgie« unter KARL THEODOR nicht einmal schlecht: THEOBALD MARCHAND und seine Truppe waren von Mannheim nach München übergesiedelt; bis 1793 leitete MARCHAND die *Deutsche National-Schaubühne* – ein Prinzipal, den immerhin der spätere Intendant GOETHE (im 4. Teil, 17. Buch von *Dichtung und Wahrheit*) anläßlich einer Frankfurter Begegnung positiv beurteilte: »In Frankfurt dirigierte zu der Zeit Marchand das Theater und suchte durch seine eigne Person das Mögliche zu leisten. Es war ein schöner, groß- und wohlgestalteter Mann in den besten Jahren; das Behagliche, Weichliche erschien bei ihm vorwaltend; seine Gegenwart auf dem Theater war daher angenehm genug. Er mochte soviel Stimme haben, als man damals zu Ausführung musikalischer Werke wohl allenfalls bedurfte; deshalb er dann die kleineren und größeren

304

188   Münchner Schauspieler der Karl-Theodor-Zeit,
wahrscheinlich Mitglieder
von Marchands Truppe. Ölgemälde von Marianne Kürzinger, 1788

französischen Opern herüber zu bequemen bemüht war.« Auch in München wurde MARCHANDS Truppe (der u. a. HUCK, SENEFELDER, PILOTY, CARO, LANGLOIS, HARTIG und NIESSER sowie Frau MARCHAND, Madame URBAN, FRANZISKA ANTOINE, FRANZISKA LANG, EVA BROCHARD, die Fräulein STRASSER und BOUDET angehörten) allgemein positiv beurteilt. So schrieb JOHANN KASPAR RIESBECK 1783 nach Paris (an den Bruder): »Fast Alle sind sehr artige, gebildete Leute, und in Rücksicht auf die Kunst übertreffen sie weit meine Erwartungen. Ich wüßte nicht über drei bis vier Theater in Frankreich, die ich dem hiesigen vorzöge. Die Schauspieler genießen den Umgang der größten Leute des Hofes und haben also Gelegenheit sich auszubilden.« JOHANN PEZZL lobte die Truppe ebenfalls (1784), jedoch unter konträrem gesellschaftlichem Vorzeichen: »Das Nationaltheater in München ist von Leuten besetzt, die wirklich der Kunst in jeder Rücksicht Ehre machen. . . . Sie machen durch Schulden, Spiel und andere Ausschweifungen kein Aufsehen. Sie halten sich's nicht zur Ehre als angenehme Plauderer oder Spaßmacher zur Tafel der Großen gezogen zu werden, sondern befinden sich lieber unter Bürgern, die sie achten. Wären sie auch nicht so vortrefflich in ihrer Kunst, als sie im Ganzen genommen wirklich sind, so würden sie doch schon durch jenes Betragen schätzbar.« Wieder die zeittypische Ambivalenz in diesen Urteilen: RIESBECK stellt den Umgang bei Hof heraus, PEZZL betont die Affinität der Schauspieler zum Bürgertum. Das hohe Ansehen der deutschen Schauspieler drückt sich auch in ihren Gagen aus. So erhielten beispielsweise das Ehepaar MARCHAND dreitausendsechshundert Gulden jährlich, der Protagonist HUCK tausendfünfhundert Gulden und die ANTOINE tausendzweihundert Gulden; zwischen diesen Gagen und jenen der italienischen Sängerstars bestand also kaum noch ein Unterschied.

Endgültiges Durchsetzen der Deutschen National-Schaubühne

KARL THEODOR hat im Herrschaftsbereich der Wittelsbacher die *Deutsche National-Schaubühne* endgültig durchgesetzt und ihren Darstellern denselben Rang zugebilligt wie den französischen und italienischen Theaterleuten, die so lange als unerreichbare Vorbilder galten. Die Notwendigkeit einer deutschen Bühne wurde in der Folgezeit nie mehr bezweifelt; keine noch so berühmte ausländische Truppe konnte in der Gunst eines Fürsten künftig die Favoritenrolle spielen. Gäbe es nicht ohnehin zahlreiche literarische Belege für die Emanzipation des deutschen Berufsschauspielers, so könnte uns ein einziges Gemälde den Tatbestand sinnlich erfahrbar machen. MORITZ KELLERHOVEN (1758–1830), KARL THEODORS Hofmaler, hat es in den achtziger Jahren des 18. Jahrhunderts geschaffen (und es seinen Porträts der Wittelsbacher wie des Sängers ANTON RAAFF zur Seite gestellt): das Rollenbild des seit 1779 (mit seiner Frau KAROLINE) in München engagierten FRANZ XAVER HEIGEL als Otto von Wittelsbach (in dem gleichnamigen Schauspiel, das der spätere Intendant JOSEPH MARIUS BABO über den Ahnherrn der Wittelsbacher verfaßt hatte. KARL THEODOR sah die Erstaufführung am 23. November 1781; nach der zweiten Vorstellung, am 25. November, erließ der Kurfürst ein Verbot aller derartigen »vaterländischen« Stücke, in denen er brisante Gedanken zu erkennen glaubte.) KELLERHOVENS Gemälde zeigt HEIGEL weniger in dessen Rollenauffassung als in repräsentativer Gebärde, vergleichbar den Fürstenporträts. In Frankreich gab es derartige Schauspielerporträts schon ein Jahrhundert früher! KARL THEODORS Verdienste um die *Deutsche National-Schaubühne* kann auch der für das Münchner Geistesleben so einflußreiche Historiker LORENZ VON WESTENRIEDER nicht schmälern, wenn er 1782 feststellt: »Ich habe nun vier Jahre über das hiesige Theater geschrieben, und wenn ich nun diese Stunde den Auftrag erhielt, etwas zu schreiben, wobei man mir Hoffnung machte, daß man's befolgen würde, so würde ich wieder von vornen anfangen. So wenig ist in der Hauptsache etwas, das ein reifes Nachdenken oder einen männlichen literarischen Geschmack verräth, geschehen, und das Publikum ist eher zurück als vor sich gegangen.« WESTENRIEDERS Resignation dürfen wir nicht dem Kurfürsten anlasten, der doch mit einiger Konsequenz das deutsche Theater förderte; er ging sogar so weit, am 10. November 1787 die Aufführung großer italienischer Opern auf einige Jahre zu untersagen. MOZART hingegen fand KARL THEODORS Unterstützung. Die in

189 Franz Xaver Heigel als Otto von Wittelsbach
in dem gleichnamigen Schauspiel
von J. M. v. Babo. Ölgemälde von Moritz Kellerhoven, 1781

190   Anton Raaff, Sänger der
Titelrolle in der Uraufführung
von Mozarts »Idomeneo«,
München 1781

191   Bühnenbild-Entwurf
zu Mozarts »Die Zauberflöte«,
wahrscheinlich München,
um 1793

dessen Auftrag komponierte Oper *Idomeneo* wurde am 29. Januar 1781 im neuen Residenztheater uraufgeführt. Lorenzo Quaglio hatte die Ausstattung entworfen. Davon hat sich leider nichts erhalten außer der Kritik vom 1. Februar 1781 in den *Münchener Staats-gelehrten und vermischten Nachrichten:* »Die Verzierungen, worunter sich die Aussicht in den Seehafen und Neptuns Tempel vorzüglich ausnehmen, waren Meisterstücke unseres hiesigen berühmten Theaterarchitekts Hrn. Hofkammerraths Lorenz Quaglio, welche jedermanns Bewunderung auf sich gezogen haben.« Anton Raaff, den Sänger der Titelrolle, zeigt ein Aquarell (von unbekannter Hand) im typisch barocken Heldenkostüm der ›opera seria‹. Verfolgen wir die Mozart-Pflege unter Karl Theodor weiter, so begegnet uns bei den Aufführungen des *Don Giovanni* (1791) und der *Zauberflöte* (1793) ein neuer Bühnenbildner: Joseph (Giuseppe) Quaglio, 1747 in Laino geborener Sohn des Domenico und ein Vetter Lorenzos, der ihn 1771 nach Mannheim vermittelte, von wo er 1778 nach München übersiedelte. Seine Glanzzeit fällt allerdings fast genau mit der Regierungszeit Maximilian IV. Joseph (Max I.) zusammen, dem er als Ausstattungsdirektor diente. Josephs Entwürfe der Karl-Theodor-Zeit sind kaum von denen seines Bruders Julius (Giulio) zu unterscheiden, der vor allem für Mannheim tätig war und nur ein Jahr lang Ausstattungsdirektor bei Max IV. Joseph sein konnte. Beide signierten meist ihre Entwürfe mit »J. Quaglio«, beide vertreten den intimen Spätstil des Rokoko. Überschaubare Raumgefüge, Hereinnahme von Stilzitaten verschiedener Kulturkreise und -epochen sowie eine idyllisch-romantische Naturauffassung sind für ihre Bühnenräume charakteristisch. Joseph Quaglio konnte später, zu Beginn des 19. Jahrhunderts, noch den Realismus einbeziehen.

Mozarts Idomeneo

192   Giulio Quaglio

Pläne für einen Theaterneubau in München

Es ist verblüffend, festzustellen, wie Kurfürst Karl Theodor seit 1778 in Bayern die von ihm zuvor in der Pfalz geschaffenen Theaterverhältnisse – gleichsam als im Detail verbesserte Kopie – einzuführen trachtete. Sogar einen Theaterneubau für die Allgemeinheit hatte er mit Lorenzo Quaglio, dem Erbauer des Mannheimer Nationaltheaters, geplant. Quaglio hatte bereits 1785 das neue Residenztheater durch Rückversetzen des Orchestergrabens in den Proszeniumsbereich um zahlreiche Plätze erweitert, wodurch freilich die Homogenität des Cuvilliés'schen Theaters empfindlich gestört wurde. Die zunehmende Baufälligkeit des Salvatortheaters, das 1802 endgültig abgerissen wurde, veranlaßte Karl Theodor, Pläne für einen Neubau anzufordern. Lorenzo Quaglio wünschte ihn in der Nähe des alten Opernhauses, das als Dekorationsmagazin weiter verwendet werden sollte. Sein Plan wurde abgelehnt. Ein auf antike Rundtheatermodelle zurückgreifendes Projekt Lorenzos blieb ebenfalls unausgeführt, obwohl es – im Keim – die städtebauliche Situation des späteren Königlichen Hof- und Nationaltheaters vorwegnimmt. Im November 1792 hatte Karl Theodor jedoch verkündet: »Seine Kurfürstliche Durchlaucht haben zur Zierde Höchstdero Haupt- und Residenzstadt, zur Kömmlichkeit und Sicherheit des hiesigen Publikums, dann zur Unterstützung der kurfürstlichen und städtischen Künstler und Handwerksleute die Entschließung gefaßt, eine neue Schaubühne aus eigenen Mitteln erbauen zu lassen.« Es kam nicht mehr dazu.

Am 3. Februar 1795 öffnete Karl Theodor jedoch das neue Hoftheater Cuvilliés' unter der Bezeichnung *Kurfürstliches Hof- und Nationaltheater* der Allgemeinheit, womit er – überaus konsequent – die Entwicklung von der exklusiven Hofoper zum öffentlichen Theater vorantrieb. Dennoch: der greise, von politischen Problemen bedrängte Kurfürst war theatermüde geworden. In einem Brief an ihre Mutter Amalie von Baden (vom 17. März 1798) gibt Caroline Friederike, die zweite Gemahlin des späteren Königs Max I., einen Zustandsbericht vom Münchner Hofleben: » . . . die Etikette, die Langeweile, das Gehemmtsein hier bringen mich um, dabei ist München von einer Traurigkeit zum Sterben . . . « Wenn sie im Theater sei, sitze der Kurfürst neben ihr, »der schläft und jeden Augenblick auf mich fällt«. Als Karl Theodor am 16. Februar 1799 starb, verlor die Theaterwelt den Wittelsbacher Fürsten, der die absolutistische Hofoper in das deutsche Theater umgewandelt und als dauerhafte Institution vom Hof verselbständigt hat.

Max I. Joseph

»Sind die bei dem Kgl. Hoftheater mit einem bestimmten Jahresgehalt angestellten Künstler als wirkliche Hof- und Staatsdiener anzusehen?« fragte 1806 der Nachfolger des Grafen Seeau, Hoftheaterintendant Joseph Marius Babo, seinen Dienstherrn, König Max I. von Bayern, als es um grundsätzliche Pensionsprobleme ging. Und Babo fuhr fort: »Der Hof- oder Staatsdienerschaftliche Stand der Theater-Künstler scheint aus der Ursache bezweifelt zu werden, weil solche Künstler . . . sich selbst . . . als *Weltbürger* betrachten und sich nur gegen die Kunst verpflichtet ansehen, ohne eine positive Beziehung zwischen sich und irgend einem bestimmten Hofe oder Staate, anders als zu ihrem *einseitigen* Vortheile gelten zu lassen. Es ist daher unter ihnen nichts ungewöhnliches, ihre Dienste jedesmal dem Meistbietenden zu widmen, ohne dabei von Liebe zu einem Vaterlande oder einem Fürsten im Geringsten angefochten zu werden, ein Gefühl, das doch sonst unter den meisten Klassen der Staatsdiener, mehr oder weniger, bekannt und geltend ist und oft große Aufopferungen überwiegt.« Aus diesen Erwägungen zog Babo den Schluß, man solle erst nach zwanzigjährigem Hofdienst die Theaterleute als wirkliche Mitglieder der Hofdienerschaft anerkennen und sie einer Pension würdig befinden. Vordergründig handelte es sich um einen Versuch des Intendanten, den nie zureichenden Theateretat von unbedachten und – vielleicht – auch unverdienten Pensionsansprüchen zu entlasten. Für unser Thema entscheidend ist jedoch der theaterpolitische Hintergrund seiner Frage an den König. Denn es ist die für das gesamte 19. Jahrhundert, letztlich also für den Ausklang der wittelsbachischen Herrschaft, im Theaterbereich wesentliche Frage nach der Bindung der Theaterleute an den Hof. Daß sie überhaupt gestellt werden konnte, und daß sie ein im Hofdienst so erfahrener Mann wie Babo glaubte stellen zu müssen, impliziert bereits ihre Verneinung. Babo, 1756 in Ehrenbreitstein geboren, hatte schon Karl Theodor als geheimer Sekretär der *Deutschen National-Schaubühne* gedient (seit 1784), war als Dramatiker (u. a. *Otto von Wittelsbach*) den produktiven Kräften des Theaters zuzurechnen, seit 13. März 1799 als »Hoftheater-Komisionär« für die Neuordnung der Münchner Bühnen zuständig, seit 1805 (bis 1810) deren Intendant. Streng genommen hatte er mehr Erfahrung im Amt als König Max I., der, aus der Zweibrücker Linie der Wittelsbacher stammend, 1799 unverhofft Kurfürst, dann, 1806, gar König von Bayern wurde, obwohl er sich allenfalls eine Karriere als Heerführer und Regent einer Grafschaft hatte ausrechnen dürfen. Gewiß – auch am Hof von Zweibrücken existierte unter seinen Vorfahren Christian IV. und Carl III. August ein Liebhaber- und Gesellschaftstheater, das französische Komödien- und Singspiele aufzuführen pflegte. Johann Christian von Mannlich errichtete sogar für diese Dilettantenbühne in den siebziger Jahren des 18. Jahrhunderts einen Theaterbau, dessen technisch-bühnenbildnerische Installationen immerhin Lorenzo Quaglio schuf. Für ein professionelles Hoftheater hätten die Einnahmen des kleinen Herzogtums freilich nie gelangt.

Neuorganisation des Theaterwesens Max Joseph besaß also weder große Erfahrung als Herrscher noch als Dienstherr von Theaterleuten. Mit derselben Unvoreingenommenheit und Tatkraft, mit der er aus Bayern einen zeitgemäßen Staat zu formen begann, widmete er sich der Neuordnung des unter Graf Seeau verwilderten Theaters. Zunächst verhinderte er eine Weiterführung der »Entreprise«, die der sechsundachtzigjährige Graf durchaus noch angestrebt hatte. Mit der Wahl Babos bewies der Kurfürst eine glückliche Hand. Der hochgebildete, theaterbesessene und im Hofdienst erfahrene Babo war nämlich loyal dem Hause Wittelsbach ergeben, ohne devot oder gar korrupt zu sein. Gleichwohl hatte er einen schweren Stand bei der Organisation des Hoftheaters. Diese Schwierigkeiten erwuchsen letzten Endes aus der zwiespältigen, seit der Aufklärung gebrochenen Haltung des Herrscherhauses zum Theater. Wir haben diese Entwicklung vom exklusiven, der »Repraesentatio Maiestatis« dienenden Hoftheater zur *Deutschen National-Schaubühne* ja schon verfolgt. Das Dilemma bestand eben darin, daß die Wittelsbacher das neue ›aufgeklärte‹ deutsche Nationaltheater durchaus wollten und förderten – ›Hoftheater‹ sollte es allerdings auch bleiben: diese Quadratur des Kreises hat kein Intendant bis zum Ende der Monarchie wirklich zu lösen vermocht, auch BABO nicht. Es konnte im 19. Jahrhundert ja nur noch um die Organisation des Theaterwesens gehen, die Substanz hatten die wittelsbachischen Herzöge und Kurfürsten der vorangegangenen Jahrhunderte mit ihren Künstlern geschaffen. Nichts drückt den Zwiespalt deutlicher aus als der von 1806 bis 1918 gültige Name ›Königliches Hof- *und* Nationaltheater‹. Niemand hatte diesen Widerspruch klarer erkannt als BABO; sein Lösungsvorschlag stammte jedoch eher aus dem Repertoire des ›Aufgeklärten Absolutismus‹ und zeigte deshalb auch keinen Ausweg, da er dem widersprüchlichen System verhaftet blieb. Der Intendant schrieb nämlich dem König, jede Reformbestrebung müsse scheitern, wenn der Hof nicht das Theater als ihm allein zugehörig erkenne, dessen »Glanz« und »Unterhaltung« es dienen müsse; einzig dadurch könne es dann Einfluß auf die »sittliche und politische Bildung der Nation« nehmen. Andrerseits beklagte sich derselbe BABO 1804 (als der Ausgleich des Etats wieder einmal nicht gelungen war): »Die Ursachen davon liegen theils im, theils außer dem Theater: Der Mangel an Raum, die außerordentliche schlechte Konstruktion des Theaters [gemeint ist natürlich das Residenztheater CUVILLIÉS'] machen es unmöglich, mit großen Vorstellungen oft zu wechseln. Als Hof-Anstalt unterliegt das Theater mancherlei Beschränkungen. Nicht selten müssen wegen Concerten, Akademien und anderer Hof-fêtes die Schauspiele von günstigen auf weniger günstige Tage verschoben, oder wohl gar unterlassen werden.« Und dann das Münchner Publikum: »Da der hiesige Bürgerstand, obschon er die ganze Theater-Ausgabe für sich in Verdienst und Einnahme bringt, theils aus Mangel an Kultur, theils aus Gewohnheit einer handgreiflicheren oder konsumtibleren Ergötzlichkeit das Hoftheater fast gar nicht besucht, so müßte jener Erwerb größtentheils von der Klasse der Besoldeten erholet werden, und diese ist weder zahl- noch geldreich genug, um ihn leisten zu können.« Eine Subvention des Königs sei »schlechthin unvermeidlich, wodurch der Mangel einer größeren, gebildeteren und wohlhabenderen Population und eines größeren und bequemeren Schauspielhauses ersetzt werden muß.« So BABO am 19. Oktober 1808 an den König. München hatte damals übrigens etwa fünfzigtausend Einwohner! Es gab einfach nicht genügend viele gebildete, theaterinteressierte und wohlhabende Bürger, um den Theateretat von Spielzeit zu Spielzeit auszugleichen.

Wie aber sah die Finanzierung des Theaters aus? Darauf gibt die »Churfürstliche Entschließung vom 15. Januar 1804« (an die »Churpfalzbaierische Hoftheater-Commission«) Aufschluß: »1. Unsere Hoftheater-Commission ist, sowie jeder Hofstaab, und jede andere Hof-Intendanz unmittelbar Unserem Geheimen Finanzministerium untergeordnet. 2. Die Theater-Casse schöpft ihre Einnahmen teils aus den Beiträgen des Publikums, teils aus einem Zuschusse von der Central-Staats-Casse.« Unter 3. wird die Einnahme aus dem Eintrittskartenverkauf auf achtundvierzigtausend Gulden jährlich geschätzt, weitere achtundvierzigtausend Gulden wirft die »Central-Staats-Casse« aus, so daß BABO sechsundneunzigtausend Gulden jährlich zur Verfügung stünden – wenn das Theater mit zahlendem Publikum immer gut besetzt wäre! Dies ist aber nicht der Fall. Unter Punkt 4. wird festgelegt, wofür der Etat (der Kurfürst setzt den Eingang der Publikumsgelder voraus) herhalten muß, nämlich »zum Behufe des Theaters und Ballets«; BABO hat von dieser »unwandelbar regulierten« Summe »alle Besoldungen des Personals, die Kosten der Darstellung in allen ihren Theilen und die einschlägigen Pensionen zu bestreiten«. Zum Abschluß eine erfreuliche Mitteilung an den Intendanten: »Unserem Hoftheater-Commissär von Babo wird zum erneuerten Beweise Unserer fortdauernden Zufriedenheit und in Zuversicht auf eine sowohl durch persönliche Gegenwart als durch künstlerische

Anordnungen zu betätigende Anstrengung, aus der bewilligten Etatssumme ... ein Jahresgehalt von zweitausend Gulden ... bewilligt.«

Wir haben die »Entschließung« so ausführlich zitiert, weil aus ihr diejenigen Maßnahmen hervorgehen, die die Organisation der Hofbühnen für das gesamte 19. Jahrhundert entscheidend prägten:

1. Die Ausgliederung der Hoftheaterverwaltung aus dem Obristhofmeisteramt, also der unmittelbar dem Herrscher unterstellten Hofbehörde, und die Unterordnung des Theaters unter das »Geheime Finanzministerium«.

2. Der aus der Staatskasse unwiderruflich festgelegte Zuschuß von fünfzig Prozent proportional zu den zu erwartenden Einnahmen aus dem Kartenverkauf. Damit ist in den Grundzügen die noch heute gültige Haushaltsstruktur eines Staatstheaters oder einer städtischen Bühne geschaffen. Für den Ausgleich des Etats hat – ebenfalls bis heute – der Intendant durch einen attraktiven, publikumswirksamen Spielplan zu sorgen. Also auch der bis heute unauflösbare Grundkonflikt jeder Theaterleitung hat in dieser Neuordnung MAX JOSEPHS seinen ersten Sprengsatz bekommen: noch jeder Intendant mußte und muß den Balanceakt zwischen hohem künstlerischen Anspruch (manchmal der vorgesetzten Behörde und meist kleinerer Kreise des Publikums) sowie hohen Einnahmen aus einem das Theater und damit die Kassen füllenden Spielplan ausführen – und das nicht selten ohne Netz. MAX JOSEPH hat mit dieser erstmals eindeutig festgelegten Ordnung eigentlich die Vorherrschaft der Intendanten im Theater des 19. Jahrhunderts für sein Reich begründet. Nicht mehr Sängerstars, Librettisten, Dekorateure und Prinzipale geben dem Hoftheater Kontur und Rang, sondern die finanziellen, verwaltungstechnischen und künstlerischen Fähigkeiten des Intendanten. MAX JOSEPH war sich dieser Aufwertung und dieses

Vorherrschaft des
Intendanten am Theater

Machtzuwachses des Hoftheaterintendanten durchaus bewußt: Seiner Majestät direkt wurde nun der Intendant unterstellt. Vorzüge und Nachteile dieser Organisation stellte der im Dienst LUDWIG I. stehende Intendant KARL THEODOR VON KÜSTNER heraus in seinem Rechenschaftsbericht *Vierunddreißig Jahre meiner Theaterleitung in Leipzig, Darmstadt, München und Berlin:* »Er [gemeint ist der Intendant] steht unmittelbar unter Sr. Majestät dem Könige ... Er berichtet unmittelbar dem König, legt demselben Rechnung ab ... und empfängt von ihm die Resolutionen ... Was dadurch gewonnen wird, ist jedem Theaterkundigen, ja jedem Laien klar. In Folge dieser Stellung des Intendanten entscheidet allein und schnell der allerhöchste Wille ... « So weit, so gut! Dann kommt KÜSTNER auf die Problematik des Etatausgleichs zu sprechen: »Geschieht dies bei der allerdings schweren und im Falle der Nichtlösung der Aufgabe sogar gefährlichen Verantwortlichkeit, so sollte bei Hoftheatern dem Vorstand auch die freieste Bewegung gestattet und er in Bezug auf Engagements, Gastspiele, Wahl und Ausstattung der Stücke, Feststellung des Repertoirs, Vertheilung der Rollen u. s. w. nicht gehemmt oder behindert werden, um so mehr, als das Publicum, das seinen Eintritt bezahlt, sich an den Intendanten hält. Diese freie Bewegung wird allerdings den Hoftheatervorständen selten oder nicht im nöthigen Umfange gewährt.« KÜSTNER, übrigens ein sehr fähiger Intendant, offenbart uns erneut den schon öfter bemerkten Zwiespalt der zu Ende gehenden wittelsbachischen Theatergeschichte: der Intendant als »Diener zweier Herren« – des Königs und des (zahlenden) Publikums. Einerseits: kann und (vor allem) darf der Intendant es als Nachteil empfinden, »Seiner Majestät, dem König« persönlich verantwortlich zu sein? Andrerseits: hat nicht das zahlende Publikum auch ein Recht auf Befriedigung seiner Unterhaltungs- und Bildungsansprüche? Und schließlich: der Etat-Ausgleich: alle Vollmachten dem Intendanten, mit der Einschränkung, daß der König beispielsweise einen Protagonisten einstellen kann, auch wenn dessen Position bereits vom Intendanten bestens besetzt worden ist. Doppelte Gage ist zu zahlen, nicht einkalkuliert und deshalb im Etat nicht vorhanden. Was KÜSTNER in unserem Zitat verhältnismäßig diskret beklagt, hatte BABO gegen Ende seiner Amtszeit (1808) in einem Plan zur Reorganisation der Theaterverhältnisse noch deutlicher formuliert: »Das Publikum nimmt/: wenn im Sommer die Witterung schlecht und im Winter die Abende zu leer und lang sind:/ auch mit dem Mittelmäßigen und Schlechten vorlieb und bezahlt nur nach Proportion seines Geschmackes. Huldigt nun das Theater, wie es hier soll und muß, dem allerhöchsten Wohlgefallen des Hofes mit Ballet, Opern und Schauspielen, so eilt es, wie es wirklich thut, dem Bankerott entgegen.

Fügt es sich nach dem Geschmacke der Mehrzahl des Publikums, so setzt es sich der Gefahr aus, dem allerhöchsten Hof ganz zu mißfallen, öffentlich beschimpft zu werden, und dennoch nicht ökonomisch zu gedeihen, weil der theatralische Apparat nun einmal *hofmäßig,* das heißt: kostspielig, eingerichtet ist.«

An diesem Punkt unserer Betrachtungen müssen wir innehalten: obwohl von Max I. Joseph in die bayrische Theatergeschichte eingeführt, reicht der charakteristische (und oft schöpferisch wirksame) Grundkonflikt des Intendanten bis in die Gegenwart hinein und übersteigt damit unser Thema. Seine Erscheinungsformen und Lösungsversuche darzustellen, erforderte ein eigenes Buch und trüge nichts Wesentliches über die Beziehung der Wittelsbacher zu ihren Theaterleuten bei. Müßig erscheint es uns auch, jenen Fällen nachzuspüren, in denen der eine oder andere König die Planungen seines Intendanten durch eigene Engagements durchkreuzt hat.

Wirklich wesentlich für uns dürften noch drei Theater-Aktivitäten der Wittelsbacher sein: 1. die Institution der Regisseure durch Max I. Joseph; 2. der Bau des Kgl. Hof- und Nationaltheaters; 3. die Beziehung Ludwigs II. zum Theater (wobei es in unserem Zusammenhang nicht darum gehen kann, der uferlos anwachsenden Literatur über ›Ludwig II. und . . . ‹ ein weiteres Kapitel anzufügen; vielmehr gilt es, die Funktion des Theaters beziehungsweise der Theaterleute für den *wittelsbachischen König* zu klären und damit am historisch gewachsenen Anspruch des Herrscherhauses auf Verherrlichung seiner Macht durch das Theater zu messen.)

Daß Max Joseph die Position des Intendanten außerordentlich gestärkt hat, ist uns schon bekannt. Zu ergänzen bleibt, daß er auch die dem Intendanten direkt unterstellten künstlerischen Leiter der einzelnen Sparten institutionalisiert hat. Er schuf mit der Einsetzung von Regisseuren für das Schauspiel, für die deutsche und italienische Oper die noch heute gültige Position des Oberspielleiters beziehungsweise Schauspieldirektors, die – unter der Gesamtverantwortung eines Intendanten – die künstlerische Verantwortung für die jeweilige Sparte tragen. Nach einem kurzen Versuch mit dem renommierten Charakterdarsteller Heinrich Beck als Schauspieldirektor (der an dessen eigenem Fehlverhalten bald scheiterte), setzte Max Joseph den uns schon bekannten Franz Xaver Heigel auf diese Stelle. Als Regisseur der deutschen Oper fungierte (seit 1806) der Tenor und spätere Schauspieler Philipp Jakob Tochtermann. Antonio Brizzi, ebenfalls Sänger, wirkte seit dem 1. Oktober 1805 als Regisseur der italienischen Oper, die der König übrigens am 21. Oktober 1819 aus der Administration des (nun überwiegend deutschen) Sprech- und Musiktheaters ausgliederte. Ihr war nur mehr eine relativ kurze Blüte beschieden, denn am 11. November 1825 hat Ludwig I. die italienische Oper als Institution endgültig aufgelöst. Ein königliches Dekret unter vielen anderen – bei genauerem Hinsehen erkennen wir das Todesdatum des Hoftheaters in seiner ursprünglichen und reinsten Ausprägung. Die von Max Joseph eingesetzten Regisseure sind noch weit entfernt vom Typus der heute übermächtigen schöpferischen Interpreten im Sprech- beziehungsweise Musiktheater. Zu Beginn des 19. Jahrhunderts ist der Regisseur mehr Arrangeur und Koordinator, gelegentlich fast Inspizient der Aufführung, für deren werkgerechte Einrichtung er ebenso die Verantwortung trägt wie für den störungsfreien Ablauf. Fast ein Jahrhundert wird die Entwicklung des Regisseurs zum schöpferisch gleichwertigen Partner von Schauspieler und Sänger, Dirigent und Bühnenbildner beanspruchen.

Im Bau des Nationaltheaters drückt sich ein letztes Mal der fast imperiale Anspruch des Hauses Wittelsbach im Bereich des Theaters aus. Und das, obwohl etwa die Hälfte der Bausumme von den Bürgern Münchens aufgebracht worden ist. Im Gegensatz zu dem schlichten, klassizistisch-maßvollen Theater am Isartor, das

Einsetzung künstlerischer Leiter

Bau des Nationaltheaters von Fischer und Klenze

313

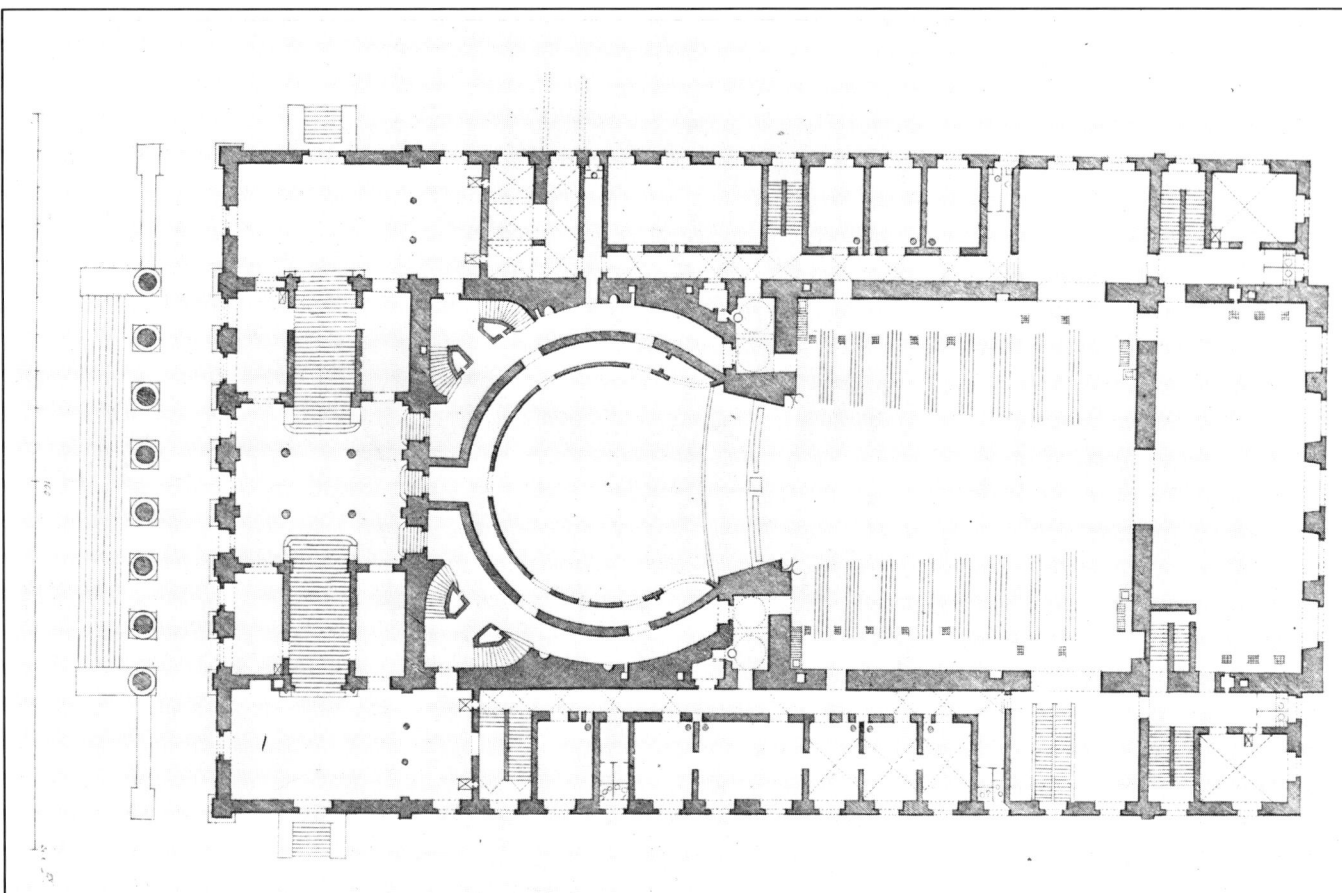

193 Grundriß des Königlichen
Hof- und National-Theaters
in München

194 Philipp Jakob
Tochtermann, der erste
Regisseur der deutschen Oper
unter Max I. Joseph

195 »Die Zauberflöte«,
Bühnenbild-Entwurf von
Simon Quaglio, München 1818

196 »Figaros Hochzeit«,
Szenenbild der Aufführung
in München, um 1835

EMANUEL JOSEPH VON HERIGOYEN (1746–1817) für MAX JOSEPH 1812 erstellt hatte, kennzeichnet der von FISCHER und KLENZE geschaffene Monumentalbau einen Wendepunkt in der Entwicklung höfischer Theaterarchitektur: Wir sehen nicht mehr das eher intime Hofopernhaus vor uns, in dem sich die aristokratische Gesellschaft auf exklusive Weise selbst – und selbstgenügsam – feiert und von ihren Theaterleuten feiern läßt, sondern den ›Musentempel‹, dessen monumentales Pathos doch wohl auch die zeitgenössischen Zweifel am ›Gottesgnadentum‹ des Königs übertönen soll. Vordergründig freilich benötigte man in München einfach ein größeres Theater (schon BABO hatte es ersehnt), da ja auch die Bürger als zahlendes Publikum willkommen waren – aber zweitausendsechshundert Plätze für eine Stadt mit etwa fünfzigtausend Einwohnern, das hat doch bei aller architektonischen Qualität einen parvenühaften Zug. Es erscheint deshalb nur allzu konsequent, wenn in den folgenden Jahrzehnten der Restauration das (parvenühafte) Großbürgertum der Gründerzeit allerorten den Theatertyp des ›Musentempels‹ nachbaut (gipfelnd in GARNIERS Pariser Oper) und sich darin nach aristokratischem Vorbild selbst zelebriert. Welten liegen zwischen diesen Theatern und jenen der (bürgerlichen) Aufklärung im 18. Jahrhundert, etwa in Mannheim oder Weimar.

Nicht die erste Aufführung überhaupt, aber die erste von künstlerischer Bedeutung war die von MOZARTS *Zauberflöte* am 27. November 1818, für die SIMON QUAGLIO (1795–1878), der Sohn JOSEPHS, eine zur Musik kongeniale Ausstattung schuf, die solch gegensätzliche Geisteshaltungen wie die klassische und die romantische zu harmonischer Einheit verschmolz. Aller öffentlichen und offiziellen Bewunderung zum Trotz: weder die königliche Familie noch die Theaterleute waren mit dem für Jahrzehnte größten Theater Europas gänzlich zufrieden. So urteilte Kronprinz LUDWIG am 26. Oktober 1818, also kurz nach der Einweihung: »Nicht alles, was glänzt ist Gold. Dieses fand ich an dem neuen Theater heute, dessen Gesamteindruck mich bey dessen Eröffnung hingerissen. Es zog immer. Mein gut hörender Bruder mußte aufmerksam sein in meiner Loge, um zu verstehen. Die zu dicken, an unrechter Stelle angebrachten Marmorsäulen, zunächst der Bühne befindlich, liegen gar hoch.« Und Herzogin AUGUSTE VON LEUCHTENBERG, eine Tochter des Königs, schrieb ins Tagebuch: »Der erste Gesamteindruck ist gut, aber wenn der Vorhang aufgeht, merkt man, wie hoch die Logen des zweiten Ranges sind; alle Schauspieler erscheinen klein, und man kann ihre Gesichter nicht unterscheiden.« Hoftheaterintendant VON KÜSTNER beklagte sich nach seiner Amtszeit über den Bau, wobei der erfahrene Theatermann auch die Etatprobleme einbezog: »Das Haus ist eigentlich nur für die Oper passend und für das recitirende Schauspiel zu groß, ein Nachtheil, dem man in neuerer Zeit bei vielen neugebauten Häusern . . . begegnet; dies ist für das Schauspiel und die Schauspieler von den schlimmsten Folgen. Das erstere muß dadurch verlieren, indem das Verständniß für das Publicum . . . behindert und mit ihm das Interesse des Publicums am Schauspiel geschwächt wird. Die Schauspieler müssen entweder das Sprachorgan sehr anstrengen . . . oder sie werden gar nicht verstanden; ebenso geht für viele Zuschauer die Mimik verloren. Ein weiterer Nachtheil des großen Hauses in München ist, daß bei vielen Vorstellungen, wo das Haus nur theilweise gefüllt ist, Tausende jährlich für Beleuchtung, Heizung, Comparserie u. s. w. umsonst ausgegeben werden . . . « Wir haben mehrere Stimmen zu Wort kommen lassen, weil das *Königliche Hof- und Nationaltheater* – ungeachtet aller architektonischen Qualitäten – schon zur Zeit der Entstehung weder seiner Funktion als Theater noch seiner Funktion als Treffpunkt verschiedener Gesellschaftsschichten wirklich gerecht werden konnte. Die einstige Harmonie zwischen der höfischen Gesellschaft und ihren Theaterleuten ist zerbrochen; das Großbürgertum, wohlhabend, aber ohne eigenen Stil, orientierte sich an der Aristokratie, ahmte sie nach. Gleichermaßen verunsichert, einigten sich beide Schichten – in einem faulen Kompromiß – auf das Theater als ›Musentempel‹, als den Ort weihevoll-patriotischer Bildungsvermittlung.

197   Simon Quaglio

Ludwig II.

LUDWIG II., König von Bayern, Anfang und Ende aller Kunstbetrachtung unter wittelsbachischem Vorzeichen: Wer könnte sich ihm unbefangen nähern, beherzt und unbeeindruckt von der fast täglich anschwellenden Literaturlawine über den ›Märchenkönig‹, den Kunstfreund par excellence, unseren ›Kini‹? Hat er denn nicht Anfang Mai 1864, einen Tag nach der ersten Begegnung, an RICHARD WAGNER diese Zeilen übermittelt: »Seien Sie überzeugt, ich will Alles thun, was irgend in meinen Kräften steht, um Sie für vergangene Leiden zu entschädigen. – Die niedern Sorgen des Alltagslebens will ich von Ihrem Haupte auf immer verscheuchen, die ersehnte Ruhe will ich Ihnen bereiten, damit Sie im reinen Aether Ihrer wonnevollen Kunst die mächtigen Schwingen Ihres Genius ungestört entfalten können!... Mit den herzlichsten Grüßen Ihr Freund Ludwig König von Bayern.« Darf man denn, angesichts solcher Zeilen, noch deuteln, noch zweifeln, ob LUDWIG der größte Theatermäzen unter den Wittelsbachern gewesen sei? Er war es – wenn wir als Maßstab die Genialität des von ihm geförderten RICHARD WAGNER nehmen und die insgesamt von ihm für Zwecke der Kunst ausgeworfenen Summen. Er war es nicht – wenn wir als Maßstab die dynastischen oder volksbildenden Beweggründe seiner Vorfahren anlegen; dann ist ihm beinahe jeder andere Wittelsbacher überlegen als Mäzen. LUDWIGS Nimbus, seine Popularität scheint mir auf einem fatalen Mißverständnis zu beruhen: seine monomane Realitätsflucht, die sich in seinen Bauten und in seinem Verhältnis zum Theater gleichermaßen ausdrückt, korrespondiert mit dem politisch (nicht wirtschaftlich!) realitätsfernen Verhalten der Gründerzeit-Generation. Der gemeinsame Traum vom starken Kaiser- und Königtum mittelalterlicher Prägung ist das Paradoxon einer in die Vergangenheit gerichteten Utopie. Auch an WAGNERS Werk hat LUDWIG wohl in erster Linie die aus Sage und Mythos genommenen Stoffe und Gestalten geschätzt. Das mittelalterliche Nürnberg der *Meistersinger* wollte der detailbesessene König so genau von seinen Bühnenbildnern erstellt sehen, daß er sie zu Studien nach Nürnberg schickte. WAGNER hatte allerdings allen Grund, mit seinen Münchner Aufführungen zufrieden zu sein, denn nicht nur das Orchester und die Sänger waren gut, sondern auch die Bühnen- und Kostümbildner, allen voran ANGELO II QUAGLIO (1829–1890), Sohn und Nachfolger des SIMON QUAGLIO. Die Bühnenraumgestaltung hatte inzwischen eine etwas eigenartige Entwicklung genommen, denn meistens teilten sich mehrere Künstler in eine Inszenierung. Für die Wagneraufführungen standen ANGELO II QUAGLIO noch HEINRICH DÖLL (1824–1892) als Spezialist für Landschaftsprospekte und CHRISTIAN JANK (1833–1888) für historische Architektur zur Seite. Die Kostüme gestaltete FRANZ (VON) SEITZ (1817–1883). Ein besonderer Glücksfall sind die Aufführungsbilder von MICHAEL ECHTER (1812–1879), die als Vorstudien für die Wandgemälde in den geplanten Wagner-Sälen der Residenz dienen sollten. Über die Ausstattung seiner ersten Uraufführung in München, *Tristan und Isolde* am 10. Juni 1865, schrieb WAGNER begeistert an die Zeitung *Wiener Botschafter:* »Für schöne Dekorationen und höchst charakteristische Kostüme ist mit einem Eifer gesorgt worden, als gelte es nicht mehr einer Theateraufführung, sondern einer monumentalen Ausstellung«. WAGNER kümmerte sich selbst, anregend und korrigierend, um die Ausstattung. Den abgebildeten Kostümentwurf »Brangäne« von SEITZ hat WAGNER mit eigenhändigen Korrekturbemerkungen versehen. Und über die Uraufführung der *Meistersinger von Nürnberg* (21. Juni 1868) schreibt WAGNER am 14. Oktober 1868 an

198   Angelo II Quaglio

Aufführungen der Werke
Richard Wagners
in München

199 »Brangäne«, Kostümentwurf
von Franz Seitz, München 1865

200 »Tristan und Isolde«, Skizze von
Michael Echter, München 1865

201 – 203   »Die Meistersinger von Nünrberg«,
Szenenbilder Michael Echters von der
Uraufführung in München, 1868

LUDWIG II.: » . . . daß jener Abend der ersten Aufführung der ›Meistersinger‹ der Höhepunkt meiner künstlerischen und menschlichen Laufbahn war. Wie man mit der Zeit finden wird, daß dieses Werk das vollendetste der bisher von mir geschaffenen ist, so erkläre ich diese seine Aufführung, die ich einzig Ihrer Güte verdanke, für die beste, welche bisher noch je von einem meiner Werke stattgefunden hat.« Zweifel daran, daß die Wagner-Aufführungen in München – besonders jene vom Komponisten mitgestalteten – den Inszenierungsstil der folgenden Jahrzehnte geprägt haben, dürften historisch unbegründet sein. WAGNER selbst hat deutlich zwischen den persönlichen Anfeindungen und der allgemeinen künstlerischen Wertschätzung in München unterschieden, als er am 20. Februar 1865 feststellte, daß hier seinen »Werken Anerkennung gezollt«, seinem »Dichten und Trachten das Zeugnis männlichen Ernstes und edler Bedeutung gegeben wird«.

Die Separatvorstellungen LUDWIG II. Bedeutung für das Werk RICHARD WAGNERS ist weitgehend bekannt und wird wissenschaftlich immer detaillierter untersucht, nachdem große Gesamtdarstellungen vorliegen. Weit weniger im Bewußtsein von Mit- und Nachwelt sind hingegen die sogenannten »Separatvorstellungen« vor dem König, die vom 6. Mai 1872 bis zum 12. Mai 1885 immerhin zweihundertneunmal stattgefunden haben – LUDWIG allein als Zuschauer im riesigen Hof- und Nationaltheater oder im Residenztheater CUVILLIÉS’, den beiden Spielorten. Der völlige Ausschluß der Öffentlichkeit, ja, man muß sagen, die Heimlichkeit (allen mitwirkenden Künstlern hatte LUDWIG jegliche öffentliche Stellungnahme oder Berichterstattung streng verboten) der allein für den König inszenierten und allein vor ihm gespielten Aufführungen markieren das Ende der wittelsbachischen Theaterkultur. Gewiß, nur weil LUDWIG ein Wittelsbacher und der König ist, kann er sich den Millionenaufwand der Separatvorstellungen leisten und sie bewerkstelligen, obwohl sie den normalen, öffentlichen Theaterbetrieb empfindlich stören. Aber sowohl der Hof als auch die Untertanen bleiben ausgeschlossen, der König zerstört die herrscherliche Idee und Praxis der »Repraesentatio Maiestatis« und setzt an ihre Stelle die letzten Endes private, persönliche Flucht aus der Realität in die von den Theaterleuten beschworene, idealisierte Vergangenheit. Und so erklärt sich das scheinbar Widersprüchliche, ja Paradoxe im Verhältnis LUDWIG II. zum Theater, das einen beträchtlichen Teil seines Lebens einnahm, vielleicht gar bedeutete: der Fürst, der nach Bühnenbildern Schlösser und deren Räume konzipierte und realisierte (wobei die Bühnenbildner nicht selten mitarbeiteten), der im Urteil der Zeitgenossen und der Nachwelt als der theaterbesessenste aller Wittelsbacher gilt, ist zugleich derjenige Wittelsbacher, der die dynastische Bindung und Funktion des Theaters endgültig zerstört hat.

Wie hatte noch SHAKESPEARE seinen Prospero im *Sturm* resümieren lassen?
> »Das Fest ist jetzt zu Ende . . .
> Wie dieses Scheines lockrer Bau, so werden
> Die wolkenhohen Thürme, die Paläste,
> Die hehren Tempel, selbst der große Ball,
> Ja, was daran nur Theil hat, untergehn;
> Und, wie dies leere Schaugepräng’ erblaßt,
> Spurlos verschwinden. Wir sind solcher Zeug
> Wie der zu Träumen, und dies kleine Leben
> Umfaßt ein Schlaf. –«

204 Jules Massenets
»Theodora«, Szenenbild von
Georg Dehn für die
Separatvorstellung für
Ludwig II., München 1885

205 Joseph Kainz
und Ludwig II. in Luzern, 1881

Horst H. Stierhof

DIE WITTELSBACHER UND
DIE BILDENDE KUNST

Vorspiel Wittelsbachischen Mäzenatentums

Als Grafen von Scheyern, beziehungsweise als die Grafen von Wartenberg traten die Wittelsbacher in das Licht der europäischen Geschichte. Sie zählten keineswegs zu den mächtigsten Geschlechtern in Oberdeutschland, als sie 1180 mit dem Herzogtum Baiern belehnt wurden. Sie vermochten aber ihre Herrschaft mit Umsicht und Geschick zu erweitern und auszubauen. Die Erlangung der Kaiserwürde durch LUDWIG DEN BAYERN war ein erster Höhepunkt dieses Aufstieges. Fortan blieb das Haus Wittelsbach ein wesentlicher Faktor im europäischen Kräftespiel, häufig, soweit es seine machtpolitischen Ambitionen betrifft, eingeschränkt durch das mehr und mehr erstarkende Haus Habsburg. So mancher Machttraum konnte nicht verwirklicht werden, führte zu einem schlimmen Erwachen wie der Kaisertraum KARL ALBRECHTS. Künstlerisch konnte er ausgelebt werden. Er gebar das höfische Rokoko in München, jenen intimen Stil, der dem großartig Imperialen so sehr entgegengesetzt ist. Niemals aber, nicht einmal in den Zeiten höchster, größter Machtentfaltung legten die Wittelsbacher den Künsten und den Künstlern so enge Fesseln an, wie dies beispielsweise LUDWIG XIV. von Frankreich getan hat, oder gebrauchten sie sie derart propagandistisch wie Kaiser MAXIMILIAN I. Vielleicht kam es daher, daß sich um die Künste vielfach schon die Erbprinzen bemühten, solange sie noch nicht zur Regierung zugezogen wurden. Die Förderung der Künste war den wittelsbachischen Herrschern, so im 16. Jahrhundert, ein echtes humanistisches Anliegen, oder sogar ein bildungspolitisches Programm, um ein modernes Schlagwort zu gebrauchen, wie König LUDWIG I. von Bayern. So wurde das Haus Wittelsbach mit seinen zahlreichen Nebenlinien und Verästelungen, denen leider nicht allen nachgegangen werden konnte, im Verlaufe seiner Geschichte zu einem der wichtigsten Mäzene Europas.

Ließen sich auch die Wittelsbacher seit dem Ende des 15. Jahrhunderts, als die Humanisten die Geschichte als Wissenschaft und die Wittelsbacher die Geschichte ihres Hauses entdeckten, die Verehrung ihrer Vorfahren angelegen sein, so fehlen uns doch authentische Zeugnisse eines frühen Mäzenatentums. Auch von den Anfängen der wichtigen Wittelsbacher Burgen zu Burghausen, Landshut und Heidelberg sind wir nur vage unterrichtet; über ihre Baumeister und Künstler wissen wir im allgemeinen noch weniger. Einzig von der Ausstattung der Kapelle der Burg Trausnitz in Landshut hat sich Wichtiges erhalten, dessen Qualität auch Aussagen zu den Künstlern zuläßt. Wir können einen Hauptmeister unterscheiden, von dem die Kreuzigungsgruppe und die hll. Barbara sowie Katharina ausgeführt wurden, und einen zweiten Meister, dem die Sitzfiguren an der Emporenbrüstung (1260/70) zugeschrieben werden. Der Hauptmeister, der um 1250/60 in Landshut arbeitete, hat seine Schulung offenbar in Westeuropa erhalten.

Die Kapelle, die ursprünglich flach gedeckt war, stammt aus der 1. Hälfte des 12. Jahrhunderts und gehört zu den ältesten erhaltenen Teilen der Burg Trausnitz. Diese verdankt ihre Gründung LUDWIG DEM KELHEIMER, der im Jahre 1204 auf dem Isarhochufer zu bauen begann. LUDWIG DER KELHEIMER, der sein Herzogtum erheblich zu vergrößern vermochte, förderte dessen Ausbau durch die Gründung von Städten wie Landshut, Landau, Straubing oder Neuötting. Nach seiner Ermordung setzte ihm seine *Kloster Seligenthal* Gemahlin LUDMILLA ein schönes Denkmal durch die Errichtung des Klosters Seligenthal vor den Toren Landshuts, das fortan die Grablege der Herzöge von Niederbayern wurde. LUDMILLA berief Zisterzienserinnen nach Seligenthal, Mitglieder jenes im 13. und 14. Jahrhundert so erfolgreichen Reformordens, der somit mittelbar für die Wittelsbacher tätig wurde.

206 Die Burgkapelle St. Georg in der Burg Trausnitz, Landshut,
13. Jahrhundert

207 Ludmilla von Bogen und Herzog Ludwig der Kelheimer,
Holzfiguren vom Stiftergrab in der Afrakapelle in
Kloster Seligenthal, Landshut

Als erster Kaiser des Hl. Römischen Reiches Deutscher Nation, der einen festen Sitz mit einer festen Hofhaltung hatte, schlug LUDWIG DER BAYER in München seine Residenz auf. An der Nordostecke des Stadtgebietes mag schon ein Verwaltungsgebäude HEINRICHS DES LÖWEN vorhanden gewesen sein, das nunmehr zu einem Herrschaftssitz erweitert wurde. Erst die Stadterweiterung LUDWIGS DES BAYERN schloß diesen Sitz, den sogenannten Alten Hof, auch von Norden und Osten her ein, ein Umstand, der die Münchner Wittelsbacher während des Bürgeraufstandes von 1384/85 in arge Bedrängnis brachte.

Ludwig der Bayer und der ›Alte Hof‹ in München

Etliche Gebäude des ›Alten Hofes‹, die teilweise jedoch erst aus dem 16. Jahrhundert stammten, wurden zu Anfang des 19. Jahrhunderts abgebrochen. Zu den schwerwiegendsten Verlusten muß die St.-Lorenz-Kirche gezählt werden, die LUDWIG DER BAYER etwa 1315/20 als Hofkirche errichtet hatte. Der einschiffige Bau, den ein Dachreiter bekrönte, stand an der Nordseite des Areals. Der Anschluß des Baues an die Kunst Südwestdeutschlands spiegelt die Orientierung des damaligen Königs wieder. Der Herrscher, seine Familie sowie die höheren Ränge seines Hofstaates nahmen auf der Westempore Platz, während die sonstigen Angehörigen des Hofes im Kirchenschiff ihre Plätze hatten. An den Wänden und Pfeilern des Inneren waren Steinbildwerke angeordnet, von denen sich eine Drei-Königs-Folge aus dem Altarhaus erhalten hat, ferner aus dem Langhaus eine Apostelfigur, von der rechten Innenwand stammt ein Relief, das den Stifter der Kirche und dessen Gemahlin kniend vor der Muttergottes zeigt. Vom äußeren Hofportal hat sich ein Relief des Wittelsbacher Wappens mit drei Engeln erhalten. Auch der Stil der Steinbildwerke läßt die Orientierung der Künstler Ludwigs an der Kunst Südwestdeutschlands erkennen.

Heidelberger Bildhauer im 14. Jh.

Die Teilung der Wittelsbachischen Gebiete im Hausvertrag von Pavia ließ am Rhein ein zweites wittelsbachisches Zentrum entstehen. Aus der Frühzeit der Wittelsbacher in der Pfalz hat sich wegen der regelmäßigen Verwüstungen, die diese Gebiete heimsuchten, nur sehr Weniges und Fragmentarisches erhalten. In der 1. Hälfte des 14. Jahrhunderts scheint in Heidelberg eine leistungsfähige Bildhauerwerkstatt bestanden zu haben. Die Fragmente von Wittelsbachischen Grabdenkmälern aus der 2. Hälfte des 14. Jahrhunderts dokumentieren den Anschluß der Künstler an die Prager Hofkunst, das heißt an den Stil der PARLER. Offensichtlich eiferte man unter RUPRECHT I., der enge Beziehungen zu Kaiser KARL IV. unterhielt, dessen Hofkunst nach.

Beziehungen zum franz. Hof um 1400

Schon viel früher als das Haus Habsburg, eigentlich von Anbeginn an, trieb das Haus Wittelsbach eine gezielte Heiratspolitik, die allerdings, das muß man einräumen, nicht immer die gewünschten Erfolge zeitigte und manchmal einen tragischen Ausgang nahm. Wir denken beispielsweise an ELISABETH VON INGOLSTADT (Isabeau de Bavière), die man mit dem periodisch geisteskranken König KARL VI. von Frankreich verheiratete. Sie zog auch ihren Bruder LUDWIG DEN BÄRTIGEN nach Frankreich, wo dieser französische Sitten und französische Kunst kennenlernte. Als er 1413 nach Ingolstadt zurückkehrte, brachte er einen umfangreichen Schatz mit, wovon sich unter anderem das ›Goldene Rössl‹ in der Schatzkammer zu Altötting erhalten hat, und verfeinerte Vorstellungen vom Hofleben. Er baute die Befestigung Ingolstadts weiter aus, begann den Bau des neuen Schlosses in Ingolstadt und die Kirche ›zu Unserer Lieben Frau‹, deren übereck gestellte Türme französischen Vorbildern folgen. Das diffizilste Werk, das sich von Herzog LUDWIG DER BÄRTIGE erhalten hat, dürfte die Visierung zu seinem Grabmal sein, die er dem HANS MULTSCHER in Auftrag gab.

Schon zu Ende des Mittelalters setzte seitens des Hauses Wittelsbach eine bewußte Geschichtspflege und die Verehrung für Kaiser LUDWIG DEN BAYERN ein. Vermutlich war es Herzog SIGISMUND, der die Ausmalung eines Ahnensaales im ›Alten Hof‹ in Auftrag gab. Ein erhaltenes Bild zeigt in der Mitte den thronenden Kaiser; der Stil des Malers steht in der Nachfolge des Meisters der Pollinger Tafeln.

Der Name Herzog SIGISMUNDS wird immer mit zwei wichtigen Baudenkmälern Münchens verbunden bleiben: mit der Frauenkirche und der Blutenburg. Bereits 1458 wurde erstmals ein Neubauprojekt für die zweite Pfarrkirche Münchens erwogen, zehn Jahre später erst legte Herzog SIGISMUND den Grundstein zur »Frauenkirche«, deren

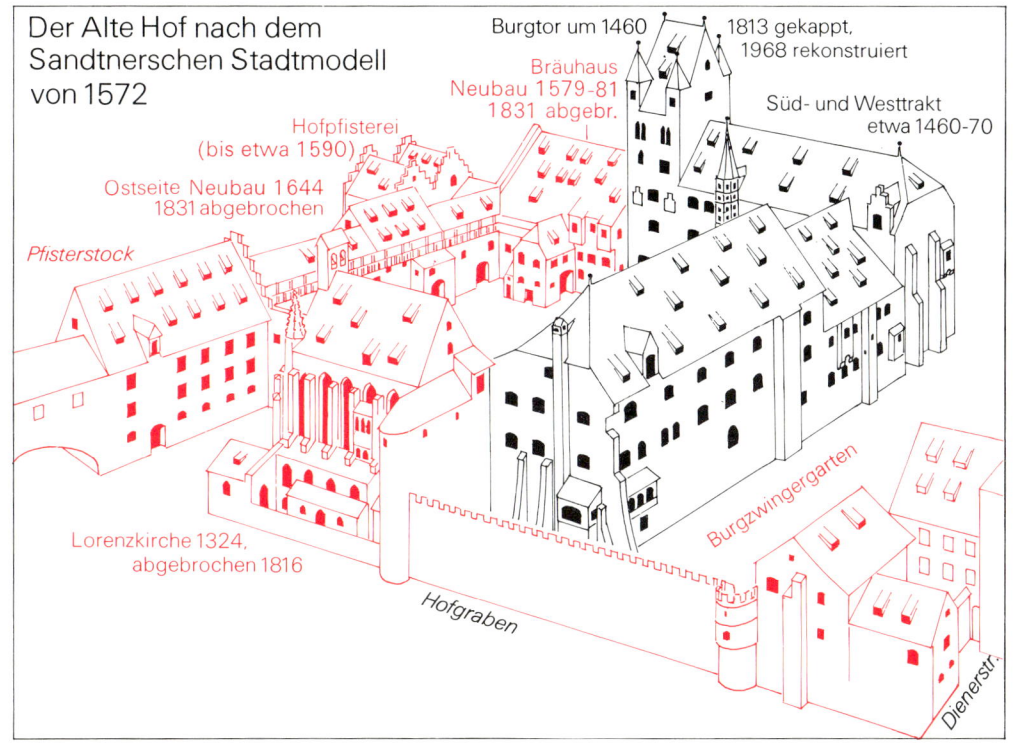

Der Alte Hof nach dem Sandtnerschen Stadtmodell von 1572

Burgtor um 1460

1813 gekappt, 1968 rekonstruiert

Bräuhaus Neubau 1579-81 1831 abgebr.

Hofpfisterei (bis etwa 1590)

Süd- und Westtrakt etwa 1460-70

Ostseite Neubau 1644 1831 abgebrochen

Pfisterstock

Burgzwingergarten

Lorenzkirche 1324, abgebrochen 1816

Hofgraben

Dienerstr.

208　Der Alte Hof in München, nach dem Sandtnerschen Stadtmodell von 1572

209 – 210　»St. Michael« und »Die Gnad«,
Goldemailwerke vor 1405 aus Paris, dem französischen Schatz
Ludwigs. des Bärtigen von Ingolstadt
angehörend. Ölgemälde des 18. Jahrhunderts, Originale zerstört

Bauträger die Stadt, nicht der Wittelsbacher, war. Als dann im 16. Jahrhundert die »bayerische Pracht« sprichwörtlich wurde, so hatte sie ein wichtiges Vorspiel und ihre Voraussetzung schon im 15. Jahrhundert gehabt. Den kunstvoll ausgestatteten Residenzen ALBRECHT V. und WILHELM V. ging die »Blütenburg« Herzog SIGISMUNDS voraus.

SIGISMUND und JOHANN IV. regierten ihren Teil des Herzogtums zunächst gemeinsam, bis JOHANN 1463 von der Pest hinweggerafft wurde. Nun herrschte SIGISMUND für zwei Jahre allein, ehe sich der jüngere Bruder ALBRECHT einen Anteil an der Macht erkämpfte; SIGISMUND dankte ab. »Infolge Blödigkeit des Leibes nicht gerne Mühe und Arbeit tragend und mehr geneigt, nur ein geruhiges Wesen ohne alle Bekümmernisse zu machen«, wollte er sein Regiment »in eine Hand stellen, in der für Land und Leute besser und fleißiger gesorgt ist«. Die Abdankungserklärung läßt auf einen außerordentlichen Menschen schließen, dessen Neigungen mehr einem Humanisten geziemt hätten als einem spätmittelalterlichen bayerischen Herzog.

Die Blutenburg
Hzg. Sigismunds

Der hölzerne Vorgängerbau von SIGISMUNDS »Blütenburg« war 1422 in der Schlacht von Blutenburg und Alling zerstört worden. Ein Neubau Herzog ALBRECHT III. erfolgte 1439, der Bau der Kapelle durch Herzog SIGISMUND 1488. Letztere überstand auch den Dreißigjährigen Krieg, in dessen Verlauf das Schloß 1632 der Zerstörung anheim gefallen ist.

Trotz ihrer wohl ursprünglichen Mauerumfriedung mit Ecktürmen und ihrem Wassergraben war die »Blütenburg« befreit von Wehrhaftigkeit und Jagdgetriebe. Sie war ein fast einsiedlerischer Ruheort für die Münchner Herzöge, die sich auch späterhin immer wieder ›Eremitagen‹ anlegten; es sei nur an WILHELM V. Schloß in Schleißheim erinnert. Beide verbindet eine religiöse Grundstimmung. Hier in seinem Lieblingssitz, seiner »curia«, schloß SIGISMUND 1501 für immer die Augen.

Die Blutenburger
Schloßkapelle

Das markanteste Bauwerk innerhalb der locker gruppierten Anlage bildet die Kapelle, deren Bauführung vielleicht LUKAS ROTTALER leitete. Sie tritt dem Besucher im wesentlichen noch so entgegen, wie sie SIGISMUND geschaffen hat: als einschiffiger Bau mit polygonal gebrochenem Chor, hohem Satteldach und Dachreiter über der Westwand (die jetzige Form des Dachreiters ist barock). Drei Wappen mit den Bayerischen Rauten, dem Pfälzer Löwen und dem Reichsadler spielen auf den Herzog beziehungsweise das Haus Wittelsbach und Kaiser LUDWIG DEN BAYERN an. Die Ausstattung des schwerelosen, nach außen gleichsam transparenten Raumes schuf JAN POLACK, der bedeutendste spätgotische Maler in Altbayern. JAN POLACK kam aus Krakau, wo die Renaissance schon sehr früh Aufnahme gefunden hatte, nach München. Herzog SIGISMUND hatte ihn schon 1479 herangezogen, als er die Pippinger Kirche mit Fresken ausmalen ließ. JAN POLACK könnte auch der Entwerfer für die Glasfenster gewesen sein, die einer Münchner Werkstatt entstammen werden. Der Meister der Plastiken muß sich noch immer mit einem Notnamen begnügen. Seine Blutenburger Figuren gehören aber zu den wichtigsten Münchner Bildwerken im Umkreis ERAMUS GRASSERS.

Zuzug auswärtiger
Künstler nach München
Ende des 15. Jh.s

Zu Ende des 15. Jahrhunderts läßt sich in München ein beachtlicher Zuzug auswärtiger Künstlerfamilien beobachten: Über Weilheim und Ettal kam JÖRG VON HALSBACH wahrscheinlich aus Ostbayern nach München, es kamen die HALDER, ferner die ROTTALER aus Landshut, der Bildhauer ERASMUS GRASSER aus der Oberpfalz und, wie erwähnt, JAN POLACK aus Krakau. Mit den HALDER und ROTTALER sind gleichzeitig zwei Bildhauerarchitekten genannt, die das Bild der Münchner Architektur, insbesondere der höfischen, in der ersten Hälfte des 16. Jahrhunderts prägen werden.

328

211   Die Schloßkapelle St. Sigismund in Blutenburg
bei München.
Blick in den Chor mit drei Altären

Den ersten größeren Renaissancebau in Bayern erstellte einer der Wittelsbacher, die eine geistliche Herrschaft ausübten: Bischof PHILIPP VON FREISING, der zweite Wittelsbacher auf dem Freisinger Bischofsstuhl. Die Zeit PHILIPPS bedeutete den Anbeginn der Bemühungen des Hauses Wittelsbach, den Freisinger Bischofsitz, dem ein großer Teil des Herzogtums Bayern unterstellt war, in seine Machtsphäre einzubeziehen.

Der Freisinger Bischofshof   PHILIPP bemühte sich, den mittelalterlichen Bischofshof den gewandelten Vorstellungen seiner Zeit anzupassen. Von der Vierflügelanlage, die er 1518 bis 1524 auf dem Domberg errichtete, haben zwei Trakte die Zeiten überdauert. Sowohl ihr Baumeister als auch der Schöpfer der Arkaden gehören der Landshuter Baumeister- und Bildhauerfamilie ROTTALER an: WOLFGANG und STEPHAN ROTTALER. Wie groß allerdings WOLFGANGS Anteil an der Planung war, läßt sich nicht exakt bestimmen. STEPHAN ROTTALER hat mit den Arkaden ein markantes Zeugnis für das Renaissanceverständnis seiner Zeit abgelegt.

Neben diesen beiden wichtigsten Meistern war noch der Bildhauer LIENHARD ZWERCHSFELD am Bau beteiligt. An der Ausmalung arbeiteten der Landshuter Maler HANS WERTINGER und ALBRECHT ALTDORFER aus Regensburg. In jüngster Zeit konnten Reste seiner Wandmalereien wiederentdeckt werden.

WERTINGER erfreute sich offenbar besonderer Wertschätzung bei PHILIPP VON FREISING. Bereits 1495 bis 1497 war er für den Bischof tätig. Erhalten hat sich aus dieser frühen Phase von WERTINGERS Schaffen lediglich die 1498 datierte *Sigismundtafel.* Besonders entscheidend war die *Pfalzgrafenserie,* wohl eine Familiengalerie, die WERTINGER ab 1515 für PHILIPP ausführte. Sie dürfte die Anregung gegeben haben für die Porträtserien sowohl am Münchner Hof unter WILHELM IV. als auch am Neuburger Hof OTTHEINRICHS, für den WERTINGER ebenfalls arbeitete.

OTTHEINRICH, der väterlicherseits gleichfalls ein »Pfälzer« war, hatte ein herzliches Verhältnis zu seinem Vetter PHILIPP VON FREISING, den er oft und gerne zur Jagd besuchte. So nimmt es nicht wunder, daß der Neuburger Schloßbau durch PHILIPPS so genannten Kanzleibau beeinflußt worden ist; auch in Neuburg waren die Arkaden zunächst nur zweigeschossig.

Als sich PHILIPP mit Rücktrittsgedanken trug, ließ er sich 1534 bis 1537 an der Nordseite des Domberges eine eigene Residenz, den sogenannten Neubau errichten. Den vornehmen Bau, von dessen einstiger Bedeutung noch zwei Hallen und Freskenreste künden, soll HANS REIFFENSTUEL D. Ä. entworfen haben. Für den engen Kontakt zwischen den Höfen in Freising und Landshut ist auch das Grabmal PHILIPPS ein Dokument, das der Eichstätter THOMAS HERING, wohl von Landshut kommend, gemeißelt hat.

212   Arkaden im Freisinger Bischofshof, 1518 – 1524

213   Inschrifttafel Bischof Philipps von Freising, 1519

Die bayerische Linie des Hauses Wittelsbach

Von Wilhelm IV. bis Max III. Joseph

WILHELM IV.

Bis zum Beginn des 16. Jahrhunderts hatten die Münchner Herzöge im Alten Hof residiert. Erst WILHELM IV. siedelte in die Neuveste über, die nunmehr als Sitz des gestärkten Landesfürstentums an Bedeutung gewann und eine entsprechende Ausgestaltung erfuhr. Nicht vergessen werden darf in diesem Zusammenhang, daß die italienische Renaissance neue Formen der fürstlichen Repräsentation hervorgebracht hatte, die in München bereitwillige Aufnahme fanden.

Mit WILHELM IV. kam 1508 eine Persönlichkeit an die Regierung, die nicht nur formell über das Gesamtherzogtum Bayern gebieten sollte, sondern auch eine für die damaligen Verhältnisse vorzügliche humanistische Bildung erhalten hatte; mit ihm zog die Renaissance in München ein. Die Prinzen WILHELM, LUDWIG und ERNST wurden in Burghausen, München und Landshut durch den Magister AVENTINUS unterrichtet, der auf den ersten Hochschulen seiner Zeit humanistische Gelehrsamkeit erworben hatte und Bayerns führender Geschichtsschreiber werden sollte.

Lusthaus und Garten der Neuveste in München

Den Einfluß seiner humanistischen Bildung möchte man auch in WILHELMS erster künstlerischer Unternehmung, bei der Anlage des Rosengartens und seines Lusthauses östlich vor der Neuveste verspüren. Den Garten schirmte eine umlaufende Mauer gegen die Umgebung ab, eine Brücke stellte die Verbindung zur Neuveste her. Hecken, Lauben, Labyrinthe und Wasserbecken unterteilten den Garten, dessen Mittelpunkt ein polygonales, zweigeschossiges Lusthaus bildete. In seinem Erdgeschoß, einem Säulenraum mit Gewölbemalereien, fand ein vielfiguriger Bronzebrunnen Aufstellung. Leider ist uns der Urheber dieser ersten bedeutenden Wittelsbachischen Gartenanlage, die vierzigtausend Dukaten gekostet haben soll, namentlich nicht bekannt. Dies ist umso bedauerlicher, als die Anlage die Bewunderung aller ihrer Besucher fand, auch die eines Kaisers KARL V. Noch SAMUEL QUICKELBERG schrieb 1565, wobei er wohl mehr das Lob ALBRECHT V. im Auge hatte: »Ich möchte hier nicht versäumen, die besten Kunstfreunde zu belehren, welche Vorliebe für die Ehrung vortrefflicher Malereien Herzog Wilhelm IV. von Bayern, der überaus verständige Vater Herzogs Albrecht bezeigt hat. Denn er ließ in seinem größeren Garten zu München von den

Die Historienbilder Hzg. Wilhelm IV.

besten deutschen Malern bestimmte Werke und zwar die wunderbarsten Erzeugnisse ihrer Kunst in einer Art ehrenvollen Wettbewerbs malen, wobei er den einzelnen den Größenumfang angab..... Und es pflanzte sich seine Liebe zu den großen Kunstwerken auf seine Söhne und Enkel fort.«

Bei den von QUICKELBERG angesprochenen Gemälden handelte es sich um eine Folge von zwei mal acht Bildern, die Beispiele männlicher und weiblicher Tugend nach humanistischer Art und Weise anhand der Taten von Frauen und Männern des Alten Testamentes und der Antike vorstellten. Bis heute ließ sich nicht eindeutig klären, ob die Gemälde tatsächlich für jenen Saal im Obergeschoß des Lusthauses oder für einen anderen Raum der Neuveste bestimmt waren. Fest steht nur, daß keine ›Sammlung‹ im modernen Sinne angestrebt war, die Bilder aber trotzdem zum Grundstock der Gemäldesammlung am Münchner Hof wurden.

ALEXANDER M DARIVM VLT: SVPERAT
CA SIS IN ACIE PERSAR: PEDIT :CM.EQVIT
VERO X M INTERFECTIS. MATRE QVOQVE
CONIVGE. LIBERIS DARII REGCVM M HAVD
AMPLIVS EQVITIB: FVGA DILAPSI.CAPTIS.

214   »Die Alexanderschlacht«, Schlacht bei Issus, von Albrecht Altdorfer.
Aus der Tugendserie Herzog Wilhelm IV., 1529

Die »besten deutschen Maler« waren Generationsgenossen ALBRECHT DÜRERS oder Maler der ersten Generation nach DÜRER. Ein Teil der Maler waren reichsstädtische Meister, da sie genügend Freiheit hatten, für fremde Fürstenhöfe zu arbeiten. Das berühmteste Gemälde dieser Folge war seit jeher (und blieb es auch) ALTDORFERS *Alexanderschlacht*. Es ist auch das erste Gemälde, von dem wir erfahren. Als nämlich 1528 die Regensburger Bürger dem städtischen Rat und Baumeister ALBRECHT ALTDORFER das Bürgermeisteramt antrugen, lehnte dieser ab unter Hinweis auf seine Arbeit für WILHELM IV. Obwohl ALTDORFER noch bis 1538 lebte, führte er keines der weiteren Gemälde mehr aus.

In Regensburg malte ALBRECHT ALTDORFER für Administrator Pfalzgraf JOHANN die *Kaiserbadstube* im Bischofshof aus. Pfalzgraf JOHANN hatte den Regensburger Bischofshof durch die Augsburger Hieberhütte (um 1520?) umbauen und erweitern lassen. Administrator JOHANN wird es wohl gewesen sein, der ALBRECHT ALTDORFER nach München vermittelte, wohl auch an Pfalzgraf OTTHEINRICH von Neuburg, unter dessen Gemäldesammlung gleichfalls Bilder von der Hand des Regensburger Malers waren

Der gleichen Generation wie ALTDORFER gehörten die Augsburger Maler HANS BURGKMAIR und JÖRG BREU D. Ä. an. Beide wurden 1473 beziehungsweise um 1475 in Augsburg geboren, das zu Beginn des 16. Jahrhunderts in der Malerei führend wurde. Burgkmair schuf 1528 das Gemälde *Esther vor Ahasver* und 1529 die *Niederlage der Römer bei Cannae,* Jörg Breu d. Ä. die *Lukretia* (1528) und den *Sieg Scipios über Hannibal in der Schlacht von Zama*. Eine Generation jünger waren die übrigen am Zyklus beteiligten Maler. BARTHEL BEHAM kam um 1502 in Nürnberg zur Welt. Er wurde dort als einer der drei »gottlosen Maler« wegen Ketzerei ausgewiesen, wandte sich nach München und trat in die Werkstatt WOLFGANG MIELICHS ein. Bald darauf verpflichtete ihn WILHELM IV. als Hofmaler; auch das Münchner Patriziat wußte seine Bildnismalerei zu schätzen. WILHELMS Bruder LUDWIG X. schätzte BARTHEL BEHAM solchermaßen, daß er sich dessen Tätigkeit vertraglich zusichern ließ. Zur Vervollständigung seiner Technik sandte WILHELM IV. seinen Hofmaler nach Italien. Dort ist BARTHEL BEHAM 1540 in Bologna gestorben. BARTHEL BEHAM lieferte 1530 zum sogenannten Lusthauszyklus die *Erprobung des hl. Kreuzes*. Nach BEHAMS Tod übernahm der etwa gleichaltrige LUDWIG REFINGER (geboren um 1506 in Ingolstadt?) die Werkstatt. REFINGER erhielt 1537 und 1540 Aufträge zu den Historienbildern. Er begann mit dem *Horatius Cocles* und *Markus Torquatus,* dann folgten die *Keusche Susanna* und der *Opfertod des Marcus Curtius*. Ebenfalls aus Ingolstadt gebürtig war MELCHIOR FESELEN, der dort erstmals 1521 faßbar und dort auch 1538 gestorben ist. Sein erstes Bild zu dieser Serie, die *Freilassung der Cloelia und der anderen Geiseln,* entstand 1529, sein zweites, die *Belagerung der Stadt Alesia durch Julius Cäsar,* 1533. Der Münchner Hofmaler HANS SCHÖPFER d. Ä. führte 1535 die Geschichte der *Verginia* aus. JÖRG BREU D. J. dem Sohn JÖRG BREUS D. Ä. wird die *Eroberung von Rhodos durch die Königin Artemisia* zugeschrieben. In unterschiedlichen Gruppierungen werden diese Künstler auch noch für andere Wittelsbachische Höfe in Bayern tätig.

Baumeister am Münchner Hof

Man hat den Entwurf zu WILHELM IV. Lusthaus schon ALBRECHT ALTDORFER zugeschrieben, der bekanntlich Regensburger Stadtbaumeister war. Entscheidend in Bausachen scheint am Münchner Hof aber der Hofbaumeister LEONHARD HALDER gewesen zu sein, der einer alten einheimischen Steinmetzenfamilie entstammte. Er wirkte seit 1518 am Münchner Hofe. 1538 wurde er als herzoglicher Baumeister auf Lebenszeit bestätigt. Mit ihm begann die lange Reihe der Münchner Hofbaumeister, die künftig nicht nur das Gesicht der wittelsbachischen Residenz in München bestimmen werden, sondern nach und nach auch dasjenige der Stadt, im 18. Jahrhundert das eines ganzen Landstriches und des Rokokostiles prägen werden. LEONHARD HALDERS Amt wird über das 19. Jahrhundert hinaus bestehen bleiben und in LEO VON KLENZE seinen letzten bedeutenden Vertreter haben, der nicht zufällig zum Begründer einer neuen wichtigen Behörde, der Obersten Baubehörde, werden wird. KLENZE wird es auch sein, der letztendlich HALDERS Bauten an der Neuveste abbrechen wird.

Unter HALDERS Leitung entstand an der Ostseite der Neuveste der sogenannte Rund-

215 Freskorest aus der »Kaiserbadstube«
im Regensburger Bischofshof von Albrecht Altdorfer, um 1536–1538

216 Modell der Neuveste, der ältesten Teile der heutigen Münchner Residenz

stubenbau, ein zweigeschossiger palazzoartiger Trakt, den HALDER auf die südliche Rundbastion der Neuveste aufsetzte. Mit ihm war der notwendige Wohnraum geschaffen, um die Hofhaltung aus dem Alten Hof verlegen zu können. LEONHARD HALDERS vielleicht wichtigste Leistung innerhalb der Neuveste war die neue Georgskapelle, deren Erweiterung durch eine vergrößerte Hofhaltung bedingt wurde. Die Kapelle, die 1540 geweiht wurde, reichte nunmehr über die Flucht der ehemaligen Zwingermauer hinaus, hatte eine gerade Ostwand und an drei Seiten Emporen. Sie war, so wie sie uns HANS MIELICH in seinen Miniaturen überliefert hat, im Grunde noch eine mittelalterliche Kapelle, fest in der Tradition der Trausnitzkapelle oder Burghausener Kapelle verwurzelt. Es wurde schon darauf hingewiesen, daß dies insofern bemerkenswert sei, als sich WILHELM IV. sonst offensichtlich um die ›Renaissance‹ bemühte. So sehr dies zutrifft, darf man nicht übersehen, daß wenigstens bis zur Mitte des 16. Jahrhunderts – nicht nur in München – ›Architektur‹ weitgehend eine Angelegenheit von Meistern war, die dem traditionellen Steinmetzberuf entwuchsen. Oder war es Absicht, daß die Hofkapelle des Herzogs, der seit 1522 zum Vorkämpfer der Gegenreformation wurde, in herkömmlicher Manier erstand? Die etwa gleichzeitig gebauten protestantischen Schloßkapellen orientierten sich weit mehr an der zeitgenössischen italienischen Architektur und Archtitekturtheorie.

Unser Bild von der Hofkunst WILHELM IV. wird noch weitgehend und übereinstimmend mit der ›Deutschen Renaissance‹ im allgemeinen von der Malerei und der Kleinkunst bestimmt. Auch die Plastik der zwanziger Jahre bevorzugte das kleine Format, insbesondere artifiziell gearbeitete Statuetten und Reliefs. Einer der führenden Meister auf diesem Gebiet war FRIEDRICH HAGENAUER, der 1525 vom Mittelrhein nach München kam, wo er zwei Jahre blieb. Von etwa 1522/25 bis 1535/40 schuf der Eichstätter Bildhauer LOY HERING für den Wilhelminischen Hof aus Jurakalkstein eine Serie von sechs quadratischen Flachreliefs, von denen eines das Brustbild der Herzogin JAKOBÄA VON BADEN und die fünf anderen Wappenhalterinnen in ornamentalem Rahmen darstellten.

Seit 1503 war HANS OSTENDORFER als Hofmaler am Münchner Hofe; er war der Nachfolger seines gleichnamigen Vetters. OSTENDORFER hatte die damals übliche Arbeit eines Hofmalers zu erledigen, unter anderem umfaßte seine Tätigkeit die Bemalung von Renndecken, Schlitten und anderem, zu Turnieren Gebräuchlichem. In dieser Tätigkeit folgten ihm auch Sohn und Enkel. 1504 lieferte OSTENDORFER vierzehn Wappenscheiben nach Wasserburg.

Neben seiner Arbeit an der Historiengalerie WILHELMS war BARTHEL BEHAM in erster Linie als Bildnismaler tätig. Er führte, in gewisser Weise die Porträtserien WERTINGERS fortsetzend, 1530 bis 1535 für WILHELM IV. eine Reihe von Fürstenbildnissen aus. Daneben ließ sich auch JAKOBÄA eine Serie mit Hofdamen malen, ob von BEHAM ist ungewiß. Die Anfänge zweier weiterer Hofmaler, deren Werk erst unter ALBRECHT V. zur Entfaltung kam, liegen noch in der Zeit WILHELM IV., des HANS SCHÖPFER und HANS MIELICH.

LUDWIG X. IN LANDSHUT

Einer der Biographen des Hauses Wittelsbach charakterisierte den Unterschied zwischen WILHELM IV. und seinem Bruder LUDWIG etwa so: Während WILHELM in München residierte, habe LUDWIG in Landshut repräsentiert. Dieser Vergleich ist wohl etwas überzeichnet, aber doch zutreffend. LUDWIG gelang es 1514, seinem Bruder wenigstens die Verwaltung Niederbayerns abzutrotzen. Er wandte sich aber bald vom politischen Alltagsgeschäft ab wie seinerzeit Herzog SIGISMUND. LUDWIG X. hielt zunächst auf der Trausnitz Hof und scharte einen Kreis beachtenswerter Männer um sich. Hier

217 – 218   Italienischer Saal
in der Landshuter Stadtresidenz Herzog Ludwig X., vollendet 1543

219 Kassettendecke im Italienischen Saal der
Landshuter Stadtresidenz

waren zu Gast DIETRICH VON PLININGEN, PETER APIAN und JOHANN ALBERT WID-
MANNSTETTER, dessen ebenso umfangreiche wie wertvolle Bibliothek LUDWIGS Neffe
ALBRECHT erwarb. Der Umgang mit diesen Humanisten, auch die eigene Beschäftigung mit Architektur hat in LUDWIG X. wohl den Wunsch nach einer zeitgemäßen Residenz reifen lassen, das heißt einer Residenz, die nicht mehr länger eine hochgelegene
befestigte Burg, sondern ein repräsentativer Stadtpalast war.

LUDWIG X. wählte sich einen Platz in der Landshuter Altstadt, der dem Rathaus ge- *Die Landshuter*
genüber lag. 1536 begannen die Arbeiten am *Deutschen Bau* der Landshuter Stadtresi- *Stadtresidenz*
denz. Baumeister waren zunächst NICLAUS ÜBERREITER und BERNHARD ZWITZL aus *Hzg. Ludwig X.*
Augsburg. ÜBERREITER fungierte als erster ›Baumeister‹, ZWITZL als Bauleiter und
Steinmetzmeister. Die beiden Meister vertraten den Stil der ›Deutschen Renais-
sance‹ Augsburger Provenienz. Neben ihnen werden noch die Steinmetzen LEONHARD
DÜRR und ein »Leonhard aus München« (HALDER?) sowie der Steinmetzmeister HANS
SCHNITZER genannt. Im Jahre 1537 dürfte der Rohbau fertiggestellt gewesen sein.

Ostern 1536 unternahm LUDWIG X. einen Besuch bei den verwandten GONZAGA-
Herzögen in Mantua, wo er den im vorangehenden Jahre vollendeten Palazzo del Te
kennenlernte. Bewundernd berichtete er über diesen Palast an seinen Bruder: ». . . .
dergleichen glaub ich, daß kain sollicher (Palast) gesehen worden an köstlichen gema-
chen und gepai auch gemähl, darvon vil zu schreiben und zu sagen wär . . .«

Das eben begonnene Werk einheimischer Meister befriedigte ihn nicht mehr. Er
verpflichtete einen Meister »SIGISMONDO« mit seinem Gesellen ANTHONI, die 1537 in
Landshut eintrafen. Wenig später folgten ihnen ein »BERNHARD WALCH« mit zwölf welschen Maurern. Sie lassen jenen Bau erstehen, der als der *Italienische Bau* in die Kunst-
geschichtsschreibung eingegangen ist. Der Meister des Italienischen Baues orientierte sich nicht mehr an der Florentiner Frührenaissance oder griff antikisierende Orna-
mente auf, sondern übernahm die Struktur des gleichzeitigen oberitalienischen Palast-
baues.

In einem dritten Abschnitt entstand von 1540 an ein Rückgebäude, Ställe und ein Belvedere *(Isarturm)*.

Von hoher Bedeutung für den Innenraumeindruck sind die stuckierten gewölbten
Kassettendecken mit ihrer Ausmalung, die HANS BOCKSBERGER D. Ä. aus Salzburg,
LUDWIG REFINGER und HERMANN POSTHUMUS 1543 vollendeten. REFINGER ging nach
Abschluß der Arbeiten nach München zurück, während HANS BOCKSBERGER zu OTT-
HEINRICH nach Neuburg a.d. Donau zog. Mitglieder der Familie BOCKSBERGER werden
während des 16. Jahrhunderts weiter für den Münchner Hof tätig sein.

Außer den Malernamen sind noch einige Handwerkernamen für die Innenausstattung überliefert, die wohl durchwegs auf deutsche Herkunft deuten: die Schreiner PE-
TER VON SEBERUM und ANDREAS HANS SCHNITZER, die Hafner L. LOCHNER aus Nürnberg, KOLB aus Braunau und S. PATTINGER aus Deggendorf. Aus der Bildhauerfamilie
HERING treffen wir THOMAS HERING an, der die Kamin- und Herkulesreliefs des Italienischen Saales geschaffen hat.

THOMAS HERING schuf auch das Grabmal Herzog LUDWIG X., als dieser 1545 starb.
Mit ihm erlosch das glanzvolle Hofleben in der Landshuter Stadtresidenz, das künstlerische Zentrum des Herzogtums Bayern wird nun endgültig München. Die Stadtresidenz
fand als Bau keinen unmittelbaren Nachfolger. LUDWIG X. hat aber zweifelsohne die
Wege für SUSTRIS' Bauten geebnet.

ALBRECHT V.

Erst mit Herzog ALBRECHT V. sollte die »bayerische Pracht« sprichwörtlich werden.
Er war der erste Münchner Wittelsbacher in einer ganzen Reihe, der seine Kunstpolitik
ungeachtet seiner finanziellen Möglichkeiten betrieb. Mit König LUDWIG II. wird diese
Reihe 1886 ihr tragisches Ende finden. Bald, eigentlich schon am Anfang von AL-
BRECHT V. Wirken, sahen sich seine Räte 1557 veranlaßt, ihrem Herzog eine sehr deutli- *Die »bayerische Pracht«*
che Denkschrift ob seiner Großzügigkeit vorzulegen. Es verursache ihm kein Kopfzer- *unter Hzg. Albrecht V.*

brechen, so hieß es da, wo man das Geld hernehme, wie man bezahlen wolle, ob es auf der Kammer vorhanden sei oder nicht. Die Anschaffungen von Kleinodien, kostbaren Gewändern, die zahlreichen Bankette wurden ebenso gerügt wie die vielen Bauten. »Es kommen die Maler und Contrafeter (Porträtisten) fast das ganze Jahr nit aus der Neuen Vest, man kann ein Stück kaum ausmachen, so ist das andere gefrimbt (bestellt); was nun darüber zusamt der Kost, desgleichen über die Bildschnitzer, Dreher, Steinmetzen, denen doch alle ihre Arbeit danebe besonders bezahlen soll, für Unkosten gehen, das werden man an der Ausgab wohl inne.«

Gewiß waren diese Vorhaltungen auch vorbeugend gedacht (teilweise dürften sie sich auch gegen JAKOB FUGGER gerichtet haben, der seit 1557 am Münchner Hof war), letztlich erwies sich die Denkschrift geradezu als prophetisch. ALBRECHT war damals gerade seit zwei Jahren an der Regierung, die er als Zweiunddreißigjähriger übernommen hat. Das Porträt HANS MIELICHS, das kurz vorher entstanden ist, zeigt den jungen Herzog als vollendeten Kavalier, als würdigen Bräutigam einer Tochter des künftigen Kaisers FERDINAND I.

Baumeister unter Hzg. Albrecht V.

Im Jahre der Erbfolge stiftete ALBRECHT V. das sogenannte Herzogsspital, das ab 1552 erbaut wurde. 1572 wurde die Kirche geweiht. Als ihr Entwerfer ist HEINRICH SCHÖTTL überliefert. Blieb er, was Grundriß und Gewölbebildung der Kirche betraf, durchaus noch im Traditionellen, so erwies er sich bei der Fassadengestaltung auf der Höhe seiner Zeit. Eine schlichte Pilasterstellung begrenzte die Fassade, eine fünfteilige rhythmisch gesetzte Fenstergruppe belebte die Wand über dem Portal, den oberen Abschluß bildete ein Bogen, den zwei Obelisken flankierten. Mit letzteren schlug SCHÖTTL ein Motiv an, das in der Münchner Kirchenbaukunst bis ins 18. Jahrhundert nachwirkte.

HEINRICH SCHÖTTL war schon 1542/43 neben LEONHARD HALDER »Fürstlicher Baumeister«. Er war häufig an herzoglichen Gebäuden auf dem Lande beschäftigt: 1543/44 in Wasserburg am Inn, 1551 in Oberaudorf am Inn, 1554 in Starnberg, Dachau und Kranzberg. In München führte er 1550/51 für die Herzoginwitwe JAKOBÄA einen Wohnbau an der Weinstraße aus, 1551 leitete er auch Arbeiten in der Neuveste. Obgleich er 1559 den herzoglichen Dienst verließ, besorgte er 1559 als herzoglicher Baumeister wieder Arbeiten in Dachau, desgleichen 1562/63. Dazwischen lag 1560 seine Ernennung zum herzoglichen Baumeister auf Lebenszeit mit besonderem Auftrag für die Salinen in Reichenhall und Berchtesgaden. Offenbar in hohem Alter quittierte SCHÖTTL 1570 endgültig den Hofdienst; Mitte des Jahres 1576 ist er gestorben.

Das erste Ausscheiden SCHÖTTLS aus dem Hofdienst 1559 mag vermutungsweise damit begründet werden, daß in diesem Jahre nicht er, SCHÖTTL, sondern der herzogliche Zeugwart WILHELM EGCKHL der Nachfolger LEONHARD HALDERS als Hofbaumeister wurde. EGCKHL wurde der bevorzugte Baumeister des Herzogs, ihm war es vergönnt, die kommenden großen Aufgaben auszuführen oder wenigstens zu vollenden.

Seine früheste gesicherte Arbeit war 1559/61 der Bau des ersten Jesuitenkollegs am Augustinergarten in München. EGCKHLS zweifellos bedeutendste Arbeiten für ALBRECHT V. waren das Kunstkammergebäude und das Antiquarium. Beide sind noch erhalten, während vom Ballhaus, das ihm ebenfalls zugeschrieben werden kann, nur noch der zweischiffige Keller vorhanden ist.

Das Kunstkammergebäude und das Antiquarium

Das *Kunstkammergebäude,* das EGCKHL 1563/67 zwischen Altem Hof und Neuveste errichtete, hatte im Erdgeschoß die herzoglichen Stallungen, darüber die Kunstsammlungen ALBRECHT V. aufzunehmen. EGCKHL gestaltete möglicherweise unter Verwendung älterer Bausubstanz eine Hofanlage mit dreigeschossigen, nicht völlig regelmäßigen Arkaden. Erstmals in Bayern wandte am Kunstkammergebäude ein Baumeister die Säulenordnung im Sinne der Renaissance auf eine Fassade an. Ansichten des Aussenbaues aus dem 19. Jahrhundert zeigen eine rustizierte Fassade im Stile der italienischen Hochrenaissance. Es ist anhand der Abbildungen aber nicht zu entscheiden, ob die Fassade tatsächlich rustiziert oder die Gliederung nur durch Malerei vorgetäuscht war, wie dies am *Antiquarium* und später an der Maximilianischen Residenz geschah.

In diesem langgestreckten Baukörper, der ehedem nach allen Seiten hin freistand, sollte im Erdgeschoß die Antikensammlung ALBRECHT V., im Obergeschoß dessen Biblio-

220　Das ehemalige Kunstkammergebäude, heute Münze

221　Das Antiquarium in der Münchner Residenz

222 Jacopo Strada, kaiserlicher Antiquar und Berater Herzog Albrecht V., Porträt von Tizian

223 Der St.-Georgs-Saal in der Münchner Residenz. Radierung von Nikolaus Solis anläßlich der Hochzeit Wilhelms (V.) mit Renata von Lothringen, 1568

thek untergebracht werden. Bis zu einem gewissen Grade muß EGCKHLS Urheberschaft am Antiquariumsgebäude in Frage gestellt, zumindest aber eingeschränkt werden. Der Ausführung ging gewissermaßen eine Ausschreibung, eher noch ein Wettbewerb voraus. Auf der Grundlage eines schematischen Grundrisses und eines Lageplanes von der Hand HANS FUGGERS, sollten die Herzoglichen Antikenaufkäufer STOPPIO und JACOPO STRADA Pläne vorlegen, oder sich um solche in Wien und Italien bemühen.

Das markanteste Projekt war ganz ohne Frage dasjenige des kaiserlichen Antiquars JACOPO STRADA. Es sah außen Halbsäulen vor, denen innen freistehende Säulenpaare entsprachen. Daß man am Münchner Hof mit einer derart aufwendigen Säulenarchitektur vertraut war, beweist das Ecksche Votivbild des Münchner Hofmalers HANS MIELICH von 1554.

Bezeichnenderweise gelangte das Projekt nicht zur Ausführung. Man gab einer Putzfassade, die die Möglichkeit zu illusionistischer Malerei bot, den Vorzug.

Im engeren Bereich der Neuveste setzte ALBRECHT den inneren Ausbau fort. Die schönste Leistung in diesem Bereich war die Ausgestaltung des *Georgs-Saales* in den Jahren 1558 bis 1562 durch WILHELM EGCKHL zu einem höfischen Festraum. Die Längsmauern des Saales stellte EGCKHL auf die ehemaligen Wehr- beziehungsweise Grabenmauern, die Tragekonstruktion für die Saaldecke und die darüber liegende Altane brachte er in einem Mezzaningeschoß unter. Der Saal nahm die gesamte Tiefe des Baues von circa elf Metern bei einer Breite von etwa zweiunddreißig Metern ein; die Höhe betrug ungefähr sechs Meter. Diese Maße übertraf später nur noch der Kaisersaal MAXIMILIAN I. um geringes. In der Mitte der östlichen Längswand befand sich ein Kamin, der die Breite von zwei Achsen einnahm. Der untere Teil der Wände war mit Ledertapeten bespannt, der obere Teil durch Wandgemälde geschmückt. Die Hauptzierde des Baues bildete die kassettierte Holzdecke.

Der Georgs-Saal in der Neuveste

EGCKHL war vielfach außerhalb Münchens in herzoglichen Schlössern tätig: 1562/63 in Isareck, 1572 in Grünwald, 1587 in Kranzberg, 1574/75, 1578/82, 1584, 1585 an Schloß und Festung Ingolstadt, 1575/76, 1577/79 in Landshut. Ihm war es auch vergönnt, Schloß Dachau zu vollenden. Die dort beschäftigten Meister waren die führenden Künstler des Münchner Hofes. Obwohl EGCKHL erst 1570 im Zusammenhange mit dem Dachauer Schloßbau genannt wird, war er wohl am Entwurf des Festsaales maßgeblich beteiligt. Künstlerisch waren beide Säle eng verwandt. Zur Ausmalung des Saales wurden HANS TONAUER und MELCHIOR BOCKSBERGER herangezogen.

Schlösser außerhalb Münchens

Die großartige Kassettendecke in Dachau, die derjenigen des WENDEL DIETRICH im Fuggerschloß Kirchheim a.d. Mindel nur wenig nachsteht, ist ein Werk des Kistlers HANS WISREUTHER, des begehrtesten Kistlers seiner Zeit in München. Seine frühe Anerkennung mag auch daraus ersehen werden, daß er zu verschiedenen Bauten der FUGGER herangezogen wurde. 1540 erlaubte ihm der Rat der Stadt München, »dem Fugger von Augsburg sein arbeit« zu verrichten. In den Jahren 1543 und 1547 war WISREUTHER dann bei der Ausstattung der Fuggerschlösser in Oberndorf bei Donauwörth und Babenhausen beschäftigt. Offenbar genoß er großes Ansehen, denn 1548 zog er im Auftrag der Königin MARIA VON UNGARN, die Statthalterin in den Niederlanden war, »in das Niederland«, das heißt wohl nach Brüssel, wobei ihm der Münchner Rat für den Fall seiner Rückkehr wieder das volle Bürgerrecht zusicherte.

Der Kistler Hans Wisreuther

WISREUTHER war mit vier Gesellen zeitweise auch beim Aufstellen des Hochaltars im Ingolstädter Münster anwesend. Den Altar hatte ALBRECHT V. bereits 1560, noch während des Konzils von Trient in Auftrag gegeben. Erst 1572, im Jahre des Jahrhundertjubiläums der Ingolstädter Universität, wurde das Werk fertiggestellt. In jenem Jahr erhielt der Maler HANS MIELICH den stolzen Betrag von zweitausendzweihundert Gulden; Abschlagszahlungen werden wohl vorausgegangen sein. Der Ingolstädter Altar wurde das erste große Altarwerk der katholischen Erneuerung, deren Verfechter ALBRECHT V. in Deutschland war. Er wurde auch die erste und größte manieristische Kistlerarbeit im Herzogtum Bayern.

Der Hochaltar im Ingolstädter Münster

Mit den Altartafeln gelang HANS MIELICH sein malerisches Hauptwerk. MIELICH darf auch als der bedeutendste Maler am Hofe ALBRECHT V. angesehen werden. Als Sohn

224 – 225　Festsaal im Dachauer Schloß
mit Holzdecke von Hans Wisreuther, 1564 – 1567

des Malers WOLFGANG MIELICH wurde er 1516 geboren. Bei seinem Vater wird er auch die erste Ausbildung erhalten haben. Nach vorübergehender Tätigkeit bei ALBRECHT ALTDORFER trat HANS MIELICH um 1536 eine Italienreise an, die ihn bis nach Rom führte. 1541 erwarb er in München das Bürger-, 1543 das Meisterrecht. Spätestens 1555 erhielt er den Auftrag zu großen, ganzfigurigen Bildern ALBRECHT V. und dessen Gemahlin. Hierbei übernahm MIELICH einen Bildtypus TIZIANS. *Hans Mielich*

Ein bedeutsames Zeugnis für die Kultur am Münchner Hofe unter ALBRECHT V. wurden MIELICHS Miniaturen: 1552/55 illuminierte er das Kleinodienbuch für die Herzogin ANNA, 1555 das Schmucksacheninventar für den Herzog, 1557/59 die Motetten des CYPRIAN DE RORE, 1564/71 die zwei großen Bände der Bußpsalmen des ORLANDO DI LASSO. In diesem Werk hat uns MIELICH eine Reihe Porträts und wichtige Innenansichten der Münchner Residenz hinterlassen. Die Bände wurden zunächst in ALBRECHTS Kunstkammergebäude, nicht in der Bibliothek aufbewahrt. Erst später gelangten sie dorthin. Während des 18. Jahrhunderts befanden sie sich vorübergehend in der Schatzkammer. Die *Bußpsalmen* waren MIELICHS aufwendigstes Werk. Es stellt insofern einen Höhepunkt dar, als es, soweit es die Zusammenarbeit von fürstlichem Auftraggeber, Gelehrtem, Musiker und Maler betrifft, zu dieser Zeit in Deutschland nicht seinesgleichen fand.

Stark von der Miniaturmalerei geprägt erscheinen die Entwürfe eines anderen für ALBRECHT V. tätigen Malers, des MELCHIOR BOCKSBERGER aus Salzburg, der auch mit MIELICH zusammengearbeitet hat. MELCHIOR BOCKSBERGER, dessen genaues Geburtsdatum nicht bekannt ist, schuf 1559/60 eine umfangreiche Folge von Deckengemälden für das Lusthaus ALBRECHT V., das nördlich des Rosengartens von Herzog WILHELM IV. stand. Die Leinwandgemälde mit Szenen aus der griechischen Mythologie faßte MELCHIOR BOCKSBERGER in schräger Untersicht auf. BOCKSBERGER, der wie es scheinen will, viel außerhalb des Hofes malte, ist im Zusammenhang mit dem Hof insofern zu nennen, als der Glasmaler HEBENSTREIT und der Maler CHRISTOPH SCHWARZ bei ihm in die Lehre gegangen sind.

Unter dem alternden Herzog ALBRECHT V. bestimmten die einheimischen Maler das Bild: HANS MIELICH, MELCHIOR BOCKSBERGER, HANS SCHÖPFER D. J. und HANS OSTENDORFER III.

Eine (weiterhin) bescheidene Rolle scheint die Bildhauerkunst am Münchner Hof gespielt zu haben. HANS ÄSSLINGER, der seit 1550/52 Hofbildhauer war, ist zu nennen, daneben nochmals der Kistler-Schnitzer HANS WISREUTHER und der Steinmetz-Bildhauer KASPAR WEINHART.

Die ersten niederländischen Künstler, die seit Albas Verfolgungen ihre Heimat verließen, waren vorübergehend in München und am Hofe: der Maler, Bildhauer und Architekt HANS SCHROER, die Bildhauer HEINRICH HAGART, JORDAN und JOHANN PRECHFOLD und HIERONYMUS DAMEAN. Das Gros dieser Wanderkünstler scheint namentlich gar nicht faßbar zu sein. *Niederländische Künstler in München*

Zum größten Renaissance-Fest in München gestaltete Herzog ALBRECHT V. die Hochzeitsfeierlichkeiten für den Erbprinzen WILHELM, als dieser 1568 RENATA VON LOTHRINGEN heiratete. Sämtliche Hofkünstler hatten zur Ausstattung beizutragen. Die Kosten der Feierlichkeiten, die nahezu drei Wochen dauerten, sollen sich auf zwanzigtausend Gulden belaufen haben. Radierungen NIKOLAUS SOLIS' vermitteln uns noch heute eine Vorstellung der Festivitäten.

WILHELM V.

Nach den Hochzeitsfeierlichkeiten zog das Paar nach Landshut, wo WILHELM und RENATA alsbald eine glänzende Hofhaltung aufboten. Von Jahr zu Jahr stieg der Luxus am Hofe, bis 1575 mit einer Schuldenlast von dreihunderttausend Gulden die Finanzkatastrophe hereinbricht. Dennoch wird weiterhin, beziehungsweise gerade nach 1575 fleißig in Landshut gebaut.

Ein sehr wichtiger Mann, wenn auch kein Künstler, für den Münchner und Landshuter Hof darf nicht vergessen werden: HANS FUGGER. Dieser besorgte den ganzen Briefwechsel ALBRECHT V. mit Italien und hatte ebenso engen Kontakt mit WILHELM. HANS FUGGER war es auch, der die wichtigsten Künstler, allen voran FRIEDRICH SUSTRIS, an WILHELM vermittelte. FRIEDRICH SUSTRIS wurde 1524 oder 1526 in Amsterdam geboren. Sein Vater, von Beruf Maler, der selbst einige Jahre in Italien verbracht hatte, schickte auch den jungen FRIEDRICH SUSTRIS dorthin. Dieser geht nach Florenz an die Accademia del disegno unter VASARI, dessen Anerkennung er fand. Offenbar hatte FRIEDRICH SUSTRIS vor, für immer in Florenz zu bleiben, da er das Florentiner Bürgerrecht erworben hat. Zwischen Juni 1568 und Mai 1569 folgte er einem Rufe HANS FUGGERS nach Augsburg zur Ausstattung von dessen neuem Haus am Zeugplatz.

Friedrich Sustris

Das genaue Datum der Übersiedlung des SUSTRIS nach Landshut ist bislang nicht festzustellen gewesen. Nach längeren Verhandlungen ist SUSTRIS schließlich 1573 dort. Mit ihm zogen seine Augsburger Mitarbeiter ANTONIO PONZANO, ALEXANDER PADUANO und CARLO PALLAGO; letzterer kam auf dem Umweg über Wien nach Landshut.

Renaissance-Bauten auf Burg Trausnitz

Im nämlichen Jahr 1573 begann die Bautätigkeit auf der Burg Trausnitz mit einem Bräu- und einem Rokettenhaus. Der italienische Anbau wurde 1575, das Vogelhaus 1577, schließlich 1578 das Ganggebäude begonnen. Als WILHELM 1579 nach dem Tode seines Vaters nach München übersiedelte, waren die Arbeiten auf der Trausnitz noch in vollem Gang.

WILHELM ließ durch seinen Vertrauten PHILIPP WEISSENFELDER sämtliche Pläne FUGGER vorlegen. Als der eigentliche Baumeister ist wohl der Bau- und Büchsenmeister (Festungsbaumeister) GEORG STERN anzusehen, dessen Vater schon in bayerischen Diensten gewesen ist. STERN war 1550/60 wesentlich an der Festungsanlage Ingolstadt tätig; er galt als hervorragender Fachmann für das Festungswesen. 1554 rief ihn (und SCHÖTTL) Herzog CHRISTOPH VON WÜRTTEMBERG als Gutachter auf den Hohenasperg und nach Kirchheim. Herzog ALBRECHT V. schickte ihn 1568 zum Studium des Befestigungsbauwesens in die Niederlande. In ihm stand dem Herzog (und SUSTRIS) ein erfahrener Baufachmann zur Verfügung. Dahingehend ist wohl auch die Klage der Münchner Kammerräte wegen eines welschen Malers zu verstehen, der sich als der Bausachen verständig bezeichnete. Wenn sich diese Klage wirklich auf SUSTRIS bezogen hat, was anzunehmen ist, so wurde sie im nachhinein durch die Unfälle auf SUSTRIS' Baustellen bei St. Michael in München und in der Residenz bestätigt. ALBRECHT V. forderte seinen Sohn auch auf, SUSTRIS zu entlassen – doch ohne Erfolg.

STERN und SUSTRIS entwarfen auch die Landshuter Gartenanlage für WILHELM, die nicht nur Springbrunnen und die üblichen Heckenlabyrinthe, sondern auch eine Grotte aufzuweisen hatte. Von 1572 bis 1576 wechselte jährlich der Gärtner. Im ersten Jahr wird ein Italiener erwähnt, ihm folgte ein Franzose, der noch 1573 in seine Heimat zurückkehrte. 1574 treffen wir einen MARTIN SCHWARZ aus Lothringen, nach ihm kam 1575 wieder ein welscher Gärtner, den 1576 der lothringische Gärtner MATHURIN MORIN ablöste. Zum Bau des Wasserwerkes holte man WILHELM EGCKHL nach Landshut.

Dekorationen der Landshuter Räume

Steht auch zu vermuten, daß ein Teil der Baupläne von STERN herrührte, so dürfte die Ausstattung der Räume SUSTRIS' eigenste (und eigentliche?) Leistung gewesen sein. Der Entwerfer der Malereien und sonstigen Dekorationen kann nur FRIEDRICH SUSTRIS gewesen sein, der aus der herzoglichen Kasse eine für damalige Zeiten unverhältnismäßig hohe Besoldung erhielt (vgl. S. 206). An der Ausführung wird SUSTRIS wohl nur geringfügig beteiligt gewesen sein, nicht nur, weil er – wie schon HANS FUGGER beklagte – eine ausgeprägte Vorliebe für das Spazierengehen hatte, sondern weil er ab 1581 in München beschäftigt war. Neben seinen Augsburger Mitarbeitern stießen in Landshut noch HANS BOCKSBERGER D. J., HANS TONAUER und ENGELHARD DE PEE zu ihm. DE PEE war bis 1577 in Landshut, anschließend in München tätig, wo er überwiegend, vielleicht ausschließlich, als Porträtmaler verwendet wurde. HANS TONAUER hatte ja schon in Dachau die Probe seines Könnens abgelegt. Anschließend schickte ihn WILHELM 1569 nach Rom, aber nicht um seine malerischen Fähigkeiten weiterzubilden, sondern um für ihn Antiken zu kaufen. Soweit TONAUERS Werk bekannt ist, fallen hierbei die vielen Entwürfe für Turniere, Rüstungen, Triumphbögen und anderes auf. Diese Tätigkeiten wei-

226 Entwurf zum Perseusbrunnen in der Münchner Residenz,
Zeichnung von Friedrich Sustris

sen keineswegs auf eine untergeordnete Stellung am Hofe hin; TONAUER war der erste Hofmaler WILHELMS. Auch von SUSTRIS sind zahlreiche Entwürfe für Hofkleider, Festdekorationen und aus seiner Münchner Zeit kunstgewerbliche Entwürfe erhalten.

Ausbau der Residenz in München

In München lag das Schwergewicht der Hofhaltung noch immer im Bereich der Neuveste, deren Ausbaumöglichkeiten bereits ALBRECHT V. voll ausgenutzt hatte. So mußte WILHELM V. seine Residenz in den entgegengesetzten Bereich des Residenzareals, an die Südwestecke, verlegen. Hier ließ er ab 1581 durch FRIEDRICH SUSTRIS die sogenannten Grottenhoftrakte, die Gartenhalle und den großen Residenzgarten, den »Schwarzen-Saal-Trakt« und weitere Bauten entlang des heutigen Kapellenhofes anlegen. SU-

Der Grottenhof

STRIS fügte die *Grottenhoftrakte* nicht etwa orthogonal an das Antiquariumsgebäude an, sondern im spitzen Winkel, dergestalt, daß die Westecke des Antiquariums etwas in die Mitte der Ostwand des Neubaues einspringt. Mit dem rechteckigen Grundriß dieser Trakte gab SUSTRIS das Achsengerüst vor, an dem sich alle weiteren Residenzbauten bis in das 19. Jahrhundert hinein ausrichten werden.

Die Steinmetzarbeiten für das Marstall- und Antiquariumsgebäude sowie am Dachauer Schloß dürfte KASPAR WEINHART ausgeführt haben, der seit 1559 Hofsteinmetzmeister war, mit WILHELM EGCKHL aber nicht sonderlich gut stand.

Das Erdgeschoß der neuerbauten Residenz öffnete sich in Arkaden gegen das »geheime Lust- und Residenzgärtlein«, dessen Mittelpunkt der Perseusbrunnen HUBERT GERHARDS bildete; der zugrundeliegende Entwurf stammte von FRIEDRICH SUSTRIS. Dem Brunnen gegenüber wurde die einspringende Ecke des Antiquariums zur Anlage eines Wandbrunnens mit einer Grottenwand genutzt. Auch als inhaltliches Pendant zum Perseusbrunnen muß der Merkur, eine Bronzefigur aus dem Umkreis des GIOVANNI DA BOLOGNA, gesehen werden. Die Hallen am sogenannten Grottenhof gliederte SUSTRIS nach dem selben Prinzip wie schon die Erdgeschoßräume der Augsburger Fuggerhäuser am Zeugplatz und die neuen Räume auf der Trausnitz: Rahmenstuck mit Grotesken- und Bildfeldern, dazu Lorbeerstäbe und Girlanden aus Terrakotta.

St. Michael

Parallel zum Neubau der Grottenhoftrakte begann der Bau an St. Michael. Der Baubeginn war 1583, im selben Jahr also, in dem es WILHELM gelang, den Kölner Bischofsstuhl und die damit verbundene Kurwürde seinem Hause zu sichern. Die Ausführung der Kirche erfolgte in mehreren Phasen nach verschiedenen Plänen. Die wichtigste Zäsur verursachte der Einsturz des Turmes im Jahre 1590, der den Chor zerschlug. Wenn auch WILHELM V. das Unglück als einen Wink des Erzengels Michael auffaßte, die Kirche zu vergrößern, ließ er doch den Maurermeister WOLFGANG MILLER einsperren.

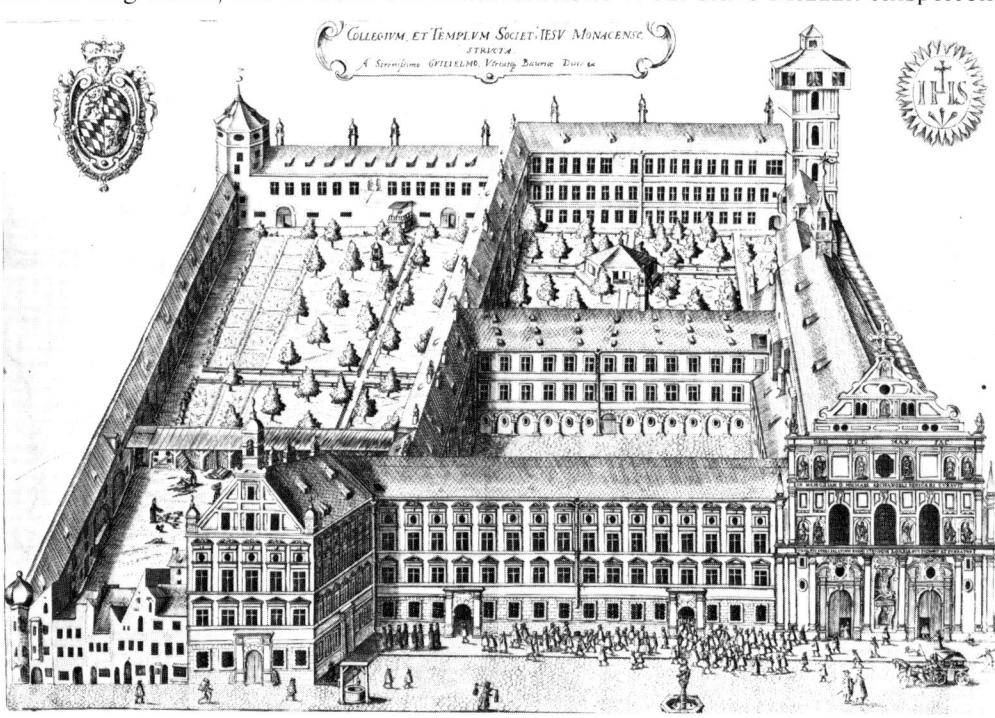

227 Das Jesuitenkolleg und die Kirche St. Michael in München, Kupferstich von Johann Smissek

348

228 Der Erzengel St. Michael an der Fassade der Michaelskirche in München,
Bronzefigur von Hubert Gerhard

Diesem konnte auch nicht die Beteuerung helfen, daß er »niemals khain ordenttlichen Paumeister gehabt, sonern ye bis weilen des Friedrichen mallers, Wendel Dietrich. Und dieser ist des Jars nur 3–4 malen zum pau khommen«. WENDEL DIETRICHS Rolle ist, soweit sie den Bau betrifft, etwas undurchsichtig. In einem gewissen Grade erinnert die Fassade der Kirche und des anschließenden Kollegs durchaus an Kistlerwerk.

WENDEL DIETRICH war schon 1575 von Augsburg aus für den Münchner Hof tätig; er lieferte damals zwei Sänften nach München. Im Jahre 1583 sandte er »etlich Abriß« und »Visier« an Herzog WILHELM V. Dieser bemühte sich ab 1585, den Protestanten WENDEL DIETRICH als Baumeister zu erhalten. DIETRICH kam auch 1586 »der Pausachen halber« nach München, trat aber erst 1587 in die Dienste des Herzogs ein und übersiedelte nach München. Einem früheren Wechsel standen wohl die umfangreichen Arbeiten im Fuggerschloß Kirchheim a. d. Mindel im Wege. Das Augsburger Bürgerrecht behielt WENDEL DIETRICH weiterhin bei und entrichtete seine Steuern an die freie Reichsstadt. WENDEL DIETRICH blieb nunmehr bis 1596 im Hofdienst. Als gesicherte Arbeiten können Gestühle und Altäre für ihn gelten. Für den Hochaltar erhielt WENDEL DIETRICH zweitausend Gulden, deren Auszahlung sich bis 1601 hinzog. Es kann nicht gesagt werden, ob die Visierungen DIETRICHS für die Architektur oder für die Ausstattung der Jesuitenkirche bestimmt waren. Es gilt aber festzuhalten, daß WENDEL DIETRICH auch als Architekt tätig war, wie die Pläne des Schlosses Inning »in wälscher manir« für MARX KONRAD REHLINGER belegen. Mit WENDEL DIETRICH kam auch sein Sohn PAULUS DIETRICH nach München, der nach der Rückkehr seines Vaters in München blieb und von hier aus Augsburger Auftraggeber belieferte.

St. Michael sollte Mausoleum des Herzogs, »Monumentum« seiner ruhmvollen Taten und »Castellum«, Himmelsburg, Bollwerk der Gegenreformation werden. Mit bestimmend für diesen anspruchsvollen Plan war wohl der Umstand, daß WILHELM V. am Michaelstag geboren worden war.

In dem selben Jahr, in dem die Michaelskirche fertiggestellt wurde, dankte WILHELM V. zugunsten seines ältesten Sohnes MAXIMILIAN ab und zog sich in die ›Wilhelminische Veste‹ am Nordwestrand der Stadt zurück. Die weiträumige Anlage, der vierundfünfzig Bürgerhäuser zum Opfer fallen mußten, entstand 1593 bis 1596. Der Architekt ist namentlich nicht gesichert, wird aber im Kreise der Künstler um St. Michael und das Jesuitenkolleg zu suchen sein. Dies gilt auch für das sogenannte Alte Schloß in Schleißheim, eine 1597/1600 verwirklichte Eremitage des Herzogs WILHELM.

Die umfassende Bautätigkeit WILHELM V. brachte eine Fülle neuer Arbeiten, zu deren Bewältigung der Stamm um FRIEDRICH SUSTRIS nicht mehr genügte. Die umfangreiche Stuckierung der Michaelskirche besorgten HUBERT GERHARD, GEORG und MICHAEL CASTELLO, PETER MARTINO, HIERONYMUS THOMA, HEINRICH DIEFOLDER, ANDRE WEINHART und GEORG PENDL.

Hubert Gerhard

HUBERT GERHARD ist vor allem durch seine Bronzebildwerke hervorgetreten. Er lieferte für alle wichtigen Aufgaben die Gußmodelle, so für die Residenzbrunnen, die Imperatorenserie auf der Altane des südlichen Grottenhoftraktes, den Brunnen am Rindermarkt vor dem Hause des Herzogs FERDINAND, das geplante und begonnene Grabmal in St. Michael und die Fassadenfigur an der Kirche. GERHARD, der aus Amsterdam stammte, kam mit dem zweiten Schub von Künstlern zu Beginn der achtziger Jahre an den Hof WILHELMS. Durch die Vermittlung des bayerischen Herzogs wurde HUBERT GERHARD für das Haus FUGGER tätig. Er war einer der Künstler, die WILHELM nach seiner Abdankung noch privat beschäftigte. Dennoch verließ GERHARD 1598 München, um nach Innsbruck zu gehen.

Maler am Hof
Hzg. Wilhelm V.

Die Jahre 1586/89 waren besonders durch Aufgaben für die Maler gekennzeichnet. Zur Ausmalung der Grottenhalle, der Gartenhalle und der Neugestaltung des Antiquariums kamen die ersten Altarbilder für St. Michael. PONZANO und TONAUER werden seit 1581/83 unterstützt durch den CAMPI-Schüler VIANI und PETER CANDID, dessen Fähigkeiten erst unter WILHELMS Sohn MAXIMILIAN sich voll entfalten konnten. Der wichtigste Maler neben SUSTRIS war zunächst CHRISTOPH SCHWARZ, der später den Ehrentitel eines »Patrons aller Maler zu Deutschland« erhalten sollte.

229 »Der Sturz Luzifers«,
Hochaltarblatt für St. Michael
von Christoph Schwarz, 1591

CHRISTOPH SCHWARZ war um 1548 in München als Sohn eines Goldschmiedes geboren worden. Er war 1560 bei MELCHIOR BOCKSBERGER in der Lehre und wird wohl 1566
freigesprochen worden sein. Neben HANS OSTENDORFER III und HANS MIELICH war
auch er 1568 an den Dekorationen für die Hochzeit des Prinzen WILHELM beteiligt. Wenig später trat er in engste Beziehung zu LAMBERT SUSTRIS. Im Herbst 1569 erlangte er
das Meisterrecht und war vom folgenden Jahr an bis 1573 in Italien. Nach seiner Rückkehr ließ er sich 1573 in München nieder, wo er noch im selben Jahr Stadtmaler wurde.
Zunächst überwogen die bürgerlichen Aufträge wie Porträts und Fassadenmalereien.
Erst von 1574 an war er am Hof beschäftigt, wurde aber nicht zur Ausmalung der
Trausnitz zugezogen. 1580/81 lieferte er einen Altar für das erste Jesuitengymnasium
in München. Nach der Übersiedlung WILHELMS nach München wurde SCHWARZ ausschließlich durch Hofaufträge in Beschlag genommen. Allerdings war das Verhältnis
zu Herzog WILHELM keineswegs ungetrübt. Es kam immer wieder zu Reibereien wie
im Jahr 1583, als er sich eine Zurechtweisung gefallen lassen mußte, weil er sich »unge-

230–231 Herzog Wilhelm V. und seine Gemahlin
Renata von Lothringen, Porträts von Hans von Aachen

horsam, leichtfertig, hinlessig und trutzigerweis bey der Arbeit erzaigt«. Der Oberhof-meister OTTHEINRICH GRAF ZU SCHWARZENBERG sollte ein besonderes Auge auf ihn haben. Ab 1586 arbeitete er im Antiquarium, war von 1587/88 an mit der Ausführung von neun Altargemälden für St. Michael befaßt; hierfür wurden zusätzlich VIANI und CANDID zugezogen. Zu dieser Zeit kam auch HANS VON AACHEN nach München. CHRISTOPH SCHWARZ, der 1592 verstarb, scheint während seiner letzten Lebensjahre krank gewesen zu sein. JAKOB BALDE jedenfalls streicht später besonders die Armut, in der CHRISTOPH SCHWARZ gestorben ist, heraus; PHILIPP HAINHOFER, Augsburger Patri-zier und Kunstagent versäumt nicht, sich über die Trunksucht des Malers auszulassen.

Hans von Aachen

Während CHRISTOPH SCHWARZ die Altarbilder für St. Michael in Arbeit hatte, kam HANS VON AACHEN über Augsburg nach München. HANS FUGGER, auf der Suche nach einem fähigen Bildnismaler, war offensichtlich mit NICOLAUS JUVENAL nicht zufrieden gewesen. Es ist anzunehmen, daß HANS VON AACHEN, der sich in Venedig aufhielt, auf Einladung HANS FUGGERS nach Augsburg und (vermutlich) 1587 durch direkte Ver-mittlung oder aber durch Vermittlung der Jesuiten, für die er bereits einige Jahre vorher in Rom gearbeitet hatte, nach München kam. (Es war sicherlich kein Zufall, daß AEGI-DIUS SADELER 1588 in Zusammenarbeit mit JORIS HOEFNAGEL ein graphisches Blatt in München verlegte, auf dem AACHENS Gemälde aus der Mutterkirche der Jesuiten Il Gesù erscheint). AACHEN war offenbar nicht fest an den Hof gebunden, da er weder in den Hofzahlamtsrechnungen noch in anderen Buchhaltungen aufscheint, sondern le-diglich in der persönlichen Korrespondenz des Herzogs wie auch anderer Persönlich-keiten Bayerns erwähnt wurde.

In München hat man HANS VON AACHEN ganz augenscheinlich derart mit Aufträgen überhäuft, daß er die Abreise nach Prag, wo ihm die Stelle eines kaiserlichen Hofmalers angeboten worden war, immer wieder aufschieben mußte. Für WILHELM V. schuf er eine Reihe von Porträts des Herzogs und seiner Familienangehörigen, die zum Teil Prototypen für Geschenkrepliken darstellten. Der Münchner Aufenthalt HANS VON AACHENS scheint insofern Spuren in dessen Werk hinterlassen zu haben, als die Leich-tigkeit der Malweise, die er sich in Italien erworben hatte, verlorengeht.

Die Jahre um 1588 waren entscheidende. 1590 verließ der Miniaturmaler HOEFNA-GEL München, 1588 wurde JOHANN SADELER D. Ä. berufen, der zusammen mit AEGI-DIUS I und RAPHAEL II SADELER in den neunziger Jahren die Kunst des Kupferstichs, die sich WILHELM zu propagandistischen Zwecken durchaus nutzbar machte, zu inter-nationaler Höhe führten.

Kunsthandwerk zur Zeit Wilhelm V.

Die Zeit ALBRECHT V. und WILHELM V. brachte nicht nur für Bauleute, Garten-künstler, Bronzegießer und Maler Aufträge in Hülle und Fülle, sondern auch für die so-genannten Kunsthandwerker, die Kistler, Steinschneider und Goldschmiede.

Mit HANS WISREUTHER und WENDEL DIETRICH, der den Hochaltar der Jesuitenkir-che und verschiedene Gestühle lieferte, wurden schon die wichtigsten Kistler genannt. Als Vorspiel zur bayerischen Topographie im Antiquarium sind die Stadtmodelle zu se-hen, die der Straubinger Kistler JACOB SANDTNER im Auftrag Herzog ALBRECHT V. anfertigte.

Besonderer Beliebtheit am Münchner Hof erfreuten sich Steinschneidearbeiten, die man überwiegend aus Mailand bezog, das in der zweiten Hälfte des 16. Jahrhunderts die Zentrale der Glyptik geworden war. Der führende Meister um die Jahrhundertmitte war JACOPO DA TREZZO, dessen Bruder FRANCESCO 1572 und 1575 mehrere Bergkristall-gefäße an ALBRECHT geliefert hat. Die Arbeiten wurden teilweise auf Bestellung, zum Teil auch nach mitgesandten Entwürfen hergestellt. Offensichtlich nach schlechten Er-fahrungen mit diesem Verfahren wandte sich der Münchner Hof an PROSPERO VISCONTI in Mailand mit der Bitte, dort einen Steinschneider für den bayerischen Hof aufzu-treiben. Man war an keinem bestimmten, dem Hof namentlich bekannten Künstler in-teressiert, sondern wollte nur einen Meister haben, der sein Handwerk beherrschte. Um die zu erwartenden hohen Forderungen der Künstler von vornherein zu drücken, schob man – allerdings ohne Erfolg – den Prinzen WILHELM als Interessenten vor. Die Brüder GIOVANNI AMBROGIO, SIMONE und STEFANO SARACCHI unterbreiteten darauf-

232   Prunkvase, Kristallschnitt mit Goldemail-Fassung, hergestellt
für Herzog Albrecht V. in Mailand, um 1579

233 »Der hl. Georg« aus der Schatzkammer der Münchner Residenz,
Goldemail, Edelsteine, um 1586 – 1597

234 Wenzel Jamnitzer,
Nürnberger Goldschmied. Porträt von Nicolas de Neufchatel

235–236 Die Reiche Kapelle
in der Münchner Residenz.
Bau und Ausstattung (Scagliolabilder, Kristallschnitte u. a.)
aus der Zeit Maximilian I.

hin ihr Angebot. Es entsprach dem, was den Künstlern in Florenz geboten wurde, doch war diese Forderung dem bayerischen Herzog zu hoch, so daß er es vorzog, weiterhin in Mailand zu bestellen. Ganz erfolglos waren die Bemühungen wohl nicht, da in Landshut zwei Edelsteinschneider arbeiteten.

Schon 1567 war der Trientiner Goldschmied BAPTISTA DI SCOLARI in München gewesen; er arbeitet auch noch für WILHELM. Von den Münchner Meistern ist an erster Stelle HANS REIMER zu nennen. Einen Höhepunkt der Goldschmiedekunst in der bayerischen Hauptstadt stellt fraglos die Georgsstatuette dar; den Anstoß gab die Schenkung von Reliquien des Ritterheiligen an den Münchner Hof aus Köln durch WILHELMS Bruder ERNST. Das hohe Niveau, das die Münchner Meister unter ALBRECHT V. und WILHELM V. erreichten und das sie bis zum Dreißigjährigen Krieg halten konnten, blieb über den Dreißigjährigen Krieg hinaus nicht bestehen. Die gut organisierten Augsburger Goldschmiede, wie übrigens auch die Schreiner, werden vom Ende des 17. Jahrhunderts an bis zum Beginn des 19. Jahrhunderts alle wichtigen Hofaufträge ausführen.

Eine recht beachtliche Blüte stellte sich auch in Landshut ein, wo vor allem ANDREE HUEBER und STEFAN WERTINGER zu nennen sind. In Friedberg bei Augsburg, das dem bayerischen Herzog unterstand, arbeitete ANDREAS ADAMSTETT für WILHELM. Der gebürtige Niederländer kam 1562 nach Bayern; als ihn weder die Münchner noch die Augsburger Zünfte aufnehmen wollten, ließ er sich – wie noch viele Künstler nach ihm – vor den Toren Augsburgs in Friedberg nieder.

MAXIMILIAN I.

Mit MAXIMILIAN kam zweifelsohne eine der bedeutendsten Herrscherpersönlichkeiten Bayerns an die Macht. Beim Antritt der Alleinregierung war MAXIMILIAN erst vierundzwanzig Jahre alt. Das Aussehen des zehnjährigen Prinzen hat SUSTRIS überliefert: ernst und streng. So werden die Zeitgenossen MAXIMILIAN auch später immer wieder schildern. Im Oktober 1587 übersiedelte MAXIMILIAN mit einem kleinen Hofstaat für vier Jahre an die Landesuniversität in Ingolstadt. Er studierte dort Philosophie, Jurisprudenz und Geschichte. Schon in jenen Jahren zeigte sich sein haushälterisches Wesen: wenn er zu benachbarten Fürsten eingeladen wurde, rechnete er nach, wieviel die dort erhaltenen Geschenke wert waren.

Seine Kavalierstour führte ihn an den Hof von Nancy, zu Papst CLEMENS VIII. nach Rom, der MAXIMILIAN fast täglich empfangen haben soll, und nach Prag an den Hof RUDOLPHS II. 1595 heiratete er ELISABETH VON LOTHRINGEN, eine Nichte seiner Mutter RENATA. 1594 wurde MAXIMILIAN zur Mitregierung hinzugezogen. MAXIMILIAN mußte 1597 eine Schuldenlast von 1 663 500 Gulden übernehmen. Doch gelang es ihm, die Finanzmisere zu meistern und dennoch die Münchner Residenz weitläufig und aufwendig auszubauen.

Am Anfang stehen die Umgestaltung des sogenannten Schwarzen-Saal-Traktes unter Verwendung älterer Ausstattungsstücke, die Trakte entlang des Kapellenhofes und die Umgestaltung seiner Erbprinzenwohnung an der Einmündung des heutigen Kapellenhofes in die Residenzstraße sowie der Bau einer Hofkapelle.

Die ›Reiche Kapelle‹
Als ein besonderes Juwel innerhalb der Residenz konnte 1607 die »geheime Kammerkapelle« (die sog. *Reiche Kapelle*) geweiht werden. Die Ausstattung dieses von der persönlichen Frömmigkeit des Herzogs geprägten Raumes ist ein Werk Münchner und Augsburger Meister. Die Stuckierung zeigt die Handschrift von Meistern aus der Michaelskirche. Die Kistlerarbeit des Altares und der beiden Seitenschränke, die zur Aufbewahrung von Reliquien bestimmt waren, führte PAULUS DIETRICH, ein Sohn des WENDEL DIETRICH, aus. Den Silberschmuck, insbesondere das ehedem versenkbare Relief des Altares, trieb JAKOB ANTHONI, Augsburg. In die Ausführung der Prunkorgel teilten sich unter anderen die Goldschmiede JAKOB MELPER und HANS SEPIER und der Drechsler GEORG HAAS. Den Reliquienschrein ließ MAXIMILIAN aus der Georgskapelle Herzog WILHELM V. übertragen. Die Glasschnitte, mit die frühesten ihrer Art, stammten von ZACHARIAS PELTZER, der Kristallschneider am Hofe WILHELM V. war.

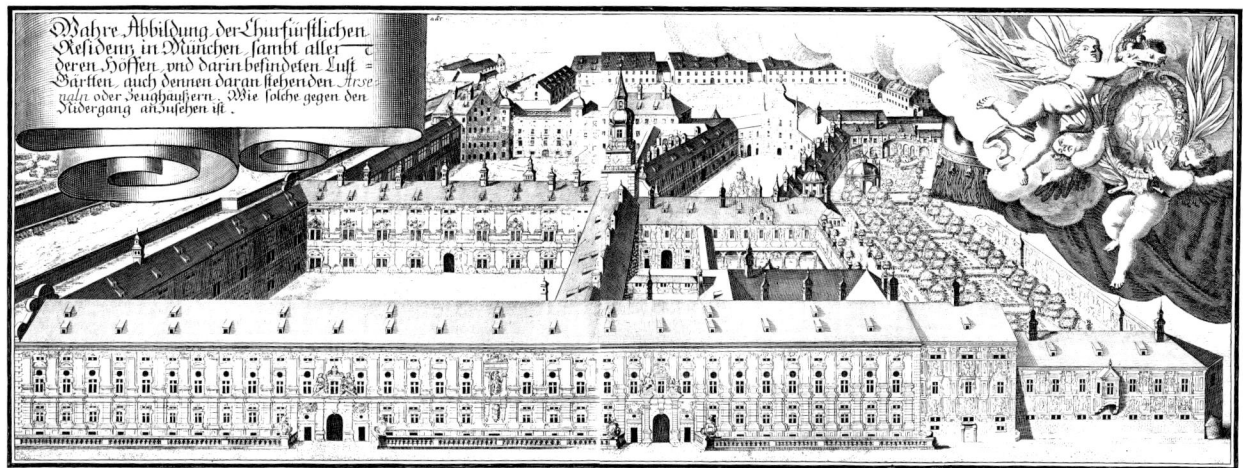

237 Die Münchner Residenz unter Maximilian I., Kupferstich von Michael Wening

238 »Der Maler in seiner Werkstatt«, Zeichnung von Hans Krumper

239 Grabmal für Kardinal Philipp Wilhelm im Regensburger Dom, Bronzefigur von Hans Krumper

Von 1606/07 an lassen sich auch die Vorbereitungen für die Residenzerweiterung nach Nordwesten beobachten. Die Hauptbauzeit des Gevierts um den *Kaiserhof* und der Veränderungen in der Neuveste fiel nach Ausweis der Bauausgaben in die Jahre 1613 bis 1618. Das Raumprogramm gipfelte im *Kaisersaal,* der das profane beziehungsweise repräsentative Gegenstück zur Kammerkapelle wurde, in der Qualität seiner Ausstattung aber nicht an die Kapelle heranreichte.

Die Frage nach dem entwerfenden Meister der Residenzbauten MAXIMILIANS konnte bisher noch nicht zugunsten eines einzelnen Künstlers entschieden werden. Die Einengung auf einen alles bestimmenden Namen widerspräche auch der Organisation nicht nur des Maximilianischen Kunst- und Baubetriebes. MAXIMILIAN, von dem es heißt, er habe über eine unheimliche Arbeitskraft verfügt, sich »Tag und Nacht keine Ruhe« gegönnt und genauestens die Akten durchgesehen, wird auch unmittelbaren Einfluß auf die Planung genommen haben. Die Eindrücke seiner Kavalierstour sind ebenso mit einzubeziehen wie die Ratschläge befreundeter Höfe und deren Architekten. So weilte beispielsweise 1612 der kaiserliche Baumeister GIOVANNI MARIA FILIPPI in München. Der Anteil, der damals am Hofe führenden Künstler kann kaum aus ihren Hoftiteln abgeleitet werden, da es sich hierbei um Hofchargen handelte, die etwas über die Bezahlung des Betreffenden und allenfalls noch etwas über dessen gesellschaftliches Ansehen aussagen können.

HANS KRUMPER wird beispielsweise des öfteren als Hofmaler aufgeführt, obwohl sein eigentliches Fach die Bildhauerei war. KRUMPER war eine der ausschlaggebenden Persönlichkeiten im Maximilianischen Kunstbetrieb, auch wenn er nicht mehr so weitreichende Befugnisse wie SUSTRIS unter WILHELM V. hatte. Um 1570 ist HANS KRUMPER in Weilheim geboren worden, in jener schwäbisch-bayerischen Künstlerstadt, aus der im 17. Jahrhundert so viele bedeutende Künstler kommen. Schon 1584 erschien HANS KRUMPER am Münchner Hof, wo er unter der Oberaufsicht des FRIEDRICH SUSTRIS gelernt hat. 1587 wird er als Lehrjunge bei HUBERT GERHARD genannt. HERZOG WILHELM V. schickte ihn zur Weiterbildung nach Italien. Nach zwei Jahren war HANS KRUMPER wieder zurück in München und heiratete 1592 eine Tochter des FRIEDRICH SUSTRIS. 1594 war er als Bildhauer bei Hofe angestellt, schied aber 1595 aus dem eigentlichen Hofdienst aus. Nach dem Ausscheiden entstand 1598 das Bronzegrabmal für Kardinal PHILIPP WILHELM im Regensburger Dom, das, ebenso wie das Grabmal für Herzog FERDINAND deutlicher als die späteren Werke den Einfluß SUSTRIS' erkennen läßt. Als dessen Nachfolger wurde KRUMPER 1599 der persönliche Baumeister und Kunstverwalter des resignierten Herzogs WILHELM. In den Hofdienst, das heißt in den Dienst des regierenden Wittelsbachers, nahm ihn MAXIMILIAN erst 1609 wieder auf. Von nun an entwickelte KRUMPER eine rege Entwurfstätigkeit, die sich auf alle künstlerischen Aufgabenbereiche bei Hof erstreckte. HANS KRUMPER wurde auch der bislang einzige Entwurf zugeschrieben, der einen kleinen Einblick in die Bemühungen um die architektonische Gestaltung der Residenzfassade vermittelt. Die Bestimmung des Blattes, das drei Gebäudeachsen zu drei Stockwerken mit klassischer Säulenordnung wiedergibt, war wohl eine andere: auf der mittleren Achse ist die Figur der Patrona Boiariae und die Ewig-Licht-Ampel aufgeklebt. Von einer plastischen Gliederung der Fassaden wurde bekanntlich (wiederum) Abstand genommen. 1615 bossierte HANS KRUMPER übrigens die Patrona Boiariae, die BARTEL WENGLEIN 1616 goß. Auch die übrigen Entwürfe KRUMPERS zur Münchner Residenz befassen sich entweder mit Bauplastik oder Gewölbedekorationen. Neben seiner Entwurfstätigkeit für die Residenz arbeitete KRUMPER noch für auswärtige Auftraggeber. Seine Tätigkeit als planender Architekt ist außer den Arbeiten für Polling auch durch die – allerdings erfolglose – Teilnahme an der Plankonkurrenz für die Kölner Jesuitenkirche gesichert. Früher wurde HANS KRUMPER auch die frühbarocke Umgestaltung des Freisinger Domes zugeschrieben, mit der sich schon der Wittelsbacher Bischof ERNST 1610 beschäftigt hat, und die Ausgestaltung der Bischöflichen Hauskapelle in Freising 1617 bis 1621.

Enger mit dem tatsächlichen Baubetrieb war der Kistler HEINRICH SCHÖN D. Ä. verbunden, der seit 1589 als Kistler am Hofbauamt war. Er erledigte eine Reihe unterschiedlichster Arbeiten, von der Reisetruhe bis hin zum Altar. 1603 führte HEINRICH SCHÖN D. Ä. den Titel »Hofkistler«, 1608 ernannte ihn MAXIMILIAN zum »Hofbaumeisteramtsverwalter«, das heißt er hatte fortan zusammen mit dem Hofbauschreiber und dem Hofbaugegenschreiber jährlich Abrechnung zu legen über die Ausgaben zu den fürstlichen Gebäuden. Ferner hatte er für die Beschaffung von Material zu sorgen. Er scheint auch das Reinzeichnen von Plänen übernommen zu haben. Eine weitere sehr wichtige Aufgabe SCHÖNS war die Anfertigung von Modellen. Daneben führte HEINRICH SCHÖN D. Ä. immer wieder Reparaturen und Kistlerarbeiten für die Residenz aus. Als Hofbaumeister leitete er ab 1616 die Erbauung der kurfürstlichen Zeughäuser östlich vor der Münchner Residenz und ab 1619 die große Neubefestigung der Stadt. Dazu kam die Überwachung der Ingolstädter Festungsanlagen. Schön war viel unterwegs, sei es im Rahmen seiner Tätigkeit als Hofbaumeister, die ihn immer wieder zu den auswärtigen Schlössern MAXIMILIANS führte, sei es als Gutachter oder in »geheimer Arbeit« wie 1633, als er die Bergungstransporte von München nach Passau besorgte. Während des Dreißigjährigen Krieges ist HEINRICH SCHÖN D. Ä. 1640 dann auch gestorben.

Auch seine beiden Söhne HANS SCHÖN und HEINRICH SCHÖN D. J. wurden für den kurfürstlichen Hof in München tätig. Die SCHÖNS konnten aber keine Dynastie im Hofdienst bilden wie die Familie REIFFENSTUEL.

Der erste im Hofdienst nachzuweisende REIFFENSTUL war HANS REIFFENSTUL, der 1586 als Zimmermann in den Dienst des Hofbauamtes kam. 1602 hatte er es bis zum Hofbaumeister gebracht, wurde aber ab 1608 durch HEINRICH SCHÖN D. Ä. in diesem Amte zurückgedrängt. Das Schwergewicht seiner Tätigkeit lag im Bereich des Wasserbaues. Regelmäßige Reisen führten ihn 1588 bis 1619 an den Lech, die Amper, die Isar, an den Inn und an die Donau. 1615 machte er für den Hofgarten das »Brunnwerk«. Seine unstreitig größte Leistung war der Bau der Soleleitung von Reichenhall nach Traunstein 1617 bis 1619, die als technische Meisterleistung gewertet werden muß. Von ihrem Erscheinungsbild her anspruchsvollere Bauten hat HANS REIFFENSTUL nicht ausgeführt.

Leider sind wir auch nicht darüber unterrichtet, wer den Hofgarten an der Nordseite der Maximilianischen Residenz konzipiert hat. Es wäre immerhin denkbar, daß der kurfürstlich-heidelbergische Baumeister ISAAK DE CAUS Einfluß genommen hat, der 1619 in München war. ISAAK DE CAUS erhielt 16 Reichstaler »wegen eines [dem Herzog] praesentierten Buches«. ISAAK DE CAUS war der Neffe des SALOMON DE CAUS, des Schöpfers des »Hortus Palatinus« in Heidelberg. Es ist eine allzu verlockende Annahme, das in München präsentierte Buch könnte SALOMONS Publikation des Hortus Palatinus gewesen sein, die aber erst 1620 in Frankfurt erschienen ist.

Die Innenräume der Maximilianischen Residenz wurden, soweit sie gewölbt waren, figural und/oder ornamental ausstuckiert. Hier arbeiteten HANS KINDLER und MATTH. PIECHL, WILHELM KÖNIG, CASPAR MAROLD, IERONYMUS DAMIAM, HANS ERNHOFER, sowie ANTONIO und MICHAEL CASTELLI und HANS KRUMPER. Von den Stukkateuren waren die CASTELLI und HANS KRUMPER die wichtigsten; MICHAEL CASTELLO und HANS KRUMPER hatten schon an der Stuckdekoration in St. Michael mitgearbeitet. KRUMPER hatte offensichtlich die Führung und löste die in St. Michael noch tonangebenden Italiener ab. Als »bayerische Stocador-Arbeit« wurde die Scagliolatechnik privilegiert. Man freute sich am Münchner Hof, daß sich die »Kayserlichen« von den Stuckmarmorarbeiten hatten täuschen lassen. Die Hauptmeister waren BLASIUS PFEIFFER, der 1587 bis 1622 in München tätig war, und seine Söhne WILHELM und PAULUS. Nach humanistischer Tradition latinisierte die Familie ihren Namen und nannte sich FISTULATOR.

Ausstattung der neuen Residenztrakte

Teilweise paarte sich die Stuckierung mit Wand- beziehungsweise Deckenmalerei. Diese hatten die Maler FERDINAND GOTTBEWAHR, CHRISTIAN STEINMÜLLER, HANS OBERHOFER und HANS KÄPPLER auszuführen.

Gemäldezyklen der Ausstattung

Das vielleicht umfangreichste Malereiprojekt, das je in der Münchner Residenz verwirklicht wurde, war die Ausstattung der neuen (wie auch der alten) Räume mit Deckengemälden und Friesbildern. Hierbei handelte es sich mit Ausnahme der Decke des Schwarzen Saales, um Leinwand- oder Tafelgemälde, die in die Decken oder Rahmun-

Die Churfürstliche
München, sambt dem g
Wie solche von Mitternacl

240 Der Hofgarten der
Münchner Residenz,
Kupferstich von Michael Wening

gen eingesetzt wurden. Für dieses Projekt reichte die Kapazität der Maximilianischen Werkstätten nicht mehr aus, so daß fünf der Deckengemälde für den Kaisersaal an HANS ROTTENHAMMER nach Augsburg vergeben wurden. Die Friesbilder für den Kaisersaal wurden ohnehin von dem Eklektizisten ANDREA VICENTINO aus Venedig bezogen. Die Gemälde wurden nach ihrer Ankunft in München ausgebessert und verändert. Auf welchem Wege die Folge der berühmten Männer und Frauen des Alten Testaments und des Altertums nach München gelangte, das heißt wie Herzog MAXIMILIAN auf VINCENTINO verfiel, ist leider unbekannt. Wir müssen dies umso mehr bedauern, als ANDREA VICENTINO der einzige italienische Maler, überhaupt der einzige italienische Künstler war, den der bayerische Herzog zur Unterstützung seiner Hofkünstler heranzog.

Peter Candid

Die Entwürfe zu den Gemäldezyklen und zu den Teppichserien, mit denen MAXIMILIAN seine Residenz ausstattete, lieferte PETER CANDID. CANDID war ja noch zur Zeit WILHELM V. nach München gekommen und hat sich hier niedergelassen. Er war der Sohn eines gleichnamigen Malers. Die Familie stammte aus Brügge, wo der Großvater ELIAS DE WITTE Teppichwirker war. PETER CANDID wurde um 1548 geboren, kam etwa zehnjährig nach Florenz und lernte dort im VASARIkreis. Im Jahre 1583 erreichte ihn der Ruf nach München. Hier hatte er anfangs unter SUSTRIS zu arbeiten. Auch PETER CANDID wurde 1595 zunächst aus dem Hofdienst entlassen – um 1602 wieder übernommen zu werden. In den folgenden Jahren entwickelte er eine umfangreiche und umfassende

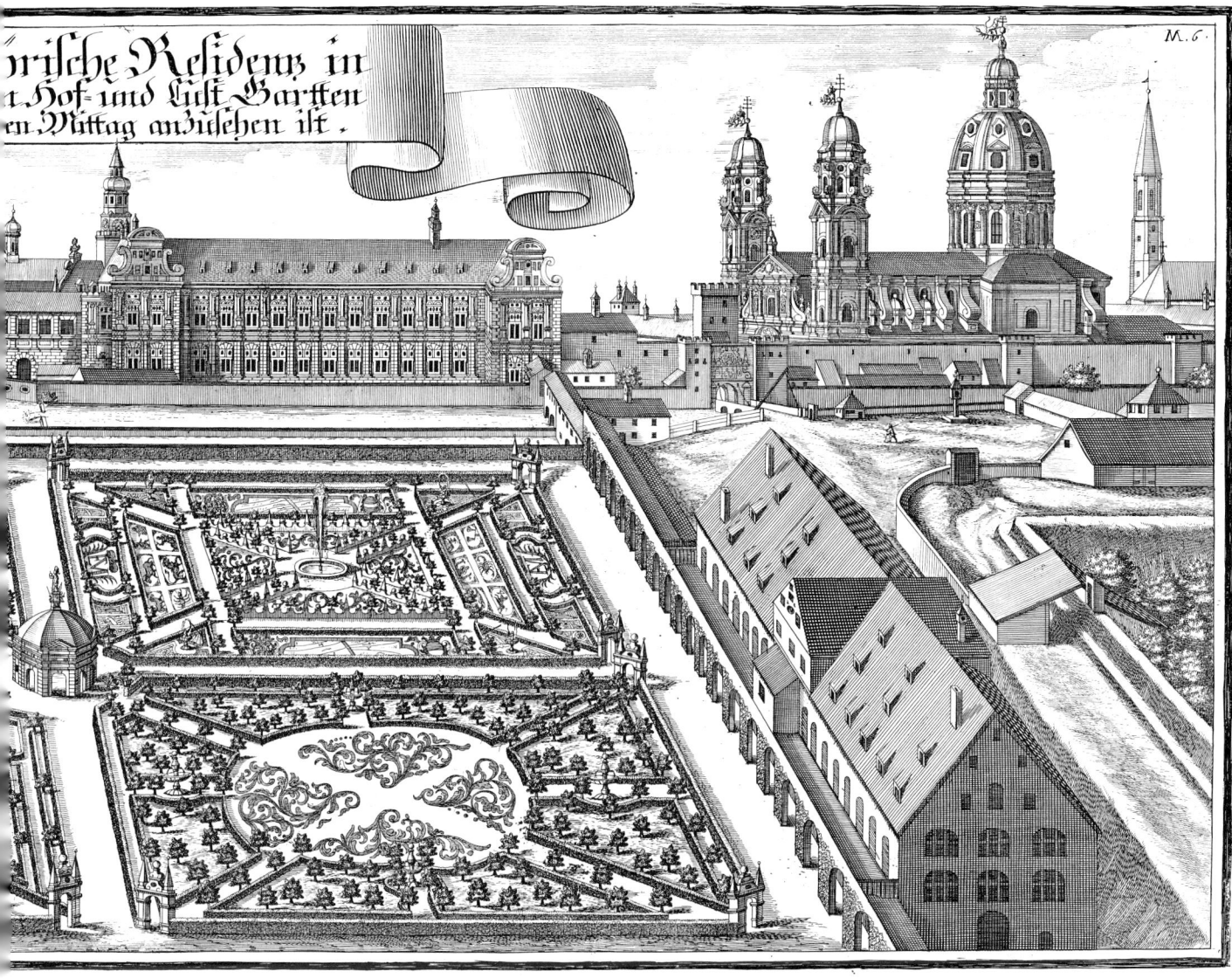

Entwurfstätigkeit für die Deckengemälde der Maximilianischen Residenz, die Ausmalung des Alten Schlosses in Schleißheim sowie für die erste Münchner Gobelinmanufaktur. Daneben lieferte er Entwürfe für die malerische Ausstattung des Augsburger Rathauses und arbeitete noch viel für kirchliche Auftraggeber (z.B. Altargemälde für den Freisinger Dom). Sein letztes großes Werk war der monumentale Hochaltar für die Münchner Frauenkirche anno 1620.

Die weitgespannte Tätigkeit CANDIDS setzte mehrere Mitarbeiter voraus, die zum Teil bei der Ausstattung der Residenz, zum Teil bei der Patronenmalerei beteiligt waren: CHRISTOPH ZIMMERMANN, HANS BRÜDERL, HANS KÄPPLER, MICHAEL REITER und THOMAS ZECHETMAIER. Von seinen Schülern wurde wohl ULRICH LOTH der angesehenste, den MAXIMILIAN 1615 zu PETER CANDID in die Lehre gegeben hatte. 1619 sandte MAXIMILIAN den jungen LOTH für mehrere Jahre nach Italien. Wieder zurück in München blieb LOTH, der eine Tochter HANS KRUMPERS heiratete, bis 1626 für den Kurfürsten tätig.

Aufträge an Maler, die nicht in Zusammenhang mit der Ausstattung der Residenz standen, scheinen unter MAXIMILIAN vergleichsweise selten gewesen zu sein. Als Grenzfälle sind die Aufträge an PETER PAUL RUBENS zu werten, auf den MAXIMILIAN durch seinen Schwager, den Pfalzgrafen WOLFGANG WILHELM von Neuburg oder durch seinen Onkel, den Kurfürsten ERNST von Köln aufmerksam geworden sein wird. Beider Aufträge brachten nicht weniger als fünf große Altarbilder nach Neuburg und

*Aufträge
für P. P. Rubens*

DELECTVS

241 – 242 Decke aus den »Trierzimmern« der Münchner Residenz mit Gemälden von Peter Candid, um 1612 – 1616

243 »Der Tag«, Wirkteppich
nach Entwurf von Peter Candid,
Detail

244 »Die Löwenjagd«,
Ölgemälde von
Peter Paul Rubens aus der
Sammlung Maximilian I.

Freising, also in die unmittelbare Nähe MAXIMILIANS. Aus einem Brief RUBENS' an SIR DUDLEY CARLETON erfahren wir, daß ein Bild, die Löwenjagd, schon vor 1618 nach München geliefert worden ist. Auch die drei anderen Bilder, eine Nilpferdjagd, eine Tiger- und Leopardenjagd, sowie eine Eberjagd werden gleichzeitig an MAXIMILIAN geliefert worden sein. Bekanntlich galt MAXIMILIANS großes Interesse der Jagd – hiervon zeugt auch die Ausmalung der Kaisersaaltreppe; die Gemälde RUBENS', des berühmtesten Malers seiner Zeit, bildeten zweifellos den Höhepunkt in MAXIMILIANS Apotheose der Jagd. Zwei der Jagdbilder sah SANDRART in Schleißheim, das heißt sie waren nicht für MAXIMILIANS Kammergalerie bestimmt gewesen. Das gleiche möchte man für die anderen beiden Bilder annehmen.

In der Kammergalerie hingen neben Originalen DÜRERS Werke der sogenannten Dürerrenaissance. Als erster Vertreter dieser posthumen Dürernachfolge war schon 1584 HANS HOFFMANN aus Nürnberg vorübergehend am Münchner Hof beschäftigt. Zum Tragen kam diese Bewegung aber erst unter MAXIMILIAN, der der Auftraggeber vieler Werke wurde, die DÜRER nachahmen, zitieren, kopieren oder verändern. MAXIMILIAN bediente sich dazu gerne des Malers GEORG VISCHER, der 1625 das Meisterrecht in München erwarb und Hofmaler MAXIMILIANS wurde.

Der Dreißigjährige Krieg ließ die Zäsur zwischen zwei Malergenerationen am Hof MAXIMILIANS deutlich hervortreten. Die erste war noch unter FRIEDRICH SUSTRIS zum Teil aus dem VASARIkreis nach München gekommen; sie war überwiegend an der Ausstattung der Residenz beschäftigt. Als ihr letzter Vertreter starb 1628 PETER CANDID. Die zweite, jüngere Generation kam eigentlich erst nach MAXIMILIANS Tod zur Entfaltung wie KASPAR AMORT und NIKOLAUS PRUGGER, die beide als Stipendiaten MAXIMILIANS in Italien waren. Sie lösten die Niederländer ab. Darin spiegelte sich MAXIMILIANS zielbewußte Kunstpolitik, die bayerische Kräfte förderte und sie fremden Kräften vorzog. Daß MAXIMILIAN aber auch zu Zugeständnissen bereit war, verdeutlicht der Fall SANDRART. MAXIMILIAN verlangte von seinen Hofkünstlern einen ordentlichen Lebenswandel und vor allem das Bekenntnis zum Katholizismus. Dennoch vergab der bayerische Kurfürst einen umfangreichen Auftrag an den Kalvinisten SANDRART.

Joachim von Sandrardt

JOACHIM VON SANDRART führte im Auftrag MAXIMILIANS einen Zyklus von zwölf Monatsbildern und, als Gegenstücke gedacht, zwei Bilder *Tag* und *Nacht,* aus. 1642 begann der Maler diesen Auftrag in Amsterdam, siedelte dann aber nach Süddeutschland über, nachdem er 1645 oder 1646 das auf Pfalz-Neuburgischem Gebiet gelegene Gut Stockau bei Ingolstadt geerbt hatte. 1647 wohnte er in München, wo er bei Hofe bestens eingeführt war. JOACHIM VON SANDRART hatte in Nürnberg bei PETER ISSELBURG gelernt und anschließend den ganzen Kontinent bereist. Prag, Utrecht, London, Venedig, Bologna, Rom, Neapel, Frankfurt und Amsterdam waren die wichtigsten Stationen seines unruhigen Lebens. Er bleibt auch nach MAXIMILIANS Tod für den Münchner Hof tätig.

Zusammen mit den kassettierten, geschnitzten und teilvergoldeten Decken, Deckengemälden, Friesbildern und dem Stuck bildeten Wandteppiche den vornehmsten Schmuck der Gemächer in der Münchner Residenz. Schon ALBRECHT V. hatte begonnen, Wirkteppiche als besondere Dekoration zur Steigerung der Ledertapeten und Wandmalereien anzuschaffen. MAXIMILIAN setzte diese Bemühungen entschieden fort. Als Vermittler diente ihm dabei MARX FUGGER. MAXIMILIAN hatte jedoch ganz

Gründung einer
Wandteppich-Manufaktur

besondere Wünsche, von denen er glaubte, sie nur in einer eigenen Manufaktur verwirklichen zu können. Er bat Erzherzog ALBRECHT, den Statthalter der Niederlande, ihm bei der Anwerbung geeigneter Wirker behilflich zu sein. Zudem beauftragte er seinen Ankäufer CASPAR FRAISSLICH in Frankenthal »mit den tebichmachern zu handeln, ob sy dem alhjeigen ainen gesellen zugeben in München allain zway stuckh von golt und seiden machen zehelfen«. Der eine Teppichmacher war wohl MARX DELIBET, der sich bereits 1592 bis 1595 mit einer (geringen) Besoldung nachweisen läßt. Ihm folgte 1603 JOSEPH DERAIN und ebenfalls noch 1603 DIETRICH VOUTERS aus Frankenthal. Der Betrieb konnte aber erst aufgenommen werden, nachdem HANS VAN DER BIEST mit Gesellen und Spezialisten aus Brüssel gekommen war. Dennoch gab es weiterhin tech-

245 Joachim von Sandrardt,
Selbstporträt

246 Münzschrein,
von Christoph Angermair für
Maximilian I. angefertigt,
1618 – 1624

nische und personelle Schwierigkeiten. Immer wieder kam es zu gegenseitigen Beleidigungen, Verleumdungen und zu Raufhändeln untereinander, zwischen den schon länger im Hofdienst angestellten und schlechter besoldeten und den kürzer angestellten, zum Teil besser besoldeten Mitarbeitern. Trotz der Schwierigkeiten konnten in den Jahren 1603 bis 1613 nicht weniger als fünf Teppichfolgen hergestellt werden. Nur die letzte, die Kaisersaalfolge, wurde wieder in Brüssel gewirkt.

Wie für die Teppiche, war das Haus FUGGER auch für Möbel vermittelnd tätig, vor allem, wenn es sich um Möbel aus Augsburger Werkstätten handelte.

Konnte WILHELM V. mit der Hobelbank umgehen, so verstand sich MAXIMILIAN auf das Drechseln. Vor allem übte er sich in Drechselarbeiten aus Elfenbein, wovon heute noch etliche erhalten sind. Von dieser Vorliebe für Elfenbein, die zahlreiche Fürsten um 1600 teilten, zeugen auch die Arbeiten CHRISTOPH ANGERMAIRS.

Christoph Angermair

KRUMPER hat als Bildhauer im strengen Sinne wenig für den Hof gearbeitet; hier dominierte CHRISTOPH ANGERMAIR, der gleich KRUMPER aus Weilheim stammte. Die ANGERMAIRS waren dort eine alteingesessene Goldschmiedefamilie (auch die Brüder ADAM und ALBRECHT ANGERMAIR erlernten das Goldschmiedehandwerk; ELIAS ANGERMAIR wurde Bildhauer). In Weilheim kam CHRISTOPH ANGERMAIR zu DEGLER in die Lehre, der 1591 von München nach Weilheim übersiedelt und im übrigen ein Schwager HANS KRUMPERS war. In München ist CHRISTOPH ANGERMAIR erstmals nachweisbar, weilte anschließend in Innsbruck und tauchte 1611 in Augsburg auf, zog weiter nach Friedberg, von wo aus er für den Münchner Hof arbeitete. 1612 bewarb sich ANGERMAIR um das Bürgerrecht in Konstanz. MAXIMILIAN wollte aber nicht dulden, daß sich CHRISTOPH ANGERMAIR außerhalb Bayerns niederließ und beorderte ihn »auf höchstvermelt Ir. Dtl. bevelch« kurzerhand nach München. Mit ANGERMAIRS Berufung begründete MAXIMILIAN die Tradition der höfischen Elfenbeinschnitzer in Bayern. ANGERMAIR aber wurde der bevorzugte Hofkünstler MAXIMILIANS. Dieser vergönnte ihm sogleich eine »öffentliche Werkstatt«, in der ANGERMAIR allein den Weisungen des Herzogs unterworfen war. Während er selbst sich jedweder künstlerischer Tätigkeit enthalten mußte, die nicht für den Hof bestimmt war, durfte er seine Werkstatt auf eigene Rechnung arbeiten lassen. Zusätzlich zu seiner hohen Besoldung bei Hof und zu den Einnahmen seiner Werkstatt kamen Zahlungen von Herzog ALBRECHT VI. dem Leuchtenberger. Der Bruder MAXIMILIANS residierte in Landshut und war ebenfalls ein leidenschaftlicher Sammler ANGERMAIR'scher Elfenbeinwerke.

Das Jahr 1621 brachte für CHRISTOPH ANGERMAIR die förmliche Bestallung zum Hofdiener. Im folgenden Jahr erhielt ANGERMAIR dann das Münchner Bürger- und Meisterrecht zuerkannt. Während dieser Jahre ging sein Hauptwerk, der Münzschrein für MAXIMILIAN VON BAYERN allmählich seiner Vollendung entgegen. 1624 war das Werk nach sieben Jahren Arbeitszeit abgeschlossen. Neben den vielen kleinplastischen Werken, den Kabinettstücken ANGERMAIR'scher Schnitzkunst, führte er auch Aufträge für die Stadt und großfigurige Bildwerke für MAXIMILIAN aus. Bei den letzteren handelte es sich überwiegend um Figuren zu Altarstiftungen des bayerischen Kurfürsten.

Dessen Bruder ALBRECHT VI. versuchte für sich gewissermaßen einen »zweiten« ANGERMAIR zu bekommen, indem er 1627 auf eigene Kosten BALTHASAR ABLEITHNER zu ANGERMAIR in die Lehre gab. Anschließend sandte er ihn von 1635 an für sieben Jahre als Stipendiaten nach Italien, wo sich ABLEITHNER im Rom Berninis und wohl auch in Venedig aufhielt. Ähnlich verfuhr Kurfürst FERDINAND von Köln, ein anderer Bruder MAXIMILIANS, welcher 1628 MELCHER WINCKHLER als Lernknaben bei CHRISTOPH ANGERMAIR andingen ließ.

Obwohl CHRISTOPH ANGERMAIRS Familie durch Einbürgerung, Heirat oder Verschwägerung mit anderen Münchner Künstlerfamilien in der Residenzstadt Fuß gefaßt hatte, CHRISTOPH ANGERMAIR das Gehalt eines Hofrates bezog und über zusätzliche Einnahmequellen verfügte, beklagte er seine wirtschaftliche Not. In seine Petitionen wegen Erhöhung der Bezüge oder um Vorschuß willigte MAXIMILIAN jedesmal ein, auch in die Erhöhung des Gnadengeldes von zweihundert auf dreihundert Gulden, die CHRISTOPH ANGERMAIR erhielt, als er 1631 auf eigenen Wunsch hin aus dem Hofdienst schied. Bereits zwei Jahre später ist CHRISTOPH ANGERMAIR in München verstorben.

Von einem anderen gebürtigen Weilheimer, von GEORG PETEL erwarb MAXIMILIAN über das Haus FUGGER einen Neptun, ein Bronzebildwerk (gegossen von NEIDHARD), das er im großen Residenzgarten aufstellen ließ.

Nach dem Friedensschluß von Münster und Osnabrück begann Kurfürst MAXIMILIAN I. sofort mit dem Wiederaufbau des darniederliegenden Landes. Er konnte sich dieser Aufgabe noch drei Jahre widmen, bis er 1651 starb. Das Bild des alternden Kurfürsten und des Erbprinzen FERDINAND MARIA hat uns Maximilians Hofmaler NIKOLAUS PRUGGER in einem tief empfundenen Doppelporträt überliefert: Der alte Kurfürst im mattblinkenden Harnisch präsentiert gleichsam seinen jungen Erbprinzen dem Beschauer. Es gelang MAXIMILIAN 1650 noch, den damals Vierzehnjährigen gegen entschiedene Widerstände von mehreren Seiten mit HENRIETTE ADELAIDE, der Tochter des Herzogs VICTOR AMADEUS I. VON SAVOYEN zu vermählen. Sie wird nach dem Tode der Kurfürstinwitwe MARIA ANNA, unter deren Vormundschaft FERDINAND MARIA zunächst noch steht, das künstlerische Geschehen am Münchner Hofe weitgehend bestimmen.

FERDINAND MARIA

Für HENRIETTE ADELAIDE wurden fürs erste Räume über dem Antiquarium hergerichtet. Die neue Hofkultur wirkte sich zunächst in Theaterbauten aus. In seinem letzten Lebensjahr hat MAXIMILIAN noch ein opernartiges Werk im Georgs-Saal der Neuveste aufführen lassen. Noch im selben Jahr begann der Bau eines kurfürstlichen Opernhauses am Salvatorplatz, das ein langgestreckter Bau mit einem hohen Satteldach werden sollte. Der Bau, der anscheinend aus einem Kornkasten hervorging, stand noch eindeutig in der Tradition von WILHELM EGCKHLS Ballhaus und Antiquarium. Die Planung scheint KONRAD ASPER gemacht zu haben, der 1645 vom Bodensee kommend die Leitung des Hofbauamtes übernommen hatte. Die Ausführung leitete MARX SCHINNAGL. Der Venezianer SANTURINI besorgte die Ausstattung nach dem Vorbild von PALLADIOS Theater in Parma. Das Salvatortheater scheint der erste freistehende und »nach der wälschen mainung« errichtete Theaterbau in Deutschland gewesen zu sein. KASPAR AMORT war (1652) an der Ausstattung tätig; der Außenbau erhielt dekorative Bildwerke von SIMON SCHENK. Etwa zehn Jahre später baute SCHINNAGL 1660/61 das Turnierhaus beim Schwabinger Tor, das aus Steinen der im Dreißigjährigen Krieg zerstörten Burg Kranzberg errichtet wurde. Auch dieser Bau wurzelte noch in der einheimischen Tradition des 16. Jahrhunderts. *Das Salvatortheater*

Ein weiteres Werk, das ebenfalls verloren gegangen ist, wenn man einmal von einzelnen Bruchstücken absieht, ging im Entwurf auf FRANCESCO SANTURINI zurück: der *Bucentaur*. Dieser war das »große Leibschiff« der kurfürstlichen Flotte auf dem Starnberger See. Als Vorbild mußte der »Bucintoro«, das Schiff des Dogen von Venedig dienen. *Der Bucentaur*

Der *Bucentaur* wurde 1662/65 gebaut. Das Schiff war vierunddreißig Meter lang, fünfundzwanzig Meter breit und siebzehn Meter hoch. Es war reich dekoriert mit architektonischen, ornamentalen und figuralen Schnitzereien.Ein Stab von sieben Bildhauern besorgte ihre Ausführung, darunter BALTHASAR ABLEITHNER und der Hofbildhauer WOLFGANG LEUTHNER.

Es ist auffallend, daß unter den Künstlern, die von den Münchner Herzögen zur Weiterbildung nach Italien geschickt wurden, keine ›Architekten‹ waren. Dies wirft zweifelsohne ein günstiges Licht auf die bodenständige handwerkliche Tradition der Hofbaubeamten, sagt aber Vieles und Bezeichnendes über die Einschätzung der Architektur am Münchner Hofe aus. Die einheimischen Baumeister hatten, wie vorläufig auch noch die Bildhauer, eine unbestrittene Position ... solange nicht der Barock mit seinen neuen Aufgaben und Bauformen zur Entfaltung kam. Sehr schnell wurden die Einheimischen dann als »piu idioti nell' edificare« abgetan, als unerfahren, nicht weltläufig im Bauen. Diese Äußerung des Theatinerpaters ANTONIO SPINELLI fiel im Kreise der Kur-

247 Alte Aufstellung des
bronzenen »Neptun«
von Georg Petel in der
Münchner Residenz,
um 1629/30

248 Kurfürstin
Henriette Adelaide mit ihren
Kindern als Madonna, Miniatur
von Michael Scharner

fürstin HENRIETTE ADELAIDE. Die Konkurrenz verschärften auch die Graubündner, die teilweise als Unternehmer auftraten und bis zu den Wittelsbachern in Mannheim kamen.

Nach dem Tode der Kurfürstinwitwe MARIA ANNA (1665) konnte HENRIETTE ADE-LAIDE in deren Appartement am großen Residenzgarten umziehen. Diese Räume, die seit 1782 den Namen *Päpstliche Zimmer* tragen, hatte MAXIMILIAN rund zwanzig Jahre zuvor nochmals für seine zweite Gemahlin MARIA ANNA ausstatten lassen. Stilistisch gesehen gehörte die Ausstattung von 1638 mehr der Zeit um 1610/20 an und fand nicht mehr das uneingeschränkte Gefallen der jungen Kurfürstin.

Die ›Päpstlichen Zimmer‹

Nach Entwürfen PISTORINIS erfuhr die Zimmerflucht unter der Leitung eines AGO-STINO BARELLI eine Umgestaltung. Nach Turiner Vorbild wurden vor allem die Decken kostbarst mit schweren vergoldeten Schnitzereien und eingesetzten Ölgemälden ausgestattet; die Scagliolawandverkleidungen aus der Zeit MARIA ANNAS behielt man bei. Als Schnitzer waren in erster Linie BALTHASAR ABLEITHNER, KONSTANTIN PADER und MATTHIAS SCHÜTZ tätig, drei Meister also, die ihre Ausbildung noch unter Kurfürst MAXIMILIAN erhalten hatten.

Den Beginn des Raumprogrammes stellte der *Goldene Saal* dar, dessen Decke BAL-THASAR ABLEITHNER, dessen umlaufenden Fries mit Kartuschen und kleinen Figuren MATTHIAS SCHÜTZ schnitzte. Für die Felder der Decke lieferte JOHANN HEINRICH SCHÖNFELD vermutlich 1666/67 neun Gemälde mit Darstellungen des gerechten Sinnes antiker und orientalischer Herrscher. SCHÖNFELD erhielt zunächst sechshundert Gulden, später nochmals siebenhundertzwölf Gulden. Die Malereien für den Fries und die Supraporten dürfte KASPAR AMORT geliefert haben.

Der ›Goldene Saal‹

SCHÖNFELD malte die Bilder wie Tafelgemälde ohne Berücksichtigung der Untersicht. Zum Teil erscheinen sie recht summarisch gemalt, besonders außerhalb der Hauptfiguren. JOHANN HEINRICH SCHÖNFELD war ein Generationsgenosse JOACHIM VON SANDRARTS, (geboren 1609). Er hatte sich achtzehn Jahre in Italien aufgehalten, davon allein zwölf in Neapel, ehe er 1652 das Augsburger Bürgerrecht erhielt. Möglicherweise war es auch SANDRART, der SCHÖNFELD nach München vermittelt hat (beide führten zusammen mehrere monumentale Aufträge aus), möglicherweise war er der Kurfürstin von Italien her bekannt. Obgleich er im nachhinein als der bedeutendste deutsche Maler seiner Zeit betrachtet wird, erhielt er vom Münchner Hof keine weiteren Aufträge mehr.

Wenn nun in den folgenden Jahren ausländische Maler überhand nahmen, so vor allem deshalb, weil HENRIETTE ADELAIDE mit den einheimischen Malern unzufrieden war. Besonders ungnädig fiel ihr Urteil über die Porträtisten aus. In Briefen an ihre Mutter ließ sie ihrem Unmut freien Lauf: »Das Bildnis scheint mir überhaupt nicht zu ähneln, denn dieser Maler sieht nichts und ist nicht fähig, mich zu malen wie ich bin. Es ist so übertrieben lang, daß ich gar kein Ende nehme. Dies liegt vor allem an ihm, denn er arbeitet für alle anderen derartig, daß er für mich immer nur die letzte Stunde erübrigen kann, und auch das geschieht nur gezwungenermaßen, so daß man sich nicht zu wundern braucht, wenn er es nicht gut macht.«

Es könnte sein, daß mit dem namentlich nicht genannten Maler NIKOLAUS PRUGGER gemeint war. MAXIMILIAN hatte ihm zu einem Studienaufenthalt in Italien verholfen und ihn 1644 als Hofmaler angestellt. NIKOLAUS PRUGGER erfreute sich der besonderen Gunst der Kurfürstin MARIA ANNA. Nach ihrem Tode (1665) erteilte ihm der Hof nur noch wenige Aufträge. Seine letzten vier Lebensjahre verbrachte er, der einmal Lehrer und Mittelpunkt einer Künstlerschar war, vereinsamt.

Nach dem Tode ihrer Schwiegermutter sorgte HENRIETTE ADELAIDE sehr rasch und nachhaltig für Veränderungen. Schon 1666 verpflichtete sie den Venezianer SEBASTIA-NO BOMBELLI, der der bedeutendste Porträtist am bayerischen Hofe vor VIVIEN wurde. Um 1672 kam mit JEAN DELAMONCE ein weiterer Porträt- und Historienmaler nach München. Er blieb bis etwa 1684 in München. Vor seiner Übersiedelung nach München war der gebürtige Pariser in Turin tätig. Von eben dort kam wahrscheinlich auch ANTONIO TRIVA, der 1669 zum Hofmaler bestellt wurde. Vor seiner Tätigkeit für

*Ausländische Maler
am Hof
Henriette Adelaides*

249 Kurprinz Max Emanuel
und seine Schwester Maria Anna Christina,
Ölgemälde von Henri Gascar

den Turiner Hof war TRIVA in Venedig tätig, nachdem er noch beim alternden GUERCINO in Piacenza gelernt hatte. In ANTONIO TRIVA fand der Hof einen Meister, der rasch und wirkungsvoll zu gestalten wußte. Für eine seiner ersten Arbeiten in München, die sieben oder acht Bilder für das Schlafzimmer der Kurfürstin, benötigte TRIVA nicht mehr als zwei Monate. TRIVAS Hauptwerk wurde die Ausstattung der sogenannten Galerie der HENRIETTE ADELAIDE. Dieser Raum schloß sich südlich an den Goldenen Saal an. In den Gemälden des Frieses und der Decke entfaltete TRIVA die Verherrlichung des Hauses Wittelsbach in der Person MAXIMILIANS. Für die Ausführung der gesamten Dekoration erhielt TRIVA über viertausend Gulden.

STEFANO CATANI führte 1674 die Gemälde für das *Herzkabinett* aus. Der Römer CATANI verkörperte den für die Zeit nicht untypischen Wanderkünstler. 1669 war er am Dresdener Hof, 1670 am Brandenburgischen. Sein eigentliches Fach war die Historienmalerei. Als Historienmaler verstand er sich natürlich auf die Allegorie und war der gegebene Künstler, allegorische Porträts des Kurfürsten mit seiner Gemahlin und der gesamten kurfürstlichen Familie auszuführen. STEFANO CATANI stellt in seiner Allegorie auf die kurfürstliche Familie den Kurprinzen MAX EMANUEL in Gestalt des jugendlichen Herkules dar. Entschieden einfallsreicher war der allegorische Aufwand des »Churbayrischen Freudenfests«, das 1662 anläßlich der lang ersehnten Geburt des Erbprinzen gefeiert worden war. Jenes kündete den Zeitgenossen von dem freudigen Ereignis; noch heute künden die ›Theatinerkirche‹ in München und Schloß Nymphenburg hiervon.

Als nämlich der Ehe zwischen FERDINAND MARIA und HENRIETTE ADELAIDE ein Thronfolger versagt blieb, unternahm das Kurfürstenpaar eine Wallfahrt nach Altötting. Im Falle der Gebetserhörung wollte man dem hl. Cajetan von Thiene in München Kloster und Kirche stiften. HENRIETTE ADELAIDE bemühte sich schon zwei Monate nach der Geburt MAX EMANUELS darum, den Architekten GUARINO GUARINI, der im Begriffe stand, von Italien nach Frankreich zu reisen, für die Planung der Kirche zu gewinnen. Dieses ehrgeizige Projekt scheiterte aber daran, daß man sich mit dem Architekten zu spät verständigt hatte.

Die Theatinerkirche

So muß man sich mit AGOSTINO BARELLI aus Bologna bescheiden, der noch im Oktober 1662 die ersten Pläne vorlegt. BARELLI könnte von den Theatinern selbst empfohlen worden sein, für die er in seiner Heimatstadt Bologna bereits die Kirche S. Bartolomeo erbaut hatte. HENRIETTE legte ihm als Richtschnur für seine Planung folgendes ans Herz: »seid aber allein darauf bedacht, die schönste und wertvollste Kirche aufzurichten wie keine andere in der Stadt ... die Kirche muß der Religion würdig sein, welche die erste in der Welt ist, auch bedenke man, wer sie baut ...« Der künftige Bauplatz lag in unmittelbarer Nähe der Residenz, an der Stadtmauer, über die das Gotteshaus später mit der Residenz verbunden wurde.

Im April des folgenden Jahres kam BARELLI mit neuen Plänen wieder. Diese wurden gebilligt und für die weitere Planung verbindlich erklärt. Schon einige Tage später legte man am 23. April 1663 den Grundstein zur Kirche. Die Bauleitung vertraute man LORENZO PERTI an, den AGOSTINO BARELLI nach München mitbrachte. Die neue Kirche wurde nun keine kühne Raumgestaltung des Theatiners GUARINO GUARINI, sondern nach dem Vorbild der Mutterkirche des Ordens, S.Andrea della Valle in Rom, ausgeführt.

Als bereits die Pfeiler des Langhauses standen, auch schon Wölbungsansätze angelegt waren, wurde BARELLI 1665 allmählich mit seinen Mitarbeitern PISTORINI und PERTI zurückgedrängt, legte aber 1667 noch eine Entwurfsserie vor, die schon Angaben über die Stuckierung enthielt.

Intrigen hatten schon des öfteren zur Entlassung AGOSTINO BARELLIS geführt, ehe er 1674 bei der Fertigstellung des Rohbaues endgültig von ENRICO ZUCCALLI abgelöst wurde. Dieser vollendete den Bau nach den Plänen seines Vorgängers. ENRICO ZUCCALLIS eigene Leistungen sind der Bau des Klosters und die Durchbildung der Kuppel, die Errichtung der Fassadentürme und die gesamte dekorative Ausgestaltung.

Ehe wir auf letztere eingehen, muß noch der Theatinerpater ANTONIO SPINELLI (1630

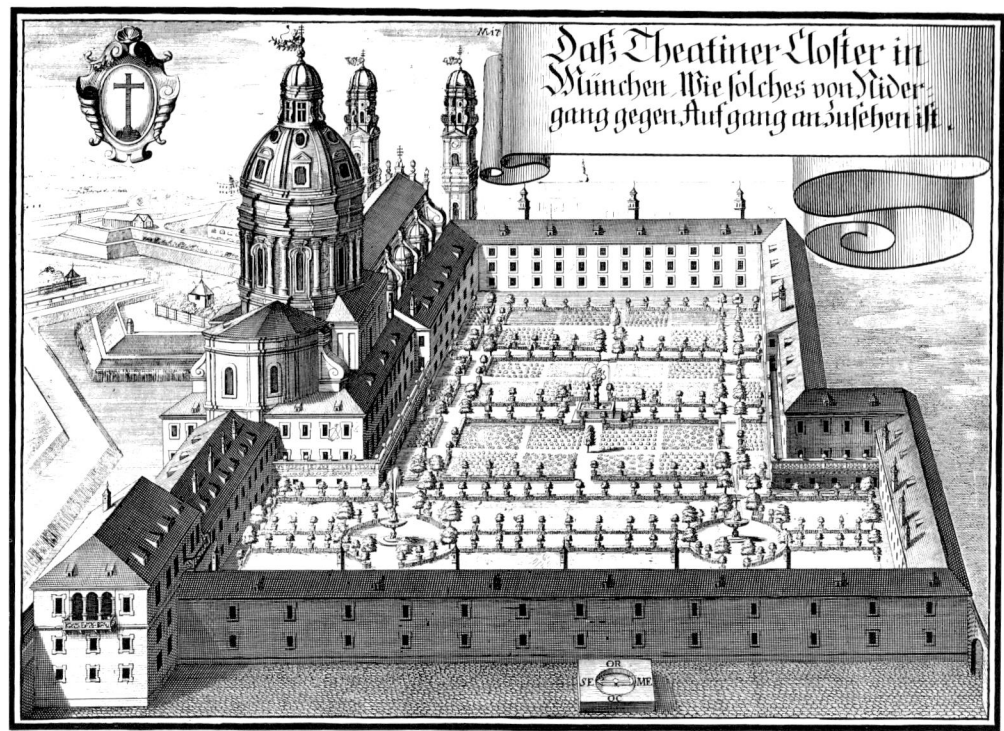

-1706) erwähnt werden. Seit 1665 war er der Beichtvater HENRIETTE ADELAIDES (später auch MAX EMANUELS) und verfügte somit über beste Verbindungen zum Kurhaus. SPINELLI, der zeitweilig Bauintendant war, entwickelte sich immer hartnäckiger zum Gegenspieler sowohl BARELLIS als auch ZUCCALLIS. Er deckte ihre Berechnungsfehler auf, was, wie das spätere Beispiel Schleißheim lehren sollte, nicht von Nachteil war, und er verstand es, seine Gedankenskizzen eher bei Hofe zur Vorlage zu bringen als die offiziellen Baupläne. SPINELLI beschäftigte sich auch mit der Gestaltung des Altares, bei dem gemäß der Ordensregel Retabel und Mensa getrennt sein mußten. Zwischen beiden lag der Psallierchor.

Ausstattung
der Theatinerkirche
Das Retabel war von einem monumentalen gewundenen Säulenpaar eingefaßt. Es zeigte unten die kurfürstliche Stifterfamilie, begleitet von Vertretern des Hofes. Zwei Pagen trugen das Modell der Theatinerkirche und übergaben es an die Ordensheiligen Kajetan und Adelheid. Das Blatt war ein Werk des ANTONIO ZANCHI, das er 1675 vollendet hat. Der Voraltar schied lettnerartig Hauptraum und Chor. Seinen Hauptschmuck bildeten vier überlebensgroße Apostelfiguren BALTHASAR ABLEITHNERS. Für das Hochaltarretabel hatte auch JOACHIM VON SANDRART, der es nicht versäumte, der Kurfürstin 1675 den ersten Teil seiner *Teutschen Academie der Edeln Bau-, Bild- und Mahlerey-Künste* zu widmen, einen Entwurf vorgelegt, der aus unbekannten Gründen nicht berücksichtigt wurde. Dafür betraute man SANDRART mit der Ausführung des Gemäldes für den Kajetansaltar, das eines der ersten Ausstattungsstücke der Theatinerkirche war. Bevor das monumentale Gemälde 1670 zum Preis von achthundert Gulden nach München geliefert wurde, war es in Augsburg öffentlich ausgestellt. Das Gegenstück für den rechten Querarm sandte 1676 CARLO CIGNANI nach München.

Die Farbigkeit der Altäre bildete wichtige Akzente in der Kirche, deren reiche Stukkierung weiß belassen wurde. Sie ist in Entwurf und Stil, auch im Hauptteil der Ausführung, ein »echtes Italienerwerk«. Hier arbeiten seit 1672 CARLO BRENTANO MORETTI (Langhaus), PROSPERO BRENNI (seit 1675 im Chor) und GIOVANNI NICOLO PERTI, ein Sohn des LORENZO PERTI. Insbesondere für figuralplastische Teile wurden auch Münchner Meister zugezogen. Die Theatinerkirche scheint für die heraufkommende Stukkateurgeneration eine ähnliche Bildungsstätte gewesen zu sein wie vormals St. Michael. Ihr Einfluß läßt sich bis heute am Dom des Bistums Chiemsee erleben. Hatte BARELLI eine kleinteilige zurückhaltende Dekoration geplant, so wollte ZUCCALLI eine Steigerung der Plastizität mit einem großen Anteil der figürlichen Elemente. Formen-

374

251 »Die Stiftung der Theatinerkirche durch Kurfürst Ferdinand Maria und Henriette Adelaide«,
Modello zum Hochaltar der Theatinerkirche in München von Antonio Zanchi, 1675

sprache und Motivschatz gehören dem italienischen Barock an, und dennoch ist die Stuckdekoration der Theatinerkirche nicht zu denken ohne die Jesuitenkirche St. Michael und die Hofkapelle in der Münchner Residenz. In einzelnen Puttenköpfen (von WOLFGANG LEUTHNER?) glaubt man noch immer den Stil von SUSTRIS und KRUMPER zu verspüren.

Nymphenburg Kurz vor dem Geburtstag des Kurprinzen erwarb Kurfürst FERDINAND MARIA die Schwaige Kemnathen nebst dem zugehörigen Gut Obermenzing und machte sie 1663 seiner Gemahlin »in die Kindbett« zum Geschenk. Bald meldete die Kurfürstin ihrer Mutter, daß sie dort vor den Toren Münchens bauen lassen wolle. Wie dem Briefwechsel zu entnehmen ist, hatte HENRIETTE ADELAIDE genaue Vorstellungen vom künftigen Raumprogramm. Sie sandte einen Situationsplan nach Turin, um durch den dortigen Hofarchitekten AMADEO DI CASTELLAMONTE Pläne anfertigen zu lassen. Auch von ihrem Bruder erhielt sie Entwürfe. CASTELLAMONTES Pläne fanden aber nicht das Gefallen der bayerischen Kurfürstin, auch nicht, nachdem sie CASTELLAMONTE nochmals überarbeitet hatte. Ihr schwebte offensichtlich ein blockhafter Bau nach dem Vorbild des Palazzo Reale von Turin vor. Schließlich traf AGOSTINO BARELLI die Vorstellung der Kurfürstin. Er entwarf einen mächtigen fünfgeschossigen Kubus, dessen Ausführung im September 1664 begonnen wurde. Nach dem Weggang BARELLIS von München übernahm Hofbaumeister ZUCCALLI die Bauführung. Es gelang ihm, den Schloßbau 1675 unter Dach zu bringen.

Die Innenausstattung fiel bescheidener aus als die der gleichzeitig wiederhergestellten Appartements in der Residenz. Dafür, daß nicht etwa Sparmaßnahmen die Ursache gewesen sein können, spricht eine Äußerung des Stuckators ANDREAS RÖMER: »Wie ich nun in dem größten Eifer gewesen bin, diese Zimmer (d.h. die Kaiserzimmer der Residenz München) zu verfertigen, so ist inzwischen Nymphenburg auskommen und habe die kaiserliche Zimmer auf einmal müssen stehen lassen«. »Stehen lassen« mußte man allerdings auch den Bau von Nymphenburg mit dem Tode der Kurfürstin HENRIETTE ADELAIDE 1676. Die Ausgaben für den Bau gingen erst recht seit dem Tode des Kurfürsten 1679 erheblich zurück. Vermutlich waren damals noch nicht einmal in den Haupträumen alle Decken und Gemälde eingebaut. Für diese hatte sich HENRIETTE ADELAIDE etliche Maler verpflichtet: ANTONIO TRIVA, FERDINAND VOET, JOSEPH WERNER (aus der Schweiz), ANTONIO ZANCHI und STEFANO CATANI. Diese Maler haben unter HENRIETTE ADELAIDE die Deckenmalerei zu einer Hochblüte gebracht, die mit ZANCHIS Deckengemälden ihren Höhepunkt aber auch das Ende einer Entwicklung erreichte. Die kassettierte, aus Holz geschnitzte Decke mit eingesetzten Leinwand- oder Tafelgemälden läßt sich am Münchner Hof bis zum Lusthaus ALBRECHT V. zurückverfolgen. Daneben scheinen die Deckenmalereien in Fresko und Seccotechnik wie in Landshut oder im Schwarzen Saal der Münchner Residenz die Ausnahmen und auf gewölbte Flächen beschränkt zu sein.

In den siebziger Jahren des 17. Jahrhunderts wurde München der Mittelpunkt einer ausgedehnten oberitalienischen Künstlerkolonie, die auch von den reichen Klöstern des Alpenvorlandes vielfach in Anspruch genommen wurde. Die Invasion der italienischen Meister hatte in den frühen sechziger Jahren begonnen mit dem venezianischen Zimmermeister, Architekten und Theateringenieur FRANCESCO SANTURINI, dem »Baumeister« ANTONIO FRANCESCO PISTORINI, der vielleicht wie AGOSTINO BARELLI, der 1662 nach München kam, aus Bologna stammte.

Verdrängung einheimischer Modellhaft und vereinfacht dargestellt waren vor allem zwei Faktoren dafür verant-
Baumeister durch Italiener wortlich, daß die einheimischen Meister nun auch aus der bauhandwerklichen Tätig-
und Vorarlberger keit bei Hofe hinausgedrängt wurden. Da traten akademisch gebildete Architekten vornehmlich aus Italien gleichzeitig mit den Vorarlberger Baumeistern auf. Von ihnen konnte als erster KASPAR ZUCCALLI am Münchner Hof Fuß fassen; er wurde 1668 zum Hofmaurermeister ernannt. Er führte ENRICO ZUCCALLI ein, der 1672 das Amt des Hofbaumeisters übertragen bekam und fünf Jahre später zum Oberhofbaumeister aufrückte. Ihm stand seit 1678 sein Landsmann GIOVANNI ANTONIO VISCARDI zur Seite, der 1684/85 FRANZ SCHINNAGL ablöste. Diesem warf man Unfähigkeit vor.

376

252 Schloß Nymphenburg vor dem Ausbau durch Max Emanuel.
Kupferstich von Michael Wening

253 Zweites Südliches Vorzimmer in Schloß Nymphenburg

Die Vorarlberger traten teilweise, wie Antonio Viscardi, auch als Unternehmer auf. Schon 1630 war sein Vater Bartolomeo Viscardi zu Erstellung eines Gutachtens an den Münchner Hof gerufen worden. Er blieb auch weiterhin in Bayern tätig. Dennoch scheint Antonio Giovanni Viscardi erst durch den Hofbaumeister Enrico Zuccalli 1674 direkt aus der Heimat nach München geholt worden zu sein. Im Frühjahr 1674 trat er erstmals als Palier Zuccallis bei den Fundamentierungsarbeiten zur Umbauung der Wallfahrtskirche Altötting auf; dieses Projekt hat den künstlerischen Weg Viscardis nachhaltig beeinfluß. In den ersten Jahren blieb er nur immer während der Saison, das heißt während des Sommers in Bayern. Auf Veranlassung Ferdinand Marias zog Viscardi, der 1675 geheiratet hatte, im Frühjahr nach München. Im folgenden Jahr wurde er zum Hofmaurermeister und 1685 zum Münchner Hofbaumeister ernannt. Die Jahre bis zu seiner durch Enrico Zuccalli betriebenen Amtsenthebung 1689 waren mit vielseitigen, überwiegend technischen und untergeordneten Tätigkeiten erfüllt. Sein Aufgabenbereich ließ sich am ehesten mit demjenigen Heinrich Schöns d.Ä. vergleichen. Er hatte ausgedehnte Reisen zur Begutachtung von Baufällen, Beaufsichtigungen von Raparaturen und kleinen auswärtigen Baumaßnahmen zu unternehmen. Antonio Viscardi hatte auch Dekorationen für Komödien, Opern und Festaufzüge zu entwerfen. Als technische Arbeit sei noch die Errichtung eines Wasserturmes erwähnt. Der erste größere Auftrag für Antonio Viscardi war vielleicht das Josephsspital. Nach seiner Entlassung aus dem Hofdienst hatte er sich gewissermaßen als freier Architekt und Unternehmer durchzusetzen.

Als Auftraggeber für Viscardi erschienen als erste die Landsberger Jesuiten, dann mehrten sich die Aufträge von seiten verschiedener Ordensgemeinschaften. Zwischen 1680 und 1715 war Viscardi vielleicht der rührigste Kirchenbauunternehmer. Zeitweise beschäftigte er eine große Schar von Mitarbeitern. Als wichtigste Paliere und Bauleiter sollten Martin Gunezrhainer und Johann Georg Ettenhofer genannt werden.

Zwischendurch erreichte Antonio Viscardi die Anstellung als Baumeister bei den Theatinern in München (1692/95). Auch riß der Kontakt zum Hause Wittelsbach nicht völlig ab. Für Herzog Maximilian Philipp von Bayern baute er das sogenannte Kleine Schloß zu Türkheim. Trotz aller Widerstände Enrico Zuccallis wurde Viscardi 1702 nach mehreren Gesuchen in seine alten Rechte eingesetzt und als Hofbaumeister bei den großen Vorhaben in Nymphenburg und Schleißheim beschäftigt.

Es konnte nicht ausbleiben, daß die Flut an auswärtigen Künstlern, an Bauleuten, Malern, später auch Bildhauern, die Mißgunst der einheimischen Meister, seien sie bei Hofe angestellt oder bürgerliche Meister, hervorrufen mußte. So richtete schon 1670 die gesamte in München ansässige Künstlerschaft eine Beschwerde an den Kurfürsten wegen der Bevorzugung der Ausländer. Sie hatten insoweit Erfolg, als ihnen künftig wenigstens die Aufträge für Altäre und andere kirchliche Ausstattungsstücke zukommen sollten. Diese Regelung galt aber nicht für den Hof.

Max Emanuel

Stefano Catanis Apotheose des jungen Max Emanuel als Herkules hat sich anfänglich bewahrheitet. Max Emanuel tat sich als Feldherr in den Türkenkriegen hervor, ehelichte eine Tochter des Kaisers Leopold, 1690 weilte die kaiserliche Familie zu Besuch in München, ein Jahr später konnte er als Statthalter in die Niederlande gehen und prunkvoll in Brüssel residieren, wieder ein Jahr später wurde ihm der Thronfolger Joseph Ferdinand geboren. Doch hielt das Schicksal auch anderes bereit. Ende 1692 starb die Gemahlin, 1699 der Erbprinz, das Jahr 1704 brachte ihm im Spanischen Erbfolgekrieg die Niederlage von Höchstätt und ein zehnjähriges Exil ein. Erst 1715 sollte er seine Stammlande wieder sehen. Jeder dieser Abschnitte ist von Wichtigkeit für die weitere kulturelle Entwicklung Bayerns.

Eine der vordringlichsten Aufgaben war die Schaffung eines angemessenen Appartements für den jungen Kurfürsten in der Residenz München und die weitere Wieder-

255 Schloß Schleißheim, Miniatur von Maximilian de Geer, um 1730

254 Schloß Lustheim, Miniatur von Maximilian de Geer, um 1730

herstellung der 1674 ausgebrannten Kaiserzimmer. Unter ENRICO ZUCCALLIS Leitung erfolgte zunächst die Ausstattung der *Alexander-* und *Sommerzimmer.* Die *Alexanderzimmer* lagen über der Grottenhalle SUSTRIS' und setzten sich im rechten Winkel zum Antiquarium hin fort. Auf die Umgestaltung sämtlicher Räume über dem Antiquarium hat man anscheinend verzichtet. Die *Sommerzimmer* lagen über der südlichen Gartenhalle, das heißt über der heutigen Ahnengalerie, und schlossen an die Zimmer der Kurfürstin HENRIETTE ADELAIDE an. Die restliche Wiederherstellung der Kaiserzimmer sollte erst 1693 bis 1701 folgen.

Lustheim   Nach der Umgestaltung der neuen Räume in der Residenz begann ZUCCALLI 1684 mit dem Bau des Schlosses Lustheim, des ersten Schloßbaues MAX EMANUELS. Noch im selben Jahr 1684 stand der Rohbau, 1687 ist die Ausmalung mit Fresken beendet. Das Schlößchen Lustheim kam gegenüber dem Alten Schloß Schleißheim WILHELM V. beziehungsweise MAXIMILIAN I. zu stehen als Point de vue einer großen Gartenanlage. Im Auftrag MAX EMANUELS reiste ENRICO ZUCCALLI 1693 nach Holland. Die Frucht dieser Reise sind der halbrunde Abschluß des Parks, die Eremitagegebäude. Die Parkgestaltung erfolgte nach dem Vorbild von Het Loo oder Zeist, die beide unter maßgeblicher Beteiligung des in den Niederlanden seit den achtziger Jahren für das königliche Bauwesen tätigen Architekten DANIEL MAROT entstanden waren. Hier spielte die Freundschaft MAX EMANUELS mit WILHELM III. VON ORANIEN, dem Bau- und Hausherren von Het Loo, sicher eine wichtige Rolle. Das Schloßgebäude von Lustheim zeigt deutlicher als Nymphenburg die Handschrift ZUCCALLIS. Hier wurden Motive PALLADIOS und Vorbilder aus SEBASTIANO SERLIOS Architekturtraktat verarbeitet. Ihm entnahm ZUCCALLI fast wörtlich die Fassade des seitlichen Pavillons des Schlosses Lustheim. Auch der Grundriß des Mittelsaales ist aus Serlios Traktat entnommen.

Schleißheim   Bald genügten dem Kurfürsten die Räumlichkeiten in der Münchner Residenz nicht mehr und er beauftragte ZUCCALLI mit Plänen zu einem Ausbau Schleißheims. Zunächst schlug ZUCCALLI vor, dem alten Schloß zwei Pavillons gegenüberzustellen. In einer zweiten Phase war vorgesehen, das Alte Schloß umzugestalten; durch erdgeschossige Galerien und freistehende Trabantenbauten sollte die Breite des Parks erreicht werden. Da sich diese Projekte als unbefriedigend erwiesen, entschied sich MAX EMANUEL für den Neubau einer riesigen Schloßanlage. Der bayerische Kurfürst, der sich Hoffnungen auf eine Königskrone machte, hatte offensichtlich die Absicht, die Hofhaltung zur Gänze nach Schleißheim zu verlegen. Im April 1693 lagen ZUCCALLIS Pläne beim Generalbaudirektor des Kurfürsten, bei FERDINAND FRANZ ALBRECHT GRAF VON DER WAHL, vor. ZUCCALLI plante eine Abfolge von mehreren Höfen, die ihr Vorbild wahrscheinlich in den Rechteckhöfen von Venaria Reale hatten.

Jedoch ließen seine Niederländische Statthalterschaft und nicht zuletzt auch die schlechte Finanzlage MAX EMANUELS Interesse am Ausbau Schleißheims schwinden. ZUCCALLI wandte sich anderen Aufgaben zu: 1693/94 lieferte er Pläne für die Universität Ingolstadt und die Wallfahrtskirche in Altötting.

Erst nach seiner Rückkehr im Jahre 1701 wurde der Grundstein zum Schloß Schleißheim gelegt und ZUCCALLI auch mit der Planung für Schloß Nymphenburg betraut. Unmittelbar vor Baubeginn legte ENRICO ZUCCALLI ein Schaubild vor. Er gab darin die alten Gutshöfe der Schwaige zugunsten eines großen Marstallhofes mit Brunnen auf, das Alte Schloß sollte völlig in einer großen Vierflügelanlage aufgehen, die nunmehr zwischen dem Alten Schloß und Lustheim zu stehen kommen sollte.

Es wurde mit dem heute noch bestehenden Trakt begonnen. Die Planung mußte jedoch geändert werden, als im Juli 1702 die Ostfassade wegen ungenügender Fundamentierung einstürzte. Die Ostfassade wurde nun niedriger gehalten, der große Saal konnte nicht mehr die ganze Tiefe des Baues einnehmen wie geplant, seine Ostmauer wurde zurückgesetzt und dem Saal gegen Lustheim zu eine Galerie vorgelegt. Es scheint, als habe man das Unglück genutzt, um die Fassadengestaltung durch die großen, in drei Geschossen übereinander stehenden Rundbogenfenster grundsätzlich zu verändern.

Ausbau von Nymphenburg   Dieses neue Motiv führte ZUCCALLI gleichzeitig in Nymphenburg ein. 1702 wurde der Boden der Erdgeschoßhalle tiefergelegt, damit man mit einer Kutsche in das Schloß hereinfahren konnte. Ebenfalls nach ZUCCALLIS Plänen führten 1702 bis 1704/05 GIOVANNI ANTONIO VISCARDI unter Beteiligung von ANTONIO ANDREOTA die an den Hauptbau nördlich und südlich anschließenden Galerien sowie die neuen Pavillons aus, begannen die äußeren Pavillons und ein Stallgebäude für vierzig Pferde. Die Absicht, den vorgefundenen Baukörper niederzulegen, so wie er in Schleißheim auftauchte, scheint in Nymphenburg niemals bestanden zu haben. Vielleicht geschah es aus Pietät seiner Mutter gegenüber, oder weil seine eigene Geburt der Anlaß zum Bau gewesen war, oder weil sich das Casino relativ leicht einer Anlage anpassen ließ, wie sie MAX EMANUEL in Brüssel kennengelernt hatte.

Mit dem ihm eigenen Ungestüm hatte MAX EMANUEL 1680, als er die Regierung übernahm, den größten Teil der Hofkünstler seiner Mutter entlassen. Waren bei seinem Großvater MAXIMILIAN I., der um 1598 einen ähnlichen Schritt unternommen hatte, fiskalische Gründe ausschlaggebend, so bei Max Emanuel eher geschmäcklerische. Der junge Kurfürst besetzte fast alle Hofkünstlerstellen neu. Schon 1679 hatte MAX EMANUEL FRANCESCO ROSA aus Venedig nach München verpflichtet. Bei einem Gehalt von jährlich tausendfünfhundert Gulden hatte der Maler alles auszuführen »was man ime sowohl in fresco als Ölfarben zu machen bevelchen wirdt«. Damit hatte ROSA um fünfhundert Gulden mehr Gehalt als der leitende Architekt ENRICO ZUCCALLI. Gleichzeitig mit ROSA arbeitete der Innsbrucker JOHANN ANTON GUMPP, der seit 1678 in München nachweisbar ist. Ein weiterer Maler, der für die Ausstattung der Residenz verpflichtet wurde, der Landshuter FRANZ JOSEPH GEIGER, weilte 1676 zur Ausbildung in Venedig. Eine solche Ausbildung hatte die am meisten beeindruckende Malerpersönlichkeit JOHANN ANDREAS WOLFF nicht gehabt. Er war, wenn man von einer kurzen Lehre bei dem Bildhauer BALTHASAR ABLEITHNER einmal absieht, Autodidakt. Als ihm MAX EMANUEL später einen Studienaufenthalt in Paris finanzieren wollte, soll WOLFF »sich für solche höchste Gnade unterthänig bedankt und gebeten« haben, »ihn vielmehr in seinem Vaterlande zu lassen, um durch seine Werke zeigen zu können, daß man in Bayern ebensowohl als in anderen Ländern was schönes und gutes erlernen könnte.« Dem Maler CARL FELIX GUISANI spendierte MAX EMANUEL 1680/81 einen Studienaufenthalt, ehe er ihn in der Residenz beschäftigte. Neben den Genannten bekam auch noch GIOVANNI BATTISTA CURLANDO größere Aufträge.

Neue Hofkünstler

Wenn auch die Porträt- und die Miniaturmalerei nach wie vor hoch im Kurs standen, so lag der Primat eindeutig auf der Deckenmalerei, deren bedeutsamste Leistung die Deckenbilder in Schloß Lustheim darstellen. Diesen Zyklus führten zu annähernd gleichen Teilen TRUBILLIO, J. A. GUMPP und FRANCESCO ROSA aus. Damit hatte sich der römisch-bolognesische Typ der zur Gänze mit Fresko bemalten Decke in München erstmals durchgesetzt. Die hier in großen Flächen ausgebreitete Bilderfolge steht am Beginn der Entfaltung der süddeutschen Freskenmalerei.

Mit vergleichbaren Leistungen konnte die Bildhauerei unter MAX EMANUEL vorläufig noch nicht aufwarten. 1682 kamen die beiden Weilheimer FRANZ und DOMINIKUS STAINHART aus Rom zurück, wo sie sich neun Jahre lang aufgehalten und sich einen Namen als Elfenbeinschnitzer gemacht haben. Hofkammer und Hofbauamt waren von ihren Leistungen so beeindruckt, daß sie erwogen, den inzwischen alt gewordenen BALTHASAR ABLEITHNER zu entlassen, um die neuen Kräfte einstellen zu können. Noch aus dem Kreis um die Theatinerkirche stammte GIOVANNI NICOLO PERTI, der die Doppelhermen in Lustheim modellierte, während neues »Laubwerk französischer Manier« PIETRO FRANCESCO APPIANI in Nymphenburg aus Stuck auftrug. Der Ausbau der Schlösser Nymphenburg und Schleißheim dokumentiert die hochgesteckten (sprich: hochfliegenden) Pläne des bayerischen Kurfürsten MAX EMANUEL.

Bildhauer unter Max Emanuel

Zu einer Bestandsaufnahme vor dem Exil und den Wandlungen nach der Rückkehr wurde MICHAEL WENINGS *Historico – Topographica Descriptio*. Die Bayerische Landbeschreibung war die eigene Idee des gebürtigen Nürnbergers, der seit 1666 in München ansässig und seit 1669 Hofkupferstecher war. Das Hofzahlamt sowie die Stände des Ober- und des Unterlandes gewährten Zuschüsse zu diesem Werk, an dem WENING seit 1696 arbeitete. Darüber hinaus durfte WENING mit einer Hofkutsche zur Aufnahme sei-

Wenings Topographie

256   Schloß Nymphenburg, Miniatur von Maximilian de Geer, um 1730

257 »Das Reich der Venus«,
Ölgemälde von
Johann Andreas Wolff

258 Titelblatt von Michael Wenings, Kupferstichwerk
»Historico-Topographica Descriptio«, 1701 – 1726

TOPOGRAPHIA BAVARIÆ

ner Ansichten übers Land fahren. Michael Wening erlebte nur noch das Erscheinen des ersten Bandes 1701 (Rentamt München), da der Spanische Erbfolgekrieg die Fortführung der Arbeiten verzögerte. Der letzte Band ging erst 1726 nach Wenings Tod in den Druck.

Ähnlich wie der Dreißigjährige Krieg brachten auch der Spanische Erbfolgekrieg und das anschließende Exil Max Emanuels einen tiefgreifenden Wandel in der Hofkünstlerschaft, der gleichbedeutend ist mit dem Übergang vom Barock zum Rokoko in Süddeutschland.

Kontakt zu französischen Künstlern im Exil

Das Exil nach der Katastrophe von Höchstätt brachte Max Emanuel in die unmittelbare Nähe des französischen Hofes. Der bayerische Kurfürst fand persönlichen Kontakt zu den führenden Künstlerpersönlichkeiten und wird sich später bemühen, sie nach München zu holen. Am meisten schätzte er Germain Boffrand, mit dem er durch Agnès Le Louchier (die spätere Gräfin Arco) bekannt geworden ist. Boffrand erhielt den Auftrag, für Max Emanuel das Jagdschloß Bouchefort bei Brüssel zu bauen und den notwendigen Umbau des Schlosses Béarn in Saint Cloud durchzuführen, in dem Max Emanuel 1713/15 seine Residenz aufschlug. Er hatte aber auch Beziehungen zu Boffrands Antipoden, dem (allmächtigen) Robert de Cotte. Diese Verbindung hat möglicherweise der gleichfalls im Exil lebende Bruder Joseph Clemens hergestellt, der mit de Cotte wegen seiner Schloßbauten in Bonn, Poppelsdorf und Brühl Kontakt hatte.

Joseph Effner

In Saint Cloud hatte ein junger Architekt seine Bewährungsprobe zu bestehen: Joseph Effner, der Gärtnerssohn aus Dachau. Die Effner standen seit mehreren Generationen als Gärtner in bayerischen Diensten. Als Stammvater dürfte Georg Effner aus »Pfreimbd« (Pfreimbd in der Oberpfalz?) anzusehen sein. Georg Effner war Hofgärtner in Neudeck. 1625 erhielt er einen Wappenbrief. Sein Sohn Christian folgte ihm 1668 in diesem Amt, wurde dann 1670 nach Dachau versetzt. Dort kam 1687 als jüngstes von neun Kindern Joseph Effner zur Welt. Er lernte zunächst bei seinem Vater, obgleich keine Aussicht bestand, dessen Amt zu übernehmen, da dieses traditionsgemäß dem ältesten Sohn Christoph versprochen war; dieser wurde 1705 nach dem Tod des Vaters auch zum Dachauer Hofgärtner ernannt. Im Herbst 1706 kam Joseph Effner zusammen mit Matthäus Disel nach Paris, wo er acht Jahre blieb. Im selben Jahr wurde auch François Cuvilliés in den Hofstaat Max Emanuels aufgenommen. 1707 wurden der Hofdrechsler Maximilian Koch, 1709 der aus Tirol stammende Kistler Adam Pichler zur Ausbildung nach Paris geholt. Mit kurfürstlicher Erlaubnis wechselte Joseph Effner bald zur Architektur über. Sein Lehrer in diesem Fach wurde Germain Boffrand. Ihm hatte der designierte Hofbaumeister Joseph Effner 1713 in Saint Cloud zu assistieren.

Sobald die Rückkehr nach München für den exilierten Max Emanuel in greifbare Nähe rückte, kümmerte er sich von Paris aus um den Zustand seiner Schlösser in Bayern. Zunächst wollte er die notwendigen Arbeiten Effner übertragen, betraute dann aber den Obristkämmerer von Neuhaus mit dieser Aufgabe, der in Bausachen erfahren war.

Effner, seit 1715 Hofbaumeister, kehrte mit Max Emanuel nach Bayern zurück. Er wurde 1720 zum Hofkammerrat und 1724 zum Oberhofbaumeister ernannt. Somit stand er siebenunddreißigjährig an der Spitze des gesamten Hofbauwesens. 1737 erfolgte die Ernennung zum Obergartenbaudirektor.

Weiterführung der Bauarbeiten in Schleißheim

Max Emanuels vordringlichste Sorge galt dem Ausbau Schleißheims, das mehr oder weniger als Rohbau stehengeblieben war. 1715 bat Max Emanuel Robert de Cotte und Desgots nochmals um Gesamtpläne. De Cotte versuchte nochmals, aus Schleißheim eine moderne Anlage im französischen Geschmack zu machen. Er schlug eine Ehrenhofanlage vor, wollte den gesamten Osttrakt auf zwei Stockwerke erniedrigen und den großen Saal ins Erdgeschoß legen. Doch blieb es bei der bekannten Abfolge von Sala Terrena, Treppenhaus und Festsaal. Unklar und aufgrund der gegenwärtigen Forschungslage auch nicht zu entscheiden ist, ob die Laterne über dem Treppenhaus noch auf Enrico Zuccalli oder bereits auf Effner zurückgeht.

259   Germain Boffrand, Porträt von Jean Restout

Für die bevorstehende Hochzeit des Kurprinzen KARL ALBRECHT ließ der Kurfürst den Ausbau Schleißheims mit größter Eile betreiben, neue, zusätzlich Kräfte mußten eingestellt werden. Unter ihnen finden wir COSMAS DAMIAN ASAM, der im Schleißheimer Treppenhaus sein erstes profanes Thema zu gestalten hatte. Zusammen mit seinem Schüler JOHANNES ADAM MÜLLER hatte er auch die Maximilianskapelle auszumalen. Die Arbeiten in Schleißheim waren und blieben die einzigen Arbeiten COSMAS DAMAIAN ASAMS für den Münchner Hof.

Die Darstellung *Venus in der Schmiede des Vulkan, der die Waffen für den Trojanischen Krieg schmiedet* im Treppenhaus war eine Anspielung auf den Waffenruhm des bayerischen Kurfürsten während der Türkenkriege. Dieser Gedanke wurde im anschließenden großen Saal fortgesetzt. Das riesige Fresko, das den Kampf des Aeneas und Turnus um die Hand der Königstochter Lavinia darstellt, schuf JACOPO AMIGONI, der, soweit zu sehen ist, der einzige italienische Maler war, der nach 1715 wichtige Aufträge von MAX EMANUEL erhielt. Er wurde aber nach und nach von COSMAS DAMIAN ASAM und JOHANN BAPTIST ZIMMERMANN verdrängt.

Der gebürtige Neapolitaner, der in Venedig gelernt hatte, hielt sich 1729 bis 1739 in London auf, kehrte kurz nach Venedig zurück, um für den Rest seines Lebens als Hofmaler in Spanien zu arbeiten.

Zeitlebens mußten die siegreichen Schlachten die Staffage zu MAX EMANUELS Apotheose abgeben. So erhielt FRANZ BEICH 1702 den Auftrag zu den beiden Riesengemälden *Entsatz von Wien, 1683* und *Niederlage der Türken zwischen Mohacz und dem Berge Harsan, 1683,* an denen der Maler bis 1704 arbeitete. Sie brachten BEICH den Titel eines »Kurfürstlichen Kammerdieners und Hofmalers« ein. Zwischen diesem und seinem nächsten Auftrag lag ein langer Italienaufenthalt BEICHS, der ihn zwischen 1704 und 1715 nach Rom, Livorno und Neapel führte. Seit 1715 wieder in München zurück, malte er Ansichten der Lustschlösser MAX EMANUELS für die Nymphenburger Galerien und 1720/25 weitere Schlachtenbilder aus den Türkenkriegen für den Viktoriensaal des Schlosses Schleißheim. Nach dem Tode MAX EMANUELS schied BEICH 1726 aus dem Hofdienst aus und war in der Folgezeit hauptsächlich für den Adel tätig.

Er konnte sich unter KARL ALBRECHT nicht behaupten, viel weniger eine so wichtige Rolle spielen wie J. B. ZIMMERMANN, dessen Tätigkeit für den Münchner Hof gleichfalls in Schleißheim begann. ZIMMERMANN erhielt 1720 durch EFFNER den Auftrag, die »bey dem churfrtl. residenzgepeu Schleißheimb neu angefangene Haubt stiegen nach weisung der ihme Vorgezeichneten Riss, unnd modell, mit aller stockhotor Arbeith auf das fleissigst aus zu ziehren . . .«.

Es hat den Anschein, als liefen sich die Pläne ZUCCALLIS und EFFNERS von Anfang an entgegen und verzögerten die Vollendung des Treppenhauses. EFFNER war, nachdem man ihm 1719 die Bauleitung übertragen hatte, für den Innenausbau des Schlosses zuständig, man wollte aber ZUCCALLI, der an EFFNERS Treppenhausmodell Mängel feststellen glaubte, nicht völlig ausschalten. Darauf deutet auch ein eigenhändiges Schreiben des Kurfürsten von 1723 hin, mit dem er ZUCCALLI zu beschwichtigen suchte. Dennoch wurde ZUCCALLI von EFFNER zurückgedrängt und wurde zu den repräsentativen Aufgaben des Hofes nicht mehr hinzugezogen, obgleich er noch bis zu seinem Ableben (1724) in Amt und Würden war. So leitete EFFNER seit der Wiederaufnahme der Arbeiten in Nymphenburg das Geschehen und brachte Französisches dorthin. Dieses manifestierte sich zum einen im Inneren, wo das nördliche Vorzimmer im neuen (Régence-)Stil ausgestattet wurde, zum anderen im Äußeren durch die Anlage der großen quadratischen Höfe im Norden und Süden des Schlosses. EFFNER vereinheitlichte die Fassaden der verschiedenen Pavillons und betonte den Mittelbau durch das Aufsetzen eines Mittelgiebels und einer reichen Fassadendekoration. Das Motiv des Mittelgiebels wandte EFFNER auch an Schloß Fürstenried an, das er 1715 bis 1717 im Auftrag MAX EMANUELS errichtete. Im selben Auftrag baute JOSEPH EFFNER auch das Dachauer Schloß um.

Die Schlösser in Nymphenburg und Schleißheim dürfen nicht ohne die Parkanlagen gesehen werden; durch sie erhalten sie sozusagen erst den richtigen Rahmen. Für

386

260–261 »Venus in der
Schmiede des Vulkan«, Fresko
in der Kuppel des Stiegenhauses
im Schleißheimer Schloß
von Cosmas Damian Asam

262 »Kurfürst Max Emanuel
empfängt eine türkische
Gesandtschaft«, Ölgemälde im
Viktoriensaal des
Schleißheimer Schlosses
von Jacopo Amigoni, 1723

Schleißheim legte ENRICO ZUCCALLI die ersten Pläne im Zusammenhang mit seinen Schloßbauprojekten vor. Zur Zeit der Grundsteinlegung, um 1701 bis 1703, modifizierte CHARLES CARBONET dieselben im Geschmack der französischen Gartenkunst. Nach ihren Regeln entwarf CARBONET ein Parterre, das sich bis Lustheim ausdehnen sollte. Die Zeit um 1700 war die Glanzperiode für die Gartenkunst Frankreichs. Mit ANDRÉ LE NÔTRE und der Dynastie MOLLET war eine Schar gesuchter Gartenarchitekten herangewachsen, die weit über Frankreichs Grenzen hinaus wirksam wurde. Nach LE NÔTRES Tod scheint CLAUDE DESGOTS eine führende Rolle eingenommen zu haben. DESGOTS, der ein Neffe LE NÔTRES war, legte im Auftrage MAX EMANUELS 1713/15 einen Gesamtplan der Schleißheimer Park- und Gartenanlage vor. Die Grundlage für die Ausführung bildete schließlich ein Plan, den DOMINIQUE GIRARD, der gemeinhin als der Schöpfer der Schleißheimer Anlage betrachtet wird, bald nach 1715 angefertigt hat. GIRARD bezog ab April 1715 als kurfürstlicher »Prunnmeister« tausendzweihundert Gulden Gehalt. Endlich wurde ihm 1727 die Unterhaltung der Hofgärten insgesamt übertragen. Allerdings bedurfte eine so differenzierte Anlage wie beispielsweise der Nymphenburger Park mit seinen Fontänen, Kaskaden, Bassins und Kanälen auch eines Spezialisten wie der Versailler Garçon fontainier DOMINIQUE GIRARD einer war. In den Jahren 1717, 1719 und 1722 beurlaubte Max Emanuel seinen »Prunmeister«, damit dieser die Wasserwerke seines Kriegsgegners, des Prinzen Eugen, im Belvederepark angeben konnte. 1728 war GIRARD für MAX EMANUELS Bruder CLEMENS AUGUST tätig.

Die Übernahme des Oberhofgärtneramtes 1737 durch EFFNER ist wohl weniger als Zurücksetzung GIRARDS zu werten, der ein Jahr später gestorben ist, als vielmehr eine Entschädigung für EFFNER wegen der Bevorzugung CUVILLIÉS'.

Die Parkburgen in Nymphenburg

Im Nymphenburger Park ließ MAX EMANUEL, ausgehend von einer Gesamtkonzeption, mit dem Bau von Parkburgen beginnen. Als erste wurde 1719 die *Pagodenburg* vollendet. Nach PIERRE DE BRETAGNE soll MAX EMANUEL den Grundriß selbst erdacht haben. Stilistisch erweist sich die Pagodenburg als ein Werk EFFNERS, der hier von Grund auf planen konnte und dabei fraglos Eindrücke seines Frankreichaufenthaltes verwertete. In den Jahren 1718 bis 1721 erbaute EFFNER als Pendant die *Badenburg*. Schließlich entwarf er noch eine dritte Parkburg, die *Eremitage* oder *Magdalenenklause,* die 1725 begonnen, nicht mehr zu Lebzeiten MAX EMANUELS vollendet werden konnte.

Das ›Rondell‹ in Nymphenburg

Sein Sohn KARL ALBRECHT rundete Schloß und Park Nymphenburg im wörtlichen Sinne ab, indem er vor dem Schloß, das heißt stadtseitig, das *Rondell* mit zehn von EFFNER geplanten Pavillons anlegen ließ. Der Grundstein zum ersten Pavillon wurde 1728 gelegt, der Ausbau dauerte bis in die siebziger Jahre. Drei Pavillons des nördlichen Schloßrondells sollten die Porzellanmanufaktur aufnehmen; die Verwaltung sollte im mittleren untergebracht werden. Im Frühjahr 1758 wurde mit dem Bau der Pavillons begonnen, im April 1761 ordnete Kurfürst MAX III. JOSEPH den Umzug der Manufaktur von Neudeck nach Nymphenburg an.

Das *Rondell* und der 1718/29 verlängerte Kanal sollten der Ausgangspunkt einer Stadtgründung sein. Von *Carlsstadt* – die neue Stadt sollte nach dem Kurfürsten benannt werden – konnten jedoch nur sechsundzwanzig Häuser an den beiden Auffahrtsalleen entlang des Kanals verwirklicht werden.

Deckengemälde in Nymphenburg

Die Ausstattung der Nymphenburger Parkburgen gab nochmals Raum für großformatige Deckengemälde; es sollten dies – vom Umfang her gesehen – die letzten großen Deckengemälde am Münchner Hof für etwa die nächsten dreißig Jahre werden. In die Ausführung teilten sich geradezu symbolisch der Einheimische J. A. GUMPP (Salettl der Pagodenburg), der Italiener JACOPO AMIGONI (Festsaal der Badenburg) und der Franzose NICOLAS BERTIN. Dieser führte in Paris die Aufträge MAX EMANUELS aus und sandte die Gemälde dann nach München. Von ihm hat sich das Deckengemälde im Baderaum der Badenburg erhalten, das als großes Leinwandgemälde in die Decke eingesetzt ist. Eine ganze Reihe von Deckenbildern und Supraporten BERTINS sind leider verlorengegangen. FRANÇOIS ROËTTIERS hingegen ist 1717/18 in München nachweisbar. Außer Gemälden hat er den Entwurf zur ersten Kaskade im Nymphenburger Park geliefert. ROËTTIERS, der 1685 in London als Sohn eines Amsterdamer Malers geboren wurde, ging von München aus 1718 nach Wien, wo er 1742 vom Kaiser geadelt starb.

Dominierten in der Wand- und Deckenmalerei die italienischen und die süddeutschen Maler, so in der Porträtmalerei die französischen. Wie nämlich die Hofhaltung LUDWIG XIV. in Gänze so wurde auch der von RIGAUD geprägte Porträtstil in den deutschen Residenzen vorbildlich. Am Münchner Hof setzte der französische Einfluß bereits 1670/74 mit dem Hofmaler PAUL MIGNARD ein. Mit FRANÇOIS DETROY kam 1679 – geschickt von LUDWIG XIV. – einer der besten französischen Porträtisten nach München, um die neunzehnjährige Prinzessin MARIA ANNA CHRISTINE VICTORIA zu porträtieren. Das Konterfei hatte wohl die Aufgabe, dem Dauphin eine erste Vorstellung von seiner künftigen Braut zu vermitteln. Der ABBÉ DE LARMION soll 1680 nach seiner Rückkehr aus Bayern über das Porträt gesagt haben, daß die Prinzessin »viel besser« sei »als das Porträt, das DE TROY geschickt hat«. Dieses Urteil sei zum Troste jenes bayerischen Malers angeführt, über dessen Malkunst HENRIETTE ADELAIDE sich so erbost hatte. Als Türkensieger ließ sich MAX EMANUEL 1689 von HENRI GASCAR darstellen. Noch vor dem Exil des bayerischen Kurfürsten wurde MARTIN MAINGAUD für den bayerischen Hof tätig, nach Name und Stil gleichfalls ein Franzose. Zu seinen reizvollsten Arbeiten für MAX EMANUEL zählt jene Porträtserie der Kinder des bayerischen Kurfürsten, die heute in Schloß Schleißheim hängt. Sein letzter großer Auftrag für den Türkensieger war das lebensgroße Reiterbildnis, das er 1710 für den im Exil lebenden MAX EMANUEL ausführte. Auch PIERRE GOBERT arbeitete während des Exils für MAX EMANUEL.

Der bedeutendste unter den französischen Porträtisten, die für die Wittelsbacher gearbeitet haben, dürfte JOSEPH VIVIEN gewesen sein. Er war niemals bestallter Hofmaler, weder in München, wo er für MAX EMANUEL, noch in Bonn, wo er für MAX EMANUELS Sohn CLEMENS AUGUST tätig war.

JOSEPH VIVIEN wurde 1657 in Lyon geboren. Sein Lebenslauf läßt sich bis 1697 kaum verfolgen. Er entwickelte sich aber zu einem gefeierten Porträtmaler, wofür die Aufnahme in die Académie Royale in Paris die äußere Anerkennung war; 1703 wurde er zum Conseiller der Akademie ernannt. Vielleicht hat JOSEPH VIVIEN schon während der niederländischen Statthalterschaft für MAX EMANUEL gemalt. Nachweislich war er erstmals 1698 für ihn tätig. MAX EMANUEL hielt die Verbindung auch nach seiner Rückkehr nach Bayern aufrecht. Auch Vivien führt MAX EMANUELS Aufträge größtenteil in Paris aus, doch führten ihn mehrere Reisen nach Deutschland. Er kam zweimal nach München, 1715 bis 1717 und 1719. In den Jahren 1719 und 1734 war er in Bonn, wo JOSEPH VIVIEN gestorben ist; 1721 war er in Münster bei CLEMENS AUGUST. JOSEPH VIVIEN wurde ausdrücklich als Maler in Pastelltechnik gefeiert. In dieser Technik führte er auch das wohl bekannteste Porträt MAX EMANUELS aus. Während seines ersten Aufenthaltes in München vollendete er das großformatige Gemälde, das die Rückkehr des bayerischen Kurfürsten darstellt, während seines zweiten Aufenthaltes begann er das Bild, das die Wiedervereinigung MAX EMANUELS mit seiner Familie vorstellt. Dieses wurde erst nach vielen Jahren vollendet. JOSEPH VIVIEN wohnte, wenn er in München weilte, in der Herzog-Max-Burg, die zahlreichen Hofkünstlern als Wohnung und Atelier diente. Als MAX EMANUEL starb, verlor JOSEPH VIVIEN seinen wichtigsten Auftraggeber; die Nachkommen des Malers stritten sich noch 1821 mit dem bayerischen Hof wegen ausstehender Zahlungen.

Porträtmalerei

Joseph Vivien

KARL ALBRECHT

Diese waren nicht die einzigen Schulden, die KARL ALBRECHT von seinem Vater erbte. Sie veranlaßten ihn zum selben Schritt wie seinerzeit MAXIMILIAN, als er WILHELM V. Schuldenlast übernehmen mußte. Auch KARL ALBRECHT entließ eine ganze Reihe von Hofbeamten, darunter auch zahlreiche Künstler. Ähnlich wie sein Vater nutzte er die Gelegenheit zu Veränderungen unter der Münchner Hofkünstlerschaft. Die folgenreichste war wohl die Förderung eines CUVILLIÉS gegenüber dem Hofbaumeister JOSEPH EFFNER.

263   Treppenhaus des Schlosses Schleißheim

264   Die Badenburg im Nymphenburger Schloßpark.
Ansicht von Franz Beich in Schloß Nymphenburg

265   Wandteppich aus dem Vorzimmer des Kurfürsten zur Zeit
Kurfürst Max Emanuels im Schleißheimer Schloß

266 »Kurfürst Max Emanuel und seine Familie«, Ölgemälde von
Joseph Vivien, 1715 – 1733

FRANÇOIS DE CUVILLIÉS wurde am 23. Oktober 1695 als Sohn nicht eben wohlhaben- *François de Cuvilliés*
der Leute geboren. Er stammte aus dem einstmals bayerischen Hennegau, aus dem
auch PETER CANDID kam. Mit dreizehn Jahren trat er als Hofzwerg in den Dienst MAX
EMANUELS und begleitete ihn durch Flandern, nach Namur, Compiègne und Saint
Cloud. Zwanzigjährig folgte er dem bayerischen Kurfürsten 1715 nach München. Zwei
Jahre später war er Fähnrich im Leibregiment und meldet sich nach glänzend bestande-
nem Examen für den Ungarnfeldzug, wurde jedoch wegen seines allzu kleinen Wuch-
ses zurückgestellt. Er scheint auch mehr als Militärarchitekt denn als Offizier ausgebildet worden zu sein. Seit 1716 arbeitete er nämlich unter GRAF VON WAHL als »dessinateur«. Im Jahre 1720 gewährte ihm der Kurfürst tausendeinhundert Gulden Gehalt für
seine weitere Ausbildung in Paris, wo er sich bis zum Frühjahr 1724 aufhielt. Dort lernte
FRANÇOIS DE CUVILLIÉS von seinem fünfundzwanzigsten bis zu seinem neunundzwan-
zigsten Lebensjahr bei FRANÇOIS BLONDEL D. J., der unter DE COTTE und neben DES-
GOTS Lehrer an der Académie Royale war. Mit ihm studierte JACQUES FRANÇOIS BLON-
DEL, der nachmals der Lehrer seines Sohnes und der LESPILLIEZ' werden sollte. Es ist
anzunehmen, daß auch FRANÇOIS DE CUVILLIÉS der französischen Gepflogenheit gemäß in erster Linie am Zeichenbrett und am Büchertisch lernte. Er wird sowohl die Geschichte der Architektur als auch die zeitgenössische französische Architekturtheorie
studiert haben. Seit April 1725 war er mit sechshundert Gulden Gehalt als Hofbaumeister in München angestellt. Im Jahre 1728 verfügte KARL ALBRECHT, daß CUVILLIÉS in
allem dem Oberhofbaumeister EFFNER gleichzustellen sei. Wir müssen weiterhin annehmen, daß diese Aufwertung, diese Ehrung, im Zusammenhang stand mit einer Bausitzung vom 19. März desselben Jahres. Damals weilte CLEMENS AUGUST von Köln mit
Plänen seines Architekten SCHLAUN für Schloß Augustusburg bei Brühl in München.
CUVILLIÉS veränderte mit wenigen Strichen SCHLAUNS Entwürfe im Sinne des modernen französischen Geschmacks, wie er sich seit dem Tode LUDWIG XIV. zu entwickeln
begann. Die Bausitzung verschaffte ihm auch ein Engagement zu CLEMENS AUGUST
nach Bonn, wo CUVILLIÉS im Herbst desselben Jahres mit einem Diener sich aufhielt;
ferner bekam er ein Jahresgehalt von vierhundert Gulden. Schon 1739 führte er den
Titel eines Kölner Truchsesses. Die rege Bautätigkeit CLEMENS AUGUSTS wird FRAN-
ÇOIS DE CUVILLIÉS noch öfters an den Rhein führen.

Während dieser Jahre, die so reich an äußeren Ehren waren, wurde in München an *Die »Reichen Zimmer«*
beziehungsweise in den *Reichen Zimmern* gearbeitet. In diesem Zusammenhang wurden die Räume östlich über dem Grottenhof zum dritten Mal innerhalb weniger Jahrzehnte umgestaltet. Die erste Umgestaltung hatte MAX EMANUEL ja bereits veranlaßt,
die zweite begann JOSEPH EFFNER 1726 für KARL ALBRECHT. Ein Brand erzwang
schließlich 1729 den dritten Anlauf. CUVILLIÉS verlegte die Hauptfront der Räume an
die Südseite über den großen Residenzgarten und erweiterte die Flucht um die *Grüne
Galerie* und ein Treppenhaus. Die Verlegung der Haupträume an die Südseite war vorbereitet durch die *Ahnengalerie* und die *Schatzkammer* am Residenzgarten. Der Gedanke, die Gartenhalle WILHELM V. in eine Ahnengalerie und eine Schatzkammer des
Hauses Wittelsbach zu verwandeln, geht wohl noch auf MAX EMANUEL zurück, die
Grundzüge der Verwirklichung dieser Idee wohl noch auf EFFNER. Doch kündete sich
in diesen Erdgeschoßräumen schon der Einfluß CUVILLIÉS an. Ahnengalerie und
Schatzkammer bildeten im übertragenen Sinn das Fundament für das Zeremoniell und
die Ansprüche der sogenannten *Reichen Zimmer.*

Hier begannen die Arbeiten 1730 nach einem einheitlichen Konzept und waren im
November 1737 abgeschlossen. In jedem Kontrakt, der mit einem der ausstattenden
Künstler geschlossen wurde, wird betont, daß Stuck- und Schneidearbeiten nach den
vorgelegten Rissen CUVILLIÉS' auszuführen seien. Diese Anweisung verlangte von den
Mitarbeitern ein hohes Maß an Disziplin, die sie nur umso vertrauter mit CUVILLIÉS'
Vorstellungen machte und ein Höchstmaß an Einheitlichkeit der Ausstattung erreichen ließ. So ist auch zu erklären, daß CUVILLIÉS' Münchner Werke einheitlicher, abge-
schlossener wirken als die gleichzeitigen *Gelben Appartements* in Schloß Augustusburg
bei Brühl, wo CUVILLIÉS die Ausführung einem örtlichen Bauleiter überlassen mußte.

267 Porzellankabinett
(ehemals Schatzkammer)
und Ahnengalerie in der
Münchner Residenz,
1731 – 1733

268 Die »Reichen
Zimmer« in der Münchner
Residenz, Blick vom
Parade-Schlafzimmer in das
Konferenzzimmer.
Ausstattung von
François de Cuvilliés, 1730

Ab 1730, das heißt noch während der Arbeiten in der Münchner Residenz, begannen die ersten Intrigen und kleinlichen Schikanen gegen François de Cuvilliés. Dessen ungeachtet ließ ihm der Kurfürst 1734 die »inspection . . . . ybertragen und aus dero geheimen Cassa die gelter gegen hierumben ausgestellten hafftschein sondebahr gnedigst erfolgen«. Damit war die Anweisung zum Bau der *Amalienburg* im Nymphenburger Park gegeben. Im Frühjahr 1734 wurde mit dem Bau begonnen, der bereits im Oktober als Rohbau stand. Bis 1739 war die Amalienburg dann völlig ausgebaut. Mit der Amalienburg war der Höhepunkt des höfischen Rokoko erreicht. Fast mutet es wie eine innere Konsequenz an, wenn François de Cuvilliés für einige Jahre keine bedeutenderen Aufträge vom Hof mehr erhält. *Die Amalienburg*

Dennoch war er weiterhin für das Haus Wittelsbach tätig. Schon 1734 gestaltete er für Bischof Johann Theodor von Freising dessen Bibliothek und die Wohnräume um, 1738 war er für Clemens August in Berg am Laim tätig.

Im Jahre 1742 erfüllte sich für das Haus Wittelsbach ein langersehnter Traum, als Karl Albrecht die Kaiserwürden erlangte. Auch in Cuvilliés' Leben bildete dieses Jahr einen Wendepunkt. In den Jahren bis zum Tode des wittelsbachischen Kaisers wurde sein Gehalt nicht mehr ausbezahlt, so daß er in den fünfziger Jahren vergeblich darum nachsuchte. Von Max III. Joseph erhielt er zunächst keine Aufträge mehr. Als Effner starb, erhielt nicht er, Cuvilliés, dessen Stelle sondern Johann Gunetsrhainer. Auch die Stelle eines Obergartenbaudirektors blieb ihm versagt.

Erst im Jahre 1750 entsann man sich wieder seiner, als ein Hoftheater errichtet werden sollte. Anlaß hierzu war ein großer Brand 1750 in der Neuveste, dem der Georgssaal zum Opfer fiel. Dieser hatte bisher neben dem Opernhaus bei St. Salvator als Theaterraum gedient und war nochmals von Nikolaus Gottfried Stuber und dem Theatermaler Giovanni Paolo Gaspari hergerichtet worden. Das neue Theatergebäude sollte aus Gründen der Feuersicherheit ein allseits freistehendes Gebäude werden, das beim ehemaligen Stadtgraben zu stehen kam. Die Ausführung des Baues konnte schon im Frühjahr 1751 begonnen und 1755 vollendet werden. Die Eröffnung des Theaters fand bereits im Herbst 1753 statt. Der Zuschauerraum wurde als Logentheater mit vier Rängen angelegt, die die absolutistische Gesellschaftsordnung widerspiegeln. Ihre Wertskala zeigt auch die Dekoration an. Sie nobilitiert die Kurfürstenloge, die Proszeniumslogen und den ersten Rang.

Als Cuvilliés 1754 wegen Gehaltsnachforderungen bei Hofe einkam, stellte man dort lakonisch fest, es sei »von den Meritten des Herrn Cuvilliés außer einem verkünstelten Opernhausgebäu nichts bekannt«. Dieses für uns unerklärliche Urteil wird sofort verständlich, wenn man das *Cuvilliéstheater* mit dem gleichzeitig erbauten Theater Karl Theodors in Schwetzingen vergleicht, das geradezu klassizistisch gegenüber dem Münchner wirkt. Trotzdem war Cuvilliés' Ansehen am Hofe wieder im Steigen. Er löste Gunetsrhainer während der Umgestaltungsarbeiten des großen Saales in Schloß Nymphenburg ab und bringt, auch wenn Effners monumentale Ordnung beibehalten wurde, Leichtigkeit in den Saal.

Der Brand von 1750 hatte die Neuveste weitgehend zerstört. Kurfürst Max III. Joseph wollte die Gelegenheit nutzen, um die gesamte ungegliederte Ostseite des Residenzareals neu zu gestalten. Eine Reihe von Plänen und ein Holzmodell nach Cuvilliés, die 1761 bis 1765 entstanden, vermitteln noch heute ein anschauliches Bild dieses Vorhabens. Cuvilliés sah eine flache Ehrenhofanlage mit einem Mittelpavillon vor, der, anders als im Schloßbau des 18. Jahrhunderts üblich, kein repräsentatives Treppenhaus mit Festsaal, sondern eine Kapelle aufnehmen sollte. Für die Treppenanlagen waren die beiden Hofflügel vorgesehen. Hinter dieser ungewöhnlichen Disposition möchte man eher den Kurfürsten als Cuvilliés vermuten.

Den Schlußstein in Cuvilliés' Münchner Schaffen, im Schaffen für das Haus Wittelsbach überhaupt, bildete die Fassade der Theatinerkirche.

Der Kreis an wesentlichen Mitarbeitern Cuvilliés' ist relativ eng und stabil: der Stukkateur und Freskant Johann Baptist Zimmermann, die Kistler und Bildhauer Adam Pichler, Joachim Dietrich, Johann Baptist Straub. Für das Theater stan- *Die Mitarbeiter Cuvilliés'*

269 – 270   Die Amalienburg
im Nymphenburger Schloßpark
von François de Cuvilliés.
Retirade und Gartenseite des Schlosses

271　Das Alte Residenztheater in München.
Ansicht des Innenraumes von François de Cuvilliés, 1751 – 1755

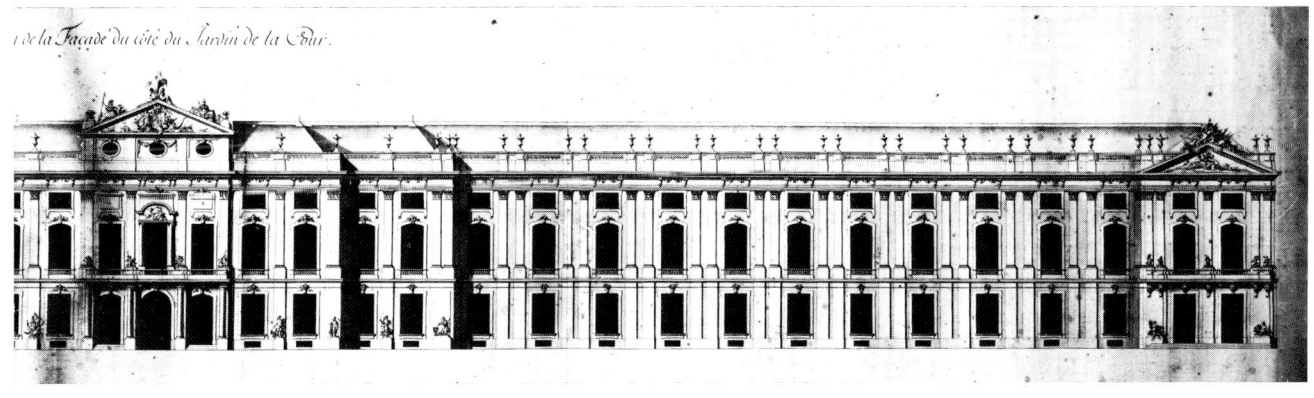

272　Entwurf für einen Umbau der Münchner Residenz
von François de Cuvilliés, 1764

den ihm noch sein Sohn François Cuvilliés d. J., der Hofbauamtsakzessist Karl Albert von Lespilliez und der aus Wien stammende Hofmaurermeister Leonhard Mathäus Giessl zur Seite. Mit Recht wurde schon gefragt, ob sich Cuvilliés ohne seine kongenialen Mitarbeiter einen vergleichbaren Nachruhm gesichert hätte. Man könnte diese Frage noch weiter auf die Persönlichkeit Johann Baptist Zimmermanns zuspitzen.

Johann Baptist Zimmermann   Johann Baptist Zimmermann wurde 1680 geboren. Die handwerklichen Grundlagen hat er vermutlich in der väterlichen Werkstatt erhalten. Vielleicht hat er auch der vielverzweigten Schmuzer-Werkstatt angehört. Nachhaltigen Einfluß übten auf ihn wohl die Italiener aus; vielleicht hat er sich einer der in Süddeutschland tätigen italienischen Stukkatorengruppen angeschlossen. In den Jahren 1707 bis 1715 war er in Miesbach ansässig, bemühte sich aber 1710 um das Bürgerrecht in Freising. Von hier aus war er unter anderem in Ottobeuren tätig, als Jacopo Amigoni 1719 dort sein erstes Deckenbild malte. Wahrscheinlich war es dieser, der Effners Aufmerksamkeit auf Johann Baptist Zimmermann lenkte. Im folgenden Jahr begann mit der Stuckierung des Treppenhauses in Schleißheim eine künstlerische Entwicklung, die zunächst noch von Effner, später von Cuvilliés gefördert wurde, und Johann Baptist Zimmermann zum bevorzugten Stukkateur des Münchner Hofes (und des Hofadels) werden ließ. Zunächst hatte Zimmermann in Schleißheim gleichberechtigt neben Charles Dubut und Johann Georg Baader gearbeitet. Nach und nach scheint er sich künstlerisch durchgesetzt zu haben, denn er erhielt die höchsten Zahlungen. Nach dem Tode Baaders und dem Ausscheiden Dubuts wurde er der erste Hofstukkator. Die nun folgenden Jahre, die ganz unter dem Zeichen der Zusammenarbeit mit Cuvilliés standen, wurden seine bedeutendsten. Cuvilliés scheint Zimmermann mehr künstlerische Freiheit eingeräumt zu haben als anderen Mitarbeitern. Im Anschluß an die Ahnengalerie, deretwegen 1729 mit Zimmermann Verhandlungen geführt wurden, stuckierte er 1730 die Schatzkammer aus (das heutige Porzellankabinett). Die Dekoration dieses Raumes wird bereits von Kriterien bestimmt, die für das Rokoko kennzeichnend sind; das Schatzkammerkabinett steht am Anfang des höfischen Münchner Rokoko. Anschließend folgten die Reichen Zimmer, die mit der Einrichtung der Grünen Galerie und des Prachtstiegenhauses, das 1764 bereits wieder zerstört wurde, ihren Höhepunkt und Abschluß fanden. Johann Baptist Zimmermann war eine Doppelbegabung, die auch auf dem Gebiet der Wandmalerei Außerordentliches leistete.

Obgleich generationsmäßig den Asams zuzurechnen, ist Johann Baptist Zimmermanns Malweise lichter, heller, und seine Deckengemälde konnten zum Inbegriff des Rokokohimmels werden. Seine Deckengemälde im Residenztheater, das erste große höfische Deckenbild in München seit der Badenburg, ist leider schon 1801 beseitigt worden. Weder Entwürfe noch Nachstiche vermitteln uns eine Vorstellung. Das aus Anlaß der Eröffnung des Theaters entstandene Gedicht *Phoenix nostri temporis* vermeldet lakonisch: »Hier sieht man wie Mercur sich in die Lüften schwinge, dort wie der Pallas Hand sperrt auf ihr Götterhaus«. Nach dem Deckengemälde im Theater übernahm der hochbetagte Johann Baptist Zimmermann den Auftrag zur Umgestaltung des Steinernen Saales in Nymphenburg, die Zimmermann durch ein Modell und eine Ölskizze vorbereitete. François de Cuvilliés nahm noch Einfluß auf die Dekoration und mittelbar auch das Hofbauamt, das einen Preisnachlaß auszuhandeln versuchte. Dennoch muß die Umgestaltung als eigenständige Leistung Zimmermanns gelten, der als Mitarbeiter seinen Sohn Franz Michael und den Freskanten Martin Heigl zuzog. Das Thema des Deckengemäldes ist vordergründig auf den Gartenschloßcharakter, allegorisch auf die kurfürstliche Familie bezogen. Um Apoll mit dem Sonnenwagen wurden die Musen gruppiert und Nymphen, die der Flora huldigen. Dieses Nymphenburger Gemälde wurde das weltliche Gegenstück zum Deckenbild der Wieskirche, die gleichfalls 1757, ein Jahr vor dem Tod des Meisters, vollendet wurde.

Bellotto   Nicht viel mehr als eine Episode war 1761 der Aufenthalt Bellottos in München. Im Auftrag des Kurfürsten Max III. Joseph hatte er für das Speisezimmer der Residenz drei Bilder im Format 132 : 235 cm zu malen: Generalansicht Münchens von Haidhausen

273   Ansicht des Schlosses Nymphenburg von der Gartenseite.
Ölgemälde von Bernardo Bellotto, gen. Canaletto, 1761

aus und zwei Ansichten des Nymphenburger Schlosses. In der Ansicht der Gartenseite des Nymphenburger Schlosses stellte BELLOTTO das Wasserfest dar, das der bayerische Kurfürst aus Anlaß des Besuchs seines Vetters, des Kurfürsten KARL THEODOR von der Pfalz, im selben Jahr veranstaltete.

Bildhauer am Münchner Hof Mitte des 18. Jh.s Trotz der überragenden Bedeutung eines JOHANN BAPTIST ZIMMERMANN bestimmten die Bildhauer das Bild der Künstlerschaft während des mittleren 18. Jahrhunderts am Münchner Hof. Der führende Bildhauer bis 1742 war GUILLIELMUS DE GROFF. Er war 1676 in Antwerpen geboren worden, in dessen Kunstleben damals die Bildhauerei vorherrschte, trat als Lehrling in die Bildhauerwerkstatt des FRANS BEDELOO ein und ging vielleicht schon um die Jahrhundertwende nach Paris. Hier muß er sich besonders der Metallgießerei zugewandt haben. In Paris stand er (ab 1708?) im Hofdienst. In St. Cloud scheint er mit MAX EMANUEL in Kontakt gekommen zu sein, möglicherweise durch eine Büste des flüchtigen Kurfürsten, die ihm Ansehen gebracht haben soll. 1714 stand er in fester Verbindung mit MAX EMANUEL; in diesem Jahr schuf er das Reitermonument und erhielt ab September eine Besoldung. Zwei Jahre später folgte er dem bayerischen Kurfürsten nach München und wurde der erste Bildhauer am Hofe. Diese Stelle hatte er unangefochten bis zu seinem Tode im Jahre 1742 inne. GUILLIELMUS DE GROFF überstand auch die Entlassungen KARL ALBRECHTS 1726, allerdings wurde sein Gehalt um die Hälfte gekürzt. Er verdiente 1730 dennoch neunzig Gulden mehr als der Hofbaumeister FRANÇOIS DE CUVILLIÉS. Die Haupttätigkeit GUILLIELMUS DE GROFFS bestand darin, die kurfürstlichen Gärten mit vergoldeten Bleistatuen zu versehen. Schon 1716 vollendete er zwei Bleigruppen, für den Nymphenburger Park, dem er durch seinen plastischen Schmuck einen besonderen Reiz verlieh. Daneben hatte er Wandbrunnen, Appliken, Kaminböcke undsofort auszuführen, aber auch Statuetten und Porträtbüsten: MAX EMANUEL als Türkensieger, die Büste EFFNERS (1733) und eine Porträtbüste des CLEMENS AUGUST.

Der bedeutendste Schüler und Mitarbeiter DE GROFFS war AEGID VERHELST. Er stammte gleichfalls aus Antwerpen, wo er 1696 geboren wurde und die Bildhauerkunst erlernt hat. GUILLIELMUS DE GROFF holte ihn wahrscheinlich 1718 nach München. Im Jahre 1724 erscheint er als Hofbildhauer des Herzogs JOHANN THEODOR VON BAYERN, der Fürstbischof in Freising war. Angeblich auf Betreiben des Augsburger Akademiedirektors JOHANN GEORG BERGMÜLLER siedelte VERHELST nach Augsburg über, wo er 1738 als Bürger nachzuweisen ist.

Werke von AEGID VERHELST sind in München keine bekannt. Die Diana über dem östlichen Eingang zur Amalienburg, die ihm früher zugeschrieben wurde, ist zumindest quellenmäßig nicht zu belegen. Werke VERHELSTS haben sich in Dießen und in der Wieskirche erhalten. Sie dokumentieren die gleichsam »außerdienstliche«, sehr fruchtbare und weitgespannte Zusammenarbeit der Münchner Hofkünstler. Ein »optimus vir« soll auch der ansbachische Hofbildhauer GIUSEPPE VOLPINI gewesen sein (nach Oefele). Er war schon 1711 bis 1714 für das Karmelitenkloster in München tätig, ehe ihn MAX EMANUEL 1715 zum kurbayerischen Hofbildhauer ernannte. Als »Antiquari Inspector« war er ab 1728 für die Erhaltung beziehungsweise Instandsetzung der Statuen des Antiquariums und der Gärten verantwortlich. Für die Parkanlagen in Nymphenburg und Schleißheim verfertigte er Statuen und Büsten. 1728 wurde verordnet, daß VOLPINI jährlich zwei Figuren abzuliefern habe; viel abzuliefern war ihm allerdings nicht mehr vergönnt, da GIUSEPPE VOLPINI bereits 1729 gestorben ist. Neben seinen Bildhauerarbeiten, gelegentlich nannte man ihn »Hofmarmorateur«, entstanden vereinzelte Stuckarbeiten.

Anders als DE GROFF und VOLPINI war der Bildergießer und Bildhauer VILLEMOTTE mit fester Besoldung bei Hof angestellt. Er verließ München 1735, ging nach Ansbach, um als Ansbachischer Hofbildhauer nach München zurückzukehren, wo er 1746 starb. *Ch. Claude Dubut* Aus Berlin (?) kam CHARLES CLAUDE DUBUT nach München, der bedeutendste Stukkateur vor ZIMMERMANN. DUBUT ist in Paris geboren worden, wann, ist leider nicht genau zu sagen. 1707 hielt er sich in Rom auf, 1716 wurde er nach München berufen und ausdrücklich zu Arbeiten »bey dem Nymphenburgl und anderen gebäuden« angestellt,

400

274 Kurfürst Max Emanuel als Türkensieger,
Kleindenkmal in Bronze von Guillielmus de Groff, 1714

wofür er jährlich sechshundert Gulden Gehalt erhielt. Dubut führte offenbar alle wichtigen Stukkaturen aus: so die Fassade des Hauptschlosses von Nymphenburg, im Audienzzimmer, in der Badenburg, in der großen Galerie in Schleißheim, im Viktoriensaal und in der Hofkapelle. Er hatte auch das Modell zur Schleißheimer Treppe auszuführen. Neben den großen Arbeiten schuf Dubut auch kleine Porträtmedaillons, vor allem in Wachs. Charles Claude Dubut ist es zeitlebens nicht gelungen, sich von den schweren Formen des späten Louis XIV zu lösen, um neuen Tendenzen zu folgen. Dies dürfte auch der Grund gewesen sein, daß Dubut den Sparmaßnahmen von 1726/27 zum Opfer fiel und durch Johann Baptist Zimmermann aus Wessobrunn verdrängt wurde.

Dieser Wandel in der Hofkünstlerschaft war natürlich auch generationsmäßig bedingt. Dubut, der gegen 1687 in Paris geboren worden ist, war eben eine Generation »altmodischer« als etwa ein Johann Baptist Zimmermann und ein Johann Baptist *Johann Baptist Straub* Straub, der 1704 in Wiesensteig geboren wurde. Straub lernte zunächst bei seinem Vater, der Bildhauer und Maler war, und anschließend vier Jahre in der Werkstatt des Hofbildhauers Gabriel Luidel. Als man an die Appartements über der Grottenhalle in der Münchner Residenz ging, wurde »dem noch ziemlich jungen Straube die Arbeit, die aus Verzierung und kleinen Gesims bestand, vor allen andern, die sich darum bewarben, anvertraut« (so wußte Straubs erster Biograph Lippert zu berichten). Gleichzeitig war Straub in Schleißheim unter Effner tätig. 1727 wandte sich Johann Baptist Straub nach Wien, wo er unter anderem Gehilfe bei Christoph Mader war und Arbeiten im Oberen Belvedere ausführte. Auf Einladung Andreas Faistenbergers kehrte Straub nach achtjähriger Abwesenheit 1734/35 nach München zurück und führte einen Wandbrunnen im Holnstein-Palais, der Stadtwohnung des (nachträglich legitimierten) Sohnes Karl Albrechts aus; der Architekt des Palais war niemand anderer als François de Cuvilliés. Diesem ersten Kontakt mit Cuvilliés folgte 1737 die Ernennung zum Hofbildhauer, eigentlich zum hofbefreiten Bildhauer ohne Gehalt, womit die Befreiung von der Zunftpflicht verbunden war. Damit war sicherlich eine Vorbedingung geschaffen, daß Straubs Werkstatt die führende unter Münchens Bildhauerwerkstätten werden konnte: Am Hofe, wo er nie eine Ehrenstelle eingenommen hat, scheint er immer im Schatten seiner französischen Kollegen gestanden zu haben. Überblickt man sein Werk, so überwiegen bei weitem die kirchlichen Aufträge diejenigen des Hofes.

Aus der Zeit seiner Ernennung zum Hofbildhauer stammen die Bilderschlitten des Nymphenburger Marstallmuseums, die als Gipfelleistungen des Schlittenbaues gelten können. Neben den ›Paradeschlitten‹ versah er auch die ›Paradewagen‹ mit Schnitzereien. Zu den Parkfiguren in Nymphenburg lieferte er etliche Modelle, führte auch selbst einige Figuren aus. Sein umfangreichster Hofauftrag waren wohl die Holzbildwerke des Residenztheaters.

Der mittlerweile Siebzigjährige bewarb sich 1774 in Konkurrenz zu Ignaz Günther um die Planstelle des Charles de Groff. Schon zwei Jahre später war er »in solchs Leibs gebrechliche Umstände geraten, das er selber die Veraccordirte Statuen herzustellen ausserstand gesetzt« war. Straub geriet im Alter, wohl weil er aus Altersschwäche zur manuellen Arbeit nicht mehr fähig war, in Not, obwohl er noch große Aufträge erhielt. Im Jahre 1784 nahm ihm dann der Tod das Werkzeug aus der Hand.

Jgnaz Günther Johann Baptist Straub witterte offensichtlich in Ignaz Günther die Begabung und die Konkurrenz. Jedenfalls hat man den Eindruck, als habe er versucht, den Jüngeren in die kleineren Orte um München abzudrängen. Ignaz Günther zählte zu den vergleichsweise wenigen Künstlern, die aus der ›Oberpfalz‹, wenn diese in unserem Zusammenhang ungenaue Bezeichnung einmal verwendet werden darf, nach München zogen und für den Hof arbeiteten. Günther wurde am 22. November 1725 als Sohn des Schreiners, Bildhauers und Faßmalers Johann Georg Günther in Altmannstein geboren. Die handwerkliche Grundlage zu seinem Beruf erhielt er bei seinem Vater. Er siedelte 1743 nach München über und stand bei Johann Baptist Straub ein. Von 1750 an begegnen wir Ignaz Günther auf der Wanderschaft: 1750 in Salzburg,

275   Johann Baptist Straub,
Porträt von Balthasar Augustin Albrecht, 1763

276   Joseph Effner, Porträtbüste von Charles de Groff (?), 1733

1751 in Mannheim (hier war er vermutlich bis zu PAUL EGELLS Tod 1752 in der Werkstatt des Kurpfälzischen Hofbildhauers tätig), 1753 an der Wiener Akademie. Von dort kehrte er ausgezeichnet mit dem großen Preis der Akademie nach München zurück. Im Jahr seiner Rückkehr wurde er zum hofbefreiten Bildhauer ernannt. IGNAZ GÜNTHERS Name wurde schnell bekannt. Es kamen die großen Aufträge von den Klöstern und Stiften des bayerischen Oberlandes, wie Rott, Weyarn, Neustift, Altenhohenau, Mallersdorf. Für den Hof arbeitete IGNAZ GÜNTHER erstmals 1763, als er den Auftrag zu den neuen Portalen des Schlosses Schleißheim erhielt. 1769/70 lieferte er die Modelle zu Parkfiguren, 1773 erhielt GÜNTHER einen Auftrag zu Vasen und Laternen für die neue Freitreppe des Schlosses Nymphenburg. Im selben Jahr 1773, zwei Jahre vor seinem frühen Tod, bemühte sich IGNAZ GÜNTHER um die mit jährlich dreihundert Gulden dotierte Stelle eines wirklichen, das heißt beamteten Hofbildhauers. Das kurfürstliche Bauamt lehnte GÜNTHERS Gesuch mit der Begründung ab, daß auf eben diese Stelle JOHANN BAPTIST STRAUB schon seit langem eine Anwartschaft habe. Erhalten hat die Stelle schließlich ROMAN ANTON BOOS.

Roman Anton Boos   Nach WESTENRIEDER kam BOOS, der 1730 in Roßhaupten bei Füssen geboren worden ist, zu ANTON STURM nach Füssen in die Lehre. Anschließend folgte die übliche Wanderzeit, die ihn 1754 für zunächst neun Jahre zu STRAUB nach München führte. Hier lernte er seine spätere Frau MARIA THERESIA ANGELICA kennen, eine Tochter aus STRAUBS zweiter Ehe. Wie JOHANN BAPTIST STRAUB und IGNAZ GÜNTHER so wandte sich auch ROMAN ANTON BOOS nach Wien (1763), um die dortige Akademie der bildenden Künste zu besuchen. Anschließend besuchte er, wohl kaum länger als ein Jahr, die Augsburger Akademie, »allwo er auch bey dem Statuarius Verhelst arbeitete«, wie die Augsburger Kunstzeitung von 1770 berichtete. Sie war gewissermaßen die Hauszeitung der Augsburger Akademie und verfolgte aufmerksam das künstlerische Geschehen in München. Im Frühjahr 1765 ließ sich ROMAN ANTON BOOS für dauernd in München nieder, obwohl man ihm in Wien, wie er später selbst einmal schreibt, »die herrlichsten Versprechungen und Bedingnisse seiner baldigen Versorgung . . .« gemacht hatte. Sein erster großer Auftrag waren die Stifterfiguren Ludwigs des Strengen und Ludwigs des Bayern für die Zisterzienserkirche Fürstenfeld. Sie sollen in München so großen Beifall gefunden haben, daß BOOS vom kurfürstlichen Hofbauamt den Auftrag zu vier Figuren für die Fassade der Theatinerkirche erhielt. Es handelte sich dabei um die hll. Adelheid, Ferdinand, Cajetan, und Maximilian, die aus Kelheimer Stein zu hauen waren. Ferner konnte er das von Genien gehaltene Wappen ausführen. Diese Arbeiten sollen »Ihre Churfürstliche Durchlaucht«, das heißt MAX III. JOSEPH, veranlaßt haben, ROMAN ANTON BOOS Hofschutz zu gewähren. Er wurde zu Arbeiten im Schleißheimer Garten herangezogen, wo er Figurengruppen zu den Wasserspielen lieferte. Nach Abschluß dieser Arbeiten sicherte man ihm 1773 die nächste frei werdende Hofstatuariusstelle zu, die er im folgenden Jahre nach dem Tod von CHARLES DE GROFF tatsächlich erhielt. Von 1775 an arbeitete er an den Figuren für den Nymphenburger Park. Auch die unfertigen Bildwerke des Mars, der Pallas, der Venus und des Merkur wurden ihm nach IGNAZ GÜNTHERS Tod anvertraut. Sein umfangreichstes Werk, das schon unter KARL THEODOR entstand, wurde bis 1781 die Gruppe mit den Taten des Herkules, die in den Nischen des Nordtraktes der Hofgartenarkaden aufgestellt wurden. Boos mußte seine eigene Arbeit 1802 schon wieder restaurieren, nachdem sie mutwillig beschädigt worden war. Damit war die Zeit des ROMAN ANTON BOOS im Dienste des Kurhauses praktisch beendet. Auf seine Bittschriften um Aufbesserung seines Einkommens reagierte die Hofkammer hinhaltend, der Auftrag für zwölf Vasen im Nymphenburger Schloßpark und die Restaurierunug von Statuen im Antiquarium sind wohl als gnädige Gesten zu werten.

Als er im April 1800 die Leitung der von ihm gegründeten Akademie übernommen hatte, wurde der Direktorsposten eingespart. Boos hatte die Gründung einer Kunstakademie in der churfürstl. Haupt- und Residenzstadt München 1766 angeregt. Den Gedanken griffen der Hofmaler CHRISTIAN WINK und FRANZ XAVER FEICHTMAYR auf. Lange Zeit fand der Unterricht im Hause FEICHTMAYRS statt. Die Unkosten bestritten die drei Künstler aus eigenen Mitteln, bis sich MAX III. JOSEPH zur offiziellen Einrich-

278 Fresko des Speisesaals im Erdgeschoß des
Schleißheimer Schlosses von Christian Wink

277 Roman Anton Boos, Selbstporträt, Büste

279 Max III. Joseph beim Drechseln, Ölgemälde von
Johann Jakob Dorner

tung einer Maler- und Zeichenakademie entschloß und für die jährlichen Unkosten dreihundert Gulden gnädigst gewährte. Die Leitung übertrug der Kurfürst dem Hofkammerrat VON FASSMANN, BOOS wurde nach dem Maler FRANZ IGNAZ OEFELE zweiter Professor (OEFELE bezog für seine Lehrtätigkeit hundert Gulden Gehalt, BOOS die unbesoldete Ehre). Es war für den alten BOOS sicher eine herbe Enttäuschung, als dann 1806 zur Leitung der Akademie PETER LAMINE aus Mannheim berufen worden ist.

Joseph Clemens und Clemens August, die Kölner Fürstbischöfe

WILHELM V. ist es 1583 gelungen, seinen Bruder ERNST, der bereits Bischof von Freising, Hildesheim und Lüttich war, auf den Stuhl des Kölner Fürstbischofs zu bringen. Bis 1761, das heißt bis zum Tode CLEMENS AUGUSTS, werden nun die bayerischen Wittelsbacher in Köln regieren. Als Mäzene blieben vor allem JOSEPH CLEMENS und CLEMENS AUGUST der Nachwelt in Erinnerung.

JOSEPH CLEMENS sträubte sich ganz entschieden gegen die Tonsur, mußte sich aber endlich der Politik seines Brudes MAX EMANUEL beugen. 1688 wurde er zum Fürsterzbischof von Köln gewählt. Gleich wie LUDWIG XIV. und MAX EMANUEL wollte auch er seine Stellung durch den Bau von Schlössern beweisen. Als die Landstände die nötigen Gelder nicht bewilligen wollten, schrieb JOSEPH CLEMENS kurzerhand selbst Steuern aus. LUDWIG XIV. half ihm aus den dadurch entstandenen Schwierigkeiten und Verlegenheiten mittels Subsidien (und zog so den Kölner Erzbischof auf seine Seite).

Solchermaßen ermuntert, begann JOSEPH CLEMENS das Bonner Residenzschloß, das Fürstbischof FERDINAND 1633/34 hatte erbauen lassen und das 1689 beschädigt worden war, zu erneuern. Er wandte sich zunächst an ENRICO ZUCCALLI, den Hofarchitekten seines Bruders MAX EMANUEL. ZUCCALLI ließ durch seinen Maurermeister RIVA auf den Resten des Vorhandenen einen dreistöckigen rechteckigen Kubus mit vier Ecktürmen erstellen. *Das Residenzschloß in Bonn*

Wie sein Bruder, so mußte auch JOSEPH CLEMENS nach dem Spanischen Erbfolgekrieg ins Exil gehen. Er hielt sich bis 1714 in Frankreich, zeitweise in Paris, auf. Voll Zuversicht nutzte er die erzwungene Muße zum Planen. JOSEPH CLEMENS wandte sich an ROBERT DE COTTE, dem er in begeisterten Briefen (500 derer befanden sich in der Hinterlassenschaft DE COTTES) seine Absichten erläuterte. Nach der Rückkehr aus Frankreich ging JOSEPH CLEMENS unverzüglich an die Ausführung seiner Pläne, unterstützt von DE COTTE, der ihm 1715 seinen Assistenten BENOÎT DE FORTIER schickte. Er versuchte zunächst, dem Bau ZUCCALLIS und RIVAS durch das Anfügen zweier langer Flügel Gewicht und Schwere zu nehmen. Nach FORTIERS Rückkehr in seine Heimat (1716) empfahl ROBERT DE COTTE GUILLEAUME HAUBERAT nach Bonn. HAUBERAT wurde um 1680 in Paris als Sohn eines gleichnamigen Hofarchitekten geboren, besuchte 1704 bis 1707 die Akademie für Malerei und Bildhauerei und wurde 1711 vom französischen Hof als Zeichner eingestellt. Obgleich in den Kassen des Kölner Kurfürsten JOSEPH CLEMENS meistens Ebbe war, gelang es GUILLEAUME HAUBERAT, die Bauten des Kurfürsten, insbesondere dessen Bonner Residenz, weiterzuführen. Allerdings äußerte er sich 1720 in einem Brief an ROBERT DE COTTE, dessen Zustimmung er für jede Änderung einholte, wenig schmeichelhaft über die Bauleute des JOSEPH CLEMENS: »Man muß fürchten, daß die Arbeiten, die man auf der einen Seite gerade beendet, auf der anderen wieder einfallen«. Als die Bonner Kassen völlig leer waren, blieb HAUBERAT 1717 bis 1718 in Paris. *Robert de Cotte* *Fortier*

Auch für den Ausbau des Landgutes in Poppelsdorf zu einer Maison de Plaisance lieferte DE COTTE 1715 die Pläne. Diese waren stark beeinflußt von PALLADIOS Villa Rotonda, die DE COTTE um 1670 während seiner Studienreise in Italien kennengelernt hatte. In einen quadratischen Baukörper beschrieb DE COTTE einen kreisrunden Arkadenhof ein. *Poppelsdorf*

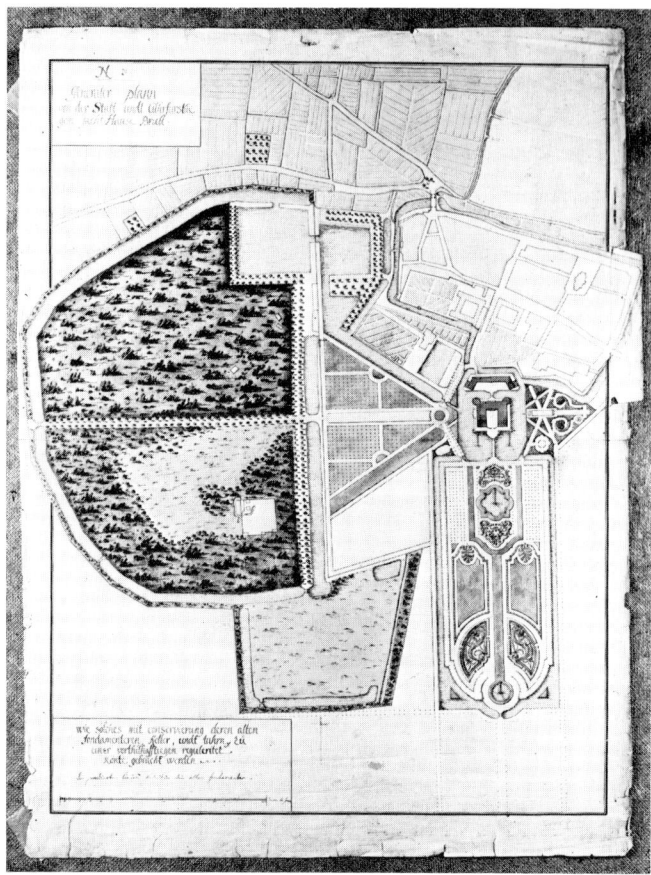

280 Das Michaelstor der Bonner Residenz
von Michael Leveilly, 1751 – 1755

281 Entwurf für Schloß Augustusburg in Brühl
von Johann Konrad Schlaun, um 1724

282 Schloß Clemensruh in Poppelsdorf, Gartenfassade.
Ansicht auf einer Supraporte aus Schloß Gymnich, um 1760

Ein Jahr vor seinem Tod berief JOSEPH CLEMENS noch GILLIS MARIE OPPENORD (1672–1742): leider ist das meiste von seiner Hand verbrannt.

JOSEPH CLEMENS starb schon mit zweiundfünfzig Jahren; sein Neffe CLEMENS AUGUST folgte ihm in der Würde eines Kurfürsten und Erzbischofs von Köln. CLEMENS AUGUST wurde 1700 in Brüssel als vierter Sohn MAX EMANUELS und dessen zweiter Gemahlin geboren. Während des Exils des Vaters wurde er mit seinen Brüdern nach Klagenfurt und Graz gebracht. Erst 1715 sahen sich Eltern und Kinder wieder. MAX EMANUEL hatte auch CLEMENS AUGUST zum geistlichen Stande ausersehen. Noch 1715 ließ er ihn zum Propst von Altötting und zum Koadjutor von Berchtesgaden wählen, 1719 zum Fürstbischof von Münster und Paderborn, 1723 zum Kurfürst-Erzbischof von Köln. 1724 erwarb er Hildesheim, 1728 Osnabrück und schließlich sicherte er sich 1732 noch die Würde eines Deutschordensmeisters. In der großen Politik hat CLEMENS AUGUST keineswegs eine brillante Rolle gespielt; KAISER FRANZ JOSEPH bezeichnete ihn einmal als »vraie girouette«, als Wetterfahne. Umso glänzender war sein Hofleben, umso ausgeprägter seine Lust am Bauen und an den Künsten. Er liebte es, Gäste persönlich durch seine Bauten und Gärten zu führen, die er in erster Linie durch seinen »Hausarchitekten« SCHLAUN aufführen ließ. Dieser diente dem Fürstbischof und Kurfürsten bis zu dessen Lebensende und wurde noch von dessen Nachfolger übernommen.

JOHANN KONRAD SCHLAUN ist am 5. Juli 1695 zu Noerde bei Ossendorf/Warburg zur Welt gekommen. Nach dem Besuch der Dorfschule kam er zu den Dominikanern nach Warburg. Auf ihrem Gymnasium sollte er sich auf den Gelehrtenstand vorbereiten. Wie berichtet wird, soll er dem Unterricht entflohen sein, um sich der Zeichenlust widmen zu können; fehlte ihm Papier, soll er mit Kreide und Kohle auf Sandstein gezeichnet haben. Ein Hardehäuser Mönch machte FRANZ ARNOLD WOLFF VON METTERNICH, den damaligen Fürstbischof von Münster und Paderborn, auf SCHLAUN aufmerksam, der ihn zu einem Mal- und Zeichenlehrer in den Unterricht gab. Nach Reisen in die Fremde (wohl Flandern, Salzburg und Wien) kehrte SCHLAUN 1715 zurück und wurde vom Fürstbischof zum Ingenieur des Bistums Paderborn und zum Leutnant der Artillerie ernannt. In seiner ›militärischen‹ Laufbahn stieg SCHLAUN bis zum Generalmajor auf. Das Jahr 1720 brachte die Ernennung zum Landmesser im Fürstbistum Münster und den Beginn einer neuerlichen ausgedehnten Reise. Noch 1720 ging er nach Würzburg zu BALTHASAR NEUMANN, der eine der SCHLAUN'schen durchaus vergleichbare Militärlaufbahn machte. CLEMENS AUGUST hat wohl erwogen, daß es gerade zu dieser Zeit, als sich Fürstbischof JOHANN PHILIPP VON SCHÖNBORN anschickte, die Würzburger Residenz zu bauen, für seinen jungen Architekten SCHLAUN einiges zu lernen gab. 1722 weilte SCHLAUN in Rom, wo er die Kunst BERNINIS und BORROMINIS studierte, und kehrte schließlich 1723 über Frankreich nach Münster zurück. München stattete JOHANN KONRAD SCHLAUN 1724 einen Besuch ab, wohl um die Bauten des bayerischen Kurfürsten MAX EMANUEL kennenzulernen.

Johann Konrad Schlaun

Die Pläne, die SCHLAUN für Schloß Augustusburg bei Brühl vorlegte, hatten aufgrund äußerer Umstände mit den Schloßgebäuden MAX EMANUELS allerdings wenig gemeinsam. SCHLAUN war nämlich gehalten, durch die Benutzung der Ruinen von 1689 Kosten zu sparen. Im Sommer 1689 war die mittelalterliche Burg bei Brühl zerstört worden, dergestalt, daß »am gantzen Oberschoß . . . wegen Brandts kein Tach noch Holtzwnwerck plieben«, wie man an JOSEPH CLEMENS berichtete. Erst nach dem Erbfolgekrieg konnte JOSEPH CLEMENS an die Wiederherstellung der Brühler Anlage denken. Gemäß seinen Worten wollte er sie als eine »simple maison de campagne«, als einfaches Landschloß herrichten. In einem Brief an ROBERT DE COTTE entwickelte er 1715 seinen Plan. Wohl aus finanziellen Gründen blieben aber alle Ideen bezüglich Brühl vorläufig unausgeführt. CLEMENS AUGUST griff das Projekt Brühl wieder auf und verlangte von GUILLEAUME HAUBERAT, den er von seinem Onkel übernommen hatte, Entwürfe zum Wiederaufbau. HAUBERATS Pläne wurden, vermutlich wegen ihrer zu trockenen französisch-klassizistischen Formensprache abgelehnt. Nunmehr bedachte CLEMENS AUGUST SCHLAUN mit dem Brühler Projekt.

Schloß Augustusburg
bei Brühl

283   Schloß Augustusburg in Brühl, Großes Treppenhaus.
Nach Entwürfen von Balthasar Neumann, 1744 – 1764

Im Jahre 1725 konnte der Kurfürst den Grundstein legen, 1728 war bereits der Rohbau fertiggestellt. SCHLAUN entwickelte die bestehende, nach Osten offene Dreiflügelanlage, übernahm den schweren mittelalterlichen Rundturm an der Nordwestecke, dem er an der Südwestecke ein Pendant gegenüberstellte. Die Wassergräben, die das Schloß umgaben, sollten beibehalten werden.

Während seines Besuches in München ließ sich CLEMENS AUGUST 1728 durch Kurfürst KARL ALBRECHT und FRANÇOIS DE CUVILLIÉS zu einer grundlegenden Änderung seiner Brühler Pläne bewegen; SCHLAUN wurde entlassen. Die Entscheidung mag durch den Versailles-Besuch CLEMENS AUGUSTS im Jahre 1725 schon vorbereitet worden sein. CUVILLIÉS orientierte die gesamte Innenraumdisposition des Schlosses Augustusburg um, ließ die altmodischen Festungsgräben, die wenig gemein hatten mit Kanälen der modernen Parks, zuschütten, durch DOMINIQUE GIRARD an der Südseite des Schlosses einen Park anlegen und schließlich 1734 beide Rundtürme abbrechen.

Cuvilliés in Brühl

Die Umdisponierung der Raumfolgen machte ein neues Treppenhaus erforderlich (CUVILLIÉS hatte das SCHLAUN'sche Treppenhaus – Haupttreppenhaus – in den Südflügel verlegt). In dieser schwierigen Situation wandte man sich an BALTHASAR NEUMANN. CLEMENS AUGUST war wohl auf BALTHASAR NEUMANN durch dessen Arbeiten für den Deutschen Orden aufmerksam geworden. Jedenfalls rief er ihn im Sommer 1740 gelegentlich einer seiner zahlreichen Reisen nach Ehrenbreitstein in die Sommerresidenz CLEMENS AUGUSTS. Der Kölner Kurfürst führte BALTHASAR NEUMANN zusammen mit zwei Ministern durch das Schloß. Im darauf folgenden Sommer hielt sich NEUMANN wieder in Brühl auf, wo er zur Hoftafel geladen wurde, und unterbreitete seine Umbaupläne. Er verlegte das Treppenhaus in den Nordteil des Mittelbaues, beließ den großen Saal über der Durchfahrt und sah anstelle des alten Treppenhauses einen zweiten Saal vor. Für das Treppenhaus gab er auch die entscheidenden Ideen: Erweiterung in Länge und Höhe, Öffnung der oberen Stützmauer in Bögen.

Pläne
Balthasar Neumanns
für Brühl

NEUMANN inspizierte den Bau in Brühl noch des öfteren während der vierziger Jahre, unter anderem auch wegen wassertechnischer Fragen bei der Anlage des Parks. BALTHASAR NEUMANN war beständiger Gast an der Privattafel des CLEMENS AUGUST und ging mit dem Kurfürsten auf die Jagd. 1744/45 zog CLEMENS AUGUST NEUMANN auch in Poppelsdorf zu Rate. NEUMANN entwarf die Anlage der Hl. Stiege in der Kreuzbergkirche zu Poppelsdorf und den Hochaltar dieser Wallfahrtskirche.

Von Schloß Augustusburg führt eine gerade Allee zum Jagdschloß Falkenlust. Die Pläne für dieses lieferte FRANÇOIS DE CUVILLIÉS, die örtliche Bauleitung hatte wiederum MICHAEL LEVEILLY. Der Anteil beider Meister, die miteinander befreundet waren, ist umstritten. Sicher ist, daß von CUVILLIÉS die Grund- und Aufrißdispositionen, sowie der Gesamtplan für die Zuordnung von Haupt- und Nebengebäuden stammt. Eine Mischung aus Pagodenburg und Magdalenenklause, wie sie CLEMENS AUGUST 1728 im Nymphenburger Schloßpark gesehen haben wird, wurde die Kapelle im Park von Falkenlust (errichtet 1730/40). Das Innere der Kapelle, die der hl. Maria Aegyptiaca geweiht wurde, kleidete PETER LAPORTERIE vollständig mit Grottenwerk in den Farben Weiß, Blau und Grün aus.

Die günstige Lage des Ortes für die Falkenjagd war nach einem zeitgenössischen Bericht einer der Gründe, die den Kurfürsten veranlaßten, in Brühl eine Residenz zu errichten. CLEMENS AUGUST betrieb alle in seinem Herrschaftsgebiet möglichen Arten der Jagd, keine aber mit so großer Leidenschaft wie die Jagd mit dem Falken. Für den Bau von Falkenlust dürften in erster Linie praktische Erwägungen maßgebend gewesen sein. Denn der Kurfürst mußte seine Gäste, den Falkenhof mit den Jagdvögeln, die Reitpferde und alles, was für die Beizjagd notwendig war, angemessen unterbringen. Das Baugelände für Falkenlust war denkbar günstig; es bot freien Ausritt in die Rheinebene, wo im sumpfigen Gelände der Altrheinarme die Beutevögel nisteten. Das Jagdschloß Falkenlust diente aber nicht nur zum Aufenthalt der Jagdgesellschaft, der Kurfürst benützte es auch für politische Geheimverhandlungen, wozu es seiner abgelegenen Lage wegen besonders geeignet war. Auch gab es bei Hof Gerüchte von galanten Abenteuern des Kurfürsten in Falkenlust.

Falkenlust

284 Kurfürst Clemens August mit der Teetasse, Porträt von Joseph Vivien
im Lackkabinett des Schlosses Falkenlust in Brühl, vor 1723

285 »Bayerischer Kachelofen« in Schloß Augustusburg in Brühl
von J. G. Härtl und J. B. Straub nach Entwurf von Cuvilliés, 1741

Wie gesagt, CUVILLIÉS mußte die Bauleitung der beiden Brühler Schlösser Augustusburg und Falkenlust seinem Freunde LEVEILLY anvertrauen. Für die Ausgestaltung des Eßzimmers, des kleinen Kabinettes und des Schlafzimmers in Augustusburg müssen unmittelbare Detailentwürfe CUVILLIÉS vorgelegen haben. Die übrigen Räume dürfen nicht ohne weiteres für CUVILLIÉS in Anspruch genommen werden. Wie überhaupt gesagt werden muß, daß das Gelbe Appartement keine künstlerische Einheit darstellt, sondern sich als eine Abfolge von Einzelräumen präsentiert.

Die Ausstattung in Brühl und Falkenlust

Gleichsam Sonderleistungen innerhalb der Ausstattung von Schloß Augustusburg sind die »bayerischen Öfen« von JOHANN GEORG HÄRTL und JOHANN BAPTIST STRAUB (nach Entwurf von CUVILLIÉS) im ersten Vorzimmer des Sommerappartements, die Puttengruppen aus vergoldetem Blei an den Marmorbrunnen des kurfürstlichen Speisezimmers von GUILLJELMUS DE GROFF (1729), sowie der Dekor und die Figuren am Hochaltar der Schloßkirche von dem würzburgischen Hofbildhauer JOHANN WOLFGANG VAN DER AUVERA. CARLO CARLONE, der in den Schlössern Mitteleuropas schon bedeutende Leistungen vollbracht hatte (Linz, Landhaus; Wien, Belvedere; Ansbach; Passau und Ludwigsburg), hat im Treppenhaus des Schlosses Augustusburg den durch ihn entwickelten Typus der Huldigungsallegorie zu einem besonders glanzvollen Höhepunkt geführt. Von seiner Hand stammt auch die Götterversammlung am Plafond des Musiksaales von Augustusburg.

Die Innenausstattung von Falkenlust geht mit großer Wahrscheinlichkeit auf LEVEILLY zurück. CUVILLIÉS Einfluß ist nur vereinzelt zu spüren. Die Ausführung hatte in beiden Schlössern LEVEILLYS Künstlerstab: der Dessinateur JOHANN ADOLF BIARELLE, der die Entwürfe für die Kunsthandwerker lieferte, die Stukkateure CASTELLI (Gebrüder), JOSEPH ANTON BRILLI, CARLO PIETRO MORSEGNO und GIUSEPPE ARTORIO, der Hofbildhauer JOHANN FRANZ VON HELMONT und die Bildhauer(gesellen) KIRCHHOFF und BARTHOLOMÄUS JOSEPH DIERIX, die Maler FRANÇOIS ROUSSEAU und, nicht zu vergessen, GEORGE DESMARÉES.

Im Jahre 1729 hatte SCHLAUN nach dem Auftreten CUVILLIÉS' Kurköln verlassen und übernahm nach dem Tode des GOTTFRIED LAURENZ PICTORIUS (†1729) dessen freigewordene Stelle eines münsterischen Landingenieurs. Die Gründe werden mehrfache gewesen sein; zum einen mag die Freundschaft SCHLAUNS mit dem in Ungnade gefallenen PLETTENBERG eine Rolle gespielt haben, zum anderen auch SCHLAUNS österreichisch-italienisch bestimmte Kunst, die nicht mehr zeitgemäß war und mit der Forderung nach comodité nicht in Einklang zu bringen war.

Bautätigkeit Schlauns in Münster

Dessen ungeachtet wurde SCHLAUN nunmehr für CLEMENS AUGUST tätig. Zunächst waren es Arbeiten am Max-Clemens-Kanal, die ihn beschäftigten: ein Packhaus, eine Spediteurwohnung und ein Kran. Das nächste Vorhaben betraf die Erstellung eines Zuchthauses. Der Bau wurde 1733 begonnen (1914 abgebrochen). Er bestand aus zwei in Backstein errichteten Flügeln, die in einem stumpfen Winkel zueinander standen. Die beiden Trakte verband ein konkaver Risalit, der von einem Dreiecksgiebel bekrönt wurde. Mit relativ einfachen Mitteln gelang es SCHLAUN hier, einem Nutzbau ein gefälliges Aussehen zu geben. Im übrigen hatte sich SCHLAUN zu dieser Ecklösung von BORROMINIS S. Ivo della Sapienza in Rom anregen lassen.

CLEMENS AUGUST hatte den Ständen des Bistums Münster versprochen, im Falle seiner Wahl eine Residenz in Münster zu erbauen. GOTTFRIED LAURENZ PICTORIUS hatte hierfür 1727 die ersten Pläne vorgelegt. Erst 1733 dachte CLEMENS AUGUST an die Verwirklichung seines Versprechens und ließ von SCHLAUN neuerlich Pläne ausarbeiten. In der Gruppierung der Schloßgebäude war MAROTS nicht ausgeführter Plan für das Mannheimer Schloß wichtig: der Mittelbau sollte durch viertelkreisförmige Galerien mit den dreiflügeligen Wirtschaftsgebäuden verbunden werden, weiter stadtwärts sollten im Süden eine Kaserne und ihr gegenüber das Kloster der Barmherzigen Brüder einen erweiterten Hof bilden. Den inneren und den äußeren Hof sollten Mauern mit Schilderhäuschen abschließen. Doch mußten auch SCHLAUNS Pläne zunächst unausgeführt bleiben. Der Sturz PLETTENBERGS durch CLEMENS AUGUST veranlaßte den Kurfürsten vermutlich, seine Schloßbaupläne zurückzustellen.

286   Schloß Clemenswerth,
Eingangsseite des
Mittelbaues von
Johann Konrad Schlaun,
1736 – 1750

287   Die Clemenskirche
in Münster von
Johann Konrad Schlaun,
1745 – 1753

Stattdessen erbaute sich der leidenschaftliche Jäger CLEMENS AUGUST in den Jagdgründen des Hümmlings bei Soergel ein (weiteres) Jagdschloß, an dem 1736 bis 1750 gearbeitet wurde: Clemenswerth. Die ersten Entwürfe sahen einen Bau in der Art einer Maison de Plaisance vor. Auch ein 1737 von München eingesandter Plan, der wegen seiner Billigkeit gepriesen wurde, blieb unberücksichtigt. Allerdings erinnert der dann nach SCHLAUNS Plänen ausgeführte Bau doch an die Pagodenburg EFFNERS in Nymphenburg. Um den Mittelbau stellte SCHLAUN acht einstöckige Pavillons, die die Begleiter des Fürsten während der Jagd aufnehmen sollten. Die Pavillons wurden nach CLEMENS AUGUST und den Hauptstädten seiner Gebiete benannt: Cöllen, Münster, Paderborn, Hildesheim, Osnabrück, Mergentheim (letzterer diente als Kapelle und Kloster der Kapuziner). Die ganze Anlage gleicht einem steingewordenem Lager.

Clemenswerth

Nach 1733 wurde SCHLAUN zum Obersten und Kommandanten der Artillerie ernannt und stieg gleichzeitig zum Oberlandesingenieur auf, 1741 wurde er Brigadekommandeur, 1745 Generalmajor und Gouverneur der Festung Meppen. Er stand nun auf der Höhe seines Schaffens und scheint über ein beachtliches Einkommen verfügt zu haben. Kurfürst und Adel vertrauten ihm ihre Aufträge an. Gleichzeitig wurde er als Artilleriekommandant und Baubeamter stark beansprucht. Auf Festungsbau, Straßen- und Wasseranlagen, Feuerwerke erstreckte sich sein Tätigkeitsbereich, bis herab zum Entwurf von Regimentsschränken, Kanonen und sonstigen technischen Einrichtungen.

Nochmals griff CLEMENS AUGUST den Gedanken an einen Bau für die Barmherzigen Brüder auf und stellte große Beträge für die Baukosten bereit. Die Lage an einer Strassenecke spornte SCHLAUN zu einer geistreichen Lösung an. Er stellte die Kirche mit vor- und zurückspringender Fassade als Zentralbau ähnlich FISCHER VON ERLACHS Ursulinenkirche in Salzburg an die Ecke und schloß die Flügel des Hospitals an. Das Innere der Kirche hat SCHLAUN nach dem Vorbild von BERNINIS S. Andrea al Quirinale in Rom gestaltet.

SCHLAUN war der überragende Architekt CLEMENS AUGUSTS, auch wenn CUVILLIÉS des öfteren korrigierend hinzugezogen worden ist. Seine Wertschätzung fand ihren äußeren Ausdruck in einer beispiellosen und glänzenden Karriere, die umso mehr das tragische Los eines FRANÇOIS DE CUVILLIÉS in München erkennen läßt.

Nach dem Tod BALTHASAR NEUMANNS wurde SCHLAUN in den rheinischen Landen als der namhafteste Architekt angesehen. Wegen der Wiederherstellung der Vierungskuppel und der Osttürme des Speyrer Domes wurden der Baumeister des Bistums LEONHARD STAHL, JOHANN VALENTIN THOMANN aus Mainz und der Oberbaudirektor NIKOLAUS DE PIGAGE aus Mannheim zugezogen. Sie reichten Entwürfe ein, von denen PIGAGES Plan abgelehnt wurde. Die Pläne wurden dann SCHLAUN vorgelegt, der sich für STAHLS Entwurf entschied. Nach SCHLAUNS Zeichnungen hat auch der Mannheimer Architekt und Bildhauer PETER ANTON VON VERSCHAFFELT den Hochaltar hergestellt, der aber 1794 schon wieder durch Brand vernichtet worden ist.

Trotzdem war es JOHANN KONRAD SCHLAUN nicht vergönnt gewesen, die Kapelle der »churkölnischen Hof- und Erzbruderschaft des hl. Erzengels Michael« in München zu errichten. JOSEPH CLEMENS hatte die Bruderschaft 1693 gegründet. Als Bruderschafts- und Ordenskirche stellte er die Hofkapelle in seinem Lusthaus Josephsburg in seiner Hofmark Berg am Laim zur Verfügung, die östlich vor München lag. Doch bald war die Kapelle wegen der raschen Verbreitung der Bruderschaft nicht mehr ausreichend. Nach dem Tode des JOSEPH CLEMENS beschloß sein Nachfolger CLEMENS AUGUST 1723 einen Neubau; eine Sammlung sollte die nötigen Mittel aufbringen.

*St. Michael
in Berg am Laim
in München*

Die Planung hatte seit 1735 JOHANN MICHAEL FISCHER in der Hand. Er war, 1692 geboren, ein Generationsgenosse des DOMINIKUS ZIMMERMANN, BALTHASAR NEUMANNS, JOSEPH EFFNERS, auch FRANÇOIS DE CUVILLIÉS'. FISCHERS Geburtsort war das damals im Pfalz-Neuburgischen gelegene Burglengenfeld. Seine Gesellenwanderschaft führte ihn nachweislich bis nach Brünn, wo er etwa 1715/16 als Palier tätig war. Den Weg nach München ebnete ihm wohl ein Onkel, der als Bäckermeister in MAX EMANUELS Diensten stand. Seine ersten Arbeiten hier waren 1721 Pferdestallung samt Dienerwohnungen beim Jagdschloß Lichtenberg.

288 St. Michael in Berg am Laim, München.
Detail des Deckenfreskos im Gemeindehaus mit Kurfürst
Clemens August von Köln als Fürst der Siponter
von Johann Baptist Zimmermann, 1743/44

JOHANN MICHAEL FISCHER führte schließlich die Hofkünstlertitel dreier Wittelsbacher: des Kölner Kurfürsten und Erzbischofs CLEMENS AUGUST, des Freisinger Kardinals JOHANN THEODOR und des Herzogs CLEMENS FRANZ IN BAYERN. Seine besten Auftraggeber blieben aber die Prälaten der Klöster.

FISCHERS Palier, dem Münchner Hofmaurerpolier PHILIPP JACOB KÖGLSPERGER, gelang es, FISCHER durch mancherlei Intrigen zu verdrängen und den Bau 1737/38 nach geänderten Plänen zu beginnen. Mehrere Eingaben des Bruderschaftssekretärs FRANZ PAULA WÜRNZL an seinen Kurfürsten in Köln führten 1739 zur Absetzung KÖGLSPERGERS. Nach einer Inspektion durch FRANÇOIS DE CUVILLIÉS konnte JOHANN MICHAEL FISCHER den begonnenen Kirchenbau in wenigen Jahren zu Ende führen.

Die feierliche Weihe fand 1751 statt, doch zog sich die Ausstattung bis 1767 hin. Hier arbeiteten JOHANN BAPTIST ZIMMERMANN, der Stukkaturen und Fresken, auch die Altargemälde schuf, und JOHANN BAPTIST STRAUB, von dem die Altäre stammen, zusammen; als Hochaltarbild ließ CLEMENS AUGUST ein älteres Gemälde des JOHANN ANDREAS WOLFF von 1694 verwenden.

Das ehrgeizige Projekt, von der Isar her eine gerade Straße mit der Kirche als point de vue anzulegen, wurde nicht verwirklicht. Es blieb ein kühner Vorgriff auf die städtebaulichen Absichten des 19. Jahrhunderts.

416

Pfalz-Neuburg

Das Herzogtum Pfalz-Neuburg, die sogenannte Junge Pfalz, verdankte seine Entstehung letztlich den Spannungen zwischen den verschiedenen Linien der Wittelsbacher. Die ersten Herzöge OTTHEINRICH und PHILIPP entstammten mütterlicherseits den reichen Herzögen von Landshut, väterlicherseits den Kurfürsten der Pfalz. Aus diesem Grunde leitete OTTHEINRICH, der ältere der beiden Brüder und erste Herzog des Fürstentums Pfalz Neuburg, zeitlebens Ansprüche auf die Pfälzer Kurwürde ab, die er als »wartend Erb« betrachtete.

Hauptstadt des neuen, zersplitterten Fürstentums wurde Neuburg an der Donau, das einen wohl eher bescheidenen wittelsbachischen Sitz am Ostabhange des Stadtberges aufzuweisen hatte. Doch genügte dieser den Brüdern OTTHEINRICH und PHILIPP, die zunächst noch gemeinsam regierten, bald nicht mehr. Die Brüder waren auf Reisen viel herumgekommen. PHILIPP studierte an der Universität Freiburg (aus dieser Zeit stammt das Porträt von HANS BALDUNG GRIEN), kam dann in den Diensten des Kaisers nach Wien, Spanien und durch Frankreich, war Statthalter in Württemberg, England. Auch OTTHEINRICH war 1519 durch Frankreich nach Spanien gezogen, und seine Pilgerreise nach Jerusalem führte ihn 1521 über Padua und Venedig.

Beide kannten die neuen Lebensformen der Renaissance, und so regte sich am Neuburger Hof bald künstlerisches Leben, das auch die beschränkten finanziellen Möglichkeiten – die Einkünfte des Fürstentums waren 1505 auf vierundzwanzigtausend Gulden berechnet worden – kaum einzuschränken vermochten. Von 1527 an baute OTTHEIN-RICH an seiner Neuburger Residenz. In HANS KNOTZ stand ihm ein treuer Baumeister zur Verfügung. HANS KNOTZ war 1527 bis 1538 in den Diensten OTTHEINRICHS. Er führte die Bauarbeiten im Hofgarten OTTHEINRICHS, die Um- und Erweiterungsbauten der Residenz, einen Marstall und den Bau des Jagdschlosses Grünau für OTTHEINRICH durch. *Residenz Neuburg*

An der Erweiterung des Jagdschlosses Grünau war wesentlich der Steinmetz MI-CHAEL SCHALER aus Ulm beteiligt, der eine höhere Besoldung bezog als HANS KNOTZ. Daraus darf aber nicht zwangsläufig gefolgert werden, daß SCHALER der entwerfende Meister war. Es steht vielmehr zu vermuten, daß SCHALER als eine Art Unternehmer für OTTHEINRICH arbeitete. *Jagdschloß Grünau*

OTTHEINRICH holte sich immer wieder bei auswärtigen Meistern Rat. So weilte PAUL BEHEIM aus Nürnberg des öfteren in Neuburg. Gelegentlich stellte auch Kurfürst LUD-WIG V. seinen Heidelberger Baumeister OPFRIGKAM zur Verfügung. Von Landshut scheinen italienische Kräfte herübergekommen zu sein, um die Durchfahrt des Westbaues zu gestalten. Die Portalaltane dieses Schloßflügels läßt im übrigen eine deutliche Abhängigkeit zum Erker am Regensburger Bischofshof des Pfalzgrafen JOHANN erkennen.

In Grünau wurde bis mindestens 1556 gearbeitet. Im folgenden Jahr schon baute OTTHEINRICH in Heidelberg an einem neuen Gebäude, dem *Ottheinrichsbau,* dem lange Zeit wohl volkstümlichsten Schloßgebäude in Deutschland. Der Neuburger Herzog, der nunmehr als Kurfürst in Heidelberg residierte, hatte Muße zum Planen gehabt. Schon bald hatte er sich in Neuburg finanziell wie politisch übernommen. 1544 mußte er den Bankrott erklären, die Landstände fanden sich zur Übernahme der Schulden bereit, 1546 wurden die an der Donau gelegenen Ländereien des Fürstentums von Kaiser KARL V. erobert. OTTHEINRICH mußte, da er weiterhin auf seinem protestantischen Bekenntnis beharrte, ins Exil gehen. Er nutzte die Zeit zur Vervollständigung seiner Sammlungen an Büchern, Kleinkunst und Münzen. Er scheint sich aber auch mit Architektur beziehungsweise mit italienischer Architekturtheorie beschäftigt zu haben. Als er 1556 endlich die Pfälzer Kurwürde erlangte, begann er unverzüglich zu bauen. Für Bildhauerarbeiten am Ottheinrichsbau verpflichtete er ALEXANDER COLIN.

289   Schloß in Neuburg an der Donau, Rittersaal, 1527 – 1538

290   Jagdschloß Grünau bei Neuburg a. D., 1530 – 1556

Dieser war 1526 in Mecheln, das damals Residenzstadt der Statthalterin MARGARE- *Alexander Colin*
THE VON ÖSTERREICH war, geboren worden, wo er auch bei seinem Onkel SIMON CO-
LIN gelernt hat. Die Wanderschaft führte ALEXANDER COLIN zunächst nach Frankreich;
eventuell weilte er 1552 in Mailand. In Heidelberg wurde COLIN 1558 der Nachfolger eines Bildhauers »Anthonj«, wohl VLEESCHOUWERS. In wieweit ALEXANDER COLIN als
entwerfender Meister für den Bau in Frage kommt, soll dahingestellt bleiben. Bestimmte Übereinstimmungen zwischen den Bauten des Neuburger Schlosses und dem Ottheinrichsbau sprechen meines Erachtens nicht für diese Annahme. COLIN hat fraglos
eine fertige Planung vorgefunden, die auch das Statuenprogramm beinhaltete.

Im Jahre 1562 war COLIN wieder in Mecheln, um sich noch im selben Jahr nach
Innsbruck zu begeben. Wahrscheinlich vermittelte er die Berufung der Brüder ABEL
aus Köln nach Innsbruck. Die Gebrüder ABEL kannte COLIN von ihrer gemeinsamen
Tätigkeit für OTTHEINRICH. Die ABELS arbeiteten schon in Neuburg für OTTHEINRICH
und wurden von ihm zur Errichtung seines Grabmales nach Heidelberg gerufen.

Ein auch nur halbwegs vergleichbares plastisches Programm wie am Heidelberger *Ausstattung der*
Bau gab es in Neuburg nicht. So beschränkte sich die Arbeit der Steinbildhauer DIONYS *Neuburger Bauten*
RORITZER aus Hallein und MANG DREYER aus Füssen auf die Herstellung von Werk-
stücken wie Fensterstöcke, Türgerichte, Säulen, Brunnenschalen und -Becken und pla-
stische Baugliederung. Etwas anspruchsvollere Arbeiten führte MARTIN HERING, ein
Sohn des LOY HERING aus Eichstätt aus, eine Bauinschrift in Schloß Grünau und den
Altar der Schloßkapelle in der Neuburger Residenz. Kleinplastische Werke schufen
HANS DAUCHER, HANS SCHWARZ und PETER FLÖTNER.

Die ersten Gußarbeiten für Neuburg ließ OTTHEINRICH bei LABENWOLFF und PETER
VISCHER in Nürnberg ausführen. Aus der Werkstatt des letzteren ist SEBALD HIRDER
hervorgegangen, der in Neuburg eine Gießhütte einrichtete, die, soweit wir sehen, aber
nicht ausschließlich für OTTHEINRICH arbeitete.

Das Hauptgewicht der Ausstattung von OTTHEINRICHS Neuburger Schlössern lag auf
der Wandmalerei. Die Maler hierzu mußte sich OTTHEINRICH von den benachbarten
befreundeten Höfen, bei seinen benachbarten Vettern oder aus den freien Reichsstädten holen. So sagte WILHELM IV. von Bayern 1536 die Entsendung des Malers MEL-
CHIOR FESELEN aus Ingolstadt zu, der das Stüblein ausmalen sollte. (Damit dürfte es
sich um den Hauptraum des Rundstubenbaues gehandelt haben, der dicht mit Porträts
behängt war). Von 1536 an wurde auch ein Maler »Jörgle« genannt, der wohl zu Recht
mit JÖRG BREU D. J. identifiziert wurde. Dieser malte ab 1537 das Alte Schloß Grünau
aus. Er hatte »etlicher gemecher und die Capell in der Grienaw zu mallen, welche alle
und wie sie gemalt sollen werden, specificiert werden«. Damals entstanden die delika-
ten Malereien unter anderem in der *Flohstuben* und im *Prunffstueblein*. JÖRG BREU soll
nochmals 1543 für OTTHEINRICH tätig gewesen sein. Ein weiterer Angehöriger der Malerfamilie BREU, VELTIN BREU, läßt sich 1539/41 in Neuburg nachweisen; er war offensichtlich mit handwerklichen Arbeiten wie dem Vergolden beschäftigt. Auf ein Jahr
lang wurde 1541 für fünfundzwanzig Gulden der Maler »Jörgen Kotzbegk« bestellt.
1555 erweiterte HANS WINDBERGER von Landshut die Ausmalung in Schloß Grünau.

Wie schon vor ihm MARTIN HERING kam auch der Salzburger Maler HANS BOCKS-
BERGER D. Ä. von Landshut aus nach Neuburg herüber. Nach Beendigung seiner Arbeiten in der Landshuter Stadtresidenz malte er 1543 die Kapelle in der Neuburger Residenz OTTHEINRICHS aus. BOCKSBERGER erhielt zweihundert Gulden und »ein eerclaid«,
hatte aber die Farben auf eigene Rechnung zu liefern. Die Ausmalung der Kapelle ist
zum einen wegen ihrer reformatorischen Ikonographie entwicklungsgeschichtlich be-
deutungsvoll, zum anderen wegen der illusionistischen Motive, die eine plastische
Gliederung und eine scheinbare Öffnung des Gewölbespiegels vortäuschen.

Nur als Porträtisten arbeiteten, wie es scheint, HANS WERTINGER, und BARTHEL BE-
HAM für OTTHEINRICH. Mehrere Porträts OTTHEINRICHS und seiner Familie sind auch
von PETER GÄRTNER erhalten. Er und MATTHIAS GERUNG waren wohl die eigentlichen,
das heißt bestallten Hofmaler des Neuburger Herzogs.

291 Schloßkapelle in
Neuburg a. D., Fresken
von Hans Bocksberger
d. Ä., 1543

292 Sgraffiti am Westbau
des Neuburger Schlosses
von Hans Schroer

293   Pfalzgraf Ottheinrich, Porträt auf einem Wandteppich, 1535

1535/36 wird ein »Meister Peter« mit einem Malergesellen »Bartl« erwähnt. Von PETER GÄRTNER scheinen sich nur Porträts, die er für OTTHEINRICH geschaffen hat, erhalten zu haben. Vielseitiger war GERUNG, der um 1500 in Nördlingen geboren wurde, beschäftigt. GERUNG entrichtete zeitlebens seine Steuern nach Lauingen, wo er zwischen 1568 und 1570 gestorben ist. Zusammen mit ALBRECHT GLOCKENDON D. J. war er als Illuminator, als Maler und Entwerfer von Holzschnitten für OTTHEINRICH tätig. Seine wichtigsten Arbeiten waren zweifelsohne die Entwürfe für OTTHEINRICHS Wandteppiche. Die genaue Anzahl dieser Wirkteppiche läßt sich nicht festlegen, da nicht bekannt ist, in wieweit die einzelnen Serien wirklich abgeschlossen werden konnten. Ebenso ist die Frage nach ihrem Herstellungsort noch ungeklärt. Eine Teppichwirkerei hat sich bislang weder in Neuburg noch in Lauingen nachweisen lassen. Man möchte gerne an Frankenthal denken, doch wurde die dortige Gobelinmanufaktur erst 1556 gegründet. Stilistisch sind die OTTHEINRICH-Gobelins uneinheitlich, auch diejenigen, deren Entwürfe mit Recht GERUNG zugeschrieben werden. Für die Porträtgobelins, bei denen nur die Hintergründe GERUNGS Manier zeigen, scheint er (verlorengegangene) Ganzfigurenporträts zugrunde gelegt zu haben. Als Kaiser KARL V. Neuburg eroberte, wechselte GERUNG geschickt das Lager. Während dieser Zeit malte er die Belagerung Neuburgs und die Feldlager KARL V. vor Lauingen, die den Stil der um 1490/1500 geborenen Generation erkennen lassen.

OTTHEINRICH vermachte noch zu Lebzeiten das Fürstentum Neuburg an seinen Vetter WOLFGANG VON ZWEIBRÜCKEN, der der eigentliche Begründer des Hauses Pfalz-Neuburg und seiner Nebenlinien werden sollte. Zu Beginn seiner Regierungszeit in Neuburg ließ WOLFGANG durch BERNHARD DANNER Türen und Türgestelle aufrichten, und die Räume durch HANS PIHL wenigstens teilweise vertäfeln.

Neuburger Künstler in der 2. Hälfte des 16. Jh.s

Der Ausstattung des Neuburger Schlosses haben bekanntlich die Jahrhunderte sehr übel mitgespielt, so daß im wörtlichen Sinne nur noch die wandfeste Ausstattung, und auch sie nur in Teilen erhalten blieb. Manche Malerei steckt noch unter der Tünche. In den letzten Jahren wurde aber die Sgraffitodekoration, die die Hoffassade des Westflügels ziert, wiederhergestellt. Die gewaltige Bildwand kann als ein Werk des HANS SCHROER aus Lüttich gelten. Wie viele seiner Landsleute mögen auch ihn die Protestantenverfolgungen ALBAS aus seiner Heimat vertrieben haben. In Neuburg tauchte der »Hofmaler, Statuarius oder Monumentengießer, auch Stuckwerker in weißer Arbeit aus Gips und Kalk« – mit diesen Titeln und Aufgaben wurde SCHROER 1573 am Dresdener Hofe engagiert – unter Herzog WOLFGANG auf. Er kam offenbar über Augsburg, von wo aus er sich auch nach München wandte. 1574 war er nochmals zu Arbeiten »des großen Saales halben« in Neuburg; den Vertrag mit ihm hatte PHILIPP LUDWIG schon 1572 geschlossen. Doch beurlaubte Kurfürst AUGUST VON SACHSEN den Künstler nicht früher. In Süddeutschland arbeitete SCHROER noch für die Herzöge von Württemberg. Die Hauptauftraggeber des ebenso vielseitigen wie begehrten Künstlers waren aber der Kurfürst von Sachsen und der Landgraf von Hessen. HANS SCHROER starb denn auch 1601 in Hannover.

Gleichfalls 1574 hielt sich HANS TONAUER in Neuburg auf, um die Turnierkostüme, Triumphbögen und sonstigen Festdekorationen anläßlich der Vermählung PHILIPP LUDWIGS mit ANNA VON JÜLICH, CLEVE UND BERG zu entwerfen. TONAUER war bekanntlich Hofmaler beim Erbprinzen WILHELM in Landshut; der Kontakt nach Landshut und München war, seit man sich in Neuburg zum Protestantismus bekannt hatte, längst nicht mehr so gut wie zu Beginn des Jahrhunderts, und so wandte man sich auf der Suche nach einem geeigneten Maler nicht an ALBRECHT oder den Erbprinzen WILHELM sondern an den nachgeborenen FERDINAND. TONAUER hat sich von Neuburg still und heimlich empfohlen. Auf eine diesbezügliche Nachricht PHILIPP LUDWIGS antwortete FERDINAND, man wolle, so er »Im Kopf richtig sein wirdt, gebürendt Straff gegen im fürzunemmen nit underlassen«. Damit dürfte die Angelegenheit erledigt gewesen sein.

ENGELHARD DE PEE, ein weiterer Maler aus dem Kreis um WILHELM V. und SUSTRIS, arbeitete 1585 in Neuburg; er war vermutlich mit Porträts beschäftigt. Wegen Porträts beriet auch JOSEPH HEINTZ D. Ä. 1603 den Prinzen WOLFGANG WILHELM von Neuburg,

294　Herzog Wolfgang Wilhelm von Neuburg,
Porträt von Antonis van Dyck, 1629

als dieser den großen Saal mit Ahnenbildern ausstatten lassen wollte. Die Verbindung zum Hofmaler RUDOLPH II. wurde beibehalten, und ab 1603 plante HEINTZ für die Neuburger Herzöge praktisch eine Erneuerung des ganzen Stadtkernes um das Schloß herum.

Neugestaltung des Neuburger Stadtkernes

Ausgelöst hat die Planung (wieder) ein eingestürzter Turm. PHILIPP LUDWIG von Neuburg beauftragte 1587 den Kammerdiener GEORG STEGELE und den Baumeister JACOB DREHER, Vorschläge für den neu aufzubauenden Turm der Pfarrkirche zu unterbreiten; der Kirchturm sollte zugleich die Funktion eines Stadtturmes erfüllen. Von 1599 an wurde der Turm durch den Werkmeister und Steinmetzen HEINRICH SCHÄFFLER aus Konstanz sowie den Maurermeister MARTIN TRAUB aus Nürtingen ausgeführt. Als das Mauerwerk vier Stockwerke hochgezogen war, stürzte der Turm 1602 ein. Die umliegenden Gebäude, Kirche, Rathaus, Schule, Apotheke und so fort wurden teils beschädigt, teils zerstört. Sogleich nach dem Einsturz beschloß PHILIPP LUDWIG, die alte Kirche abzubrechen. Bald reifte der Gedanke an eine repräsentative Neugestaltung des Zentrums mit einem neuen Getreidespeicher und einer neuen Landkanzlei.

In die Überlegungen schaltete sich auf Wunsch des Herzogs auch der Erbprinz ein, der sich seit seiner Italienreise im Jahre 1597 vermehrt für Architektur interessierte. Der langjährige Berater des Herzogs, der kaiserliche Rat ZACHARIAS GEIZKOFLER, empfahl in diesem Stadium der Überlegungen den Malerarchitekten JOSEPH HEINTZ D. Ä..

Joseph Heintz d. Ä.

HEINTZ wurde 1564 in Basel geboren, wo er auch seine Malerlehre absolvierte. Anschließend ging er für acht Jahre nach Italien, bis ihn Kaiser RUDOLPH II. 1591 als Hofmaler nach Prag berief. In Auseinandersetzung mit dem Kirchenrat einerseits und dem Erbprinzen WOLFGANG WILHELM andererseits machte sich HEINTZ ans Werk. Differenzpunkte waren die Kosten, die Frage ob Wandpfeiler oder nicht, ob Querhaus, ob eine Kuppel oder keine. Lediglich in einem erreichte man schnell eine Übereinstimmung: man wolle nicht so bauen wie die Päpstlichen. Daß die Kirche, die in gewisser Weise ein »Trutzmichael« zur Münchner Jesuitenkirche werden sollte, dann den Jesuiten zur Vollendung und Nutzung übergeben wurde, macht den besonderen Reiz der Planungs- und Baugeschichte der Neuburger Kirche aus. HEINTZ war es, der, als seine Pläne wohl zu sehr provinzialisiert werden sollten, den Hof darauf hinwies, daß die Kirche einer Residenzstadt würdig sein müsse.

Ein Blick auf die Organisation des Baubetriebes zeigt fast modellhaft die Aufgabe der einzelnen Beteiligten. Der Hofbaumeister SIGMUND DOCTOR hatte die Bauarbeiten vorzubereiten und zu koordinieren, Kostenberechnungen aufzustellen, Materialien auszuwählen und für die Anfertigung der Baumodelle zu sorgen. Er selbst hat dazu keine künstlerischen Ideen beigesteuert. Die Ausführung besorgten der Maurermeister GILG VÄLTIN und der Steinmetz GEORG HAIN. GILG VÄLTIN (eigentlich EGIDIO VALENTIN) gehörte zu den zahlreichen Werkleuten, die seit der Mitte des 16. Jahrhunderts nach nördlich der Alpen zogen. Seit 1598 war GILG VÄLTIN Werk- und Maurermeister im Fürstentum Pfalz-Neuburg. Als solcher hatte er am Höchstätter Schloß gearbeitet, errichtete er 1602 bis 1604 einen Getreidekasten und baute 1604 für ZACHARIAS GEIZKOFLER den Torbau von dessen Schloß in Haunsheim. Bereits 1615 konnte mit dem Bildhauer PAUL MÜLLER ein Verding wegen der Kanzel der Kirche geschlossen werden. Ein Jahr später datiert das Verding mit den Stukkateuren MICHAEL und ANTON CASTELLI wegen der Ausstuckierung der Kirche. Sie kamen vom Bau der Maximilianischen Residenz von München nach Neuburg und trugen an den Gewölben der protestantisch geplanten Kirche ein entschieden gegenreformatorisches Programm an. WOLFGANG WILHELM heiratete 1613 MAGDALENA, die Schwester MAXIMILIANS von Bayern, konvertierte zum Katholizismus und holte die Jesuiten und die CASTELLI nach Neuburg.

Die Glanzpunkte der gegenreformatorischen Ausstattung bildeten ehedem die Altarbilder von PETER PAUL RUBENS. Das *Jüngste Gericht,* das Hochaltarbild, lieferte RUBENS bereits 1617, die beiden Seitenaltarbilder *Pfingstwunder* und *Geburt Christi* folgten 1619. Für das Hochaltarbild zahlte WOLFGANG WILHELM dreitausendfünfhundert Gulden an den Maler nach Antwerpen. Dies waren nicht die einzigen Gemälde, die RUBENS nach Neuburg lieferte. Auch das Altarbild der St. Peterskirche, der *Engelsturz der Ver-*

424

295   »Die Geburt Christi«, ehemals Seitenaltarbild
in der Hofkirche in Neuburg a. D. von Peter Paul Rubens, 1619

296　Herzog Philipp Wilhelm und seine Familie vor
dem Neuburger Schloß, Ölgemälde eines unbekannten Meisters

297　Ansicht von Neuburg, Zeichnung von F. B. Werner Silch

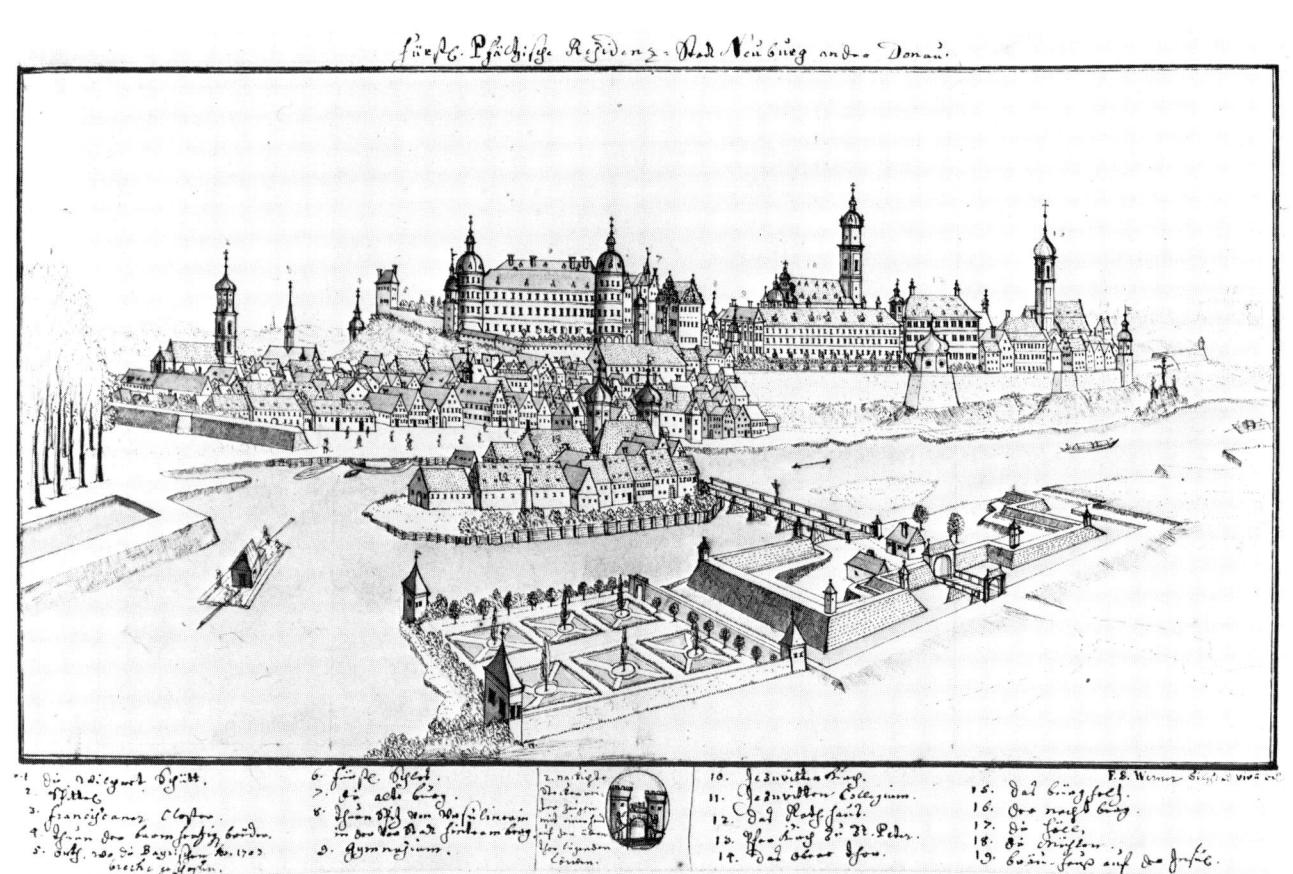

298   St. Andreas in Düsseldorf, Ansicht mit Chor und Mausoleum

299   Stuckdecke der Neuburger Hofkirche von
Michael und Anton Castelli

300 Stuckdecke der Düsseldorfer St. Andreas-Kirche
von Johann Kuhn

dammten und das Altarbild der Kapelle im Schloß, das sogenannte *Kleine Jüngste Gericht* waren von ihm. War die eigenhändige Beteiligung Rubens' an den Gemälden für Wolfgang Wilhelm eine recht zurückhaltende, so hielt Johann Wilhelm, der Enkel des Auftraggebers, die Gemälde doch für wert, sie unter Einsatz aller familiärer Verbindungen zum Vatikan und wegen der »anstößigen Nuditäten« in seine Sammlungen nach Düsseldorf zu holen. Als Ersatz mußte er Bilder stellen, die der Bologneser Maler und kurpfälzische Hofmaler Domenico Zanetti ausführte.

Den Rathausplan von Heintz unterzog der Hofmeister Ludwig Veit Fuchs von Bimbach einer strengen Kritik, die den Herzog bewog, von dem Baumeister Alexander II Pasqualini ein weiteres Gutachten anzufordern. Alexander II Pasqualini war der Enkel (geb. 1567) des Alexander I Pasqualini, der 1542 die Stadt und Zitadelle von Jülich plante. Mit den Grafen von Jülich, Cleve und Berg war der Neuburger Hof seit 1574 verschwägert und erhob Anspruch auf das Erbe des Landes. Seine Hauptstadt Düsseldorf wird künftig bevorzugter Aufenthaltsort der Neuburger Erbprinzen sein. Besonders gerne, oder zumindest besonders häufig, hielt sich Wolfgang Wilhelm dort auf, und so sehen wir von einem unbekannten Zeitpunkt bis 1606 Alexander II Pasqualini in seiner Umgebung.

Den Bau des Rathauses konnte Vältin schon 1604 beginnen, der Baubeginn der Kirche verzögerte sich wegen weiterer Planungen; erst 1607 konnte Philipp Ludwig den Grundstein legen. Der Ausbau des Turmes zog sich noch länger hin. Erst 1624 wurde ein diesbezügliches Verding mit Hans Alberthal beschlossen. Alberthal, der von 1610 an die Dillinger Jesuitenkirche erbaute, aus Krain stammte und vor 1630 nach Agram ging, hat die Fassade eigenmächtig geändert. Gleichzeitig mit dem Turmbau ließ Wolfgang Wilhelm durch Alberthal der Westfassade des Nordtraktes des Neuburger Schlosses eine Fassade vorblenden, die den Anschluß eines Verbindungsganges in die Pfarr- bzw. Jesuitenkirche ermöglichte.

Umbau des Neuburger Schlosses

Etwa aus der Erbauungszeit der Hofkirche datiert auch ein Umbauprojekt für das Neuburger Schloß, das eine regelmäßige Gestaltung des Hofes und einen nördlichen Rundturm vorsah, wie er etwa vierzig Jahre später ausgeführt worden ist. Möglicherweise unterbreitete der Augsburger Stadtwerkmeister Elias Holl diesen Plan. Holl war 1605 in Neuburg, um ein Gutachten über den schiefen Turm bei St. Peter anzufertigen, und 1607, um die Pläne für die Neuburger Stadtbefestigung zu verbessern. Der Turm bei St. Peter stürzte 1641 tatsächlich ein. Wolfgang Wilhelm forderte von Düsseldorf aus Gutachten über die Ursache des Unglückes an, unter anderen bei Elias Holl und Joachim von Sandrart. Den unverzüglich befohlenen Neubau führte Johann Serro aus, der wie Gilg Vältin aus Rovereto in Graubünden stammte. In Neuburg war Serro noch in den fünfziger Jahren tätig, anschließend in Kempten, wo er am Neubau der von Michael Beer begonnenen Stiftskirche arbeitete.

Die Jesuiten-Hofkirche in Düsseldorf

In Düsseldorf diente die Burg der Herzöge von Jülich, Cleve und Berg weiterhin als Residenz. Wegen ihrer Lage bot sie fast keine Ausbaumöglichkeiten. So hatte die dortige Jesuitenkirche die Funktion einer großen Hofkirche zu übernehmen. Wolfgang Wilhelm hatte die Jesuiten schon 1618/19 nach Düsseldorf gerufen. Die Patres reichten 1621 in Rom einen Plan ein, der indes eine einfachere Gestalt zeigte als die ausgeführte Kirche. Wolfgang Wilhelm unterstützte den Bau nicht nur materiell, sondern verschaffte auch seinem Wunsch, die Neuburger Jesuitenkirche als Vorbild zu nehmen, nachdrücklich Geltung. Der Architekt dürfte, wenn unter diesen Voraussetzungen überhaupt von einem solchen gesprochen werden kann, der Hofingenieur Antonio Serro gewesen sein. Ab 1630 erfolgte die Umgestaltung der Chorpartie unter einem weiteren Graubündner, Johannes Lolio, genannt Sadeler, aus Rovereto. Testamentarisch bestimmte Wolfgang Wilhelm auch ihn zum Baumeister des Mausoleums. Schon 1629 war zur Weihe der Kirche Stuck aufgetragen worden. Nunmehr sandte Wolfgang Wilhelm den Kalkschneider Johann Kuhn nach Neuburg, damit er die Stuckierungen der Jesuitenkirche studiere. Mit vier bis sechs Gesellen führte er nach seiner Rückkehr die Stuckierung in der St. Andreas-Kirche aus (der vorgefundene Stuck wurde größtenteils wieder abgeschlagen). Johann Kuhn war von Haus aus Kalkschneider, das heißt er arbeitete eigentlich mit Kalk, verstand sich aber auch auf die Stucktechnik. Er war im Hohenlohischen Land bei Weikersheim geboren, im dortigen Schloß führte er zusammen mit seinem Bruder Heinrich Kuhn seine ersten Arbeiten aus. Später arbeiteten die Brüder unter anderem in Würzburg, Bamberg und Nürnberg.

Schloß Benrath

Mit dem Übergang des Herzogtums Jülich und Berg an die Pfalz-Neuburger erblühte unter ihrem Mäzenatentum ein selbständiges künstlerisches Leben am Niederrhein, dessen Mittelpunkt Düsseldorf wurde. Philipp Wilhelm erbte von seinem Vater eine gewisse Vorliebe für die niederrheinischen Besitzungen. Oder hing diese Vorliebe einfach damit zusammen, daß die Neuburger Prinzen hier ihre Erbprinzenzeit verbrachten und ihnen die Umgebung daher vertrauter war? Jedenfalls dachte Philipp Wilhelm zunächst an den Bau eines Schlosses in Benrath bei Düsseldorf, ehe er den Ausbau seiner Neuburger Residenz erwog.

Benrath hatte schon früher Wittelsbachern zum Sitz gedient. Von 1412 bis 1415 lebte hier Anna von Bayern, die Tochter des Kurfürsten Ruprecht II. Auch Wolfgang Wilhelm wohnte 1609 in Benrath. Vor 1651 begann sein Sohn mit einem Neubau, der im Bereich der heutigen Orangerie zu suchen ist. Die Stuckarbeiten der ersten Ausstattung, die auch ornamentgeschichtlich höchst interessant sind, haben eine besondere Qualität. Wahrscheinlich stammen sie von einem flämischen Meister. Die Fresken der Decken und Kamine sind von der Hand des Hofmalers Johann Spilberg aus Düsseldorf.

Philipp Wilhelm übergab 1660 »Haus und Hof zu Benrath mit allen seit alters dazugehörigen Appartinenzien« seiner zweiten Gemahlin Elisabeth Amalie Magdalena von Hessen. Unter ihrer persönlichen Anteilnahme schuf nun der Oberingenieur und Kammerrath Johannes Lolio einen herrschaftlichen Sommersitz. Nach Lolios Tod übernahm 1667 Paul Rauer die Fortsetzung der Arbeiten. Von den Malern wird 1661 Johann Spilberg namentlich genannt, der wohl mit Porträts beschäftigt war.

Das Hauptschloß lag inmitten eines langen Stauweihers. Den Hauptbau zu drei Achsen und drei Geschossen flankierten Türme; Brücken mit dreiachsigen Bogengalerien führten zu zweigeschossigen Türmen am Ufer und verbanden das Schloß im Westen mit dem Tiergarten, im Osten mit einer zweigeschossigen Bautengruppe. Auf diese Gebäude waren Gärten achsial bezogen.

Auch Johann Wilhelm, bekannter als »Jan Wellem«, bevorzugte Schloß Benrath in seiner Erbprinzenzeit als Jagdaufenthalt. Italienische Stukkateure, von denen Camillo Guarladi und Luca Bonaveri namentlich bekannt sind, statteten für ihn einige Räume der heutigen Orangerie mit Stuck und Fresken aus. Ferner erhielt die Kapelle einen prächtigen Marmoraltar mit einer Figur der Immaculata von Gabriel de Grupello.

Ausbau der Neuburger Residenz

Erst zehn Jahre nach dem Beginn der Arbeiten in Benrath ging Philipp Wilhelm an den Ausbau seiner Neuburger Residenz. Diese hatte über hundert Jahre keine entscheidenden Veränderungen mehr erfahren. Weder die Verblendung der Fassade am Nordflügel noch die Verlängerung und Erhöhung des Südflügels um eine Achse respektive um ein Stockwerk können als solche zählen. Philipp Hainhofer kritisierte schon 1611, daß die Gebäude »gar ungleich und nach art der iezigen newen gebäw nit fürstlich erbawet, dan der aine stock hoch, der ander nider und respondirt nichts auf einander...« Insbesondere die Bauten an der Ostseite, die teilweise noch aus der Zeit vor Ottheinrich herrührten, waren kaum tauglich zu barocker Repräsentation. Diese ließ Philipp Wilhelm 1660 niederlegen. Den Plan zum Neubau, der ab 1665 ausgeführt wurde, dürfte der Ingenieur und herzogliche Baumeister Jeremias Doctor (unter Assistenz auswärtiger Meister) gefertigt haben. 1668 war der Bau im wesentlichen fertiggestellt. Die nüchterne, fast monotone Gliederung des Traktes, die beiden Rundtürme, zwischen die er eingespannt ist und die erhöhte Lage am Ostabhang des Stadtberges verleihen dem Bau Philipp Wilhelms und Jeremias Doctors eine gewisse barocke Monumentalität. So ließ sich Philipp Wilhelm von einem unbekannten Maler stolz zusammen mit seiner Gemahlin und seinen Kindern vor dem Schloß porträtieren.

431

301   Schloß Benrath bei Düsseldorf, Ansicht von
Jan van Nikkelen, 1715

302   Schloß in Neuburg a. D., Ansicht der Ostseite
mit den Neubauten unter Philipp Wilhelm, nach 1665

Nach der Pestepidemie von 1666/69 vernichtete 1669 eine gewaltige Feuersbrunst Teile der Stadt Düsseldorf. Noch im selben Jahre beauftragte der Herzog DOMINIKUS DOCTOR, die eingeäscherten Häuser »mit schöner Faciata zum Zierrat der Stadt und Straßen wieder aufzubauen«. In welchem Verwandtschaftsverhältnis (ein solches darf man wohl voraussetzen) SIGMUND DOCTOR, JEREMIAS DOCTOR, DOMINIKUS DOCTOR und SIMON DOCTOR, der in Burglengenfeld und Sulzbach wirkte, zu einander standen, scheint sich nicht klären zu lassen.

Nach dem Tode des Kurfürsten KARL LUDWIG von der Pfalz erbte PHILIPP WILHELM 1685 die Pfälzer Kurwürde. Allein, es war ein trauriges Erbe. In den Jahren 1679 und 1684 war die Pfalz durch französische Truppen verwüstet worden, sie war ausgeblutet und entvölkert. Dennoch verlegte PHILIPP WILHELM die Hofhaltung nach Heidelberg. Neuburg hatte seine Rolle als Residenzstadt ausgespielt und wird künftig nur noch Nebenresidenz und Witwensitz sein. Die wichtigen Entscheidungen, nicht nur die künstlerischen, werden fortan am Rhein, in Düsseldorf und Mannheim fallen.

Mit den Kindern PHILIPP WILHELMS erreichte das Haus Pfalz-Neuburg zweifelsohne seinen Zenit. Die älteste Tochter ELEONORA MAGDALENA THERESE wurde die dritte Gemahlin Kaiser LEOPOLD I., MARIA SOPHIA heiratete König PETER II. VON PORTUGAL, MARIA ANNA König KARL II. VON SPANIEN, DOROTHEA SOPHIA wurde Herzogin von Parma. Ebenso glänzend war die Laufbahn der Söhne. WOLFGANG GEORG starb als Bischof von Breslau, LUDWIG ANTON als Deutschordensmeister, Bischof von Worms und Lüttich, ALEXANDER SIGMUND wurde Bischof von Augsburg, FRANZ LUDWIG nach dem Tode seines Bruders LUDWIG ANTON Bischof von Breslau, folgte seinem Bruder als Bischof in Worms, bis er Kurfürst von Trier und Mainz sowie Deutschordensmeister wurde. KARL PHILIPP (1661–1742) diente im Türkenkrieg von 1685 als Generalwachtmeister und trat später die Nachfolge des erstgeborenen JOHANN WILHELM in der Würde des Kurfürsten von der Pfalz an.

Der Unterricht des jungen Pfalzgrafen JOHANN WILHELM erstreckte sich auf Literatur, Philosophie, Latein, Französisch, Italienisch und Spanisch. Seine Lateinkenntnisse sollen es ihm – das berichtet wenigstens sein Sprachsekretär GIORGIO MARIA RAPPARINI – noch nach vielen Jahren erlaubt haben, selbst die Inschriften für Medaillen zu entwerfen. Die Ausbildung vervollkommnete eine zweieinhalbjährige Reise nach Paris, London, Oxford, Rochester, Tours, Narbonne, Marseille, Turin, Mailand, Bologna, Loreto, Rom, Neapel und Wien.

303   Graf Matteo Alberti

Die Verwüstungen, welche die Truppen des Sonnenkönigs in der Pfalz angerichtet hatten und die Zerstörung des Heidelberger Schlosses bewogen JOHANN WILHELM 1690, als er nach dem Tod seines Vaters PHILIPP WILHELM die Kurwürde erbte, seine Hofhaltung in Düsseldorf zu belassen, anstatt sie in die angestammte Kurpfälzische Hauptstadt Heidelberg zu verlegen. Durch seine zweite Gemahlin ANNA MARIA LUISA MEDICI wurden – ähnlich wie in München – eine Reihe italienischer Künstler angezogen. Unter ihnen war auch die schillernde Gestalt des Grafen MATTEO ALBERTI. Schon 1696 führte er den Titel eines General-Superintendanten des herzoglichen Bauwesens. Die Bevorzugung durch den Kurfürsten trug ihm den unverhohlenen Neid der Hofgesellschaft ein, die ihn des öfteren zu Fall zu bringen suchte. Vor allem während seiner Reise nach Brüssel, Amsterdam und dem Haag, wo er seine berühmten Globen vorzuführen gedachte, scheinen seine Widersacher einen gewissen Erfolg gehabt zu haben. Nach der Rückkehr beschwerte sich ALBERTI, daß er und seine Brüder von den Hoffestlichkeiten ausgeschlossen seien. Zugleich gab er etwas kleinlaut zu, daß ein »Versuch mit Quecksilber« mißlungen sei.

Doch sollte der Spanische Erbfolgekrieg nicht nur MAX EMANUELS Schloßbaupläne durchkreuzen, sondern auch die JOHANN WILHELMS. Die Traumschlösser, weitläufige phantasievolle Anlagen, die Graf MATTEO ALBERTI für den Kurfürsten erdachte, konnten nur auf dem Zeichenpapier Gestalt annehmen.

Wirklichkeit konnte ein Plan werden, der kurz vor der Jahrhundertwende entstand, der Bau des Schlosses Bensberg. Die Sockelbauten wurden 1703 begonnen; 1705 stand der Rohbau, 1710 war das Corps de logis fertiggestellt, die Arbeiten an der Ausstattung

Schloß Bensberg

433

304 Trauung des Kurfürsten Johann Wilhelm von der Pfalz,
Ölgemälde von Antonio Bellucci

305 Allegorie auf die Musik,
ehemals Deckenbild in Schloß Bensberg bei Köln
von Antonio Bellucci

306   Kunstschrank der Anna Maria Luisa von Toscana,
      Kurfürstin von der Pfalz, Florenz 1707 – 1709

zogen sich bis 1716 hin. Bensberg wurde eine Ehrenhofanlage, deren Baukörper sich gegen die Mitte zu staffeln und steigern. Repräsentative Treppenhäuser liegen in den Eckpavillons. Nicht zu verkennen ist, daß das Bensberger Projekt an Versailles ausgerichtet wurde.

Kirchliche Bauten in Neuburg um 1700

Bei aller Bevorzugung der niederrheinischen Gebiete kümmerte sich JOHANN WILHELM auch um seine Besitzungen an der Donau und am Neckar. Von Düsseldorf aus erteilte er 1696 den Befehl zur Errichtung eines Ursulinenklosters in Neuburg. Die Grundsteinlegung erfolgte 1700, die Weihe konnte bereits 1701 stattfinden. Der Baumeister der Neuburger »Studienkirche« war VALERIAN BRENNER aus Bregenz. BRENNER war seit 1678 in der damals vorderösterreichischen Stadt Günzburg ansässig. 1692 wird er als Fürstbischöflich Augsburgischer Baumeister genannt; 1690 bis 1700 war er an der Fürstbischöflichen Residenz in Augsburg tätig. Es ist anzunehmen, daß ihn ALEXANDER SIGMUND nach Neuburg beziehungsweise an JOHANN WILHELM vermittelt hat. Als Stukkateur wurde NIKOLAS PERTI von München nach Neuburg geholt. Die Altarbilder lieferte 1722/23 der Neuburger Hofmaler FRANZ HAGEN. Er versah in Neuburg auch die Dienste eines Schloßhausmeisters. Als solcher hatte HAGEN 1691 die Tochter des Neuburger Hofmalers CHRISTOPH SCHALK geheiratet.

Die Jesuitenkirche in Heidelberg

Anno 1686 beziehungsweise 1698 (nach der erneuten Zerstörung Heidelbergs) berief JOHANN WILHELM die Jesuiten wieder nach Heidelberg; gleichfalls 1698 gab er den Befehl zum Wiederaufbau des zerstörten Mannheim. Die Heidelberger Jesuitenkirche wurde erst unter KARL THEODOR vollendet. JOHANN ADAM BREUNING begann (?) 1712 die Kirche, deren Chor 1722/24 ausgestattet wurde. Die Vollendung besorgte der Hofarchitekt FRANZ WILHELM RABALIATTI. Für die Ausstattung lieferte der Hofbildhauer JOHANN PAUL EGELL Statuen (Tabernakelrelief 1747/88). Der Marienaltar nach Entwurf von ALESSANDRO GALLI-BIBIENA (gleichfalls 1746/47) wanderte 1871 nach Dilsberg. Hingegen kam 1808 der Hochaltar der Heidelberger Hl. Geist-Kirche in die Jesuitenkirche. Diesen hatte vielleicht ALESSANDRO GALLI-BIBIENA entworfen; die Skulpturen führte PAUL EGELL aus.

Gabriel Grupello

Einer der ersten Künstler, die JOHANN WILHELM an seinen Hof nach Düsseldorf rief, war GABRIEL GRUPELLO. Bis zum Tod des Kurfürsten im Jahre 1716 betraute ihn JOHANN WILHELM mit der plastischen Ausstattung der kurfürstlichen Schlösser und Gärten. Für diese Position brachte GRUPELLO die besten Voraussetzungen mit durch seine fünfjährige Ausbildung in der berühmten Schule des ARTUS QUELLINUS, die der Tradition des von JOHANN WILHELM verehrten PETER PAUL RUBENS verpflichtet war. Darüber hinaus konnte er auf eine mehrjährige Tätigkeit bei den Bildhauern des Königs von Frankreich verweisen, von denen er auch die zu jener Zeit schwierige und hochgeachtete Technik des Bronzegusses gelernt haben muß. Dieser Fertigkeit sollte sich Kurfürst JOHANN WILHELM besonders bedienen, da er die Errichtung von Reiterstandbildern plante. Hinzu kamen die Souveränität des Künstlers in der Behandlung von Holz und Elfenbein. GRUPELLO nahm unter den Künstlern des Düsseldorfer Hofes eine hervorragende Stellung ein. Er war »der Direktor, der sonderlich auf die Bildhauer und übrige Künstler Achtung geben muß. Er ist dabei in sehr großem Ansehen, gleich wie auch der Italiänische Graf Alberti, so Baumeister ist«. Mit dreitausend Gulden hatte er das höchste Gehalt.

Vor seiner Übersiedlung nach Düsseldorf war GRUPELLO in seinem Geburtsort Brüssel tätig. Anfang 1693 bemühte er sich dort um die Stelle des »Architecte-géomètre des fortifications et des ouvrages de la Cour«. Zwei Jahre später hatte er schon seine Stellung als »Statuarius van S. Ceurvorsten hertogh van Nienborg« (Neuburg!) angetreten, ohne daß wir wissen, auf welche Weise die Verbindung zum Kurpfälzischen Hof in Düsseldorf zustande gekommen ist.

Nun entstanden eine ganze Reihe von Porträtreliefs – Büsten und Statuen des Kurfürstenpaares JOHANN WILHELM und seiner zweiten Gemahlin ANNA MARIA DE MEDICI. Seine Berufung nach Düsseldorf verdankte GRUPELLO wohl der Absicht des Kurfürsten, ein Reiterstandbild aufzustellen. Schon bald nach 1695 wird sich GRUPELLO mit dieser Aufgabe beschäftigt haben. Zunächst arbeitete er an zwei Reitermonumenten;

307   Allegorie auf Kurfürst Johann Wilhelm von der Pfalz und seine Gemahlin,
Ölgemälde von Adriaen van der Werff

308   Die Heidelberger Jesuitenkirche

309   Gabriel Grupello, Selbstporträt

310   Der »Jan Wellem«,
Reiterstandbild auf dem Düsseldorfer Markt

312 Aus der Düsseldorfer Galerie
Johann Wilhelms von der Pfalz,
Kupferstich von Chrétien de Mechel

davon sollte wohl eines den Kurfürsten PHILIPP WILHELM darstellen. Zur Ausführung gelangte aber nur der *Jan Wellem,* der auf dem Düsseldorfer Markt vor dem Wohnhaus des Künstlers zur Aufstellung kam. Seine Errichtung war ein Ereignis von politischer, gesellschaftlicher und künstlerischer Bedeutung. Der Jan Wellem ist im Gegensatz zu anderen Reitermonumenten eng an die historische Persönlichkeit gebunden und zeigt den Kurfürsten in schwerer Eisenrüstung mit Allongeperücke und Kurfürstenhut. Das Denkmal, das JOHANN WILHELM aus Subsidiengeldern finanzierte, war übrigens, weil es auf städtischem Grund errichtet wurde, von Anfang an Eigentum der Stadt Düsseldorf.

Da Graf MATTEO ALBERTIS Schloßprojekte für Düsseldorf oder die Rheinebene bei Mannheim nicht ausgeführt wurden, blieb auch der plastische Schmuck, an dem GRUPELLO arbeitete, fragmentarisch. Die Parkfiguren, die er bis zum Tode JOHANN WILHELMS schuf, standen zunächst in dessen Galerie, wurden 1767 nach Schwetzingen befördert und 1773, nachdem sie durch VERSCHAFFELT noch mehr oder weniger überarbeitet worden sind, im Schwetzinger Schloßpark aufgestellt (die heutige Anordnung entspricht nicht der ursprünglichen).

Auf ein Werk, das GRUPELLO für JOHANN WILHELM schuf, die »Mannheimer Statua«, soll noch kurz eingegangen werden. Diese Bronzepyramide entstand in den Jahren 1709 bis 1716. Sowohl die Ikonographie als auch der künstlerische Wert dieses Werkes, in dem GRUPELLO offensichtlich Eindrücke von RUBENS' Sturz der Verdammten verarbeitete, fanden unterschiedliche Beurteilungen. Eine Würdigung des Werkes ist auch durch seinen heutigen Aufstellungsort auf dem Promenadeplatz in Mannheim erschwert. Ursprünglich sollte es einen Hof in einem Schloßprojekt des Grafen MATTEO ALBERTI zieren. Nach dem Tode JOHANN WILHELMS stand es zunächst vor der Düsseldorfer Galerie, bis es KARL PHILIPP 1741 nach Mannheim verbringen und 1743 unter Aufsicht ALESSANDRO GALLI-BIBIENAS aufstellen ließ. Für die Brunnenanlage an der Sockelzone sollte PAUL EGELL Bildwerke schaffen, der jedoch starb, noch ehe er die Ausführung beginnen konnte.

Von den vielen Bildnissen, die GRUPELLO in Düsseldorf geschaffen hat, unter anderem von Kaiser JOSEPH I. und dessen Gemahlin, König KARL III., dem späteren Kaiser KARL VI., dem Prinzen EUGEN, sowie von Angehörigen des Düsseldorfer Hofstaates, hat sich kaum etwas erhalten. Als JOHANN WILHELM 1716 starb, wurde auch GRUPELLO nach über zwanzigjähriger Tätigkeit aus dem Hofdienst entlassen.

War GRUPELLO der bestimmende Bildhauer am Düsseldorfer Hof, so der in Roermond geborene JAN FRANS DOUVEN der eigentliche Hofmaler. Er hatte zwei Jahre in Lüttich gelernt und wurde 1682 von JAN WELLEM nach Düsseldorf berufen. Als Hofmaler begleitete er seinen Kurfürsten auf dessen Reise nach Wien. DOUVEN führte nicht nur (praktisch sämtliche) Porträts des Kurfürstenpaares aus, sondern machte sich zusammen mit dem Maler ADRIAEN VAN DER WERFF auch um den Aufbau der berühmten Düsseldorfer Galerie verdient.

Diese wanderte wie die anderen Sammlungen JOHANN WILHELMS, wie auch die Plastiken GRUPELLOS nach der Auflösung der Düsseldorfer Hofhaltung unter KARL PHILIPP, zunächst nach Mannheim und später nach München.

HEIDELBERG BIS 1685

Noch immer liegen die Anfänge des Heidelberger Schlosses im Dunkel. Urkundliche Nennungen reichen nicht vor den Anfang des 13. Jahrhunderts zurück. Die erste Erwähnung des Heidelberger Schlosses im Zusammenhang mit dem Hause Wittelsbach geschah, als Pfalzgraf LUDWIG I. mit der Grafschaft Stalbühel belehnt wurde. In einer Urkunde von 1313 wurde von Heidelberg gesprochen als von »onser Stat zu Heidelburgh und di burge bede daselbs«. Im Hausvertrag von Pavia wurden »Heidelberg, die obere und die niedere Burg und die Stadt« verzeichnet. Pfalzgraf RUPRECHT I. stiftete 1346 eine Kapelle auf dem Schloß zu Ehren des hl. Udalrich von Augsburg; die Datierung des sogenannten Ruprechtbaues allerdings ist nach wie vor unklar.

Mit Kurfürst LUDWIG V. sind wir bereits im 16. Jahrhundert (er heiratete im übrigen 1511 SYBILLA, eine geborene Herzogin in Bayern). Er ließ die Wehranlagen der Burg erweitern, sowie neue Wohn- und Wirtschaftsgebäude aufbauen. Im Jahre 1538 ernannte er MORITZ LECHER zum Oberbaumeister der Pfalz. LECHERS Befugnisse wurden sehr bald wieder eingeschränkt. Den Grund hierfür bildeten offenbar Eigenmächtigkeiten des Oberbaumeisters.

Eine rege Bautätigkeit entwickelte FRIEDRICH II., der selbst erst 22 Jahre alt war, als er die Vormundschaft der Prinzen OTTHEINRICH und PHILIPP übernahm. Er war einer derjenigen Wittelsbacher, die auf das Haus Habsburg setzten. Deren Dank bedurfte zwar noch etlicher Proben, um sprichwörtlich zu werden, aber da war er schon und FRIEDRICH erntete ihn zur Genüge. Reisen führten den unruhigen Geist nach Frankreich und mehrmals nach Spanien. Wenn er nicht unterwegs war, residierte FRIEDRICH in Neumarkt als kurpfälzischer Statthalter (1513–1544). Hier errichtete er sich nach einem Brand 1520 eine ansprechende Residenz, als deren Schöpfer der bischöflich eichstättische Baumeister ERHARD REICH anzusehen ist. Als eichstättisch galten bis vor kurzem auch die Reste der Bauplastik, die man der HERING-Werkstatt zuschrieb. Nach der Fertigstellung des Neumarkter Schlosses (1539) ließ FRIEDRICH in Amberg 1544/47 die sogenannte Regierungskanzlei errichten, die, soweit es Lage und »Modernität« betrifft, am ehesten mit der Landshuter Stadtresidenz vergleichbar ist.

FRIEDRICH war ausgesprochen baufreudig. Er war vielleicht einer der baufreudigsten Regenten seiner Zeit, eine Tatsache, die bisher viel zu wenig Beachtung gefunden hat. Er baute in Heimsburg, Deinschwang, Lautershofen, Hirschberg bei Amberg, Dachholder und Fürstenwald bei Regensburg, Schloß Friedrichsbühel bei Germersheim und Hirschbühel gegenüber Mannheim. Als er 1544 die Pfälzer Kurwürde übernahm, die schon damals OTTHEINRICH zugestanden hätte, ließ er innerhalb des Heidelberger Schloßareals den sogenannten *Gläsernen-Saal-Bau* erstellen. Dieser Bau ist, wenn auch eingebunden in die Schloßanlage, als für sich projektierter Bau zu verstehen. Die Stukkateure zur Ausstattung ließ sich FRIEDRICH von Herzog CHRISTOPH VON WÜRTTEMBERG kommen. Als Bildhauer arbeitete CONRAD FORSTER, der ein hohes Gehalt bezog, für FRIEDRICH.

Erst 1556 gab FRIEDRICH II. die Pfälzer Kur für OTTHEINRICH frei, der nach drei Jahren schon das Szepter aus der Hand legen mußte.

Albas Religionspolitik löste um die Mitte des 16. Jahrhunderts eine rege Mobilität aus, die in den Niederlanden ihren Ursprung hatte. Zahlreiche Künstler verließen ihre Heimat, um in der Fremde Arbeit zu suchen. Vereinzelt bildeten sie regelrechte Kolonien, wie dies in Frankenthal der Fall war. Hier entwickelte sich ab 1562 unter dem Protektorat FRIEDRICH IV. eine gewerbereiche Emigrantenkolonie niederländischer Kalvinisten, unter denen vor allem die Teppichwirker genannt werden müssen. Von 1562 bis 1600 sind die Namen von vierzig Wirkern überliefert, die für Auftraggeber aus Stuttgart, München und Nürnberg arbeiteten. In Heidelberg war es vor allem Kurfürst FRIEDRICH IV. DIETRICH VOUTERS wurde 1603 nach München gerufen, um dort eine Gobelinmanufaktur aufzubauen. Die Stadt Nürnberg verhandelte 1612 in der gleichen Absicht mit den Frankenthalern.

Emigrierte niederländische Künstler

Neben der Manufaktur entwickelte sich, vielleicht begünstigt durch die Wirkerei, die der Patronenmalerei bedurfte, eine Malerschule in Frankenthal. Ihr vielleicht bekanntester Vertreter war GILLIS VAN CONINXLOO, ein Schüler des COECKE VAN AELST. CONINXLOO ließ sich nicht beständig in Frankenthal nieder. Genannt werden muß auch der Maler JAN DE WITTE, der nach Württemberg berufen wurde und sich seit 1599 in Heidelberg niedergelassen hat.

Einen entscheidenden Akzent erhielt das Heidelberger Schloß durch FRIEDRICH IV., der 1574 in Amberg geboren worden ist. FRIEDRICH wurde zunächst lutherisch erzogen, wandte sich dann aber den Calvinisten zu. Unter ihm erlebte die Heidelberger Universität eine besondere Blüte. FRIEDRICH gab dem *Friedrichsbau* des Heidelberger Schlosses seinen Namen; Architekt war der Kurfürstliche Baumeister JOHANNES SCHOCH.

Dieser wurde um 1550 wohl in Königsbach, auf alle Fälle aber in der Pforzheimer Gegend geboren. Erstmals treffen wir ihn 1572/77 als Zimmergesellen und städtischen Mühlenmeister in Straßburg. 1577 bis 1583 war SCHOCH Straßburger Werkmeister, 1583 bis 1585 herzoglich-badisch-durlachischer Baumeister. Die Jahre 1585 bis 1597 diente er wieder in Straßburg, diesmal als Stadtbaumeister. Im Auftrag FRIEDRICH IV. besichtigte er 1599 Schloß Gottesaue. Im Jahre 1601 wurde HANS SCHOCH nach Heidelberg geholt. Als Kurfürstlicher Baumeister hatte SCHOCH nicht nur die Errichtung des Neubaues unter sich, sondern auch die kurfürstlichen Schlösser; ebenso mußte er die Bauten der unteren Pfalz auf ihren baulichen Zustand hin besichtigen und überwachen. Er mußte sich auch in die obere Pfalz verschicken lassen, um an den dortigen kurfürstlichen Bauten eventuelle Mängel festzustellen, notwendige Abrisse und Überschläge zu fertigen, Verdinge mit Handwerkern abzusprechen, die Arbeiten zu überwachen und die Abrechnungen nachzuprüfen. Nach dem Brand des Amberger Schlosses sollte er 1601 dorthin abgehen. Erst Mitte April 1602 reiste er dann nach Amberg, um den noch stehenden Neubau auszuführen. 1603 war der Bau vollendet. In diesem Jahr kam SCHOCH nochmals in die Oberpfalz, um einen Riß für das Amberger Zeughaus anzufertigen. Während der Jahre 1612/15 begegnen wir SCHOCH in den Diensten des Speyrer Bischofs und 1620/21 schließlich wieder in Straßburg.

Der zweite Meister und zugleich erste Bildhauer des Friedrichsbaues war SEBASTIAN GÖTZ aus Chur. GÖTZ kam 1604, angeblich auf der Wanderschaft, nach Heidelberg. SCHOCH soll sich vergeblich um gute Bildhauer aus Mainz oder Stuttgart bemüht haben. GÖTZ berief sich auf Arbeiten, die er in München und Würzburg zur Zufriedenheit seiner Auftraggeber ausgeführt habe, und lehnte es ab, als Probestück eine Figur, zu der der Hofmaler FRIEDRICH HAMMERLS den Entwurf gezeichnet hatte, auszuführen. Schließlich gelangten die Parteien doch zu einem Übereinkommen. SEBASTIAN GÖTZ glaubte mit sechs bis acht Gehilfen sechzehn Bildwerke binnen Jahresfrist herstellen zu können. Er war aber bis 1607 mit den wittelsbachischen Herrschergestalten für den *Friedrichsbau* befaßt, unter anderem auch deshalb, weil ihm weitere Arbeiten in Bayern übertragen wurden.

Am 26. März des Jahres 1606 begab sich Kurfürst FRIEDRICH IV. mit seinem gesamten Hofstaat nach Mannheim, um dort die Stadt und Zitadelle Friedrichsburg zu gründen. FRIEDRICH IV. und seine Ratgeber hatten sich einen Platz am Zusammenfluß von Rhein und Neckar ausgesucht, angeregt von eingehenden Studien in Holland, dem damals in der Kunst des Festungsbaues führenden Land, und vielleicht auch von italienischen Vorlagen. Die Zitadelle und die Stadt sollten der Mittelpunkt der Verteidigung des reformierten Glaubens werden.

Als Leiter der Befestigungsarbeiten wurde (unter einer Kommission kurfürstlicher Beamter) der holländische Ingenieur BARTHEL JANSON bestimmt. Der Bau der *Friedrichsburg* und der Befestigungen um das Stadtgebiet litten schon bald unter Geldmangel. Doch entschloß sich FRIEDRICH V., der ›Winterkönig‹, zum Weiterbau. Die neue Befestigung konnte weder die Eroberung der Pfalz durch Spanische Truppen noch die Besetzung durch Truppen Maximilians von Bayern abwehren.

Der Sohn FRIEDRICH IV. war, als der Kurfürst im Alter von sechsunddreißig Jahren starb, erst vierzehnjährig. FRIEDRICH (V.) weilte einige Jahre am Hofe des reformierten Herzogs von Bouillon in Sedan, der auch die Ehe zwischen FRIEDRICH und der englischen Prinzessin als erster ins Auge gefaßt haben soll. Man konnte bei der Werbung an frühere Verbindungen zwischen den Pfälzer Wittelsbachern und dem englischen Königshaus anknüpfen, insbesondere an Kurfürst LUDWIG III., der 1402 BLANCA, die Tochter HEINRICH IV., geheiratet hatte. Die Verlobung zwischen FRIEDRICH und Prinzessin ELISABETH erhielt durch die Aufführung von Shakespeares *Sturm,* der dem

jungen Paare gewidmet war, besondere Bedeutung. Zur Verlobung soll das Elisabethentor vor dem Heidelberger Schloß innerhalb einer Nacht aufgerichtet worden sein. Wichtiger war FRIEDRICH V. Schloßbau, der *Englische Bau,* eine Mischung aus englischen und französischen Stilelementen. Im ersten Obergeschoß des *Dicken Turmes* wurde ein großer, stützenloser Festsaal eingerichtet. JOACHIM VON SANDRART hat in seiner *Akademie* in diesem Zusammenhang die Namen von FRIEDRICH V. Bau-

313   Der Hortus Palatinus am Heidelberger Schloß

314   Das Mannheimer Schloß, 1720 – 1760

meistern überliefert. Er berichtet, daß die Umgestaltung des Turmobergeschosses der Baumeister PETER CARL von Nürnberg vorgenommen habe, daß er »die in Mitte des Saals gestandene viereckigte Seul« herausnahm, »welches die beyde Baumeistere Salomon de Chaus und Johann Schoch ihm nicht zugetrauet hatten«.

Der »Hortus Palatinus«

Der gebürtige Franzose SALOMON DE CAUS war 1612 im Gefolge der Prinzessin ELISABETH von England nach Heidelberg gekommen. Bekannter als durch seine Bauten wurde SALOMON DE CAUS durch die Anlage des *Hortus Palatinus*. Der Garten erhielt, außer seinen Hecken, Labyrinthen, Brunnen, Wasserspielen, Beeten undsofort auch ein Vogel- und ein Badehaus sowie eine Grottenanlage. Von der Gartenanlage, die gegen Ende des 18. Jahrhunderts verschwinden mußte, können wir uns aufgrund der Beschreibung SALOMONS DE CAUS', die er 1619 seinem Kurfürsten widmete, noch immer ein Bild machen.

Das nämliche Jahr 1619 bescherte FRIEDRICH V. auch die Vollendung des Englischen Baues und die Böhmische Königskrone, die ihm wiederum den Spottnamen eines »Winterkönigs«, den Verlust der Kurwürde und seines Landes eintrug. Letzteres konnte auch die Festung Friedrichsburg, deren Weiterbau er betrieb, nicht verhindern. Den spanischen Eroberern folgten die Truppen MAXIMILIANS VON BAYERN und des Schwedenkönigs GUSTAV ADOLF.

MANNHEIM

Wiederaufbau Mannheims nach 1648

Während des Dreißigjährigen Krieges schmolz die Bevölkerung Mannheims auf vierhundertfünfzig Köpfe zusammen. Mit besonderen Privilegien bemühte sich die neue kurfürstliche Regierung nach dem Ende des Krieges um eine Belebung der Stadt. Um den Wiederaufbau zu beschleunigen und der Stadt ein ansehnliches Äußeres zu geben, erließ der Kurfürst Mindestvorschriften über die Bebauung und veranlaßte die Pflanzung von Bäumen an den Straßen. In den 1670er und 1680er Jahren mochte dann Mannheim schon den Eindruck eines kleinen holländischen Barockstädtchens gemacht haben – ehe es 1688 wieder belagert und zerstört wurde. Inzwischen folgte JOHANN WILHELM in der Kurwürde und gab 1698 den Befehl zum Wiederaufbau der zerstörten Stadt. Der große Aufschwung kam aber erst, als KARL PHILIPP, der jüngere Bruder JOHANN WILHELMS, 1720 die Hofhaltung von Heidelberg nach Mannheim verlegte. Der Religionsstreit bot ihm hierzu einen willkommenen Anlaß, eine schon früher geäußerte Drohung wahr zu machen. KARL PHILIPP verwirklichte nunmehr den Bau einer ausgedehnten Schloßanlage in der Rheinebene, die seit den gezeichneten Phantasien des Grafen MATTEO ALBERTI die Wittelsbacher am Rhein beschäftigt hatte.

Das Mannheimer Schloß

Schon 1709 war die fortifikatorische Trennung von Zitadelle einerseits, in der Friedrich eine Schloßanlage errichtet hatte, und Stadt andererseits aufgegeben worden, seit der Pfälzische Festungsbaumeister NOTTUM die Bauleitung übernommen hatte. Für die Gegend beim ehemaligen Schloß und am Paradeplatz bestanden einheitliche Bauvorschriften, um ein repräsentatives Aussehen der Stadt zu gewährleisten. Zur Finanzierung des Schloßbaues dienten Naturalleistungen und eine Schloßbausteuer, nachdem der Aufruf zu freiwilligen Abgaben als Gegenleistung dafür, daß der Kurfürst auf Bitten der Mannheimer die Residenz nicht nach Düsseldorf oder Neuburg verlegte, wo entsprechende Schlösser vorhanden wären, nur ein ungenügendes Echo gefunden hatten. Der zunächst benützte Schlüssel der bestehenden Fronverpflichtung führte zu großen Ungerechtigkeiten, so daß später die Umlegung nach Schatzungsschlüssel erfolgte. Da sowohl die Bauabsichten mehrfach geändert wurden, als auch die Planung im ganzen mangelhaft war, kam es beständig zu Schwierigkeiten und Klagen. So zog sich der Schloßbau von 1720 bis 1760 hin. Die zunächst mit dreihunderttausend Gulden veranschlagten Kosten betrugen schließlich weit über eine Million. Über dreihunderttausend Gulden, nämlich dreihunderteinundvierzigtausend Gulden erhielt JOHANN JAKOB RÜSCHER 1750/51 allein schon für den Ostflügel des Schlosses. Der Vorarlberger RÜSCHER trat offensichtlich als Bauunternehmer auf. Er war schon zur Zeit JOHANN WILHELMS in Mannheim, als er am Rathaus tätig war (hierfür fertigte ihm KASPAR

MOOSBRUGGER 1708/09 die Bauzeichnungen an). RÜSCHER scheint sehr vorteilhaft gewirtschaftet zu haben, denn er besaß neben Besitzungen in seiner Heimat Häuser in Heidelberg und Schwarzenberg, zwei stattliche Rittergüter samt einem Palazzo in Mannheim.

Leitender Schloßbaumeister war 1720 bis 1726 CLEMENS DE FROIMONT, der vorher in bischöflich-speyerischen Diensten stand. Die Vollendung der Bauten und vor allem die Innenausstattung des Mittelbaues mit Rittersaal und Schloßkirche unterstanden zunächst der Leitung des GUILLEAUME HAUBERAT. Nach einer finanziell bedingten Ruhepause wurde 1737 mit dem Bau des Opernhauses begonnen, nunmehr unter Leitung des zum Oberbaudirektors des pfälzischen Bauwesens ernannten ALESSANDRO GALLI-BIBIENA. Er gehörte zu den Künstlern, die KARL PHILIPP als Statthalter in Innsbruck kennengelernt hatte und später an seinen Hof zog.

Die Füllungen im Treppenhaus und im Rittersaal führte PAUL EGELL aus, der ein Altersgenosse der Asam war und seine Tätigkeit am Mannheimer Hof 1721 begonnen hat. Vorausgegangen war eine Studienreise zu BALTHASAR PERMOSER nach Dresden. Dessen Einfluß ist in einer Minerva aus dem Oggersheimer Schloß spürbar. Der Schloßbau in Oggersheim wurde 1728/29 begonnen, die Orangerie erst 1750/51 in Zusammenarbeit mit HAUBERAT. 1732 schuf PAUL EGELL das Grabmal des Deutschordensmeisters FRANZ LUDWIG, eines jüngeren Bruders des Kurfürsten, im Wormser Dom und den Prunksarkophag für KARL PHILIPP. PAUL EGELL hielt sich 1744 in Rom auf. Er konnte noch die Giebelreliefs der Mannheimer Jesuitenkirche vollenden, mußte aber die Ausführung des Hochaltares bereits seinem Nachfolger VERSCHAFFELT überlassen.

Die Mannheimer Jesuitenkirche dürfte die Hauptleistung ALESSANDRO GALLI-BIBIENAS gewesen sein, den Karl Philipp von seiner Statthalterschaft in Innsbruck her kannte. KARL PHILIPP hatte die Jesuiten nach seiner Übersiedlung in die neue Residenzstadt gerufen. Nach dem Bau des Kollegs, das mit dem Schloß verbunden war, erfolgte 1733 die Grundsteinlegung zum Bau der Kirche, zu dessen Gunsten KARL PHILIPP auch eine Beeinträchtigung des Mannheimer Quadratnetzes in Kauf nahm. Oberbaudirektor GALLI-BIBIENA entwarf die Kirche und übernahm auch die Bauleitung. Als Vorbilder dienten ihm naturgemäß die römischen Jesuitenkirchen Il Gesù und S. Ignazio. Die Zweiturmfassade gestaltete GALLI-BIBIENA aber ganz im Sinne des deutschen Barock. Die Bauarbeiten wurden 1742 durch den Tod des Kurfürsten unterbrochen, als die Umfassungsmauern bereits mit der Kuppel hochgeführt waren. KARL THEODOR ließ 1744 eine Gruft als Grablege für die Kurfürsten einbauen, in der KARL PHILIPP bestattet worden ist. Erst 1745 setzte man die Bauarbeiten fort. Zwischenzeitlich kam es zu Auseinandersetzungen zwischen dem Kolleg und den Unternehmern, die eine Kommission schlichten sollte. Ihr gehörte auch BALTHASAR NEUMANN an, der ein Freund von PAUL EGELL war. 1747 gingen dann die Arbeiten weiter. Die Inspektion übernahm FRANCESCO GIUGLIELMO RABALIATTI, der angeblich schon unter KARL PHILIPP Hofbaumeister war. RABALIATTI zog nach seiner Ausbildung nordwärts über die Alpen und tauchte eines Tages in Mannheim auf. Im Jahre 1746 wurde er urkundlich als Steinhauerpolier unter ALESSANDRO GALLI-BIBIENA beim Bau der Jesuitenkirche genannt. KARL THEODOR ernannte ihn zum Hofbaumeister. Zu den Baulichkeiten, an denen er für KARL THEODOR planend und ausführend tätig war, zählen unter anderem auch die Sternwarte in Mannheim und das Zeughaus. Zwischen RABALIATTI, der zeitlebens in erprobten traditionellen Bahnen blieb, und seinem Vorgesetzten PIGAGE kam es immer wieder zu Zwischenfällen.

NIKOLAUS DE PIGAGE wurde im Jahre 1723 in Luneville – nach anderer Lesart in Nancy – als Sohn des Hofbaumeisters ANSELM PIGAGE geboren; seine Mutter war eine Tochter des Hofgoldschmiedes MATHIEU. Die Jugendzeit verbrachte NIKOLAUS DE PIGAGE in den Diensten des lothringischen Hofes, dessen Bauweise gerade im Begriffe stand, sich in ein diszipliniertes klassizistisches Formgefühl zu verwandeln. Seine eigentliche Ausbildung erhielt NIKOLAUS DE PIGAGE an der ›Académie royale d'architecture‹ unter EMANUEL HERRÉE in Paris. Die Akademie sollte sich später voll Stolz ihres Schülers PIGAGE erinnern. Seine zahlreichen Reisen brachten ihn mehrmals nach Ita-

315   Die Jesuitenkirche St. Ignaz und Franz Xaver in Mannheim,
1733 – 1760

316 Nicolaus de Pigage,
Porträt von
Dorothea Lisiewska-Therbusch

lien und einmal nach England, wo er in Kew Gardens und in anderen öffentlichen Parkanlagen die neuartige englische Gartenkunst studierte. Auf Empfehlung des polnischen Exkönigs STANISLAUS LESZCZYNSKI gelangte NIKOLAUS DE PIGAGE 1749 als Nachfolger des ALESSANDRO GALLI-BIBIENA und des GUILLEAUME HAUBERAT an den Hof KARL THEODORS. Nach drei Jahren avancierte er zum Oberbau und Gartendirektor und erhielt kurz darauf den Titel eines Hofkammerrats. 1768 wurde ihm der Reichsadel verliehen, 1796 ist NIKOLAUS DE PIGAGE gestorben.

Von 1749 an leitete PIGAGE die Innenausstattung der Mannheimer Jesuitenkirche. Führender Künstler war zunächst PAUL EGELL. Nach seinem Tode folgte ihm PETER ANTON VON VERSCHAFFELT, der den Hochaltar nach EGELLS Entwürfen ausführte. Der Bildhauer, den Freunde »Pierre Fiamingo« nannten, war gebürtig in Gent (1710). Die erste Ausbildung erhielt er durch EDMUNDE BOUCHARDON; 1736 wurde er in Paris durch eine goldene Medaille ausgezeichnet, 1737 folgte VERSCHAFFELT einem Ruf nach Rom. Erst 1752 verließ er die Stadt am Tiber, um sich nach London zu begeben, wo er mit GAINSBOROUGH, HOGARTH und REYNOLDS in enger Fühlung stand. KARL THEODOR berief ihn zur Leitung seiner neu gegründeten Zeichenakademie nach Mannheim. In Erfüllung dieser Aufgabe machte sich VERSCHAFFELT vor allem durch die Sammlung von klassischen Gipsabgüssen verdient.

*Die Ausstattung
der Jesuitenkirche
in Mannheim*

447

Die Asam in Mannheim Stuckierung und Ausmalung der Kirche wurden an Egid Quirin Asam vergeben, der hierfür insgesamt zehntausendfünfhundert Gulden erhielt. Wie schon der Bauherr Karl Philipp, die Künstler Alessandro Galli-Bibiena und Paul Egell so erlebte auch Egid Quirin Asam die Vollendung der Kirche nicht mehr. Sie sollte sein letztes großes Werk werden, hierin vergleichbar den gleichzeitigen Arbeiten des Johann Baptist Zimmermann in München und Nymphenburg. 1750, zehn Jahre vor Vollendung der Mannheimer Jesuitenkirche, ist Egid Quirin Asam verstorben. Damit ging die Karriere der Gebrüder Asam in Kurpfälzischen Diensten zu Ende.

Cosmas und Egid Quirin Asam waren 1686 beziehungsweise 1692 als Söhne des Malers Hans Georg Asam geboren worden; ihre Mutter Maria Theresia war eine Tochter des bayerischen Hofmalers Nikolaus Prugger. Zwischen 1712 und 1714 reisten die Brüder nach Rom, wo Cosmas Damian 1723 einen Preis der Accademia di San Luca zugesprochen erhielt. Nach ihrer Rückkehr arbeiten sie in München und in der Oberpfalz. Cosmas Damian Asam wurde bekanntlich zur Ausstattung des Schlosses Schleißheim zugezogen. Beide Brüder arbeiteten an der neuen Ausstattung des Freisinger Domes und erhielten 1724 den Titel »Kammerdiner und Hofmaler« des Fürstbischofs von Freising. Der bayerische Hof ernannte sie 1730 zu »Kammerdinern«, womit auch gewisse Privilegien verbunden waren. Dennoch verweigerte ihnen der Münchner Hof die Anerkennung ihrer Kirche als Hofkirche. 1728/30 malte Cosmas die Mannheimer Schloßkirche, das Treppenhaus und den Rittersaal aus, 1730/31 die Decke des Refektoriums im Jesuitenkolleg. Wohl in Anerkennung dieser Leistungen wurde Cosmas Damian Asam 1732 durch Karl Philipp das »Prädicat dero Chur. Pfälz. Hof Kammer Rat vermög Patents« zuerkannt, eine Auszeichnung, die sonst nur leitenden Baudirektoren gewährt wurde. Nachdem Cosmas Damian 1739 in München gestorben war, übernahm Egid Quirin Asam den Auftrag über Ausstuckierung und Ausmalung der Mannheimer Jesuitenkirche, die zugleich die Funktion einer ›Großen Hofkirche‹ zu erfüllen hatte. Bei der Ausführung unterstützte ihn sein Neffe Franz, der den Titel eines kurfürstl. bayerischen Hofmalers führte.

Es war die Tragik im Künstlerleben Allessandro Galli-Bibienas, daß es ihm versagt blieb, seine begonnenen Werke zu vollenden, nicht nur, weil ihm der Tod bereits 1748 das Werkzeug aus der Hand nahm. Es war wohl auch so, daß der Ältere mit dem aufgehenden Stern Pigages, des besonderen Günstlings des nach Versailles blickenden Karl Theodor, etwas an Ansehen verlor und zur Seite gedrängt wurde. Dies gilt für die Tätigkeit am Mannheimer Schloß und an der dortigen Jesuitenkirche ebenso wie für das Schloß Schwetzingen.

Schloß Schwetzingen Hier stand ursprünglich, das heißt im 14. Jahrhundert, eine Wasserburg, die zu Anfang des 16. Jahrhunderts erneuert wurde. Im Kern des Schlosses Schwetzingen hat sich bis heute mittelalterliches Mauerwerk erhalten. Der Zerstörung im Dreißigjährigen Krieg folgte der Wiederaufbau durch Kurfürst Karl Ludwig. Im Pfälzisch-Orléan'-

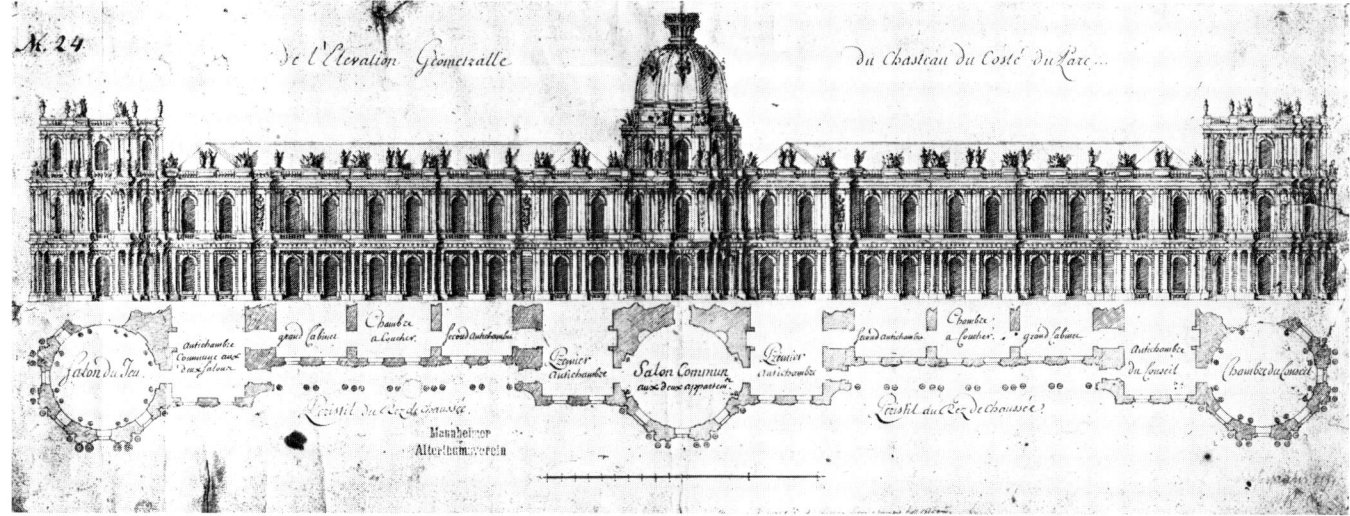

317 Idealprojekt für Schloß Schwetzingen von Nicolaus de Pigage

schen Krieg fiel das Schloß 1689 erneut der Zerstörung anheim. JOHANN WILHELM ließ es 1695 bis 1707 (oder 1715?) wiederherstellen. Die Arbeiten führte der Heidelberger Baumeister JOHANN ADAM BREUNIG (nach Plänen des Grafen MATTEO ALBERTI?) aus. KARL PHILIPP residierte hier solange sein Mannheimer Schloßbau noch nicht bezugsfertig war. KARL THEODOR dachte daran, den Schloßkomplex abzubrechen, um ihn durch einen umfangreichen Neubau zu ersetzen. PIGAGE, RABALIATTI und NEUMANN legten Pläne dazu vor; NEUMANNS Projekt ist in einem Kupferstich von KIESEL überliefert. KARL THEODOR entschloß sich aber zum weiteren Ausbau des Schlosses, der von 1748 an erfolgte. ALESSANDRO GALLI-BIBIENA vollendete den Ehrenhof vor dem Schloß durch die Anlage des Marktplatzes. Nach seinen Plänen entstand 1748/50 der Bau des nördlichen Zirkelhauses, dem FRANZ WILHELM RABALIATTI 1753 das südliche gegenüberstellte. Im nördlichen Zirkelhaus brachte man die Orangerie unter, im südlichen Zirkelhaus wurden reich stuckierte Festsäle eingerichtet. Die Stukkaturen führte GIUSEPPE ANTONIO ALBUCCI aus. Hinter dem nördlichen Zirkelhaus vollbrachte NICOLAUS DE PIGAGE ein kleines Wunder: innerhalb von etwa zehn Monaten stellte er 1752 das Schwetzinger Theater hin. Bereits 1762 war eine Erweiterung desselben notwendig, ein größeres Treppenhaus, eine umfangreichere Bühnenmaschinerie und Querbauten beiderseits der Hauptbühne mußten geschaffen werden. Die große Erstreckung der Bühne konnte perspektivischer Vertiefung des Hintergrundes dienen, der sogar bis zu einem Fernblick in den Garten zu erweitern war. Durch natürliches und künstliches Licht, aber auch durch Feuerwerke waren überraschende Beleuchtungseffekte zu erzielen, ebenso Aufzüge vom Park in die Bühne herein.

PIGAGE bereitete 1749 durch Vermessen (und Enteignung) eine erste Erweiterung des Schwetzinger Schloßparks vor. Der Zweibrückische Hofgärtner JOHANN LUDWIG PETRI legte 1753 einen Plan für die Gestaltung des Parks vor, den KARL THEODOR »nicht allein gnädigst genehmigt« hat, sondern von dem er auch wollte, »daß dieselbe unter Direktion erwähnten Hofgärtners Petri instand gestellet« werde.

Hinter all den Gartenplanungen dieser Zeit stand NICOLAUS DE PIGAGE als Intendant der Gärten und Wasserkünste. Zu seinen eindrucksvollsten Schöpfungen gehören Schloß und Park Benrath. Als KARL THEODOR 1747 erstmals nach Düsseldorf kam, war Schloß Benrath durch Feuchtigkeit und Brand (1740) beschädigt. Nach einigen Reparaturen entschloß sich KARL THEODOR 1755 während seines zweiten Besuches in Düsseldorf zum Neubau, den er als Witwensitz für seine Gemahlin bestimmte. Das Wasserschloß PHILIPP WILHELMS wurde abgebrochen. Der Kurfürst drängte, da er in Düsseldorf keinen ihm angemessen erscheinenden Sitz vorfand, auf einen »unverzüglichen« Neubau durch seinen Oberbaudirektor. PIGAGE, der zuvor nach Düsseldorf beordert worden war, um den Entwurf von JOHANN JOSEPH COUVEN für Jägerhof zu begutachten, disponierte im Sommer 1756 Gebäude und Gärten dergestalt, daß er die landschaftlichen Gegebenheiten, die vorhandenen Gewässer und den Tierpark mit einbezog. Das ausgeklügelte System von Kanälen und Kaskaden, Teichen und Grünflächen sollte insgesamt dreihundert Morgen umfassen und nach PIGAGE die »natürliche Umgebung« der neuen Schloßanlage bilden. Dem Hauptbau legte PIGAGE einen halbrunden Weiher vor, an dessen jenseitigem, »natürlich« gestalteten Ufer, er eine Allee anschloß. Das Hauptgebäude war 1757 unter Dach und Fach gebracht. Der Siebenjährige Krieg brachte die Bauten zum Erliegen, die erst 1759 fortgesetzt wurden. Haupt- und Nebengebäude, letztere begann man 1761, waren 1770 vollendet.

Neubau des Schlosses Benrath

Den Skulpturenschmuck des Schlosses schuf PETER ANTON VERSCHAFFELT. Die Bildwerke kamen seit 1761 in mehreren Transporten rheinabwärts von Mannheim nach Benrath. Erst 1775 wurden die Giebelreliefs, die zu den besten Arbeiten VERSCHAFFELTS in Benrath zu zählen sind, eingebaut; sie waren aber schon seit 1758 in Arbeit (die Muschel dürfte GIUSEPPE ANTONIO ALBUZZI geschaffen haben). ALBUZZI und seine Mitarbeiter stuckierten 1761 bis 1769 die Innenräume des Schlosses aus. Die Wandvertäfelungen, Türen, Fenster und die vornehmlich intarsierten Böden fertigte der Kabinettstischler FRANZ ZELLER (1697–1780) an. Schnitzereien führten AUGUSTIN EGELL, der Sohn PAUL EGELLS, und JOHANN MATHIAS VON DEN BANDEN (1716–1788) aus. Meu-

318 Allegorie auf Kurfürst Karl Theodor, Kupferstich von Joseph Fratrel, 1777

blement und Spiegel kamen gleichfalls kistenweise von Mannheim herunter. Die Dekkenfresken malte LAMBERT WILHELM KRAHE, der sich in Rom ausgebildet hatte, später Düsseldorfer Galeriedirektor und Akademieprofessor wurde.

Der Schwetzinger Schloßpark

PIGAGE plante seit 1761 an einer nochmaligen Umgestaltung des Schwetzinger Schloßparks. Sie brachte eine Erweiterung des architektonischen und des plastischen Programms des Parks. An letzterem war in erster Linie PETER ANTON VERSCHAFFELT beteiligt, der im übrigen auch als Architekt in Erscheinung trat und uns eine ansprechende Büste des jugendlichen KARL THEODOR hinterlassen hat. Ein weiterer Bildhauer bei dieser Erweiterung war LINCK, der in erster Linie als Modelleur von Porzellanfigürchen und -Gruppen bekannt ist. FRANZ KONRAD LINCK wurde 1730 in Speyer als Sohn des Bildhauers JOHANN GEORG LINCK geboren, bei dem er seine erste Unterweisung erhielt. Zwanzigjährig ging er auf die Wanderschaft, die ihn zunächst nach Würzburg, dann an die Wiener Kunstakademie und nach Sanssouci führte. 1759 kehrte er in die Heimat zurück, wo er zunächst Grabdenkmäler ausführte. An der Frankenthaler Manufaktur wurde Fr. KONRAD LINCK 1762 angestellt, im Jahr darauf ernannte man ihn zum Hofbildhauer. Neben den Modellen zu Porzellanen arbeitete LINCK auch großplastische Werke aus, wie die Figuren von KARL THEODOR, der Flüsse Rhein, Neckar, Donau und Mosel auf der Alten Brücke in Heidelberg, Bleiurnen und -Figuren, Porträtreliefs, Steinplastiken im Schwetzinger Schloßpark.

Im Jahre 1761 tauchte auch erstmals der Name SCKELL im Zusammenhang mit der Schwetzinger Gartenanlage auf, als der Hofgärtner LUDWIG WILHELM KÖLLNER wegen Unregelmäßigkeiten in der Amtsführung entlassen und JOHANN WILHELM SCKELL als zweiter Hofgärtner eingestellt wurde (PIGAGE erhielt 1762 die Direktion des Mannheimer und Schwetzinger Gartenbauwesens, als Oberhofgärtner wurde THEODOR VAN WYNDER aus Kassel angestellt). Sieben Monate hatte SCKELL mit den Gesellen den Garten instandzuhalten und hatte künftig den Oberhofgärtner bei dessen Abwesenheit zu vertreten.

SCKELLS Familie wies seit der Mitte des 17. Jahrhunderts in allen Generationen den Gärtnerberuf auf. JOHANN GEORG WILHELM war Hofgärtner im königlich-preußischen Lustgarten zu Lehnin; JOHANN WILHELM, der 1722 zu Reckahn in Brandenburg geboren war, stand als Gärtner im Dienste des Fürsten von Nassau-Weilburg an der Lahn.

Hier erblickte FRIEDRICH LUDWIG SCKELL 1750 das Licht der Welt. Bis zu seinem zwanzigsten Lebensjahr blieb FRIEDRICH LUDWIG SCKELL in Schwetzingen. Hier sind auch die Ursprünge seiner Wertschätzung des französischen Gartens zu suchen, die er sich zeitlebens bewahrt hat. Er erhielt Unterricht in der Baukunst, in Mathematik, im Zeichnen und in Sprachen. Im Schwetzinger Garten dürfte er auch schon praktisch tätig gewesen sein, bevor er 1770 nach Bruchsal und Zweibrücken in die Lehre ging. 1773 reiste er nach Frankreich, wo er sich mit den Gärten von Versailles und den Tuileriengärten auseinandersetzte. Zum Beweis seiner Fortschritte sandte er Zeichnungen der besten französischen Gärten und ihrer Bauten an KARL THEODOR, so daß ihn dieser im selben Jahr auf Staatskosten nach England schickte, damit er sich dort in der neuen landschaftlichen Gartenkunst weiterbilde. Durch enge Beziehungen zu BROWN und CHAMBERS, das Studium der Gärten von Kew und Chelsea bei London, der Gärten der englischen Aristokratie und die englische Natur, beziehungsweise durch das Zeichnen nach der Natur vollzog sich der Umschwung in FRIEDRICH LUDWIG SCKELLS gartenkünstlerischer Auffassung. Auch aus England schickte er Pläne und Ansichten der besuchten Gärten an seinen Landesherrn, der ihn, noch in England, zum Unterhofgärtner ernannte. 1776 kehrte SCKELL nach Schwetzingen zurück. Als Probe seines Könnens forderte KARL THEODOR die Anlage einer Parklandschaft in der Nordwestecke des Schwetzinger Gartens: Sie fand den vollen Beifall des Kurfürsten und seines Hofes. Von nun an sollten alle weiteren Neuanlagen im englischen Stile ausgeführt werden. So entstand in Schwetzingen dieses reizvolle Zusammenspiel verschiedener Richtungen und Stilarten, die ein großer Gesamtplan harmonisch zusammenfaßt.

Wesentliche Unterstützung fand SCKELL bei seinen Schwetzinger Arbeiten in NICOLAUS DE PIGAGE, mit dem er »jedesmal, wenn ein Tempel, ein Ruin, eine Brücke, ein Wasserfall, Felsmassen etc. eine Gartensaue weiter verschönern sollte . . . gemeinschaftlich zu rathe gegangen, über Zweck, Form und Karakter dieser Gebäuden oder sonstigen Dekorationen eins geworden und dann auch an der Ausführung mitgewirket . . .« Daneben standen ihm in VERSCHAFFELT und LINCK auch vorzügliche Bildhauer zur Verfügung.

Als KARL THEODOR nach München übergesiedelt war, ließ sein Interesse für Schwetzingen erheblich nach. Im Jahre 1789 rief er SCKELL nach München, um den bisherigen Hirschanger »zur allgemeinen Ergötzung für dero Residenz-Stadt München herstellen zu lassen und diese schönste Anlage der Natur dem Publikum zu ihren Erholungsstunden nicht länger verzuenthalten . . .« SCKELL zerstreute zunächst die Bedenken hinsichtlich des Klimas, das für zu rauh gehalten wurde. SCKELL wurde nicht nur der Berater, auch wenn die Ausführung in den Händen des SIR BENJAMIN THOMPSON (des Grafen »Rumford«) lag, sondern war von Anfang an auch der planende Gartenarchitekt.

451

319 Friedrich Ludwig Sckell

Nach dem Tod seines Vaters (1792) rückte FRIEDRICH LUDWIG SCKELL in die Stelle eines Hoflustgärtners ein; 1796, als PIGAGE starb, bewarb sich SCKELL um dessen Stelle, die er ein Jahr später auch zugesprochen bekam. Noch im Todesjahr KARL THEODORS ernannte ihn dessen Nachfolger Kurfürst MAX IV. JOSEPH zum Gartenbaudirektor für die Rheinpfalz und ganz Bayern. Dieser neue Wirkungskreis brachte alljährlich Reisen nach München, die der Ausgestaltung des Englischen Gartens galten. Gegen Ende seiner Pfälzer Zeit erhielt SCKELL noch einen außergewöhnlichen Auftrag. Der Mannheimer Festungsring sollte geschleift und das dadurch gewonnene Gelände in Grünanlagen umgewandelt werden. So wie SCKELL das Vorhaben projektierte, wäre es wohl eine der großartigsten städtebaulichen Unternehmungen Deutschlands geworden. Die letztlich etwas schematisch ausgeführte Anlage hatte nur noch wenig mit SCKELLS Absichten gemeinsam.

Im Rahmen der Reformen, die MAX IV. JOSEPH seit seinem Regierungsantritt durchführen ließ, wurde 1804 die Einrichtung einer Hofgärten-Intendanz beschlossen, der sämtliche Gärten des kurfürstlichen Hauses unterstellt werden sollten. Zum Leiter der neuen Behörde wurde FRIEDRICH LUDWIG SCKELL ausersehen.

Von 1804 bis 1810 verwandelte SCKELL den Nymphenburger Schloßpark in einen

Landschaftsgarten unter Beibehaltung des Parterres. Die Wasserkünste und Brunnen wurden beseitigt, vereinfacht oder durch »natürliche« Quellen und Bachläufe ersetzt. Nördlich des Parterres entstanden nach SCKELLS Entwurf drei Pflanzenhäuser. In diese Jahre fiel auch die nochmalige Erneuerung des Englischen Gartens, der während der Kriegsjahre etwas verwildert war. Neben dem Englischen Garten und dem Nymphenburger Park traten die übrigen Schloßgärten in und um München in den Hintergrund, da der Hof den Anlagen in Fürstenried, Dachau, Schleißheim oder Landshut nicht mehr das Interesse der früheren Jahre entgegenbrachte. So schlug SCKELL vor, die Gärten eben dieser Schlösser nur noch als Nutzgärten und Baumschulen zu verwenden.

Ab 1817 bewegte sich SCKELLS gartenkünstlerische Tätigkeit in ruhigeren Bahnen. 1818 legte er sein Lehrbuch *Beiträge zur bildenden Gartenkunst* in München vor, ein Buch, das zum Gebrauch für den ausübenden Gartenkünstler gedacht war.

Im Alter von zweiundsiebzig Jahren starb FRIEDRICH LUDWIG SCKELL 1823 in München. Ein Jahr nach seinem Tod ließ ihm König MAX I. JOSEPH im Englischen Garten ein Denkmal setzen in Form einer vom Bildhauer BANDEL angefertigten Säule. FRIEDRICH LUDWIG SCKELL dürfte der erste für die Wittelsbacher tätige Künstler gewesen sein, der auf diese Weise geehrt worden ist.

Umgestaltung des Parks in Nymphenburg

320 Kurfürst Karl Theodor reitet im Englischen Garten in München, Zeichnung von Simon Warnberger

453

Zweibrücken

Durch den Frieden von Ryswik wurde das Herzogtum Zweibrücken seinem angestammten Herrscherhaus zurückgegeben und KARL XII., König von Schweden, konnte die Regierung übernehmen. Er entsandte seinen Kanzler Graf GABRIEL OXENSTIERNA als Gouverneur nach Zweibrücken. Die Zeit der schwedischen Regierung war überaus wohltuend für das Herzogtum.

Auswärtige Künstler beim Wiederaufbau des Landes

Zum Wiederaufbau seines Landes zog KARL XII. vor allem Schweizer und Tiroler Handwerker in das Herzogtum, die fünfzehn Jahre lang keine Steuern zu zahlen hatten. Auch der schwedische Architekt JONAS ERICKSON SUNDAHL wurde zum Wiederaufbau nach Zweibrücken geschickt. SUNDAHL entstammt der Baumeisterfamilie TESSIN, die aus norddeutschen Gebieten nach Schweden eingewandert war. 1678 wurde JONAS ERICKSON SUNDAHL geboren. Bereits 1689 studierte er an der Universität Uppsala. Von etwa 1700 an war SUNDAHL über fünfzig Jahre lang in leitender Stelle für das Bauwesen im wittelsbachischen Zweibrücken tätig. Daneben diente er noch als Landrenovator und Renovationsdirektor. Lediglich 1725 bis 1731 war er seines Amtes enthoben, als sein französischer Gegenspieler JEAN HENRY CHARLES FRANÇOIS DUCHESNOIS ihn zu verdrängen wußte.

Jonas Erickson Sundahl

SUNDAHLS erste repräsentative Aufgabe in Zweibrücken wurde der Bau des Schlosses 1720 bis 1725. Der dreigeschossige, reckteckige Baublock bildete den nördlichen Abschluß des trapezförmigen Schloßplatzes, dessen beide Seiten schon mit einer Reihe fürstlicher Bauten aus früheren Jahrhunderten bestanden waren. Als südlichen Abschluß des Platzes dachte sich SUNDAHL wohl zwei korrespondierende Gebäude, von denen nur eines, das herzogliche Archiv, bis 1747 vollendet werden konnte.

Neben dem Neubau der Zweibrücker Residenz hatte SUNDAHL eine Reihe von Umbauten und Erneuerungen älterer Anlagen durchzuführen, so des Bergzaberner Schlosses, der Gustavsburg, Jägersburg, Pettenheims, Meisenheims und des Schlosses Birkenfeld.

Die Innenausstattung der neuerbauten Residenz in Zweibrücken führte DUCHESNOIS aus, dem in DECAMBRE ein weiterer französischer Architekt zur Seite stand. DUCHESNOIS entwarf auch den *Salon du Jardin* im Zweibrückener Hofgarten, schied aber 1735 wieder aus den herzoglichen Diensten aus.

Pierre Patte

Zu den bedeutendsten Künstlerpersönlichkeiten, die in zweibrückischen Diensten standen, gehörte der Pariser Architekt, Kupferstecher und Verfasser mehrerer Bücher PIERRE PATTE, der 1723 geborene »Pariser Architekt« Herzogs KARL AUGUST. PATTE war mit neunzehn Jahren wohl bereits in Italien, anschließend in England, 1745/49 studierte er als Schüler von CAMUS an der Académie d' Architecture; er bezeichnete sich selbst als Schüler von BOFFRAND. Ab 1750 betätigte sich PATTE selbst als Lehrer. PIERRE PATTE brillierte auch als vorzüglicher Kupferstecher. Von seinen zahlreichen Werken sei stellvertretend nur eines genannt: 1755 gab er den Band *Oeuvres de Cuvilliés* heraus. Über die Anfänge PATTES als praktischer Architekt in Paris scheint wenig oder nichts bekannt zu sein. Vielmehr scheint eine größere Bautätigkeit PATTES erst durch den Zweibrücker Hof ausgelöst worden zu sein. Zum Zweibrücker Hof konnte PATTE über MARIGNY und dessen Schwester, MADAME DE POMPADOUR, in Kontakt gekommen sein, mit der CHRISTIAN IV. korrespondierte, oder während eines Parisaufenthaltes CHRISTIAN IV.

Schloß Jägersburg

In der Korrespondenz zwischen dem Herzog und MADAME DE POMPADOUR finden sich auch die ersten Hinweise auf die Pläne PATTES für Schloß Jägersburg, das als freizügige Nachschöpfung des Grand Trianon zu verstehen ist – so wollte es jedenfalls PATTE verstanden wissen. Die Ausführung der Jägersburger Pläne ab 1752 oblag CHRISTIAN LUDWIG HAUTT, dem Baudirektor im Herzogtum Zweibrücken. Ihm wurden der Regierungssekretär KLICK sowie der Werkmeister LASEIGNE aus Paris beigestellt. Auch PATTE muß des öfteren in Jägersburg gewesen sein.

In der Residenzstadt Zweibrücken bereicherte CHRISTIAN IV. den Residenzkomplex um ein Palais für seine Gemahlin MARIANNE CAMASSE (geadelte GRÄFIN FORBACH) und um die Orangerie. Beide Male lieferte PIERRE PATTE die Entwürfe.

Nach Schloß Jägersburg, dem Palais Forbach und der Orangerie in Zweibrücken wirkte PATTE noch bei einem vierten Bau CHRISTIAN IV. maßgeblich mit, an Schloß Pettersheim. Schon um 1725 hatte SUNDAHL das Pettersheimer Haus für Herzog GUSTAV SAMUEL umgebaut. Nunmehr folgte 1759 bis 1768 der Ausbau zu einem herrschaftlichen Jagdsitz. Um- und Ausbau geschahen aber nicht nach einem einheitlichen Plan.

Ein letztes Werk PATTES, die Kirche in Bolbec, das der Pariser Architekt noch plante, wurde erst nach dem Tode CHRISTIAN IV., des Schutzherrn PATTES, ausgeführt. PATTE war dreißig Jahre lang für den Herzog von Zweibrücken tätig und hat das Bauwesen im Herzogtum beeinflußt. Er ließ es geradezu zu einem externen Bauatelier der klassizistischen französischen Schule werden. Mit dem fast gleichaltrigen Zweibrücker Baudirektor CHRISTIAN LUDWIG HAUTT, dem jüngeren Generalbaudirektor auf Schloß Carlsberg, JOHANN CHRISTIAN VON MANNLICH und dem letzten Baudirektor FRIEDRICH GERHARD WAHL bildet er eine Art Zweibrücker Schule.

Christian Ludwig Hautt

Die Familie HAUTT hatte schon seit längerem verschiedene Verbindungen zum Hofe, ehe CHRISTIAN LUDWIG HAUTT in den Hofdienst eintrat. Er war 1726 in Nohfelden, das damals ein Zweibrückisches Amt war, geboren. Nach dem Besuch des Zweibrücker Gymnasiums ging er 1746 zum Studium an die Universität Jena. Schon 1755 wurde CHRISTIAN LUDWIG HAUTT Baudirektor, mit neunundzwanzig Jahren Leiter des Jägersburger Bauwesens, um dann allmählich den alternden JONAS ERIKSON SUNDAHL auch als Landesbaudirektor abzulösen. Beim Bau des Schlosses Carlsberg bei Homburg wurde er zeitweilig zugunsten MANNLICHS zurückgedrängt, hatte aber, gleichsam hinter den Kulissen, alles, was die Technik und den eigentlichen Bau betraf, zu planen. Im Jahre 1788 übertrug der Herzog dann doch das gesamte Homburger Bauwesen an HAUTT, der offensichtlich auch wegen äußerer Notlage gezwungen war, diese Aufgabe zu übernehmen. Verarmt, vergessen und verlassen starb CHRISTIAN LUDWIG HAUTT 1806.

Friedrich Gerhard Wahl

Zu seinem Nachfolger war schon früher FRIEDRICH GERHARD WAHL ernannt worden, der aus einer alten reformierten Pfarrerfamilie entstammte. Wo er seine Studienjahre verbrachte, entzieht sich der Kenntnis. Mit zweiundzwanzig Jahren trat er 1769 als »Cammer-Sekretariats-Accessist« in herzoglich-zweibrückische Dienste und wurde beim Straßen- und Brückenbau beschäftigt. Im Jahre 1771 erfolgte die Ernennung zum Landbau- und Chaussee-Inspektor. WAHL war auch im Hochbau tätig. Neben verschiedenen Kirchen errichtete er den Erweiterungsflügel des Zweibrücker Rathauses. 1787 wurde FRIEDRICH GERHARD WAHL zum Nachfolger von CHRISTIAN LUDWIG HAUTT bestimmt und ihm das gesamte staatliche Bauwesen übertragen. Wenige Jahre später, 1791, wurde ihm auch das gesamte Hofbauwesen anvertraut, das bis dato JOHANN CHRISTIAN VON MANNLICH vorbehalten geblieben war. Infolge der Besetzung Zweibrückens durch die französischen Revolutionsarmeen mußte WAHL 1793 fliehen. Erst nach den Befreiungskriegen kehrte FRIEDRICH GERHARD WAHL 1814 in die Pfalz zurück. Im Februar 1818 ernannte man den Einundsiebzigjährigen zum Kgl. Bayerischen Bezirksingenieur in Kaiserslautern, um ihn noch im selben Jahr in den Ruhestand zu versetzen. Als WAHL 1826 in Kaiserslautern starb, ging der letzte herzoglich-zweibrückische Baudirektor dahin.

Konrad Mannlich

Eine zentrale Persönlichkeit, vielleicht die zentrale Gestalt am Zweibrücker Hof war JOHANN CHRISTIAN VON MANNLICH. Er wurde 1741 als Sohn des Malers KONRAD MANNLICH in Straßburg geboren. Die Familie stammte aus Augsburg, wo die Vorfahren als Goldschmiede tätig waren. KONRAD MANNLICH muß 1723 seine Lehrzeit bei KUPETZKY in Wien abgeschlossen haben, kam über Ludwigsburg, Straßburg und Paris 1733 nach Zweibrücken.

321 Johann Christian von
Mannlich, Kupferstichporträt
von Hoffnaß / Seele

Hier am kleinen Hofe von Zweibrücken sind vor dem 18. Jahrhundert nur vereinzelte Maler feststellbar: 1533 ein »Maler Christoph«, 1544 »CHRISTOPH RATGEB Maler
aus Stuttgart«, 1589 »Maler Metz aus Breslau«. Aus dem 17. Jahrhundert sind keine
Malernamen überliefert. Erst mit dem Beginn des 18. Jahrhunderts lassen sich wieder
vereinzelt Maler belegen: 1718 »JEAN JACQUES BEIGES, meistre du Roi Stanislaus«,
1721 HENRI MILLOT und PIERRE GOUDREUX; FERDINAND FRIEDRICH BELLON führte
1728/31 Dekorationsmalereien für Herzog GUSTAV SAMUEL aus.

Daß CHRISTIAN III. gerade KONRAD MANNLICH an seinen Hof kommen ließ, wirkte
sich für die weitere Entwicklung entscheidend aus; am ehesten läßt sich die Tragweite
dieses Entschlusses mit der Anstellung eines FRIEDRICH SUSTRIS, eines FRANÇOIS DE
CUVILLIÉS oder eines LEO VON KLENZE vergleichen. Mit CHRISTIAN IV. kamen diese
Ansätze nicht zum Erlahmen, die neuerlichen Schloßbauten förderten vielmehr eine
breite Entfaltung, die immer wieder Impulse vom französischen Hof empfing und in
KONRAD MANNLICH einen vermittelnden Lehrer hatte.

Häufiger Gast im Hause KONRAD MANNLICHS war JOHANN GEORG ZIESENIS, der die
frühesten bekannten Bildnisse von Angehörigen der herzoglich-zweibrückischen Familie schuf. Seine Tätigkeit in Zweibrücken wurde allerdings überstrahlt von seiner späteren Tätigkeit in Hannover und im nördlichen Deutschland. Wie MANNLICH kam auch
JOHANN DANIEL HIEN, Sohn eines Perückenmachers, aus Straßburg. KONRAD MANN-
LICH war sein erster Lehrer, auf dessen Empfehlung hin er zu Beginn der fünfziger Jahre
für mehrere Jahre zu OUDRY nach Paris gehen konnte. Gleichfalls Anfang der fünfziger

456

Jahre ging GEORG FR. MEYER, der Sohn eines Straßburger Gürtlers, nach Paris. Hier empfahl ihn 1760 sein Landsmann und Lehrer HIEN an CHRISTIAN IV., der ihn nach Zweibrücken holte. 1761/62 war MEYER in Mannheim, malte 1763 ein Landschaftsbild für Schloß Jägersburg und wurde schließlich 1776 Hofmaler unter CARL III. AUGUST.

In Zweibrücken geboren wurde 1755 PHILIPP LECLERC, wo sein Vater JACOB FRIED-RICH, der einer Schweizer Malerfamilie entstammte, 1757/87 als Hofminiaturmaler arbeitete. PHILIPP LECLERC kam 1769/70 mit herzoglicher Unterstützung an die Mannheimer Akademie, 1781 nahm ihn CARL AUGUST als Hofmaler auf. Von 1794 an unterrichtete PHILIPP LECLERC die Kinder des späteren Kurfürsten MAX IV. JOSEPH, der bis 1799 im Rohrbacher Schlößchen bei Heidelberg residierte. Als MAX IV. JOSEPH nach München übersiedelte, folgte ihm PHILIPP LECLERC. Er bezog nunmehr 1000 Gulden jährliche Besoldung als »der bey unserer geliebten Familie als Zeichnungslehrer angestellte Hofmaler le Clerc«. Über die folgenden Jahre bis zu seinem Tode im Jahre 1826, ist kaum etwas Nennenswertes zu berichten.

Nur ein kurzes Leben war dem Maler KARL KASPAR PITZ (1756 – 1793) beschieden. Der Sohn eines Schreiners aus Saarbrücken erhielt seine erste Ausbildung wahrscheinlich bei dem Saarbrücker Hofmaler SAMHAMMER. Im Jahre 1774 kam er angeblich auf Veranlassung des Fürsten LUDWIG VON NASSAU – SAARBRÜCKEN zu JOHANN CHRISTIAN VON MANNLICH nach Zweibrücken. Er arbeitete mit so großem Erfolg an Mannlichs *Comödien – Haus* mit, daß er 1782 nach Paris reisen durfte. 1785 kam PITZ nach Rom, wo er sehr wahrscheinlich Goethe kennenlernte.

Das genannte Komödienhaus hatte CHRISTIAN IV. seiner Gemahlin, der GRÄFIN FORBACH zuliebe, durch CHRISTIAN VON MANNLICH errichten lassen. Die Vollendung sah allerdings erst HERZOG CARL III. AUGUST. Das *Comödien-Haus* war als Privattheater für Herzog Christian IV. gedacht, der hier im Kreise der Seinen, seiner Hofgesellschaft und weniger auserlesener Zuschauer zu seiner Erholung weilte. Um den Operngenuß nicht zu stören, wurde – sehr zum Verdruß der Musiker – ein Orchestergraben angelegt. Überhaupt scheint die Technik dieses Theatergebäudes eine sehr ausgefeilte gewesen zu sein: Die Beleuchtung der Bühne war sehr ausgewogen und die Türen öffneten sich schon nach außen.

Die Dekoration beschränkte sich im wesentlichen auf Malerei. Sie stellte Baumgruppen, Buschwerk mit Rosenstöcken in natürlicher Größe dar und vermittelte auf diese Weise die Illusion eines griechischen Hauses. Dieser Eindruck wurde verstärkt durch die acht griechischen Säulen mit Gebälk vor der Rückwand.

Das »Comödien-Haus« in Zweibrücken

JOHANN CHRISTIAN VON MANNLICH wurde 1741 in Straßburg geboren. Die Grundausbildung erhielt er von seinem Vater. CHRISTIAN IV. wurde durch ZIESENIS auf JOHANN CHRISTIAN VON MANNLICH aufmerksam und sandte ihn 1758 an die Mannheimer Akademie. 1762/63 durfte CHRISTIAN VON MANNLICH erstmals nach Paris reisen, ein zweites Mal 1764; in diesem Jahr begleitete er den Herzog nach Frankfurt. Der dritte, ausgedehnte Parisaufenthalt folgte in den Jahren 1765/66. Während dieses Aufenthaltes war JOHANN CHRISTIAN Schüler BOUCHERS. Anschließend weilte er zur weiteren Vervollkommnung seiner Fähigkeiten an der französischen Akademie in Rom, wo er bevorzugt Studien nach RAFFAEL machte. CHRISTIAN IV. zahlte 1768 bis 1771 die Summe von fünftausendsechshundertfünfundzwanzig Gulden an MANNLICH nach Italien. Auf der Rückreise traf er ANTON RAPHAEL MENGS in Florenz.

CHRISTIAN IV. nahm JOHANN CHRISTIAN VON MANNLICH 1772 unwiderruflich in den Hofdienst auf und ernannte ihn zum ersten Zweibrücker Hofmaler, zum Inspekteur der herzoglichen Gemäldesammlung und zum Direktor einer noch zu schaffenden herzoglichen Zeichenschule. Damit hatte MANNLICH die leitende Stellung für die Pflege und Organisation der bildenden Künste im Herzogtum inne. Es stellt sich hier die Frage, ob CHRISTIAN IV. eine planmäßige Förderung der Malerei anstrebte. In den Jahren 1772 und 1773 weilte MANNLICH nochmals in Paris. Die Rückreise führte ihn über Belgien, Holland und Düsseldorf.

CHRISTIAN IV. Nachfolger CARL III. AUGUST bekundete zunächst kein oder doch nur wenig Interesse an der Malerei und zwang JOHANN CHRISTIAN in eine neue Aufgabe

Johann Christian von Mannlich

322 – 323 Entwürfe für das »Comödienhaus« in Zweibrücken
von Johann Christian Mannlich, 1785

hinein, indem er ihn 1776 zum Direktor des gesamten herzoglichen Bauwesens ernannte. Im selben Jahr erfolgte auch die Ernennung MANNLICHS zum Hofkammerrat. Bald änderte Herzog AUGUST seine Meinung über die Malerei, vielleicht veranlaßt durch MANNLICH, der allmählich zum vertrauten Kreis des Herzogs gehörte. Endlich wurde MANNLICH 1788 von der Oberaufsicht über das Bauwesen und das Theater befreit und es wurde ihm die »Direction über sämtliche schöne Künsten gnädigst anvertraut«. Auch JOHANN CHRISTIAN VON MANNLICH ging 1799 als Hofmaler MAX IV. JOSEPHS nach München, wo er zum Generaldirektor der Gemäldegalerie avancierte. Zusammen mit SCKELL wurde er 1808 geadelt. In München beschäftigte sich MANNLICH besonders mit der Lithographie, deren Technik er bei SENEFELDER erlernte.

Die Krönung der Bautätigkeit unter den Zweibrücker Herzögen des 18. Jahrhunderts *Das Schloß Carlsberg* sollte das Schloß auf der (nunmehr Carlsberg genannten) Erhöhung bei Homberg wer- *bei Homburg* den. Zunächst wollte CARL III. AUGUST die Zweibrücker Residenz erweitern, dann beabsichtigte er Schloß Jägersburg Stein für Stein abtragen und auf dem Schloßgelände des Carlsberges wieder aufbauen zu lassen. Schließlich ging aus den bescheidenen Anfängen des Luisenhofes auf dem Carlsberg die größte Landresidenz Europas hervor, dergestalt, daß sich in einer Breite von mehr als einem Kilometer Gebäude an Gebäude reihte. So eindrucksvoll die Ansicht auch sein mochte, wurde das Äußere gleichwohl durch das Fehlen eines einheitlichen Generalplans beeinträchtigt. Herzog CARL III. AUGUST hatte es offensichtlich nicht gerne, wie wir aus Bemerkungen des Gelehrten CHRISTIAN CROLLIUS und des Freiherrn von KNIGGE schließen können, wenn Unberufene Schloß und Park besichtigten; dies galt offenbar auch für seine Künstler.

Hinter dem »Feenpalast«, wie Baron von KNIGGE den Komplex nannte, dehnte sich ein riesiger Park aus, dem die gesamte Umgebung dienstbar gemacht wurde. Entstanden auch Schloß und Park auf dem Carlsberg in kollektiver, alle Kräfte unterordnender Tätigkeit, so soll doch noch auf die Tradition der Zweibrücker Gartenkünstler hingewiesen werden, die durch den Namen PETRI geprägt wurde.

Als führende Persönlichkeit tritt uns JOHANN LUDWIG PETRI entgegen, der Meister- *Johann Ludwig Petri* schüler und Schwiegersohn des JOHANN ARNDT KÖLLNER, des ersten Hofgärtners in Zweibrücken (vor seiner Tätigkeit für die Zweibrücker Wittelsbacher war Köllner Nassau-saarbrückischer und kurpfälzischer Hofgärtner). JOHANN LUDWIG PETRIS Vater war der herzoglich-sachsen-eisenachsche Hof- und Lustgärtner JOHANN NIKOLAUS PETRI in Eisenach. Ein Onkel JOHANN LUDWIGS, JOHANN MARTIN PETRI stand gleichfalls als Gärtner in nassauischen Diensten. Vermutlich hat JOHANN LUDWIG vor allem bei ihm und von diesem Onkel gelernt, ehe er unter JOHANN ARNDT KÖLLNER in Zweibrücken tätig wurde. KÖLLNER war im übrigen von Rappoldsweiler nach Zweibrücken gekommen. Als er 1742 starb, folgte ihm JOHANN LUDWIG PETRI im Amte nach. Ihm oblag die Erweiterung des Zweibrücker Hofgartens östlich neben dem Schloß zwischen Kanalallee und Bleicherbach. Nach 1760 erfolgte dann die Ausweitung des Hofgartens nordwärts über den Kanal hinaus zu einem umfangreichen Parkquartier. Von 1768 an ließ sich CARL III. AUGUST von AUGUST PETRI d. J. (1744–1809) auf dem linken Bleicherbachufer weitere reizvolle Gartenanlagen schaffen. Von Zweibrücken aus verfertigte bekanntlich JOHANN LUDWIG PETRI auch seine Schwetzinger Parkpläne. Ein weiteres Hauptwerk der Gartenbaukunst des 18. Jahrhunderts gelang JOHANN LUDWIG PETRI in der Anlage von Schloß Jägersburg, das der Lieblingssitz CHRISTIAN IV. war. PETRI verlieh dem Lustschloß eigentlich erst Bedeutung durch die Einbeziehung von Schloß und Park und die umgebende Landschaft. Damit war auch der entscheidende Schritt getan in Richtung auf den Carlsberg. Die Fortsetzung dieses Prinzips werden zwei Generationen später die Schlösser König LUDWIG II. von Bayern sein.

Die Wittelsbacher Könige

Zwei Jahre nachdem die französischen Revolutionsheere die Schloß- und Parkanlage auf dem Carlsberg bei Homburg in Schutt und Asche gelegt hatten, starb Herzog CARL III AUGUST. Die gesamte wittelsbachische Ländermasse nebst der Kurwürde erbte nunmehr nach dem Tode KARL THEODORS CARL AUGUSTS jüngerer Bruder MAXIMILIAN JOSEPH. Anders als KARL THEODOR fand MAX IV. JOSEPH warmherzige Aufnahme in München.

Karl Puille
Unter den Künstlern, die ihm nach München folgten, war der Pariser KARL PUILLE (geb. 1731). Er hatte MAX IV. JOSEPH als Möbellieferant gedient, als dieser noch Offizier in französischen Diensten war. 1790 wurde PUILLE zum Bauinspektor in Mannheim ernannt, wurde aber schon vier Jahre später wieder pensioniert. MAX IV. JOSEPH übertrug ihm 1799 die »Direction des Baues der Wohnung der Durchl. Frau Kurfürstin und der höchsten Herrschaften« und unterstellte ihm als Nachfolger MAXIMILIANS VON VERSCHAFFELT das Hofbauamt.

Maximilian von Verschaffelt
MAXIMILIAN VON VERSCHAFFELT, der Sohn des Bildhauers PETER ANTON VON VERSCHAFFELT, war 1754 in Mannheim geboren worden. Er studierte zunächst an der von seinem Vater geleiteten Mannheimer Akademie, ging 1780/81 an die Pariser Académie Royale, 1782 bis 1793 nach Rom, wo er dem Freundeskreis GOETHES angehörte. Nach dem Tode seines Vaters übernahm MAXIMILIAN VON VERSCHAFFELT die Direktion der Mannheimer Akademie. MAX VON VERSCHAFFELT folgte KARL THEODOR nach München. Im Jahre 1799 oder 1800 wurde er, offensichtlich wegen Eigenmächtigkeiten bei den Arbeiten in der Residenz, entlassen. Von 1801 an war MAXIMILIAN VON VERSCHAFFELT als Oberbaudirektor in Wien im Dienste des Fürsten ESTERHÁZY. Hier in Wien ist MAXIMILIAN VON VERSCHAFFELT 1818 gestorben.

Andreas Gärtner
Das Amt des Hofbauintendanten übernahm ANDREAS GÄRTNER, der Vater des berühmteren FRIEDRICH (VON) GÄRTNER. GÄRTNER war für dieses Amt bestens vorbereitet. Die erste Arbeit, die der 1744 in Dresden geborene ANDREAS GÄRTNER verrichtete, war die eines einfachen Maurers. Das erste theoretische Rüstzeug für seine spätere Tätigkeit erwarb er sich im heimlichen Selbststudium. Nach neunjähriger Tätigkeit auf den Gütern des Grafen MNISZEK in Dukla ging ANDREAS GÄRTNER nach Paris. Er wurde dort bald Inspektor der königlichen Bauten. Daneben bildete er sich an der Akademie fort. Nach wiederum neun Jahren ging GÄRTNER mit einem Empfehlungsschreiben von LE PEYRE (und ersten Plänen für das neue Schloß in Koblenz von dessen Hand) zu Kurfürst CLEMENS WENZELSLAUS nach Trier, um die Hofbauintendanz zu übernehmen. Nachdem die französischen Revolutionsheere das linksrheinische Gebiet besetzt hatten, verlegte ANDREAS GÄRTNER seinen Wirkungskreis nach Würzburg. Er bekleidete nunmehr die Stelle eines fürstbischöflichen Baudirektors (Wie sein früherer Vorgänger BALTHASAR NEUMANN wurde auch ANDREAS GÄRTNER Artilleriehauptmann). Als Würzburg 1804 an Bayern fiel, übernahm ANDREAS GÄRTNER in München das Amt des Hofbauintendanten, das unbesetzt geblieben war.

Als München eines neuen Theaters bedurfte, entwarf ANDREAS GÄRTNER 1804 ein großangelegtes Projekt, das auch einen Konzertsaal vorsah. Doch wurden GÄRTNERS Pläne zugunsten der kühneren des jungen KARL VON FISCHER verworfen. FISCHER drängte GÄRTNER nunmehr in den Hintergrund, so daß sich dessen Tätigkeit scheinbar im Entwerfen von Festdekorationen erschöpfte. Der sehr zielstrebige LEO VON KLENZE verstand es dann schon 1816, gleich im ersten Jahr seiner Tätigkeit in München, die Pensionierung des zweiundsiebzigjährigen ANDREAS GÄRTNER durchzusetzen. Schon Kurfürst KARL THEODOR hatte die Entfestigung Münchens eingeleitet. Nunmehr stand die Neugestaltung des freiwerdenden Geländes und die Erweiterung der Stadt nach Nordwesten an. 1804 wurde eine Stadt-Baukommission mit FRANZ THURN, SCHEDEL VON GREIFENSTEIN und ANDREAS GÄRTNER gebildet. Für die Stadterweiterung nach Nordwesten war bis 1808 ein Wettbewerb ausgeschrieben. Ein Jahr nach Ablauf desselben erfolgte die Neukonstituierung des Gremiums. Leiter des neuen Planungsstabes wurden SCKELL, der sich in Mannheim schon mit einer ähnlichen Aufgabe auseinandergesetzt hatte, und KARL VON FISCHER; 1811 wurde der Generalplan entgültig gebilligt.

Stadterweiterungs-Plan für München

KARL VON FISCHERS Familie siedelte 1796, als KARL JOSEPH vierzehn Jahre alt war, von Mannheim nach Bayern über. In Mannheim hatte der Vater, der von Beruf Architekt war, lebhaften Umgang mit Künstlern gehabt. Im Elternhaus verkehrte auch MAXIMILIAN VON VERSCHAFFELT. Zu ihm kam KARL VON FISCHER in München in die Lehre; diese beiden sollte eine lebenslange Freundschaft verbinden. Nach VERSCHAFFELTS Entlassung aus dem Hofdienst schrieb sich FISCHER 1799 »als Studierender auf eigene Kosten« an der Wiener Akademie ein. Für den Prälaten PIERRE DE SALABERT, der sich in München einen Herrensitz bauen wollte, fertigte der junge FISCHER Pläne an, die jenen begeistert haben sollen. Noch 1803 wurde der Bau des später Prinz-Karl-Palais genannten Baues begonnen.

Karl von Fischer

Nachdem der Einundzwanzigjährige den Wettbewerb um das Nationaltheater gewonnen hatte, entschloß sich MONTGELAS zur Förderung FISCHERS. Er sandte ihn mit einem Stipendium von sechshundert Gulden auf eine Studienreise und empfahl ihm, sich beim König um die neu zu errichtende Professur für Baukunst an der Akademie zu bewerben. Die Studienreise führte KARL VON FISCHER in der Begleitung ULRICH HIMBSELS wohl über Karlsruhe, Straßburg und Metz nach Paris. Hier setzte er sich insbesondere mit dem Theaterbau auseinander. Über Südfrankreich (Frühjahr 1807) gelangten beide nach Italien, wo er mit der Deutschen Künstlerkolonie in Kontakt gekommen sein könnte.

FISCHERS Bewerbung um die Professur wurde angenommen; im Mai 1808 erreichte ihn in Rom der Ruf nach München. An der Akademie hatte sich FISCHER zunächst gegen Intrigen, »Kabalen«, wie er schrieb, durchzusetzen. Seine Schüler hingen sehr an FISCHER »ob seiner Leutseligkeit, Gefälligkeit und Bereitwilligkeit« als Lehrer. In jenem Jahr erhielt er auch vom König die Genehmigung, die gefeierte Sängerin der Hofbühne, ANTONIE PEYERL, zu heiraten.

Mittlerweile hatte Fischer »Alles, was wichtiges und Schönes in der Baukunst unternommen werden sollte« zu begutachten und dem Ministerium seine Vorschläge zu machen. Seine schönste aber auch verhängnisvollste Aufgabe sollte das Hof- und Nationaltheater bleiben. Im Jahre 1813 stellte man den Bau ein, da die Kosten überschritten worden waren. KARL VON FISCHER sollte der Schuldige sein. Ein Untersuchungsausschuß hatte sich mit den Vorfällen zu befassen. Schließlich erzwang FISCHER ein Disziplinarverfahren gegen sich: nach sechs Wochen wurde ihm eine Entschädigung von dreitausend Gulden gewährt.

Als König MAXIMILIAN I. ab 1812 die »Führung der Kunstdinge« dem Kronprinzen LUDWIG überließ, wählte dieser KARL VON FISCHER zu seinem Favoriten und weihte ihn in seine beiden Lieblingspläne, Glyptothek und Walhalla, ein. Schon im Generalplan 1811/12 legte KARL VON FISCHER die Grundrißplanung des heutigen Königsplatzes an, der nach dem Willen des Kronprinzen ein Platz der Kultur werden sollte. Der Kronprinz wollte aber für die Ausführung seiner weitreichenden Pläne einen Architekten, der ausschließlich ihm zur Verfügung stand. Er fand ihn in LEO VON KLENZE.

Zur ersten Begegnung zwischen dem Kronprinzen und seinem späteren Architekten kam es – die Begegnung soll übrigens sehr dramatisch verlaufen sein – als KLENZE auf dem Weg von Paris zum Wiener Kongreß war, um dort einen Auftraggeber zu finden. KLENZE war damals einunddreißigjährig. Nach dem Willen seines Vaters hätte er in Berlin Juristerei studieren sollen, wandte sich aber unter dem Eindruck FRIEDRICH VON GILLIS' der Architektur zu. Nach einem dreijährigen Studium begab sich KLENZE nach Paris, dann nach Italien. Von Genua aus empfahl man ihn nach Kassel an den Hof des Königs JERÔME, des Bruders NAPOLEONS. Nach dem Sturz des französischen Kaisers flüchtete KLENZE nach Paris, wo er sich durch Spekulationen mit französischen Staatspapieren ein Vermögen sicherte.

Leo von Klenze

Nachdem er von Wien wieder nach Paris zurückgekommen war, erreichte ihn ein Bil-

324   Kronprinz Ludwig mit Künstlern in der Spanischen Kneipe
zu Rom, Ölgemälde von Franz Ludwig Catel, 1824

325 Ansicht der Propyläen in München, Ölgemälde von
Leo von Klenze, 1848

326 Die Hofgartenfassade der Münchner Residenz
nach dem Umbau unter Ludwig I.

let des bayerischen Kronprinzen, der ihn in einer neuerlichen Begegnung aufforderte, sich am Wettbewerb für die Glyptothek zu beteiligen. LUDWIG versuchte KLENZE nach München zu ziehen, indem er ihm die Stelle des Hofbauintendanten und den ersten großen Auftrag versprach.

KLENZE kam nach München. Die Verhältnisse in der Bayerischen Hauptstadt waren jedoch nicht so glänzend wie sie in Paris erschienen waren. München war eine kleine Stadt mit kaum fünfzigtausend Einwohnern. König MAX I. JOSEPH war, von einem aus Mannheim mitgeschleppten Hofstaat umgeben, Neuerungen kaum zugänglich; selbstherrlich führte MONTGELAS die Politik. Einzig der Kronprinz war voll Initiative und widmete sich, da er von der Politik ausgeschlossen war, ganz kulturellen Aufgaben.

Es kam nun zu Intrigen zwischen KLENZE und FISCHER wie seinerzeit zwischen FISCHER und ANDREAS GÄRTNER. Damals hatte ANDREAS GÄRTNER es unterlassen, seine Pläne für den Neubau der Akademie dem Direktor oder FISCHER vorzulegen, und es vorgezogen, sich die Genehmigung des Königs direkt einzuholen. Bei der Entscheidung des Wettbewerbs zur Glyptothek nun hob Kronprinz LUDWIG das Urteil des Preisgerichtes einfach auf und forderte von FISCHER, innerhalb von achtzehn Tagen selbst ein Projekt vorzulegen. FISCHER tat sein Bestes. LUDWIG aber gab FISCHERS Pläne an KLENZE weiter, der sich aus ihnen das entnahm, was dem Kronprinzen gefallen hatte.

Als 1817 HERIGOYEN starb, verwehrte man FISCHER dessen Stelle, wie auch diejenige ANDREAS GÄRTNERS. Das Amt des Hofbaumeisters erhielt LEO VON KLENZE, der zwischenzeitlich auch zum Oberbaurat im Staatsministerium des Inneren ernannt worden war. Er verstand es, sich daraus eine eigene Behörde, die »Oberste Baubehörde« in Bayern zu schaffen. Sie erlaubte es ihm, nicht nur das Bauwesen in Bayern neu zu organisieren sondern auch zu kontrollieren. Allein, als LUDWIG die Nachfolge seines unerwartet verstorbenen Vaters antrat, konnte er als König nicht mehr länger ausschließlich einen Architekten beschäftigen. Zudem wurde entschiedene Kritik an Werk und Person KLENZES laut. Es dauerte aber bis 1831, ehe die Ausgaben für einen Bau KLENZES, das Odeon, abgelehnt wurden. Endlich fiel KLENZE 1835, jedenfalls nach außen hin, in Ungnade.

Bis dahin war KLENZE mit allen entscheidenden Bauten in München betraut worden. Er hatte das Areal um die kgl. Residenz praktisch neu geordnet und gestaltet.

Friedrich von Gärtner   Darauf, daß LEO VON KLENZE einmal in Ungnade fallen würde, hat einer bestimmt gewartet: FRIEDRICH VON GÄRTNER, der schon 1817 verspüren mußte, daß an KLENZE so schnell kein Weg vorbeiführt. FRIEDRICH VON GÄRTNER war 1792, während der Koblenzer Zeit seines Vaters, geboren worden. Im Jahre 1808 wurde er als Schüler KARL VON FISCHERS in die Akademie aufgenommen. 1812 reiste er nach Karlsruhe, wo damals WEINBRENNER lehrte. Weiter führte ihn sein Weg nach Frankreich, wo er nicht nur seine Fähigkeiten bei PERCIER und FONTAINE in Paris vervollkommnete, sondern auch die Architektur der französischen Gotik studierte. Er kehrte 1814 nach München zurück und wandte sich noch im selben Jahr nach Italien. Hier kümmerte sich JOHANN MARTIN VON WAGNER um ihn, der dem Vater ANDREAS GÄRTNER aus gemeinsamer Würzburger Zeit verbunden war, im übrigen aber als Kunstagent LUDWIGS in Italien fungierte. 1817 versuchte es GÄRTNER in München, doch verlegte ihm KLENZE den Weg. Auf das Abstellgleis geschoben, brachte GÄRTNER ein großes Bildwerk über die Altertümer Siziliens heraus, das ihm einen Ruf nach London eintrug.

Als er sich gerade mit dem Gedanken trug, entweder nach Griechenland oder nach Amerika zu gehen, wurde er als Nachfolger KARL VON FISCHERS auf den Münchner Lehrstuhl berufen. Zwei Jahre später wurde er zum Leiter der Nymphenburger Porzellanmanufaktur. Beide Aufgaben konnten ihn jedoch nicht befriedigen, so daß GÄRTNER weiter um andere Aufgaben kämpfte. Dann, nach sieben Jahren, erhielt er nach einer Begegnung mit König LUDWIG I. den Auftrag für die Bayerische Staatsbibliothek. Den Umschwung brachte eine Reise nach Athen, auf der er den König begleiten durfte und die Pläne für die Residenz König Ottos von Griechenland entwarf. Die Reise führte über Italien. Dabei reifte der Plan einer römischen Landvilla, die GÄRTNER ausführen sollte: das Pompejanum in Aschaffenburg. In den vierziger Jahren entstanden auch die Villa Ludwigshöhe bei Edenkoben und in rastloser Arbeit der nördliche Teil der Ludwigstraße, ferner das Wittelsbacherpalais auf ausdrücklichen Wunsch des Kronprinzen MAXIMILIAN, im neugotischen Stil. Zu den Aufgaben FRIEDRICH VON GÄRTNERS gehörte auch die Betreuung von Baudenkmälern in Bayern wie der Dome in Regensburg, Bamberg und Speyer. Hinzu kam die (kommissarische) Leitung der Akademie, die er reformieren wollte. GÄRTNER versuchte, die eigene wie die Arbeit seiner Mitarbeiter (zeitweise waren es zwanzig) zu rationalisieren. Trotzdem bleibt die Arbeitslast erdrückend. Ein Schlaganfall setzte der Überanspannung seiner Kräfte 1847 schließlich ein jähes Ende. Seine Schüler trugen die Bahre in einem großen Ehrengeleit auf den von ihm gebauten Münchner Südfriedhof, den der König sperren ließ, damit FRIEDRICH VON GÄRTNER der erste sei, der dort die letzte Ruhe finde. Sein königlicher Auftraggeber rief dem Architekten nach: »Nun Gott befohlen, großer Künstler, und, was mehr ist, rechtschaffener Mann – der seinen Gärtner zu schätzen wissende Ludwig«.

FRIEDRICH VON GÄRTNER hatte pro Semester bis zu neunzig Studenten betreut, die seine Anregungen bis an den Beginn des 20. Jahrhunderts weiter entwickelten. Manchen seiner Schüler gewann er als Mitarbeiter in seinem Büro, mancher fand in ein Amt. So wurde KLENZES Nachfolger als Leiter der Obersten Baubehörde, EDUARD RIEDEL, der ein später Schüler GÄRTNERS war, 1863 als Nachfolger KLENZES Hofbauintendant und 1872 Hofbaudirektor.

EDUARD RIEDEL stammte aus einer Bayreuther Architektenfamilie. Sein Großvater *Eduard Riedel* war in ansbachisch-bayreuthischen Diensten tätig gewesen, sein Vater in bayerischen. RIEDEL wurde 1813 in Bayreuth geboren. 1839 ging er an die Akademie in München zu FRIEDRICH VON GÄRTNER. Die Staatsprüfung als Architekt brachte ihm ein Staatsstipendium für eine Studienreise nach Rom ein, die er 1838/40 unternahm. Nach der Rückkehr trat er 1840 in die Hofbauintendanz LUDWIG I. ein. Zu seinen Aufgaben gehörte die Bauaufsicht über die Residenz König OTTOS in Athen, für die er noch Entwürfe für Wandschmuck schuf. König OTTO I. von Griechenland verehrte ihm 1850 das silberne Ritterkreuz des Kgl. Griechischen Erlöser-Ordens. Fünf Jahre lang, von 1852 bis 1857 versah RIEDEL eine Lehrtätigkeit an der Polytechnischen Schule. Inzwischen war König LUDWIG I. abgedankt. Sein Sohn und Nachfolger MAXIMILIAN II. JOSEPH bedachte RIEDEL so sehr mit Aufträgen, daß dieser seine Lehrtätigkeit aufgeben mußte. RIEDEL wurde 1861 in den Baukunstausschuß aufgenommen, zwei Jahre später erfolgte die Ernennung zum Nachfolger KLENZES und 1872 die Bestallung zum Hofbaudirektor. EDUARD RIEDEL war für König LUDWIG II. planend an Schloß Neuschwanstein tätig, wurde aber noch 1872 aus Altersgründen von seinem bewährten Mitarbeiter GEORG DOLLMANN abgelöst. GEORG KARL HEINRICH DOLLMANN wurde 1830 in Ansbach gebo- *Georg Dollmann* ren. Von 1846 an studierte er in München gleichzeitig am Polytechnikum und an der Akademie der Bildenden Künste das »Baufach«, anschließend an der »Schule der Baukunst«, die damals LUDWIG LANGE leitete. Hierzu gehörten auch kunsthistorische Vorlesungen. Solchermaßen hatte sich GEORG DOLLMANN eine solide Ausbildung als Ingenieur und Architekt angeeignet. Nach KLENZES Tod führte DOLLMANN 1865 als dessen Schüler den Assyrischen Saal der Glyptothek zu Ende. Als Ingenieur wurde er auch im Eisenbahnbau eingesetzt. Seine Tätigkeit für König LUDWIG II. nahm breitesten Raum in seinem Schaffen ein. Er gestaltete einige Räume auf der Trausnitz um, legte 1868 die ersten Pläne für Linderhof vor. Noch während seiner Beamtenzeit wurde er 1869 vom Beamtendienst freigestellt, um dem König mehr zur Verfügung zu stehen, und wurde 1871, nach einer bestandenen Bewährungsprobe, ganz in den Dienst des Königs gestellt. Nach der Vollendung des Schlosses Linderhof, verlieh ihm der König 1876 den persönlichen Adel. Nach und nach rückte DOLLMANN bis zum Oberhofbaudirektor auf (1881). Ein Jahr später fiel er in Ungnade und wurde 1884 von seinem Mitarbeiter JULIUS HOFMANN abgelöst.

Die Ursache könnte der Entwurf für die Burg Falkenstein gewesen sein, die DOLLMANN an den finanziellen Möglichkeiten seines Auftraggebers orientierte, und der deshalb seinem König zu bescheiden ausfiel. Die Planung der Burg führte Oberbaurat MAX

327   Theateraufführung im Grottenhof der Münchner Residenz,
Aquarell von Angelo Quaglio, 1878

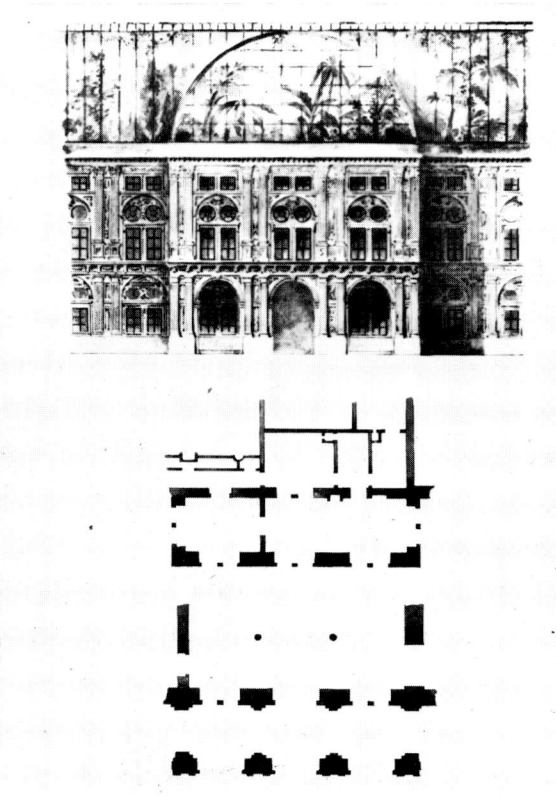

328   Der Wintergarten Ludwig II. in der Münchner Residenz

329–330 Modell zu einem Wagner-Festspielhaus in München
von Gottfried Semper, 1865

Schulze weiter, der im Dienste des Hauses Thurn und Taxis stand. Vielleicht wurde er von Ludwig II. Flügeladjutant Fürst Paul von Thurn und Taxis empfohlen.

Es soll an dieser Stelle noch kurz auf zwei ›Architekten‹ König Ludwig II. eingegangen werden: Domenico Quaglio und Christian Jank. Christian Jank sollte als Bühnenbildmaler die Ideen des Königs oder die Vorstellungen seiner Architekten in phantasievolle Schaubilder umsetzen. Die Funktion eines planenden Architekten hat Christian Jank niemals ausgefüllt. Anders verhielt es sich mit Janks Kollegen Domenico Quaglio, der im Auftrag König Max II. Joseph den Umbau des Schlosses Hohenschwangau plante.

Als Gärtners bedeutendster Schüler erwies sich wohl der Hamburger Gottfried Semper, der sich 1825 an der Akademie bei Friedrich Gärtner eingeschrieben hatte. Nach einem Duell floh Semper nach Paris. Schinkel empfahl ihn als Direktor der Bauakademie nach Dresden. Wie sein Freund Richard Wagner mußte Gottfried Semper 1849 Dresden verlassen. Richard Wagner war es wohl auch, der Gottfried Semper an König Ludwig II. weiter empfahl als Architekten für ein Festspielhaus auf dem Isarhochufer. Widerstände seitens der Öffentlichkeit wie seitens Richard Wagners verhinderten die Ausführung dieses Projektes, das ein städtebauliches Pendant zum Maximilianeum geworden wäre. Damit scheiterte aber auch das letzte große, der Öffentlichkeit gewidmete wittelsbachische Projekt; die *Königsschlösser* sollten niemals eine öffentliche, repräsentative Funktion haben.

Nunmehr zog sich der König von München zurück. Seine Schlösser entstanden weitab der Hauptstadt in malerischen Landschaften. Für die Gestaltung gärtnerischer Anlagen, die fließend in den Landschaftspark und die freie Natur übergingen, stand ihm in Karl (von) Effner ein Mitglied der alten Dachauer Hofgärtnersfamilie Effner zur Verfügung.

Karl von Effner wurde 1831 als Sohn des gleichnamigen Dachauer Hofgärtners Karl Effner geboren. Nach naturwissenschaftlichen Studien an der Universität arbeitete er unter seinem Vater in den kgl. bayerischen Hofgärten. 1850 war er in Schönbrunn, ging nach Prag und Potsdam. Hier bildete er sich ein Jahr lang an der Gartenfachschule bei P. J. Lenné in der Landschaftsgärtnerei aus. Ein Stipendium König Max II. Josephs ermöglichte ihm zwei Studienjahre in Gent. 1857 rief ihn der König nach München zurück und ernannte ihn zum kgl. Hofgärtner. König Ludwig II. erteilte ihm 1867 den Auftrag zur Einrichtung des Wintergartens über dem Kaisersaalbau der Münchner Residenz. Wegen der dabei erworbenen Verdienste wurde Karl Effner 1868 zum Oberhofgärtner befördert. Die Anlagen im Graswangtal wurden 1870 nach Effners Plänen in Angriff genommen, Effner 1873 zum Hofgartendirektor ernannt. Nach dem Abschluß der Linderhofer Parkanlage zeichnete ihn König Ludwig II. 1877 mit dem persönlichen Adel aus. Bis zu seinem Tode im Jahre 1884 war Karl von Effner fast ausschließlich für den bayerischen König tätig. Karl von Effner beherrschte sowohl historische Stile der Parkgestaltung (dafür kann seine Gestaltung des Schleißheimer Parterres im Neurokoko als Beispiel dienen), sondern auch den Landschaftsgarten.

Bekanntlich hat sich König Ludwig II. sehr eingehend mit der Geschichte der französischen Könige und der Ikonographie der Ausstattung seiner Schlösser beschäftigt und deshalb von seinen Architekten und Künstlern immer wieder Änderungen gewünscht. Meistens ließ er sie ihnen durch seinen Hofsekretär Düfflipp kund tun. Vorbei waren jene Zeiten, als Kronprinz Ludwig mit seinen Künstlern auf vertrautem Fuße stand und sich ihrer Gesellschaft und Geselligkeit erfreute. Unvorstellbar erscheint eine so heitere und vertraute Runde, wie sie Franz L. Catel in seinem Gemälde *Kronprinz Ludwig im römischen Künstlerkreis* dargestellt hat.

Im Mittelpunkt dieses Römischen Kreises stand der Bildhauer und Maler Johann Martin von Wagner, ein gebürtiger Würzburger. 1777 wurde er in der fränkischen Bischofsstadt geboren als Sohn des Bildhauers Joh. Peter Alexander Wagner. Auf Wunsch seiner Eltern sollte er Geistlicher werden. Nach Fürsprache durch den Abt Eugen Montag von Ebrach und den Prior Joseph Schwab durfte er seinen künstlerischen Neigungen nachgehen und trat in die Werkstatt seines Vaters ein. Bald war er des

Gottfried Semper

Karl von Effner

Johann Martin von Wagner

»leidigen Holzschneidens« überdrüssig und wollte Maler werden. Eine Empfehlung DALBERGS ermöglichte dem Zwanzigjährigen den Eintritt in die Wiener Akademie. Von dort kehrte er 1802 nach Würzburg zurück, wo ihn die Nachricht vom Gewinn des Ersten Preises an der Akademie einholte. 1803 zog es ihn nach Paris; hier erreichte ihn die Nachricht vom Ersten Preis, den er in Weimar errungen hatte. SCHELLING zog WAGNER an die Würzburger Universität, die ihn, zur Vorbereitung seiner Vorlesungen, für zwei Jahre nach Rom schickte. Er fand Aufnahme in dem Zirkel WILHELMS VON HUMBOLDT und ließ sich seinen Aufenthalt um zwei weitere Jahre verlängern. Auf der Rückreise nach Würzburg traf er 1808 in Innsbruck den bayerischen Kronprinzen, der ihn nach München lockte. Hier wurde er im Hause ANDREAS GÄRTNERS aufgenommen. MANNLICH, GÄRTNER und SCHELLING, der zwischenzeitlich der Sekretär der 1808 gegründeten Münchner Akademie geworden war, versuchten WAGNER für ihre Interessen einzuspannen, der Kronprinz hingegen setzte durch, daß WAGNER als bayerischer Pensionär nach Rom zurückkehren konnte. Dank seiner Loyalität dem Kronprinzen gegenüber wurde er nun dessen Kunstagent in Rom. JOHANN MARTIN VON WAGNER tätigte praktisch alle bedeutenden Antikenerwerbungen LUDWIGS, wobei ihm die Bildhauer KONRAD EBERHARD, BERTEL THORWALDSEN und CHRISTIAN RAUCH sowie der Archäologe CARL HALLER VON HALLERSTEIN zur Hand gingen. Zum Malen ließ ihm diese Tätigkeit keine Zeit mehr. Auf ausdrücklichen Wunsch LUDWIGS begann MARTIN VON WAGNER in Rom zu modellieren. Der Kronprinz betrachtete dies als Vorübung zu einem großen Fries für die Walhalla, den WAGNER modellieren sollte. Das gute Verhältnis zwischen LUDWIG und WAGNER wurde getrübt, als LUDWIG häufigere Bestellungen in THORWALDSENS Atelier tätigte, der sein erklärter Günstling war. Leider mißlang der Versuch, THORWALDSEN nach München zu holen.

Zu THORWALDSEN schickte LUDWIG 1826 das größte bildhauerische Talent, über das er in München verfügen konnte: LUDWIG SCHWANTHALER. Dieser war damals gerade vierundzwanzig Jahre alt. Er hatte 1802 als Sohn des Bildhauers FRANZ JAKOB SCHWANTHALER in München das Licht der Welt erblickt.

Ludwig Schwanthaler

331 Ludwig Schwanthaler,
Lithographie von Bergmann,
1839

469

Die SCHWANTHALER lassen sich bis 1633 als Bildhauer im Innviertel nachweisen. FRANZ JAKOB SCHWANTHALER wanderte, nachdem das Innviertel an Österreich gefallen war, nach München aus. Nach Vermittlung des bayerischen Hofmalers AUGUSTIN EGELL ging er an die Akademie nach Augsburg. Nach seiner Rückkehr arbeitete FRANZ JAKOB bei ROMAN ANTON BOOS. Unter PUILLE wirkte er an den neuen Räumen in der Münchner Residenz mit.

Um seinem Sohn LUDWIG eine humanistische Bildung zu vermitteln, gab er ihn auf das Wilhelmsgymnasium in München. Daneben hat sich LUDWIG SCHWANTHALER schon früh mit der Fabelwelt des Mittelalters, wie sie die Ritterromane schilderten, beschäftigt. 1818/19 arbeitete er knapp ein Jahr in der Werkstatt seines Vaters und trug sich anschließend als Schüler in die Akademie der bildenden Künste ein. Akademiedirektor LANGER drängte LUDWIG SCHWANTHALER zur Malerei. SCHWANTHALER studierte daraufhin Schlachtenmalerei unter der Anleitung ALBRECHT ADAMS. Der Tod seines Vaters zwang ihn, 1820 im Atelier bei seinem Onkel zu arbeiten, der die väterliche Werkstatt übernahm. Seine Mutter erwirkte ein Stipendium für ihn, das ihm bis 1822 den Besuch der Akademie erlaubte. Durch die Vermittlung des Oberstallmeisters VON KESLING-BERGEN erhielt er den Auftrag zu einem Tafelaufsatz für König MAX I. JOSEPH. Wenn auch der Tafelaufsatz wegen des Todes von König MAXIMILIAN I. unvollendet blieb, so hatte er sich mit den Modellen doch Ansehen bei Hof erworben. Schon im Sommer 1826 wurde er an der Ausgestaltung der Glyptothek beteiligt. Von nun an war er bis zu seinem frühen Tode im Jahre 1848 ununterbrochen für den Münchner Hof beschäftigt.

Wilhelm Kobell

Wie der Bildhauer PERRON war auch WILHELM KOBELL, der bedeutendste Münchner Hofmaler zu Beginn des 19. Jahrhunderts, ein gebürtiger Pfälzer, der 1766 in Mannheim geboren worden ist. Die erste Ausbildung brachte er an der Mannheimer Akademie und bei seinem Vater, dem Maler FERDINAND KOBELL, hinter sich. 1789 hielt er sich erstmals in München auf. 1791 bat er den Kurfürsten KARL THEODOR um einen Zuschuß von vierhundert Gulden für eine Studienreise nach England und Italien. Gleichfalls 1791 durften FERDINAND und WILHELM KOBELL auf Einladung des Herzogs August die Galerie besichtigen. Nachdem die Studienreise nachEngland und Italien nicht zustande kam, bat 1793 der junge Maler seinen Landesfürsten um die Erlaubnis, die Summe zur Übersiedlung nach München in Anspruch nehmen zu dürfen. Den ersten Auftrag des Kronprinzen führte er schon 1797 aus; dabei handelte es sich um Zeichnungen. Als mittlerweile anerkannter Schlachtenmaler erhielt er dann 1807 den Auftrag zu den *Schlachtenbildern,* deren erstes er 1808 in Angriff nahm. Bis 1815 liefert er zwölf dieser großformatigen Werke ab, die Szenen aus den Befreiungskriegen zeigen.

Albrecht Adam

An diesem umfangreichen Zyklus werden noch die Maler PETER HESS und ALBRECHT ADAM beteiligt. ALBRECHT ADAM hatte selbst an den Feldzügen gegen Österreich und Rußland teilgenommen und kannte so das Kriegsgeschehen durch persönliches Erleben. ALBRECHT ADAM wurde der Stammvater einer Künstlerdynastie, die bis zu König LUDWIG III. für die Wittelsbacher gearbeitet hat und noch heute besteht.

Die monumentale Wandmalerei in München

Die Glyptothek, das erste und persönlichste Bauwerk LUDWIG I. war auch das am meisten richtungweisende. Es wurde zum Ausgang der monumentalen Wandmalerei in München, deren wichtigste Vertreter PETER CORNELIUS und JULIUS SCHNORR VON CAROLSFELD waren. Beide hatte LUDWIG 1818 in Rom kennengelernt. PETER CORNELIUS stammte aus Düsseldorf, wo er 1783 geboren worden war. An der Düsseldorfer Akademie erhielt er auch seine erste Ausbildung. 1809 verließ er seine Heimatstadt, um 1821 als gefeierter Künstler dorthin zurückzukehren; seit 1819 stand er der Düsseldorfer Akademie vor. Allerdings litt sein Engagement für diese Institution unter den Arbeiten für LUDWIG. CORNELIUS stieß in München auf wenig Verständnis, so daß sich LUDWIG mit Nachdruck für seinen Günstling einsetzen mußte; er erwirkte dessen Ernennung zum Direktor der Münchner Akademie der Bildenden Künste. Zum Bruch zwischen dem König und CORNELIUS kam es wegen des *Jüngsten Gerichtes,* des etwa 200 Quadratmeter messenden Hauptbildes der Ludwigskirche, so daß PETER CORNELIUS 1841 nach Berlin ging.

332 Im Atelier des Künstlers, Ölgemälde von Albrecht Adam

334 »Tannhäuser als Tanzmusikant«,
Wandbild im Arbeitszimmer des Schlosses
Neuschwanstein von Joseph Aigner

Mit dem Weggang CORNELIUS' begann auch der Stern des JULIUS SCHNORR VON CA-
ROLSFELD zu verblassen. Er war 1794 in Leipzig geboren worden, wo er von seinem Vater die erste Ausbildung erhielt. 1811 folgte CAROLSFELD seinen Brüdern an die Akademie nach Wien und ging 1818 über Florenz nach Rom. LUDWIG I. berief ihn 1826 als Professor an die Kunstakademie nach München (CAROLSFELD trat dieses Amt im folgenden Jahr an) und erteilte ihm gleichzeitig den ersten großen Auftrag für die Ausmalung
der *Nibelungensäle* in der Residenz. Als er 1846 nach Dresden ging, mußte er die Ausführung seinen Schülern und Mitarbeitern überlassen. Das letzte Wandgemälde wurde
erst 1867 durch WILHELM HAUSCHILD unter König LUDWIG II. vollendet. SCHNORR VON
CAROLSFELDS Nachfolge an der Münchner Akademie trat 1847 KARL VON PILOTY an,
der 1874 zum Direktor ernannt wurde. PILOTYS Ruf verbreitete sich schnell, so daß 1869
Berlin dem Maler die Direktorenstelle an der Akademie anbot. Um ihn in München zu
halten, gab ihm LUDWIG II. sofort den Auftrag zu einem Kolossalgemälde von fünf zu
sieben Metern. Neben der Mitarbeit bei der Ausmalung von LUDWIG II. Schlössern hat
PILOTY 1867 das Bildnis des Königs geschaffen, das heute gemeinhin ›das‹ Porträt des
Märchenkönigs ist.

Im Jahre 1868 starb mit König LUDWIG I. fraglos einer der großartigsten Mäzene des
Hauses Wittelsbach. Es dürfte in der abendländischen Geschichte einmalig gewesen
sein, daß ein Monarch die Förderung der Künste und der Künstler zu dem erklärten Ziel
seines Handelns machte. Dort, wo seine Mittel nicht mehr genügten, verstand er es, die
Stadt oder einzelne Bürger zu animieren, in seinem Sinne zu bauen. Freilich war schon
sein Mäzenatentum durch die Verfassung von 1818 und nicht zuletzt durch die Abdankung von 1848 begrenzt. Nach 1848 konnte er im wesentlichen nur noch über die Mittel
seiner Zivilliste verfügen. Sein Enkel, König LUDWIG II., der mit dem gleichen Enthusiasmus die Regierung antrat wie der Großvater, verfügte schließlich nur noch über die
Mittel der Zivilliste. Wenn man im Sinne der klassischen Kunsttheorie und Kunst-
hierarchie die Architektur als die erste der Künste und das Bauen als die vornehmste
Aufgabe des Herrschers ansieht, dann ging mit LUDWIG II. Tod die wittelsbachische
mäzenatische Magnifizenz zu Ende. Wohl pflegte auch Prinzregent LUITPOLD weiterhin persönlichen Umgang mit Künstlern, erteilte weiterhin Aufträge, übernahm 1886
das Protektorat des Kunstgewerbevereins und spendete seinen Beitrag zu Errichtung
des Münchner Künstlerhauses, regierte aber nicht mehr in die Kunst hinein wie sein
Großvater LUDWIG I. Wenn er die Ateliers der Münchner Künstler besuchte, erscheinen diese Besuche, aus historischem Abstand betrachtet, eher wie Besuche eines Pri-
vatmannes, geprägt von der persönlichen Bescheidenheit des Prinzregenten. Wenn
während der »Prinzregenten-Zeit« in München jemand ›fürstlich‹ auftrat, dann waren
es eher die Künstler, Malerfürsten wie LENBACH. Trägt auch die Prinzregentenstraße
seinen Namen, so hat sie doch nicht direkt mit dem Regenten zu tun, sie wurde vielmehr von der Stadt angelegt. Auch das Prinzregententheater ist mehr ein Werk ERNST
VON POSSARTS als des Prinzregenten.
    Als Prinzregent LUITPOLD 1912 starb, wollte ›halb Bayern‹ den Trauerzug erleben. In
ihm wurde der letzte große ›Schutzherr der Künste‹ zu Grabe getragen. Als dem
Schutzherren der Künste hatten ihm und dem Hause Wittelsbach die Münchner Künstler 1887 in einem Fackelzug gehuldigt.

ANHANG

Verzeichnis und Nachweis der Abbildungen

(Falls nicht anders verzeichnet, stammen die Fotos von den genannten Museen und Institutionen.

1 Aus der »Kaiserchronik«, um 1150. Bayer. Staatsbibliothek München, Cod. germ. 37, fol. 130 r

2 Aus dem »Parzival« Wolframs von Eschenbach. Bayer. Staatsbibliothek München, Cod. germ. 19, fol. 49 r

3 Aus dem »Willehalm« Wolframs von Eschenbach. Bayer. Staatsbibliothek München, Cod. germ. 193 III, fol. 1v

4 Wolfram von Eschenbach. Aus der Manessischen Liederhandschrift, Miniatur zwischen 1300 und 1340. Heidelberg, Universitätsbibliothek

5 Aus dem »Jüngeren Titurel« des Albrecht von Scharfenberg. Bayer. Staatsbibliothek München, Cod. germ. 8470, fol. 3 r

6 Aus Konrad von Megenbergs »Buch der Natur«. Bayer. Staatsbibliothek München, 2° Inc. c. a. 347, fol. 183 v/184 r

7 Aus Johannes Hartliebs »Chiromantia« (1448), Widmungsbild des Blockbuches von 1473

8 Aus Johannes Hartliebs »Buch vom großen Alexander«. Bayer. Staatsbibliothek München, Cod. germ. 581, fol. 58 v

9 Aus Hans Schiltbergers »Buch der Abenteuer«. Bayer. Staatsbibliothek München, 2° Inc. s. a. 663/3

10 Aus Ulrich Füetrers »Buch der Abenteuer«. Bayer. Staatsbibliothek München, Cod. germ. 1, fol. 1r

11 Hans Multscher: Herzog Ludwig der Bärtige. Modell zu seinem Grabmal aus Solnhofer Stein, 1435. Bayer. Nationalmuseum München

12 Widmungsbild zu einem Gedichtband Aventins. Die Überreichung der Handschrift an Albrecht IV. Bayer. Staatsbibliothek München, Cod. lat. 1138, fol 1v

13 Vorwort der »Annales ducum Boiariae« von Aventinus. Bayer. Staatsbibliothek München, Cod. lat. 285, fol. 2v

14 Aventins Epitaph in Regensburg, St. Emmeram, 1534. Original im Bayer. Nationalmuseum München, Inv. Nr. R 932

15 Titelblatt der deutschen Übersetzung der »Annales«: »Das erst puech der Bayerischen Chronicon«, 1526. Bayer. Staatsbibliothek München, Cod. germ. 1566, fol. 1r

16 Ägidius Albertinus, Kupferstich von Lucas Kilian, Augsburg 1630

17 Aus dem »Zungenschleiffer« des Jeremias Drexel. Bayer. Staatsbibliothek München, 4° Asc. 262ᵃ, Abb. S. 1501

18 Der »Cenodoxus« von Jakob Bidermann. Bayer. Staatsbibliothek München, Cod. lat. 8089, fol. 23v/24r

19 Posthume Gedenkmünze für Jakob Balde zum 160. Todestag 1824 von F. Neuß. Staatliche Münzsammlung München

20 Titelblatt zu Jakob Baldes »Sylvarum Libri VII.« Bayer. Staatsbibliothek München, Res. P.o.lat. 81

21 »Annalium virtutis et fortunae Boiorum« von Andreas Brunner, München 1629. Titelkupfer mit Kaiser Heinrich II., der das Herzogtum Bayern an Heinrich V. von Luxemburg verleiht. Stadtbibliothek München (Monacensia)

22 Andreas Brunner und seine Gefährten. Votivbild in St. Maria Ramersdorf in München 1635. Foto Neumeister, München

23 Oswald von Wolkenstein (der Einäugige) im Gefolge des Pfalzgrafen Ludwig. Aus der Richental-Chronik. Rosgartenmuseum Konstanz, fol. 76a (Ausschnitt)

24 Michael Beheim, Gedichte. Bayer. Staatsbibliothek München, Cod. germ. 291, fol. 2 r

25 Joseph Marius v. Babo, Kupferstich von F. John nach J. Edlinger. Deutsches Theatermuseum München, A 1140

26 »Ode auf die Inquisition« von Andreas Zaupser. Bayer. Staatsbibliothek München

27 Jean Paul, Stahlstich von A. v. Schleich nach F. Meyer. Stadtmuseum München, Inv. Nr. Re 6175

28 Johann Michael Sailer, Kupferstich von H. Lips nach Sommerhalder. Stadtmuseum München, Inv. Nr. M IV/153

29 Friedrich Schelling, Silhouette aus Goethes Besitz

30 Studie Joseph Stielers zu seinem berühmten Goethe-Bild. Bayer. Staatsgemäldesammlungen

31 Johann Andreas Schmeller, Lithographie von J. Melcher nach J. Bernhardt. Stadtmuseum München, Inv. Nr. M II/817

32 Titelblatt von Schmellers »Bayerischem Wörterbuch«, 1827. Bayer. Staatsbibliothek München, Bavar. 2 381 ob/1

33 Franz Graf Pocci, Lithographie im Stadtmuseum München, Inv. Nr. M II/3903

34 Paul Heyse, Karikatur von F. A. v. Kaulbach. Stadtmuseum München, Inv. Nr. 29/831

35 Die Dichtergesellschaft »Das Krokodil«, Xylographie nach Th. Pixis. Bayer. Staatsbibliothek München, 2° Per. 6/1866, Abb. S. 533

36 Franz Graf Pocci, Selbstporträt im »Archiv der Zwanglosen«. Bayer. Staatsbibliothek München, Cod. germ. 8026/2, fol. 105

37 Franz von Kobell, Karikatur aus dem »Archiv der Zwanglosen« von F. Pocci. Bayer. Staatsbibliothek München, Cod. germ. 8026/2, fol. 106

38 Der junge Franz v. Kobell. Porträt im Stadtmuseum München, Inv. Nr. VI u/29

39 Titelblatt zu »Oberbayerische Lieder«, gesammelt und herausgegeben von Franz v. Kobell im Auftrag König Max II., 1858. Bayer. Staatsbibliothek München, Rar. 1408

40 Herzog Wilhelm von Birkenfeld-Gelnhausen, der erste »Herzog in Bayern«. Porträt von Joseph Georg Edlinger, Stadtresidenz Landshut, Leihgabe des Heimatmuseums Landshut. Foto Bayer. Verwaltung der staatl. Schlösser, Gärten und Seen München

41 Herzog Max, der »Zither-Maxl«, Lithographie von Leo Schöninger, um 1840. Stadtmuseum München, Inv. Nr. Ia/274

42 Franz v. Kobell, Holzschnitt von 1875

43 Herzog Ludwig Wilhelm in Bayern, Bleistiftzeichnung von Thomas Baumgartner, 1953. Heimatmuseum Tegernsee

44 Ludwig Senfl, Zeichnung von Hans Schwarz. Kupferstichkabinett Staatl. Museen Preuß. Kulturbesitz Berlin. Inv. Nr. KdZ 6045. Foto Jörg Anders, Berlin

45 Widmung Senfls an Herzog Wilhelm IV., 1531. Bayer. Staatsbibliothek München, Mus. Mss. 38, fol. 1r

46 Hofball der Neuen Veste zu München mit Albrecht V., Kupferstich von Matthäus Zasinger, um 1500. Stadtmuseum München, Inv. Nr. M I/29

47 Orlando di Lasso, um 1560. Österr. Nationalbibliothek Wien, Inv. Nr. E-9-C. Cod. 18744/I, fol. 36

48 Die Münchner Hofkapelle unter Lasso (am Spinett). Miniatur von Hans Mielich in den »Bußpsalmen«, 1565/70. Bayer. Staatsbibliothek München, Mus. Mss. A II/fol. 186

49 Titelblatt und Widmung der »Sacrae cantiones«, Venedig 1565, Andrea Gabrielis an Albrecht V. Bayer. Staatsbibliothek München, 4° Mus. pr. 135/9

50 Die »blühenden Künstler« des Herzogs von Bayern: Andrea und Giovanni Gabrieli und Lasso: »Il secondo libro de Madrigali . . .«, Venedig 1575. Bayer. Staatsbibliothek München, 4° Mus. pr. 50/21. Tenor-Titelblatt

51 Zweiter Teil von Lassos »Patrocinium musices«, »Missae aliquot 5 vocum, Secunda Pars«, München 1574. Titel-Holzschnitt von Johannes Nel. Bayer. Staatsbibliothek München, 2° Mus. pr. 11/2

52 Titelseite des posthum erschienenen »Magnum opus musicum« von Orlando di Lasso, München 1604. Bayer. Staatsbibliothek München, 2° Mus. pr. 68, Tenor-Titelblatt

53 Tenorstimmbuch des »Circus Symphoniacus« von Rudolph de Lasso, 1607; enthält u.a. die Huldigungsmusik für Kurfürst Maximilian I. Bayer. Staatsbibliothek München, 4° Mus. pr. 395, Tenor-Titelblatt

54 Georg Forsters Selbstbiographie und pfalzgräfliche Erinnerun-
– gen, Widmung des 3. Teils »schöner lieblicher alter und newer
56 Teutscher Liedlein . . .« an Jobst von Brandt, Nürnberg 1549, 2. Aufl. 1552. Bayer. Staatsbibliothek München 4° Mus. pr. 99/2, Tenorwidmung aij^r, aij^v, aiij^r

57 Georg Forsters Nachruf auf Pfalzgraf Ludwig V., Lied (Tenor-
– stimme) Nr. V in den »Frischen teutschen Liedlein« 3. Teil,
58 Nürnberg 1549. Bayer. Staatsbibliothek München, 4° Mus. pr. 99/2 – Tenor LXXVIII-q^r

59 Pfalzgraf und Kurfürst Ottheinrich, Porträt-Holzschnitt von 1560. Bayer. Staatsbibliothek München, Rar. 360/1, 2. Abb. nach Titelblatt

60 Der »Ulenberg-Psalter«, Frontispiz der »Psalmen Davids« von Caspar Ulenberg in der Vertonung von Conrad Hagius, Düsseldorf 1589. Collegium Augustinianum Gaesdonck, Foto Br. Thomas Bischop, Goch-Gaesdonck

61 Jacob Paix, Porträt-Holzschnitt eines anonymen Meisters. Bayer. Staatsbibliothek München, 4° Mus. pr. 51, fol 1 v

62 Hans Leo Haßlers »Lustgarten neuer teutscher Gesäng, Balletti, Gaillarden und Intraden«, Nürnberg 1601, Widmung an Friedrich, Pfalzgraf bei Rhein. Augsburg, Staats- und Stadtbibliothek

63 Titelblatt der Oper »L'Erinto«, München 1661. Text von Bissari,

Musik von Johann Kaspar Kerll. Bayer. Staatsbibliothek München

64 Johann Kaspar Kerll, Kupferstich von C.G. Amerling. Bärenreiter-Archiv, Kassel

65 Agostino Steffani, Lithographie von H.E. Wintter. Deutsches Theatermuseum München

66 Titelseite des in München 1680 gedruckten Librettos zur Festoper »Il litigio del cielo e della terra« des Hofkapellmeisters Ercole Bernabei. Bayer. Staatsbibliothek München, 4° Bavar. 2165/V, 15

67 Das op. 5 des Felice dall'Abaco, »Concerti à piu Istrumenti«, mit der Widmung an Ferdinand Maria, gedruckt etwa 1717 in Amsterdam. Bayer. Staatsbibliothek München, 4° Mus. pr. 18856/ve 2, Titelblatt

68 Maria Antonia Walpurgis, Kupferstich von Canale nach einem Selbstporträt der Prinzessin. Bärenreiter-Archiv, Kassel, MGG 8/1647

69 Hofkonzert in Ismaning, Ölgemälde von Peter Jakob Horemans, 1733. Bayer. Nationalmuseum München, Inv. Nr. R 7159

70 Titelseite des Librettos zur Oper »Ifigenia in Aulide« von Giovanni Porta, München 1738. Bayer. Staatsbibliothek München, Bavar. 4015/6, Titelblatt

71 Kurfürst Clemens August von Köln, Kupferstich von C.H. Müller nach F. Lippoldt. Bayer. Staatsbibliothek München, Bild 104

72 Ludwig van Beethoven, Großvater des gleichnamigen Komponisten. Stich von A. Neumann nach Radoux. Bayer. Staatsbibliothek München, Bd. 121

73 Kurfürst Max III. Joseph mit dem Intendanten der »Hofmusik und Spektakeln«, Graf Seeau. Ölgemälde von Georg Desmarées, 1755. Bayer. Verwaltung der staatl. Schlösser, Gärten und Seen, München

74 Mozart mit dem Orden vom Goldenen Sporn, der ihm 1770 von Papst Clemens XIV. verliehen worden war. Das anonyme Ölbild wurde 1777 für Padre Martini in Bologna gemalt (Original im Conservatorio in Bologna). Kopie von 1926 im Mozart-Museum Salzburg. Foto Internat. Stiftung Mozarteum, Salzburg

75 Mozarts Brief vom 14. Januar 1775 an die Mutter über die Münchner Uraufführung der opera buffa »La finta giardiniera« am 13.1.1775. Internat. Stiftung Mozarteum, Salzburg

76 Gemeinsamer Brief von W.A. Mozart und seiner Mutter an
– Leopold Mozart in Salzburg, vom 29. September 1777 aus Mün-
79 chen. Internat. Stiftung Mozarteum, Salzburg

80 Die Orakelszene (»La voce«) aus dem »Idomeneo«, der am 29.1.1781 im Alten Residenztheater in München zur Uraufführung gelangte, in Mozarts Handschrift. Staatsbibliothek Preußischer Kulturbesitz Berlin, Musikabteilung, Mus. ms. autogr. W. A. Mozart 366, fol. 80a/r

81 Hofkonzert mit Placidus Camerloher (mit der Notenrolle dirigierend) und Fürstbischof Johann Theodor (mit der Gambe) von Lüttich. Ölgemälde von Paul Joseph Delcloche, um 1753. Bayer. Nationalmuseum München, Inv. Nr. R 7158

82 Hugo Wilderer (links) und Georg Andreas Kraft (rechts), Por-
– träts in »Portrait du vrai mérite dans la personne serenissime de
83 Monseigneur L'Electeur Palatin« (Johann Wilhelm) von Giorgio Maria Rapparini, Düsseldorf 1709. Heinrich-Heine-Institut Düsseldorf. Foto Walter Klein, Düsseldorf

84 Georg Friedrich Händel, Ölgemälde von Jan van der Banck. Rathaus Hannover (Kulturamt)

85 Johann Schenck, Stich von Peter Schenk, Amsterdam. Gemeentemuseum Den Haag. Foto B. Frequin, Voorburg

86 Kurfürst Karl Theodor, 1757, Ölgemälde von Johann Georg Ziesenis. Bayer. Nationalmuseum München, Inv. Nr. R 5783

87 Das »teutsche Comödienhaus« und die große Hofkirche in
– Mannheim, Stiche von Richter. Städt. Reiss-Museum, Mann-
88 heim

89 Das freiherrliche Wappen der Düben im Ritterhaus in Stockholm. Foto Riksarkivet Stockholm

90 Johann Stamitz, nach dem Porträt von Jean Baptiste Cartier in »L'art du violon«, Paris 1798. Bayer. Staatsbibliothek München, 2° Mus. pr. 112, Titelblatt (Ausschnitt)

91 Christian Cannabich, Kupferstich von Egid Verhelst, 1779. Landes- und Hochschulbibliothek Darmstadt

92 Titelblatt und Widmung von Ignaz Holzbauers »Günther von
– Schwarzburg«, Mannheim 1777. Bayer. Staatsbibliothek Mün-
93 chen, 2° Mus. pr. 1196

94 Libretto zu Mozarts »Idomeneo«, München 1781. Bayer. Staatsbibliothek München, Her 811, Titelblatt links

95 Peter Winter, Stich von Wintter. Städt. Musikbibliothek München, Nr. IK 34

96 Ludwig van Beethoven, Schattenriß von Josef Neesen, 1786. Bayer. Staatsbibliothek München, Bild 144

97 Peter Josef Lindpaintner, Stahlstich von Carl Mayer. Städt. Musikbibliothek München, Nr. IK 89

98 Das »kgl. Hof- und Nationaltheater« in München, Lithographie von G. Kraus. Stadtmuseum München, Inv. Nr. I 402

99 Franz Lachner, Photographie, Städt. Musikbibliothek München, Nr. IK 609

100 Der junge König Ludwig II., Photographie, Haus Wahnfried, Bayreuth, Richard-Wagner-Gedenkstätte

101 Richard Wagner, 1865, Photographie, Haus Wahnfried, Bayreuth, Richard-Wagner-Gedenkstätte

102 Theaterzettel der Uraufführung von Wagners »Tristan und Isolde« am 10. Juni 1865. Haus Wahnfried, Bayreuth, Richard-Wagner-Gedenkstätte

103 Karikatur auf Richard Wagner im »Münchener Punsch« vom 17. März 1867. Haus Wahnfried, Bayreuth, Richard-Wagner-Gedenkstätte

104 Theaterzettel der Uraufführung von Wagners »Die Meistersinger von Nürnberg« am 21. Juni 1868. Haus Wahnfried, Bayreuth, Richard-Wagner-Gedenkstätte

105 Widmung der handschriftlichen Partitur Wagners des »Ring des Nibelungen« an Ludwig II., Haus Wahnfried, Bayreuth, Richard-Wagner-Gedenkstätte

106 Hans v. Bülow, Photographie von J. Albert. Städt. Musikbibliothek München, Nr. IK 1208

107 Joseph Rheinberger, Photographie, Städt. Musikbibliothek München, Nr. IK 684

108 Gruppenphotographie aus Richard Wagners Münchner Zeit mit Hans v. Bülow u. a. Deutsches Theatermuseum München

109 Hermann Levi, Städt. Musikbibliothek München, Nr. IK 1664

110 Felix Mottl, Lithographie aus »Die Deutsche Bühne«, Städt. Musikbibliothek München, Nr. IK 978

111 Hans Richter, Städt. Musikbibliothek München, Nr. IK 685

112 Franz Fischer, Photographie, Städt. Musikbibliothek München, Nr. IK 1437

113 Johann Petzmayer, Lithographie von Erich Correns. Stadtmuseum München, Inv. Nr. M III/709

114 Massimo Trojano, Kupferstich von Nicolaus Nellius, 1568. Trojano trägt ein Medaillon mit dem Porträt Herzog Albrecht V. Deutsches Theatermuseum München, Inv. Nr. R4

115 Commedia dell'arte-Fries von Antonio Ponzano, 1576, im »Eh-
– renlohnzimmer« der Burg Trausnitz in Landshut. Fotos Hilde-
118 gard Steinmetz, Gräfelfing, Neg. Nr. 3606–3609

119 Commedia dell'arte-Fresken von Alessandro Scalzi, gen. Pado-
– vano, 1578, im Treppenturm der Burg Trausnitz in Landshut.
121 Fotos Hildegard Steinmetz, Gräfelfing, Neg. Nr. 2083, 2088

122 Erbprinz Wilhelm und seine Gemahlin Renata an der Hand eines Zanni, Fresko von Scalzi, 1578, in der Narrentreppe der Burg Trausnitz in Landshut. Foto Hildegard Steinmetz, Gräfelfing

123 »La ninfa ritrosa«, Ausstattung von Kaspar Amort, München
– 1654, Aufführung im Opernhaus am Salvatorplatz am 12. Fe-
124 bruar. Kupferstiche von Antonius Panitcy, Tafel 1 und 2. Bayer. Staatsbibliothek München, aus 4° Bav. 2165 (I. 17)

125 »Le pompe di Cipro«, Ausstattung Kaspar Amort, München
– 1654, Aufführung im Herkulessaal der Residenz. Kupferstiche
126 von M. Küsell, Tafel 1 und 2. Bayer. Staatsbibliothek München, aus 4° Bav. 2165 (I. 17)

127 »Oronte«, Ausstattung von Francesco Santi, München 1657,
– Aufführung im Opernhaus am Salvatorplatz. Deutsches Thea-
129 termuseum München

130 »L'Erinto«, Ausstattung Vincenzo Castiglione, München 1661,
– Aufführung im Opernhaus am Salvatorplatz, Tafel 1, 5, 7. Bayer.
132 Staatsbibliothek München, aus 4° Bav. 2165 (II. 5)

133 »L'Erinto«, Ausstattung von Vincenzo Castiglione, München
– 1661, Aufführung im Opernhaus am Salvatorplatz, Tafel 9 und
134 13. Bayer. Staatsbibliothek München, aus 4° Bav. 2165 (II. 5)

135 »Fedra incoronata«, Ausstattung von Francesco Santurini,
– München 1662, Aufführung im Opernhaus am Salvatorplatz:
136 »Passeggio Reale« und »Amfiteatro Celeste«. Deutsches Theatermuseum München

137 »Fedra incoronata«, Ausstattung von Francesco Santurini,
– München 1662, Aufführung im Opernhaus am Salvatorplatz:
138 »Caverne Infernali« und »Reggia di Nettuno in fondo al mare«. Deutsches Theatermuseum München

139 Das Turnierhaus am Hofgarten in München von Marx Schinnagl mit Deckenbildern und Wappen von Kaspar Amort, Kupferstich nach Mathias Disel. Deutsches Theatermuseum München

140 »Antiopa giustificata«, Bühne und Ausstattung von Francesco
– Santurini, München 1662, Aufführung im Turnierhaus (Text
141 von Bissari, Musik von Kerll). Die dem Haus Wittelsbach zu-

geordnete Bühne und der aus dem Turm kommende Aufzug. Kupferstiche von Melchior Küsell: »Un deserto, nel mezzo un'antica Torre«, »Comparsa di Medea«. Deutsches Theatermuseum München

142
–
143 »Antiopa giustificata«, Bühne und Ausstattung von Francesco Santurini, München 1662, Aufführung im Turnier-Haus. Die dem Haus Savoyen zugeordnete Bühne und der aus dem Höllenrachen kommende Aufzug. Kupferstiche von Melchior und Matthäus Küsell: »Inferno« und »Comparsa II di Teseo«. Deutsches Theatermuseum München

144
–
146 »Medea vendicativa«, Szenen der Aufführung auf Floßbühnen, Ausstattung von Francesco Santurini, München 1662. Kupferstiche von Melchior Küsell nach K. Amort: »Prolog. La Grotta di Vulcano«, »La città di Dite«, »Grotte alpestri con antica e dirocate Torre nel Prospetto«. Deutsches Theatermuseum München

147
–
148 »Medea vendicativa«, Ausstattung von Francesco Santurini, München 1662. Kupferstiche von Matthäus Küsell nach K. Amort: »Marina co'spiaggia e Bastione con le mura di Colco« und Schlußapotheose mit Feuerwerk. Deutsches Theatermuseum München

149 »L'Amor della patria«, Ausstattung von Francesco Santurini, München 1665, Aufführung im Opernhaus am Salvatorplatz (Text von F. Sbarra, Musik von Kerll). II. Akt, 6. Szene, »Sala«. Deutsches Theatermuseum München

150 Das Prunkschiff »Bucintoro« von Francesco Santurini um 1663, Modell. Deutsches Museum München, Nr. 2711

151 Philippe Millot, um 1670, Kupferstich von Johann Jakob Thourneyser nach Charles-Claude Dauphin. Deutsches Theatermuseum München, Inv. Nr. II 5989

152
–
154 Szenen aus Stücken Molières, Kupferstiche von Sauvé nach Pierre Brissard. Deutsches Theatermuseum München, aus S 4° 72, Ausgabe 1682

155 Szene aus einem Passionsoratorium im Opernhaus am Salvatorplatz in München. Ölgemälde um 1690, Johann Anton Gumpp zugeschrieben. Deutsches Theatermuseum München

156 Das Opernhaus am Salvatorplatz in München nach dem Umbau durch die Gebrüder Mauro, 1685. Kupferstich von Michael Wening. Deutsches Theatermuseum München

157 »Servio Tullio«, Ausstattung der Gebrüder Mauro, München 1686, Aufführung im Opernhaus am Salvatorplatz. »Appartamenti di Silvia e Tullio«. Deutsches Theatermuseum München

158
–
159 »Servio Tullio«, München 1686, »Sala Regia« und »Foro del Campidoglio e Circo Massimo«. Deutsches Theatermuseum München

160
–
161 »Servio Tullio«, München 1686, Kupferstiche von Michael Wening nach Domenico Mauro, Tafel 6 und 7. Deutsches Theatermuseum München

162 Schauessen anläßlich der Vermählung Karl Albrechts mit Amalia Maria in Wien, 1722, Ausstattung von Giuseppe Galli-Bibiena. Kupferstich von J. Andreas Pfeffel. Deutsches Theatermuseum München

163 Feuerwerk auf dem Starnberger See anläßlich der Vermählung Karl Albrechts mit Amalia Maria am 26. Oktober 1722. Pyrotechnik: Thomas Lintner; Kupferstich von Franz J. Spaett. Deutsches Theatermuseum München

164 »Carousel-Comique«, Scherzturnier, das in München wahrscheinlich am 4. und 8. Februar 1723 abgehalten wurde. Kupferstich im Deutschen Theatermuseum München

165 Entwurf von Nikolaus Gottfried Stuber zur Umgestaltung des Opernhauses am Salvatorplatz in München, 1742. Stadtmuseum München, Slg. Maillinger I/857

166 Bühnenbildentwurf von Nikolaus Gottfried Stuber, 1747, »Kerker«, Federzeichnung, laviert. Staatl. Graphische Sammlung München, Inv. Nr. 30314/30315

167 Trauergerüst, »Castrum Doloris«, von Nikolaus Gottfried Stuber, errichtet für Kaiser Karl VII. in der Theatinerkirche in München, März 1745. Kupferstich von Franz X. Jungwierth. Deutsches Theatermuseum München

168 Grundriß des Alten Residenztheaters, heute »Cuvilliés-Theater«, von François de Cuvilliés d. Ä., Kupferstich von J. Däntler nach Cuvilliés. Deutsches Theatermuseum München

169 Längsschnitt durch das Alte Residenztheater in München von François de Cuvilliés d. Ä., Kupferstich von Valerian Funck, 1771, nach Cuvilliés. Deutsches Theatermuseum München

170 Bühnenbild-Entwurf von Giovanni Paolo Gaspari für die Oper »Adriano in Siria«, München 1755. »Kerker«, Kupferstich von Weisenhan in »Ecole de l'Architecture Bavaroise«, Tafel 155. Bayer. Staatsbibliothek München, Rar. 558

171 Aufführungsbild von Giovanni Paolo Gaspari zur Oper »Talestri« der bayerischen Prinzessin und Kurfürstin von Sachsen, Maria Antonia Walpurgis, München 1760. Deutsches Theatermuseum München

172 »Artaserse«, Bühnenbild-Entwurf von G. P. Gaspari, München 1763. »Sonnentempel«, Federzeichnung, laviert. Staatl. Graphische Sammlung München, Inv. Nr. 30583 Halm-Maffei VI. 31

173 »Orfeo ed Euridice«, Bühnenbild-Entwurf von G. P. Gaspari, München 1773 (Musik Chr. W. Gluck). »Eingang in die Unterwelt«, Aquarell mit Deckfarben. Staatl. Graphische Sammlung München, Inv. Nr. 30593 Halm-Maffei VI. 34

174
–
176 Theater-Entwürfe von Giovanni Paolo Gaspari für Kurfürst Clemens August von Köln. Kupferstiche aus der »Ecole de l'Architecture Bavaroise«, Tafel 94, 95, 96. Bayer. Staatsbibliothek München, Rar. 558

177 Giovanni Paolo Gaspari, Zeichnung von Pietro Gaspari. Staatl. Graphische Sammlung München, Inv. Nr. 30554 Halm-Maffei VI. 23

178 Hofball anläßlich der Vermählung der Prinzessin Josepha Antonia mit Kaiser Joseph II. im Alten Residenztheater in München am 14. Januar 1765. Ausstattung von Ignaz Günther (Prospekt) und François de Cuvilliés d. J. Kupferstich von Valerian Funck. Deutsches Theatermuseum München

179 Vorhang-Entwurf, wahrscheinlich für das Alte Residenztheater. Ölskizze, Christian Winck zugeschrieben. Deutsches Theatermuseum München

180
–
181 »Die Über alle Tugende Triumphirende Tugend Der Beständigkeit«, Aufführung im »Dicken Turm« des Heidelberger Schlosses, 1684. Kupferstich von Johann Ulrich Kraus: Ballett von Sokrates, Diogenes und Äsop, »Das Theatrum praesentiret die Academie zu Athen«. Deutsches Theatermuseum München

182 Das Kurfürstliche Hoftheater im Mannheimer Schloß von Alessandro Galli-Bibiena, Grundriß und Längsschnitt. Aus: Friedrich Walter: Geschichte des Theaters und der Musik am Kurpfälzischen Hofe, Leipzig 1898

183 Josepha Seyffert, spätere Gräfin Heydeck, Tänzerin und Maitresse Karl Theodors. Unbez. Kupferstich aus: Jean-Jacques Olivier, Les Comédiens Français dans les Cours d'Allemagne, Paris 1901

184 Bühnenbild-Entwürfe von Lorenzo I Quaglio, Mannheim um
185 1750. Deutsches Theatermuseum München

186 Theobald Marchand, Silhouette aus dem »Münchner Theaterjournal« 1816 (Kupferstich von Ch. Lütgendorf, 1786). Deutsches Theatermuseum München

187 Magdalena Marchand, geborene Brochard, Silhouette aus dem
»Münchner Theaterjournal« 1816 (Kupferstich von Ch. Lütgendorf). Deutsches Theatermuseum München

188 Münchner Schauspieler der Karl-Theodor-Zeit, wahrscheinlich
Mitglieder von Marchands Truppe. Ölgemälde von Marianne
Kürzinger, 1788. Deutsches Theatermuseum München

189 Franz Xaver Heigel als Otto von Wittelsbach in dem gleichnamigen Schauspiel von J. M. Babo. Ölgemälde von Moritz Kellerhoven, 1781. Deutsches Theatermuseum München

190 Anton Raaff, Sänger der Titelrolle in der Uraufführung von Mozarts »Idomeneo«, München 1781. Unbezeichnetes Aquarell.
Deutsches Theatermuseum München

191 Bühnenbild-Entwurf zu Mozarts »Die Zauberflöte«, wahrscheinlich München, um 1793, von Joseph oder Giulio Quaglio.
Deutsches Theatermuseum München

192 Giulio Quaglio, Zeichnung von J. Waldherr nach Crillo Giacomo de Gaspari, 1807. Staatl. Graphische Sammlung, Inv. Nr.
31066 Halm-Maffei VIII, 85

193 Grundriß des Königlichen Hof- und Nationaltheaters in München. Aus: Zertichelly

194 Philipp Jakob Tochtermann, der erste Regisseur der deutschen
Oper unter Max I. Joseph. Unbezeichnetes Ölgemälde. Deutsches Theatermuseum München, Inv. Nr. II 16048

195 »Die Zauberflöte«, Bühnenbild-Entwurf von Simon Quaglio,
München 1818. »Sonnentempel«, Aquarell. Deutsches Theatermuseum München

196 »Figaros Hochzeit«, Szenenbild der Aufführung in München,
um 1835. 1. Akt, 7. Szene: »Costumes des Herrn Pelegrini und
der Dem. Hartmann als Almaviva und Cherubin«. Unbezeichnete Lithographie aus »Souvenir théatrale de Munich«. Deutsches Theatermuseum München

197 Simon Quaglio, unbezeichnete Zeichnung im Deutschen Theatermuseum München

198 Angelo II Quaglio. Lithographie von Franz Adam. Deutsches
Theatermuseum München

199 »Brangäne«, Kostümentwurf von Franz Seitz, München 1865,
zur Uraufführung von Richard Wagners »Tristan und Isolde«.
Aquarellierte Federzeichnung. Deutsches Theatermuseum
München

200 »Tristan und Isolde«, Skizze von Michael Echter, München
1865, Entwurf für Fresken in der Münchner Residenz nach der
Uraufführung von Richard Wagners Oper (Dekorationen von
Angelo II Quaglio, Kostüme von Franz Seitz). Deutsches Theatermuseum München

201 »Die Meistersinger von Nürnberg«, Szenenbilder Michael Ech-
- ters von der Uraufführung in München am 21. Juni 1868 im Na-
203 tionaltheater. Deutsches Theatermuseum München

204 Jules Massenets »Theodora«, Szenenbild von Georg Dehn für
die Separatvorstellung für Ludwig II. im Nationaltheater in
München 1885. Akt 4, Szene 8. Deutsches Theatermuseum
München

205 Joseph Kainz und Ludwig II. in Luzern, 1881. Photographie im
Deutschen Theatermuseum München

206 Die Burgkapelle St. Georg in der Burg Trausnitz, Landshut,
13. Jahrhundert. Foto Neumeister, München

207 Ludmilla von Bogen und Herzog Ludwig der Kelheimer, Holzfiguren vom Stiftergrab in der Afrakapelle in Kloster Seligenthal, Landshut, um 1300. Foto Löbl-Schreyer, Bad Tölz

208 Der Alte Hof in München, nach dem Sandtnerschen Stadtmodell von 1572. Zeichnung von Josef H. Biller aus: Biller/Rasp,
München, Kunst- und Kulturlexikon, München 1972

209 »St. Michael« und »Die Gnad«, Goldemailwerke vor 1405
- aus Paris, dem französischen Schatz Ludwigs des Bärtigen
210 von Ingolstadt angehörend. Originale zerstört. Ölgemälde des
18. Jahrhunderts, Bayer. Nationalmuseum München

211 Die Schloßkapelle St. Sigismund in Blutenburg bei München.
Blick in den Chor mit drei Altären. Foto Neumeister, München

212 Arkaden im Freisinger Bischofshof auf dem Domberg,
1518–1524. Foto Neumeister München

213 Inschrifttafel Bischof Philipps von Freising, 1519, im Bischofshof auf dem Domberg, Freising. Foto Neumeister, München

214 »Die Alexanderschlacht«, Schlacht bei Issus, von Albrecht Alt-
dorfer. Aus der Tugendserie Herzog Wilhelm IV., 1529. Bayer.
Staatsgemäldesammlungen, Alte Pinakothek München, Inv.
Nr. 688. Foto J. Blauel, München

215 Freskorest aus der »Kaiserbadstube« im Regensburger Bischofshof von Albrecht Altdorfer, um 1536–1538. Liebespaar
am linken Treppenaufgang. Regensburg, Städt. Museum. Foto
Hammon, Regensburg

216 Modell der Neuveste, der ältesten Teile der heutigen Münchner
Residenz. Foto Bayer. Verwaltung der staatl. Schlösser, Gärten
und Seen, Neg. Nr. 8409

217 Italienischer Saal in der Landshuter Stadtresidenz Herzog Lud-
218 wig X., vollendet 1543. Foto Neumeister, München

219 Kassettendecke im Italienischen Saal der Landshuter Stadtresidenz. Foto Neumeister, München

220 Das ehemalige Kunstkammergebäude, heute Münze, in München, Hofgraben 4, von Wilhelm Egckhl 1563–1567 errichtet.
Foto Bayer. Verwaltung der staatl. Schlösser, Gärten und Seen

222 Jacopo Strada, kaiserlicher Antiquar und Berater Herzog Albrecht V., Porträt von Tizian. Kunsthistorisches Museum Wien,
Inv. Nr. 81

223 Der St. Georgs-Saal in der Münchner Residenz. Radierung von
Nikolaus Solis anläßlich der Hochzeit Wilhelms (V.) mit Renata
von Lothringen, 1568, »Das hochzeitliche Mahl«. Staatl. Graphische Sammlung München, aus Inv. Nr. 1910 226 B

224 Festsaal im Dachauer Schloß mit Holzdecke von Hans Wisreu-
- ther, 1564–1567, Gesamtansicht und Detail mit Wappen. Fotos
225 Bayer. Verwaltung der staatl. Schlösser, Gärten und Seen, Neg.
Nr. 17678 und 14136

226 Entwurf zum Perseusbrunnen in der Münchner Residenz,
Zeichnung von Friedrich Sustris. Staatl. Graph. Sammlung,
Inv. Nr. 38871

227 Das Jesuitenkolleg und die Kirche St. Michael in München,
Kupferstich von Johann Smissek. Stadtmuseum München, Inv.
Nr. M I/24

228 Der Erzengel St. Michael an der Fassade der Michaelskirche in München, Bronzefigur von Hubert Gerhard. Foto Stierhof, München

229 »Der Sturz Luzifers«, Hochaltarblatt für St. Michael in München von Christoph Schwarz, 1591.

230 Herzog Wilhelm V. und seine Gemahlin Renata von Lothringen, Porträts von Hans von Aachen. Bayer. Nationalmuseum,
231 Inv. Nr. R 6650/R 1335

232 Prunkvase, Kristallschnitt mit Goldemail-Fassung, hergestellt für Herzog Albrecht V. in Mailand, um 1579. Schatzkammer der Münchner Residenz. Foto Bayer. Verwaltung der staatl. Schlösser, Gärten und Seen

233 »Der hl. Georg« aus der Schatzkammer der Münchner Residenz, Goldemail, Edelsteine, um 1586–1597. Foto Bayer. Verwaltung der staatl. Schlösser, Gärten und Seen

234 Wenzel Jamnitzer, Nürnberger Goldschmied. Porträt von Nicolas de Neufchatel. Musée d'Art et d'Histoire, Genève, Inv. Nr. 1825–23

235 Die Reiche Kapelle in der Münchner Residenz. Bau und Aus-
– stattung (Scagliolabilder, Kristallschnitte u.a.) aus der Zeit Ma-
236 ximilian I. Gesamtansicht und Detail mit Scagliolabild. Fotos Bayer. Verwaltung der staatl. Schlösser, Gärten und Seen, Neg. Nr. 4792 und 4881

237 Die Münchner Residenz unter Maximilian I., Kupferstich von Michael Wening aus: Historico Topographica Descriptio, Rentamt München, Taf. 5. Die Ansicht zeigt die unter Maximilian I. errichteten Trakte um den Kaiserhof.

238 »Der Maler in seiner Werkstatt«, Zeichnung von Hans Krumper. Herzog-Anton-Ulrich-Museum Braunschweig, Inv. Nr. Z 306, Aufn. KK 145 Vs.

239 Grabmal für Kardinal Philipp Wilhelm im Regensburger Dom, Bronzefigur von Hans Krumper, 1598. Foto Stierhof, München

240 Der Hofgarten der Münchner Residenz, Kupferstich von Michael Wening aus: Historico Topographica Descriptio, Rentamt München, Taf. 6

241 Decke aus den »Trierzimmern« der Münchner Residenz mit
– Gemälden von Peter Candid, um 1612–1616. Decke aus der
242 »Ritterstube« und Bild »Delectus« von Peter Candid. Fotos Bayer. Verwaltung der staatl. Schlösser, Gärten und Seen

243 »Der Tag«, Wirkteppich nach Entwurf von Peter Candid, Detail. Bayer. Nationalmuseum München, Inv. Nr. T 3901

244 »Die Löwenjagd«, Ölgemälde von Peter Paul Rubens aus der Sammlung Maximilian I. Bayer. Staatsgemäldesammlungen, Alte Pinakothek München, Inv. Nr. 602

245 Joachim von Sandrardt, Selbstporträt. Kreidezeichnung in den Kunstsammlungen der Veste Coburg, Inv. Nr. Z 436

246 Münzschrein, von Christoph Angermair für Maximilian I. angefertigt, 1618–1624. Bayer. Nationalmuseum München, Inv. Nr. R 4909

247 Alte Aufstellung des bronzenen »Neptun« von Georg Petel (um 1629/30) in der Münchner Residenz, Kupferstich von Michael Wening. Foto Bayer. Verwaltung der staatl. Schlösser, Gärten und Seen

248 Kurfürstin Henriette Adelaide mit ihren Kindern als Madonna, Miniatur von Michael Scharner aus dem Miniaturenkabinett der Münchner Residenz. Foto Bayer. Verwaltung der staatl. Schlösser, Gärten und Seen, Neg. Nr. 9479

249 Kurprinz Max Emanuel und seine Schwester Maria Anna Christina, Ölgemälde von Henri Gascar, Residenzmuseum München, Gem. Kat. Nr. 129. Foto Bayer. Verwaltung der staatl. Schlösser, Gärten und Seen

250 Die Theatinerkirche, Kupferstich von Michael Wening aus: Historico Topographica Descriptio, Rentamt München, Taf. 17

251 »Die Stiftung der Theatinerkirche durch Kurfürst Ferdinand Maria und Henriette Adelaide«, Modello zum Hochaltar der Theatinerkirche in München von Antonio Zanchi, 1675. Bayer. Staatsgemäldesammlung, Inv. Nr. 7356

252 Schloß Nymphenburg vor dem Ausbau durch Max Emanuel. Kupferstich von Michael Wening aus: Historico Topographica Descriptio, Rentamt München, Taf. 88

253 Zweites Südliches Vorzimmer in Schloß Nymphenburg mit Gemälden aus der Zeit Henriette Adelaides. Links: Allegorie auf die kurfürstliche Familie von Stefano Catani, um 1674 (Bayer. Staatsgemäldesammlungen Inv. Nr. 4464), rechts: Doppelbildnis des Kurfürstlichen Paares Ferdinand Maria und Henriette Adelaide von Sebastiano Bombelli, 1666 (Bayer. Staatsgemäldesammlungen, Inv. Nr. 4156).

254 Schloß Lustheim, Miniatur von Maximilian de Geer, um 1730, aus dem Miniaturenkabinett der Residenz München, Inv. Nr. 1008. Foto Bayer. Verwaltung der staatl. Schlösser, Gärten und Seen

255 Schloß Schleißheim, Altes und Neues Schloß. Miniatur von Maximilian de Geer, um 1730, aus dem Miniaturenkabinett der Residenz München, Inv. Nr. 1007. Foto Bayer. Verwaltung der staatl. Schlösser, Gärten und Seen

256 Schloß Nymphenburg, Miniatur von Maximilian de Geer, um 1730, aus dem Miniaturenkabinett der Residenz München, Inv. Nr. 1009. Foto Bayer. Verwaltung der staatl. Schlösser, Gärten und Seen

257 »Das Reich der Venus«, Ölgemälde von Johann Andreas Wolff. Bayer. Staatsgemäldesammlungen, Inv. Nr. 3470

258 Titelblatt von Michael Wenings Kupferstichwerk »Historico-Topographica Descriptio«, 1701–1726

259 Germain Boffrand, Porträt von Jean Restout. Nancy, Musée des Beaux-Arts. Foto Gilbert Mangin

260 »Venus in der Schmiede des Vulkan«, Fresko in der Kuppel
– des Stiegenhauses im Schleißheimer Schloß von Cosmas Da-
261 mian Asam. Fotos Bayer. Verwaltung der Staatl. Schlösser, Gärten und Seen

262 »Kurfürst Max Emanuel empfängt eine türkische Gesandtschaft«, Ölgemälde im Viktoriensaal des Schleißheimer Schlosses von Jacopo Amigoni, 1723. Foto Bayer. Verwaltung der staatl. Schlösser, Gärten und Seen

263 Treppenhaus des Schlosses Schleißheim. Foto Bayer. Verwaltung der staatl. Schlösser, Gärten und Seen

264 Die Badenburg im Nymphenburger Schloßpark. Ansicht in Schloß Nymphenburg von Franz Joachim Beich. Foto Bayer. Verwaltung der staatl. Schlösser, Gärten und Seen

265 Wandteppich aus dem Vorzimmer des Kurfürsten. Von der Ausstattung zur Zeit Kurfürst Max Emanuels im Schleißheimer Schloß. Foto Bayer. Verwaltung der staatl. Schlösser, Gärten und Seen

266 »Kurfürst Max Emanuel und seine Familie«, Max Emanuel mit seiner 2. Gemahlin Therese Kunigunde und den Kindern Max

Emanuel, Clemens August, Philipp Moritz, Maria Anna Carolina, Ferdinand Maria Innozenz und Johann Theodor. Ölgemälde von Joseph Vivien, 1715–1733. Bayer. Staatsgemäldesammlungen, Foto J. Blauel, München

267 Porzellankabinett (ehemals Schatzkammer) und Ahnengalerie in der Münchner Residenz, 1731–1733. Foto Bayer. Verwaltung der staatl. Schlösser, Gärten und Seen

268 Die »Reichen Zimmer« in der Münchner Residenz, Blick vom Parade-Schlafzimmer in das Konferenzzimmer. Ausstattung von François de Cuvilliés, 1730. Foto Bayer. Verwaltung der staatl. Schlösser, Gärten und Seen

269
–
270 Die Amalienburg im Nymphenburger Schloßpark von François de Cuvilliés. Retirade und Gartenseite des Schlosses. Foto Bayer. Verwaltung der staatl. Schlösser, Gärten und Seen

271 Das alte Residenztheater in München. Ansicht des Innenraumes von François de Cuvilliés, 1751–1755.

272 Entwurf für einen Umbau der Münchner Residenz von François de Cuvilliés, 1764, Fassade Nordseite, rechte Hälfte. Residenzmuseum München. Foto Bayer. Verwaltung der staatl. Schlösser, Gärten und Seen

273 Ansicht des Schlosses Nymphenburg von der Gartenseite. Ölgemälde von Bernardo Bellotto, gen. Canaletto, 1761, in der Residenz in München, Kurfürstenzimmer-Vorzimmer. Foto Bayer. Verwaltung der staatl. Schlösser, Gärten und Seen

274 Kurfürst Max Emanuel als Türkensieger, Kleindenkmal in Bronze von Guillielmus de Groff, 1714. Bayer. Nationalmuseum München, Inv. Nr. R 3973

275 Johann Baptist Straub, Porträt von Balthasar Augustin Albrecht, 1763. Bayer. Staatsgemäldesammlungen, Inv. Nr. 2765

276 Joseph Effner, Porträtbüste von Charles de Groff(?), 1733. Bayer. Nationalmuseum München, Inv. Nr. 10/302

277 Roman Anton Boos, Selbstporträt, Büste. Bayer. Nationalmuseum München, Inv. Nr. R 8725

278 Fresko des Speisesaals im Erdgeschoß des Schleißheimer Schlosses von Christian Wink. Foto Bayer. Verwaltung der staatl. Schlösser, Gärten und Seen

279 Max III. Joseph beim Drechseln mit dem Grafen von Salern, 1765. Ölgemälde von Johann Jakob Dorner in Schloß Nymphenburg. Foto Bayer. Verwaltung der staatl. Schlösser, Gärten und Seen

280 Das Michaelstor der Bonner Residenz von Michael Leveilly, 1751–1755. Foto Rheinisches Bildarchiv, Köln

281 Entwurf für Schloß Augustusburg in Brühl von Johann Konrad Schlaun, um 1724. Foto Rheinisches Bildarchiv, Köln, Neg. Nr. 102 333

282 Schloß Clemensruh in Poppelsdorf, Gartenfassade. Ansicht auf einer Supraporte aus Schloß Gymnich, um 1760. Foto Rheinisches Bildarchiv Köln

283 Schloß Augustusburg in Brühl, Großes Treppenhaus. Nach Entwürfen von Balthasar Neumann, 1744–1764. Foto Schmölz-Huth, Köln

284 Kurfürst Clemens August mit der Teetasse, Porträt von Joseph Vivien im Lackkabinett des Schlosses Falkenlust in Brühl, vor 1723. Foto Schmölz-Huth, Köln

285 »Bayerischer Kachelofen« in Schloß Augustusburg in Brühl

von J. G. Härtl und J. B. Straub nach Entwurf von Cuvilliés, 1741. Foto Rheinisches Bildarchiv, Köln

286 Schloß Clemenswerth, Eingangsseite des Mittelbaues von Johann Konrad Schlaun, 1736–1750. Foto Westfälisches Landesamt für Denkmalpflege, Münster

287 Die Clemenskirche in Münster von Johann Konrad Schlaun, 1745–1753. Foto Westfälisches Landesamt für Denkmalpflege Münster

288 St. Michael in Berg am Laim, München. Detail des Deckenfreskos im Gemeindehaus mit Kurfürst Clemens August von Köln als Fürst der Siponter von Johann Baptist Zimmermann, 1743/44. Foto Hans Peras, München

289 Schloß in Neuburg an der Donau, Rittersaal, 1527–1538. Foto Bayer. Verwaltung der staatl. Schlösser, Gärten und Seen

290 Jagdschloß Grünau bei Neuburg a.D., 1530–1556. Foto Stierhof, München

291 Schloßkapelle in Neuburg a.D., Fresken von Hans Bocksberger d. Ä., 1543. Foto Neumeister, München

292 Sgraffiti am Westbau des Neuburger Schlosses von Hans Schroer. Foto Bayer. Verwaltung der staatl. Schlösser, Gärten und Seen

293 Pfalzgraf Ottheinrich, Porträt auf einem Wandteppich, 1535. Foto Neumeister, München

294 Herzog Wolfgang Wilhelm von Neuburg, Porträt von Antonis van Dyck, 1629. Bayer. Staatsgemäldesammlungen, Inv. Nr. 402

295 »Die Geburt Christi«, ehemals Seitenaltarbild in der Hofkirche in Neuburg a.D. von Peter Paul Rubens, 1619. Bayerische Staatsgemäldesammlungen, Alte Pinakothek München, Inv. Nr. 303

296 Herzog Philipp Wilhelm und seine Familie vor dem Neuburger Schloß, Ölgemälde eines unbekannten Meisters, ehem. Schloß Nymphenburg (Original zerstört). Foto Bayer. Verwaltung der staatl. Schlösser, Gärten und Seen

297 Ansicht von Neuburg, Zeichnung von F. B. Werner Silch. Foto Bayer. Verwaltung der staatl. Schlösser, Gärten und Seen

298 St. Andreas in Düsseldorf, Ansicht mit Chor und Mausoleum. Foto Landesbildstelle Rheinland, Düsseldorf, Neg. Nr. 138/103

299 Stuckdecke der Neuburger Hofkirche von Michael und Anton Castelli, Foto Stierhof, München

300 Stuckdecke der Düsseldorfer St. Andreas-Kirche von Johann Kuhn, Foto Stierhof, München

301 Schloß Benrath bei Düsseldorf, Ansicht von Jan van Nikkelen, 1715. Bayer. Staatsgemäldesammlungen, Inv. Nr. 2171

302 Schloß in Neuburg a.D., Ansicht der Ostseite mit den Neubauten unter Philipp Wilhelm, nach 1665. Foto Stierhof, München

303 Graf Matteo Alberti, Porträtzeichnung aus der Rapparini-Handschrift. Heinrich-Heine-Institut, Düsseldorf. Foto Landesbildstelle Rheinland, Düsseldorf, Neg. Nr. 369

304 Trauung des Kurfürsten Johann Wilhelm von der Pfalz, Ölgemälde von Antonio Bellucci. Bayer. Staatsgemäldesammlungen, Inv. Nr. 4842

305 Allegorie auf die Musik, ehemals Deckenbild in Schloß Bensberg bei Köln von Antonio Bellucci. Bayer. Staatsgemäldesammlungen, Inv. Nr. 4715

306 Kunstschrank der Anna Maria Luisa von Toscana, Kurfürstin von der Pfalz, Florenz 1707–1709. Museo degli Argenti Florenz, Foto Laurati, Florenz

307 Allegorie auf Kurfürst Johann Wilhelm von der Pfalz und seine Gemahlin, Ölgemälde von Adriaen van der Werff. Bayer. Staatsgemäldesammlungen, Foto J. Blauel, München

308 Die Heidelberger Jesuitenkirche. Detail einer Federzeichnung von Peter Friedrich v. Walbergen. Kurpfälzisches Museum Heidelberg, Sign. Z 2148

309 Gabriel Grupello, Selbstporträt. Zeichnung in der Graphischen Sammlung im Kunstmuseum Düsseldorf Inv. Nr. FP 4920. Foto Landesbildstelle Rheinland, Düsseldorf Neg. Nr. 174/3826

310 Der »Jan Wellem«, Reiterstandbild von Gabriel Grupello auf dem Düsseldorfer Markt. Foto Landesbildstelle Rheinland, Düsseldorf, Neg. Nr. 113/295

311 Kurfürstin Anna Maria, Porträt von Jan Frans van Douven. Kurpfälzisches Museum Heidelberg, Inv. Nr. G 81

312 Aus der Düsseldorfer Galerie Johann Wilhelms von der Pfalz Kupferstich von Chrétien de Mechel »Première Salle Première Façade«. Kupferstichkabinett Staatl. Museen Preußischer Kulturbesitz Berlin, Inv. Nr. Ga 93. Foto Jörg Anders, Berlin

313 Der Hortus Palatinus am Heidelberger Schloß, Ölgemälde von Jacques Foucquiers, um 1618. Kurpfälzisches Museum Heidelberg, Inv. Nr. G 1822

314 Das Mannheimer Schloß, 1720–1760. Foto Bayer. Verwaltung der staatl. Schlösser, Gärten und Seen

315 Die Jesuitenkirche St. Ignaz und Franz Xaver in Mannheim, 1733–1760. Foto Stierhof, München

316 Nikolaus de Pigage, Porträt von Dorothea Lisiewska-Therbusch. Kurpfälzisches Museum Heidelberg, Inv. Nr. G 686

317 Idealprojekt für Schloß Schwetzingen von Nikolaus de Pigage, 1759/60. Städt. Reiss-Museum Mannheim, Neg. Nr. 1068, Inv. Nr. 24 B 200[7]

318 Allegorie auf Kurfürst Karl Theodor, Kupferstich von Joseph Fratrel, 1777. Kurpfälzisches Museum Heidelberg

319 Friedrich Ludwig Sckell, Lithographie im Stadtmuseum München, Inv. Nr. MI/2139

320 Kurfürst Karl Theodor reitet im Englischen Garten in München, Zeichnung von Simon Warnberger, 1798. Stadtmuseum München, Inv. Nr. MI/1361

321 Johann Christian von Mannlich, Kupferstichporträt von Hoffnaß nach Seele. Stadtmuseum München, Inv. Nr. MI/2270

322 Zwei Entwürfe für das »Comödienhaus« in Zweibrücken von
– Johann Christian Mannlich, 1785. Graphische Sammlung im
323 Kunstmuseum Düsseldorf, Inv. Nr. FP 5851 (Querschnitt) und FP 5855 (Längsschnitt). Fotos Landesbildstelle Rheinland, Düsseldorf

324 Kronprinz Ludwig mit Künstlern in der Spanischen Kneipe zu Rom, Ölgemälde von Franz Ludwig Catel, 1824. Bayer. Staatsgemäldesammlungen, Foto J. Blauel, München

325 Ansicht der Propyläen in München, Ölgemälde von Leo von Klenze, 1848. Stadtmuseum München, Inv. Nr. P 13 682

326 Die Hofgartenfassade der Münchner Residenz nach dem Um-
bau unter Ludwig I., Stahlstich von Kandler. Foto Bayer. Verwaltung der staatl. Schlösser, Gärten und Seen

327 Theateraufführung im Grottenhof der Münchner Residenz, Aquarell von Angelo Quaglio, 1878. Residenzmuseum München. Foto Bayer. Verwaltung der staatl. Schlösser, Gärten und Seen

328 Der Wintergarten Ludwig II. in der Münchner Residenz, Aquarellierte Zeichnung im Residenzmuseum München. Foto Bayer. Verwaltung der staatl. Schlösser, Gärten und Seen

329 Modell zu einem Wagner-Festspielhaus in München von Gott-
– fried Semper, 1865. Original zerstört. Alte Photographien des
330 Deutschen Theatermuseums München

331 Ludwig Schwanthaler, Lithographie von Bergmann, 1839. Stadtmuseum München, Inv. Nr. MII/2334

332 Im Atelier des Künstlers, Ölgemälde von Albrecht Adam. Nationalgalerie Staatl. Museen Preußischer Kulturbesitz Berlin. Foto Jörg Anders, Berlin

333 Ankleidezimmer im Königsbau der Münchner Residenz. Foto Bayer. Verwaltung der staatl. Schlösser, Gärten und Seen

334 »Tannhäuser als Tanzmusikant«, Wandbild im Arbeitszimmer des Schlosses Neuschwanstein von Joseph Aigner. Foto Bayer. Verwaltung der staatl. Schlösser, Gärten und Seen

Kurzbiographien der wichtigsten Angehörigen des Hauses Wittelsbach

ALBRECHT I., Hg. (1336–1404)
∞ 1. Margarete von Brieg
   2. Margarete von Kleve
Herzog von Bayern seit 1347
Regiert zunächst gemeinsam mit seinen Brüdern das Erbe Ludwigs des Bayern. Bei der Erbteilung 1349 fällt ihm das Teilherzogtum Bayern-Straubing zu. 1358 wird er als Nachfolger seines in Wahnsinn verfallenen Bruders Wilhelm I. Statthalter in Holland. Bildung des Teilherzogtums Straubing-Holland.

ALBRECHT III., der Fromme, Hg. (1401–1460)
∞ 1. (morgan.) Agnes Bernauer
   2. Anna von Braunschweig
Herzog von Bayern seit 1438
Wurde 1440 von den böhmischen Ständen zum König von Böhmen gewählt, verzichtete aber auf die Krone, um seinem Land Erbfolgestreitigkeiten zu ersparen. Auch nach dem Aussterben der Ingolstädter Linie verzichtete er um des Friedens willen auf die Durchsetzung seiner Erbrechte.

ALBRECHT IV., der Weise, Hg. (1447–1508)
∞ Kunigunde von Österreich
Herzog von Bayern seit 1465
Unter seiner Regierung kluge Verwaltung und Förderung der Wirtschaft, z. B. durch den Bau der Kesselbergstraße. Mit Hilfe Kaiser Maximilian I. setzt er sich 1503–1505 im Landshuter Erbfolgekrieg gegen die Ansprüche der Pfälzer Linie durch. Das »Primogeniturgesetz« von 1506 verhindert weitere Landesteilungen.

ALBRECHT V., Hg. (1528–1579)
∞ Anna von Österreich
Herzog von Bayern seit 1550
Die reichsunmittelbaren Herrschaften Haag und Hohenschwangau fallen an Bayern. Die von einer Adelsfronde innerhalb der Landstände gestützte »Kelchbewegung« bleibt erfolglos und führt letztlich zu einer Beschränkung des ständischen Einflusses. Außenpolitisch schließt sich Albrecht V. eng an das habsburgische Kaiserhaus an. Als Gründer und Hauptmann des gemischt konfessionellen »Landsberger Bundes« ist er ein Garant für die Stabilität des Reiches.

ALBRECHT VI., der Leuchtenberger, Hg. (1584–1666)
∞ Mechthild von Leuchtenberg
Gewinnt als jüngster Bruder Maximilian I. durch Heirat die Landgrafschaft Leuchtenberg, die er 1650 gegen die Reichsgrafschaft Haag eintauscht. Nach dem Tod Maximilians steht er der Kurfürstinwitwe Maria Anna, die bis zur Volljährigkeit Ferdinand Marias die Regentschaft führt, als Landesadministrator zur Seite.

CARL III. AUGUST, Hg. (1746–1795)
∞ Maria Amalia von Sachsen
Herzog von Pfalz-Zweibrücken seit 1775
Vermag seine Erbansprüche auf Kurbayern und Kurpfalz gegen die Ansprüche Kaiser Joseph II. durchzusetzen. 1778 verlegt er den Hof in sein neuerbautes Schloß Carlsberg bei Homburg. Grausamkeit und Willkür machen ihn bei der Bevölkerung unbeliebt. Als er 1793 von französischen Revolutionstruppen vertrieben wird, zerstört die aufgebrachte Menge Schloß Carlsberg.

CHRISTIAN IV., Hg. (1722–1775)
∞ morgan. Marianne Camasse
Herzog von Pfalz-Zweibrücken seit 1735
Fördert das Geistes- und Kulturleben, aber auch die Wirtschaft, besonders den Bergbau in Idar-Oberstein. 1754 errichtet er eine Porzellanmanufaktur in Zweibrücken. Als er 1775 durch einen Jagdunfall ums Leben kommt, geht die Erbfolge an die Linie seines jüngeren Bruders Friedrich Michael, da seine eigenen Kinder wegen der unstandesgemäßen Verbindung nicht erbberechtigt sind.

CHRISTOPH der Starke, Hg. (1449–1493)
Über zwanzig Jahre bemüht er sich vergebens, seinem älteren Bruder Albrecht IV. einen Anteil an der Herrschaft abzutrotzen. Dabei verstrickt er sich in die Erhebungen des bayerischen Adels gegen den Herzog. 1493 stirbt er auf einer Pilgerfahrt im Heiligen Land. Eine der glänzendsten Rittergestalten des ausgehenden Mittelalters, wurde sein Leben später von der Sage verklärt.

CLEMENS, Hg. in Bayern (1722–1770)
∞ Maria Anna von Pfalz-Sulzbach
Als Neffe des Kurfürsten Karl Albrecht kam er für die Erbfolge in Bayern nicht in Frage. An der Politik nahm er keinen nennenswerten Anteil, ganz im Gegensatz zu seiner Gemahlin, die als Schwester der Kurfürstin – die Doppelhochzeit zwischen Karl-Theodor und Elisabeth Auguste sowie Clemens und Maria Anna hatte 1742 in Mannheim stattgefunden – an der Spitze der bayerischen Patriotenpartei stand. In dieser Funktion trug Maria Anna zur Zerschlagung der Illuminatenverschwörung bei und stand in heftiger Opposition zu den Tauschprojekten des Kurfürsten.

CLEMENS AUGUST, Hg. (1700–1761)
Erzbischof von Köln seit 1723
Bereits 1716 zum Bischof von Regensburg, 1719 von Münster und Paderborn bestimmt, war Clemens August der letzte bayerische Wittelsbacher auf dem Kölner Erzbischofsstuhl. 1724 konnte er das Bistum Hildesheim, 1728 das Bistum Osnabrück hinzugewinnen. 1732 wurde er schließlich zum Hoch- und Deutschmeister des Deutschen Ordens gewählt. Sein Verhältnis zu seinem Bruder Karl Albrecht war von Jugend an gespannt, dessen Ansprüche auf das Habsburger Erbe hat er nie unterstützt. Im Österreichischen Erbfolgekrieg stand er abseits.

ELISABETH VON INGOLSTADT (Isabeau de Baviere) (1371–1435)
∞ Kg. Karl VI. von Frankreich
Die Hochzeit Isabeaus mit dem französischen König bringt deren Bruder Ludwig dem Bärtigen mit mehreren Lehen und zwei reichen Heiraten ein gewaltiges Vermögen ein. Als Karl VI. in Wahnsinn fällt, gerät Isabeau in die innenpolitischen Machtkämpfe zwischen Burgundern und Armagnaken. Dabei schlägt sie sich auf die Seite der mit England verbündeten burgundischen Partei und regiert mit Hilfe eines englischen Regenten. Ihr Bild in der französischen Geschichtsschreibung wird noch heute durch diesen Umstand getrübt.

ELISABETH VON DER PFALZ (Elisabeth von Herford) (1619–1680)
Äbtissin von Herford seit 1667
Geboren nach der Wahl ihres Vaters, des Kurfürsten Friedrich V. von der Pfalz, zum König von Böhmen, trägt Elisabeth den Titel Prinzessin von Böhmen.
Hochbegabt und an allen Wissenschaften interessiert, widmet sie sich vornehmlich Fragen der Philosophie sowie der calvinistischen Theologie. 1635 lehnt sie die ihr angebotene Hand des – katholischen – Königs Wladislaw IV. von Polen ab. 1661 wird sie Koadjutorin, 1669 Äbtissin des reformierten Stiftes Herford.

ELISABETH CHARLOTTE VON DER PFALZ (Liselotte von der Pfalz) (1652–1722)
∞ Hg. Philipp von Orleans
Um eine starke Koalitition gegen die habsburgische Macht zu schliessen, wirbt König Ludwig XIV. von Frankreich um die deutschen Reichsfürsten, besonders um die wittelsbachischen Länder. Zum Zweck einer verwandtschaftlichen Bindung der Pfalz an Frankreich wird Liselotte, die älteste Tochter des Kurfürsten Karl I. Ludwig, mit Philipp von Orléans, dem Bruder des Sonnenkönigs, vermählt.
Obwohl sie sich selbst aus allen politischen Fragen heraushält, wird sie doch immer wieder zum Spielball der Politik, so 1685, als Ludwig XIV. einen Teil des Kurpfälzer Erbes in ihrem Namen für Frankreich beansprucht.

Ihre reiche Korrespondenz mit den deutschen Verwandten ist noch heute eine unerschöpfliche Quelle zur politischen- und Sittengeschichte der Barockzeit.

ERNST, Hg. (1373–1438)
∞ Elisabeth Visconti
Herzog von Bayern seit 1397
Regiert gemeinsam mit seinem Bruder Wilhelm III., später mit dessen Erben das Teilherzogtum Bayern-München. Im Bayerischen Krieg (1420–1422) schlägt er an der Spitze des Münchner Bürgeraufgebots im Treffen von Alling die Truppen Ludwigs des Bärtigen von Bayern-Ingolstadt. 1435 wird auf seinen Befehl die morganatische Gemahlin seines Sohnes Albrecht, (Hg. Albrecht III.), Agnes Bernauer, in Straubing ertränkt.

ERNST, Hg. (1554–1612)
Erzbischof von Köln seit 1583
Als jüngster Bruder Wilhelm V. gegen seinen Wunsch für den geistlichen Stand bestimmt, wurde Ernst schon im Alter von 13 Jahren Bischof von Freising. Der Gewinn der Bistümer Hildesheim (1573), Lüttich (1581) und Münster (1585) sicherte ihm eine standesgemäße Versorgung. Der Übertritt des Kölner Erzbischofs Gebhard Truchseß von Waldburg zum Protestantismus führte auf päpstlichen Wunsch zur Einsetzung Ernsts, die mit Hilfe bayerischer und spanischer Truppen durchgesetzt wurde.

FERDINAND, Hg. (1577–1650)
Erzbischof von Köln seit 1612
Als jüngerer Bruder Maximilian I. für den geistlichen Stand bestimmt, wird Ferdinand 1594 gegen den Widerstand des Salzburger Erzbischofs als Fürstpropst von Berchtesgaden eingesetzt. Nach dem frühen Tod seines Bruders Philipp Wilhelm erbt Ferdinand 1612 die Bistümer seines Onkels Ernst und gewinnt 1618 auch das Bistum Paderborn. Im Dreißigjährigen Krieg lehnt sich seine Politik eng an die seines Bruders Maximilian an.

FERDINAND, Graf von Wartenberg (1606–1666)
∞ 1. Anna Juliana von Dachsberg
   2. Maria Claudia von Öttingen
1588 heiratet Hg. Ferdinand, der Bruder Wilhelm V., die bürgerliche Maria Pettenbeck. Die Nachkommen aus dieser morganatischen Verbindung erhielten den Titel Grafen von Wartenberg, dazu Aussicht auf die Erbfolge bei Aussterben der bayerischen Linie. Die Seitenlinie Wartenberg ist jedoch schon 1736 ausgestorben. Ferdinand von Wartenberg bekleidete die Posten eines Kaiserlichen und Kurbayerischen Kämmerers und war außerdem Kurbayerischer Hofratspräsident sowie Statthalter von Burghausen.

FERDINAND MARIA, Kf. (1636–1679)
∞ Henriette Adelaide von Savoyen
Kurfürst von Bayern seit 1651
Ferdinand Maria setzt die von Maximilian I. begonnene Politik des Wiederaufbaus und der wirtschaftlichen Konsolidierung fort. Bayern vermag die von Maximilian gewonnene Großmachtstellung nicht zu behaupten und sinkt politisch auf den Rang einer Mittelmacht ab. In kluger Einschätzung seiner begrenzten Machtmittel lehnt Ferdinand Maria die von Frankreich angebotene Kaiserwürde ab und sichert damit seinem Land eine längere Friedensperiode. Der starke Einfluß seiner Gemahlin führt zur weitgehenden Verdrängung der Jesuiten aus dem kulturellen Leben Bayerns zugunsten des italienischen Theatinerordens.

FRANZ LUDWIG, Pfalzgraf (1664–1732)
Erzbischof von Trier seit 1716, Erzbischof von Mainz seit 1729
Als sechster Sohn des Kurfürsten Philipp Wilhelm von der Pfalz ist Franz Ludwig für den geistlichen Stand bestimmt. Obwohl er nur die niedrigen Weihen empfangen hat, steigt er zu den höchsten Würden auf. Zwischen 1678 und 1687 wird er Domherr zu Olmütz, zu Münster, Straßburg, Speyer, Lüttich, Köln, Mainz und Breslau. 1683 wird er zum Bischof von Breslau gewählt, übernimmt 1694 das Amt des Propstes von Ellwangen und des Bischofs von Worms, sowie des Hoch- und Deutschmeisters. 1716 wird er Kurfürst von Trier, 1729 verzichtet er auf dieses Amt, um den Erzbischofstuhl von Mainz zu besteigen.

FRIEDRICH I., der Siegreiche, Kf. (1425–1476)
∞ (morgan.) Klara Tettin
Kurfürst von der Pfalz seit 1451
Friedrich regiert seit 1449 als Vormund für seinen Neffen Philipp und übernimmt 1451 unter allgemeiner Zustimmung die Kurfürstenwürde. Gleichzeitig adoptiert er den rechtmäßigen Erben. Im »Markgrafenkrieg« gegen Albrecht Achilles steht er auf Seiten des Landshuters. Mit dem Sieg von Seckenheim, der zur Gefangennahme der meisten Verbündeten des Markgrafen führt, schafft er die Voraussetzung für den wittelsbachischen Erfolg. 1474 besiegelt er die pfälzisch-bayerische Allianz durch die Heirat des Thronfolgers Philipp mit Margarethe von Bayern-Landshut.

FRIEDRICH II., Kf. (1482–1556)
∞ Dorothea von Dänemark
Kurfürst von der Pfalz seit 1544
Friedrich II. sympathisiert mit der Reformation und nähert sich dem Schmalkaldischen Bund. Dessen Niederlage gegen Karl V. übersteht er ohne Schaden. Er setzt sich für das Augsburger Interim ein, das bis zur verbindlichen Klärung der Religionsfrage eine gewisse Religionsfreiheit gewährt. Da er ohne Erben stirbt, fällt Kurpfalz an die Linie Pfalz-Neuburg.

FRIEDRICH III., der Fromme, Kf. (1515–1576)
∞ 1. Maria von Brandenburg-Kulmbach
   2. Amalia von Neuenar-Limburg
Kurfürst von der Pfalz seit 1559
Als Pfalzgraf regiert er Simmern seit 1557. Als er 1559 durch das Aussterben der Neuburger Linie die Kurpfalz erbt, tritt er Simmern an seinen Bruder Georg ab. 1560 führt er den Calvinismus ein, der nach den Bestimmungen des Augsburger Religionsfriedens im Reich nicht zugelassen ist.

FRIEDRICH IV., Kf. (1574–1610)
∞ Luise Juliane von Nassau-Oranien
Kurfürst von der Pfalz seit 1583
Steht bis 1592 unter der Vormundschaft seines Onkels Johann Kasimir, der ihn, gegen den Willen seines Vaters, calvinistisch erziehen läßt und erneut den Calvinismus in der Pfalz einsetzt. Friedrich IV. bereitet sein Land auf die kommenden Glaubenskämpfe vor: 1603 schließt er die Landschaft von der Steuerbewilligung aus; 1606 wird Mannheim befestigt; 1608 stellt sich die Pfalz an die Spitze der protestantischen Union.

FRIEDRICH V., Kf. (1596–1632)
∞ Elisabeth von England
Kurfürst von der Pfalz seit 1610
Regiert bis 1613 unter der Vormundschaft des Pfalzgrafen Johann von Zweibrücken. Als ihn die aufständischen Böhmen zum König wählen, läßt er sich auf ein Abenteuer ein, das den Auftakt des Dreißigjährigen Krieges bildet. Das Heer des neugewählten böhmischen Königs (»Winterkönig«) wird von den Truppen des Kaisers und der Liga besiegt, Friedrich V. aus Böhmen und aus der Kurpfalz vertrieben und geächtet. Die pfälzische Kurstimme, später auch die Oberpfalz, fallen an Bayern, das bis 1648 auch die herrenlose und besetzte Pfalz verwaltet. Friedrich V. stirbt noch während des Krieges im Exil. Nach dem Westfälischen Frieden erhält sein Sohn Karl Ludwig die wiederhergestellte Kurpfalz, für die eine achte Kurstimme geschaffen wird.

FRIEDRICH MICHAEL von Birkenfeld-Zweibrücken (1722–1767)
∞ Maria Franziska von Sulzbach
Pfalzgraf von Rappoltstein seit 1746
Als zweiter Sohn des Pfalzgrafen Christian III. erbt er durch Vergleich mit dem Haupterben Christian IV. die Grafschaft Rappoltstein. 1746 tritt er zum Katholizismus über.

GEORG, der Reiche, Hg. (1455–1503)
∞ Hedwig von Polen
Herzog von Bayern seit 1479
Als Beherrscher von Niederbayern-Landshut gebot Georg über das entschieden mächtigere Teilherzogtum, stand aber stets im Schatten Albrecht IV. von Bayern-München. Mit ihm erlischt die Landshuter Linie im Mannesstamm. Entgegen dem Erdinger Vertrag von 1450

vererbt Georg sein Teilherzogtum an seinen Schwiegersohn Ruprecht von der Pfalz und löst damit den Bayerischen Erbfolgekrieg aus, der mit der Wiedervereinigung der Teilherzogtümer Bayern-München und Bayern-Landshut unter Albrecht IV. endet.

HEINRICH VIII., Hg. (1235–1290)
∞ Elisabeth von Ungarn
Herzog von Bayern seit 1253
Regiert zunächst gemeinsam mit seinem älteren Bruder Ludwig II. Bei der Landesteilung von 1255 erhält er Niederbayern. Sein ältester Sohn, Otto III., wird 1305 König von Ungarn.

HEINRICH XVI., der Reiche, Hg. (1386–1450)
∞ Margarete von Österreich
Herzog von Bayern seit 1393
Regiert das Teilherzogtum Bayern-Landshut, bis 1404 unter der Vormundschaft seiner Onkel in München und Ingolstadt. Jähzornig und gewalttätig bleibt er ein lebenslanger Todfeind Ludwigs des Bärtigen von Bayern-Ingolstadt, erweist sich aber als geschickter Diplomat und haushälterischer Verwalter. 1447 gelingt es ihm, den Großteil des Ingolstädter Erbes an sich zu reißen.

HENRIETTE ADELAIDE VON SAVOYEN (1636–1676)
∞ Kf. Ferdinand Maria von Bayern
Kurfürstin von Bayern seit 1652
Der Einfluß Henriette Adelaides auf Ferdinand Maria ist auf politischem wie kulturellem Gebiet gleichermaßen hoch einzuschätzen. Entsprechend ihren Vorstellungen lockerte der Kurfürst die traditionellen Bindungen Bayerns an Wien zugunsten einer geschickten Neutralitätspolitik zwischen den europäischen Machtzentren Habsburg und Frankreich, ließ sich jedoch nicht auf das Abenteuer eines wittelsbachischen Kaisertums ein. Dank dieser erfolgreichen Friedenspolitik konnte Henriette Adelaide die bayerische Residenzstadt zu einem Zentrum der europäischen Barockkultur ausgestalten.

JOHANN I., Pfalzgraf (1550–1604)
∞ Magdalena von Jülich, Kleve und Berg
Herzog von Pfalz-Zweibrücken seit 1569
Johann nimmt das reformierte Bekenntnis an und unterstützt seine französischen Glaubensbrüder durch die Gründung einer Hugenottenkolonie. Nach seinem Tod wird das Herzogtum unter seine drei überlebenden Söhne aufgeteilt in Zweibrücken, Landsberg und Kleeburg.

JOHANN II., Hg. (ca. 1341–1397)
∞ Katharina von Görz
Herzog von Bayern 1375
Regiert zunächst zusammen mit seinem älteren Bruder Stephan III. das Teilherzogtum Oberbayern. 1392 setzt er die dritte große bayerische Landesteilung durch. Oberbayern zerfällt in Bayern-München und Bayern-Ingolstadt. Dabei erhält Johann durch Losentscheid München zugesprochen.

JOHANN II., Pfalzgraf (1492–1557)
∞ 1. Beatrix von Baden-Hochberg
   2. Maria Jakobäa von Öttingen
Graf zu Sponheim seit 1509
Die Nebenlinie Simmern-Sponheim entsteht 1410 anläßlich der Pfälzer Teilung nach dem Tod Kurfürst Ruprecht II. Johanns Sohn Friedrich II. wird 1559 als Friedrich III. Kurfürst von der Pfalz.

JOHANN IV., Hg. (1437–1463)
Herzog von Bayern seit 1460
Regiert als ältester Sohn Albrecht III. zusammen mit seinem Bruder Sigismund das Teilherzogtum Bayern-München. Schon nach wenigen Jahren stirbt er unvermählt und ohne Erben.

JOHANN CHRISTIAN, Pfalzgraf (1700–1733)
∞ 1. Maria Henriette de la Tour
   2. Eleonore von Hessen-Rheinfels-Rothenburg
Fürst von Sulzbach seit 1732
Das Fürstentum Sulzbach wird 1615 in Erfüllung des Letzten Willens Herzog Philipp Ludwig von Pfalz-Neuburg gebildet und dient zur

Versorgung von dessen drittem Sohn August. Johann Christian ist der vierte Fürst von Sulzbach. Sein Sohn Karl Theodor erbt sämtliche wittelsbachischen Lande mit Ausnahme von Zweibrücken.

JOHANN THEODOR, Hg. (1703–1763)
Bischof von Regensburg (seit 1719), Freising (seit 1727), Lüttich (seit 1744); Kardinal seit 1746
Als jüngster überlebender Sohn Max Emanuels ist Johann Theodor wie schon Clemens August auf eine Versorgung aus geistlichen Pfründen angewiesen. Zunächst als Bischof von Regensburg eingesetzt (1719) gewinnt er die Bistümer Freising (1727) und Lüttich (1744). 1746 wird ihm die Kardinalswürde verliehen. (Beiname: Kardinal von Bayern).

JOHANN WILHELM, Kf. (1658–1716)
∞ 1. Maria Anna von Österreich
   2. Anna Maria Louise von Medici-Toskana
Kurfürst von der Pfalz seit 1690
Da 1693 das Schloß Heidelberg abermals von den Franzosen zerstört wird, residiert Johann Wilhelm meist in Düsseldorf, der Hauptstadt der Herzogtümer Jülich und Berg, wo er liebevoll »Jan Wellem« genannt wird. Seine Vermittlungsversuche zwischen dem Kaiser und Ludwig XIV. bleiben erfolglos. 1695 kommt es wegen der Rekatholisierungsversuche der Franzosen zu Religionskämpfen in der Pfalz. Nach seinem erbenlosen Tod fällt die Kurpfalz an seinen Bruder Karl Philipp.

JOSEPH CLEMENS, Hg. (1671–1723)
Erzbischof von Köln seit 1688
Als jüngerer Bruder des Landeserben Max Emanuel der Tradition entsprechend für den geistlichen Stand bestimmt, erhält Joseph Clemens bereits 1685 das Bistum Regensburg. Als Kandidat der kaiserlichen Partei wird er 1688 gegen den Wunsch des profranzösischen Maximilian Heinrich dessen Nachfolger als Erzbischof von Köln. Hinzu kommen die Bistümer Lüttich (1694) und Hildesheim (1714). Als Bewunderer seines Bruders Max Emanuel unterstützt er vorbehaltlos dessen Politik und wird nach dessen Niederlage zeitweilig seiner Besitzungen für verlustig erklärt. Nach dem Frieden von Utrecht zählt er zu den schärfsten Gegnern der Pläne Max Emanuels, das wittelsbachische Stammland Bayern gegen eine italienische Königskrone einzutauschen.

KARL XI., Kg. von Schweden, (1655–1697)
∞ Ulrike Eleonore von Dänemark
König von Schweden seit 1660
Herzog von Zweibrücken seit 1681
Entmachtet 1680 mit Hilfe der Reichstagsstände den Reichsrat und gewinnt absolutistische Macht. Diese baut er durch Heeres- und Verwaltungsreformen aus. Dabei stützt er sich auf eine neuadelige Beamtenschicht. Die Opposition der livländischen Ritterschaft gegen diese Politik führt zur Aufhebung der Selbstverwaltung in Livland. Außenpolitisch wird die Vormachtstellung der schwedischen Großmacht im Ostseeraum gefestigt.

KARL XII., Kg. von Schweden (1682–1718)
König von Schweden seit 1697
Herzog von Zweibrücken seit 1697
Die Unterstützung Schwedens für den Herzog von Holstein-Gottorp, der sich aus dänischer Oberhoheit zu befreien versucht, führt 1700 zum Nordischen Krieg. Karl XII. erweist sich trotz seiner Jugend als brillanter Feldherr, kann aber wegen der beschränkten Handlungsfähigkeit des französischen Verbündeten der übermächtigen Koalition aus Dänemark, Polen, Sachsen und Rußland, später auch Preußen und England-Hannover nicht standhalten. Nach eindrucksvollen Siegen über Sachsen und Russen wird er 1709 von Peter d. Gr. bei Poltava vernichtend geschlagen und muß in die Türkei fliehen. Nach seiner Rückkehr 1734 in die Defensive fällt er unter ungeklärten Umständen (möglicherweise ermordet) bei der Belagerung von Fredrikshald. Die schwedische Vormachtstellung im Ostseeraum geht an Rußland verloren.

KARL I. LUDWIG, Kf. (1618–1680)
∞ Charlotte von Hessen-Kassel
Kurfürst von der Pfalz seit 1648
Durch den Westfälischen Frieden erhält Karl Ludwig als Sohn des geächteten »Winterkönigs« die Pfalz zurück. Als Ersatz für die an Bayern gefallene Kur wird eine achte Kurstimme und das Amt des Reichsschatzmeisters geschaffen. Karl Ludwig übt religiöse Toleranz und fördert die Heidelberger Universität zu neuer Blüte. Seine Tochter Elisabeth Charlotte (Liselotte von der Pfalz) heiratet Herzog Philipp von Orléans, den Bruder Ludwig XIV.

KARL II., Kf. (1651–1685)
∞ Wilhelmine Ernestine von Dänemark
Kurfürst von der Pfalz seit 1680
Im Rahmen der Reunionen Ludwig XIV. fällt Germersheim unter französische Herrschaft. Mit Karl II. stirbt die Linie Simmern-Sponheim aus. Die Kurpfalz fällt an die Linie Pfalz-Neuburg.

KARL ALBRECHT, Kf., Kaiser KARL VII., (1697–1745)
∞ Amalia von Österreich
Kurfürst von Bayern seit 1726, Kaiser (Karl VII.) seit 1742
Karl Albrecht hat von seinem Vater Max Emanuel zwar dessen übersteigerten Ehrgeiz, nicht aber dessen Tatkraft und militärische Begabung geerbt. Trotz seines unbestreitbar guten Willens vermag er weder zur Gesundung seines durch die Politik Max Emanuels zerrütteten Landes beizutragen noch seine hochgesteckten außenpolitischen Ziele zu erreichen: das habsburgische Erbe für Wittelsbach zu gewinnen. Als der Erbfall 1740 eintritt, meldet Bayern Erbansprüche an und beginnt an der Seite Preußens und Frankreichs den Österreichischen Erbfolgekrieg. Der übermächtigen Koalition gelingt es zwar, die zur Kaiserwahl Karl Albrechts nötigen Kurstimmen zu gewinnen, nicht aber die isolierte Maria Theresia auszuschalten. So können die Österreicher mit Preußen einen Waffenstillstand schließen, die überlegenen, aber schlecht geführten bayerisch-französischen Streitkräfte schlagen und Bayern besetzen. Erst der Einmarsch Friedrich II. in Böhmen zwingt sie wieder zum Rückzug. Noch ehe eine Entscheidung fallen kann, stirbt Karl VII. an einem Herzschlag.

KARL GUSTAV von Zweibrücken-Kleeburg, Pfalzgraf (1622–1660)
∞ Hedwig Eleonore von Holstein-Gottorp
König von Schweden seit 1654
Die Linie Kleeburg entsteht 1604 durch Landesteilung des Herzogtums Zweibrücken nach dem Tod Herzog Johann I. Dessen dritter Sohn Johann Kasimir erhält das Deputat Kleeburg. Er verheiratet sich mit der Tochter König Karl IX. von Schweden, Katharina. Sein Sohn Karl Gustav besteigt 1654 als König Karl X. den schwedischen Thron. Kleeburg geht an dessen jüngeren Bruder Adolf Johann. Unter Karl X. Gustav erreicht die schwedische Expansion ihren Höhepunkt. Erfolgreiche Kriege gegen Rußland, Polen und Dänemark machen Schweden zur Vormacht im Ostseeraum.

KARL PHILIPP, Kf. (1661–1742)
∞ 1. Louise Charlotte von Radziwill
  2. Theresia Katharina von Ostrog
Kurfürst von der Pfalz seit 1716
Bezieht seine Versorgung zunächst aus geistlichen Pfründen als Domherr in Köln, Salzburg und Mainz, von denen er 1688 zurücktritt. Nach dem erbenlosen Tod Johann Wilhelms fällt ihm die Kurpfalz zu. 1724 schließt er mit Max Emanuel den ersten pfälzisch-bayerischen Erbvertrag ab, der die Erbfolge innerhalb des Hauses Wittelsbach regelt. 1720 verlegt er seine Residenz nach Mannheim, von nun an Residenz der pfälzischen Kurfürsten. 1742 unterstützt er das wittelsbachische Kaisertum Karl Albrechts.

KARL THEODOR, Kf. (1724–1799)
∞ 1. Elisabeth Auguste von Pfalz-Sulzbach
  2. Maria Leopoldine von Österreich-Este
Kurfürst von Bayern seit 1777
Als Sohn des Pfalzgrafen Johann Christian von Sulzbach erbte Karl Theodor 1733 die Sulzbachischen Gebiete. Durch seine Heirat sicherte er sich die wittelsbachischen Herrschaften Jülich-Berg, das Aussterben der Neuburger Linie brachte ihm 1742 die Herrschaft über Kurpfalz. Nach Aussterben der bayerischen Linie vereinigte er mit

Ausnahme des Herzogtums Zweibrücken alle wittelsbachischen Territorien unter seiner Herrschaft. Die Bestrebungen Karl Theodors, Kurbayern gegen die österreichischen Niederlande einzutauschen, führte zur Intervention Preußens und zum Bayerischen Erbfolgekrieg, in dem der Kurfürst neutral blieb, aber das Innviertel an Österreich verlor. Karl Theodor ist in Bayern nie heimisch geworden. Seine Tauschprojekte kosteten ihn die Sympathie der bayerischen Untertanen und führten zur Ausbildung eines von der Dynastie losgelösten bayerischen Nationalbewußtseins. Als er ohne Nachkommen stirbt, geht das wittelsbachische Erbe auf die Linie Zweibrücken über.

LUDWIG I., Kg. (1786–1868)
∞ Therese von Sachsen-Hildburghausen
König von Bayern 1825–1848
Ludwig I. drängt den unter seinem Vater dominierenden Einfluß von Ministern und Beamten zurück. Sein Regierungsstil ist autokratisch auf der Basis des Gottesgnadentums, seine Politik aber zunächst von einer liberalen Grundhaltung geprägt. Durch rigorose Sparsamkeit, vor allem bei Militär und Verwaltung, saniert Ludwig die Finanzen des bayerischen Staates. Durch Gründung des bayerisch-württembergischen Zollvereins, der 1829 mit dem preußischen Zollverein verbunden wird, und zahlreiche andere Maßnahmen (Ludwig-Donau-Main-Kanal, Einführung der Eisenbahn) fördert der König die Wirtschaft, durch eine fortschrittliche Schulpolitik (1826 Verlegung der Landesuniversität von Landshut nach München; 1829/30 Ordnung für Gymnasien; 1833 Neugestaltung des Volksschulwesens) das Bildungswesen des Landes. Als überzeugter Katholik beginnt er ab 1831 mit der Wiedergründung während der Säkularisation aufgehobener Klöster. Seine Politik gewinnt zunehmend katholisch-konservative Züge. Notwendigen Reformen verschließt er sich. Als ihm solche durch revolutionäre Strömungen aufgezwungen zu werden drohen, sieht er sich in seinen autokratischen Befugnissen beschränkt und entschließt sich zur Abdankung. Die gleichzeitige Affäre Lola Montez mag ebenfalls dazu beigetragen haben, ist jedoch keinesfalls als Ursache anzusehen.

LUDWIG II., Kg. (1845–1886)
König von Bayern seit 1864
Ungeachtet seiner beherrschenden Vorliebe für die Kunst setzt Ludwig II. die auf wirtschaftlichen und sozialen Fortschritt ausgerichtete Politik seines Vaters fort. Auch in der deutschen Frage sucht Bayern seine Unabhängigkeit zu wahren und dem preußischen Hegemoniestreben entgegenzuwirken. 1866 tritt Bayern nach dem preußischen Angriff zu unentschlossen auf die Seite Österreichs. Nach der österreichischen Niederlage bei Königgrätz kann die lange vernachlässigte bayerische Armee keinen ernsthaften Widerstand leisten. Die Staatliche Integrität muß mit dem Verlust der militärischen Souveränität an Preußen erkauft werden. So steht Bayern 1870/71 im Krieg gegen Frankreich. Die bayerische Armee hat wesentlichen Anteil am deutschen Sieg. Im patriotischen Überschwang läßt sich der Zusammenschluß der am Krieg beteiligten deutschen Staaten zu einem Nationalstaat nicht mehr vermeiden. Schweren Herzens schickt Ludwig den von Bismarck angeregten »Kaiserbrief«, die entsprechenden Verfassungsverträge finden in der bayerischen Kammer nur knapp die erforderliche Zweidrittelmehrheit. Nach der Reichsgründung zieht sich der menschenscheue König zunehmend aus der Politik zurück. 1886 wird er wegen geistiger Umnachtung entmündigt. Die Umstände seines Todes im Starnberger See sind bis heute nicht restlos geklärt.

LUDWIG III., Kg. (1845–1921)
∞ Maria Theresia von Österreich-Este
Regent (des Königreichs Bayern Verweser) seit 1912
König von Bayern 1913–1918
Als Ludwig III. an die Regierung kam, zählte er bereits 67 Jahre. Wegen seines schroffen Wesens und seiner unmajestätischen Erscheinung war er in der Bevölkerung nicht beliebt. Sein besonderes Interesse für sein Mustergut Leutstetten brachte ihm den Spitznamen »Millibauer« ein. Daß er sich 1913 zum König erhöhte, obwohl der rechtmäßige, aber geisteskranke Herrscher noch lebte, haben ihm die bayerischen Legitimisten nie verziehen. Dabei zeigte Ludwig III. durchaus Herrschertugenden. Er wußte zu verwalten, war stets gut informiert und behielt bei aller patriotischen Begeisterung für das Reich stets die bayerischen Interessen im Auge. Als am 1. November

1918 Kurt Eisner die Republik ausruft, rührt sich weder beim Militär noch bei der Zivilbevölkerung eine Hand zur Verteidigung des Königs. Als die Regierung erklärt, die Sicherheit des Königs nicht mehr garantieren zu können, flieht Ludwig III. mit seiner Familie noch am gleichen Abend. Am 13. November entbindet er alle Beamten und Soldaten von dem ihm geleisteten Treueeid und verzichtet damit de facto auf den Thron.

LUDWIG III., Kf. (1378–1436)
∞ 1. Blanca von England
2. Mechthilde von Savoyen
Kurfürst von der Pfalz seit 1410
Setzt sich für die Königswahl Sigmunds ein und gewinnt dadurch Einfluß auf die Reichspolitik. Auf dem Konzil von Konstanz erscheint er als Stellvertreter des Königs. Im Konflikt zwischen der Landshuter und der Ingolstädter Linie sucht er zu vermitteln, kann aber die Eskalation zum Bayerischen Krieg nicht aufhalten. 1425 verständigt er sich mit den Grafen von Baden über die Erbfolgeabkommen bezüglich der Grafschaft Sponheim, die seit 1408 teilweise in Kurpfälzer Besitz ist.

LUDWIG V., der Friedfertige, Kf. (1478–1544)
∞ Sybille von Bayern
Kurfürst von der Pfalz seit 1508
1524 wird zwischen den Linien Bayern und Pfalz die Erbfolge geregelt. Im Bauernkrieg sucht Ludwig zunächst zu vermitteln, trägt dann aber selbst zur militärischen Niederwerfung des Aufstands bei. Gegenüber der sich ausbreitenden Reformation beharrt der Kurfürst beim katholischen Glauben, vermittelt aber zwischen dem Kaiser und den Protestanten.

LUDWIG VI., Kf. (1539–1583)
∞ 1. Elisabeth von Hessen
2. Anna von Gretsyhl
Kurfürst von der Pfalz seit 1576
Zunächst Statthalter von Amberg, vollzieht er den Übertritt der Kurpfalz zum Calvinismus nicht mit. Unter seiner Herrschaft wird der größte Teil der Kurpfalz wieder lutherisch. Die von seinem Bruder Johann Kasimir verwalteten Gebiete Neustadt und Lautern bleiben calvinistisch.

LUDWIG I., der Kelheimer, Hg. (1172–1231)
∞ Ludmilla von Böhmen (von Bogen)
Herzog von Bayern seit 1183
Ludwig I. setzt die Erblichkeit des bayerischen Lehens durch und gewinnt für seinen Sohn Otto die Pfalzgrafschaft bei Rhein. Das Aussterben einiger Familien des bayerischen Dynastenadels nützt er zur Arrondierung des wittelsbachischen Besitzes in Bayern. 1231 wird er auf der Donaubrücke bei Kelheim von einem Unbekannten ermordet.

LUDWIG II., der Strenge, Hg. (1229–1294)
∞ 1. Maria von Brabant
2. Anna von Glogau
3. Mechthild von Habsburg
Herzog von Bayern seit 1253
Regiert zunächst zusammen mit seinem Bruder Heinrich XIII. 1255 wird Bayern unter den Brüdern aufgeteilt: Ludwig erhält Oberbayern und die Pfalz, Heinrich Niederbayern. 1256 ließ er seine junge Gemahlin Maria von Brabant auf den bloßen Verdacht ehelicher Untreue hin kurzerhand hinrichten, was ihm seinen Beinamen einbrachte.

LUDWIG IV., Hg., Kaiser Ludwig der Bayer (1283–1347)
∞ 1. Beatrix von Glogau
2. Margarethe von Holland
Herzog von Bayern seit 1294
Deutscher König seit 1314, 1328 Kaiserkrönung
Ludwig IV., seit 1302 Mitregent seines älteren Bruders Rudolf I., drängt diesen 1313 aus der Regierung und wird im folgenden Jahr zum König gewählt. Seinen habsburgischen Gegenkönig Friedrich den Schönen besiegt er in der Schlacht bei Mühldorf. Nach dem Aussterben der niederbayerischen Linie vereinigt er beide Teile Bayerns un-

ter seiner Herrschaft, trennt aber die Pfalz als eigene Herrschaft für die Nachkommen Rudolfs ab. Das Haus Wittelsbach teilt sich seither in eine bayerische und eine Pfälzer Linie. Ludwig gewinnt Brandenburg, Holland und Tirol für sein Haus. Alle diese Gebiete gehen nach seinem Tod wieder verloren.

LUDWIG VII., der Bärtige, Hg. (ca. 1368–1447)
∞ 1. Anna von Frankreich
2. Katharina von Alençon
Herzog von Bayern seit 1413
Als Erbe des Teilherzogtums Bayern-Ingolstadt sucht er vergeblich das ungünstig zersplitterte Ingolstädter Territorium durch Prozesse und Feldzüge auf Kosten der Münchner und Landshuter Vettern zu arrondieren. Im Gefolge seiner mit König Karl VI. von Frankreich verheirateten Schwester Elisabeth (Isabeau de Bavière) steht er mehrere Jahre im Dienst der französischen Krone. Der Versuch Ludwigs, einen unehelichen Sohn zum Miterben zu erheben, führt 1443 zu seiner Gefangennahme durch den legitimen Erben Ludwig VIII. den Buckligen. Vier Jahre später stirbt er in Gefangenschaft.

LUDWIG IX., der Reiche, Hg. (1417–1479)
∞ Amalia von Sachsen
Herzog von Bayern seit 1450
Als Herrscher des Teilherzogtums Bayern-Landshut gelingt es ihm durch kluge Politik, die Erwerbungen seines Vaters Heinrich XIV. zu halten und den reichen Landshuter Staatsschatz noch zu vermehren. 1472 gründet er mit der Universität Ingolstadt die erste bayerische Hochschule. Ludwig IX. galt als glänzende Fürstenpersönlichkeit und vorbildlicher Vertreter ritterlicher Lebensart.

LUDWIG X., Hg. (1495–1545)
Herzog von Bayern seit 1516
Als jüngerer Bruder Herzog Wilhelm IV. sollte Ludwig nach dem Primogeniturgesetz nur den Titel eines Grafen führen dürfen. Mit Hilfe der Stände gelingt es ihm aber, einen Anteil an der Regierung durchzusetzen. Seit 1516 regieren die Brüder gemeinsam. Da Ludwig keine Ehe eingeht, bleibt das Primogeniturgesetz unangetastet.

LUITPOLD, Prinzregent (1821–1912)
∞ Auguste von Österreich
Regent (des Königreichs Bayern Verweser) seit 1886
Luitpold versteht sich als Stellvertreter des kranken Königs Otto und beschränkt den höfischen Aufwand auf das für die Repräsentation des bayerischen Staates notwendige Maß. In seiner persönlichen Lebenshaltung zeigt er jene »bürgerliche« Bescheidenheit, die wesentlich zur Anhänglichkeit des bayerischen Volkes an das Haus Wittelsbach beigetragen hat und noch heute nachwirkt. Sein Regierungsstil ist im Grunde konservativ, aber liberal und offen für notwendige Neuerungen. Loyal gegenüber der Politik des Reiches, wacht er doch sorgfältig über die Erhaltung der Bayern verfassungsmäß zustehenden Souveränitätsrechte. Als letzte Friedensepoche vor den Weltkriegen ist die »Prinzregentenzeit« deshalb in der Literatur häufig zu einer Art von »Goldenem Zeitalter« für Bayern verklärt worden.

MARIA ANTONIA WALPURGIS VON BAYERN (1724–1780)
∞ Kf. Friedrich Christian von Sachsen
Kurfürstin von Sachsen seit 1747
Die älteste überlebende Tochter des bayerischen Kurfürsten und späteren Kaisers Karl Albrecht wurde 1746 mit dem kursächsischen Thronfolger verlobt und im folgenden Jahr verheiratet. Sie gebar ihrem Gemahl fünf Söhne und drei Töchter. Der Verzicht des Kurfürsten auf die polnische Krone sicherte die friedliche Entwicklung Kursachsens und erlaubte die Ausgestaltung der Residenzstadt Dresden zu einem Zentrum der europäischen Barockkultur.

MAX I. JOSEPH, Kg. (1756–1825)
∞ 1. Auguste Wilhelmine Maria von Hessen-Darmstadt
2. Karoline Friederike Wilhelmine von Baden
Seit 1795 Herzog von Pfalz-Zweibrücken
Seit 1799 Kurfürst von Bayern/Pfalz (als Max IV.)
König seit 1806
Nachdem sowohl Kurfürst Karl Theodor als auch Herzog Karl II. August von Zweibrücken ohne Erben bleiben, fällt das gesamte wittels-

bachische Erbe an den ursprünglich nicht erbberechtigten jüngeren Bruder Max Joseph (als Kurfürst: Max IV. Joseph). Dieser laviert geschickt zwischen den Machtblöcken Frankreich und Österreich. Seiner von Graf Montgelas geprägten Politik gelingt es nicht nur, die staatliche Existenz Bayerns zu sichern, sondern diesem nach Auflösung des Heiligen Römischen Reiches die volle Souveränität und die Erhöhung zum Königreich zu gewinnen. Die Konstitution von 1808 und die damit verbundenen Reformen (religiöse Toleranz, Abschaffung der Leibeigenschaft, Gleichheit vor dem Gesetz) machen Bayern zu einem der fortschrittlichsten Staaten Europas.

MAXIMILIAN I., Kf. (1573–1651)
∞ 1. Elisabeth von Lothringen
2. Maria Anna von Österreich
Herzog von Bayern seit 1597
Tatkraft und Sparsamkeit des jungen Herzogs machen Bayern in wenigen Jahren zu einem finanziell sanierten Staat und zur politischen wie militärischen Vormacht der katholischen Teile des Reiches. Im Dreißigjährigen Krieg steht Maximilian an der Seite des Kaisers und erhält 1623 die bisher pfälzische Kurwürde. 1647 zwingt er durch den Abschluß eines Waffenstillstands mit Frankreich und Schweden den Kaiser zum Frieden. Der Westfälische Frieden bringt für Bayern die Bestätigung der Kur und den endgültigen Gewinn der Oberpfalz sowie der Grafschaft Cham. Die letzten Jahre Maximilians führen dank kluger Verwaltung und gezielter Wirtschaftsförderung zu einer erstaunlich raschen Gesundung des entvölkerten (40–50% Verluste durch Krieg und Seuchen) und ruinierten Landes.

MAX II., Kg. (1811–1864)
∞ Marie von Preußen
König von Bayern seit 1848
Durch die Abdankung Ludwig I. zugunsten seines Sohnes wird die Revolution von 1848 in Bayern weitgehend entschärft. Örtliche Aufstände in Franken und in der Pfalz werden unterdrückt. Die Ursachen der Unzufriedenheit werden durch eine weitgehende Reformgesetzgebung bekämpft: Die ständische Ordnung der Abgeordnetenkammer wird aufgehoben, Legislative und Exekutive getrennt, die letzten Relikte der Leibeigenschaft abgebaut, das Strafrecht modernisiert. Der sozialen Frage steht Max II. aufgeschlossen gegenüber. Er fördert Arbeitsbeschaffungsprogramme, läßt Arbeiterwohnungen bauen und verbietet die Kinderarbeit. Dagegen übt er bezüglich der deutschen Frage Zurückhaltung. Die Entscheidung der zweiten Kammer für eine kleindeutsche Lösung wird 1849 von der Regierung abgelehnt, da Max II. der »Triasidee« zuneigt: ein von Bayern geführter Block der deutschen Klein- und Mittelstaaten soll ein Gegengewicht zu den Großmächten Preußen und Österreich bilden.

MAX EMANUEL, Kf. (1662–1726)
∞ 1. Marie Antonie von Österreich
2. Therese Kunigunde von Polen
Kurfürst von Bayern seit 1679
Eine glänzende Erscheinung, prachtliebend, als Sammler und Mäzen den Künsten zugetan, als Kriegsmann persönlich tapfer und von beachtlichem Feldherrntalent, dabei von brennendem dynastischen Ehrgeiz beseelt, hat Max Emanuel das Fürstenideal des barocken Absolutismus zusammen mit Ludwig XIV. am vollkommensten repräsentiert. Seine politischen Ziele überstiegen bei weitem die Möglichkeiten Bayerns, und so führte seine Politik im Spanischen Erbfolgekrieg an der Seite Frankreichs nach der Niederlage von Höchstätt in die Katastrophe. Sämtliche dynastischen Pläne zerschlugen sich, und Max Emanuel durfte sich glücklich preisen, nach langem Exil wenigstens Bayern wieder gewonnen zu haben. In seinen letzten Jahren sucht er das durch Krieg und kaiserliche Besetzung ausgeplünderte Bayern wirtschaftlich zu sanieren. Trotzdem hinterläßt er bei seinem Tod einen gigantischen Schuldenberg.

MAX III. JOSEPH, der Vielgeliebte, Kf. (1727–1777)
∞ Maria Anna von Sachsen
Kurfürst von Bayern seit 1745
Gezwungen durch den militärischen Druck Österreichs und das abermalige Versagen der bayerischen Armee beendet Max III. Joseph den Österreichischen Erbfolgekrieg. Im Siebenjährigen Krieg laviert er geschickt zwischen den Großmächten und erhält Subsidien, ohne

sich militärisch wesentlich zu engagieren. Da seine Ehe kinderlos bleibt, sucht er österreichischen Erbansprüchen auf Bayern entgegenzuwirken und schließt zu diesem Zweck mit den übrigen Linien der Familie Wittelsbach »Hausverträge«, die eine Erbfolge innerhalb des Hauses sicherstellen sollen. Als er 1777 an den Pocken stirbt, erlischt mit ihm die bayerische Linie des Hauses Wittelsbach.

MAX in Bayern, Hg. (1808–1888)
∞ Ludovika Wilhelmine von Bayern
Im Gegensatz zu seinem Großvater Wilhelm, dem ersten Herzog in Bayern, zeigte Max in Bayern wenig Interesse für die Politik, wußte jedoch das Interesse seiner Linie gegenüber der königlichen Linie stets in vollem Umfang zu wahren. Der Verkauf größerer französischer Besitzungen aus dem Erbe seiner Mutter erlaubte ihm, die Schlösser Possenhofen, Geratshausen und Unterwittelsbach zu erwerben. Eine reiche Apanage sicherte ihm ein sorgenfreies Leben, in dem er sich mit Vorliebe der Gestaltung von Festen sowie der bayerischen Volkskunst widmete. Er selbst war ein guter Zitherspieler und wurde daher von der Bevölkerung liebevoll »Zither-Maxl« genannt. Herzog Max hat sich mit großem Erfolg um die standesgemäße Versorgung seiner acht Kinder bemüht. Seine Tochter Elisabeth genannt »Sissi«, wurde Kaiserin von Österreich.

MAXIMILIAN HEINRICH, Hg. (1621–1688)
Erzbischof von Köln seit 1650
Da die erste Ehe Maximilian I. kinderlos blieb, galt er als Sohn Herzog Albrecht VI. zeitweilig als Erbe Bayerns. Nach der Geburt Ferdinand Marias blieb ihm immerhin die Sekundogenitur des Hauses Wittelsbach, die er 1650 von seinem Onkel Ferdinand übernahm.

MAXIMILIAN PHILIPP, Hg. (1638–1705)
∞ Mauritia de la Tour d'Auvergne
Als jüngerer Bruder Ferdinand Marias führte er nach dessen Tod 1679 als Regent und Vormund für den unmündigen Erben Max Emanuel die Regierungsgeschäfte bis Mitte 1680.

OTTO I., Kg. (1848–1916)
König von Bayern seit 1886
Noch während der Regierungszeit Ludwig II. fiel Otto in geistige Umnachtung. Seit 1873 wurde er in Schloß Fürstenried bei München in völliger Abgeschiedenheit gehalten. Die Regierungsgeschäfte führte an seiner Stelle sein Onkel Luitpold als Prinzregent.

OTTO I., Kg. von Griechenland (1815–1867)
∞ Amalia von Oldenburg
König von Griechenland 1832–1862
1832 wird Otto, der zweite Sohn König Ludwig I. von Bayern, der sich tatkräftig für den griechischen Freiheitskampf eingesetzt hat, von der griechischen Nationalversammlung zum König gewählt. Er regiert zunächst ohne Parlament, gestützt auf bayerische Beamte und bayerische Truppen. Seine Reformen in Verwaltung und Recht sind z. T. noch heute wirksam. 1843 wird er durch eine Militärrevolte zur Einberufung einer Nationalversammlung gezwungen, die eine parlamentarische Verfassung beschließt. Ein abermaliger Militäraufstand führt 1862 zur Absetzung Otto I.

OTTO I., Hg. (ca. 1117–1183)
∞ Agnes von Loon
Herzog von Bayern seit 1180
Inhaber des Pfalzgrafenamtes in Bayern
Als Nachfolger des geächteten und gebannten Welfen Heinrich des Löwen erhielt Otto als treuer Gefolgsmann Kaiser Friedrich I. das Hgt. Bayern zum Lehen. Die Pfalzgrafenwürde wechselt an seinen gleichnamigen Bruder.

OTTO II., der Erlauchte, Hg. (ca. 1206–1253)
∞ Agnes von der Pfalz
Herzog von Bayern seit 1231
Verheiratet seine älteste Tochter Elisabeth mit dem Sohn Kaiser Friedrich II., König Konrad IV. Der Versuch, die 1156 als Herzogtum Österreich verselbständigte bayerische Ostmark nach dem Aussterben der Babenberger wiederzugewinnen, scheitert.

OTTO HEINRICH, Kf. genannt OTTHEINRICH (1502–1559)
∞ Susanne von Bayern
Kurfürst von der Pfalz seit 1556
Nachdem Albrecht IV. von Bayern-München im Landshuter Erbfolgekrieg sein Erbrecht auf Niederbayern durchgesetzt hatte, wurde für die Erben des unterlegenen, früh verstorbenen Pfalzgrafen Ruprecht, Ottheinrich und Philipp, das Gebiet um Neuburg/Donau aus der Erbmasse herausgetrennt und als »Junge Pfalz« verselbständigt. Philipp ließ sich 1541 seinen Regierungsanteil gegen regelmäßige Zahlungen ablösen. Nach Aussterben der Kurlinie erbt Ottheinrich die Kurpfalz. Schon 1542 zum Luthertum konvertiert, führt er dort die neue Lehre ein. Die »Junge Pfalz« schenkt er an die Linie Zweibrücken-Veldez. Da er ohne Erben stirbt, fällt die Kurpfalz an die Linie Simmern-Sponheim.

PHILIPP, der Aufrichtige, Kf. (1448–1508)
∞ Margarethe von Bayern-Landshut
Kurfürst von der Pfalz seit 1476
Als großer Förderer des Humanismus macht sich Philipp um die Wissenschaft verdient. Namhafte Humanisten lehren in Heidelberg. Nach dem Tod Georgs des Reichen von Bayern-Landshut erhebt er Anspruch auf das niederbayerische Teilherzogtum, weil sein dritter Sohn Ruprecht mit der Tochter Georgs verheiratet ist. Erbberechtigt ist aber Albrecht IV. von Bayern-München, der auch von Kaiser Maximilian unterstützt wird. 1503 kommt es zum Landshuter Erbfolgekrieg, den Albrecht IV. für sich entscheidet. Für die minderjährigen Erben der pfälzisch-niederbayerischen Verbindung wird 1505 das Fürstentum Neuburg geschaffen.

PHILIPP, der Streitbare, Pfalzgraf (1503–1548)
Regiert seit 1503 zusammen mit seinem älteren Bruder Ottheinrich die »Junge Pfalz«. Bis zur Volljährigkeit wird er dabei von seinem Onkel, Kurfürst Friedrich II. als Vormund vertreten. 1435 wird die »Junge Pfalz« zwischen den Brüdern aufgeteilt. 1541 verzichtet Philipp gegen entsprechende finanzielle Entschädigung zugunsten Ottheinrichs auf die Regierung. Philipp führte ein sehr abenteuerliches Leben, das sein eigener Bruder beschrieben hat. So leitet er 1529 die Verteidigung Wiens gegen die türkischen Belagerer.

PHILIPP LUDWIG (1547–1614)
∞ Anna von Jülich-Cleve
Pfalzgraf von Pfalz-Neuburg seit 1569
Bestätigt zunächst die landständischen Freiheiten, läßt sich aber 1607 aus Sorge vor einem bevorstehenden Krieg seine persönlichen Herrscherrechte erweitern. Durch das Aussterben der Herzoge von Jülich-Cleve wird er durch seine Gemahlin zum Miterben. Das Erbe wird 1609 mit dem ebenfalls erbberechtigten Kurbrandenburg geteilt. Berg und Jülich sowie kleinere Herrschaften fallen an Pfalz-Neuburg.

PHILIPP WILHELM, Kf. (1615–1690)
∞ 1. Anna von Polen
  2. Elisabeth von Hessen-Darmstadt
Kurfürst von der Pfalz seit 1685
Regiert als Pfalzgraf Pfalz-Neuburg seit 1653. 1666 fallen ihm die Herzogtümer Jülich und Berg zu. Mit dem Aussterben der Linie Simmern-Sponheim erbt er 1685 die Kurpfalz. Noch im gleichen Jahr erläßt er ein Toleranzedikt für die drei christlichen Konfessionen. 1688 marschieren die Franzosen in die Pfalz ein. Im folgenden Krieg wird die Pfalz verwüstet und Heidelberg zerstört.

PHILIPP WILHELM von Bayern, Hg. (1576–1598)
(Kardinal von Bayern)
Bischof von Regensburg seit 1595, Kardinal seit 1597
Als jüngerer Bruder Herzog Maximilian I. für den geistlichen Stand bestimmt, wird Philipp Wilhelm schon mit drei Jahren zum Bischof von Regensburg postuliert. 1583 wird er Administrator der Dompropstei Köln, 1591 Domherr in Trier. Finanzielle Schwierigkeiten und die Hoffnung auf weitere Pfründen in kardinalsfeindlichen Kollegien verhindern seine Ernennung zum Kardinal bis 1597. Unter seiner Ägide wird das Jesuitengymnasium in Regensburg eröffnet.

RUPRECHT I., Kf. (1309–1390)
∞ 1. Elisabeth von Flandern und Namur
  2. Beatrix von Berg
Kurfürst von der Pfalz seit 1353
Nach dem Hausvertrag von Pavia 1329 regieren die Brüder Rudolf II. und Ruprecht I. mit ihrem Neffen Ruprecht II. gemeinsam die Pfalz. Nach Rudolfs Tod regiert er allein bis auf einen kleinen Landesteil, der Ruprecht II. zusteht. Nach der Goldenen Bulle übt er das Kurrecht ohne Abwechslung mit der bayerischen Linie allein aus. Als Reichsverweser gewinnt er Simmern, Kaiserslautern, Zweibrücken und andere kleinere Gebiete für die Pfalz. 1386 gründet er die Universität Heidelberg. Er bleibt ohne Nachkommen. Das Erbe fällt an seinen Neffen Ruprecht II.

RUPRECHT III., Kf. (1352–1410)
∞ Elisabeth von Hohenzollern
Kurfürst von der Pfalz seit 1390
1395 sucht er vergeblich, durch die »Constitutio Rupertina« die Primogeniturordnung einzuführen. 1400 wird Ruprecht zum deutschen König gewählt. Ein im folgenden Jahr unternommener Italienzug scheitert an der ungenügenden militärischen Vorbereitung. Nach seinem Tod wird die Kurpfalz unter seine vier Söhne aufgeteilt. Es entstehen die Linien Mosbach, Neumarkt und Zweibrücken-Simmern neben der regierenden Kurlinie.

SIGISMUND, Hg. (1439–1501)
Herzog von Bayern seit 1460
Regiert zunächst gemeinsam mit seinem älteren Bruder Johann IV. das Teilherzogtum Bayern-München. Nach dessen Tod sucht er allein zu regieren, muß aber schon nach zwei Jahren seinem jüngeren Bruder Albrecht IV. die Mitregentschaft einräumen. Kränklich und mehr an Religion und Kunst als an Politik interessiert, dankt er 1467 gegen eine angemessene finanzielle Entschädigung zugunsten Albrechts ab.

WILHELM I., Hg. (1333–1389)
∞ Mathilde von Lancaster
Herzog von Bayern seit 1347
Regiert zunächst zusammen mit seinen Brüdern das Erbe Ludwigs des Bayern. Bei der Erbteilung 1349 fällt ihm Holland zu. 1357 fällt er in unheilbaren Wahnsinn. Albrecht I. übernimmt seine Nachfolge.

WILHELM III., Hg. (1375–1435)
∞ Margarete von Kleve
Herzog von Bayern seit 1397
Regierte fast 40 Jahre einträchtig mit seinem älteren Bruder Ernst das Teilherzogtum Bayern-München. Den Zeitgenossen galt er als Muster eines christlichen Fürsten.

WILHELM IV., Hg. (1493–1550)
∞ Jakobäa von Baden
Herzog von Bayern seit 1508
Obwohl Alleinerbe des Herzogtums Bayern muß Wilhelm IV. 1514 auf Drängen der Stände die Mitregierung seines Bruders Ludwig X. akzeptieren. Dank der gemeinsamen Anstrengungen der einträchtig regierenden Herzöge bleibt Bayern sowohl von den Glaubenswirren als auch von den Bauernkriegen weithin verschont.

WILHELM V., der Fromme, Hg. (1548–1626)
∞ Renata von Lothringen
Herzog von Bayern von 1579 bis 1597
Wilhelm V. gewinnt für seinen Bruder Ernst das geistliche Kurfürstentum Köln, das bis 1761 wittelsbachische Sekundogenitur bleibt. Als streng katholischer Fürst bleibt er in Religionsfragen unnachgiebig und verhilft dem Jesuitenorden zu dominierendem Einfluß. Verschwendung und lasche Finanzverwaltung führen zu einem gewaltigen Anwachsen des schon von Albrecht V. übernommenen Schuldenberges. Die Finanzmisere und der Wunsch nach einem Leben in frommer Beschaulichkeit führen 1597 zur Abdankung.

WILHELM von Birkenfeld-Gelnhausen, Pfalzgraf (1752–1837)
∞ Maria Anna von Zweibrücken
Herzog in Bayern seit 1799
Die Linie Gelnhausen entsteht 1681 durch Vertrag zwischen den Erben Christian I. von Birkenfeld-Bischweiler, Christian II. und Johann Karl, wobei der Jüngere ein jährliches Deputat erhält und sich in Gelnhausen niederläßt. Dessen Enkel heiratet eine Tochter des Pfalzgrafen Friedrich Michael von Birkenfeld-Zweibrücken und ist damit Schwager des Erben von Bayern-Pfalz, Max IV. Joseph. Unter dem Einfluß Karl Theodors tritt er zum katholischen Glauben über und in dessen Dienste. Als Wahrer der bayerischen Interessen opponiert er gegen die Tauschprojekte des Kurfürsten. Nach dessen Tod bereitet er mit großem Geschick und preußischer Rückendeckung die Regierungsübernahme durch Max IV. Joseph vor. Noch im gleichen Jahr erhält er den Titel »Herzog in Bayern«.

WOLFGANG WILHELM von Zweibrücken, Hg. (1578–1653)
∞ 1. Magdalena von Bayern
   2. Katharina von Zweibrücken
   3. Maria Franziska von Fürstenberg
Pfalzgraf von Neuburg seit 1614
1614 wird Wolfgang Wilhelm durch den Vertrag von Xanten als Herr von Berg und Jülich bestätigt. Seitdem residiert er in Düsseldorf. Dort wird auch sein 1613 anläßlich seiner Vermählung erfolgter Übertritt zur katholischen Kirche offiziell bekanntgegeben. 1615 wird den Katholiken in Neuburg Gleichberechtigung zuerkannt, 1617 der Katholizismus zur Landesreligion erklärt.

WOLFGANG von Zweibrücken-Veldenz, Pfalzgraf (1526–1569)
∞ Anna von Hessen
Herzog von Pfalz-Zweibrücken seit 1532
Regiert das Herzogtum Pfalz-Zweibrücken zunächst unter der Vormundschaft des Pfalzgrafen Ruprecht von Veldenz. 1557 fällt ihm die »Junge Pfalz« als Schenkung des Kurfürsten Ottheinrich zu, 1566 gewinnt er die Hälfte der Grafschaft Sponheim. Wolfgang war als guter, haushälterischer Landesvater sehr beliebt. In seinem Testament führt er 1568 die Primogenitur ein. Im folgenden Jahr stirbt er während eines Feldzuges zur Unterstützung der Hugenotten.

STAMMTAFEL

DER REGIERENDEN WITTELSBACHER

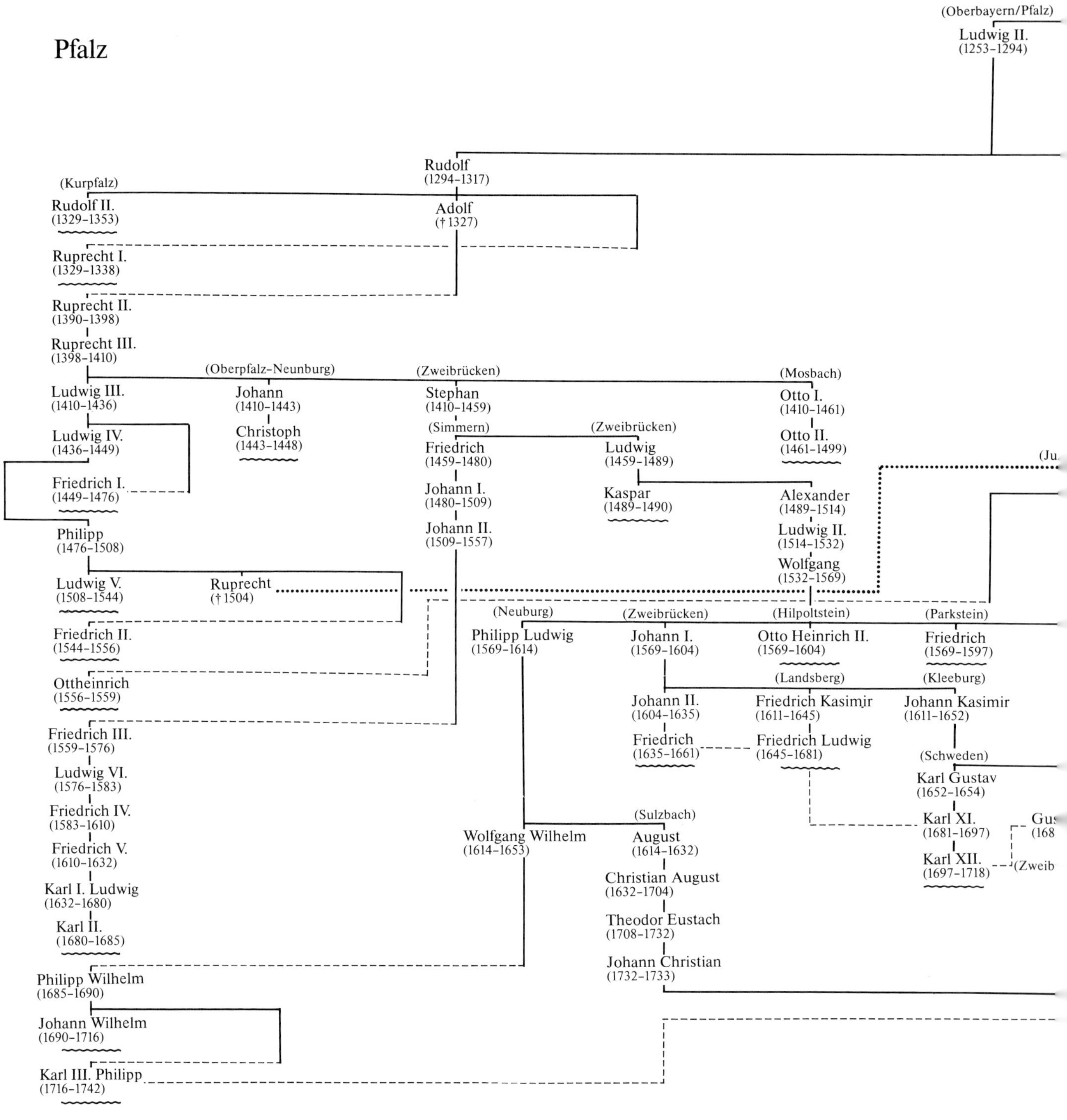

Pfalz
(Oberbayern/Pfalz)
Ludwig II.
(1253–1294)
Rudolf
(1294–1317)
(Kurpfalz)
Rudolf II.
(1329–1353)
Adolf
(† 1327)
Ruprecht I.
(1329–1338)
Ruprecht II.
(1390–1398)
Ruprecht III.
(1398–1410)
Ludwig III.
(1410–1436)
(Oberpfalz-Neunburg)
Johann
(1410–1443)
Christoph
(1443–1448)
(Zweibrücken)
Stephan
(1410–1459)
(Mosbach)
Otto I.
(1410–1461)
Otto II.
(1461–1499)
Ludwig IV.
(1436–1449)
(Simmern)
Friedrich
(1459–1480)
(Zweibrücken)
Ludwig
(1459–1489)
Friedrich I.
(1449–1476)
Johann I.
(1480–1509)
Kaspar
(1489–1490)
Alexander
(1489–1514)
Philipp
(1476–1508)
Johann II.
(1509–1557)
Ludwig II.
(1514–1532)
Wolfgang
(1532–1569)
Ludwig V.
(1508–1544)
Ruprecht
(† 1504)
(Ju
Friedrich II.
(1544–1556)
(Neuburg)
Philipp Ludwig
(1569–1614)
(Zweibrücken)
Johann I.
(1569–1604)
(Hilpoltstein)
Otto Heinrich II.
(1569–1604)
(Parkstein)
Friedrich
(1569–1597)
Ottheinrich
(1556–1559)
(Landsberg)
(Kleeburg)
Johann II.
(1604–1635)
Friedrich Kasimir
(1611–1645)
Johann Kasimir
(1611–1652)
Friedrich III.
(1559–1576)
Friedrich
(1635–1661)
Friedrich Ludwig
(1645–1681)
(Schweden)
Ludwig VI.
(1576–1583)
Karl Gustav
(1652–1654)
Friedrich IV.
(1583–1610)
(Sulzbach)
Karl XI.
(1681–1697)
Friedrich V.
(1610–1632)
Wolfgang Wilhelm
(1614–1653)
August
(1614–1632)
Karl XII.
(1697–1718)
(Zweib
Karl I. Ludwig
(1632–1680)
Christian August
(1632–1704)
Karl II.
(1680–1685)
Theodor Eustach
(1708–1732)
Philipp Wilhelm
(1685–1690)
Johann Christian
(1732–1733)
Johann Wilhelm
(1690–1716)
Karl III. Philipp
(1716–1742)

———— Erbfolge in direkter Linie

- - - - - - Erbfolge in indirekter Linie

·········· Eheverbindung Kurpfalz–Niederbayern

〰〰 Linie erlischt bzw. bleibt ohne erbberechtigte Nachkommen

(Die angegebenen Jahreszahlen sind Regierungsdaten)

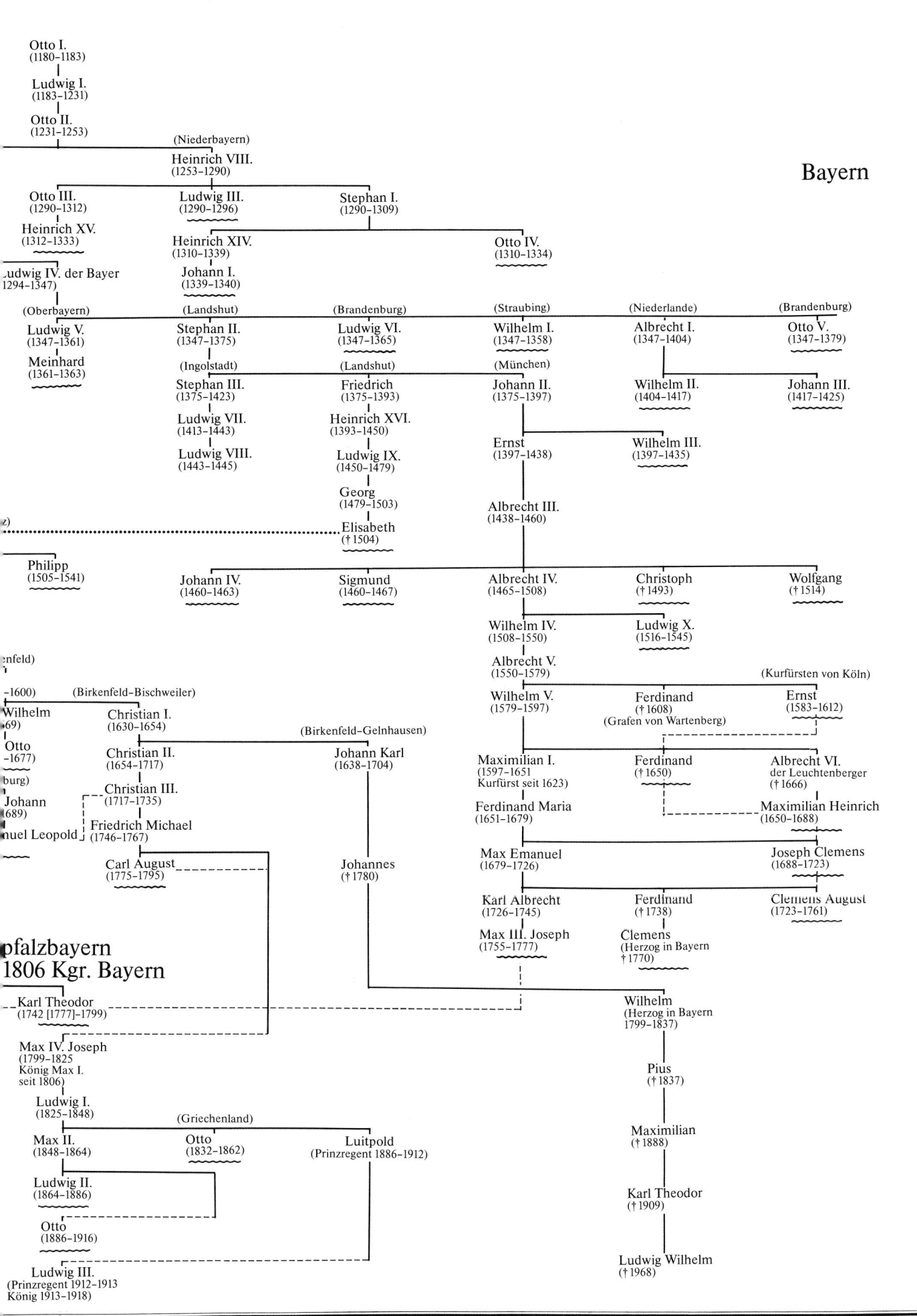

Bayern

Otto I.
(1180–1183)

Ludwig I.
(1183–1231)

Otto II.
(1231–1253)

(Niederbayern)
Heinrich VIII.
(1253–1290)

Otto III.
(1290–1312)

Ludwig III.
(1290–1296)

Stephan I.
(1290–1309)

Heinrich XV.
(1312–1333)

Heinrich XIV.
(1310–1339)

Otto IV.
(1310–1334)

Ludwig IV. der Bayer
(1294–1347)

Johann I.
(1339–1340)

(Oberbayern)
Ludwig V.
(1347–1361)

(Landshut)
Stephan II.
(1347–1375)

(Brandenburg)
Ludwig VI.
(1347–1365)

(Straubing)
Wilhelm I.
(1347–1358)

(Niederlande)
Albrecht I.
(1347–1404)

(Brandenburg)
Otto V.
(1347–1379)

Meinhard
(1361–1363)

(Ingolstadt)
Stephan III.
(1375–1423)

(Landshut)
Friedrich
(1375–1393)

(München)
Johann II.
(1375–1397)

Wilhelm II.
(1404–1417)

Johann III.
(1417–1425)

Ludwig VII.
(1413–1443)

Heinrich XVI.
(1393–1450)

Ernst
(1397–1438)

Wilhelm III.
(1397–1435)

Ludwig VIII.
(1443–1445)

Ludwig IX.
(1450–1479)

Albrecht III.
(1438–1460)

Georg
(1479–1503)

Elisabeth
(† 1504)

Philipp
(1505–1541)

Johann IV.
(1460–1463)

Sigmund
(1460–1467)

Albrecht IV.
(1465–1508)

Christoph
(† 1493)

Wolfgang
(† 1514)

Wilhelm IV.
(1508–1550)

Ludwig X.
(1516–1545)

Albrecht V.
(1550–1579)

(Kurfürsten von Köln)

Wilhelm V.
(1579–1597)

Ferdinand
(† 1608)
(Grafen von Wartenberg)

Ernst
(1583–1612)

(Birkenfeld)

–1600)

(Birkenfeld-Bischweiler)

Wilhelm
69)

Christian I.
(1630–1654)

(Birkenfeld-Gelnhausen)

Maximilian I.
(1597–1651
Kurfürst seit 1623)

Ferdinand
(† 1650)

Albrecht VI.
der Leuchtenberger
(† 1666)

Otto
–1677)

Christian II.
(1654–1717)

Johann Karl
(1638–1704)

burg)

Johann
689)

Christian III.
(1717–1735)

Ferdinand Maria
(1651–1679)

Maximilian Heinrich
(1650–1688)

nuel Leopold

Friedrich Michael
(1746–1767)

Carl August
(1775–1795)

Johannes
(† 1780)

Max Emanuel
(1679–1726)

Joseph Clemens
(1688–1723)

Karl Albrecht
(1726–1745)

Ferdinand
(† 1738)

Clemens August
(1723–1761)

pfalzbayern
1806 Kgr. Bayern

Max III. Joseph
(1755–1777)

Clemens
(Herzog in Bayern
† 1770)

Karl Theodor
(1742 [1777]–1799)

Wilhelm
(Herzog in Bayern
1799–1837)

Max IV. Joseph
(1799–1825
König Max I.
seit 1806)

Pius
(† 1837)

Ludwig I.
(1825–1848)

(Griechenland)

Max II.
(1848–1864)

Otto
(1832–1862)

Luitpold
(Prinzregent 1886–1912)

Maximilian
(† 1888)

Ludwig II.
(1864–1886)

Otto
(1886–1916)

Karl Theodor
(† 1909)

Ludwig III.
(Prinzregent 1912–1913
König 1913–1918)

Ludwig Wilhelm
(† 1968)

Register

Aachen, Hans von 352, 353

Abaco, Evarista Felice dall' 125, 126, 127, 129

Abaco, Joseph Clemens Ferdinand dall' 127, 131

Abel, Gebrüder 419

Abel, Karl August von 72

Abensberg 32, 34

Ableithner, Balthasar 368, 369, 371, 374, 381

Abraham a Sancta Clara 36

Abu Hassan 160

Adam, Albrecht 78, 470, 471; Abb. 332

Adam, Kajetan 47

Adamberger, Valentin 133

Adelaide 127, 256

Adelung, Johann Christoph 301

Adlung, Jacob 184

Adlzreiter, Johann 42

Adriano in Siria 276 f.; Abb. 170

Aelst, Coecke van 441

Äneis 57

Ässlinger, Hans 345

Agata, Michele dall' 287

Agata, Orsola dall' 287

Agiocohia, Giovanni Paolo 208

Agnes Bernauer 61

Agnes von Loon 13, 15, 91

Agricola, 152

Agricola, Martin 110, 114

Agricola, Rudolf 52

Aiblinger, Johann Kaspar 163, 164, 165

Aichinger, Gregor 104

Aida 175

Aigner, Joseph 472

Aischylos 192

Akademie der Wissenschaften, Bayerische 46 f., 61, 62, 289

Akademie der Wissenschaften, Pfälzer 57

Akademische Hirten 279

Alberthal, Hans 430

Alberti, Matteo 433, 436, 440, 444, 449

Albertinus, Ägidius 35, 208 f.; Abb. 16

Albinoni, Tommaso 127

Albrecht I., Herzog von Bayern 94

Albrecht III., der Fromme, Herzog von Bayern-München 24, 26, 28, 49, 50, 93, 95, 96, 328

Albrecht IV., der Weise, Herzog von Bayern 32, 33, 85, 94, 95, 96, 110

Albrecht V., Herzog von Bayern 15, 34 f., 99, 102, 104, 105, 196 ff., 202 f., 339 ff., 342, 346, 353, 354, 366, 376, 422; Abb. 46

Albrecht VI., der Leuchtenberger, Herzog von Bayern 41, 43, 85, 122, 368

Albrecht VI., der Verschwender, Erzherzog von Österreich 24, 49

Albrecht, Herzog von Bayern 180, 183

Albrecht, Erzherzog, Statthalter der Niederlande 366

Albrecht Sigismund, Landgraf von Leuchtenberg 43

Albrecht von Hohenberg, Bischof von Freising 23

Albrecht von Johannsdorf 92

Albrecht von Scharfenberg 20, 28, 92

Albrecht, Balthasar Augustin 403

Albrici, Vincenzo 117, 147

Albucci, Giuseppe Antonio 449

Alcaini, Giorgio 43

Alceste 299

Aleman y Sayavedra, Mateo 36

Aleotti, Giovanni Battista 193, 210

Alexander Sigmund, Bischof von Augsburg, Sohn Philipp Wilhelms von der Pfalz 433, 436

Alexanderschlacht 334; Abb. 333

Alexandra Amalia, Prinzessin von Bayern, Tochter König Ludwig I. 65

Aliprandi, Bernardo 127

Alpensymphonie 180

Altdorfer, Albrecht 330, 333, 334, 335, 345

Altenhöfer, August Joseph 75

Altenhohenau 404

Altötting 44, 373, 380

Amalia Maria Josepha v. Österreich, Kurfürstin von Bayern, Gemahlin Kaiser Karl VII. 127, 256 f.

Amalie, Herzogin v. Bayern-Landshut, Gemahlin Ludwig IX., des Reichen 29

Amalie von Baden 309

Amberg 109, 112, 113, 441, 442

Amigoni, Jacopo 386, 387, 388, 398

Amort, Eusebius 46

Amort, Kaspar 211, 213 ff., 221, 224 f., 240, 244, 366, 369, 371

Andechs, Kloster 26

Andreas Capellanus 24

Andreas von Regensburg 30, 53

Andreota, Antonio 381

Andromaque 250

Angermair, Adam, Albrecht, Elias 368

Angermair, Christoph 367, 368 f.

Anna von Bayern, Gemahlin Wilhelm I. von Jülich und Berg 431

Anna von Jülich, Cleve, Berg, Gemahlin Pfalzgraf Philipp Ludwigs von Neuburg-Hilpoltstein 422

Anna von Österreich, Gemahlin Herzogs Albrecht V. von Bayern 345

Anna Maria Luisa von Toscana, Gemahlin des Kurfürsten Johann Wilhelm von der Pfalz 141, 294, 433, 435, 436; Abb. 311

Anna Maria von Schurmann 54 f.

Annales ducum Boiariae 32; Abb. 13, 15

Annales virtutis et fortunae Boiorum 41 f; Abb. 21

Ansbach 400

Anthoni, Baumeistergeselle 339

Anthoni, Jakob 358

Antiopa giustificata 43, 224, 226 ff., 241; Abb. 140–143

Antoine, Franziska 306

Apian, Peter 339

Appiani, Pietro Francesco 381

Arcada, Ermelind, siehe Maria Antonia Walpurgis

Arco, Agnes, Gräfin 384

Aretin, Christoph von 62, 67

Ariadne auf Naxos 180

Ariosti, Attilio 145

Arndt, Ernst Moritz 69

Arnim, Bettina von 67

Arnpeck, Veit 30

Arrodenius, Michael 34, 37

Artaserse 279 f.; Abb. 172

Artorio, Giuseppe 413

Asam, Cosmas Damian 263, 386, 387, 448

Asam, Egid Quirin 448

Ascanio 246

Aschaffenburg 464

Asper, Konrad 369

Auber, Daniel 163

Aufklärung 47, 60, 62, 81

Augsburg 41, 92, 98, 104, 110, 133

– Rathaus 363

Auguste von Bayern, Gemahlin von Eugen Beauharnais, Herzog von Leuchtenberg 316

Aurbacher, Ludwig 65, 69, 70

Ausländische Maler am Hof Henriette Adelaides 371 f.

Auvera, Johann Wolfgang von der 413

Aventinus, Johannes Thurmair, gen. 13, 15, 28, 29, 30, 32 ff., 37, 41, 52, 78, 332; Abb. 14

Avignon 22

Ayndorffer, Kaspar, Abt von Tegernsee 24

Baader, Clemens Alois 62, 64, 66, 69

Baader, Johann Georg 398

Babo, Gabrielle 44

Babo, Joseph Marius von 59, 61, 160, 306 f., 310 ff.; Abb. 25

Bach, Johann Christian 148, 150, 152

Bach, Johann Sebastian 96, 110, 117, 122, 126, 141, 144, 145, 147, 149, 164, 165, 167

Baerle, Susanne 54

Balatri, Filipo 45

Balde, Jakob 38, 39, 41, 56, 85, 353; Abb. 19

Bamberg 86, 181, 182, 465

Banden, Johann Mathias van den 449

Banz, Kloster 181

Barelli, Agostino 371, 373 f., 376

Basel 98

Basso, C. B. 44

Baumeister an der Neuveste in München 334

Baumeister unter Herzog Albrecht V. von München 340

Bavaria. Landes- und Volkskunde des Königreichs Bayern 78, 81

Bavaria Sancta 38

Bayerische Annalen 70

Bayerische Pracht unter Herzog Albrecht V. von München 339

Bayerisches Stammenbuch 35

Bayerisches Wörterbuch 70; Abb. 32

Bayreuth 171, 172, 173, 176

– Festspiele 171, 177

Beauharnais, Eugen, Herzog von Leuchtenberg 160

Beck, Friedrich 65, 70

Beck, Heinrich 313

Bedeloo, Frans 400

Beduzzi, Antonio 256

Beer, Johann 186

Beer, Michael (Bruder Giacomo Meyerbeers) 71

Beer, Michael 430

Beethoven, Johann van 131

Beethoven, Ludwig van (d. Ä.) 131; Abb. 72

Beethoven, Ludwig van (d. J.) 131, 149, 152, 156, 158, 160, 164, 167, 187, 279; Abb. 95

Beethoven, Ludwig von (!) 187

Beger, Lorenz 292

Beham, Barthel 334, 336, 419

Beheim, Michael 26, 50 f., 93, 95, 109; Abb. 24

Beheim, Paul 417

Beich, Franz Joachim 386, 391

Beiges, Jean Jacques 456

Bellon, Ferdinand Friedrich 456

Bellotto, Bernardo, gen. Canaletto 398, 399

Bellucci, Antonio 434

Benda, Georg 148, 152, 153

Benevoli Orazio 124

Benrath 298, 431, 449; Abb. 301

Bensberg 433 f.

Berchtesgaden 340

Bergamo 197, 199

Bergmüller, Johann Georg 400

Bergzabern 454

Bericht ... über eine in München zu errichtende deutsche Musikschule 172

Berlin 65

– Hofkapelle 144

– Kgl. Institut für Kirchenmusik 173

Bermudo, Juan 110

Bernabei, Agostino 44

Bernabei, Antonio 240, 246

Bernabei, Ercole 124, 125, 126

Bernabei, Giovanni Antonio 129

Bernabei, Giuseppe Antonio 44, 124 ff.

Bernabei, Vincenzo 126
Bernacchi, Antonio 127
Bernardi, Antonio 294
Bernasconi, Andrea 131 ff., 152,
    153, 279
Bernauer, Agnes 24, 26, 93, 95
Berneri, Giuseppe 44
Bernhard, Christoph 147
Bernini, Lorenzo 409, 415
Berthold, Graf von Vohburg 15
Berthold von Regensburg 19
Berthold von Tuttlingen 23
Bertin, Nicolas 388
Besler, Samuel 145
Beziehungen zum französischen
    Hof um 1400 326
Bezzi, Paolo 251
Bezzi, Pietro 251
Biancardi, Bastian siehe Lalli
Biarelle, Johann Adolf 413
Bidermann, Jakob 38, 39, 208
Biest, Hans van der 366
Bildhauerwerkstatt in
    Heidelberg im 14. Jh. 326
Bildhauer am Münchner Hof
    im 18. Jh. 400 ff.
Birkenfeld 454
Bischoff, Theodor von 78
Bissari, Pietro Paolo 43, 123,
    220 f., 228
Bisselius, Johannes 41, 42
Blanc, Thomas 42
Blanca, Gemahlin Kurfürst
    Ludwig III., von der Pfalz,
    Tochter Heinrich IV. von
    England 442
Bleyle, Karl 180
Blondel, François d. J. 252, 393
Blondel, Jacques François 393
Bluem, Matthaeus 116
Bluntschli, Johann Caspar 78
Bocksberger, Hans d. Ä. 339,
    419, 420
Bocksberger, Hans d. J. 346
Bocksberger, Melchior 343,
    345, 351
Bodenstedt, Friedrich 72, 75,
    77, 78
Boffrand, Germain 384; Abb.
    259
Boieldieu, François Adrien 163
Boisserée, Sulpiz 67
Bolbec 455
Bologna 131
Bologna, Giovanni da 348
Bombarda, Giovanni Paolo 251
Bombelli, Sebastiano 371
Bonaveri, Luca 431
Bonn 104, 120, 131, 185, 284,
    384
- Hofkapelle 131
- Hoftheater 283
- Residenz 407; Abb. 280
Bonn, Franz 87
Boos, Roman Anton 404, 406,
    470; Abb. 277
Bordoni-Hasse, Faustina 127
Borromini, Francesco 409, 413
Bouchardon, Edmunde 447
Bouchefort bei Brüssel 384
Bouillon, Herzog von 442
Boursault, Edme 45
Brade, William 118

Brandt, Jobst von 112 f.
Braun, Heinrich 47
Braun, Isabella 70, 87
Braunfels, Walter 178, 180
Brenner, Valerian 436
Brentano, Clemens 64
Breslau 143, 185
Bretagne, Pierre de 256, 259,
    304, 388
Breu, Jörg d. Ä. 334
Breu, Jörg d. J. 334, 419
Breu, Veltin 419
Breuning, Johann Adam 436,
    449
Brissard, Pierre 238
Brizzi, Antonio 313
Bronzebildwerke in München
    im 16. Jh. 350
Broschi-Farinelli, Carlo 127
Brüderl, Hans 363
Brühl 384
- Falkenlust 411 ff.
- Schloß Augustusburg 393,
    409 ff.; Abb. 281, 283, 285
- Schloßtheater 283
Brügge 50
Brüssel 124, 126, 250 ff.
- Académie de Musique 126
Bruckner, Anton 164, 180
Bruder Wernher 17
Brunner, Andreas 40, 41 f.;
    Abb. 22
Bruschius, Kaspar 53
Buch der Natur 23; Abb. 6
Bucher, Anton von 47, 62
Bucentaur, oder Bucintoro 229,
    232 f., 259, 369; Abb. 150
Bühnenbilder/Szenenbilder
    Abb. 166, 170, 172, 173, 184,
    185, 191, 195, 196
Bülow, Cosima von 177
Bülow, Hans von 171, 173, 175,
    177, 178; Abb. 106, 108
Bünau, Heinrich von 52
Buisson de Chalandray, de 287
Bullinger, Johann Heinrich 53
Buonamici, Giuseppe 175
Burghausen 22, 29, 32, 47, 324
Burgkmair, Hans 334
Burgundius, Nikolaus 42
Burnacini, Ludovico 244, 246 f.
Burney, Charles 148, 149
Buslidius 42
Bussmeyer, Hans 175, 178
Bußpsalmen 105, 345
Buxtehude, Christian 147
Buxtehude, Dietrich 185
Bzovius, Abraham 42

Cabo, Sigmund de, Marquis de
    St. Maurice 247
Cäsarius von Heisterbach 26
Calderone, Francesco 250, 252
Calzabigi, Luigi 281
Camasse, Marianne, Gräfin
    Forbach 455, 457
Cambert, Robert 147, 185
Camerloher, Joseph Anton 131,
    133
Camerloher, Placidus von
    137 ff.; Abb. 81
Campana, Cesare 37

Cannabich, Carl 157, 160
Cannabich, Christian 150, 152,
    153, 155, 157; Abb. 91
Cannabich, Martin (Matthias)
    Friedrich 145
Candid, Peter 350, 353, 362 f.,
    366, 364, 365, 393
Canziani, 287
Carbonet, Charles 388
Carissimi, Giacomo 117, 122,
    147
Carmina Burana 70
Caroline Friederike von Baden,
    Kurfürstin von Bayern 309
Carriere, Moritz 75, 78
Carl III. August, Herzog von
    Zweibrücken 59, 87, 137, 310,
    457, 460
Carl, Peter 444
Carleton, Sir Dudlay 366
Carlone, Carlo 413
Carlsberg bei Homburg 459,
    460
Castellamonte, Amadeo di 376
Castelli, Gebrüder 413
Castelli, Antonio und Michael
    361, 424, 428
Castello, Georg 350
Castello, Michael 350
Castiglione, Vincenzo 218, 219,
    220
Castrum doloris 267; Abb. 167
Catani, Stefano 373, 376, 378
Catel, Franz Ludwig 462, 468
Catone in Utica 129
Caus, Isaak de 361
Caus, Salomon de 361, 444
Celtis, Konrad 29, 32, 52, 94
Cenodoxus Abb. 18
Champistron 45
Chapuzeau, Samuel 42, 232,
    235, 237, 240
Charitas 65, 70, 79
Cherubini, Luigi 158, 160
Chiromantia Abb. 7
Christ, Wilhelm 179
Christelflein 178
Christian III., Herzog von
    Zweibrücken 456
Christian IV., Herzog von Pfalz-
    Zweibrücken 85 ff., 150, 155,
    310, 454 ff.
Christian, Johann Henrich 292
Christine, Königin von
    Schweden 117, 147
Christoph, Herzog von
    Württemberg 346, 441
Christopher II., König von
    Dänemark, Schweden und
    Norwegen 20
Chronica de principibus terrae
    Bavaorum 30, 53
Chronicon Bavariae 28, 29
Chronicon de gestis principum 23
Chronicon Schyrense 13
Chronik von den Fürsten zu
    Baiern 30
Churbayerisches Freudenfest,
    1662 221, 224, 229, 373
Cignani, Carlo 374
Circus Symphoniacus Abb. 53
Clavelle 284
Clemens VIII., Papst 358

Clemens XIV., Papst 137
Clemens August, Kurfürst von
    Köln 131, 262, 282 f., 284,
    295, 389, 393, 400, 407,
    409 ff., 416; Abb. 71, 284
Clemens Franz de Paula,
    Herzog von Bayern
    (= Clemens von Bayern) 46,
    133, 295, 416
Clemens Wenzeslaus, Kurfürst
    von Trier 155, 460
Clemenswerth 415; Abb. 286
Climene 285
Colin, Alexander 419
Collini, Cosimo 57 f.
Commedia dell' arte 196 f.,
    199–206, 250, 253, 261;
    Abb. 115–121
Compiègne 252, 393
Coninxloo, Gillis van 441
Conradi, Daniel 234
Constant, Jean Pierre 275
Corelli, Archangelo 91, 126, 141,
    185
Corneille, Pierre 44, 232, 235,
    250, 255, 262
Corneille, Thomas 262
Cornelius, Carl Adolf von 78
Cornelius, Peter (Komponist)
    175
Cornelius, Peter (Lyriker) 82
Cornelius, Peter (Maler) 470
Cosi fan tutte 163, 167
Cotte, Robert de 284, 384, 393,
    407, 409
Couperin, Charles 147
Couperin, François le Grand 147
Couperin 185
Courvoisier, Walter 178, 180
Couven, Johann Joseph 449
Crollius, Christian 459
Crudeltà consuma amore 144
Curlando, Battista 381
Curtz, Albert Graf 38
Cuvilliés, François de d.Ä. 129,
    252, 260, 269 ff., 273, 274,
    284, 303, 384, 389, 393 ff.,
    400, 402, 411 f., 415 f.
Cuvilliés, François de d. J.
    271 f., 284 ff., 398

Dachau 11, 137, 340, 384
- Schloß 336, 343, 386;
    Abb. 224, 225
Dachholder 441
Dahn, Felix 75, 78 f.
Dahn, Georg 321
Dalayrac, Nicolas 160
Dalberg, Johann von, Bischof
    von Worms 52
Dalberg, Karl Theodor von,
    Koadjutor von Mainz 296
Dalberg, Wolfgang Heribert von
    57, 58, 59, 85, 153, 300 ff.
Damean, Hieronymus 345
Damiam, Jeronymus 361
Dancourt 45
Danner, Bernhard 422
Dante Alighieri 23
Danzi, Franz 152, 157, 160
Danzi, Innocenz 152
Das Buch vom großen Alexander
    24 f.; Abb. 8

Das Lied von der Erde 180
Das Paradies und die Peri 180
Das triumphierende Bayern 44
Daser, Ludwig 98 f.
Daucher, Hans 419
Dauphin, Charles Claude 235 f.
Dauvilliers 45
Daxenberger siehe Fernau, Karl
Debussy, Claude 178, 180
Decambre 454
Deckengemälde in der
    Münchner Residenz unter
    Maximilian I. 361 ff.
Deckengemälde in
    Nymphenburg 388
Degler, Hans 368
Dehn, Georg 321
Dehn, Siegfried 175
Deinschwang 441
Delamonce, Jean 371
Delamotte, Karl August 160
Delcloche, Paul Joseph 139
Delibet, Marx 366
Delling, Johann von 211
Demmel, August 285
*Denkmäler der Tonkunst in
    Bayern* 179
Der Barbier von Bagdad 82, 175
Der Barbier von Sevilla 161
Der Corregidor 178
Der Fliegende Holländer 167
Der Freischütz 160
Der Jüngere Titurel 20, 28; Abb.
    5
*Der Landstörtzer Gusman von
    Alfarache* 36
Der Messias 149
Der Ring des Nibelungen 171,
    175; Abb. 105
Der Rosenkavalier 178
Derain, Joseph 366
Descartes, René 55
Desmarées, George 413
Desgots, Claude 384, 393
Destouches, Franz Seraph v.
    179
Detroy, François 389
*Deutsche Kunst und deutsche
    Politik* 168
Deutsches Nationaltheater 57,
    299 f.
Diani, Johann Franz 42, 43
Diderot, Denis 85, 127, 237
Die Afrikanerin 173
Die Elixiere des Teufels 85
Die Hochzeit des Figaro 315;
    Abb. 196
Die Jahreszeiten 157
Die Jungfrau von Orleans 69
Die Meistersinger von Nürnberg
    171, 177, 317, 319 f; Abb. 104,
    201–203
Die Perser 192
Die Räuber 69
Die Schöpfung 156, 157
Die Tageszeiten 158
*Die Über alle Tugende
    Triumphierende Tugend Der
    Beständigkeit* 292; Abb. 180,
    181, 291 f.
Die Walküre 171, 175
Die Zauberflöte 308 f.; 315 f.;
    Abb. 191, 195

Diefolder, Heinrich 350
Diepenbrock, Melchior von 64,
    65, 69
Dierix, Bartholomäus Joseph
    413
Dießen 400
Dietrich IV., Markgraf von
    Meissen 15
Dietrich, Joachim 395
Dietrich, Paulus 350, 358
Dietrich, Wendel 343, 350, 353
Dillingen 430
Dingelstedt, Franz von 73, 79
Disel, Mathias 224 f., 228, 254
Disel, Matthäus 384
Doctor, Dominikus 433
Doctor, Jeremias 431, 433
Doctor, Sigmund 424, 433
Döll, Heinrich 317
Döllinger, Ignaz von 67
Dönniges, Karl 73
Dönniges, Wilhelm 72 f., 75
Dollmann, Georg 465
Don Carlos 69
Don Giovanni 178, 309
Donini, Girolamo 131
Dorner, Johann Jakob 405
Dorothea Sophia, Herzogin von
    Parma, Tochter Philipp
    Wilhelms von der Pfalz 433
Douven, Jan Frans van 439, 440
Dowland, John 118
Dreher, Jacob 424
Dresden 117, 122, 129, 173
– Hofkapelle 117
– Hoftheater 272
Drexel, Jeremias 37 f., 39, 41,
    42; Abb. 17
Dreyer, Mang 419
Dubocage, Antoine 251
Dubreuil, Pierre 252, 254
Dubut, Charles Claude 398,
    400 f.
Du Chemin, Pierre 251
Duchesnois, Jean Henry
    Charles François 454
Düben, Familie 147
Dürer, Albrecht 366
Dürr, Leonhard 339
Düsseldorf 56 f., 116, 117, 118,
    124, 140 ff., 294, 430 f., 433,
    436, 438, 440, 449
– Hofkapelle 116
– St. Andreas 430 f; Abb. 298,
    300
Düsseldorfer Galerie 440; Abb.
    312
Dyck, Antonis van 423

Eberhard im Bart, Graf von
    Württemberg 49
Eberhard von Regensburg 19
Eberhard, Konrad 469
Eccard, Johannes 104
Echter, Michael 317 ff.
Eck, Franz 150
Eck, Johann 34
Eck, Leonhard 32, 34
Eck, Oswald 34
Eckartshausen, Karl von 61
Eckermann, Johann Peter 69
Ecole de l'architecture Bavaroise
    272, 275, 277, 282 f.

Editiones bipontinae 87
Eeden, Gilles van den 131
Effner, Georg und Christian
    384
Effner, Joseph 384 ff., 389, 393,
    395, 398, 400, 402, 415;
    Abb. 276
Effner, Karl von 468
Egckhl, Wilhelm 340 f., 346,
    369
Egell, Augustin 295, 451, 470
Egell, Johann Paul 404, 436,
    440, 445, 447 f.
Ehrenbrief 13, 30, 49 f.
Eichendorff, Joseph von 64, 73,
    81
Eichner, Ernst 155
Eine Fußreise mit König Max 78
Eine Königsreise 78
Ekhof, Konrad 301
Elektra 178
Eleonora Magdalena Therese,
    Gemahlin Kaiser Leopold I.,
    Tochter Philipp Wilhelms
    von der Pfalz 433
Elisabeth, Gemahlin des
    Kaisers Franz Joseph von
    Österreich, Herzogin in
    Bayern 182
Elisabeth von Ebran 26
Elisabeth von Herford, Tochter
    Friedrich V. von der Pfalz
    54 ff.
Elisabeth von Ingolstadt
    (Isabeau de Bavière),
    Gemahlin König Karl VI.
    von Frankreich 326
Elisabeth von Lothringen,
    Gemahlin Kurfürst
    Maximilian I. von Bayern
    41, 358
Elisabeth von Stuart, Gemahlin
    Friedrich V. von der Pfalz 56,
    442, 444
Elisabeth von Vohburg,
    Landgräfin v. Thüringen 14,
    15
Elisabeth Amalie Magdalena
    von Hessen, Gemahlin
    Philipp Wilhelms, Kurfürst
    von Neuburg 431
Elisabeth Auguste von
    Neuburg, Gemahlin des
    Pfalzgrafen Joseph Karl von
    Sulzbach 144, 294 f.
Elisabeth Charlotte von der
    Pfalz Gemahlin des Herzogs
    von Orléans (Liselotte von
    der Pfalz) 56, 120, 147, 294
Eneide 13
Enzyklopädisten 85
Erban von Wildenberg, Hans
    28, 29, 30
Erding 85
Erdt, Joseph von 271
Erlangen, Comoedienhaus 270
Ernani 167
Ernst, Kurfürst von Köln,
    Kardinal 34, 102 ff., 105, 358,
    360, 363, 407
Ernst, Herzog von Bayern-
    München 24, 26, 30, 93, 94,
    95

Ernst, Herzog in Bayern und
    Administrator von Passau,
    Salzburg 32, 34, 332
Ernst Benno, Graf von
    Wartenberg 85
Erote et Anterote 246, 247
Esther 141
Etenhueber, Matthias 46, 60
Ethnographie von Bayern 78
Ett, Kaspar 163, 164, 165
Ettal, Kloster 22
Ettenhofer, Johann Georg 378
Eugen von Savoyen, Prinz 440
Evangelisches Choralbuch 163

Fabri, Antonio 294
Fabricius, Andreas 34, 197
Faistenberger, Andreas 241 f.,
    246, 402
Falchi, Giuseppe 287
Falkenlust 283, 412
Falkenstein 465
Fallmerayer, Jakob Philipp 70,
    81
Fassmann, von, Hofkammerrat
    406
Favorini, Gustano 45
Favorita, Schloß 259
Fedra incoronata 222 ff., 228;
    Abb. 135–138
Feichtmayr, Franz Xaver 404
Fénélon, François de Salignac
    de la Mothe 127
Fentsch, Eduard 78
Feo, Francesco 144
Ferdinand I., Kaiser 340
Ferdinand I. Gonzaga, Herzog
    von Mantua 99
Ferdinand III., Kaiser 122
Ferdinand, Kurfürst von Köln
    368, 407
Ferdinand, Herzog in Bayern,
    Bruder Wilhelm V. 85, 422
Ferdinand, Großherzog von
    Toscana 137
Ferdinand Maria, Kurfürst von
    Bayern 42 ff., 116, 121, 122,
    125, 210 ff., 216, 220 f., 228,
    232, 237, 239, 244, 247,
    369 ff.; Abb. 251
Fernau, Karl (= Sebastian
    Franz v. Daxenberger) 65,
    79, 87
Ferrandini, Anna Maria
    Elisabeth 129, 131
Ferrandini, Giovanni 127, 129
Ferrini, Giuseppe 284
Feselen, Melchior 334, 419
Feuersnot 178
Feuerwerk 229, 257; Abb. 163
Fidelio 160
Filippi, Giovanni, Maria 360
Filz, Anton 150
Finck, Heinrich 98
Fineto, Giovanni 35
Finger, Gottfried 144
Fiocco, Pierre-Antoine 126, 251
Fischart, Johann 35, 54
Fischer, Franz von 175; Abb.
    112
Fischer, Johann Michael 415 f.
Fischer, Karl von 161, 316, 460,
    461, 464

Fischer von Erlach, Johann
  Bernhard 415
Flacius Illyricus, Matthias 53
Fleuris, Paul de 294
Florenz 193, 209
Flötner, Peter 419
Foltz, Hans 51
Fontana, Giovanni Battista 116
Fontane, Theodor 73
Forbach, Marianne, Gräfin 455,
  457
Fornari, Matteo 141
Forster, Conrad 441
Forster, Georg 98, 111, 112;
  Abb. 54–56, 57, 58
Fortier, Benoît de 407
Fossa, Johannes de 105
Fränzl, Ferdinand 158, 160
Fränzl, Ignaz 150
Fraisslich, Caspar, 366
Franckenstein, Clemens von
  178, 180
Frankenthal 422, 441
Frankfurt a.d. Oder 98
Franz von Marchia 22
Franz Ludwig, Bischof von
  Breslau, Kurfürst von Trier
  und Mainz 143, 433, 445
Französische Künstler im Exil
  Max Emanuels 384
Fratrel, Joseph 450
Frauenlob (= Heinrich von
  Meißen) 93
Frescobaldi, Girolamo 121, 122
Fresenius, August 81
Fresken in Schleißheim 386;
  Abb. 260, 261
Freising 42, 102, 117, 126, 137,
  330, 331, 360, 366
– Bischofshof 330;
  Abb. 212–213
– Dom 363
– Neustift 404
Friedrich I., Barbarossa, Kaiser
  13
Friedrich I., der Siegreiche,
  Kurfürst von der Pfalz 26, 49,
  50, 52, 93, 95, 109
Friedrich II., der Große, König
  von Preußen 56, 57
Friedrich II., der Weise,
  Kurfürst von der Pfalz 52,
  112, 113, 441
Friedrich II., der Streitbare,
  Herzog von Österreich 17, 18
Friedrich III., Kaiser 50
Friedrich III., Kurfürst von der
  Pfalz 53, 113
Friedrich IV., Kurfürst von der
  Pfalz 117, 118 f., 441 f.
Friedrich V., Kurfürst von der
  Pfalz (Winterkönig) 54, 120,
  121, 145, 147, 442 f.
Friedrich Michael, Pfalzgraf von
  Zweibrücken-Birkenfeld-
  Rappoltstein (Prinz v.
  Zweibrücken) 133, 155
Friedrich von Sonnenburg 18,
  84
Friedrichsbühel bei
  Germersheim 441
Friedrichsburg 442
Froberger, Johann Jakob 122

Fröhlich, Franz Joseph 173, 179
Fröhlich, Georg 30, 53
Froimont, Clemens de 445
Fronhofer, Ludwig 47
Fuchs von Bimbach, Ludwig
  Veit 430
Fürstenfeld, Kloster 20, 23, 404
Fürstenwald bei Regensburg
  441
Füetrer, Ulrich 20, 26 ff., 29, 30,
  49 f.
Fugger, Hans Jakob 102, 203,
  343, 346, 353
Fugger, Jakob 340
Fugger, Marx 366
Funck, Valentin 274
Funck, Valerian 274, 283, 285
Funckh, Wolfgang 98

Gabrieli, Andrea 102, 103, 104,
  114
Gabrieli, Giovanni 103, 104, 116,
  122
Gärten in Schleißheim und
  Nymphenburg 388, 400, 404,
  452
Gärtner, Andreas 460, 464, 469
Gärtner, Friedrich von 464 f.
Gärtner, Peter 419 f.
Galli-Bibiena, Alessandro 293,
  294 f., 298, 436, 440, 445,
  447 ff.
Galli-Bibiena, Carlo 270 f.
Galli-Bibiena, Ferdinando 193,
  256, 259
Galli-Bibiena, Giuseppe 256 f.,
  259, 262, 267, 270, 271
Galli-Bibiena,
  Bühnenbildnerfamilie 277
Garnier, Charles 316
Gascar, Henri 372, 389
Gaspari, Antonio 270
Gaspari, Giovanni Paolo 247,
  259, 269 ff., 275 ff., 280, 282,
  295, 395; Abb. 177
Gaspari, Karl Beganianus Franz
  270
Gaspari, Pietro 283 f.,
Gedichte König Ludwig I. 65
Geer, Maximilian de 379, 382
Geibel, Emanuel 65, 72, 73, 75,
  77, 78, 79, 82 f.
Geiger, Franz Joseph 381
Geizkofler, Zacharias 424
Gellert, Christian Fürchtegott
  46, 47
Gemmingen-Hornberg, Otto
  Heinrich von 58, 85
Genealogia Ottoni II. ducis
  Bavariae et ducissae 19
Gent 173
Georg der Reiche, Herzog von
  Bayern-Landshut 29, 95
Georg Ludwig, Kurfürst von
  Hannover (= Georg I., König
  v. England) 56, 145
George, Stefan 79
Georgsstatuette 358; Abb. 233
Gerhard, Hubert 347, 348, 349,
  350, 360
Gerung, Matthias 419 f.
Geschichtsschreibung 23, 30,
  32 ff., 37, 41, 52, 53

Gessner, Salomon 47
Gesta illustrium ducum Bavariae
  29
Giardini, Giuseppe 44
Giessl, Mathäus 398
Gietl, Franz von 78
Girard, Dominique 411
Gisberti, Domenico 43, 44
Giustani, Benedetto 44
Glarean(us), Heinrich Loriti,
  gen. 98
Glassbrenner, Georg Adolf 75
Gleim, Johann Wilhelm
  Ludwig 47
Glockendon, Albrecht d. J. 422
Gluck, Christoph Willibald 127,
  129, 133, 137, 148, 152 f., 160,
  175, 185, 269, 279, 281, 290,
  295
Gobelinmanufaktur in
  München 363, 366 f.
Gobert, Pierre 389
Görres, Joseph 64, 66, 67, 70
Goethe, Johann Wolfgang von
  32, 45, 61, 67 ff., 83, 156, 187,
  304; Abb. 30
Götz, Hermann 175
Götz, Sebastian 442
Goldemailwerke aus Paris
  um 1400 327; Abb. 209, 210
Goldenes Rössl 326
Goldmark, 175
Goldoni 127
Gosswin, Antonius 102, 104
Gonzaga, Herzöge von Mantua
  339
Gonzaga, Ludovico Markgraf v.
  Mantua 95
Gottbewahr, Ferdinand 361
Gottesaue 442
Goudreux, Pierre 456
Gounod, Charles 167
Grasser, Erasmus 330
Graun, Carl Heinrich Friedrich
  152
Graz 104
Greber, Johann Jacob 144
Gregor XIII., Papst 102
Greifenstein, Schedel von 460
Gretser, Jacob 208
Grien, Hans Baldung 417
Grillparzer, Franz 65, 81
Grimm, Friedrich Melchior von
  87, 149
Grimm, Jakob 81
Groff, Charles de 402, 403, 404
Groff, Giullielmus de 400, 401,
  413
Grosse, Julius 79
Grua, Peter 143
Gruber, Johann Nepomuk 60
Grünau 417, 419; Abb. 290
Grünwald, Burg 343
Gruithuisen, Franz de Paula 47
Grupello, Gabriel de 431, 436 f;
  Abb. 309
Gryphius, Andreas 54
Guami, Gioseffo 104
Guami, Francesco 104
Guarini, Guarino 373
Guarladi, Camillo 431
Guckkastenbühne 194
Günther, Ignaz 285 f., 402 f.

Günther, Johann Georg 402
Günther von Schwarzburg 58,
  150, 299; Abb. 93
Guercino, Francesco 373
Guisani, Carl Felix 381
Guillaume de Machaut 93
Gumpelzhaimer, Adam 104
Gumpp, Johann Anton 240 ff.,
  253 f., 256, 381, 388
Gunetsrhainer, Johann 395
Gunezrhainer, Martin 378
Gunti, Eugenio 46
Gustav Adolf, König von
  Schweden 444
Gustav Samuel, Herzog von
  Zweibrücken 455, 456
Gustavsburg 454
Gymnich 408

Haas, Georg 358
Händel, Georg Friedrich 91,
  126, 141, 145, 149, 185; Abb.
  84
Härtl, Johann Georg 412, 413
Hagart, Heinrich 345
Hagedorn, Georg Albrecht 47
Hagen, Franz 436
Hagenauer, Friedrich 336
Hagius, Konrad 118, 120
Haimhausen, Graf Sigmund 46
Hain, Georg 424
Hainhofer, Philipp 353, 431
Halder, Bildhauerfamilie 330
Halder, Leonhard 334 f., 340
Haller von Hallerstein, Carl 469
Halsbach, Jörg von 330
Hamburg 299
Hammerl, Friedrich 442
Hannover 56, 124, 126, 141, 145
Hans von Helmstedt 49
Hartl-Mitius, Philomena 83
Hartlieb, Johannes 24 f., 28, 30,
  49
Hartmann von Aue 18
Hasse, Johann Adolph 127, 152,
  279
Hassler, Hans Leo 104, 114, 118,
  119, 120
Hauberat, Guilleaume 407, 409,
  445, 447
Hauer, Georg, Abt von
  Niederaltaich 29
Haunsheim 424
Hauptmann, Moritz 165, 173
Hauschild, Wilhelm 473
Hausegger, Siegmund von 178
Hauser, Franz 165, 173, 175
Haushofer, Max 75
Hausvertrag von Pavia 23, 107,
  326
Hautt, Christian Ludwig 454 f.
Haydn, Joseph 108, 121, 129,
  150, 156, 157, 160, 164
Hebbel, Friedrich 81
Hebenstreit, Glasmaler 345
Hedio, Kaspar 52
Hedwig (Jadwiga) von Polen,
  Gemahlin Herzogs Georg des
  Reichen von Landshut 29, 95
Heffler, Philipp 45
Heidelberg 48, 49, 50, 52, 53,
  57, 92, 93, 95, 109, 110, 112,
  113, 117, 118, 120, 124, 141,

143, 144, 148, 185, 195, 292, 294, 324, 326, 417, 419, 436, 440 ff.; Abb. 308
- Dicker Turm 291 f., 442
- Hofkapelle (-kantorei) 109, 112, 113, 114
- Hortus Palatinus 361; Abb. 313
- Schloß 417, 419, 433, 440 ff.; Abb. 313
Heidelberger Schule 112
Heigel, Franz Xaver 306 f., 313; Abb. 189
Heigel, Karl August von 81 f., 87
Heigl, Martin 398
Heimsburg 441
Hein van Aken 50
Heine, Heinrich 66 f.
Heinichen, Johann David 144
Heintz, Joseph d. Ä. 422 f., 430
Heinzelen von Konstanz 23
Heinrich I., Herzog von Niederbayern 18, 19, 84, 92
Heinrich IV., Kaiser 11
Heinich V., Kaiser 11
Heinrich VI., Kaiser 17
Heinrich X., der Stolze, Herzog von Bayern und Sachsen 12
Heinrich von Meißen, siehe Frauenlob
Heinrich von Ofterdingen 93
Heinrich von Thalheim 23
Heinrich von Veldeke 13, 15, 18
Helmont, Johann Franz von 413
Henriette Adelaide von Savoyen, Gemahlin Ferdinand Marias von Bayern 42 ff., 46, 121, 122, 210 f., 213, 216 f., 232, 234, 369 ff., 380; Abb. 248, 251
Herigoyen, Emanuel J. von 316, 464
Hering, Loy 336, 419
Hering, Martin 419
Hering, Thomas 330, 339
Hermann, Friedrich Benedikt Wilhelm von 78
Hermann I., Landgraf von Thüringen 13, 15, 92
Hermann von Niederaltaich 18 f.
Hermann von Sachsenheim 49
Herrée, Emanuel 445
Hertz, Wilhelm 75
Herzog, Johann Georg 173, 179
Heseloher, Hans 28
Hess, Peter 470
Hestermann, Carl 175
Het Loo 380
Hey, Julius 173
Heyden, Sebald 98
Heyse, Paul 72, 73 ff., 77, 78, 79, 82 f.; Abb. 34
Hien, Johann Daniel 456 f.
Hieronymus Colloredo, Erzbischof von Salzburg 137
Himbsel, Ulrich 461
Hirder, Peter 419
Hirschberg bei Amberg 441
Hirschbühel bei Mannheim 441
Historico - Topographica Descriptio von Michael Wening 381; Abb. 258

Historie, Gesta und Getat von den edlen Fürsten des löblichen Hauses Bayern und Norigau 28
Historie von der Päpste und Kaiser Leben 52
Historienbilder Herzog Wilhelm IV. von München 332; Abb. 333
Hochzeitsfeiern für Wilhelm (V.) und Renata von Lothringen 345
Höchstädt (Schlacht bei H.) 44, 126
Höchstatt 426
Hoefnagel, Joris 353
Hörmann 272
Hoffmann, Ernst Theodor Amadeus 85, 86, 181 f.
Hoffmann, Hans 366
Hofhaimer, Paul 94, 96, 110, 114
Hofkünstler unter Max Emanuel 381
Hofkunst Wilhelm IV. von München 336
Hofmann, Julius 465
Hohenburg, Hans Georg Herwarth von 42
Hohenschwangau 81, 468
Holl, Elias 430
Holland, Hyazint 81, 87
Holland, Johann 30
Holzbauer, Ignaz 150, 151, 152, 153, 299
Holzmann, Daniel 202
Holzner, Anton 121
Hompesch, Karl Franz Freiherr von 302
Hopfen, Hans 75
Hormayr, Josef von 70
Hortus Palatinus 443, 444; Abb. 313
Huck, Anton 301, 306
Hueber, Andree 358
Hugenotten 175
Hugenottenpsalter 53
Hugo, Victor 81
Hugo von Hohenberg 23
Humanismus 23, 24, 26, 28, 52, 53, 93, 94
Humboldt, Wilhelm von 469
Hummele, Hermann 23
Humperdinck, Engelberg 175
Hund, Wiguleus 35
Huygens, Constantin 54, 55

I quattro elementi 217
I Trionfi di Baviera 229
I veri Amici 256
Ickstatt, Johann Adam von 46
Ideen zu einer Ästhetik der Tonkunst 145, 184
Idomeneo, Ré di Creta 133, 137, 152, 153, 186, 308 f.; Abb. 80, 94
Iffland, August Wilhelm 290, 301
Ifigenia in Aulide 129; Abb. 70
Il litigio del cielo e della terra . . . : Abb. 66
Il trionfo d'amore 127, 256, 263
Il trionfo della fedeltà 279
Indersdorf, Kloster 13, 26

Ingolstadt 29, 30, 32, 34, 38, 41, 52, 94, 112, 179, 326, 358, 380
- Befestigungsanlagen 361
- Münster 328, 343
- Schloß und Veste 343
Inning 350
Innsbruck 185
- Hofkapelle 144
Innsbruck - Liedsatz 96
Intendant 312, 313
Iphigenie in Tauris 160
Isaac, Heinrich 96, 98
Isareck 343
Ismaning 137, 139; Abb. 69
Isouard, Niccolò 160
Istel, Edgar 178
Italienische Baumeister des Barock in München 376

Jacobi, Friedrich Heinrich von 66
Jägersburg 454 f., 457, 459
Jakob II., König von England 56
Jakobäa von Baden, Gemahlin Herzog Wilhelm IV. von Bayern 336, 340
Jamnitzer, Wenzel 356; Abb. 234
Jan Wellem in Düsseldorf 440
Jank, Christian 317, 468
Janson, Barthel 442
Jean Paul (Johann Paul Friedrich Richter) 62, 70, 87; Abb. 27
Jesuiten 34 f., 38, 41, 42, 57, 62, 137, 195, 202
Jesuitendrama 47, 197, 206, 209
Jörg von Eisenhofen 50
Johann I., Herzog von Zweibrücken 84
Johann(es) II., Herzog von Bayern-München 24, 26, 94
Johann II., Pfalzgraf von Simmern-Sponheim 84, 334, 417
Johann II. Turbeit, Abt von Scheyern 13 f.
Johann (III.) Grünwalder, Bischof von Freising 24, 26
Johann IV., Herzog von Bayern 328
Johann Casimir, Pfalzgraf von Simmern-Zweibrücken 53
Johann Christian, Pfalzgraf von Sulzbach 140
Johann Friedrich, Pfalzgraf von Hilpoltstein 116
Johann Karl, Pfalzgraf von Birkenfeld-Gelnhausen 181
Johann Theodor, Bischof von Freising, Kardinal 137, 395, 400, 416; Abb. 81
Johann Wilhelm, Kurfürst von der Pfalz, gen. Jan Wellem 56 f., 140 ff., 143, 148, 294, 430, 431, 433 ff., 437, 439, 444, 449; Abb. 310
Johann Wilhelm, Herzog von Jülich-Cleve-Berg 117, 118, 120, 124
Johannes a Via 35
Johannes de Fossa 102

Johannes von Indersdorf 26
Johannes von Jandun 22
Johann(es) (Steinwert) von Soest (= Joh. de Susato) 50, 93, 109, 110
Jomelli, Niccolo 127, 133, 148, 150, 152, 153
Jolly, Philipp von 78
Joly, Ferdinand 46
Josef Karl von Sulzbach, Herzog in Bayern 144
Joseph I., Kaiser 256, 440
Joseph II., Kaiser 285 f.
Joseph Clemens, Kurfürst von Köln 44, 124, 131, 284, 384, 407 ff., 415
Joseph Ferdinand, Kurprinz von Bayern, Prinz von Asturien 378
Joseph in Ägypten 160
Josepha Antonia, Prinzessin von Bayern 285 f.
Josquin de Près 98
Judenkünig, Hans 95, 98
Jülich 430
Jungwirth, Franz Xaver 267
Juvenal, Nicolaus 353

Käppler, Hans 361, 363
Kästner 58
Kainz, Joseph 321; Abb. 205
Kaiserchronik 11 f., 18; Abb. 1
Kaltenbrunner, Karl Adam 87
Karl (I.) Ludwig, Kurfürst von der Pfalz 54, 121, 147, 290, 433, 448
Karl II., König von Spanien 433
Karl II., Kurfürst von der Pfalz 56, 120, 292
Karl II., Erzherzog von Österreich 104
Karl (III.) Philipp, Kurfürst von der Pfalz 57, 121, 140, 141, 143 f., 145, 148, 294 f., 298, 433, 440, 444 ff.
Karl IV., Kaiser 326, 440
Karl (IV.) Theodor, Kurfürst von der Pfalz und Bayern 46, 47, 57 ff., 60 f., 62, 85, 108, 137, 140, 145, 148, 149, 150 ff., 157, 160, 167, 181, 186, 283, 285, 287, 289 f., 294 ff., 298 ff., 306, 309 f., 395, 400, 404, 436, 445, 447 ff., 450, 460, 470; Abb. 86, 320
Karl V., Kaiser 417, 422
Karl VI., König von Frankreich 326
Karl VII. Albrecht, Kurfürst von Bayern und Kaiser 45 f., 127, 131, 145, 256 f., 259 ff., 268 f., 295, 324, 386, 388, 389 ff., 400, 402, 411
Karl XI., König von Schweden 147
Karl XII., König von Schweden 147, 454
Karl Eugen, Herzog von Württemberg 184
Karl Gustav von Zweibrücken-Kleeburg (= Karl X., König v. Schweden) 147
Kassel 50

Kater Murr 85
Kaulbach, Friedrich August von 74, 78
Keck, Johannes 26
Kelheim 17
Keller, Frantz Anton 259
Keller, Jakob 41, 42
Kellerhoven, Moritz 306 f.
Kellermann, Berthold 178
Kemnat, Mathias 51
Kempten 150
Kerle, Jacobus de 104
Kerll, Johann Kaspar 122, 123, 129, 217, 220 f., 228 f.; Abb. 64
Kerrl, Johann Jakob 43
Kerner, Justinus 87
Kerner Theobald 87
Kerrl, Johann Jakob 43
Kiem, Paul(i) 88, 183
Kienzl, Wilhelm 178
Kilian, G.C. 284
Kilian, Hans 52
Kindler, Hans 361
King Lear 234
Kirchenmusik 163
Kircher, Athanasius 179
Kirchheim a.d. Mindel 343, 350
Kirchhoff, Bildhauer 413
Kirchliche Bauten in Neuburg um 1700 436
Khuen, Johannes 38, 85
Klassik 121, 156
Klein, Anton von 58, 150, 299
Kleist, Heinrich von 47
Klenau, Paul von 180
Klenze, Leo von 78, 164, 316, 334, 460, 461, 463, 464
Klesheim, Anton von 87
Kleve 50
Klopstock, Friedrich Gottlieb 46, 58, 301
Klueger, Mathias Anton 281, 285
Knigge, Adolf Friedrich, Freiherr von 459
Knotz, Hans 417
Kobell, Franz von 38, 65, 77, 79, 83, 87, 167, 182; Abb. 37, 38, 42
Kobell, Wilhelm und Ferdinand 470
Koch, Maximilian 384
Köglsperger, Philipp Jacob 416
König Rother 11
Köthen 144
Kohl, Hans 52
Köln 44, 104, 120, 360
Köllner, Ludwig Wilh. 451, 459
Kölner, Augustin 28
König, Wilhelm 361
Kolb, Hafner 339
Konrad, Erzbischof von Salzburg und Mainz 91
Konrad III., Kaiser 11, 12
Konrad V., Bischof von Regensburg 13
Konrad von Luppburg, Abt von Scheyern 13
Konrad von Megenberg 22 f.
Konrad von Weinsberg 50
Konrad philosophus, Mönch u. Maler 13

Konstanz 110
Kopenhagen 20
Kraft, Georg Andreas 141; Abb. 83
Krahe, Lambert Wilhelm 449
Kranzberg, 340, 343, 369
Kraus, Johann Ulrich 292
Kreittmayer, Wigulaeus 46
Kroyer, Theodor 179
Krumper, Hans 359, 360, 361, 363, 368, 376
Kuhn, Heinrich 431
Kuhn, Johann 429, 430 f.
Kuenberg, siehe Max Gandolf v. K.
Künstler in München im 15. Jh. 328
Künstler am Neuburger Hof im 16. Jh. 422
Kürzinger, Marianne 305
Küsell, Matthäus 221, 228
Küsell, Melchior 220 f., 228
Küstner, Karl Theodor von 163, 312, 316
Kugler, Franz 73
Kuhnau, Johann 117
Kulturgeschichtliche Charakterköpfe 77, 78
Kuno, Bischof von Regensburg 11
Kunstakademie in München 404
Kunsthandwerk am Hof Herzog Wilhelm V. in München 353
Kurpfälzische Deutsche Gesellschaft 301
Kurz, Johann Joseph Felix von 287
Kurz, Maximilian Graf 210

La finta giardiniera 133, 269, 281; Abb. 75
La gemma Ceraunia 294
La ninfa ritrosa 122, 213 f.; Abb. 123, 124
La publica felicità 256
L'Amor della Patria 229, 233; Abb. 149
L'amore vincitore 152
L'arpa festante 43, 122, 213
La Roche, Sophie 301
Labadie, Jean de 54
Labenwolff, Pankraz 419
Lachner, Franz 164 ff., 167, 168, 172, 173, 177, 180, 185; Abb. 99
Lachner, Vincenz 175
L'Erinto 218, 220; Abb. 63, 130–134
L'Ermione 240, 241
Lafontaine, Jean de 45
Lalli, Domenico (= B. Biancardi) 45
Lamine, Peter 406
Landau 324
Landshut 29, 64, 66, 92, 95, 102, 104, 181, 196, 199, 202 f., 324, 337, 338, 339, 343, 345 f., 376, 422
- Burg Trausnitz 197, 202, 203, 204, 205, 324, 346, 465; Abb. 115–122, 206
- Kloster Seligenthal 324, 325

- Stadtresidenz 339, 419; Abb. 217, 218, 219
Landshuter Erbfolgekrieg 28, 94
Landshuter Hochzeit 95, 102, 109
Lang, Matthäus, Erzbischof von Salzburg, Kardinal 32
Lange, Ludwig 465
Laporterie, Peter 411
Larmion, Abbé de 389
Lasso, Ferdinand di 105, 121
Lasso, Orlando di 34, 91, 96, 98, 99 ff., 103, 104 f., 106, 116, 118, 122, 163, 184, 185, 197, 201 f., 345; Abb. 47, 48
Laso, Rudolph di 105, 106, 118
Laudé, Jean Baptiste 255
Lauingen 116, 422
Laurent, August 255
Laurent, Pierre 255
Lautensteiner, Wolff Jacob 124
Lautershofen 441
Lauther, Georg 35
Le Misanthrope 261
Le pompe di Cipro 215 f; Abb. 125, 126
Leech, Edward 120
Leipzig 117, 173
- Thomas-Kantorei 117
Leipziger Schule 178
Le Louchier, Agnès 384
Le Nôtre, André 388
Lecher, Moritz 441
Lechner, Leonhard 104
Leclerc, Philipp und Jakob Friedrich 457
Legrenzi, Giovanni 141
Leibniz, Gottfried Wilhelm 56, 145
Lemlin, Lorenz 112
Lentner, Josef Friedrich 78, 81
Leonardi, Doneto 44
Leonhard, Julius Emil 173
Leopold I., Kaiser 43, 122, 244, 378, 433
Leopold VII., Herzog von Österreich 17
Leopold Wilhelm, Erzherzog, Statthalter in Brüssel 122
Lesch, Albrecht 93
Lespilliéz, Karl Albert von 393, 398
Lessing, Gotthold Ephraim 47, 58, 59, 127, 232, 269, 301, 304
Leublfing, Franz Georg Ignatius Freiherr von 242
Leuthner, Wolfgang 369, 376
Leveilly, Michael 409, 411 f.
Levi, Hermann 171, 175; Abb. 109
Liebig, Justus von 73, 77, 78, 79
Lille 252
Linck, Franz Konrad 449 f.
Lind, Jenny 165
Linderhof 465, 468
Lindpaintner, Josef von 160; Abb. 97
Lingg, Hermann 73, 75, 79, 83
Lipowsky, Felix Joseph von 155, 289
Liselotte von der Pfalz, siehe Elisabeth Charlotte

Lisimen und Caliste 242
Liszt, Franz 173, 175, 178
Littmann, Max 177
Livizzano, Carlo 199
Lochner, L. 339
Lockenburg, Johannes 104
Lodron, Karl Graf von 260, 261
Loeillet, Jacques Jean Baptiste 127
Löher, Franz von 78
Löhle, Franz 165
Löw, Joseph 64
Löwen, Johann Friedrich 299
Lohengrin 167, 173
Lolio, Johannes, gen. Sadeler 430, 431
London 117, 129
Lorenz, Gottlieb Friedrich 301
L'Oronte 122, 217, 218; Abb. 127, 128, 129
Lori, Johann Georg von 45, 46
Lortzing, Albert 164
Loth, Ulrich 363
Lothar III., König 12
Lotichius, Petrus 53
Lucä, Friedrich 292
Ludmilla von Böhmen (Bogen) Gemahlin Herzog Ludwig I., des Kelheimers 324, 325; Abb. 207
Ludovicus quartus imperator defensus 42
Ludwig I., König von Bayern 62 ff., 72, 73, 75, 79, 81, 85, 87, 160, 161, 162, 163 ff., 167, 168, 172, 173, 179, 187, 312 f., 316, 324, 461, 463, 464 f., 468, 469, 470, 473; Abb. 324
Ludwig I., der Kelheimer, Herzog von Bayern 13 ff., 91, 324, 325; Abb. 207
Ludwig I., Pfalzgraf 440
Ludwig I., d. Ä., Graf von Württemberg 49
Ludwig II., König von Bayern 71, 72, 73, 75, 79, 81 ff., 98, 157, 166, 168 ff., 173, 175, 177, 178, 180, 182, 186, 187, 196, 237, 300, 317, 320 f., 459, 465, 468, 473; Abb. 100, 205
Ludwig II., Herzog von Bayern 18, 19, 20, 84
Ludwig III., König von Bayern 83, 179
Ludwig III., Kurfürst von der Pfalz 48 f., 50, 92, 109, 442
Ludwig IV., der Bayer, Kaiser 20 ff., 94, 324, 326
Ludwig V., Kurfürst von der Pfalz 110 ff., 113, 417, 440
Ludwig VII., der Bärtige, Herzog von Bayern-Ingolstadt 24, 30, 326, 327; Abb. 11
Ludwig IX., der Reiche, Herzog von Bayern-Landshut 29, 94, 95, 109
Ludwig X., Herzog von Bayern 32, 34, 332, 334, 336 ff.
Ludwig XIV., König von Frankreich 196, 217, 232, 240, 253, 255, 294, 389, 407
Ludwig von Nassau-Saarbrücken 457

Ludwig Amadeus, Prinz von Bayern 229
Ludwig Anton, Bischof von Worms und Lüttich, Sohn Philipp Wilhelms von der Pfalz 433
Ludwig Philipp, Pfalzgraf von Simmern 54
Ludwig Wilhelm, Herzog in Bayern (= Ludwig Wilhelm Schanz) 87 f., 183; Abb. 43
Ludwig, Otto 79
Ludwigshöhe bei Edenkoben 465
Luitpold, Prinzregent von Bayern 79, 83, 177, 179, 473
Lully, Jean Baptiste 126, 147, 251 f.
Luscinius, Othmar 110
Lustgarten teutscher Gesäng ... Abb. 62
Lusthauszyklus Herzog Wilhelm IV. von Bayern 334
Lustheim 380 f.; Abb. 254
Luther, Martin 32, 34, 35, 53, 98, 105

Maastricht 13
Maccioni, Gian (Giovanni) Battista 43, 121, 211, 213
Mader, Christoph 402
Madori, Giuseppe de 44
Mändl, Johann 42
Maffei, Scipione 44 f.
Magdalena von Bayern, Gemahlin Wolfgang Wilhelms v. Neuburg 424
Magdeburger Zenturien 53
Magnum opus musicum Abb. 52
Mahler, Gustav 180
Maier, Julius Joseph 173
Mailand 95
Maingaud, Martin 389
Mainz 98
Malaspina, Marchese di 199
Malebranche, Nicole 56
Maler am Hof Herzog Wilhelm V. in München 350 f.
Mallersdorf 404
Manessische (Heidelberger) Liederhandschrift 20; Abb. 4
Mann, Thomas 179
Mannheim 57, 58, 59, 85, 137, 139, 140, 141, 143, 144, 146, 148 ff., 152, 164, 185, 195, 290, 294, 433, 436, 440, 442, 444 ff., 452
- Hof- und Nationaltheater 57, 148 ff., 293, 301 f; Abb. 87, 88, 182, 297, 299 f.
- Jesuitenkirche 445 f; Abb. 315
- Schloß 444 f.; Abb. 314
Mannheimer Schule 90, 108, 184
Mannheimer Statua 440
Mannheimer Stil 148 f.
Mannlich, Johann Christian von 67, 85, 310, 455, 457 f., 469; Abb. 321
Mannlich, Konrad 455 f.
Mantua 95, 339
Marchand, Magdalena 301; Abb. 187

Marchand, Theobald 300 ff., 304 ff.; Abb. 186
Marchand'sche Truppe Abb. 188
Marco Aurelio 242
Margarete, Königin von Navarra 53
Margarethe von Österreich, Statthalterin der Niederlande 419
Maria von Brabant, Gemahlin Herzog Ludwig II. von Bayern 18, 20
Maria von Ungarn, Statthalterin der Niederlande 343
Maria Anna von Österreich, Kurfürstin von Bayern 213, 217, 369, 371
Maria Anna, Gemahlin Karl II. von Spanien, Tochter Philipp Wilhelms von der Pfalz 433
Maria Anna Christine, Prinzessin v. Bayern, Dauphine v. Frankreich 220, 240, 253, 389; Abb. 249
Maria Antonia, Erzherzogin, Gemahlin Kurfürst Max Emanuels 122, 191, 244, 246
Maria Antonia Walpurgis, Prinzessin von Bayern, Kurfürstin von Sachsen 4, 127, 129, 133, 139, 278, 279, 295; Abb. 68
Maria Elisabeth, Prinzessin von Neuchâtel 181, 182
Maria Sophia, Gemahlin Peter II. von Portugal, Tochter Philipp Wilhelms von der Pfalz 433
Maria Theresia, Kaiserin 137
Maria Violanta Beatrice, Prinzessin von Bayern, Großherzogin von Toscana 44
Marin, Johann 202
Marini, Biagio 116 f.
Marionettenspieler 232
Marold, Caspar 361
Marot, Clement 53
Marot, Daniel 380, 413
Marschner, Heinrich 164
Marsilius von Padua 22
Martino, Peter 350
Martius, Philipp von 65
Maskenumzüge 290
Massenet, Jules 175, 321
Massimo, Trajano 37
Matthäus le Maistre 98
Matthäus-Passion 105, 167
Matthias von Neuenburg 23
Maurer, Konrad von 78
Mauro, Domenico 242, 244, 246 f., 256, 267
Mauro, Francesco 244
Mauro, Gasparo 242, 244, 246 f., 256, 267
Mauro (Gebrüder) 245, 248
Maximilian I., Kaiser 96
Max I. Joseph, Kurfürst (IV.) und König von Bayern 61, 62, 66, 121, 137, 155, 156, 157, 160 f., 181, 187, 309 f., 312 ff., 452, 457, 460 ff., 470

Maximilian I., Herzog von Bayern und Kurfürst 35, 37 ff., 43, 54, 105, 107, 116, 121 f., 208 ff., 244, 324, 350, 357, 358 ff., 367, 380, 381, 389, 424, 442, 444
Maximilian II., Kaiser 102
Max II., König von Bayern 65, 66, 70, 71, 72 ff., 80, 165 ff., 168, 465, 468
Max II. Emanuel, Kurfürst von Bayern 42, 43, 44 f., 121, 124 ff., 143, 144, 157, 186, 191, 221, 229, 235, 239 f., 244, 246 f., 250 ff., 256, 259 ff., 263, 269, 284, 373, 378 ff., 393, 400, 407, 409; Abb. 249, 262, 266, 274
Max III. Joseph, Kurfürst von Bayern 45, 46 f., 58, 60, 127, 129, 131, 133, 137, 139, 153, 155, 221, 229, 242, 244, 247, 255, 263, 267, 269 f., 275, 277, 279, 283 ff., 287, 289 f., 295, 300, 303, 395, 398, 404; Abb. 73, 279
Max, Herzog in Bayern 85, 87, 182 f; Abb. 41
Max Gandolf v. Kuenberg, Erzbischof von Salzburg 43
Maximilian Heinrich, Kurfürst von Köln 43
Maximilian Joseph, siehe Max, Herzog in Bayern
Maximilian Philipp, Herzog von Bayern 124, 240, 250, 378
Mayr, Ignaz Rupert 126
Mayr, Simon 163
Mayr, Stephan 252 f.
Mechel Chrétien de 439
Mechthild von Rottenburg, Erzherzogin v. Österreich 26, 28, 49 f.
Mechthild von Savoyen 45
Medea ven dicativa 229 ff; Abb. 144–148
Medici, Anna Maria Luisa, siehe Anna Maria Luisa von Toscana
Medici, Giovanni Gastone de 141
Medici, Florentiner Fürstengeschlecht 193
Méhul, Etienne 160
Meichel, Joachim 38
Meiningen 72
Meisenheim 454
Meister Boppo 84
Meister Pauls org. 96
Meister der Pollinger Tafeln 326
Meister Rumelant 20
Meister Sigismondo 339
Meister Stolle 20
Meistersinger 92 f.
Melanchton, Philipp 34, 53
Melper, Jakob 358
Mendelssohn (-Bartholdy), Felix 164, 165, 167, 173
Merian, Matthias 85
Meride 295
Messa 144
Metastasio, Pietro 45, 129, 131, 133, 261, 277, 279

Metropolis Salisburgensis 35
Metternich, Franz Arnold Wolff von, Fürstbischof von Münster und Paderborn 409
Meyer, Conrad Ferdinand 79
Meyer, Georg F. 457
Meyerbeer, Giacomo 71, 152, 164, 167, 173, 175
Meyr, Melchior 75, 79
Michael von Cesena 22
Mielich, Hans 102, 105, 336, 340, 343, 345, 351
Mielich, Wolfgang 334, 345
Mignard, Paul 389
Miller, Wolfgang 348 f.
Millot, Henri 456
Millot, Philippe 235 f., 237, 253, 255; Abb. 151
Minervius (Simon Felix Schaidenreisser) 98
Minnesänger 92
Mingotti, Angelo 284
Minna von Barnhelm 302
Mittermayer, Georg 165
Mocchi, Giovanni Battista 117
Möricke, Eduard 81
Molière (Jean Baptiste Poquelin) 195, 232, 235, 237 f., 255, 261 f.
Monaci, Gaetano 44
Monari, Giacomo 256, 259, 267
Monesio, Giovanni Pietro 44
Mons 252
Monte, Philippus de 104
Monte Cassino 11
Monteverdi, Claudio 105, 116, 121
Montgelas, Maximilian Joseph von 62, 67, 181, 461, 464
Monumentale Wandmalerei zur Zeit Ludwig I. in München 470
Moosbrugger, Kaspar 445
Moralt, Anton 165, 167
Moralt, Joseph 164
Moratelli, Sebastiano 143
Morawitzky, Theodor Topor von 61, 289
Moretti, Carlo Brentano 374
Morin, Mathurin 346
Morsegno, Carlo Pietro 413
Mortari, Antonio 143
Motte(-Fouqué), Friedrich de la 47
Mottl, Felix 178, 179; Abb. 110
Mozart, Leopold 133, 137, 148
Mozart, Wolfgang Amadeus 91, 108, 121, 129, 131, 133 ff., 139, 148, 149, 150, 152, 153 ff., 158, 160, 163, 167, 175, 178, 180, 185, 186, 269, 279, 281, 290, 295, 299, 303, 306, 308, 309, 316; Abb. 74
Mügeln 51
Müller, Friedrich (Maler-Müller) 59, 85, 301
Müller, Johannes Adam 386
Müller, Paul 424
Müller, Wenzel 160
Münch von Salzburg 93
München 22, 23, 26, 28, 35, 38, 41, 42 f., 44, 46, 47, 50, 59, 60, 61, 62, 64 f., 66, 67, 71,

72 ff., 79, 87, 90, 92, 95, 96, 98, 99, 100, 102, 104, 116, 120, 122, 124, 126, 127, 133, 140, 148 ff., 152, 153, 157, 163, 165, 168 ff., 173, 181, 182, 202 f., 213, 253, 302, 327, 330, 334, 340, 361, 363, 400, 402, 422, 441, 451, 464; Abb. 325, 326
- Allerheiligen-Hofkirche 163, 164
- Altengland 87
- Altes Residenztheater (Cuvilliéstheater) 129, 180, 260, 269 ff., 277, 286, 288, 309, 311, 320, 395, 398; Abb. 168, 169, 271
- Alter Hof 326; Abb. 208
- Blutenburg 326 f; Abb. 211
- Collegium Gregorianum 105
- Die Zwanglosen 76
- Englischer Garten 451 f.
- Französisches Theater 45
- Frauenkirche 326 f., 363
- Gesellschaft der Krokodile 72, 73 ff., 79, 81; Abb. 35
- Herzoglich-Marianische Landesakademie 61
- Herzogsspital 340
- Hofkapelle (-orchester) 99 ff., 105, 114, 177; Abb. 48
- Hofgarten 361, 404; Abb. 240
- Hof- u. Nationaltheater 160 ff., 171, 172, 195, 313 f., 316, 320; Abb. 98, 193
- Italienische Dichter 43 ff.
- Kgl. Vorstadt-Theater 161
- Konservatorium (= Staatl. Hochschule für Musik) 165, 172, 178, 187
- Kunstkammergebäude 340, 345; Abb. 220
- Musikalische Akademie 157 f., 180
- Niederländische Musiker 102 ff.
- Neuveste 332, 334 f., 340, 395; Abb. 216
- Nymphenburg Schloß 373, 376, 378, 380 f., 386 f., 395, 398, 400 f., 404; Abb. 252, 253, 256, 273
- - Amalienburg 395; Abb. 269, 270
- - Badenburg 388, 402; Abb. 264
- - Comedihaus 263
- - Heckentheater 254, 285
- - Magdalenenklause 388
- - Pagodenburg 388
- Odeon 164, 165, 167, 180, 187
- Oper 127 ff., 160, 161 f., 175
- Opernhaus am Salvatorplatz 122, 133, 211 ff., 216, 224, 241, 243, 245 f., 254 f., 264 f., 270, 275, 277, 303, 369, 395; Abb. 156, 165
- Prinzregententheater 177, 180
- Redoutensaal 156, 158
- Residenz 347, 348, 350, 358, 360 ff., 376, 378 f., 393, 395, 402, 473; Abb. 235, 236, 237, 240, 241, 242, 267, 268, 272, 326, 327, 328, 333

- - Antiquarium 340, 353, 404; Abb. 221
- - Goldener Saal 371
- - Herzkabinett 373
- - Kaiserhof, Kaisersaal 360
- - Päpstliche Zimmer 371
- - Reiche Kapelle 358; Abb. 235, 236
- - Reiche Zimmer 393 f.; Abb. 267, 268
- - St.-Georgs-Saal 210, 235, 242, 254, 263, 343; Abb. 223, 369, 395
- - Wintergarten 468
- Schleißheim
- - Neues Schloß 137, 378, 380, 384 f., 389, 398, 402, 404; Abb. 255, 263, 278
- - Altes Schloß 350, 363, 380; Abb. 255
- St. Michael 348 ff., 361, 376; Abb. 227, 228, 229
- St. Michael in Berg am Laim 395, 415; Abb. 288
- Theater am Isartor 159, 160 f.
- Theatinerkirche 373 ff., 404; Abb. 250
- Turnierhaus am Hofgarten 224 f., 228, 369; Abb. 139
- Volkstheater am Gärtnerplatz 72, 83
- Wilhelminische Veste 350
Münchner Dichterbuch 72
Münchner Dichterkreis 81
Münchner Kyrie 153
Münchner Musikfeste 167, 175, 176
Münchner Schule 175, 179
Münster 413, 415
- St. Clemens 415; Abb. 287
Multscher, Hans 31, 326
Murschhauser, Franz Xaver 122
Musikschule Bayerische 172 ff.
Muskatplüt 51
Muspilli 70

Nabucco 167
Nägeli, Hans Georg 157, 165
Namur 252, 393
Nanini, Giovanni 250
Napoleon I., Kaiser 181
Nas, Johannes 35
National-Schaubühne, Deutsche 289 f., 303 f., 306, 310 f.
Neapel 95, 99
Negri, Giuseppe 116
Neidhart von Reuental 17, 18, 92, 93
Nellius, Nicolaus 198
Nesselrode, F. G. von 61
Neuburg a.d. Donau 52, 56, 113, 114, 116, 117, 143 f., 294, 339, 363, 417, 419, 424, 430, 433, 436; Abb. 297
- Hofkirche 424, 430; Abb. 299
- Opernaufführungen 144
- Schloß 417 ff., 430, 431; Abb. 289, 291, 292, 302
Neufchatel, Nicolas de 356
Neuhaus, Ferdinand Maria, Freiherr von 384
Neumann, Balthasar 409, 410, 411, 415, 445, 449

Neumarkt/Opf. 113, 441
Neuromantik 178
Neuötting 324
Neuschwanstein 465, 472
Newsidler, Hans 98
Niclas von Wyle 49
Nicolaus Cusanus 26
Nicoméde 250
Nidlender, Mathesz (Matthes), siehe Mattäus le Maistre
Niederaltaich, Kloster 18 f., 29
Niederländische Künstler in Frankenthal 441
Niederländische Künstler in München 345
Niederländische Künstlerkolonien 441
Niesser, Johann Baptist 289
Niethammer, Friedrich Immanuel 67
Niethammer, Jakob 66
Nikkelen, Jan van 432
Niobe, regina di Thebe 241, 246
Noë, Heinrich August 81
Nordlichter 72, 73, 75, 79
Noris, Mattio 43
Nürnberg 92, 95, 98, 112, 441

Oberammergauer Passionsspiel 287
Oberaudorf a. Inn 340
Oberbayerische Lieder mit ihren Singweisen 79, 183; Abb. 39
Oberhofer, Hans 361
Ochsenkhuen, Sebastian 114
Ode auf die Inquisition 60; Abb. 26
Oefele, Felix von 46
Oefele, Franz Ignaz 406
Österreichischer Erbfolgekrieg 131
Offenbach, Jacques 178
Opfrigkam 417
Opitz, Martin 38, 54
Oppenord, Gillis Marie 409
Orfeo ed Euridice 129; Abb. 173
Ori, Giorgio d' 199
Orlandi, Luigi d' 44
Orpheus und Eurydike 269, 280 f.
Osiander, Andreas 52
Ostendorfer, Hans 336
Ostendorfer, Hans III. 345, 351
Oswald von Wolkenstein 48 f., 51, 92, 109; Abb. 23
Otello 178
Othmayr, Caspar 112, 113
Ottheinrich, Kurfürst von der Pfalz 30, 52 f., 113 f., 117, 157, 186, 330, 334, 339, 417 ff., 441; Abb. 59, 293
Otto, Bischof von Freising 12, 19, 23
Otto, König von Griechenland 464, 465
Otto I., Herzog von Bayern 13, 91, 92, 94
Otto I., König von Bayern 161, 167 f., 179
Otto II., der Erlauchte, Herzog von Bayern 18 f., 20, 84, 92
Otto IV., Pfalzgraf von Bayern 11

Otto V., Pfalzgraf von Bayern 11 f.
Otto von Wittelsbach 61, 300, 307, 310
Ovida 60
Oxenstierna, Gabriel 454

Pader, Konstantin 371
Padovano, siehe Scalzi, Alessandro
Padua 94, 131
Paduano, Alexander 346
Paer, Fernando 158, 160
Paix, Jakob 98, 116; Abb. 61
Palestrina 180
Palestrina, Giovanni (Pierluigi) 99, 105, 116, 156, 163, 164
Palladio, Andrea 270, 369, 380, 407
Pallago, Carlo 346
Pallavicini, Benedetto 143, 144
Pallavicini, Carlo 56
Pallavicini, Ranuccio 43 f.
Pallavicini, Stefano Benedetto 56 f.
Pangkofer, Josef 65
Panitcy, Antonius 216 f., 220
Par sine pari 144
Pariati, Pietro 45 f.
Paris 22, 85, 400
Parkburgen in Nymphenburg 388
Parler, Dombaumeisterfamilie 326
Parma 116
Parnassus Boicus 45
Parsifal 171, 175, 176
Parzival 15, 28; Abb. 2
Pasqualini, Alexander I 430
Pasqualini, Alexander II 430
Passau 126
Patrocinium musices Abb. 51
Pattinger, S. 339
Patte, Pierre 454 f.
Paumann, Conrad 93, 95 f., 110
Pavia 23, 50
Pee, Engelhard de 346, 422
Pelleas und Mélisande 178
Pembaur, Joseph 178
Pendl, Georg 350
Penn, William 54
Pepe, Stefano 44
Perfall, Karl von 82, 167, 173, 175, 178
Permoser, Balthasar 445
Perner, Ursula Maria Margaretha 250
Perozzi, Perozzo de 45
Perti, Giovanni Nicolo 374, 381
Perti, Lorenzo 373, 374
Perti, Nikolas 436
Peschin, Gregor 114
Pestalozzi, Johann Heinrich 165
Petel, Georg 369, 370; Abb. 247
Peter II., König von Portugal 433
Petri, Johann Ludwig 449, 459
Petrus Canisius 35
Petrus von Rosenheim 24
Pettenheim 454
Pettenkofer, Max von 78, 79
Pettersheim 455
Petzmayer, Johann 182; Abb. 113

Peutinger, Konrad 52
Peyerl, Antonie 461
Pez, Johann Christoph 122, 124, 126
Pezzl, Johann 289, 306
Pfalzgrafen-Familiengalerie 330
Pfeiffer, Blasius Wilhelm Paulus, gen. Fistulator 361
Pfeffel, Johann Andreas 256, 259
Pfitzner, Hans 178, 180
Pfordten, Ludwig von der 73
Phantasus, siehe Max, Herzog in Bayern
Philipp, Bischof von Freising 330, 331
Philipp I., Herzog von Orléans 147
Philipp, Pfalzgraf, Bruder des Ottheinrich 441
Philipp der Aufrichtige, Kurfürst von der Pfalz 50, 52, 109, 110
Philipp der Burglengenfelder, Pfalzgraf von Neuburg 113
Philipp der Gute, Herzog von Burgund 95
Philipp der Streitbare, Pfalzgraf 417
Philipp Ludwig, Pfalzgraf von Neuburg-Hilpoltstein 114, 116, 422, 424, 430
Philipp Wilhelm, Pfalzgraf von Neuburg u. Kurfürst von der Pfalz 56, 116, 117, 121, 124, 140, 294, 431, 432, 433, 440; Abb. 296
Philipp Wilhelm, Bischof von Regensburg, Kardinal 360; Abb. 239
Pichler, Adam 384, 395
Pichler, Helen 87
Pictorius, Gottfried Laurenz 413
Piechl, Matth. 361
Pietragrua Luigi, siehe Grua, Peter
Pigage, Anselm 445
Pigage, Nikolaus de 298, 415, 445, 448 f., 451 f.; Abb. 316
Pihl, Hans 422
Piloty, Karl von 78, 473
Pipping 328
Piranesi, Giovanni Battista 277
Pirkheimer, Willibald 52
Pistorini, Antonio Francesco 244, 250, 373, 376
Pistorini, Baldassare 42, 371
Pitz, Karl Kaspar 457
Platen, August von 66, 67, 72
Plenningen, Dietrich von 52
Plettenberg, Ferdinand, Graf von 413
Pleyel, Ignaz 160
Pl" 'ningen, Dietrich von 339
Pocci, Franz von 65, 71, 76, 77, 78, 79, 87, 167, 182, 183; Abb. 33, 36
Pöllnitz, Karl Ludwig, Baron von 246
Poissl, Johann Nepomuk von 160, 161 ff.
Polack, Jan 328 f.
Polling 360

Pompadour, Jeanne Antoinette, Marquise de 454
Ponzano, Antonio 203 f., 206, 346, 350
Poppelsdorf 284, 384, 407; Abb. 282
Porges, Heinrich 175; Abb. 108
Porpora, Nicolo 129
Porro, Johann Jakob 122
Porsena 263
Porta, Giovanni 127, 129, 130, 131
Porträtmalerei 389
Porzellanmanufaktur in Nymphenburg 388
Possart, Ernst von 81, 178
Post, Johann Baptist 269
Posthius, Johannes 53
Posthumus, Hermann 339
Praetorius, Michael 104, 118
Prag 173
Prechfold, Jordan 345
Prechfold, Johann 345
Preysing, Maximilian von 254 f., 261 f.
Prinzregentenzeit 179
Pritschmeister 37
Proske, Carl 163
Prugger, Nikolaus 366, 369, 371
Prunius, Heinrich 252
Puccini, Giacomo 178
Pütrich von Reichertshausen, Jakob 13, 26, 28, 30, 49 f., 50
Puille, Karl 460, 470

Quaglio, Angelo 466
Quaglio, Angelo II 317; Abb. 198
Quaglio, Domenico 468
Quaglio, Joseph (Giuseppe) 309
Quaglio, Julius (Giulio) 309; Abb. 192
Quaglio, Lorenzo 160, 285, 295 ff., 298, 302, 309 f.
Quaglio, Simon 315 ff., Abb. 197
Quellinus, Artus 436
Quickelberg, Samuel 332

Raaf, Anton 131, 153, 306, 308 f.; Abb. 190
Rabaliatti, Franz Wilhelm 436, 445, 449
Rabe, Johann Jakob 35
Rabener, Gottlieb Wilhelm 46
Racine, Jean 44, 141, 232, 235, 250, 255
Rader, Matthäus 38, 41
Raindorf, Christoph von 203
Ramlo, Marie 82
Ramm, Friedrich 153, 155
Ranke, Leopold von 73
Rapparini, Giorgio Maria 141, 433
Raselius, Andreas 114, 118, 120
Ratgeb, Christoph 456
Rauch, Christian 469
Rauer, Paul 431
Rauscher, Hieronymus 35
Refinger, Ludwig 334, 339
Reformation 34, 35, 42, 52, 99
Regensburg 11, 13, 22, 30, 34, 118, 126, 334, 335, 360, 465

- Kaiserbadstube 334, 335; Abb. 215
Reger, Max 178
Regisseur 217, 313
Rehlinger, Marx Konrad 350
Reich, Erhard 441
Reichenhall 340
Reiffenstuel, Hans d. Ä. 330, 361
Reimer, Hans 358
Reinbot von Durne 18, 92
Reiner, Felix 133
Reiner, Jacob 104
Reissenegger, Maria Antonia von 270
Reitberger, Stephan, Abt von Scheyern 15
Reiter, Michael 363
Relations de l'etat et de la Cour de Bavière 42
Remshart, Karl 254
Renata von Lothringen, Gemahlin Herzog Wilhelm V. von Bayern 34, 37, 102, 197, 206 f., 342, 345; Abb. 122, 231
Renaud 284
Renaissance in Landshut 346
Restout, Jean 385
Reuchlin, Johann 52
Reuss, August 178
Rhaw, Georg 98
Rheinberger, Joseph 173, 175, 178; Abb. 107
Rheingold 171, 175
Rheinische Gesellschaft 52
Riccoboni 250
Richter, Hans 175; Abb. 111
Richter, Franz Xaver 149, 150, 160
Riedel, Eduard 465
Riehl, Wilhelm Heinrich 73, 75, 77, 78, 79, 81, 167, 175, 179
Riemann, Ernst 178
Ries, Franz 131
Riesbeck, Johann Kaspar 306
Rigaud, Hyazinth 389
Righini, 277
Rilke, Reiner Maria 79
Rigoletto 167
Ringseis, Johann Nepomuk von 64, 66, 69, 78
Ritter, Alexander 178
Ritter, Christian 147
Ritterspiele 228
Riva, Antonio 407
Rockinger, Ludwig von 78
Rodier, François 240, 247
Rodier, Jaques 240
Rodler, Hieronymus 84
Röhr, Hugo 178
Römer, Andreas 376
Roëttiers, François 388 f.
Rom 37, 99, 121, 122, 124, 129, 141
Romantik 64, 65, 72, 87, 156
Rondell in Nymphenburg 388
Rore, Cipriano 102, 345
Roritzer, Dionys 419
Rosa, Francesco 381
Rosenplüt, Hans 29, 51
Rosetti, Marco 44
Rossi, Salomone 116

Rossini, Giacomo 161
Rost, Martin 208
Rott a. Inn 404
Rottaler, Lukas 328, 330
Rottaler, Stephan 330
Rottaler, Wolfgang 330
Rottenhammer, Hans 362
Rottmann, Karl 64
Rousseau, François 413
Rousseau, Jean-Jaques 61
Rubens, Peter Paul 363, 365, 366, 424 f., 436
Rudolph II., Kaiser 358, 424
Rudolf II., Kurfürst von der Pfalz 107
Rückert, Friedrich 65, 70, 71, 81
Rüscher, Johann Jakob 444 f.
Rumford, Sir Benjamin Thompson, Reichsgraf 61, 451
Ruodlieb 70
Ruprecht I., Kurfürst von der Pfalz 109, 326, 440
Ruprecht II., Kurfürst von der Pfalz 431
Ruprecht III., Kurfürst von der Pfalz, König 48, 92, 109
Rupprecht, Kronprinz von Bayern 88

Sachs, Hans 105
Sacrae cantiones Abb. 49
Sadeler, Aegidius 353
Sadeler, Johann d. Ä. 353
Sadeler, Raphael II 353
Sängerbund Bayerischer 167
Säkularisation 62, 70, 156
Sailer, Johann Michael, Bischof von Regensburg 62 ff., 65, 66, 69, 70; Abb. 29
Saint Cloud 384, 393, 400
Salabert, Pierre de 461
Salern, Joseph Graf von 269, 287
Sales, François 152
Salome 167
Salzburg 114, 173
Sambuga, Joseph Anton 64
Sandberger, Adolf 167, 175, 179
Sandrart, Joachim von 366, 371, 374, 430, 442; Abb. 245
Sandtner, Jacob 327, 353
Santi, Francesco 217 f.
Santurini, Francesco 216, 219, 221 ff., 226 f., 230 f., 233, 369, 376
Santurini, Stefano 221
Saphir, Moritz Gottlieb 87
Saracchi, Giovanni Ambrogio, Simone, Stefano 353 f.
Sarselli (Sängerpaar) 152
Savigny, Karl von 64
Savioli-Corbelli, Graf 61
Sbarra, Francesco 43, 229
Scagliola 361; Abb. 235, 236
Scalzi, Alessandro 203, 205 ff.
Scarlatti, Battista 44
Scarlatti, Pompeo 44
Schack, Adolf Friedrich Graf 75, 77 78
Schadens, Emil August von 179
Schäferroman 43
Schäffler, Heinrich 424

Schaler, Michael 417
Schalk, Christoph 436
Schanz, Ludwig Wilhelm, siehe
  Ludwig Wilhelm, Herzog in
  Bayern
Scharner, Michael 370
Schatzgeyer, Kaspar 34
Schauessen 257; Abb. 162
Schauplatz bayerischer Helden
  42
Schede, Paulus Melissus 53
Schedel, Hartmann 30, 95
Scheffel, Victor von 78
Scheidt, Samuel 110
Scheit, Kaspar 53
Schelling, Friedrich Wilhelm
  Joseph 64 f., 66, 70, 81, 469;
  Abb. 28
Schelmenroman 36
Schenck, Simon 369
Schenk, Eduard von 64, 65 f.,
  69
Schenk, Heinrich 66
Schenk, Johann 141; Abb. 85
Schenk, Stefan 295
Scherzturnier Abb. 164
Scheyern, Kloster 13 f.
Schikaneder, Johann Emanuel
  61
Schiller, Friedrich von 57, 59,
  69, 81, 83, 296, 301, 304
Schilling, Ignaz II. Balthasar
  285
Schilling, Joseph Ignatz 269
Schiltberger, Hans 26, 27;
  Abb. 9
Schindler, Anton 175
Schinkel, Karl Friedrich 281
Schinnagl, Franz 376
Schinnagl, Johann 224
Schinnagl, Marx 211, 224 f.,
  228, 369
Schlaun, Johann Konrad 393,
  408, 409 ff., 414
Schleich, Martin 75
Schlick, Arnold 110, 112
Schlick, Kaspar 30
Schlösser in der Umgebung
  Münchens 343
Schloßpark in Schwetzingen
  450 f.
Schmalkaldischer Bund 53
Schmeller, Johann Andreas 69,
  70; Abb. 31
Schmid, Christoph von 70
Schmid, Erhard 94
Schmid, Hermann von 71 f., 81,
  83, 87
Schmid-Lindner, August 178
Schmidt, Maximilian 83
Schmitt, Friedrich 173
Schmitz, Eugen 179
Schmuzer, Stukkatorenfamilie
  398
Schneegans, Ludwig 81, 82
Schneider, Hans 28
Schnitzer, Andreas Hans 339
Schnorr von Carolsfeld, Julius
  470 f.
Schoch, Johannes 441 f., 444
Schöfflhuber, Domenicus 241
Schön, Heinrich d. Ä. 360 f.,
  378

Schönborn, Johann Philipp von,
  Fürstbischof von Würzburg
  409
Schönfeld, Johann Heinrich 371
Schöpfer, Hans d. Ä. 334, 336
Schöpfer, Hans d. J. 345
Schöpflin, Johann Daniel 57
Schöttl, Heinrich 340
Scholastik 55
Schreker, Franz 180
Schroer, Hans 345, 420, 422
Schubart, Christian Friedrich
  Daniel 58 f., 137, 145, 148,
  164, 184, 302
Schubart, Ludwig 184
Schubert, Franz 164
Schubert, Gotthilf Heinrich 64,
  65
Schürmann, Georg Caspar
  145 ff.
Schütz, Heinrich 104, 105, 117,
  118, 121, 145
Schütz, Matthias 371
Schulze, Max 468
Schumann, Robert 165, 180
Schwan, Christian Friedrich 59
Schwanthaler, Franz Jakob 470
Schwanthaler, Ludwig 469 f.;
  Abb. 331
Schwarz, Christoph 345, 350 ff.
Schwarz, Hans 419
Schwarz, Johann Christian 57
Schwarz, Martin 346
Schwarzenberg, Ottheinrich
  Graf zu 353
Schweitzer, Anton 148, 153
Schwetzingen 57, 148, 152, 153,
  298, 299, 395, 440, 448,
  449 f., 459; Abb. 317
– Heckentheater 298
Schwind, Moritz von 164
Scio Sebastiano 294
Scio, Sigmund 262
Sckell, Johann Wilhelm 451
Sckell, Friedrich Ludwig 451 f.,
  459, 461; Abb. 319
Scolari, Baptista di 358
Scolari, Battista 197, 202, 203
Sebastiani, Franz Joseph 301
Seberum, Peter von 339
Sechter, Simon 164, 175
Secreta mulierum 24
Seeau, Joseph Anton Graf 133,
  153, 160, 285, 287, 289 f.,
  303 f., 310; Abb. 73
Seerieder, Philipp Jakob 126
Seidel, Wolfgang 34
Seitz, Franz (von) 317 f.
Semper, Gottfried 177, 467, 468
Senfl, Ludwig 91, 94, 96 ff., 112,
  113; Abb. 44, 45
Separatvorstellungen 72, 81, 82,
  83, 171, 320 321
Sepier, Jakob 358
Serlio, Sebastiano 380
Serro, Antonio 430
Serro, Johann 430
Servatius-Legende 13
Servio Tullio 191, 242, 245 f.,
  247 ff.; Abb. 157–161
Seyffert, Josepha (ab 1768
  Gräfin Heydeck) 293, 295;
  Abb. 183

Seyler, Abel 301
Shakespeare, William 83, 105,
  127, 194, 232, 234, 290, 304,
  320, 442
Siebold, Karl Theodor von 78
Siegmund der Münzreiche,
  Herzog von Tirol 28
Sigismund, Herzog von Bayern
  24, 29, 326 f., 336
Sigmund, König und Kaiser 30,
  48
Silch, F. B. Werner 426
Silvarum Libri Abb. 20
Simpson, Christopher 118
Simpson, John 118
Simpson, Thomas 118
Singschulen 92 f.
Singspiel 127, 148, 153, 157
Sleidanus, Johannes 53
Smissek, Johann 348
Soden 61
Soleleitung von Reichenhall
  nach Traunstein 361
Solis, Nikolaus 342, 345
Sontag, Henriette 165
Sophie, Kurfürstin von
  Hannover 56
Sophie von Bayern, Landgräfin
  von Thüringen 92
Sophie von der Pfalz, Herzogin
  von Braunschweig-Lüneburg
  145
Sophie Charlotte, Königin von
  Preußen 145
Spaett, Franz Joseph 259
Spazier, Richard Otto 62
Speckner, Joseph Valentin von
  47
Speidel, Albert von 178
Speng, Hermann 294
Speratus, Paul 105
Speyer 415, 465
Spilberg, Johann 431
Spinelli, Antonio 369, 373 f.
Spohr, Louis 150, 163
Spontini, Gasparo 167
Stadterweiterungs-Plan für
  München 1811 461
Stahl, Leonhard 415
Stainhart, Franz und
  Dominikus 381
Stamitz, Carl 150, 152
Stamitz, Johann 145, 149 f.;
  Abb. 90
Starnberg 340
Steffani, Agostino 44, 122 ff.,
  126, 129, 141, 143, 145, 185,
  242, 246; Abb. 65
Stegele, Georg 424
Stein, Eitelwolf von 52
Steinmüller, Christian 361
Steinschneidearbeiten 353
Stelzhammer, Franz 87
Stengel, Stephan von 58
Sterkel, Franz Xaver 161
Stern, Georg 346
Steub, Ludwig 78, 79, 81, 87
Stieler, Josef 68, 69
Stieler, Karl 87
Stifter, Adalbert 70
Stockholm 147
Stöpel, Franz David 179
Stoppio, Nicolò 343

Storm, Theodor 81
Strada, Jacopo 342, 343;
  Abb. 222
Strahlen, Peter von 234
Stranitzky, Josef Anton 252
Straßburg, 98, 150, 173, 442
Straub, Johann Baptist 395,
  402, 404, 412, 413, 416;
  Abb. 275
Straubing 30, 94, 95, 324
Strauss, Franz 178
Strauss, Richard 178, 180
Stricker, Augustin Reinhard
  144, 145
Stuber, Josef Damian 285
Stuber, Kaspar Gottfried 244,
  247, 256, 263
Stuber, Nikolaus Gottfried 244,
  247, 256, 259, 260 f., 263 ff.,
  268, 395
Stuber, Nikolaus Lorenz 263,
  272
Stuntz, Joseph Hartmann 163,
  165, 173
Sturm, Anton 404
Sturm, Johann 53
Sturm, Marcellinus 46
Sturm und Drang 85
Stuttgart 99, 150, 173
Sue, Eugen 87
Sulzbach 51, 93
Sundahl, Jonas Erickson 454 f.
Surius, Laurentius 35
Susanna von Bayern,
  Pfalzgräfin von Neuburg 113
Susato, Johannes de, siehe
  Johannes von Soest
Susato, Tilman 109
Sustris, Friedrich 203, 206,
  346 ff., 358, 360, 362, 366,
  376
Sustris, Lambert 351
Sweelinck, Jan Pietersz 147
Sybel, Heinrich von 78, 81
Sybilla, Gemahlin Kurfürst
  Ludwig V. von der Pfalz 441
Symposion (Kg. Max II.) 73,
  77 f., 79, 81, 87
Szenenbilder Abb. 123–138,
  140–149, 152–155, 157–161,
  171, 180–181, 200–204
Talestri Regina delle Amazoni
  129, 278 f.; Abb. 171
Tannhäuser 18, 20, 84, 92, 93
Tannhäuser 167, 173
Tartini, Giuseppe 131
Tasso, Torquato 37
Tedesc Enrico, siehe Isaac,
  Heinrich
Tegernsee 24, 26, 182
– Kantorei 161
Telemann, Georg Philipp 144,
  149
Tengelinger (Geschlecht) 11
Teppichwirkerei 441
Terradeglias, Domingo 133
Terzago, Ventura 44, 190 f., 240,
  242, 246, 250
Tessin, Baumeisterfamilie 454
Theatergruppen, deutsche 232,
  252
Theatergruppen, französische
  235, 253, 261

Theatergruppen, italienische 250, 284
Théâtre de la Monnaie in Brüssel 251 f.
Theatrum gloriae et virtutis Boicae 42
Theodora 321; Abb. 204
Therbusch, Dorothea Lisiewska 447
Theresia Benedikta, Prinzessin von Bayern 295
Thiersch, Friedrich von 65, 66, 77, 78
Thoma, Hieronymus 350
Thoma, Ludwig 38, 61, 71, 79, 86, 88
Thomann, Johann Valentin 415
Thomas Cantipratensis 23
Thompson, Sir Benjamin 61, 451
Thorwaldsen, Bertel 469
Thourneyser, Johann Jakob 235 f.
Thuille, Ludwig 175, 178
Thurmair, Johannes, gen. Aventinus 332
Thurn, Franz 460
Thurn und Taxis, Paul, Fürst von 468
Tieck, Ludwig 71
Titus (La Clemenza di Tito) 131, 160
Tizian, (Tiziano Vecellio) 342, 345
Tochtermann, Philipp Jakob 313 f.; Abb. 194
Törring, Josef August von 61
Törring-Seefeld, Anton von 61
Toeschi, Johann Baptist 150
Toeschi, Karl Joseph 150
Torelli, Giacomo 210 f., 216
Torelli, Giuseppe 126
Tonauer, Hans 343, 346 f., 350, 422
Torri, Pietro 126, 127, 129
Tortula 24
Touchemoulin, Joseph 131
Tozzi, Antonio 133, 281
Tractatus amoris 24
Traetta, Tommaso 133, 152
Trancart 287
Trapp, Max 180
Tratt, Hans von 50
Traub, Martin 424
Trautmann, Karl 202
Trautmann, Max 79
Treibenreif, siehe Tritonius
Treu, Michael Daniel 232, 234 f., 237, 250, 252
Treu, Maria Klara 234, 250
Trezzo, Francesco da 353
Trezzo, Jacopo da 353
Tridentiner Konzil 105
Tristan und Isolde 168, 177, 317 f.; Abb. 102, 199, 200
Trionfi 228
Trithemius, Johannes, Abt von Sponheim 52
Tritonius, Petrus (Treibenreif) 94 f., 179
Triumph der Architektur in der prächtigen Residenz in München 44

Triva, Antonio 371 f., 376
Troglarctus, Zacharias 52
Troubadour 167
Trojano, Massimo 102, 197 ff., 200 f., 304; Abb. 114
Trubillio, Giovanni 381
Türkheim 378
Tugenden-Serie Herzog Wilhelm IV. von Bayern 332; Abb. 333
Turin 210
Turmair, siehe Aventin

Überreiter, Niclaus 339
Uhland, Ludwig 81
Ulenberg-Psalter 118; Abb. 60
Ulrich, Graf von Württemberg 49
Ulrich von Augsburg 23
Urfe, Honore d' 43

Vältin, Gilg (= Egidio Valentin) 424, 430
Valentini, Giovanni 122
Valesi, siehe Wallishauser, Joh. Bapt.
Varicourt, Franz Lambert von 65
Vasari, Giorgio 346, 362, 366
Veit von Ebersberg 28
Venaria Reale 380
Venedig 42, 44, 98, 99, 102, 116, 129, 150, 221
Venetia, Jacopo di 202
Vento, Ivo de 102
Venturin 202
Verazzi 58
Verdi, Giuseppe 167, 175, 178, 180
Verhelst, Aegid 400, 404
Versailles 196
Verschaffelt, Maximilian von 460, 461
Verschaffelt, Peter Anton von 415, 440, 447, 449, 451
Vervaux, Johann 42
Vespetta e Pimpinone 127
Viani, Antonio Maria 350, 353
Vicentino, Andrea 362
Victor Amadeus I. von Savoyen 369
Vigasio, Oliviero 240
Villati, Leopoldo di 45
Villemotte, Bildhauer 400
Virdung, Sebastian 110 ff.
Viscardi, Bartolomeo 378
Viscardi, Giovanni Antonio 376 f., 381
Vischer, Georg 366
Vischer, Peter 419
Visconti, Prospero 353
Vicenza, Teatro Olimpico 217
Vita et gerta Maximiliani Emanuelis electoris Bavariae 42
Vita Ludovici IV. imperatoris 23
Vitali, Tommaso Antonio 126
Vivien, Joseph 389, 393, 412
Vleeschouwers, Anthon 419
Voet, Ferdinand 376
Vogel, Hans 114
Vogler, Georg Joseph (= Abbé Vogler) 149, 152, 160

Vohburg 15, 24
Volkslied 78, 79, 87, 156, 167, 182 f.
Volksschauspiele 287
Voltaire, François-Marie 57 f., 153, 262, 299
Volpini, Giuseppe 400
Von Doctor Johanni Fausto 234
Vorarlberger Baumeister 376
Vouters, Dietrich 366, 441

Wagner, Cosima 83
Wagner, Martin von 468 f.
Wagner, Richard 75, 82, 91, 98, 164, 165, 166, 168 ff., 173, 175 ff., 178, 180, 182, 186, 187, 195, 237, 316, 320, 468; Abb. 101, 103, 108
Wahl, Ferdinand Franz Albrecht, Graf von 380, 393
Wahl, Friedrich Gerhard 455
Walch, Bernhard 339
Wallishauser, Johann Baptist (= Valesi) 133, 153
Walter, Bruno 178, 179 f.
Walther von der Vogelweide 15, 92
Waltershausen, Hermann Wolfgang v. 178
Wanderungen nach dem Orient 87
Wandertruppen 195, 209, 290
Wandteppich-Wirkerei Pfalzgraf Ottheinrichs 422
Warnberger, Simon 453
Wartburg, Sängerkrieg 92
Wasserburg a. Inn 340
Weber, Aloisia 153
Weber, Carl Maria von 152, 156, 157, 160, 163, 175
Weber, Franz Fridolin 153
Weckmann, Matthias 147
Weimar 67, 69, 72, 79, 108, 173
Weinhart, Andre 350
Weinhart, Kaspar 345
Weiß (Weis), Johann Jakob 143
Weiß (Weis), Johann Sigismund 143
Weiß (Weis), Silvius Leopold 143
Weismann, Julius 178
Weissenfelder, Philipp 346
Welser, Markus 41
Wendling, Dorothea 152
Wendling, Elisabeth Augusta 152
Wendling, Franz Anton 152
Wendling, Johann Baptist 152
Wendling, Johann Karl 152, 155
Wening, Michael 212, 224, 228, 245 f., 362 f., 374, 377, 381 ff.
Werff, Adriaen van der 437, 440
Werner, Joseph 376
Wertinger, Hans 330, 336, 419
Wertinger, Stefan 358
Westenrieder, Lorenz von 46, 47, 59, 62, 269, 306
Weyarn 404
Widmannstetter, Johann Albert 339
Wieland, Christoph Martin 58, 149, 296
Wien 24, 50, 51, 87, 94, 96, 122, 129, 150, 155, 164, 173, 244, 402

Wiener Schule 178
Wierich von Stein 49
Wies 400
Wieser, Herkulan 161
Wilderer, Johann Georg 141, 143; Abb. 82
Wilhelm I., Herzog von Niederbayern, Graf von Holland 94
Wilhelm III. von Oranien 380
Wilhelm III., Herzog von Bayern-München 24, 26
Wilhelm IV., Herzog von Bayern 28, 32 ff., 96, 97, 98, 99, 332 ff., 419
Wilhelm V., der Fromme, Herzog von Bayern 34, 35, 37, 99, 102, 104, 105, 121, 196 f., 202 f., 206 ff., 342, 345 ff., 360, 368, 380, 389, 407, 422; Abb. 122, 230
Wilhelm Herzog von Birkenfeld-Gelnhausen und in Bayern 85, 181 f.; Abb. 40
Wilhelm der Reiche, Herzog v. Jülich, Cleve und Berg 114
Wilhelm von Occam 22
Wilhelm, Franz Xaver Ignatius von 42
Wilhelmine, Markgräfin von Bayreuth 270, 279
Willaert, Adrian 102
Willehalm Abb. 3
Wimpfeling, Jacob 52
Winck, Christian 287 f., 404, 405
Winckhler, Melcher 368
Windberger, Hans 419
Windscheid, Bernhard 78
Winter, Peter 152, 153, 157, 158 ff., 164; Abb. 96
Wisreuther, Hans 343, 344, 345, 353
Witte, Elias de 362
Witte, Jan de 441
Witzleben, Esther Maria von, Pfalzgräfin von Birkenfeld-Gelnhausen 181
Wirri, Heinrich 37
Wittenberg 98, 112
Wolf, Hugo 178
Wolf-Ferrari, Ermanno 175, 178
Wolfgang, Herzog von Zweibrücken 52, 113, 114, 422
Wolfgang Georg, Bischof von Breslau, Sohn Philipp Wilhelms von der Pfalz 433
Wolfgang Wilhelm, Pfalzgraf von Neuburg 117, 363, 422, 424, 430, 431; Abb. 294
Wolff, Johann Andreas 381, 383, 416
Wolfram von Eschenbach 14, 15, 18, 20; Abb. 4
Wüllner, Franz 175
Würnzl, Franz Paula 416
Würzburg 179
– Akademisches Musikinstitut 173
Wynder, Theodor van 451

Zabuesnig, Johann Christoph von 158

Zacconi, Lodovico 104
Zahn, Johannes 163
Zambonini, Pietro 122
Zanchi, Antonio 374, 375, 376
Zanetti, Domenico 430
Zauner, Andreas 98
Zaupser, Andreas 47, 60 f.;
    Abb. 26
Zechetmaier, Thomas 363
Zedlitz, Joseph Christian 71
Zeist 380
Zeller, Franz 449
Zenger, Max 178
Zeno, Apostolo 46, 129, 130
Zensur 304
Ziesenis, Johann Georg 456
Zilcher, Hermann 180
Zimmermann, Christoph 363
Zimmermann, Franz Michael
    398
Zimmermann, Johann Baptist
    386, 395, 398 f., 402, 416, 448
Zincgref, Julius Wilhelm 54
Zirler, Stephan 113
Zuccalli, Enrico 284, 373 f.,
    376 ff., 384, 386 f., 407
Zuccalli, Kaspar 376
Zumpe, Herman 178
Zumwege, siehe Johannes a
    Via
Zungenschleiffer Abb. 17
Zürich 108
Zweibrücken 87, 152, 310,
    454 ff.
– Schloß 454
– Theater 457; Abb. 322, 323
Zweibrücker Gymnasium 87
Zwerchsfeld, Lienhard 330
Zwingli, Ulrich 53
Zwitzl, Bernhard 339

Die Kunstschätze der Münchner Residenz

Herbert Brunner · Süddeutscher Verlag

Jeder Kunstliebhaber und Sammler wird hier Entdeckungen machen können: Die Residenz mit ihren weit verzweigten Bauten im Herzen der Stadt München ist wie eine große Schatztruhe, voller Kostbarkeiten und Raritäten, die ihre ehemaligen Bewohner, die Wittelsbacher, im Laufe von Jahrhunderten dort angehäuft haben. Nur wenigen ist bewußt, welch eine Fülle von Schätzen und Kunstgegenständen aus allen Gattungen und Epochen hier versammelt ist: Die Residenz ist nicht nur eines der reichsten, sondern auch eines der reichhaltigsten Museen unseres Kontinents.

Die Vielseitigkeit der Sammlung von Kunstschätzen in der Residenz wird in diesem reichbebilderten Band anschaulich gemacht, und von Dr. Herbert Brunner, dem ehemaligen Direktor des Residenzmuseums, und seinem Mitarbeiter Dr. Albrecht Miller fachkundig beschrieben.

▲ *Prinzessin Maria Anna als Diana, Miniatur um 1675/80*

◄ *Standuhr mit Elefanten, Paris um 1730*

Aus dem Inhalt:
Die Kunstkammer
Plastik, Malerei
Die Schatzkammer
Die Reiche Kapelle
Die Silberkammer
Glas und Majolika
Porzellankammer
Wirk- und Knüpfteppiche
Möbel des
17. bis 19. Jahrhunderts
Beleuchtungskörper
Uhren

Herbert Brunner
Die Kunstschätze der Münchner Residenz
Herausgegeben von Albrecht Miller.
360 Seiten
mit 414 Abbildungen, davon 58 in Farbe, Leinenband mit Schutzschuber